भारतीय नारी की परतंत्रता का इतिहास

भारतीय नारी की परतंत्रता का इतिहास

(प्रारम्भ से आज तक)

डॉ. चैन सिंह नागवंशी 'श्याम'

स्वाति पब्लिकेशन्स
दिल्ली

प्रथम संस्करण 2020
ISBN: 978-93-81843-28-4

प्रकाशक:
स्वाति पब्लिकेशन्स
34, सैन्ट्रल मार्केट, अशोक विहार
दिल्ली-110 052
फोन: 91-11-27212194-95
फैक्स: 91-11-27212195
ई-मेल: swatipublications7@gmail.com, agamkala101@gmail.com
www.agamkala.com

लेज़र टाइपसैटिंग:
अमन प्रिंटोग्राफिक्स
दिल्ली
फोन: 9891395309

भारत में मुद्रित।

समर्पण

स्व. पूज्य पिता जी आदरणीय श्री कांशीराम नागवंशी एवं परम पूज्य माता जी परम श्रद्धेय श्रीमती श्यामा देवी नागवंशी जी के श्री चरणों में सादर समर्पित।

प्रो. (डॉ.) माण्डवी सिंह
कुलपति

Prof. Dr. Mandavi Singh
Vice–Chancellor

इन्दिरा कला संगीत विश्वविद्यालय
(संगीत, नृत्य एवं ललित कलाओं का विश्वविद्यालय)
खैरागढ़, छत्तीसगढ़ - 491 881

Indira Kala Sangit Vishwavidyalaya
UNIVERSITY OF MUSIC, DANCE AND FINE ARTS)
KHAIRAGARH, CHHATTISGARH – 491 881

Accredited with grade 'A' by NAAC

पुरोवाक्

वैदिक कालीन समाज में भारतीय नारियाँ स्वतंत्रता पूर्वक अपने जीवन के विविध कार्य सम्पादित करती थी । उनकी स्वच्छन्दता युक्त जीवन शैली उत्तर वैदिककाल तक के विवरणों में उपलब्ध होते हैं, लेकिन कालान्तर में उनके अधिकारों पर प्रतिबन्ध की शुरूआत हो जाती है । उन्हें शिक्षा, संस्कारादि से पूर्णरूपेण वंचित कर दिया गया । आजादी के पूर्व की सामाजिक, आर्थिक, धार्मिक, राजनीतिक एवं सांस्कृतिक स्थितियाँ उनके लिए सर्वथा प्रतिकूल थी । आजादी के बाद से भारतीय नारियाँ जागृत अवस्था में आती है और उनके अधिकारों को पुनः प्रतिरोपित करने का कार्य आरम्भ होता है । आज की स्थिति में वह पुरुषों के समकक्ष अधिकार व ससम्मान युक्त प्रत्येक क्षेत्र में प्रतिष्ठित हैं ।

डॉ. चैन सिंह नागवंशी ने अपनी पुस्तक "भारतीय नारी की परतंत्रता का इतिहास" में तत्सम्बन्धी विवरणों का बोधगम्य विवेचन प्रस्तुत किया है । उक्त पुस्तक के प्रकाशन से इतिहासविद, अध्यापकवृन्द, अध्ययेतागण, शोधार्थी, विद्यार्थी, जिज्ञासु और सामान्य जन आदि सभी अवश्य ही लाभान्वित होंगे ।

लेखक को मेरी कोटिशः बधाई और शुभकामनाएँ ।

(प्रो. माण्डवी सिंह)

Indira Kala Sangit Vishwavidyalaya, Khairagarh, Chhattisgarh - 491 881
Phone: Off. +91 7820 234534; Fax: +91 7820 234108; E-mail: vc@iksv.ac.in, Website: www.iksv.ac.in

Prof. I. D. Tiwari
Head, Dept. of English &
A.I.H.C. & Archaeology
Dean, Faculty of Arts

इंदिरा कला संगीत विश्वविद्यालय
(संगीत एवं ललित कलाओं का विश्वविद्यालय)
Indira Kala Sangeet Vishwavidyalaya

शुभकामना

वैदिककालीन समाज में धर्म, कला, संगीत एवं साहित्य आदि विधाओं को श्रेष्ठतम स्थान हासिल हो चुका था। स्वाधीनता एवं समानता की अवधारणा इस युग में सर्वत्र प्रतिष्ठित थी। नारी समाज की स्वतंत्रता, समानता एवं अधिकार का स्वर्णिम स्वरूप हमें वैदिक काल में ही प्राप्त होता है। कालान्तर में नारी अधिकार एवं उनका महत्त्व पतनोन्मुख होने लगा। आजादी के पूर्व तक उनकी स्थिति अत्यन्त ही दयनीय अवस्था में पहुंच गई थी। स्वतंत्रता के पश्चात अवश्य ही उन्हें उनके अधिकार एवं सम्मान प्राप्त हुए है। लेकिन अभी भी समानता के अधिकार उनके सन्दर्भ में पूर्ण प्रतीत नहीं होते। इन्हीं विचारतथ्यों पर अवलम्बित डॉ. चैन सिंह नागवंशी ने ''भारतीय नारी की परतंत्रता का इतिहास'' नामक पुस्तक का प्रणयन किया है। जिसके प्रकाशन से निश्चय ही इतिहासज्ञ, प्राध्यापक, अध्येतागण, शोधार्थी, विद्यार्थी, जिज्ञासु एवं सामान्य पाठक लाभान्वित होंगे।

उक्त पुस्तक के लेखक डॉ. नागवंशी को हार्दिक बधाई एवं अनन्त शुभकामनाएँ....।

(प्रो. (डॉ.) इन्द्रदेव तिवारी)
अधिष्ठाता, कला संकाय
इं.क.सं.वि.वि., खैरागढ (छ.ग.)

Indira Kala Sangeet Vishwavidyalaya, Khairagarh, Chhattisgarh - 491 881
Phone. +91 9406239525
E-mail: dridtiks@gmail.com; Website: www.iksvv.com

अनुक्रमणिका

पुरोवाक्		vii
शुभकामना		viii
भूमिका		xi
अध्याय– प्रथमः	भारतीय परिवेशः जन्म और बाल्यावस्था	1
अध्याय– द्वितीयः	भारतीय दृष्टिकोणः सामाजिक, आर्थिक एवं राजनीतिक	17
अध्याय– तृतीयः	भारतीय धार्मिक संकीर्णता और प्रथाएँ	87
अध्याय– चतुर्थः	प्रताड़ना और आंसू से संयुक्त भारतीय नारी (पितृगृह से पतिगृह तक)	149
अध्याय– पंचमः	नारी जागृति की अवधारणा, साम्पत्तिक अधिकार, बन्धन को संदर्भित करते साज–श्रृंगार, प्रतिरोध और महिला जगत से उम्मीदें	175
अध्याय– षष्ठः	भारतीय नौकरी पेशा महिलाएँ– समस्याएँ व निदान	218
अध्याय– सप्तमः	भारतीय महिला सुदृढ़ीकरण हेतु सरकार से मांग व नारी अधिकार के निष्पादन की योजनाएँ	228
अध्याय– अष्टमः	नारी प्रतिनिधियों के विचार	241
उपसंहार		301
संदर्भ ग्रंथ–सूची		305

भूमिका

समस्त भारतीय धर्म ग्रंथ इस बात के साक्षी है कि सृष्टि रचना के समय ईश्वर ने अपने शरीर के दो भाग करके क्रमशः एक भाग से नर और दूसरे भाग से नारी की सृष्टि की।[1] इस प्रकार नर और नारी इस भूतल पर प्रकट हुए। नारी तो स्वाभाव से अत्यन्त कोमल, मधुर, धर्मभीरू, सहनशीलता, पवित्र, निष्कलंका व स्नेहशीला थी।[2] जबकि इसके ठीक विपरीत नर अत्यन्त क्रूर, स्वार्थी, लोभी व दयाहीन थे और अपने स्वार्थ की चाह में किसी हद तक भी जा सकते थे।[3] धार्मिक व्यवस्थाकार मनु अत्यन्त महत्वाकांक्षी था। उसने स्वार्थ सिद्धि के वशीभूत होकर वर्ण–व्यवस्था की नींव रखी। उसने अपने धर्मग्रंथ में नारी को शूद्र के समकक्ष रखकर उन्हें हर प्रकार से हेय, त्याज्य व प्रताड़ित होने योग्य करार दिया।[4] इसीलिए ही महर्षि वाल्मीकि जी ने अत्यन्त क्षुब्ध होकर व्यवस्थाकार मनु को ''स्त्री'' शब्द से अभिसम्बोधित करते हुए कह दिया– ''महात्मा काश्यप की पत्नी मनु ने ब्राह्मण, क्षत्रिय, वैश्य तथा शूद्र जाति वाले मनुष्यों को जन्म दिया। उस स्त्री के मुख से ब्राह्मण उत्पन्न हुए और हृदय से क्षत्रिय। दोनों ऊरूओं से वैश्यों का जन्म हुआ और दोनों पैरो से शूद्रों का.... ।[5]

उनकी देखा–देखी सभी धर्म व्यवस्थाकारों ने भी बेसुरा राग अलाप कर प्रसिद्धि प्राप्त की और नारी हित पर पर्दा डालकर उन्हें बलपूर्वक अपने आधीन कर लिया।[6] जिस प्रकार पशु–पक्षियों को बलपूर्वक अपने आधीन किया जाता है। नारी तो जीवन भर अपने पति का ही हित चाहती रहती है।[7] वह उसके लाखों अपराधों को भी पलक झपकते भूल जाती है।[9] वह उसे अपना सर्वस्व मानती है और उसके बिना स्वयं के जीवन को निष्फल समझती है।[10] नारी अपने पति की आँखो में एक बूंद आँसू भी नहीं देख पाती, जबकि स्वयं पुरूष प्रताड़नाओं से आजीवन रोती कलपती रहती है।[11] यह विडम्बना ही है कि पुरूष, अपनी पत्नी का अस्तित्व एक जूती से अधिक नहीं समझता।[12]

पुरूष चाहे कितनी भी पत्नियाँ रख सकता है,[13] लेकिन नारी एक से अधिक पति के विषय में सोच भी नहीं सकती।[14] पुरूष प्रधान समाज की यह पुरानी धारणा है कि नारी के शरीरांगों का वास्तविक आच्छादन तो उसका पति ही है।[15] जिसके अभाव में बहुमूल्य वस्त्राभूषण धारण कर लेने के पश्चात भी वह (नारी) पूर्णरूपेण निर्वस्त्रा ही होती है।[16] उनकी यह सुनिश्चित सोंच है कि नारी पति से युक्त होने पर बिना आभूषणों के भी सुशोभित होती है।[17] पुरूषवादी प्रवृत्तियों ने नारी को बाजार का वस्तु बना दिया, जिनका क्रय–विक्रय किया जा सकता है। उन्होंने उसे पुरूषों के लिए धारण करने योग्य वस्तु घोषित किया और इस प्रकार वह (नारी) सर्व साधारण की उपयोगिता युक्त वस्तु बन गई। जिन्हें राह चलते कहीं भी प्राप्त किया जा सकता है और कहीं भी उनका उपयोग किया जा सकता है।

पुरूष प्रधान समाज, हर तरह से नारी जाति के ऊपर एक के बाद एक लगातार जुल्म ढाता जा रहा है। इससे अधिक दयनीय दशा क्या होगी कि पत्नी के जीवित रहते हुए भी पति पुनर्विवाह के लिए स्वंतत्र है।[19] इसके विपरीत, पत्नी, पति के मृत हो जाने के बाद भी पुनर्विवाह के लिए नहीं सोच सकती।[20] चूंकि सारे ही धर्म–कानून ब्राह्मणों ने निर्मित किये थे।[21] इसलिए उन्होंने स्वयं को तो सर्वश्रेष्ठ घोषित किया और नारी को शूद्र के समकक्ष रखकर सदैव के लिए निर्धन बना दिया।[22] उनकी गिद्ध दृष्टि हरदम सुन्दर नारी पर लगी रहती थी।[23] इसीलिए ही उन्होंने व्यवस्था दी कि यदि कोई विधवा सुन्दरी, किसी ब्राह्मण से विवाह कर ले, तो वही उसका वास्तविक पति कहलाता है, भले ही इससे पूर्व उसने दस अब्राह्मण (गैर ब्राह्मण–अन्य जाति) पति कर लिये हों।

जिस नारी के कारण पुरूष महाराणा प्रताप, वीर शिवाजी, छत्रसाल, महात्मा गांधी, पं. नेहरू, डॉ. आम्बेडकर आदि की तरह देशभक्त हो सकते है तथा श्रीराम, श्रीकृष्ण, गौतम बुद्ध, महावीर स्वामी, सम्राट अशोक, विक्रमादित्य आदि की तरह ईश्वरीय शक्ति के प्रेरणास्त्रोत इस पृथ्वी पर आ सकते है। उन्हीं पुरूष जाति के कारण नारी, आजीवन बेबसी के आँसू बहाते रहने पर विवश हो जाती है।[25] यह कैसी विडम्बना है कि एक ही शरीर से जन्म धारण करने के बावजूद भी पुरूष के पास सारा अधिकार सुरक्षित रहता है, जबकि नारी पूर्ण रूपेण अधिकार विहीना होती है।[26] पुरूष से विवाह करने के बाद नारी के लिए यह जरूरी हो जाता है कि वह विवाहिता के सभी लक्षणों को धारण करे जबकि पुरूष के पास ऐसी कोई मजबूरी है ही नहीं। जन्म से ही पुरूष के आधीन रहने वाली नारी का दुर्भाग्य देखिए कि व्यवस्थाकारों ने अत्यन्त कठोरतापूर्वक उन पर शासन करने की नीयत से ऐसी धर्म कानून की नींव रखी कि पैदा होते ही वह बेड़ियों में जकड़ दी गई। बालपन में उसे पिता के आधीन रखा गया और युवावस्था में पति के संरक्षण में डाल दिया गया जबकि वृद्धावस्था में अपने ही पुत्र की आधीनता में उसे रख दिया गया।

विवाहोपरान्त नारी को अपने पिता के उपनाम का त्यागन करके पति के उपनाम को धारण करना पड़ता है। इससे अधिक विवशता क्या होगी कि वह, उसकी अनुमति के बिना घर से बाहर कदम नहीं निकाल सकती। धार्मिक, सामाजिक, मांगलिक आदि कोई भी कार्य हो, नारी, पुरूष को सदैव ही सम्मुख लेकर चलती है, जबकि पुरूष ऐसे कार्यों में या तो उसे पीछे लिए चलता है, या फिर उसकी ओर से एकदम बेपरवाह होता है। धर्मशास्त्रकारों ने अपने ऐसे ही पुरूषवादी रवैये के कारण, नारी के लिए, पुरूष को पति–परमेश्वर, आत्मा, सर्वस्व आदि सभी कुछ घोषित कर दिया और उसे इन सभी बन्धनो में जकड़ दिया।[29] व्यवस्थाकारों की इन धर्मव्यवस्था के सम्मुख पुरूष, नारी को एक दासी से ज्यादा महत्व दे ही नहीं पाता।[30] वैसे अधिकतर पुरूषवर्ग धार्मिक व्यवस्था की आड़ में उक्त प्रक्रिया को अपना एकाधिकार मानकर उन पर अत्याचार करने में स्वयं को सार्थक महसूस करते हैं और इससे ही उन्हें पूर्ण संतुष्टि होती है।

वर्तमान में भी नारी जाति की स्थिति में कोई विशेष सुधार नहीं हुआ है। आज भी वे पुरूषों के द्वारा मानसिक व शारीरिक प्रताड़नाओं से आहत रहती हैं। इन सबके चलते वे आत्महत्या तक के लिए विवश हो जाती है। दहेजप्रथा, बालविवाह प्रथा और अशिक्षा आज की नारी जगत के लिए अभिशाप है। इस कुप्रथा के कारण सुन्दर, कुलीन, सुशिक्षित व सुयोग्य लड़कियाँ अयोग्य व रूप–गुण आदि से हीन पुरूषों को सौंप दी जाती है। हालांकि उक्त प्रथा के कारण ही उन्हें अपने प्राणों से हाथ धोना पड़ता है, और आये दिन आत्महत्या करने के दुःखद समाचार पढ़ने व सुनने को मिलते रहते है। आज भी नारी अपने पति का नाम अपनी जुबान पर नहीं ला सकती और अपने पति के उपनाम को उन्हें हर हाल में धारण करना होता है। व्यवस्थाकारों द्वारा प्रतिपादित विवाह के आठ प्रकार व उनकी विधियाँ (ब्राह्म, दैव, आर्ष, प्राजापत्य, आसुर, गांधर्व, राक्षस, पैशाच, स्वयंवर आदि) ही दहेजप्रथा के आविर्भाव के प्रमुख कारण है।[32] आज भारतीय समाज में आधुनिक धर्म ग्रंथ ''रामचरित मानस'' अपनी जड़ें मजबूत कर रहा है क्योंकि भारतीय समाज व्यवस्था का सुन्दर और पथार्थ चित्रण उसमें दर्शित है, ऐसी मान्यता रही है। सम्भवतः इसीलिए भारत सरकार द्वारा आकाशवाणी व दूरदर्शन पर प्रसारण की अनुमति दी हुई है। आज हर गाँव व शहर में मानस मंडलियाँ कार्य करती है, जिनमें से अधिकाँश महिला मानस मंडलियाँ है। ये मंडलियाँ रामचरितमानस के कथा प्रसंगो के माध्यम से जन–जन में भारतीय धर्म–दर्शन व लोक व्यवहार का प्रचार प्रसार किया करती है। यह सत्य है कि इस हिन्दी महाकाव्य में भारतीय आचार व्यवहार, धर्म दर्शन व लोक संस्कृति का अच्छा दिग्दर्शन हुआ है। लेकिन जहाँ अच्छाइयाँ होती है, वही बुराईयाँ भी होती है।

''तोता–रटन्त'' नामक एक कथानक में एक महर्षि ने पक्षियों की दयनीय दशा का अवलोकन करके एक तोते को सिखाया– ''शिकारी आता है, अपना जाल फैलाता है,

दाने का लोभ दिखलाता है, अतएव जाल में फंसना नहीं चाहिए।'' ऐसा उसने इसलिए सिखलाया कि उपर्युक्त पक्षी इस सबक को सीखकर सम्पूर्ण पक्षी जगत् में इस बात का प्रचार करेगा, जिससे सम्पूर्ण पक्षी जगत् अपनी प्राण रक्षा कर सकने में समर्थ हो सकेंगे।

लेकिन ऐसा हुआ नहीं। उस महर्षि ने स्वयं देखा कि जिस पक्षी को उसने सिखलाया था, वह एक शिकारी की जाल में फंसा हुआ था। उस हालत में भी वह अपने सबक को उसी प्रकार ज्यों का त्यों रट रहा था और उसके साथ अन्य पक्षीगण भी कैद थे, वे भी उक्त सबक को सीखकर रटने में मशगूल थे। यह देखकर उस महर्षि ने अपना माथा पीट लिया क्योंकि जिस उद्देश्य से उसने सबक सिखलाया था, उसमें वे सफल नहीं हो सके थे। वे पक्षी उस सबक को रट तो लिये थे, लेकिन उन्हें 'अपनी वास्तविक स्थिति का ज्ञान तब भी नहीं था। ठीक इसी प्रकार भारतीय महिला मानस मंडलियाँ है। ये मानस मंडलियाँ स्थान–स्थान व गाँव–गाँव में रामचरितमानस में दर्शित पुरूषवादी प्रवृत्तियों का ही प्रचार–प्रचार किया करती हैं और पुरूषों की इस भावना को मजबूत बनाने में स्वयं बहुंत बड़ा योगदान करती है कि– शूद्र, पशु और नारी को बिना कारण भी शारीरिक व मानसिक रूप से प्रताड़ित करते रहना चाहिए, जिससे धार्मिक व सामाजिक व्यवस्था की जड़ें अनन्तकाल तक स्थायी बनी रहती है।[33] वे स्वयं इस तथ्य का प्रचार–प्रसार कर के पुरूषवादी प्रवृत्ति का प्रत्यक्ष रूप से स्वागत व समर्थन करती हैं कि पृथ्वी पर पुरूष जाति का महत्व हर प्रकार से प्रतिपादित है जबकि नारी जाति निश्चय ही प्राकृतिक रूप से अज्ञानी, मूर्खा और दरिद्र है।[34] महिला मानस मंडलियाँ, स्वयं इस बात को स्वीकार करती फिरती हैं कि नारी जाति को कभी भी स्वंतत्र नहीं रहना चाहिए क्योंकि स्वतंत्र रहने से नारी निश्चित रूप से दूषित हो जाती है।[35] निश्चित रूप से 'तोता रटन्त' की भांति, भारतीय नारी समाज है, जो यह तो जानती है कि वह पराधीन है, लेकिन वह स्वतंत्र होने के लिए जरा भी प्रयास नहीं करती क्योंकि इससे उसके तथाकथित सतीत्व पर धब्बा लग जाने का खतरा है। ऐसी मनोवृत्तियाँ, पुरूषवादी प्रवृत्तियों की देन है, जो नर एवं नारी सभी पर समान रूप से हावी है। जब स्वयं एक नारी दूसरी नारी को कुलटा कह सकती है तो भला पुरूष उन्हें ऐसा कहने से क्यों चुकेगा ?[36]

मनुस्मृति के हिन्दी रूपांतरण के रूप में दर्शित 'रामचरितमानस' पुरूषवादी प्रवृत्तियों का ही प्रतिनिधित्व करती है। मनु. (9/313 से 319 तक) ने जहाँ ब्राह्मणों को पृथ्वी का सर्वमान्य व सर्वपूज्य देवता घोषित किया, वही रामचरितमानस ने उसी का अनुकरण करते हुए स्पष्ट शब्दों में हुबहू दोहराया कि ब्राह्मण पृथ्वी का देवता है। यह सब प्रकार से पूजनीय है। चाहे वह गुणहीन, दुर्बुद्धि, दुराचारी, असंयमी तथा लोभी ही क्यों न हो जबकि रूपवान, गुणवान, संयमी, सत्यव्रती व ज्ञानी शूद्र भी आदर के योग्य नहीं हो सकते।[37] उक्त महाकाव्य के नायक के पास कोई स्पष्ट नीति नहीं दर्शित होती। जिस कार्य के कारण

उसने बालि वध किया था, वही कार्य विभीषण और सुग्रीव ने भी किया लेकिन महाकाव्य के नायक ने उन पर कोई कार्यवाही न करते हुए उनकी ओर से आँखे बंद कर ली थी।[38] उक्त महाकाव्य की नायिका श्री सीता जी है, जो कि भारतीय नारी का प्रतिनिधित्व करती है। वह आजीवन पुरूषवादी प्रवृत्तियों के चलते दुःखी रहती हैं। उसे कहीं भी न्याय नहीं मिलता, बल्कि भरी सभा में वह अपमानित होती हैं। उनका सारा जीवन अश्रुयुक्त ही व्यतीत हुआ और अंत में वह मानसिक रूप से अत्यन्त पीड़ित हो गयी, तब असहनीय अवस्था में पृथ्वी में प्रवेश कर गयी।

आज की स्थिति में 'रामराज्य' की कल्पना से ही सारा शरीर सिहर उठता है। जहाँ नारी को अपने सतीत्व की परीक्षा बार–बार पुरूष समाज की सभा में देनी पड़ती हो और उसके बाद भी जब पुरूषवादी समाज को उस पर जरा भी दया न आवे, तब उस पर तरस खाकर स्वयं बेजान पृथ्वी भी फट पड़ती हो। ऐसी स्थिति से अनजान होकर पता नहीं महिला मानस मंडलियाँ कैसे उसका प्रचार–प्रसार करती फिरती हैं? शूद्र वर्ग को भी जप–तप, पूजा–व्रत आदि करने का अधिकार प्राप्त नहीं है, अगर कोई शूद्र वर्ग छिपकर ही सही, अपने ईष्टदेव की आराधना कर ले तो किसी जलनखोर ब्राह्मण की चुगलखोरी से उसकी सार्वजनिक रूप से कत्ल कर दिया जाना तय है, जिस पर भी धर्म का आवरण चढ़ा दिया जाता है। जैसे कि शम्बूक की दुर्गति हुई थी।

कहने का तात्पर्य यह कि नारी समाज को स्वयं ही अपने अधिकार व स्वंतत्रता प्राप्ति के लिए आगे आना होगा और उसके लिए स्वयं की आहुति भी देनी पड़ेगी व अपना बलिदान करना पड़ेगा। हाँ, अगर वह अपने इस पुनीत कार्य में पुरूष वर्ग से सहयोग लेना चाहे, तो पुरूष वर्ग से भी कई विभीषण पैदा हो जायेगें, जो उसकी स्वतंत्रता प्राप्ति के लिए हर कदम व हर सम्भव सहयोग देंगे। इतिहास गवाह है कि विभीषणों के सहयोग से ही श्रीराम विजयी हुए थे, सम्राट अशोक कलिंग युद्ध में विजयी हुए थे, भारत को पराधीनता के बाद स्वतंत्रता भी हासिल हुई थी।

महात्मा गांधी ने कहा था कि 'अपराधी वह नहीं' जो अपराध करता है, बल्कि अपराधी वह है, जो उसे चुपचाप सहन करता है। ''यह कथन एकदम सत्य और प्रमाणित है। नारी भी जब तक चुपचाप सिर झुकाये, पुरूषों के अत्याचार सहन करती रहेगी, तब तक उन पर उनके द्वारा जुल्म ढाया जाता रहेगा। लेकिन जिस दिन वह अपने खिलाफ होने वाले अत्याचारों व पराधीनता के खिलाफ उठ खड़ी होगी, उसी दिन से ही उन पर होने वाले अत्याचारों का पूर्णरूपेण खात्मा हो जायेगा। उम्मीद है नारी स्वयं इस दिशा में जागृत होगी और अपने ऊपर होने वाले जुल्मों व पराधीनता के खिलाफ भारतीय प्रथम स्वतंत्रता संग्राम के समान पृथ्वी में हलचल मचा देने वाली गंभीर उद्घोषणा के साथ एक जुट हो जाएगी।

माननीय प्रो. डॉ. मांडवी सिंह जी, कुलपति इंदिरा कला संगीत विश्वविद्यालय, खैरागढ़ (छ.ग.) का अत्यन्त आभारी हूँ कि उनका स्नेह व मार्गदर्शन मुझे सदैव प्राप्त होता रहता है। उन्हीं के सद्प्रेरणा से मैं अपने इस पुस्तक लेखन के कार्य में सफल हो पाया। कला संकाय के अधिष्ठाता प्रो. डॉ. इन्द्रदेव तिवारी जी का स्नेह, मार्गदर्शन एवं वात्सल्य युक्त प्रेरणा से मैं अपने कार्य को पूर्ण कर पाने में अग्रसर हुआ। अतएव मैं उनका असीम आर्शीवाद का सदैव आकांक्षी हूँ। पूर्व अधिष्ठाताद्वय प्रो. डॉ. काशीनाथ तिवारी जी एवं प्रो. डॉ. मृदुला शुक्ल जी का भी अत्यन्त ऋणी हूँ कि इनके सतत् मार्गदर्शन व ममत्व से मुझे नित नवीन ऊर्जा प्राप्त होती रहती है। डॉ.मंगलानंद झा जी तो सदैव मेरे साथ बड़े भाई का व्यवहार करते हैं और उनका प्रेम का मूल्य तो मैं कभी चुका ही नहीं सकता। उन्होंने हर समय मेरे साथ रहकर मेरे प्रत्येक लेखन कार्य में आवश्यक दिशा–निर्देश करते हैं और उन्हीं के विशेष प्रयास और अमूल्य योगदान से इस पुस्तक को साकार रूप देने में मुझे सफलता मिल पायी है। भाभी श्रीमती रेखा झा जी भी सदैव मुझे भाभी माँ का स्नेह देती रही है। मैं उनका तहे–दिल से शुक्रगुजार हूँ। आदरणीय गुरूवर प्रो. (डॉ.) आर. एन. विश्वकर्मा जी तो मेरे जीवन आधार स्तम्भ है। मैं उनका आशीर्वाद आजीवन प्राप्ति की कामना करता हूँ। उन्होंने पग–पग, पर मेरा मार्गदर्शन कर मेरा भविष्य संवारने में सतत प्रयत्नशील रहते है। मैं उनका आभार प्रकट करने में समर्थशील नहीं हूँ। इस कार्य में मुझे श्रीमती ज्योति गुप्ता जी का प्रत्यक्ष व अप्रत्यक्ष सहयोग हासिल हुआ। मैं उनका अत्यन्त ही आभारी हूँ। महिला विचारों के संकलन में श्रीमती रीना राजपूत की महत्त्वपूर्ण भूमिका रही, मैं उनका भी हार्दिक धन्यवाद ज्ञापन करता हूँ। विस्तृत आलेख को कम्प्यूटरीकृत स्वरूप में ढालने वाले सहयोगी श्री विनोद वर्मा जी का भी मैं शुक्रगुजार हूँ, जिसके बदौलत ही इस ग्रंथ का प्रस्तावित स्वरूप साकार रूप ले पाया।

मेरे जीवन के अनमोल क्षणों को यादगार बनाये रखने में समर्थशाली स्व. आशा रानी सिंह का निर्विकार स्वरूप मेरे कार्य में सहयोग हेतु क्रियाशीलता की ऊर्जा प्रदान कर देता है। मेरी दो बहिने श्रीमती संगीता देवी और श्रीमती मंगीता देवी, भानजियाँ कु. धनराज सिंह, वत्सला श्रीमती लाजमा प्रीति बाला, कु. निकीता (निक्की), लोकेश कुमार (लक्की) एवं जीवन के मेरे प्रतीक पुत्री कु. हिंगलाज सिंह (सोनाली) आदि के प्रत्यक्ष एवं अप्रत्यक्ष प्रेम व स्नेह की प्रदीप्ति से मन सदैव आलोकित रहता है।

अंत में परमपूज्या माता श्रीमती श्यामा देवी नागवंशी और परमपिता परमेश्वर की सदैव अनुग्रह व आशीष की कामना लिए हुए सभी प्राणियों के हित एवं संरक्षण की अभिलाषा करता हूँ। इन्हीं आशाओं और विश्वास के साथ।

डॉ. चैन सिंह नागवंशी ''श्याम''

संदर्भ ग्रंथ -

1. "द्विधा कृत्वाSSSत्मनो देह धर्मेन पुरूषोऽभवत्। अर्धेन नारी तस्यां च विराज मसृजत्प्रभुः।।" (–मनु स्मृति, 1/32,
अर्द्धेन नारी पुरूषश्चाद्धेन सन्ततो मुने। स तस्मिन्नसृतद्द्वन्द्वं
सर्वसाधनमुत्तमम्। (शिवपुराण, शोडषोध्यायः, रूद्रसंहिता–सृष्टिखण्ड, श्लोक 10–11–12–13)
द्विधाकरोत्पुर्देहमद्धेन पुरूर्षोभवत्। अर्द्धेन नारीपुरूषोविराज मसृजत्प्रभु।
नारी च शतरूपाख्याँ योगिनी ससृजे शुभाम्।
सा दिवं पृथिवीं चैव महिम्ना व्याक्य संस्थितां।
योगैश्वर्यबलोपेता ज्ञान विज्ञानसंपुता। योऽभवत् पुरूषात् पुत्रो
विराऽव्यक्तजन्मनः। स्वायंभुवो मनुर्देवः सोऽभवत् पुरूषो मुनिः।
सा देवीसतरूपाख्या पतः कृत्वा सुदूश्चरम्।
भर्तारं ब्रह्मणः पुत्रं मनुमेवानुपद्यत। तस्माच्च शतरूपां सा पुत्रद्वयमसुयत।। (कूर्मपुराण, पूर्व विभागे अष्टमोध्यायः, श्लोक 7–8–9–10)।
सृज्य मानाः प्रजानैव विवर्द्वन्ते यदा–तदा। द्विधाकृत्वात्मनो
देहवर्द्धेन पुरूषोऽभवत। अर्द्धेन नारी तस्यां तु सोऽसृजद्विविधाः
प्रजाः। दिवञ्च पृथिवी चैवमहिम्म व्याप्य तिष्ठति। (ब्रह्मपुराण, प्रथम खण्ड, श्लोक 51 से 53 तक)
द्विधाकृत्वाऽऽत्मनो देहमर्धेन पुरूषौऽभवत्।
अर्धेन नारी तस्यां स ब्रह्मा वै चसृजत्प्रजाः। (अग्निपुराण, प्रथम खण्ड, श्लोक 16–17)
ततः स भगवान्देवो द्विधा देहमकारयत्। द्विधा कृत्वात्मनो देहमर्धेनपुरूषोभवत्। अर्धेन नारी तस्यां च विराजमसृजत्प्रभुः। (भविष्यपुराण, प्रथम खण्ड–ब्राह्मपर्व, श्लोक 58–59)
द्विधा कृत्वाऽऽत्मनो देहधर्मेनपुरूषोऽभवत्।
अर्धेन नारीतस्यां स ससृजे विविधाः प्रजाः।
दिवं च पृथिवीं चैव महिम्ना व्याप्य तिष्ठतः। (हरिवंशपुराण, अध्याय–2, श्लोक 50–52 तक)
2. "स्त्री–मुखं तु सदा शुचि। (प्रबोध चन्द्रोदय, 3/21), "नित्यं मास्यं शुचि स्त्रीणां" (मनुस्मृति, 5/130), "स्त्रियोः मेध्याश्च सर्वत्रः" (मनु. 5/17 क्षेपक), "धवल–द्विज–शुचि–वदना" (हर्षचरित, तृतीय उच्छ्वास, पृ. 160) "स्त्री–स्वाभाव–सुलभामली काशं काम पनयामि" (वेणी संहार, 2/15) "तास्तु काश्चन सद्वंश जाता मुक्ताइवांगना। याः सुवृत्ताच्छ–हृदया यान्ति भूषण तां भुवि।। (कथासरित्सागर, भाग 1, 4/1/98)
3. "आगच्छतु काणा, इच्छामि काणाय––– अथ खी काणाय सामिको अंजं पजापतिं आनेसि। अस्सोसि खो काणा.... रोदन्ति अट्ठासि।" (पाचित्रिय, पृ. 112–113)
4. अविद्वां समलं लोके विद्धांसमपि वा पुनः। प्रमदा ह्युत्पथं नेतुं काम क्रोधवशानुगम्।।" (मनुस्मृति, 2/214)
5. "मनुर्मनुष्यांजनयत् कश्यपस्य महात्मनः। ब्राह्मणाः क्षत्रियान वैश्यांशृद्धांश्च मनुजर्षभ। मुख तो ब्राह्मणाः जाता उरसः क्षत्रियास्तथा। ऊरूभ्यां जजिरे वैश्याः पद्भयां शूद्रा इति श्रुतिः।" (वा. रामायणे, अरण्य काण्डे, 14/29–30)
6. "भार्या पुत्रश्च दासश्च प्रेश्यो भ्राता च सोदरः। प्राप्तापराधा स्ताऽयाः स्यूरज्जवा वेणुदलेन वा।।
–– (मनुस्मृति, 8/299, 9/230 एवं मत्स्यपुराण, 227/152–154)
7. "वाल्मी. रामायणे, युद्धकाण्डे, सर्ग 115, 116 एवं उत्तर काण्डे, सर्ग, 95, 96, 97 आदि।
8. "अभिज्ञान शाकुंतलम्, 4/20, दश कुमार चरितम्, उत्तरपीठिका – 6/34
9. "भर्त्तारमनुरून्धन्त्यः किल्श्यन्ते वीरपत्नयः। शुश्रुषया किल्श्यमानाः प्रति–लोकं जयन्त्युत।" (–महाभारत, विराटपर्व (कीचकवध पर्व, 16/41) एवं मनु स्मृति, 5/150, प्राचीन भारत में नारी, पृ. 74

10. "पत्याश्रयो हि में धर्मोमतः स्त्रीणां सनातनः। स देवः सा गतिर्नान्या तस्य का विप्रियं चरेत्।" (–महाभारत, वनपर्व, 233/37) एवं याज्ञवल्क्य स्मृति, 1/77 तथा "आपद्यपि सतीवृतं किं मुन्चन्ति कुलस्त्रियः। (कथा सरित्सागर, खण्ड 1, 1/3/14) – "अचिन्त्यशील गुप्तानां चरितं कुलयोषिताम्।" (कथा सरित्सागर, भाग 1, 1/4/83)
11. "आगच्छतु काणा, इच्छामि काणाय –––।" (पाचित्तिय, पृ. 112–113) एवं दशकुमार चरित, उत्तर पीठिका, 6/36–37), हिन्दु परिवार मीमांसा, पृ. 124
12. "यदर्थं निर्जिता मे त्वं सोऽय मासादितो मया। नास्ति मे त्वय्यभिषवंड्गो यथेष्टं गम्यतामिति।" (वा. रामायण ो, युद्धकाण्डे, 115/21 एवं "मनुस्मृति, 9/2 तथा "वन्ध्याष्टमेऽधिवेद्याब्दे दशमें तु मृतपूजा। एकादशे स्त्री जननी सद्यस्त्वप्रियवादिनी।" (मनु. 9/81)
13. "न चाप्य धर्मः कल्याण बहुपत्नीकता नृणाम्। स्त्रीणाम् धर्म सुमहान्भर्तुः पूर्वस्य लड्.घने।।" (महाभारत, आदिपर्व, 146/34)
"शूद्रैव भार्या शूद्रस्य सा च स्वा च विशः स्मृते। ते च स्वा चैव राज्ञश्च ताश्च स्वा चाग्रजन्मनः।"(मनुस्मृति, 3/13)
"एवं सु ते वेठकनतपस्साहि नारीहि परिचारेन्ति.... (दीघनिकाय, 1/91)
"इमे खो ब्राह्मणा नाम इत्थिलुद्धा, यून्नून मयं महागोविन्दं ब्राह्मणं इत्थीहि सिक्खेय्यामाति।" (दीघनिकाय, 2/182)
"न ब्राह्मणा अञ्ञमग मुं न पि भरियं किणिंसु ते।".... सुत्तनिपात, 2/7/70
"एका शूद्रस्य, वैश्यस्य द्वै तिस्त्र क्षत्रियस्य च। चतस्त्रो ब्राह्मणास्य स्युभार्या राज्ञो यथेच्छतः।।"
(गृहरत्नाकर, पृ.85) और देखिए
History of Dharma Shastra, Part-2, Page 552, जातक 5, पृ. 178
14. मनुस्मृति मेघातिथि– 9/1, दशकुमारचरित, उत्तरपीठिका–6/34
"भर्तुः शुश्रुपणं स्त्रीणां परोधर्मः।" (भागवतपुराण, 10/29–24) हिन्दु परिवार मीमांसा, पृ.124, कथासरित्सागर, भाग 1, 3/3/98, राजतरंगिणी, 1/318–321,
"आपद्यपि सतीवृतं किं मुन्चन्ति कुलस्त्रियः।" कथासरित्सागर, खण्ड 1, 1/3/14
15. /16. जातक 1, पृ. 307, अंगुत्तर निकाय, 4, पृ. 57
17. "भर्ता नाम परं नार्या भूषणं भूषणैर्विना।"– (महाभारत, वनपर्व, 68/19)
18. "स्त्रियों रत्नानि चैव हि साधारणानि लोकेऽस्मिन प्रवदन्ति मनीषिणाः।" (महाभारत, वनपर्व, 267, पृ. 1695) एवं "चक्रं रथो मणि भार्या निधि रथ्वो गजस्तथा। प्रोक्तानि सप्त रत्नानि पूर्वं स्वायम्भुवेऽन्तरे।" – (मत्स्यपुराण, 142/63)
19. "ब्राह्मणास्यानुपूर्व्येण चतस्त्रस्तु यदि स्त्रियः।" (मनुस्मृति, 9/149), याज्ञवल्वय स्मृति, 1/73, नवसाहसांक चरित, 14/53, कथासरित्सागर, भाग 2, 8/4/104, इंसक्रिप्शंस ऑफ बंगाल, 3, पृ. 15 (भोजवर्मा का बेलवाता ताम्रपत्र 12वीं शती ई.), "तेन श्री हरिचन्द्रेण परिणीता द्विजात्मजा। द्वितीया क्षत्रिया भद्रा महाकुल–गुणान्विता।" एपिग्राफिआ इंडिका, जिल्द 18, पृ. 95, कथासरित्सागर, द्वितीय भाग, 7/2/39–40, दशकुमार चरित, उत्तरपीठिका, 6/34,
20. मनुस्मृति, 5/151, 5/156, 5/157, 5/158, 5/162, 5/164, 5/166 दशकुमारचरित, उत्तरपीठिका, 6/36, दक्षस्मृति, 4/18–19, धर्मशास्त्र का इतिहास, भाग 1, पृ.349, एपिग्राफिआ इण्डिका, 20, पृ.168, आर्क्योलॉजिकल सर्वे ऑफ इण्डिया रिपोर्ट, भाग 10 (1874–75 एवं 1876–77) पृ.75, एपिग्राफिआ इण्डिका, जिल्द 14, पृ. 273, पंक्तियाँ 48–50, शुक्रनीति (अनु.विजय कुमार सरकार, पृ. 163), कामसूत्रम, 6/3/53, नैषध महाकाव्य, 4/21, वृहत्संहिता, 74/16, राजतरंगिणी, 6/107, 195, 7/103, 478 अलबेरूनी का भारत, भाग 3, परिच्छेद 69, पृ. 199

21. "परामप्यापदं प्राप्तो ब्राह्मणान्न प्रकोपयेत्। ते ह्येनं कुपिता हन्युः सद्यः सबलवाहनम्। "यैः कृतः सर्वभक्ष्योऽग्निर पेयश्च महौदधिः। क्षयी चाप्या यितः सोम को न नश्येत्प कोप्य तान।। लोकानन्यान्सृजेयुर्ये लोकपालंश्च कोपिताः। देवान्कुर्यरदेवांश्च कः क्षिण्वंस्तान्समृध्नुयात्।। यानु पाश्रितव्य तिष्ठन्ति लोका देवाश्च सर्वदा। ब्रह्मचैव धनं येषां को हिंस्या तान्जि जीविषुः।। (मनु. 9/313, 314, 215, 316) और देखिए मनु. 9/317, 319
22. मनुस्मृति, 8/416
23. शिवपुराण, रूद्रसंहिता–सतीखण्ड अ. 3–5, वही, पार्वतीखण्ड, अ.47
24. "उत यत्पतयो दश स्त्रियः पूर्वे अब्राह्मणाः। ब्रह्मा चेद्धस्तमग्रहीरस एव पति रेकधा। ब्राह्मणा एव पतिर्न राजन्यो न वैश्यः। तत्सूर्यः प्रब्रुवन्नेति पंचभ्यो मान्वेभ्यः। (अथर्ववेद, 5/17/8–9)
25. "ततः प्रियार्हश्रवणा तदप्रियं, प्रिया दुप श्रृत्य चिरस्य मानिनी। मुमोचवाष्पं रूदंती तदा भृशं, गजेन्द्र हस्ताभि हतेव बल्लरी। प्रविशन्तीव गात्राणि हृवानि सा जनकात्मजा। वाक्श रैस्तैः सशल्येव भृशम श्रुश्य वर्तयत्। (वाल्मी. रामायणे, युद्धकाण्डे, 115/25, 116/3), अलबेरूनी का भारत, भाग 3, 69 परिच्छेद, पृ. 199, लघु आश्वलायन, 21/14 "करतल स्थगिताधर, पल्लवाः प्रतनुकान्ति कपोल तलोदरम्। सिशिचुरश्रु जलैर्यर्दार स्त्रिय स्तरलित–प्रचुरालक जालकाः।" (एपिग्राफिआ इंडिका, 1, पंक्ति 16, पृ. 246)
26. वाट्र्स, 2, पृ. 81, विष्णु पुराण, 4/10/24, याज्ञवल्वप स्मृति, 1/83–87, "अस्मच्छ्यालकभागिनेय दुहिंता मिथ्या मिशप्ता यतस्ततम्पर्क नशान्मया स्वगृहिणी प्रेयस्यापि प्रोज्झिता।" (प्रबोध चन्द्रोदय, 9/2), मनु. (मेघातिथि), 9/1, याज्ञवल्क्य स्मृति, 1/83–87, "भर्तुः शुश्रूपणं स्त्रीणां परोधर्मः।" भागवत पुराण, 10/29–24 "भर्तुनमिन गृहणीयात् ह्यायुशोऽस्य (वि) बृद्वये... आकृष्टापि च नाक्रोशेत्ताऽितापि प्रसीदती।" (स्कंदपुराण, ब्रह्मधर्मारण्य, अध्याय–7)
27. मनुस्मृति, 5/148–149
"पिता रक्षति कौमारे भर्ता रक्षति यौवने। पुत्रस्तु स्थविरे भावे न स्त्री स्वातन्त्र्य मर्हति।" (महाभारत, विराटपर्व, कीचकवधपर्व, 16/42, पृ. 1890)
28. "नानुक्ता गृहान्नि गच्छित्। नानुत्तरीया। न त्वरितं ब्रजेत। न पर पुरूषमभि भाषेतान्यत्र वणिक्प्रव्रजितं वृद्रवैद्येभ्यः। न नाभिं दर्शयेत्। आ गुल्फा द्वासः परिदध्यात्। न स्तनौ विवृत्तो कुयति। न हसेदन यावृता। भर्तारं तद् बन्धुन्वा न किश्यात्। न गणिका धूर्ताभिसारिणी प्रवृजिता प्रेक्षणि कामायामू बकुहककारिका दुःशीला द्विभिः सहैकत्र तिष्ठेत्। संसर्गेण हि कुलस्त्रीणां चारित्र्यं दुख्यति।" (याज्ञवल्क्य–मिताक्षरा, 1/87), अपरार्क, पृ.107, मदन पारिजात, पृ.195, स्मृतिचन्द्रिका, व्यवहार, प्र.249–250, विवाद रत्नाकर, पृ.430।
29. "नैता दृशं दैव तमस्ति सत्ये, सर्वेषु लोकेषु सदैव केषु। यथा पतिस्तस्य तु सर्वकामाः, लभ्याः प्रसादात् कुपितष्च हन्यात्।" (महाभारत, वनपर्व, 234/2, पृ. 1623)
"नास्ति स्त्रीणां पृथग्यज्ञो न वृतं नाप्युपोषणम्। पतिं शुश्रुषते येन तेन स्वर्गे महीयते।" मनुस्मृति, 5/155, और देखिए, मनु, 5/151 से 166 तक)
30. "वैवाहिको विधिः स्त्रीणां संस्कारो वैदिकः स्मृतः। पतिसेवा गुरौवासो गृहार्थोऽविन परिक्रिया।" (मनु, 2/67) और देखिए मनु, 8/416, 9/230,
"पत्याश्रयो हि मे धर्मो मतः स्त्रीणां सनातनः। स देवः सा गतिर्नान्या तस्य का विप्रियं चरेत्।।" महाभारत, वनपर्व, 233/37, पृ. 1621)
31. "रूप बलेन च, भिक्खवो, मातुगामो समन्नागतो होति, भोग बलेन च, ञातिबलेन च, पुत्रबलेन च, न च सीलबलेन, नासेन्तेव नं, कुले न वासेन्ति।" (संयुक्त निकाय, 3/220)
"अञ्ञतरा... सानिकेन सह भण्डित्वा गामतो विक्ख मित्वा....।" पाचित्तिय, पृ. 178
"इत्थी वा क्रुधगामिणी।" 'सूयगंड, 1/3/1/16
32. "यज्ञे तु वितते सम्यग्रत्विजे कर्म कुर्वते। अलंङ्कृत्य सुतादानं दवं धर्मं प्रचक्षते।।
"एकं गो मिथुनं द्वेवा वरादादाय धर्मतः। कन्या प्रदानं विधिवदार्षो धर्मः स उच्यते।।

''सह्मे भौ रतां धर्म मिति वाचाऽनुभाष्य च। कन्या प्रदानमम्पर्च्य प्राजापत्यो विधिः स्मृतः।।
''जातिभ्यो द्रविणं दत्वा कन्यायै चैव शक्तितः। कन्या प्रदानं स्वाच्छन्द्या दासुरो धर्म उच्यते।।
''इच्छयाऽन्योन्य संयोगः कन्यायाश्चवरस्य च। गान्धर्वः स तु विज्ञेयो मैथुन्यः काम सम्भवः।।
''सुप्तां मत्तां प्रमात्तां वा रह्रे यत्रोपगच्छति। स पापिष्ठो विवाहानां पैशाचश्चाष्टमोऽधर्मः।।
(मनुस्मृति, 3/28, 29, 30, 31, 32, 33, 34, 35 आदि)

33. ''ढोल गंवार सूद्र पसु नारी। सकल ताड़ना के अधिकारी।।
(रामचरित मानस, सुंदरकाण्ड, 58/3)

34. ''पुरूष प्रताप प्रबल सब भांती। अबला अबल सहज जड़ जाती।।''
(रामचरित मानस, उत्तरकाण्ड, 114 (क)/8)

35. ''महावृष्टि चलि फुटि किआरी। जिमि सुतंत्र भये बिगरहिं नारी।।''
(रामचरित मानस, किष्किन्धा काण्ड, 14/4)

36. ''सेवक सठ. नृप, कृपन कुनारी। कपटी मित्र सूल सम चारी।।''
(रामचरित मानस, किष्किन्धा काण्ड, 6/5)
''कहं हम लोक वेद विधि हीनी। लघु तिय कुल करतूति मलीनी।।
(रामचरित मानस, अयोध्या काण्ड, 222/3)

37. ''पूजिअ विप्र सील गुन हीना। सूद्र न गुन गन ग्यान प्रवीना।''
(रामचरित मानस। अरण्यकाण्ड, 33/1)

38. ''रहति न प्रभु चित चूक किए की। करत सुरति सयबार हिए की।।
जेहि अद्य बधेऊ व्याध जिमि बाली।। फिरि सुकंठ सोइ कीन्ह कुचाली।।
सोई करतूति विभीषण केरी। सपनेहूं सो न राम हिय हेरी।।
ते भरतहिं भेंटत सनमाने। राजसभा रघुवीर बखाने।।
(रामचरित मानस, बालकाण्ड, 28 (ख)/3–4)

अध्याय– प्रथम

भारतीय परिवेशः जन्म और बाल्यावस्था

भारतीय सामाजिक व्यवस्था में आमतौर पर पुत्री का स्थान पुत्र की अपेक्षा निम्न माना गया है, लेकिन वैदिक युगीन समाज में लड़कों के समान लड़कियों के लिए भी शिक्षा का द्वार खुला हुआ था।[1] विवाह पूर्व युवती किसी भी युवक से स्वतंत्रतापूर्वक मिलकर उससे प्रेमालाप कर सकती थी। तत्कालीन युवतियाँ अपने रंग सौन्दर्य से फूली नहीं समाती थी।[2] उस समय अविवाहित रह जाना कन्याओं के लिए लज्जास्पद नहीं था।[3] बृहस्पति की भगिनी को ब्रह्माण्ड पुराण में ब्रह्मवादिनी कहा गया है, इसने योग में सिद्धि प्राप्त कर आसक्त रहित होकर समस्त पृथ्वी का अत्यन्त निर्भयतापूर्वक पर्यटन किया था।[4] दक्षकन्या भी ब्रह्मवादिनी कहलाती थी।[5] पौराणिक मैना और धारिणी भी ब्रह्मवादिनी, योगिनी और श्रेष्ठज्ञान से परिपूर्ण थी।[6] धर्मवृत्ता नामक कन्या ने अपने पिता की इच्छानुसार वर प्राप्त करने के लिए दुष्कर तपस्या की थी।[7] तत्कालीन युग में राजनीतिक शिक्षा राजकुमारियों एवं सामंत कुमारियों की शिक्षा का प्रमुख अंग थी।[8] वैदिक कालीन कन्याओं का वेदाध्ययन उपनयन संस्कार से आरम्भ होता था। सूत्र युग में भी नारियाँ वेदों का अध्ययन और मंत्रोच्चारण किया करती थी।[9] लोपामुद्रा, विश्ववारा, सिकता, घोषा, नोघा, अकृष्टामाप, निवावरी, तथा गोपायना आदि विदुषी स्त्रियों ने वैदिक मंत्रों की रचना भी की थी और ''ऋषि'' उपाधि से विभूषित हुई थी। विवाह के लिए अनिवार्य योग्यता बह्मचर्य युक्त अध्ययन ही था।[10] अध्ययनरत् छात्राओं की प्रथम श्रेणी ''ब्रह्मवादिनी'' और द्वितीय श्रेणी की छात्राएँ ''सद्योवधू'' कही जाती थी और विवाह पूर्व तक उनका अध्ययन जारी रहता था। कन्याओं

के लिए वेदाध्ययन इसलिए भी जरूरी था कि उन्हें हर प्रातः–संध्या वैदिक स्तुतियाँ करनी पड़ती थी और नारियाँ अपने पति के साथ यज्ञादि धार्मिक अनुष्ठानों में मंत्रोच्चारण किया करती थी। श्री सीता जी नियमित रूप से संध्या–वंदन किया करती थी।[11]

मीमांसा में भी स्त्रियों की पर्याप्त उपलब्धि थी। उन्होंने ''काशकृत्स्नी'' नामक ग्रंथ की रचना भी की थी। इसमें विशिष्टीकरण करने वाली विदुषियों को ''काशकृत्स्ना'' कहा जाता था। गार्गी और मैत्रेयी अत्यन्त विदुषियाँ थी। उनमें से गार्गी ने तो दर्शनशास्त्र पर याज्ञवल्क्य से आश्चर्य जनक रूप से वाद–विवाद किया था जबकि मैत्रेयी वेदान्त ज्ञान से युक्त थी। महाभारत में महाराज पाण्डु की धर्मपत्नी कुन्ती अथर्ववेद में पारंगता थी।

बौद्ध युग में भी नारी शिक्षा का पर्याप्त रूप से प्रचार–प्रसार था। उस युग की स्त्रियाँ भी अत्यन्त विदुषी थी। महामाया, महाप्रजापति गौतमी, यशोधरा, विशाखा, सुजाता, खेमा, महामल्लिका, कोशलादेवी, बाजिरा आदि इस सन्दर्भ में उल्लेखनीय है। बौद्धसंघ की छत्रछाया में नारियों ने उच्चतम आध्यात्मिक ज्ञान प्राप्त किया और अपनी विद्वता से संघ को गौरवान्वित किया। मौर्यकाल में सम्राट अशोक की पुत्री संघमित्रा बौद्ध धर्म के प्रचारार्थ अनेक भिक्षुणियों के साथ श्रीलंका गई थी और अपने ज्ञान के प्रभाव से उसने वहाँ की समस्त नारियों को बौद्ध भिक्षुणी बना दिया था। थेरीगाथा में ऐसी बहुंत सी थेरियों के उल्लेख हैं जो विश्रुत कवियित्रियाँ थी। उनमें से बत्तीस ब्रह्मचारिणी थी और अपने उच्च ज्ञान के कारण ''थेरी'' का महत्त्वपूर्ण व गौरवशील पद प्राप्त करने में समर्थ हुई थी। इन थेरियों में अनुपमा, शुभा और सुमेधा आदि है। राजगृह की श्रेष्ठी पुत्री कुण्डल केशा सम्पूर्ण धर्मशास्त्रों की विदुषी थी और जैन धर्म में दीक्षित थी।

उपनिषद काल में नारियाँ शिक्षा के उपरान्त अध्यापन का कार्य भी किया करती थी और इन शिक्षिकाओं को ''उपाध्याया'' कहा जाता था।[12] सम्पूर्ण प्राचीन भारतीय साहित्य नारी शिक्षा को उच्च स्तर पर प्रतिपादित करते हैं। पुरातात्त्विक स्थिति से भी गौर करें तो नारी शिक्षा के व्यवस्थित रूप पर अच्छा प्रकाश पड़ता है। खजुराहो, भुनेश्वर, कोणार्क, पुरी, भोरमदेव आदि की कला में नारी मूर्तियों को लेखन कार्य करते हुए या पुस्तक लिए हुए प्रदर्शित किया गया है। नारी शिक्षा से सम्बन्धित अनेक दृश्य खजुराहो की कला में दर्शित है।[13] एक स्त्री मूर्ति के बाँये हाथ में कागज है और दाहिना हाथ वक्ष स्थल पर रखा हुआ है, सम्भवतः किसी के पत्र को पढ़ती हुई वह घबरा रही है।[14] कंदरिया महादेव मंदिर के दाहिने बाह्य भाग में अवस्थित एक स्त्रीमूर्ति पत्र लिए हुए मंद–मंद मुस्कुरा रही है। विश्वनाथ मंदिर में दाहिनी बाहरी भाग तथा भीतरी प्रदक्षिणा पथ में कई ऐसी स्त्री मूर्तियाँ अंकित है, जो पत्र पकड़े हुए या पढ़ते हुए प्रदर्शित है। लक्ष्मण मंदिर के एक दृश्य में एक माँ अपने बच्चों को दीवाल पर कुछ लिखकर उपदेश कर रही है।

काश्मीरी कवि विल्हण ने स्त्रियों की प्रशंसा करते हुए कहता है कि वे संस्कृत एवं प्राकृत दोनों भाषाएँ सुंदर ढंग से धारा प्रवाह बतियाती थी।[15] महर्षि वात्स्यायन के अनुसार भारतीय कन्याओं को चौसठ कलाओं की शिक्षा अनिवार्य रूप से दी जानी चाहिए ताकि वह कुशल गृहिणी बन सके।[16] वात्स्यायन ने संगीत, नृत्य एवं चित्र कलाओं का ज्ञान कन्याओं के लिए वाँछनीय माना है। महाभारत के विराटपर्व में राजकुमारी उत्तरा, अर्जुन से नृत्य–संगीतादि की शिक्षा ग्रहण कर निष्णात् हो गई थी। पुराणों में विशोक द्वादशी नामक व्रत का विधान है, जिनमें स्त्रियों को नृत्य, संगीतादि प्रस्तुत करने पड़ते थे।[17] सम्राट हर्ष की बहिन राज्यश्री सभी कलाओं की पंड़िता थी। पुराणों के अनुसार बाणासुर के मंत्री कुम्भाण्ड की कन्या चित्रलेखा उच्चकोटि की चित्रकार थी और उसने राजकुमारी ऊषा के अनुरोध पर देव, दानव, नाग, गन्धर्व, यक्ष, मनुष्य और विविध पशु पक्षियों के चित्र बना दिये थे।[18] गणित शास्त्र की विख्यात पुस्तक ''लीलावती'' की रचना बारहवीं शती ई. में की गई थी। प्रसिद्ध गणितज्ञ भास्कर द्वितीय ने इसकी रचना अपनी कन्या लीलावती को गणितीय ज्ञान देने के उद्देश्य से किया था। पाणिनि और पंतजलि के समय नारियाँ वैदिक अध्ययन ही नहीं, अपितु अध्यापन कार्य भी किया करती थी।[19] आदिशंकराचार्य से मण्डन मिश्र के शास्त्रार्थ के समय मण्डन मिश्र की धर्मपत्नी ने मध्यस्थता का कार्य किया था और जय–पराजय का ऐतिहासिक निर्णय दिया था। अपने पति के पराजय के बाद उसके सन्यास ले लेने की स्थिति में वह (उभयभारती) श्रृंगगिरि में अध्यापन का कार्य करने लगी थी।

शिवपुराण में श्री पार्वती जी वांछित फल की प्राप्ति हेतु कठिन तपश्चर्या की थी। भागवतपुराण में श्रीकृष्ण जी की बहिन सुभद्रा एक पर्वत पर दुर्गा पूजा हेतु जाया करती थी। श्री रूक्मिणी जी शिवा पूजने जाती थी। सबल सिंह चौहान कृत महाभारत के अनुसार महारानी कुन्ती और गान्धारी भी शिवपूजा करने जाया करती थी। इसी तरह पाताल लोक में एक नागकन्या पति प्राप्ति की आंकाक्षिणी होकर नित्य ही शिवपूजन करती थी।

रामायण के अनुसार श्री सीता जी भी शिव पूजा करने जाया करती थी। इस प्रकार वांछित फल की प्राप्ति हेतु भारतीय कन्याएँ कठिन धार्मिक नियमों का पालन और व्रत–उपवास आदि किया करती थी।[20] चन्द्रगुप्त विक्रमादित्य की पुत्री प्रभावती गुप्ता ने विवाहोपरान्त भी अपने पिता के उपनाम ''गुप्त'' को धारण किये रही और अपने पति के मृत्योपरान्त स्वयं ही राजकर्म बड़ी ही कुशलता से निभाया था। चन्द्रगुप्त प्रथम के सिक्के में उसके साथ उसकी पत्नी कुमार देवी भी दर्शित हैं। इससे स्पष्ट है कि वह राजकाज में अपने पति का पूर्ण सहयोग किया करती थी। रामायण में यह कथा प्रचलित है कि देवासुर संग्राम में जब महाराज दशरथ ने देवताओं की सहायता की थी, तो उस समय कैकेयी ने ही उसका अश्व संचालन किया था। इसी प्रकार सुभद्रा हरण युद्ध में स्वयं सुभद्रा ने और रूख्मिणी हरण युद्ध में स्वयं रूख्मिणी ने अश्व संचालन किया था। काश्मीरी शासक

क्षेमगुप्त (950–958 ई.) की पत्नी दिद्दा अपने पति को राजकाज में मदद किया करती थी। उसके सिक्कों में इसीलिए ''दि–क्षेम'' उत्कीर्णित है। दक्षिण भारत के सूडि अभिलेख (1048 ई.) के अनुसार कल्याणी के चालुक्य शासक विक्रमादित्य षष्ठम की रानी लक्ष्मा देवी ने सम्राट की हैसियत से कल्याणी में शासन किया था।[21] उसी तरह जबलपुर की गोंड़ शासिका दुर्गावती और झांसी की रानी लक्ष्मी बाई राज्य संचालन व युद्ध कौशल के लिए विश्व विश्रुत हो गई है।

भगवान श्री कृष्णजी के द्वारका दुर्ग में पुरूष सैनिकों के अतिरिक्त स्त्री योद्धाएँ भी नियुक्ति की गई थी।[22] काश्मीर के विजयमल्ल की रानी पति के साथ सहायतार्थ युद्ध क्षेत्र में गई थी।[23] पूर्वकालीन समाज में राजकुमारियाँ, मंत्री की पुत्रियाँ, गणिकाएँ और नटनियाँ शास्त्र ज्ञान से सम्पन्न और विश्रुत कवियित्री होती थी।[24]

उपनिषद काल में कन्या जन्म अपेक्षाकृत खुशी प्रदान करने वाला था। उस समय कोई भी माता–पिता अयोग्य पुत्र के स्थान पर सुयोग्य पुत्री प्राप्त करना ही अधिक श्रेयस्कर समझते थे।[25] कन्या के प्रति लगाव होने का एक मुख्य कारण यह भी है कि पुत्र की अपेक्षा वह अपने माता–पिता का ज्यादा ख्याल रखती है। आज भी सुसंस्कृत माता–पिता पुत्र की तरह ही पुत्री प्राप्ति के लिए भी विकल रहा करते हैं, क्योंकि पुत्री ही अपने माता–पिता को वह प्यार दे पाती है, जो एक वृद्ध माता–पिता के लिए आवश्यक होते हैं।

गुप्तकाल में भी सभ्रान्त परिवारों में सुयोग्य कन्या सम्मान की पात्रा थी और वह प्रत्येक परिवार के लिए गौरवमयी थी।[26] पुत्र के सम्मान ही पुत्री के लिए भी सुख, कल्याण व दीर्घायु की कामना की जाती थी।[27] वनवास के बाद श्री राम जी के नगर आगमन पर स्वागत और राज्याभिषेक के समय कन्याओं ने अहम् भूमिका निभायी थी।[28] पौराणिक युग में घर–घर में मान्यता व्याप्त थी कि शील सम्पन्न एक ही सुयोग्य कन्या दस पुत्रों के समान आदरणीय थी।[29] कन्याओं को भी अपने माता–पिता से वियोग की स्थिति में असह्य वेदना होती थी।[30] सीता, सावित्री, द्रौपदी, दमयन्ती आदि कन्याएँ अपने माता–पिता को अत्यधिक चाहती थी। गुप्तयुग में चन्द्रगुप्त द्वितीय विक्रमादित्य की पुत्री प्रभावती गुप्ता ने कभी अपने पति का 'उपनाम' नहीं ग्रहण किया और अपने राजकीय पूना ताम्रपत्र में भी उसने अपने पति की वंशावली के स्थान पर पितृवंशावली का उल्लेख किया है। कालिदास के समय कन्या का दर्शन शुभ संकेत था और मांगलिक अवसरों पर उनकी उपस्थिति अनिवार्य मानी जाती थी।[31] रामायण में सुग्रीव, रावण तथा महाभारत में युधिष्ठिर के राज्याभिषेक के समय भी उनकी उपस्थिति उल्लेखनीय है।

तत्कालीन चौहान शासक गुवक द्वितीय की बहिन कलावती सभी चौंसठ कलाओं में पारंगत थी।[32] राजशेखर की पत्नी अवन्ति सुंदरी कवियित्री और टीकाकार दोनों ही थी।[33]

दक्षिण भारत के चालुक्य शासक विक्रमादित्य प्रथम के बड़े भाई चन्द्रादित्य की रानी विजय भट्टारिका उच्चकोटि की कवियित्री थी।

बुद्धकालीन समाज में पुत्री को पर्याप्त सम्मान मिलता था तथा स्वयं भगवान बुद्ध नारी जाति का सम्मान करते थे। उसने धर्मोपदेश देते समय एक दिन वज्जिवासियों को आग्रह किया था कि अगर वे नारी जाति का सम्मान करना शुरू नहीं करेंगे, तो शीघ्र ही विनष्ट हो जायेंगे। तत्कालीन कोशल नरेश प्रसेनजित को पुत्री के समुचित पालन पोषण के लिए निर्देशित करते हुए बुद्ध कहते हैं कि –''कतिपय स्त्रियाँ भी बुद्धिमती, शीलवती, प्रतिव्रता एवं सास की सेवा में तत्पर हुआ करती हैं। इतना ही नहीं, प्रत्युत उनसे उत्पन्न हुआ पुत्र दिशाओं को जीतने वाला वीर होता है तथा वे राज्य के संचालन में कुशल होता है। इसलिए हे राजन्! आप उनका समुचित संरक्षण कीजिए।[34] इस प्रकार भगवान बुद्ध ने तत्कालीन पुत्र–पुत्री के प्रति भेदभाव की नीति का कड़ा विरोध किया था। उस युग में कन्या का महत्व भारतीय समाज में अत्यधिक था। मनुष्य अपनी कन्या जन्म पर अत्यन्त हर्षित होते थे। कोसलराज के अन्तःपुर में उब्बिरी नामक रानी अत्यन्त सुन्दरी थी। कुछ वर्षों के अनन्तर उसे एक कन्या हुई, जिसकी सुंदरता से हर्षित होकर राजा ने उब्बिरी को सम्मानित किया। कुछ दिनों बाद ही उसकी कन्या मर गई। अपनी कन्या की असामयिक मृत्यु पर उब्बिरी अत्यन्त दुःखी होती है।[35] अपनी कन्या की मृत्यु से विक्षिप्त उब्बिरी उस स्थल पर जाकर विलाप किया करती थी जहाँ उसकी मृत कन्या का पार्थिव शरीर गाड़ा गया था।[36] इस युग में कन्या का महत्व इतना अधिक बढ़ गया था कि सुन्दर कन्या के माता पिता सहज ही में राजा या राजपरिवार के सम्बन्धी बन जाते थे।[37] उस युग में माता–पिता अपनी कन्या का विवाह एक से अधिक बार कर सकते थे और प्रत्येक बार अपने होने वाले जामाता से आवश्यक धनराशि ले लिया करते थे।[38] सुन्दर कन्या से विवाह के इच्छुक व्यक्ति स्वयं ही लड़की के माता–पिता से सम्पर्क स्थापित कर प्रचुर धन राशि के बदले कन्या विवाह का प्रस्ताव रखते थे।[39] इस प्रकार इस युग में कन्या विवाह में दहेज की समस्या किसी भी प्रकार से दृष्टिगोचर नहीं होती। कभी–कभी तो ऐसा भी होता था एक लड़की से विवाह के लिए युवकों में प्रतिस्पर्धा शुरू हो जाती थी और कन्या के माता–पिता के पास एक से अधिक प्रस्ताव चले जाते थे, जिसमें प्रचुर धन राशि व इच्छित वस्तुओं के बदले में कन्या से विवाह का प्रस्ताव रखा जाता था।[40] तत्कालीन युग में कन्या के माता–पिता को कन्या भार स्वरूप नहीं लगता था, बल्कि वे कन्या की प्राप्ति को अपना सौभाग्य समझते थे। दहेज प्रथा न होने और एक कन्या के बदले में प्रचुर धन सम्पत्ति प्राप्त हो जाने के कारण हर माता–पिता प्रसन्नचित रहते थे।[41] इस प्रकार उत्तर बौद्धयुग एवं जैन युग में पुत्री का जन्म विषाद का कारण किसी भी स्थिति में नहीं था, अपितु लोगों के लिए अत्यन्त हर्ष का विषय बन गया था। अपनी सुन्दर कन्या के कारण

साधारण हैसियत का व्यक्ति भी राजा का सम्बन्धी बन जाता था और किसी भी सम्पन्न व्यक्ति से प्रचुर धन सम्पत्ति प्राप्त कर सकता था एवं विवाह में दहेज के रूप में एक कौड़ी भी नहीं देना पड़ता था। अतएव निश्चय ही सामान्य परिवार के मनुष्य सुन्दर कन्या के जन्म पर अत्यन्त गौरव का अनुभव करते थे।[42]

बचपन में लड़कियाँ प्रायः लड़कों के साथ खेला करती थी।[43] उस समय युवतियों पर इतना कठोर प्रतिबन्ध नहीं था कि वे बाहर न निकल सके। वे राजपथ पर अत्यन्त निर्भीकतापूर्वक विचरण किया करती थी।[44] तत्कालीन युग में कन्या को समाज में अत्यन्त पवित्र माना जाता था। बौद्ध ग्रंथ में ''कुमारिपञ्हं'' शब्द उल्लिखित है, जिसका तात्पर्य कुमारी के शरीर में देवता का अवतरण कर उससे प्रश्न पूछकर सहीं जवाब पाने से है।[45] निश्चय ही देवताओं का अवतरण पवित्र स्थल पर ही हो सकता है और ''कुमारिपंहं'' पद से कुमारी की पवित्रता सम्बन्धी तत्कालीन समाज की मान्यता प्रदर्शित होती है। इसी परिप्रेक्ष्य में भारतीय समाज में ''कुमारी पूजा'' की शुरूआत हो गई। मनुष्य, कुमारियों को देवी के सदृश मानकर उनकी पूजा करने लगा। इस हेतु उन्हें धार्मिक मान्यता भी प्राप्त हो गई। देवी भागवत पुराण में कुमारियों को उनके उम्र के अनुसार विभिन्न देवियों का स्वरूप स्वीकार किया है। एक वर्षीया–संध्या, द्विवर्षीया–सरस्वती, सप्तवर्षीया–चण्डिका, अष्टवर्षीया–शाम्भवी, नौवर्षीया–दुर्गा, दस वर्षीया–गौरी, द्वयदस वर्षीया–श्यामा, त्रयदश वर्षीया–महालक्ष्मी और षोडश वर्षीया– ललिता आदि स्वरूपों में वे जन्म से लेकर वृद्धावस्था तक पूजनीया घोषित हुई।[46] आज भी दुर्गा पूजा के अवसर पर कुमारी पूजा व भोजन–वस्त्रादि से उन्हें सम्मानित किया जाता है। देवीभागवतपुराण की जहाँ–जहाँ भी आयोजना होती है, वहाँ भी कुमारियों को उपर्युक्त प्रकार से सम्मानित किया जाता है।

पूर्वकालीन युग में पिता के अभाव में कन्या को अपने बड़े भाई के संरक्षण में विवाह पर्यन्त जीवन यापन करने का अधिकार था।[47] जब कोई प्रव्रज्या लेने को उद्यत होता था, तो उसे रोकने के लिए उसके सम्मुख अनेक कारणों को प्रस्तुत किया जाता था, उसमें एक कारण छोटी बहिन के प्रति उचित उत्तरदायित्व को निभाना भी रहता था अर्थात प्रव्रज्या के लिए तत्पर व्यक्ति को स्मरण कराया जाता था कि अभी उसकी छोटी बहिन अत्यन्त नादान है।[48] उस समय गर्भस्थ कन्या के विषय में भी सम्मान का भाव था, चाहे उस कन्या का बड़ा भाई सौतेला ही क्यों न हो, लेकिन उसे भी अपनी सौतेली छोटी बहिन को पालने का जिम्मा लेना पड़ता था।[49]

भगवान महावीर के समय माता–पिता पुत्र की अपेक्षा पुत्री से अत्यन्त प्रेम करते थे। पुत्र और पुत्री दोनों ही स्नानादि कर पिता की चरण वन्दना के लिए जाते थे। पिता चरण वन्दना के लिए आए पुत्र का तो आदर करता था तथा उसे अपने आसन के आधे भाग पर बैठने के लिए आमंत्रित करता था, किन्तु वन्दना के लिए आई हुई पुत्री को गोद में बिठाकर

स्नेहाशीष देता था।[50] पुत्री उस युग में पिता के सम्पत्ति की उत्तराधिकार की दावेदार भी हो सकती थी।[51] वैदिक काल में पुत्री के लिए धार्मिक शिक्षा का दिया जाना आवश्यक था।[52] ग्राम्य संस्कृति में धार्मिक दृष्टि से भी नारी को पुरूष के समकक्ष माना गया और उसे समान रूप से मुक्ति या अर्हत पद प्राप्त करने में समर्थ माना गया था।[53] कन्याएँ अपनी बाल्यावस्था में, माताओं के उपदेश से धार्मिक आचार–विचार की जो रूपरेखा प्राप्त करती थी, युवावस्था में उसी का परिशीलन किया करती थी। यदि उनके मन में धर्म के विषय में कोई शंका जागृत होती थी तो उसके निवारणार्थ वे किसी भी ख्यातिप्राप्त धार्मिक महापुरूषों के पास निःसंकोच जा सकती थी। चुन्दी नामक राजकुमारी इसी हेतु पाँच सौ कुमारियों के साथ भगवान बुद्ध के पास गई थी।[54] जयन्ती ने महावीर के पास जाकर गम्भीर तात्विक व धार्मिक चर्चा की थी।[55] प्रद्युम्न की कन्याओं कोकनदा तथा छोटी कोकनदा ने भी बुद्ध के पास जाकर उसके दर्शन किये और उसके सम्मुख जो गाथाएँ कही, वे पुत्री की धार्मिक बुद्धि के विकास के ठोस प्रमाण है।[56]

गौतम बुद्ध के नूतन एवं स्वतंत्र दृष्टिकोण से प्रभावित भारतीय समाज में पुत्री को सभी सम्मान व अधिकार प्राप्त थे। कन्याएँ धार्मिक शिक्षा–दीक्षा प्राप्त कर आध्यात्मिक शांति की ओर प्रयत्नशील होती थी। धार्मिक आचरण करने में पुत्रीवर्ग को अपेक्षाकृत अधिक स्वतंत्रता प्राप्त थी।[57] उस युग में कन्या के महत्व को प्रतिपादित करने के लिए ''कन्या वर्षगाँठ महोत्सव'' का आयोजन किया जाता था। जिसमें उन्हें सार्वजनिक तौर पर पुष्पों से सम्मानित कर पूजा की जाती थी।[58] कन्या के जीवन से सम्बन्धित दूसरा सार्वजनिक उत्सव ''चातुर्मासिक स्नान'' था। चौथे मास कन्याओं को समारोहपूर्वक स्नान कराया जाता था। इस हेतु राजमार्ग के निकट ''उत्सव मण्डप'' का निर्माण किया जाता था। स्वयं राजा इस उत्सव में सम्मिलित होकर और कन्या को गोदी में लेकर स्नेहाशीष प्रदान करता था।[59]

जहाँ तक भारतीय कन्या की आवश्यक शिक्षा–दीक्षा का प्रश्न है तो आमतौर पर राजकुल की कन्याएँ ज्ञान–विज्ञान और ललित कला में प्रवीणता प्राप्त करने के साथ ही साथ राजनीति और युद्धकला की शिक्षा भी प्राप्त करती थी। सूत्रकाल तक तो स्त्रियाँ बिना किसी विघ्नबाधा के यज्ञ सम्पादित किया करती थी।[60] वाल्मीकि और अगस्त्य जैसे ब्रह्मर्षियों से वेदान्त की शिक्षा ग्रहण करके मैत्रेयी ने प्रसिद्धि प्राप्त की थी।[61] पूर्वकाल में सहशिक्षा का भी अस्तित्व था। अत्रेयी ने लव और कुश के साथ ही शिक्षा ग्रहण की थी, जबकि महाभारत की अम्बा, शैखावत्य के साथ शिक्षा ग्रहण करती थी।

बौद्धकाल में भी नारियाँ शिक्षित और पण्डिता हुआ करती थी। विद्या, धर्म, दर्शन आदि के प्रति उनकी अगाध रूचि होती थी। बौद्ध आगमों की तो वे ख्यातिप्राप्त अध्यापिकाएँ भी थी। थेरी गाथा की प्रमुख विदुषियों में 32 आजीवन ब्रह्मचारिणी जबकि 18

विवाहिता भिक्षुणियाँ थी। स्वयं भगवान बुद्ध की धर्मपत्नी यशोधरा महान विदुषी नारी थी। भिक्षुणी खेमा की विद्वता की कीर्ति दूर–दूर तक फैली हुई थी और वह एक उच्च शिक्षा प्राप्त स्त्री थी। सुभद्रा नामक भिक्षुणी व्याख्यान देने में ख्यातिलब्ध थी। राजगृह की श्रेष्ठि पुत्री भद्रा कुण्डलकेशा अपनी विद्या और ज्ञान से सबको विमोहित किए हुए थी। जातकों के अनुसार एक जैन पिता की चार पुत्रियों ने देशाटन के दौरान लोगों को दर्शनशास्त्र में वाद–विवाद करने के लिए सीधी चुनौती दी थी।[62] उस युग में पृथक रूप से 'महिला शिक्षण संस्थान'' भी कार्यरत थे।[63] सहशिक्षा का प्रचार–प्रसार पूर्ववत रहने के फलस्वरूप भूरिवसु तथा देवराट् के साथ कामन्दकी ने गुरूकुल में अध्ययन किया था।[64] नारी शिक्षा के प्रमुखतया दो रूप थे – (1) आध्यात्मिक और (2) व्यावहारिक। आध्यात्मिक ज्ञान में बृहस्पति भगिनी भुवना, अर्पणा, एकपर्णा, एक पाटला, मैना, धारिणी, संतति, शतरूपा आदि कन्याएँ विश्व विश्रुत थी।[65] उमा, पीवरी, धर्मव्रता जैसी कन्याओं ने अपने तपश्चर्या के बल पर इच्छानुकूल पति प्राप्त किया था।[66] वैदिक युग में अपाला नामक कन्या कृषि कर्म में अपने पिता को सहयोग प्रदान किया करती थी।[67] उस समय की कन्याएँ गाय दुहने का कार्य किया करती थी, इसलिए उन्हें दुहिता भी कहा जाता था। सूत कातना, बुनना और वस्त्र सिलना भी उन्हें अभिज्ञात था।[68] ललित कलाओं में तो वे अति निपुण होती थी।[69] उत्तर वैदिक कालीन कन्याएँ नृत्य, संगीत, गान, चित्रकला आदि की भी समुचित रूप से शिक्षा ग्रहण करती थी।[70]

रामायण और महाभारत में तो स्त्रियों द्वारा नृत्य संगीतादि के शिक्षा लेने या प्रस्तुत करने के अनेकानेक उदाहरण मिलते हैं। पुराणों के अनुसार त्रिपुर की स्त्रियाँ अपनी भाव–भंगिमाओं से लोगों को प्रसन्न बनाये रखती थी।[71] बाणासुर के मंत्री कुष्भाण्ड की पुत्री चित्रलेखा, राजकुमारी उषा के हितार्थ चित्रपट पर अनेकों देव, गन्धर्व, किन्नर, नाग, मनुष्य आदि आकृतियों का अंकन किया था, जिसमें श्रीकृष्ण जी के पौत्र अनुरूद्ध जी का चित्ताकर्षक चित्र भी सम्मिलित था।[72]

इस प्रकार पूर्वकालीन भारत में नारी की स्थिति सर्वोत्तम थी, लेकिन कालान्तर में व्यवस्थाकारों की स्वार्थी नीति के चलते उनके अधिकारों पर अतिक्रमण शुरू हो गया। दूसरी शती ई.पू. तक आते–आते नारी उपनयन, संस्कारादि, व्यवहारादि क्रमशः बंद हो चुका था। मनु के अनुसार पति ही, नारी की गति है। वह कन्या का आचार्य, विवाह ही उसका उपनयन संस्कार, पति सेवा ही उसका आश्रम निवास और गृहस्थी के कार्य ही उसके दैनिक धार्मिक अनुष्ठान है।[73] उसके अनुसार बालिकाओं के उपनयनादि संस्कारों में वैदिक मंत्रों का उच्चारण नहीं करना चाहिए।[74] वह शूद्रों के ही समान वेदों के पठन–पाठन और यज्ञादि कर्मों के अधिकार से बलपूर्वक वंचित कर दी गई। वह केवल माता–पिता, भाई–बन्धु आदि से घर पर ही शिक्षा प्राप्त कर सकती थी।[75] अतएव कन्याएँ घर पर ही

शिक्षा प्राप्त करने लगी, इसीलिए प्राचीन भारतीय विश्वविद्यालयों में कहीं भी छात्रा का उल्लेख नहीं मिलता। तृतीय शती ई.पू. तक बालिकाओं को परिवार में ही उचित शिक्षा दी जाती थी। बाद में बाल विवाह जैसी कुप्रथा के कारण यह चलन बन्द कर दिया गया तथा कन्याओं के उपनयन संस्कारादि को भी पूर्णतया समाप्त कर दिया गया। धर्म शास्त्रकारों की व्यवस्था[76] ने नारी शिक्षा को अत्यन्त आघात पहुंचाया। ऐसे ही धार्मिक कट्टरपंथियों ने उनके विरूद्ध एक भयानक षड़यंत्र रचकर उन्हें हर स्थितियों में शूद्रों के ही समान रखकर उनके शिक्षा–संस्कारादि अधिकार समाप्त कर दिये और यहीं से नारियों की पराधीनता की शुरूआत होती है। मनु ने व्यवस्था दी कि तीस वर्ष की अवस्था वाला पति बारह वर्ष की अवस्था वाली सुन्दरी कन्या से विवाह करे अथवा शीघ्रता करने वाला चौबीस वर्ष की अवस्था वाला पति आठ वर्ष की कन्या के साथ विवाह करे।[77] ऐसे ही धार्मिक कट्टरपंथियों के कारण भारतवर्ष में बाल विवाह प्रथा की शुरूआत हुई, जो नारी जीवन को पूर्ण रूप से अभिशप्त कर देने वाली थी। उन्होंने कन्या शिक्षा को पूर्ण रूप से अनावश्यक और त्याज्य माना और ऐसा ही निर्देश उन्होंने जारी किया। इसी कारण ही भारत भूमि पर अशिक्षा, अंधविश्वास और कुरीतियों का दौर शुरू हुआ। कन्याओं के अधिकारों का पर्याप्त रूप से हनन कर दिया गया और उनके सम्बन्ध में आम व्यक्तियों के मन में गलत धारण पैदा की जाने लगी। यह प्रचारित किया जाने लगा कि यदि, लड़की स्वेच्छा से किसी भी पुरूष का वरण करती है तो यह माता के कुल, पिता के कुल और पति के लिए नितांत अपमानजनक स्थिति है।[78] भारतीय समाज में यह भावना बनाई गई कि कन्या, पिता के दुःख का मूल कारण है। वह माता, पिता व पति के कुलों के लिए सदैव संशय का कारण होती है। यह कहा गया कि कन्या के कारण समाज में सम्मानित पुरूषों को पग–पग पर कठोर वचन सहने को बाध्य होने पड़ते हैं और दूसरों के सम्मुख झुककर जीने को विवश होना पड़ता है।[79] उत्तर मध्यकाल में राजपूत सहित अन्य जातियों में बालिका वध की दारूण परिपाटी को प्रोत्साहन प्राप्त हुआ।[80] लोक में फैल रही सती प्रथा, विवाहोपरान्त दुःखद वियोग आदि के कारण भी माता–पिता को वे कष्टकारक प्रतीत होने लगी थी।[81]

धर्म व्यवस्थाकारों ने अपने संकीर्ण विचारों का परिचय देते हुए व्यवस्था दी कि नारियाँ, इस जगत में श्रृंगारिक चेष्टाओं के द्वारा पुरूषों में दूषण उत्पन्न कर देती है, अतएव विद्वान पुरूष उनके विषय में असावधानी न करें। उन्होंने यहाँ तक कहा कि, नारी, काम तथा क्रोध के वशीभूत मूर्ख और विद्वान पुरूषों को भी कुमार्ग में प्रवृत्त करने में समर्थ होती है।[82] उनकी व्यवस्था थी कि बिना वेदज्ञाता के द्वारा तथा बहुंत को यज्ञ कराने वाले (वेद ज्ञाता) के द्वारा किये गये यज्ञ में यदि नारी तथा नपुंसक हवनकर्त्ता हो तो, ऐसे यज्ञ में ब्राह्मण कभी भी भोजन न करें। जिस यज्ञ में ये लोग हवन करते हैं, वह यज्ञकर्म सज्जनों की श्री का नाशक और देवताओं के प्रतिकूल होता है, अतः उसे छोड़

देना चाहिए।[83] उन्होंने नारी के दूध को पीने के अयोग्य करार दिया।[84] व्यवस्थाकारों ने नारी को शूद्र के समकक्ष बना दिया और निर्देशित किया कि वे (नारी और शूद्र) शुद्धता के लिए अन्य की अपेक्षा एक–एक बार ही आचमन करें।[85] उनके लिए कहा कि नारी स्वतंत्र रहने योग्य नहीं है। वह बचपन में पिता के, जवानी में पति और वृद्धावस्था में पति के मर जाने पर पुत्र के वश में रहे। स्वतंत्र कभी न रहे क्योंकि स्वतंत्र रहने वाली नारी पिता तथा पति के वंशों को निन्दित कर देती है।[86] व्यवस्थाकारों ने नारी को अत्यन्त ही कष्टदायक करार दिया और कहा कि– कामजन्य व्यसन समुदाय में– मद्यपान, जुआँ, स्त्रियाँ और शिकार–इन चारों को क्रमशः अत्यन्त कष्टकारक समझें।[87] उन्होंने शूद्र के समान ही नारी को निर्धन घोषित किया कि और आदेशित किया कि ये जो कुछ भी उपार्जन करते है, वह उसका होता हैं, जिसके वे भार्या, पुत्र या दास है।[88]

धर्मग्रंथों ने कन्या को कष्ट का साकार रूप निरूपित कर जन भावना को ही बदल डाला।[89] उनके विवाह को लेकर भी बड़े कड़े नियम कानून बना दिये गये। यह कहा गया कि मासिक धर्म को प्राप्त कन्या का तीन वर्ष तक विवाह न करने से कन्या के माता–पिता या संरक्षक वर्ग भ्रूण हत्या के दोषी होते हैं।[90] पराशर की मान्यता थी कि 12 वर्ष की आयु तक कन्या का विवाह न करने से उसके पिता प्रत्येक माह में गिरने वाले रक्त को पीते है।[91] जबकि महाभारत का निर्देश था कि परिपक्वतावस्था को प्राप्त कन्या का विवाह न करने वाले माता–पिता या भाई ब्रह्महत्या के स्पष्टतया दोषी है।[92] कन्या को विवाह के बाद सदैव के लिए परायी बना देने के लिए धर्मशास्त्रों की अहम् भूमिका थी। उनका हर निर्देश और हर व्यवस्था कन्या के लिए किसी भी बज्रपात से कम न था और कन्या सिर्फ ऐसी व्यवस्थाओं पर मात्र आँसू ही बहा सकती थी।[93] इसके अतिरिक्त किसी के भी पास विरोध करने का साहस न था क्योंकि विरोध करने के ऐवज में उनके सम्मुख जीवन–मृत्यु की समस्या खड़ी थी। मनु की व्यवस्था थी कि समय पर (ऋतुमती के पूर्व) नहीं देने (विवाह नहीं करने वाला) पिता निन्दनीय है और पति के मर जाने पर माता की रक्षा नहीं करने वाला पुत्र निन्दनीय है।[94]

उसके अनुसार अविवाहित कन्या, विवाहित नारी, और शूद्र आदि यज्ञोपवीत संस्कार से हीन मनुष्यों को अग्निहोत्र का हवन नहीं करना चाहिए क्योंकि हवन करते हुए ये लोग तथा जिसकी तरफ से यह लोग हवन करते है, वे सीधे नरक में पड़ते हैं।[95] इस प्रकार धर्मशास्त्रकारों ने अपनी व्यवस्था को न मानने वालों के लिए नरक का भय दिखाकर धमकाया। उन्होंने नारी को अत्यन्त हीन करार देकर कहा कि व्रत–उपवास करने वालों को स्त्री से कभी भी बातचीत नहीं करना चाहिए।[96] उनका स्पष्ट निर्देश था कि कन्या के कौमार्य की सुरक्षा अत्यन्त जरूरी है तथा अक्षत योनि वाली कन्या को ही पवित्र, निष्कलंक, सहचारिणी करार देते हुए उसे विवाह योग्य बताया।[97] इस प्रकार उन्होंने भारतीय नारी

के चरित्र को प्रमुख मुद्दा बनाया और हर स्थल पर व हर परिस्थितियों में उन्हें निशाना बनाया जाने लगा। इससे धार्मिक व सामाजिक स्थितियाँ नारी के प्रतिकूल होती चली गई। पुरूष हर दुष्कर्म करके भी पवित्र था और नारी प्रत्येक सदाचरण से युक्त होने पर भी अपवित्र थी।[98] जिस कन्या का कौमार्य किसी भी कारण से भंग हो जाता था, तो उसकी चारित्रिक हीनता प्रकाशित कर उसे दण्डित किया जाता था।[99] इसी कारणवश समाज में अपमान युक्त जीवन जीने के भय से निर्दोष व निष्कलंका कन्याएँ भी मजबूरन आत्मदाह कर लेने को विवश हो जाती थी।[100] यदि वह समाज को यह विश्वास दिलाने में कामयाब हो जाती थी कि उसकी कौमार्य भंग हो जाने में उसका कोई दोष नहीं है तथा वह पूरी तरह से निर्दोष है, तब ही इस प्रकरण में वह मुक्त हो सकती थी।[101]

मनु[102] और याज्ञवल्क्य[103] की व्यवस्था ने नारी शिक्षा को अत्यन्त आघात पहुंचाया। उन्होंने विवाह संस्कार को ही उनका उपनयन संस्कार कहा और पति सेवा को ही उनका गुरूकुल घोषित कर दिया। ऐसे स्वार्थयुक्त व्यवस्था के साथ ही नारी की परतंत्रता की शुरूआत हो गई और समाज में यही धारणा बलवती होती गई। धर्म शास्त्रकारों का यह नारी समाज के प्रति निश्चय ही एक बड़ा षड़यंत्र था, जिसके चलते उन्होंने सम्पूर्ण नारी समाज को पलक झपकते अपने आधीन कर लिया।[104] ऐसे स्वार्थयुक्त व्यवस्था के साथ ही नारी की परतंत्रता की शुरूआत भी हो गई और समाज में यही धारणा बलवती होती गई। इन व्यवस्थाकारों ने बाल विवाह प्रथा का भी आरम्भ करते हुए घोषित किया कि विवाह हेतु ''नग्निका'' कन्या ही सर्वश्रेष्ठ है।[105] वशिष्ठ और बौधायन के अनुसार कठिनाई की स्थिति में किसी कन्या के ऋतुमती होने के बाद तीन वर्ष तक उसे पितृगृह में रखा जा सकता था।[106] लेकिन कन्या पितृ गृह में ही रजस्वला हो जाए तो जितने उसके रूधिर के बून्द गिरे, उतनी ही उसके माता–पिता को नर्क भोगना पड़ता था।[107] याज्ञवल्क्य, यम तथा पाराशर आदि सभी धार्मिक निर्देशकों ने रजस्वला होने से पूर्व ही कन्या का विवाह कर देने का निर्देश किया है, अन्यथा सभी परिवार वालों को पाप का दोषी माना गया।[108] इस पृथ्वी पर जिस नारी ने पुरूष को जन्म दिया, वही उसके लिए नियम कानून बना सकता है, कितनी तकलीफ देह स्थिति है? बाइबिल भी यह स्वीकार करती है कि–''यद्यपि पहली स्त्री, पुरूष से निकली तो भी तब से सब पुरूष स्त्रियों से जन्में है और दोनों ही स्त्री पुरूष अपने रचने वाले परमेश्वर से हैं।[109]

इस प्रकार वैदिक युगीन स्वतंत्र नारियाँ, समयान्तर के साथ धर्मव्यवस्थाकारों की स्वार्थ युक्त नीति के कारण सदैव के लिए पराधीन हो गई। वे आजीवन अविवाहित नहीं रह सकती थी। उपनिषद कालीन सुलभा ने मोक्ष प्राप्ति के लिए अविवाहित रहने का व्रत लिया था। घोषा ने भी अपने चर्मरोग के ठीक होने तक अपना विवाह नहीं किया था। वैदिक साहित्य में ''अमाजू'' शब्द मिलता है, जिसका तात्पर्य उस वृद्ध स्त्री से है, जो

आजीवन अविवाहित रहती थी। लेकिन महाभारत काल तक स्त्रियों के अविवाहित रहने पर पूर्ण प्रतिबन्ध लगा दिया गया था।[110] उनके लिए कहा गया कि अविवाहित स्त्रियों को मोक्ष की प्राप्ति नहीं होती। तीसरी शताब्दी ई.पू. तक कन्याओं का विवाह करना अनिवार्य हो गया। इस युग तक 13–14 वर्ष की आयु में ही कन्याओं का विवाह कर दिया जाता था।[111]

आज भी बाल विवाह, अशिक्षा, दहेज आदि कुप्रथाओं से भारतीय समाज अछूता नहीं है। बाल विवाह के कारण अशिक्षा की स्थिति बनती है और अशिक्षा के ही कारण अन्धविश्वास व अन्य कुरीतियाँ पनपती और बढ़ती है। दहेजप्रथा के कारण तो नारी निरन्तर जीवन–मृत्यु से संघर्ष कर रही है। लोग यह दावे तो करते है कि वे दहेज प्रथा के खिलाफ है, लेकिन वास्तविकता कुछ दूसरी ही होती है। इस हेतु स्वयं नारी समाज को ही आगे आना होगा। तभी इसका निदान सम्भव हो सकता है। पुरूषवादी समाज तो कभी भी दहेज प्रथा का अंत नहीं कर सकती। अन्तर्जातीय विवाह, उच्च शिक्षा, सुदृढ़ विचार, कड़े कानून, हर तहसील में महिला पुलिस थाना की स्थापना और अदालतों में महिला जजों की नियुक्ति एवं प्रशासन में पूर्ण भागीदारी आदि ऐसे तत्व है, जिनसे महिला समाज के उत्पीड़न व दहेज प्रथा, बाल विंवाह आदि कुरीतियों पर नियंत्रण किया जा सकता है।

संदर्भ ग्रंथ -

1. प्राचीन भारतीय शिक्षण पद्धति, पृ.0 155
2. हिन्दुस्तान की पुरानी सभ्यता, पृ. 50
3. हिन्दु संस्कार, पृ. 234
4. ब्रह्माण्ड पुराण, 3/2/28
5. वायु पुराण, 72/13–15, ब्रह्माण्ड पुराण, 3/10/15–16
6. विष्णु पुराण, 3/10/19
7. विष्णु पुराण, 107/5–6
8. नव साहसाँक चरित, 4/59, पृ.63
9. काठक गृह्यसूत्र, 52/23
10. "ब्रह्मचर्येण कन्यानं युवा विन्दते पतिमं।" अथर्ववेद, 11/5, 18
11. "संध्याकालमनाः श्यामा ध्रुव मेष्यति जानकी। नदीं चेमां शुभजलां संध्यार्थे वरवर्णिनी।।"– रामायण, 5/14–49
12. पतंजलि का महाभाष्य, 4/1/49
13. विश्वनाथमंदिर, अर्धमण्डप की बाल्कनी, दाँया, बाहरीभाग।
14. पार्श्वनाथ मंदिर, भीतरी भाग।
15. "तस्य–तस्य किं ब्रूमः यत्र अपरं किं स्त्रीणा मपि वचः। जन्म भाषावत् एवं संस्कृतं प्राकृतं च प्रत्यावासं विलसति"– विक्रमांकदेवचरित, 18/6
16. कामसूत्रम्, पांच, 1/31/16
17. मत्स्यपुराण,, 82/29
18. विष्णु पुराण, 5/32/22

19. पाणिनिकालीन भारत, पृ. 281
20. ''जा एत्ति अं कालंकरण आजण दुवकरे हिंणि अमोवासणेहिं। आराधअन्तीए अज्जविण दे पसादं दंसेदि।।'' नागानन्द, 1/16
21. एपिग्राफिआ इण्डिका, जिल्द 15/102, पंक्तियाँ 12–22
22. ''तस्माद दुर्ग करिष्यामि यदुनामरि दुर्जयम्। स्त्रियोऽपि यत्र युध्येषुः किं पुनर्वृष्णि पुंङ्गवाः।।'' विष्णु पुराण, 2/23/11
23. ''आश्रिलस्य पृष्ठं तिष्ठन्त्या जायमा सहितोव्रजन। स चकार तुरंगस्थः संग्राम मति मानुषप।।'' राजतरंगिणी, 7/905–909
24. ''श्रूयन्ते दृश्यन्ते च राजपुत्र्यां महामात्य, दुहितरौः मणिकाः कौतिकिभार्याश्च, शास्त्र प्रहतबुद्धयः कवयश्च।।'' – काव्यमीमांसा, 10
25. ''अथ य इच्छे्द दुहिता में पंडिता जायेत्, तिलौदनौ पाचयित्वा अश्नीयाता मिति।'' –वृहदारण्यक उपनिषद, 4/4–18
27. ''कन्येयं कुल जीवितम्।'' – कुमार सम्भवम्, 6/83
27. आपस्तम्ब गृहसूत्र, 15/12–13
28. रामायणे, यृद्धकाण्डे, 131–138
29. ''दश पुत्र समाकन्या या न स्याच्छी लवर्जिता।'' – मत्स्यपुराण, 154/157
30. प्रबोध–चन्द्रोदय, 3/1–2
31. रघुवंश, 2/12
32. पृथ्वीराज विजय, 5/38
33. काव्य मीमांसा, 5
34. ''इत्थी पि हि एकच्चिया, सेय्या पोस जनाधिप। मेधा विनो सीलवती, सस्सुदेवा पतिब्बता।। तस्सा यो जायति पोसो, सूरो होति दिसम्पत्ति। तादिसा सुभगिया पुत्रो रज्जं पि अनुसासती' ति।।'' – संयुक्त निकाय, 1/85
35. ''अब्बही बत में सल्लं, दुद्दसं हृदय निस्सितं।
यं में सोकपरेताय, धीतुसोकं व्यपानुदि।।''
थेरीगाथा, 3/5/52
36. ''उब्बिरी' ति नाम अभिरूपा हस्सनीया अहोसि। सा वयप्पत्तकाले कोसलरञ्जो अत्तनो गेहे नीता कतिपय संवच्छरातिक्कमेन एकं धीतरं लभि। राजा तस्सा धीतरं दिस्वा तुट्ठमानसो उब्बिरिया अभिसेकम अदासि। धीतापन अस्सा,... कालं अकासि। माता यत्थ तस्सा सरीर निक्खेपो कतो तं सुसानं गन्त्वा दिवसे–दिवसे परिदेवेसि।'' – परमत्थदीपिनी (थेरी की अट्ठकथा) पृ.53–54
37. ''तए णं से तेयलिपुत्ते अमच्चे... पोट्ठिलाए दारियाए रूबे य जाव अज्झोवन्न अब्भिंतरण विज्जे पुरिसे... एवं बयासी– गच्छह णं तुब्भे देवाणु– प्पिया।... पोट्ठिलं दारियं ममं भारियत्ताए बरेह।''– नायाधम्मकाहाओ, 1/14/101
''तए णं से कण्हे वासुदेवे...सोभाए दारियाए रूवेण य... विम्हिए... कोडुम्बिय पुरिसे एवं वयासी–''गच्छह णं तुब्भे देवाणुप्पिया।...सोमं दारियं गेण्हह, 2 कन्नन्ते उरंसि पक्खिवत। तए णं एसा गयसुकुमालस्स कुमारस्स भारिया भविस्सई– अन्तगडदसाओ, 3/8/48–49
''गच्छह णं तुब्भे देवाणुप्पिया।.... देवदत्तं दारियं पुसनन्दिस्स जुवरन्नो भारियत्ताए बरेह....।''– विवागसूयं, 1/9/176
38. अथ मं अदासि तातो, अड्ढस्स घरम्हि दुतिय कुलिकस्स। ततो उपड्ढसुंङ्केन येन मं विन्दथ सेट्ठि।'' – थेरीगाथा 15/1/422
39. तो भण देवाणुप्पिया! किं द लामो सुक्कं ? – नायाधम्मकहाओ, 1/14/101

40. "पत्थिता राजपुत्तेहि, सेट्ठिपुत्तेहि गिज्झिता। पितु मे पेयसी दूतं, देश म्यहं अनोपमं।। यत्तकं तुलिता एसा, तुम्हं धीता अनोपमा। ततो अट्ठगुणं दस्सं, हिरञ्ञं रतनानि च।।"– थेरीगाथा, 6/5/152–153
41. "यथा महाराज, को चिदे' व पुरिसो दहरिं दारिकं वारेत्वा सुंङ्कं दत्वा पक्कमेय्य! स अपरेन समयेन महती अस्स वयप्पत्ता, ततो अञ्ञो सुंङ्कं दत्वा विवाहं करेय्य....।" – मिलिन्दपञ्हो, 2/2
42. बौद्ध और जैन आगमों में नारी जीवन, पृ.18 (डॉ.कोमलचंद्र जैन)
43. "तए णं से दासचेडे... बहूहिं दार एहि य दारियाहि य डिंभ एहि य डिंभ याहि य कुमार एहि य कुमारियाहि य सद्धिं अभिरममाणे 2 विहरई।" – नायाधम्मकहाओ, 1/18/139
44. "तए णं सा देवदत्ता दारिया अन्नया कयाइण्हाया जाव विभूसिया बहूहिं खुज्जाहिं जव परिक्खित्ता उप्पिं आगासतलगंसि कणगतिंदूसेणं कीलमाणि विहरई।"– विवागसूयं, 1/9/174
"तए णं सा सोमा दारिया.... रायमग्गंसि कणगतिंदूसएणं कीलमाणी चिट्ठई।"– अन्तगडदसाओ, 3/8/46
45. दीघ निकाय, 1/12
कुमारिपञ्हं ति कुमारिकाय सरीरे देवतं ओतारेत्वा पञ्हपुच्छनं।" – सुमंगल विलासिनी, 1/97
46. प्राचीन भारत में नारी (डॉ.उर्मिला प्रकाश मिश्र) पृ. 139, प्रतिमा विज्ञान (डॉ.द्विजेन्द्र प्रसाद शुक्ल)
47. "सचे कुमारिका भविस्सति सा पि ते ओप भोग्गा भविस्सती "ति।"– दीघनिकाय, 2/246
48. "....... स सा ते खुड्डिया इमा।" सूयगडं, 3/2/3
49. "....... य मिंद, भोति, धनं वा.... तं मय्हं, नत्थि तुम्हेत्थ किञ्चि, पितु मे भोति, दायज्जं निय्यादेही ति। एवं वुत्ते सा ब्राह्मणी तं माणवकं एतदवोच– आगमेहि ताव, तात, याव विजायामि स चे कुमार को भविस्सति तस्स पि एकदेसो भविस्सति, स चे कुमारिका भविस्सति सा पि ते ओप भोग्गा भविस्सतीति।"– दीघ निकाय, 2/246
50. "......... अभये कुमारे व्हाए.... पायवंदए पहारेत्थ गमणाए।.... अन्नया ममं सेणिए राया एज्जमाणं पासित्तां..... सक्कारेइ... अद्धासणेण उवनिमंतेइ मत्थ यंसि अग्घाई।"– नायाधम्मकहाओ, 1/1/15
"सा दोवई... दुवयस्स रन्नो पायग्गहणं कहेई। तए णं से दुवए राया रोवई दारियं अंके निवेसेई।"– नाया धम्मकहाओ, 1/16/121
51. "...... तुमं दायादिका कुले।"– थेरीगाथा, 13/4/337
The Position of women in Hindu Civilization, P-237
52. हिन्दु परिवार मीमांसा, पृ.132–133, प्राचीन भारतीय शिक्षण पद्धति, पृ. 157
53. "इध गहपतयो सामिको होति...... भरिया ख्वस्स होपि पाणाति पा ताप टिविरता.... सीलवती कल्याण धम्मा....।" – अंगुत्तर निकाय, 2/61–62
54. "साहं, भन्ते, भगवन्तं पुच्छामि– "कथं रूपे खो, भन्ते, सत्थरि प्रसन्नो कायस्स मेदा परं मरणा सुगतिं येव उपपज्जति, नो दुग्गतिं ?" अंगुत्तर निकाय, 2/301
55. भगवती सूत्र, 12/2
56. "सुतमेव पुरे आसि धम्मो चक्खुमतानुबुद्धो। साहंदानि सक्खि जानाभि, मुनिनोदेसयतो सुगतस्स।" – संयुक्त निकाय, 1/28
"पापं न कयिरा वचसा मनसा, कायेन वा किञ्चन सब्बलोके। कामे पहाय सतिमा सम्यजानो, दुक्खं न सेवेथ अनत्थसंहितं ति।।"– संयुक्त निकाय, 1/29
57. बौद्ध और जैन आगमों में नारी जीवन (डॉ.कोमलचंद जैन), पृ.32
58. "तत्थ णं मए... पल्लीए संवच्छर पडिलेहणगंसि दिव्वे सिरिदामगंडे दिट्ठपुव्वे।"– नायाधम्म कहाओ, 1/8/73
59. "...... सु बाहु दारियाए कल्लं चाउम्मासिय मज्जणए भविस्सई। तं तुब्भे णं रायमग्ग मोगाढंसि मंडवंसि.... सिरिदामगंडं ओलइंति......।..... पुप्फमंडवंसि नाणाविह पंचवण्णेहिं तंदुलेहिं नयरं आलिहह तस्स बहुमज्झदेसमभाए। पट्टयं रएह।....... तए णं.... सुबाहु दारियं पट्टयंसि दुरूहंति 2 सेयपीयएहिं कलसेहिं व्हाणेति।" – नायाधम्मकहाओ, 1/8/76

60. ''स्त्रियश्चोपयजेरम्ना चरित्वात.... ।''– पारस्कर गृह्यसूत्र, 2/20
61. ''तेम्योऽधि गन्तु निगमान्त शिक्षां वाल्मीकि पार्श्वादित संचरामि।'' – उत्तररामचरित, अंक 2
62. जातक, 301
63. वायुपुराण, 72/13–15, ब्रह्माण्ड पुराण, 3/10/15–16
64. ''अयि किं न वेत्सि यदेकत्र नो विद्यापरिग्रहाय नाना दिगन्त वासिनी साहचर्य मासीत्।'' – मालती माधव, अंक 1
65. ''बृहस्पतेस्तु भगिनी भुवना ब्रह्मवादिनी। योगसिद्धा जगत्कत्स्नमसक्ता विचरत्युत्।''– वायु पुराण, 66/27
''या सा देहार्द्ध सम्भूता गायत्री ब्रह्मवादिनी। शतरूपा शतेन्द्रिया.....।'' मत्स्य पुराण, 4/24
66. ''तपस्तप्तवती चैव यत्र देवी वरांगना।''– वायु पुराण, 41/31
''एतेषां पीवरी कन्या मानसी दिवि विश्रुता। योगिनी योग माता च तपश्चके सुदारूणम।''– मत्स्यपुराण, 15/5–6
67. ऋग्वेद, 8/91/5–6
68. वही, 1/2/36, 2/32/4
69. वही, 1/92/4, 10/71, 11
70. तैतिरीय संहिता, 6/1/6/5, शतपथ ब्राह्मणम् 14/3/1/35
71. ''नारी वा कुरूते या तु विशोक द्वादशी वृतम। नृत्य गीत परा नित्यं सापि तत्फल माप्नुयात्।। प्रियाभिः प्रिय कामा भिहवि भाव प्रसूतिभिः। नारिभिः सततं रेमुर्मुदिताश्चैव दानवाः।।'' (मत्स्यपुराण, 82/29, 131/9)
72. ''नृत्यन्त्यप्सरसो यान्ति सूर्यस्यनु निशाचरा....।... ततः पटे सुरान्दै त्यान्गन्ध वश्चि प्रधानतः। मनुष्यांश्च विलिख्यास्यै चित्रलेखा व्यदर्शयत्।।'' विष्णु पुराण, 2/10/20, 5/32/22
73. अमन्त्रिका तु कार्येयां स्त्रीणामां बृद्धशेषतः। संस्कारार्थे शरीरस्य यथाकालं यथा क्रमम्।। वैवाहिको विधिः स्त्रीणां संस्कारो वैदिकः स्मृतः। पतिसेवा गुरौवासौ गृहार्थोऽग्नि परिक्रिया।।''– मनुस्मृति, 2/66–67
74. मनुस्मृति, 2/56, 9/18, यम, 1/13
75. ''पुराकल्पे कुमारीणां मौजीबंधन मिष्यते। अध्यापनं च वेदानां सावित्री वाचनं तथा। पिता पितृव्यो भ्राता व नैमध्या पयेत्परः। स्वगृहे चैव कन्यायाः भैक्षचर्या विधीयते।। वर्जयेदजिनं चीरं जटा धारणं मे व च।।'' – संस्कार प्रकाश (यम का उद्धरण) पृ. 402, 403
76. मनुस्मृति, 2/67, याज्ञवल्क्य, 1/13
77. ''त्रिशंद्वर्षोद्वहेत्कन्यां हृद्यां द्वादश वार्षिकीय। त्र्यष्टवर्षोऽष्टवर्षा वा धर्मे सीदति सत्वरः।। – मनु, 9/94, 9/88
78. ''धिक्खल्व लघु शीलाना मुच्छितानां यशस्विनाम्। नराणां मृद्धसत्वानां कुलेकन्या प्रारोहणम।। मातुः कुलं पितृ कुलं यत्र चैव प्रदीयते। कुलत्रयं संशियतं कुरूते कन्यका सताम।।'' – महाभारत उद्योग पर्व, 95/15–16
79. ''कन्यां पितृत्वं दुःखं हि सर्वेषां मानकांङ्गिणाम्। न जायते च कः कन्यां वरयेदिति कन्यके।। मातुः कुलः पितृ कुलं यत्र चैव च दीयते। कुल त्रयं सदा कन्या संशये स्थाण्य तिष्ठति।। कन्या पितृत्वं दुःखं हि सर्वेषां मानकांक्षिणाम। कन्या हि द्वै कुले नित्यं संशये स्थाण्य तिष्ठति। कन्या पितृत्वं दुःखं ही सर्वेषां मानकाङ्क्षिणाम। कन्या ही द्वै कुले नित्यं संशये स्थापत्य निष्ठति।''– रामायणे, उत्तरकाण्डे, 9/9–10, 12/11
80. हिन्दु परिवार मीमांसा, पृ. 199
81. हर्ष चरित, चतुर्थ उच्छवास, पृ. 234–235
82. ''स्वाभाव एस नारीणां नाराणामिह दुषणम्। अतोऽर्थान्न प्रमाद्यन्ति प्रमदासु विपश्चितः। अविद्वांसमलं लोके विद्यांसमपि वा पुनः। प्रमदा ह्युत्पथं नेतु काम क्रोध वशानुगम्।।''– मनुस्मृति, 2/213–214

83. "नाश्रोत्रियतते यज्ञे ग्राम याजिकृते तथा। स्त्रिया क्लीवेन च हुते भुन्जीत ब्राह्मणः कक्चितः। अश्लीक मेतत्साधूनां यत्र जुह्वत्यमीः हविः। प्रचीप मेतद्देवानां तस्मात्तत्परिवर्जयेत्।। – मनु. 4/205–206
84. "आरण्यानां च सर्वेषां मृगानां माहिषं विना। स्त्री क्षीरं चैव वर्ज्यानिसर्व शुक्लानि चैव हिं।। – मनु. 5/9
85. वही, 5/139
86. वही, 5/148–149
87. "पानमक्षाः स्त्रियश्चैव मृगया च यथा क्रमम। एतत्कष्टतमं विद्याच्चतुष्कं कामझे गणे।।" – मनु, 7/50
88. "भार्या पुत्रश्च दासश्च एवा एवाधनाः स्मृताः। यत्ते समधिगच्छन्ति यस्यं ते तस्य तद्धनम्।। मनु., 8/416
89. "आत्मा पुत्रः सखा भार्या कृच्छ्रं तु दुहिता किल।" – महाभारत, 1/159/11
"सखा ह जाया कृपणं ह दुहिता......। ऐतरेय ब्राह्मणम्, 33/1
90. "त्रीणि वर्षाव्यृतुमती यः कन्यां न प्रयच्छति। स तुल्यं भ्रूणहत्यायै दोष मृच्छत्यसंशयम्।।" – बौधायन, धर्मसूत्र 4/1/13
91. "प्राप्ते तु द्वादशे वर्षे यः कन्यां न प्रयच्छति। मासि मासि रजस्तस्याः पिवन्ति पितरोऽनिशम्।।" पराशर स्मृति, 7/5
92. "आत्मजां रूपसम्पन्नां महती सदृशे बरे। न प्रयच्छति यः कन्यां तं विद्याद ब्रह्मघातिनम्।।" – महाभारत, 13/24/9
93. "संभवे स्वजनदुःखकारिका सम्प्रदान समयेऽर्व्यहारिका। यौवनेऽपि बहुदोष कारिका दायिका हृदयादारिका पितुः।।" – ऐतरेय ब्राह्मणम्, 33/1 का भाष्य
94. "कालेऽदाता पिता वाच्यो वाच्यश्चानृ पयन्पतिः। मृते भर्तरि पुत्रस्तु वाच्यो मातु–रक्षिता।" – मनुस्मृति, 9/4
95. "न वे कन्या न युवतिनल्पिविद्यो न बालिशः । होता स्यादग्निंहोत्रस्य नार्तो ना संस्कृतस्तथा। नरके हि पतन्त्येते जुह्वन्तः स च यस्यतत्।। – मनुस्मृति, 11/36–37
96. वही, 11/223
97. "सा चेदक्षत योनिः स्यादत प्रत्यागतापि। वा पौनर्भवेन भर्त्रा सा पुनः संस्कार मर्हति।" – वही, 9/176, याज्ञवल्क्य, 1/52, वशिष्ठ, 8/1, गौतम, 4/1
98. "नास्ति स्त्रीणां क्रिया मन्त्रैरिति धर्मे व्यवस्थितिः। निरिन्द्रिया ह्यमन्त्राश्च स्त्रीभ्योऽनृतमिति स्थितिः।" मनु, 9/18
99. महाभारत, 10/90/30
100. रामायण, 7/17
101. "अपराधश्चते नास्ति कन्याभावं गताहसि।" महाभारत, 15/30/21
102. मनुस्मृति, 2/67
103. याज्ञवल्क्य स्मृति, 1/13
104. प्राचीन भारत में नारी (डॉ.उर्मिला प्रकाश मिश्र) पृ. 4
105. "नग्निका सजाता ब्रह्मचारिणी।" हिरण्यगृहसूत्र, 1/19/12 मानव गृह्यसूत्र, 1/7/8
106. "त्रीणि वर्षान्यु दीक्षेत कुमारी ऋतुमती सती।" बौधायन धर्मसूत्र, 4/1/14
"उर्ध्व त्रिम्यो वर्षेम्यः पतिं विंदत्तुल्यम।" वशिष्ठ धर्मसूत्र, 17/59
107. पिण्डनियुक्ति टीका, 509
108. याज्ञवल्क्य स्मृति, 1/13, पराशर स्मृति 7/6/9
109. बाइबिल, नयानियम, 1, कुरिन्थियों, 11/12
110. "अपतीनां तु नारीणामद्य प्रभृति पातकम्।" – महाभारत, 1/114, 36
111. प्राचीन भारत में नारी, पृ. 5

अध्याय – द्वितीय

"भारतीय दृष्टिकोणः सामाजिक, आर्थिक एवं राजनीतिक"

आर्यों के प्रारम्भिक काल में भारतीय नारियाँ उन्मुक्त थी। वे बिना किसी प्रतिबन्ध के सामाजिक व सार्वजनिक गतिविधियों में सम्मिलित होती थी। निश्चय ही वैदिक युगीन नारी जितनी स्वतंत्र और बन्धन हीन थी, उतनी परवर्ती कालीन किसी भी युग में नहीं रह सकी। शिक्षा, ज्ञान, राजनीति, यज्ञ आदि विभिन्न क्षेत्रों में वह बिना किसी रूकावट के स्वच्छन्दता पूर्वक सम्मिलित होकर अधिकाधिक सम्मान प्राप्त करती थी। विद्वता के क्षेत्र के साथ ही वे याज्ञिक कार्यों में भी अग्रणी रही थी। स्त्री–पुरूषों को समान अधिकार प्राप्त थे और उनमें किसी भी प्रकार का भेदभाव नहीं था।[1] नारी को परिवार और समाज से पूर्ण स्वतंत्रता प्राप्त थी तथा वह अपने अधिकारों का बेहिचक इस्तेमाल किया करती थी। उन पर कहीं भी किसी प्रकार का कोई बन्धन लागू नहीं था। वह सर्वशक्ति सम्पन्ना के प्रतीक रूप में थी। वह गृह साम्राज्ञी थी और उन्हें यह सार्वभौम अधिकार प्राप्त था कि वह परिवार के समस्त सदस्यों के ऊपर भलीभांति शासन करे।[2] धार्मिक शास्त्रार्थ भी वह निर्भीकता पूर्वक कर सकती थी। विदेहराज जनक ने यज्ञ के अवसर पर एक बहुचर्चित धार्मिक शास्त्रार्थ का आयोजन किया था, उसमें गार्गी ने अपनी अद्‌भुत प्रतिभा, विलक्षण तर्क शक्ति और सूक्ष्म विचार तंतुओं से दुरूह प्रश्नों की भरमार करके याज्ञवल्क्य ऋषि के तेज को विनष्ट कर दिया था। निश्चिय ही उस युग में स्त्रियाँ बिना पर्दे के स्वतंत्रतापूर्वक पुरूषों के साथ

विरूद्ध गोष्ठियों और दार्शनिक वाद–विवादों में सम्मलित होती थी। उस युग में उनके मान सम्मान में किसी भी प्रकार से कोई कमी दृष्टिगोचर नहीं होती। सामाजिक, धार्मिक व राजनीतिक समारोह, उत्सवों आदि में वे अलंकृत होकर बिना किसी प्रतिबन्ध के अत्यन्त उन्मुक्त होकर हिस्सा लेती थी।[3] वे यज्ञ की अधिकारिणी थी, उनके साथ और सहयोग के बिना कोई भी धार्मिक आयोजन, यज्ञ आदि पूरा नहीं माना जाता था।[4] बिना धर्मपत्नी के पुरूष यज्ञ आदि धार्मिक आयोजनों के लिए सर्वथा अयोग्य था।[5] श्री सीताजी के वनवास काल में श्रीराम जी को अश्वमेध यज्ञ करते समय अपनी धर्मपत्नी सीता की स्वर्ण प्रतिमा बनवानी पड़ी थी।[6] हालांकि श्रीराम जी नारी (सीता जी) एवं शूद्र (शम्बूक) के प्रति किये गये अपनी ऐतिहासिक बदसलूकी के कारण विवादित थे। नारी, वैदिकालीन पुरूष समाज के लिए साक्षात् सौभाग्य थी।[7] उस समय विवाह, नारी के लिए अनिवार्य न होकर मात्र ऐच्छिक ही था।[8] ब्राह्मण ग्रंथों ने विवाह को तर्कसंगत व अनिवार्य बनाने के लिए पत्नी को अर्धांगिनी और पत्नीहीन व्यक्ति को अधूरा घोषित कर दिया।[9] लेकिन उपनिषदों ने गृहस्थाश्रम में प्रवेश को मात्र ऐच्छिक ही करार दिया।[10]

विवाह करने पर जोर डालने के लिए कहा गया कि पत्नीहीन व्यक्ति किसी भी धार्मिक कार्य या यज्ञ आदि के अधिकारी नहीं है।[11] उस समय विवाह अनिवार्य नहीं था, लेकिन नारी के लिए विवाह को अनिवार्य बनाने के लिए धार्मिक षड़यंत्र लगातार चल रहे थे। स्वयं सम्राट अशोक ने अपने शिलालेखों में धार्मिक कार्यों की सूची में विवाह को कोई महत्व नहीं दिया, बल्कि उसे हाशिए पर ही रख दिया।[12] विवाह की महत्वहीन स्थिति से अवगत होकर ही बौद्ध युग में अनेक कन्याएँ आजीवन अविवाहिता रहने में सफलता प्राप्त की थी।[13] विवाह अगर जरूरी होता था तो तत्कालीन योग्य पुरूष किसी गणिका (वैश्या) की कन्या को पत्नी के रूप में स्वीकारने में गर्व का अनुभव करते थे।[14]

वैदिककालीन समाज में नारी को पुरूष की अपेक्षा अधिक वर्चस्व की प्राप्ति थी तथा उनके अधिकार असीमित थे। ऋग्वेद संहिता में तो उन्हें आश्रय स्थल के ही रूप में स्वीकार किया गया है।[15] धार्मिक कार्य या यज्ञ आदि के आयोजनों में नारी अकेले ही सम्पूर्ण थी अर्थात स्वयं ही याज्ञिक कार्य करती थी।[16] उस समय किसी भी व्यक्ति (नर या नारी) के लिए यह निर्देश नहीं था कि बिना पति या पत्नी के वह यज्ञ या किसी भी धार्मिक कृत्य का अधिकारी नहीं है।[17] महाकाव्यों के काल में भी स्त्रियों की स्वतंत्रता, स्वच्छन्दता व उन्मुक्तता बरकरार थी। वह इस युग में भी अधिकार सम्पन्ना व पुरूषों की साम्राज्ञी थी। सामाजिक, राजनीतिक व धार्मिक आयोजनों में वह अत्यन्त निर्भयतापूर्वक सम्मिलित हुआ करती थी। रामायण में सीता का विचरण व महाभारत में द्रौपदी, शकुंतला व दमयन्ती आदि का विचरण इन्हीं तथ्यों को अभिव्यक्त करता है। कुन्ती, शांता आदि भी क्रीड़ाओं में बहुत सा समय व्यतीत कर देती थी।[18] रामायण में उल्लिखित है कि कन्याएँ सांध्य समय

में उद्यानों में जाकर मनोरंजनार्थ खेलती थी और सखी–सहेलियों से बातचीत में निमग्न रहती थी।[19] वैदिक आर्यों ने उन पर कभी भी किसी तरह का कोई प्रतिबन्ध नहीं लगाया क्योंकि वे यह भलीभांति जानते थे कि नारी की स्वतंत्रता, स्वच्छन्दता व उन्मुक्तता से ही भारतीय समाज की उन्नति व विकास हो सकता है। उन्होंने उनका भरपूर सम्मान किया और उनकी इच्छाओं का कद्र किया तथा उनके अधिकारों में बाधक नहीं बने। इसीलिए ही तत्कालीन नारियाँ अत्यन्त विदुषी और शास्त्र मर्मज्ञा थी। विद्वता व शासन व्यवस्था के क्षेत्र में उनका कोई सानी नहीं था।

नारी पतिगृह में आमतौर पर पुत्रवधु के रूप में ही प्रवेशित होती थी। वैदिककालीन समाज में पुत्रवधू को पर्याप्त सम्मान दिया जाता था। उन्हें विवाह स्थल पर ही सार्वजनिक रूप से परिवार की साम्राज्ञी घोषित कर दिया जाता था। परम्परानुसार पुत्रवधू विवाह के तुरंत बाद पतिगृह आते ही गृह साम्राज्ञी हो जाती थी। वधू के रूप में स्वतः ही उन्हें सारे अधिकार प्राप्त हो जाते थे और वह अपनी सास, श्वसुर, ननद व देवरों की स्वामिनी हो जाती थी।[20] उनके स्वामिनी बन जाते ही उनसे यह अपेक्षा भी की जाती थी कि वह अपने श्वसुर के लिए सहायक सिद्ध हो तथा सास के प्रति भी वह सदैव दयालु व नम्र बनी रहे।[21] तत्कालीन परम्परानुसार परिवार में प्रथम पुत्र वधू के रूप में आने वाली नारी निश्चय ही प्रसन्नता का कारण व सम्मान करने के योग्य होती थी। हर समाज में व हर परिवार में पुत्रवधू सम्मानित होती थी व पतिगृह में आते ही पारिवारिक प्रशासन की बागडोर सार्वजनिक रूप से उन्हें सौंप दी जाती थी। इस प्रकार नारी का सौभाग्य व अधिकार उस काल में अपनी चरम स्थिति पर था।[22] इतना अधिकार सम्पन्नता होकर नारी उस युग में फूली नहीं समाती थी और वह हर्षातिरेक होकर अत्यन्त सहृदयता से पारिवारिक प्रशासन का कार्य देखती थी। वह अपने सास–श्वसुर आदि के प्रति विनयभाव, ससम्मान तथा सद्व्यवहार से उन्हें संतुष्ट भी करती थी।[23] कभी–कभी उनका प्रभुत्व इतना अधिक हो जाता था कि वह अपने सास–श्वसुर आदि को ही दण्डित करना शुरू कर देती थी।[24]

वैदिक कालीन समाज में पत्नी सबके लिए अर्थात सम्पूर्ण परिवार के लिए आश्रय स्थल थी। वह अपने सास–श्वसुर, ननद–देवर आदि सभी प्रमुख सदस्यों की प्रशासिका, स्वामिनी व आश्रय स्थल थी।[25] बिना उनके कोई भी पुरूष यज्ञकर्म नहीं कर सकता था।[26] पत्नी को अपने पति की भांति ही सभी धार्मिक, सामाजिक, आर्थिक व राजनीतिक अधिकार प्राप्त थे।[27] जिस प्रकार पुरूष श्रावक या उपासक बनकर सार्वजनिक रूप से धर्माचरण करने का अधिकारी था, उसी तरह नारी भी सार्वजनिक तौर पर श्राविका या उपासिका बन सकती थी, उन पर किसी प्रकार का धार्मिक या सामाजिक प्रतिबन्ध नहीं था।[28] स्वयं गौतम बुद्ध ने नारी की धार्मिक व सामाजिक श्रेष्ठता को स्वीकार किया था।[29] उनके सम्बन्ध में मान्यता थी कि वह घर–परिवार की 'पवित्र अग्नि' है, जिनकी ऊर्जा से ही परिवार की

उन्नति व पोषण सम्भव है।[30] तत्कालीन युग में यह धार्मिक व्यवस्था थी कि जो पुरूष, अपनी पत्नी की हित का ध्यान रखता है और उनका किसी भांति भी अनहित नहीं चाहता, वही सत्पुरूष कहलाने योग्य है।[31] वह परिवार व घर की संचालिका थी, सर्वेसर्वा थी। घर व परिवार के संचालन में संयम–नियम आदि का परिचालन करना और करवाना उनके प्रमुख कार्यों में सम्मिलित थे।[32]

वह परिवार के सभी सदस्यों एवं पति के द्वारा अर्जित किये समस्त चल–अचल सम्पत्ति की एक मात्र स्वामिनी, संरक्षिका व उत्तराधिकारिणी थी। वह उस सम्पूर्ण चल–अचल सम्पत्ति के व्यवस्थापन, खर्च, संरक्षण व सभी सदस्यों को इच्छित वस्तुओं की पूर्ति एवं उनके पोषण, उन्हें दिशा–निर्देश देकर घर को सुव्यवस्थित रखने की सम्पूर्ण उत्तरदायी व अधिकारिणी भी वही थी।[33] वह घर में किसी की दासी नहीं थी बल्कि वह घर परिवार व अपने पति की अच्छी सलाहकार, अच्छी निर्देशिका, अच्छी संरक्षिका, अच्छी स्वामिनी और अच्छी मित्र थी।[34] अगर किसी परिवार में नारी किसी कारणवश उदास हो जाती थी, तो सम्पूर्ण परिवार में मातम की स्थिति निर्मित हो जाती थी। तब घर के पुरूषों द्वारा उनकी उदासी दूर करने के लिए हर सम्भव उपाय किये जाते थे। उन्हें प्रसन्न रखने के लिए उनकी सेवा सुश्रुषा, आज्ञा पालन व मिन्नते तथा माफी माँगने आदि सभी कुछ उन पर न्यौछावर करते थे।[35] यदि कभी पुरूषों से भूलवश पत्नी की इच्छा के विरूद्ध कार्य हो जाता था, तो वह इस अनहोनी घटना को किसी भांति भी सहन नहीं कर पाती थी और अपने पति व घर परिवार से वह बातचीत भी बंद कर देती थी। तब उन्हें माफी, मधुर वचन व सेवा सुश्रुषा एवं आज्ञापालन आदि माध्यम से प्रसन्न किया जाता था।[36] उस युग में प्रत्येक पुरूष का यह कर्तव्य था कि वह अपनी पत्नी को सम्मान, अधिकार, ऐश्वर्य, अलकंरण, सेवा आदि प्रदान करते हुए संतुष्ट व प्रसन्न रखे।[37]

तत्कालीन युग में नारी को स्वतंत्र रूप से अपना पति स्वयं चुन लेने का अधिकार था। स्वतंत्र रूप से पति चुन लेने का अधिकार उन्हें वैदिककालीन समाज से ही हासिल था।[38] महाकाव्यों के काल में भी स्वतंत्र रूप से पति चुन लेने की प्रथा स्वयंवर के रूप में भारतीय समाज में जारी थी।[39] बौद्धकालीन स्थिति पर गौर करने पर भी यही स्पष्ट होता है कि उस समय भी नारी की स्वतंत्रता ज्यों की त्यों बरकरार थी।[40] पिता स्पष्ट रूप से अपनी कन्या को निर्देशित करता था कि तुम जीवन भर सुखी रहने के लिए स्वयं ही पति का चयन कर लेना, ताकि मैं भी आजीवन प्रसन्न रह सकूं।[41] कन्या भी इच्छानुसार स्वतंत्र रूप से स्वयंवर के माध्यम से अपने मनपसंद पुरूष का पति के रूप में चयन कर लेती थी।[42]

वैदिककाल में जब युवक और युवती दोनों ही अपने जीवनसाथी को चुनने में समर्थ होते थे, तभी उनका विवाह किया जाता था।[43] महाकाव्यों के काल में भी पूर्ण यौवनावस्था

प्राप्त कर लेने पर ही विवाह सम्भव हो पाता था।[44] बौद्धयुग में भी यौवनवती कन्याओं के विवाह के उल्लेख प्राप्त होते है।[45] जैन युग में बाल्यभाव से उन्मुक्ता कन्याओं के साथ समान वय के वर के विवाह निदर्शित है।[46] रामायण की सीताजी, महाभारत की कुन्ती, गांधारी, द्रौपदी, दमयन्ती, उत्तरा आदि पूर्ण युवती होने पर ही विवाह बन्धन में बंधी थी। बाण की महाश्वेता और राजश्री भी विवाह के समय युवतियाँ थी। हर्षचरित में एक अविवाहिता स्त्री जरत कुमारी का उल्लेख है।[47]

तत्कालीन युग में पति के जीवित रहते हुए भी नारी पुनः विवाह के लिए स्वतंत्र थी तथा वह प्रथम पति के असन्तोषजनक व्यवहार व अन्य कारणों से क्षुब्ध होकर दूसरे पुरूष से पुनः विवाह कर सकती थी।[48] धर्मग्रंथों के अनुसार यदि किसी स्त्री का पति पागल, नपुंसक, अपव्ययी या ऐसे रोग से ग्रसित है जो अच्छा नहीं हो सकता, तो पत्नी उसका त्याग कर सकती थी।[49] नारद की मान्यता थी कि यदि पति–पत्नी दोनों ही एक दूसरे को नापसंद करते हों तो उन्हें अलग–अलग हो जाना चाहिए क्योंकि ऐसा न करना पाप है।[50]

भारतीय धर्मग्रंथों में ''विवदन'' शब्द उपलब्ध होता है।[51] जिससे तात्पर्य है– ''यदि अलग होना चाहते हो तो आज ही हो जाओ...। आज अलग होने से फिर कभी मिलाप नहीं होगा।[52] स्पष्टतया नारी समाज की स्वतंत्रता का परिचालन भारतीय धर्मग्रंथों में दृष्टिगोचर होता है। जिसके तहत् किसी नारी द्वारा एक के बाद एक लगातार तीन विवाह किये गये और फिर उसने अपने प्रत्येक पति से तलाक ले लिया।[53] इसी प्रकार सुमालिका भी अपने प्रथम पति को त्याग कर दूसरे पुरूष को पति बनाया लेकिन कुछ दिनों बाद उसका भी त्यागन कर दिया।[54] मुक्ता थेरी और पोट्टिला नामक स्त्रियाँ भी अपने पति के व्यवहार से असंतुष्ट होकर उन्हें त्याग दिया था।[55]

नारी समाज के सम्बन्ध में प्रचलित धारणाएँ

पूर्व वैदिक काल में नारी के प्रति किसी प्रकार की कुत्सित भावनाएँ लोगों के मन में नहीं थी, बल्कि उनकी तो मातृदेवी के रूप में पूजा होती थी। वह समाज व राष्ट्र की उन्नति व विकास का प्रमुख स्त्रोत थी। लेकिन बाद में संकीर्ण विचारधारा व स्वार्थी प्रकृति के व्यवस्थाकारों की नीति के चलते उन्हें अत्यन्त ही निम्न घोषित कर त्याज्य मान लिया गया। उन्हें शूद्र के समकक्ष बनाकर वैदिक मंत्रोच्चारण व पिण्ड देने के अधिकार से वंचित कर दिया गया।[56] उनकी स्थिति शूद्रों के सदृश ही दयनीय बना दी गई और उन्हें मूलभूत समान अधिकारों से पूर्णतया पृथक कर दिया गया। स्त्री हत्या के दोषी को मात्र उतना ही दण्ड मिल पाता था, जितना कि शूद्र हत्या के अपराधी को मिलता था।[57] पुराणों ने स्त्रीसंगति को शूद्रों की संगति के समकक्ष बताकर उनको अत्यन्त निम्न बना दिया।[58]

समर्थन किया है। आधुनिक धर्मशास्त्रकार तुलसीदास जी ने भी मनुस्मृति के उक्त कथन का आंखे बंद करके समर्थन किया है और उन धार्मिक निर्देशों को हुबहू अपनी लेखनी में उतार दिया है। लेकिन उस के कहने की शैली में थोड़ा अन्तर है। उसके अनुसार– ''नारी जाति ऐसी अपवित्रा व नीचकर्मा होती है, जो सिर्फ रूप की ही दीवानी होती है। अगर सुन्दर व मनोहर पुरूष की श्रेणी में उनके पिता, भाई और पुत्र भी आते हों, तो वह उन्हें भी किसी भांति भी नहीं छोड़ती है और वह उन पर तन मन से मुग्ध हो जाती है। ऐसी स्थिति में वह उनसे अतिशीघ्र रतिकामना भी करने लगती है। वह धीरजहीन होकर उतावली हो उठती है और कामवेग से अत्यन्त ही व्याकुल हो जाती है।[79] पुराणों ने नारी की तीखी भर्त्सना करते हुए माना है कि पतिव्रता और कुलीन कहलाने वाली स्त्रियाँ भी मर्यादा में नहीं रहती। इनसे बढ़कर संसार में और कोई पापी ही नहीं है। स्त्रियाँ तो सब पापों की मूल है। उनमें सबसे बढ़कर बुराई यह है कि वे निन्दित एवं पापी पुरूषों का भी सेवन कर लेती हैं। जो पुरूष स्त्रीकामना से एक बार पास आ जाय और थोड़ा भी अपना प्यार व सेवा भाव दिखा दे तो बस स्त्रियाँ उसी की है। वह भय से, धमकाने से, धन से कभी भी मर्यादा में स्थिर नहीं रहती। चंचल स्वाभाव की एवं बुरी चेष्टा वाली स्त्रियाँ बड़े–बड़े विद्वानों को भी धूल में मिला देती हैं। प्राणियों को मारने में काल जिस प्रकार संतुष्ट नहीं होता, उसी प्रकार स्त्रियाँ, पुरूषों से कभी तृप्त नहीं होती। वह आभूषण, धन आदि को सुख नहीं मानती, अपितु रति विलास को ही परमसुख मानती हैं। यमराज, मृत्यु, पाताल, बड़वानल, क्षुरधारा, विष, सर्प, अग्नि आदि एक साथ इकट्ठे होकर भी स्त्रियों का मुकाबला नहीं कर सकते। स्त्रियाँ तो इनसे भी महादारूण, महाविषैली, महातेजस्विनी एवं महाविनाशिनी होती है।[80]

पुरूष प्रधान समाज की वास्तविक स्थिति

लेकिन वास्तविक स्थिति ठीक इसके विपरीत होती है। स्वयं पुरूष पहले तो नारी के प्रति आकर्षित होता है क्योंकि दोनों ही एक दूसरे के लिए विपक्षी आलम्बन है।[81] परिचय बढ़ाने में, वार्तालाप करने में, प्रेम दर्शाने में पुरूष ही आगे रहता है। लेकिन बाद में आने वाले परिणाम व बदनामी के भय से वह सारा दोष स्त्री के ही सिर डालकर स्वयं उससे मुक्त हो जाना चाहता है। इसी प्रक्रिया के तहत ही वह नारी निंदा करने में नहीं हिचकता और नारी निंदा के माध्यम से ही वह अपनी करनी पर पर्दा डालकर बचना चाहता है। हालांकि नारी अनिच्छापूर्वक मजबूरी में उसका साथ देती है, लेकिन सारा दोष उन्हीं के मत्थे मढ़ दिये जाने पर भी वह भयवश, संकुचित होकर एवं लज्जा से ग्रसित होकर कुछ भी कर सकने में असमर्थ हो जाती है और असहाय व मूक अवस्था में वह समाज के रोष की शिकार बनती रहती है। नारी समाज की उक्त असहायता के उदाहरण इतिहास के पन्नों

में भरे पड़े है। हर युग में पुरूषवादी समाज ने उनकी स्वतंत्रता व अधिकारों को दबाने, कुचलने एवं उन्हें हतोत्साहित करने में किसी प्रकार की कोई कमी नहीं की है और बेचारी नारी उनके द्वारा दिये जा रहे भीषण त्रासदी व अन्याय को चुपचाप सहन करती आ रही है। अगर वह समय रहते उनका विरोध करती तो यह स्थिति कभी भी नहीं आती।

पुरूषों द्वारा नारी के विविध रूपों का उपयोग :-

आमतौर पर सभी धर्मग्रंथों ने स्वीकार किया है कि सृष्टि का आरम्भ, ऐसे नारी एवं पुरूष के माध्यम से सम्भव हुआ, जो एक ही शरीर से पैदा हुए और रिश्ते में सगे भाई–बहिन थे। स्वयं सृष्टिकर्ता ने इन दोनों भाई–बहिन को प्रेरित व निर्देशित किया कि वे परस्पर संयोग द्वारा संतानोत्पत्ति के माध्यम से सृष्टि कार्य में उनका सहयोग करें। तदन्तर उन दोनों भाई–बहिन (मनु+शतरूपा या आदम+ हव्वा) ने परस्पर मिलकर संतानोत्पत्ति की और सृष्टि कार्य को आगे बढ़ाया।[82] विधाता ब्रह्माजी के सम्बन्ध में पुराणों का कथन है कि सरस्वती, ऊषा, संध्या, सावित्री, गायत्री आदि उसकी पत्नियाँ थी,[83] जबकि इन नारियों को उनकी पुत्री के रूप में भी स्वीकार किया जाता है।[84] वैदिक ग्रंथों में तो स्पष्ट रूप से उल्लिखित है कि स्वयं विधाता ने अपनी पुत्री के साथ संसर्ग करके उसकी योनि में गर्भाधान किया।[85] वैदिक ग्रंथों ने एक स्वर में बारम्बार दोहराया है कि प्रजापति ने मोह और काम के वशीभूत अपनी पुत्री से संसर्ग करके सृष्टि की।[86] आदि शंकराचार्य ने सरस्वती की स्तुति विधाता की पत्नी के रूप में करके उसकी वास्तविक स्थिति से स्वयं को पृथक ही रखा है।[87] पूर्व बौद्ध युग में इक्ष्वाकु राजा के चार–चार पुत्रों में अपनी जाति को सुरक्षित व पवित्र रखने के उद्देश्य से अपनी सगी छोटी बहिनों से पृथक–पृथक विवाह करके उन्हें अपनी धर्मपत्नी का दर्जा दिया और उनके साथ संभोग करके संतानोत्पत्ति की। उनके इस कृत्य से उनके पिता महाराज इक्ष्वाकु अत्यन्त प्रसन्न हुए और कहा कि ऐसे अपने पुत्रों से मैं धन्य हुआ, जिन्होंने अपनी जाति को अशुद्ध नहीं किया एवं उसकी पवित्रता व शुद्धता बनाए रखी। उसने, अपने पुत्रों को राजकीय सम्मान से सम्मानित कर सार्वजनिक रूप से ''शक्य'' (सामर्थ्यवान्) पद से विभूषित किया।[88] इन्हीं शाक्यों को बौद्धयुगीन ''शाक्यवंश'' का पूर्वज स्वीकार किया गया है, जिससे स्वयं गौतम बुद्ध अवतरित हुए थे। जिन्होंने समस्त संसार को दया, क्षमा, करूणा, शांति, अहिंसा व प्रेम का धर्मोपदेश दिया था। निश्चय ही पुरूषों द्वारा अपनी सगी बहिनों से विवाह कर उन्हें अपनी जीवनसंगिनी बनाने की प्रथा पूर्व वैदिक युग में पुरूष प्रधान समाज द्वारा सर्वमान्य थी।[89] पुरूष प्रधान समाज काम वेग में इतना नीच और स्वार्थी हो जाता है कि वासनातृप्ति के लिए अपनी माता को भी नहीं बख्शता। इसीलिए ही धर्मशास्त्रकारों ने प्रत्येक युवती माता को सतर्क किया है कि वह भूलवश भी एकाँत में अपने पिता, भाई व युवक पुत्र के साथ न रहे।[90]

एक प्राचीन ग्रंथ के अनुसार लाट (काठियावाड़) देश के सिंहपुर (सीहोर) में राजा सिंहबाहु ने, जिसने सिंहपुर (सीहोर) नामक नगर बसाया था... उसने अपनी माँ जायी सगर्भा और अपने पिता से ही उत्पन्न सगी छोटी बहिन सिंहसीवली को अपनी धर्मपत्नी बनाकर पटरानी का पद दिया।[91] बाइबिल के अनुसार अपने पिता लूत को वंशवृद्धि की चिन्ता में निमग्न महसूस कर उसकी दोनों बेटियों ने मजबूर होकर अपने पिता की वंशवृद्धि के निमित्त उसके साथ क्रमशः एक–एक करके संसर्ग किया और अपने पिता के सुख–शांति के लिए उसके वंश को आगे बढ़ाने में अपना योगदान दिया।[92]

समाज में माता का स्थान सर्वश्रेष्ठ होता है, लेकिन आततायी कामी पुरूष जाति उन्हें भी अपनी धर्मपत्नी बनाने में किसी भांति नहीं हिचकिचाता, बशर्ते कि उसकी माता युवती व सुंदरी हो...। बौद्ध ग्रंथ के एक उल्लेख अनुसार– ''खल्लाटनाग राजा के छोटे भाई बट्टगामिनी ने दुष्ट सेनापति को मारा क्योंकि उसने बट्टगामिनी के बड़े भाई महाराज खल्लाटनाग को पकड़ लिया था। (इस उपहार के बदले में) बट्टगामिनी ने अपने भाई खल्लाटनाग के महाचूलिक नामक पुत्र को अपना पुत्र बताया और उसकी माता अनुलादेवी को अपनी पटरानी बनाया। इस तरह पिता का स्थान ग्रहण करने से वह ''पितिराजा'' कहलाया।[93] उपर्युक्त प्रसंग से भी यह विदित होता है कि माता को पत्नी बना लेने से पुरूष प्रधान समाज जरा भी क्षुब्ध नहीं हुआ अपितु उसकी तारीफों के पुल बाँध दिये।

बहनों से विवाह करने की परम्परा भी, पुरूष प्रधान समाज ने अत्यन्त प्राचीन कर ली है। महाभारत में स्वयं श्रीकृष्ण और अर्जुन ने अपनी फुफेरी और ममेरी बहनों क्रमशः मित्रबिंदा और सुभद्रा के साथ विवाह रचाया था। यशोधरा भी बुद्ध की ममेरी बहन ही थी। प्रद्युम्न और अनुरूद्ध ने भी अपनी ममेरी बहिनों क्रमशः चारूमती और रूक्मवती से विवाह किया था। बौद्धयुग में कोसल नरेश प्रसेनजित ने अपनी कन्या बाजिरा का विवाह अपने भानजे अजातशत्रु के साथ किया थ।[94] तत्कालीन ग्रंथों में ऐसी अनेक घटनाएँ वर्णित है। ''यक्ष–यक्षिणियों से सम्पूर्ण लंका द्वीप में प्रवेश करने वाले और वहाँ की सत्ता में सत्तासीन होने वाले प्रथम भारतीय विजय सिंह ने वहाँ एक यक्षिणी से सहवास किया। उससे दो बच्चे हुए– एक लड़का और एक लड़की...। ये दोनों भाई–बहिन एक साथ रहते थे। युवक–युवती होने पर उन दोनों सगे भाई–बहिनों ने आपस में स्त्री–पुरूष होकर परस्पर सहवास किये। जिनके पुत्र व पौत्र इतने बढ़े कि उनका एक वंश ही आज तक लंका में सुरक्षित व सुस्थिर है।[95]

प्राचीन ग्रंथों में उल्लिखित है कि वंगराज सेनापति ने अपनी फुफेरी बहिन को वंगनगर ले गया और अपनी स्त्री बनाया।[96] दीर्घगामिनी ने अपनी सगी ममेरी बहन राजकुमारी उन्मादचित्ता के साथ संसर्ग किया। जिससे लंकेश्वर पाण्डु वासुदेव ने जन्म

लिया। जो लंकाद्वीप पर तीस वर्ष तक राज्य किया।[97] इसी तरह अपने माता की एक लड़की के साथ राजकुमार पाण्डु वासुदेव ने ब्याह किया और सांसारिक सुख भोगा।[98] गुरूपुत्री भी सगी बहिन से किसी भांति भी कम नहीं होती। लेकिन तत्कालीन युग में गुरूपुत्री से भी विवाह करने की परम्परा पुरूषों ने स्थापित कर ली थी।[99]

पुरूष प्रधान समाज ने वैदिक युग के पहले से ही यह परम्परा बना ली है कि अगर वह चाहे तो अपनी भाभी को स्त्री बनाकर रख सकता है। कामी, दुराचारी व लोभी पुरूष जाति ने इतिहास के पन्नों पर भाभी को पत्नी के रूप में रखने की अनेकानेक घटनाओं को अमिट बना डाला। तत्कालीन धर्मशास्त्रीय व्यवस्था के अनुसार भी यह निर्देशित है कि देवर, अपनी भाभी के लिए उप पति है। भारतीय धर्मशास्त्रों ने स्पष्टतया देवर से तात्पर्य ''द्वितीय वर'' घोषित किया और नारी जाति के जीवन में दो पति निर्धारित कर दिये, प्रथम– पतिदेव और द्वितीय– उप–पतिदेव (देवर अर्थात द्वितीय वर)[100] तत्कालीन धर्मशास्त्रीय व्यवस्था के अनुसार निःसंतान की स्थिति में छोटा भाई, अपने बड़े भाई के निमित्त, अपनी भाभी के साथ संसर्ग द्वारा पुत्रोत्पादन करके बड़े भाई की मृत आत्मा को शांति पहुंचाने का विधान है।[101] इन्हीं नियमों के चलते राजर्षि प्रवर बेन ने मनुष्यों को, भाई की स्त्री के साथ समागम करने का रास्ता दिखलाया।[102] महाभारत में महर्षि वेदव्यास ने भी अपने भाई चित्रांगद एवं विचित्र वीर्य की विधवाओं (अम्बिका और अम्बालिका) के साथ संसर्ग करके क्रमशः धृतराष्ट्र व पाण्डु को प्रकट किया, जिनसे उनके वंश विस्तार की गति नित्य निरन्तर जारी रह सके।[103] रामायणकालीन वानरराज सुग्रीव ने अपने बड़े भाई बालि के मृत्यु के उपरांत उसकी विधवा तारा को अपनी धर्मपत्नी स्वीकार कर पटरानी बनाया।[104] आधुनिक धर्मशास्त्रकार तुलसीदास जी ने इस परम्परा के सम्बन्ध में अपनी सहमति निंदा स्तुति के माध्यम से इस प्रकार व्यक्त की है– ''जिस कारण से श्रीराम जी ने बालि का वध किया था। वही कारण पुनः उपस्थित हो जाने पर भी उसने सुग्रीव और विभीषण को कुछ नहीं किया, बल्कि उनका उसने राजसभा में सम्मान किया। सुग्रीव ने अपनी भाभी तारा और विभीषण ने अपनी भाभी मन्दोदरी को धर्मपत्नी बनाकर पटरानी का पद दिया था। तुलसीदास जी ने इस घटना को श्रीराम के सम्मुख घटित घटना बताकर यह व्यक्त करना चाहा है कि श्रीराम परम्परावादी थे, इसीलिए उसने इस पूर्व प्रचलित प्रथा का राजकीय तौर पर समर्थन किया और उन्हें सार्वजनिक रूप से सम्मानित भी किया।[105] चूंकि देवर द्वारा अपनी भाभी को बलपूर्वक या सहमति से पत्नी बना लिये जाने की प्रथा प्राचीन काल से प्रचलित थी, इन्ही मनःस्थितियों के चलते अत्यन्त सतर्क रहने वाली सती–साध्वी श्री सीताजी ने उस समय अपने देवर श्री लक्ष्मण जी का जबर्दस्त विरोध कर दिया, जब उसने अपने बड़े भाई श्रीराम जी के पास जाने के लिए साफ तौर पर इंकार कर दिया। अपने देवर के उक्त आपत्तिजनक व्यवहार से अत्यन्त क्षुब्ध श्री सीताजी

ने अपने देवर लक्ष्मण जी को खूब लताड़ लगाई, यह घटना पुरूष प्रधान समाज के लिए उनके अमानुषिक अत्याचार को सीधी चुनौती थी तथा परम्परावादी नारी शोषण की प्रवृत्ति से युक्त पुरूष समाज को सीधी राह पर ला देने के लिए यह मात्र एक दुर्बल विरोध था। लेकिन उनका कामुक पुरूष समाज को तिरस्कृत कर देना भी तत्कालीन युग की नारी जागृति को प्रतिबिम्बित करता है।[106]

रामायण काल में रावण तत्कालीन पुरूष प्रधान समाज के अमानुषिक अनाचार का जीवन्त प्रतिबिम्ब था। श्री सीताजी के तीव्र विरोध के चलते देवर लक्ष्मण भयभीत होकर अपने बड़े भाई श्रीराम जी की ओर चला गया था। लेकिन रावण को ऐसे कठोर वचनों एवं दयायुक्त वचनों का भी कोई असर नहीं होता था। उसकी पुत्रवधु रम्भा ने उसके सामने कितनी ही मिन्नते की, दया की भीख मांगी व हाथ जोड़कर नतमस्तक हुई लेकिन कामार्द्र रावण ने उसकी एक न सुनी एवं जबर्दस्ती उसके साथ समागम किया।[107] रावण अपने समय का प्रचण्ड विद्वान, ज्योतिषी, व भविष्यवक्ता था। उस समय प्रचलित धर्मनियमों के अनुसार उसकी यह मान्यता थी कि इस संसार में स्त्रियाँ और रत्न सर्वसाधारण के लिए एक समान उपभोग की वस्तु है। इसमें किसी को भी दोष या पाप की प्राप्ति नहीं होती। इसलिए ही उसने सती–साध्वी वेदवती को भी अपने अनाचार प्रक्रिया में लपेट लिया।[108] लेकिन वेदवती एक जागृत नारी थी और उसने पुनर्जन्म लेकर उसके वध करने की भीषण प्रतिज्ञा की। देवर को द्वितीय वर अर्थात उपपति मानने की पूर्वकालीन सर्वमान्य प्रथा के श्रीराम जी स्वयं समर्थक थे। देवर द्वारा अपनी भाभी को धर्मशास्त्रों के निर्देशानुसार धर्मपत्नी बना लिये जाने की परम्परा को स्वीकार करते हुए ही उसने अपनी धर्मपत्नी श्री सीताजी को निर्देशित किया था कि अगर वह चाहे तो, अपने देवर लक्ष्मण या भरत के पास सुखपूर्वक रह सकती है तथा दाम्पत्य जीवन का सारा वैभव प्राप्त कर सकती है।[109] ऐसे ही अनेकानेक पुरूषवादी, संकीर्ण, स्वार्थी लिप्सा से युक्त परामर्श, प्रस्ताव व जबर्दस्ती से तंग आकर एक पवित्र, सती–साध्वी, निष्कलंका व नारी समाज की प्रतिष्ठा को बरकरार रखने वाली भारतीय नारी ने पुरूषवादी वासनायुक्त समाज को धिक्कारते हुए कहा– ''मैं तुम्हारे भाई की परित्यक्ता हूं और तुम मुझसे विवाह करना चाहते हो। क्या यह वमन किए हुए को चांटने के समान घृणास्पद नहीं है? तुम मेरे और अपने कुल के गौरव को स्मरण करो। इस प्रकार के अघटित व अशोभनीय प्रस्ताव को रखते हुए तुम्हें लज्जा आनी चाहिए...।''[110] बाइबिल में भी देवर द्वारा अपनी भाभी को धर्मपत्नी बनाकर रखने की परम्परा को अधिमान्यता दी गई है। वहाँ एक स्थल पर इस प्रकार वर्णित है– ''तब यहूदा ने ओनान से कहा– अपनी भौजाई के पास जा, और उसके साथ देवर का धर्म पूरा करके अपने भाई के लिए संतान उत्पन्न कर...।[111] पूर्वकालीन समाज में पुरूषवादी समाज इतना स्वार्थी, क्रूर, निर्दयी व वासनायुक्त था कि वह अपनी भाभी की सुन्दरता व धर्मशास्त्रीय

अनुमति के मद्देनजर उन्हें प्राप्त करने के निमित्त किसी भी हद तक जा सकता था। गुप्तकाल में चन्द्रगुप्त द्वितीय विक्रमादित्य ने अपनी भाभी की लावण्यता व रूप–सौन्दर्य से लुब्ध होकर अपने बड़े भाई रामगुप्त को मौत के घाट उतार दिया और उसकी धर्मपत्नी ध्रुवस्वामिनी को अपनी धर्मपत्नी बना लिया।[112] इसी प्रकार एक प्राचीन ग्रंथ के अनुसार ''अभयनाग नाम से प्रसिद्ध छोटे भाई का, राजा की रानी, देवी से प्रेम सम्बन्ध था। राजा ने उसे पहचानकर घोड़े पर चढ़कर, देवी के साथ भाग मलय पर जा पहुंचा। उसके कनिष्क भाई ने उसका पीछा किया और मलय प्रान्त में राजा को मारकर, देवी को ले, नगर में आकर, आठ वर्ष तक राज्य किया।[113] अर्थात छोटे भाई ने अपने बड़े भाई को मारकर अपनी सुंदरी व शारीरिक सौष्ठव से युक्त भाभी को अपनी धर्मपत्नी बनाया और पुरूषवादियों की पूर्व परम्परा को जारी रखा।

पुरूषवादी प्रवृत्तियों के चलते पुरूष समाज ने अपनी भाभी को भी धर्मपत्नी के रूप में रखने की प्रवृत्ति पर अपनी स्वीकृति की मुहर लगायी। पुरूषवादी परम्परा के चलते यह स्वीकार भी किया गया कि अपनी भाभीजी को धर्मपत्नी बनाकर वह व्यक्ति अपनी भाभी को उसके पूर्वकृत उपकार का बदला दे जा रहा है तथा उसके पति पर भी ऐहसान का बोझ लाद रहा है। इस प्रकार इस कृत्य को महिमा मण्डित किया गया। एक प्राचीन उल्लेख के अनुसार– ''वसभ'' नाम का लम्बकर्णों का पुत्र, अपने मामा (सेनापति) की सेवा करता था। उस समय राजा के द्वारा ''वसभ'' नामधारी सभी पुरूषों को मरवाया जा रहा था। वह सेनापति भी, अपने भानजे ''वसभ'' को, राजा को, सौंप देने के लिए अपने साथ ले जा रहा था। लेकिन, वसभ की मामी (सेनापति की पत्नी) ने अपने भानजे की रक्षा के लिए ''वसभ'' को सारा रहस्य बताकर और उसे एक हजार मुद्रा देकर भगा दिया। तदन्तर, समय अनुकूल होने पर महाबलवान ''वसभ'' ने उस राजा को रण में मार डाला। उस रण में मामा सेनापति उसका काम आया। राजछत्र धारण कर लेने के पश्चात, राजा वसभ ने मामा सेनापति की ''पोत्थ'' नामिका भार्या अर्थात अपनी मामी को उसके पूर्वकृत उपकार के कारण अपनी राजमहिषी (धर्मपत्नी) बनाया अर्थात अपनी जान बचाने के उपकार के बदले में उसने अपनी मामीजी को अपनी धर्मपत्नी के रूप में रख लिया। उसके इस कृत्य का स्वयं उसकी मामीजी ने सहर्ष स्वागत किया और उसके मामाजी भी इस उपकार के बदले में अपने भानजे के सम्मुख कृतकृत्य हो गये।[114] इस प्रकार पुरूषों ने अपनी माता, बहिन, पुत्री, भाभी, मामी आदि सभी सगे सम्बन्धियों का कामोपभोग किया और अपनी वासना की तृप्ति की। इतना सब करने के बाद भी वह अपने कृत्य का सारा दोष नारी के ही सिर पर डालता है और स्वयं सभी पापकर्मों से निवृत्त हो जाता है। यही तो पुरूषवादी परम्परा है जो सनातन से चली आ रही है।

अन्य नारियों से पुरूषवादी बर्ताव -

पशुधर्म का पालन करने वाले पुरूषों ने स्वयं तो अपनी माता, बहिन, भाभी, मामी, पुत्री, मौसी, चाची आदि सगी रिश्ते की नारी से कामेच्छा की पूर्ति की और उन्हें सारा दोष थमाकर स्वयं पाप से निवृत्त हो गये। भारतीय धर्मग्रंथों ने उनकी सिर्फ बुराइयों का ही वर्णन किया है। समस्त स्मृति ग्रंथ, गृह्यसूत्र, रामायण, महाभारत, पुराण आदि ने उनकी सिर्फ भर्त्सना ही की है, जबकि वास्तविकता देखा जाये तो सारी की सारी गलतियाँ व बुराइयाँ सिर्फ पुरूषों की है। नारी की बुराइयाँ तथ्यों से हटकर व सच्चाईविहीन होती है। शुकसप्तति, समयमातृका, सहस्त्र रजनी चरित्र, कुट्टनीमतम् आदि प्राचीन साहित्य तो नारी की जी भरकर बेइज्जती व बुराइयाँ की है। आधुनिक धर्मग्रंथ रामचरितमानस के एक उल्लेख के अनुसार देवर्षि नारद जी ने लोभवश (कामवासना से प्रेरित होकर विश्वमोहिनी की चाहना की।[115] लेकिन जब उसे किसी भांति भी हासिल न कर सके तो फिर नारी को धर्मकर्म में बाधा निरूपित कर दिया। इसमें दोष भला किसका था ? यह तो प्राकृतिक नियम है कि आपकी आंखें जिस भी वस्तु को जिस मनोभावना से देखेगी, उसको वह वस्तु वैसे ही दिखलाई देगी। इस सम्बन्ध में प्राचीन कथाएँ है कि भगवान श्रीकृष्ण जी ने जब मथुरा (कंस के निमंत्रण पर) और हस्तिनापुर (शांति प्रस्ताव लेकर) गये, तो वहाँ जिन–जिन लोगों ने, जिस भी भाव से उसे देखा, वे उन्हें वैसे ही दिखलाई दिये थे। उसी प्रकार श्रीराम जी अपने भाई लक्ष्मण जी के साथ जनक के स्वयंवर सभा में जब पहुंचे तो वहाँ भी लोगों ने अपने मन की भावना के अनुरूप उन्हें देखा, और वे भी उन्हें वैसे ही दिखलाई दिये।[116] ठीक उसी प्रकार पुरूषवादी प्रवृत्तियों की आंखे नारियों पर अपनी बुरी भावना प्रदर्शित करती थी, उस कारण प्रत्येक नारी उन्हें अपनी प्रेमिका या पत्नी के रूप में ही दिखलाई पड़ती थी। भले ही वे सारा कुसूरवार होकर प्रत्येक दोष नारी के सिर पर ही मढ़ देते थे। इस सम्बन्ध में बाइबिल में एक अच्छी बातें कही गई है– "जो कोई किसी नारी को वासना भरी आँखों से देखे, वह अपने में उसके साथ व्यभिचार कर चुका। इसलिए यदि तेरी भली आँख भी तुझे वासना में गिराए तो उसे निकाल कर फेंक दे। तेरा पूरा शरीर नरक में न डाला जाए, इससे भला यह है कि तेरा एक अंग ही नाश हो जाए। और यदि तेरा हाथ, चाहे तेरा दाहिना हाथ तुझे पाप कराए तो उसे काट कर फेंक दे। यह इसकी अपेक्षा भला है कि तू नरक में जाए....।[117]

प्राचीन काल में ब्रह्मर्षि, महर्षि, राजर्षि, देवर्षि आदि उपाधिधारी पुरूषों ने जिस भी सुंदरी नारी को देखा, मोहित हुए और उन्होंने उनके विरोध के बावजूद भी उनके साथ कामजन्य सुख का सेवन किया। लेकिन बाद में वे ही अपराधी समस्त पृथ्वी पर नारी विरोधी प्रचार–प्रसार करते रहे। क्षत्रियत्व से ब्राह्मणत्व को प्राप्त हुए महर्षि विश्वामित्र ने

मेनका को देखकर स्वयं को ही भुला बैठे और उसके साथ काम विलास करते हुए दस वर्ष को एक दिन के ही बराबर मानकर व्यतीत कर दिया। इसमें मेनका का दोष भला कहाँ था..? दोष तो विश्वामित्र की आँखों का ही था...। जिसे उन्हें निकालकर फेंक देना चाहिए था...। लेकिन, उसने ऐसा किया नहीं, बल्कि मेनका को ही दोषी ठहरा दिया...। इन्हीं आँखों के वासनामय पाप के कारण देवों के लिए भी दुर्लभ महान् ऋषि व्यास जी को काशी की सुन्दरी वेश्या वधू ने चरण से प्रहार किया था....। मन्थाल गौतम नामक गौतम गोत्रीय भिक्षु जंघा नामक वेश्या के प्रिय बनने की इच्छा से, उसके लिए धन की व्यवस्था करने हेतु मुर्दा ढोया करता था। दीर्घजीवी महातपस्वी गौतम भी एक नीच वर्ण की स्त्री पर आसक्त हो गये थे, जिन्होंने अपनी निर्दोष पत्नी अहिल्या को श्राप देकर निर्जीव बना दिया था।[118] वही महापुरूष स्वयं को संयत नहीं रख सके थे। देवराज इन्द भी स्वयं पर नियंत्रण नहीं रख सके और गौतम की स्त्री अहिल्या से संसर्ग किया। अगत्स्य मुनि ने चन्द्रमा की भार्या रोहिणी की प्रार्थना की थी। उतथ्य की भार्या, मरूत की पुत्री ममता में महान तपस्वी देवगुरु बृहस्पति जी ने भरद्वाज को उत्पन्न किया। जाह्नवी नामक वृहस्पति (देवगुरू) की पत्नी में हवन करने वालों में श्रेष्ठ चन्द्रमा ने देवता के समान कर्म करने वाले बुध को उत्पन्न किया। कामानुरागी पराशर ने यमुना तट पर मछली से उत्पन्न काली (सत्यवती) नामक कन्या से एकाकार हुए। वशिष्ठ मुनि ने निन्दित मतंग चाण्डाल की कन्या में कपिंजालाद नामक पुत्र को उत्पन्न कर दिया। अवस्था निकल जाने पर भी राजर्षि ययाति ने विश्वाची अप्सरा के साथ रमण किया। स्त्री समागम को प्राणान्तकारी जानकर भी कुरूवंशी महाराज पाण्डु माद्री के गुणों से मोहित होकर कामजन्य सुख का सेवन किया। कराल जनक भी उसी तरह एक ब्राह्मण कन्या का अपहरण करके पथभ्रष्ट हुआ...।[119]

नारी को देह व्यापार में लिप्त करना और देवदासी प्रथा को बढ़ावा देकर उनका प्रचार–प्रसार करना तत्कालीन धार्मिक कट्टरपंथियों का मुख्य लक्ष्य था, ताकि वे उसी आड़ में अपनी शारीरिक, मानसिक व आर्थिक तृप्ति को प्राप्त कर सके। ''हेरोडोट्स'' नामक इतिहासकार के अनुसार– ''वे प्राचीन मिश्र या रोम के जितने मंदिरों में गये, वहाँ पूजा करने के लिए जितनी स्त्रियाँ थी, उनके साथ रति विलास करने के लिए उतने ही पुरूष दर्शनार्थी मौजूद थे। यह सूर्य उपासना थी। जिसमें मंदिरों में, धर्म की आड़ में, धर्माचार्यों ने सुंदरी नारियों से रति विलास करने का मार्ग जनसाधारण के लिए भी सुगम बना दिया था।[120] मिश्र में व्यूरी (बह्ररा) की पूजा परम्परा थी। एशिया, मिश्र एवं यूनान में वृषभ पूजा की परम्परा को भी धार्मिक मान्यता प्राप्त थी। यहूदी लोग सुनहला बछड़ा बनाकर, प्रतिमा के रूप में पूजते थे। तत्कालीन धर्माचार्यों के निर्देशानुसार यहूदी देवी बाल पीयूर – Ball Peor (कुमारियों की योनि को क्षत कराने वाली देवी) के मंदिर में कुमारी कन्याओं तथा कुमार युवकों के मध्य सावर्जनिक रति विलास का कार्य कराया जाता था। उसे वृषभ उपासना

के रूप में मान्यता प्रदान की गई थी।[121] पुरूषवादी समाज की यथार्थता व्यक्त करते हुए विदेशी लेखक 'कटनर' की मान्यता है कि– ''पुरूष में वह मक्कारी और ताकत है कि जब तक वह संतुष्ट न हो जायेगा, सभी सीमाओं का उल्लंघन कर जायेगा। विवाह का इतिहास, धर्म का इतिहास, मानव के सामाजिक जीवन का इतिहास– ये सभी बातें सिर्फ यह तथ्य साबित करते है कि मनुष्य के जीवन में उसकी कामवासना का कितना बड़ा हाथ रहा है, बिना इस तथ्य को स्वीकार किये, विश्व का समूचा इतिहास ही अर्थहीन रह जायेगा।[122] बुद्ध से पूर्व वज्जि गणराज्य के साथ अन्य गणराज्यों में भी अत्यन्त सुन्दरी युवतियों को बलात् नगरवधू बनाने की प्रथा चल पड़ी थी। इसी के तहत ही वज्जिगणराज्य के अन्तर्गत, वैशाली की सुन्दरी युवती अम्बपाली को उसकी इच्छा के विरूद्ध बलात् ''नगरवधू'' बना दिया गया था। नारी समाज को लुभाने के लिये ''नगरवधू' को राजकीय पद का दर्जा प्रदान कर दिया गया था। राजगृह की सालवती भी इसी तरह की नगरवधू बनी थी।

ग्रीको और उनसे पूर्व के ग्रीको की संस्कृति में जो देववाणी ('ओरेकिल') से स्थिति प्रमाणित करने की प्रथा थी, जिसके साधन से देल्फी आदि के मंदिरों में भविष्यवाणी भी की जाती थी। उसे घोषित करने वाली देवदासियों अथवा पुरोहितिनों के लिए इस दैवी शक्ति का उद्घाटन करने के पूर्व रात्रि को देवपुरोहितों के साथ रमण करना आवश्यक होता था। मान्यता थी कि तभी वे इस देवकार्य भविष्य कथन को सम्पन्न कर सकने की शक्ति अर्जित कर सकती थी। उनसे हजारों वर्ष पहले सुमेर और बाबुल के विशिष्ट मंदिर 'जिग्गुरत' (जिसमें गर्भगृह नहीं होता था, सपाट शिखर पर एक कमरा देवरति के लिए पर्यंकयुक्त व्यवस्थित होता था) के शिखरकक्ष में देवदासियाँ रखी जाती थी, जिनका देव प्रतिनिधि पुरोहित के साथ रतिकर्म करना अनिवार्य धर्म कार्य था। प्रसिद्ध काव्य ईलियद से प्रमाणित है कि इसी प्रकार त्रोय के राजा प्रियम होमर और त्रोय–युद्ध के कारण पेरिस की भगिनी (सदा सत्य भविष्यवक्ता किन्तु कभी विश्वास नहीं की जाने वाली) कासांद्रा, जो मन्दिर की देवदासी–पुरोहितिन थी, (और जिसे स्वयं सारे ग्रीक देवताओं से सुंदर अपोलो प्यार करता था) देवता के सामने ही अजाक्स द्वारा मन्दिर में ही बलपूर्वक भोगी गयी थी, और जो पीछे ग्रीको के वीर नायक आगामेम्नन की वासना का शिकार हुई।

मिस्त्री और बाबुली पुरोहितिनों को चौथी–तीसरी शती ईसा पूर्व की सहस्त्राब्दियों में देवताओं के भोग का साधन बनना पड़ता था और देवता सदा इस भोग अथवा रतिकर्म के लिए अपने स्थानापन्न मानव देवता–पुरोहित– को भेजा करता था और ये पुरोहितिनें–देवदासियाँ–सदा क्वाँरी–अक्षतयोनि–मानी जाती थी। (अनेक धर्मों में जो देवमाताएँ क्वाँरी मानी गयी है, क्या उनका भी अर्थ इस स्थिति से सम्बन्धित हो सकता है?) मनोरंजक बात है कि वैदिक देवताओं की शाश्वत सहचरियाँ–अप्सराएँ भी, अथक रतिकर्म के बावजूद : सनातन किशोरी' कहलाती थी। पौराणिक कथा में सहस्त्र विशिष्ट अश्व देने

की दक्षिणा स्वीकार कर लेने वाले स्नातक–शिष्यों के पास दानी राजाओं द्वारा राजकन्या भेजनी पड़ती थी, वह भी उनके साथ रतिक्रिया से सदा अक्षतयोनि क्वाँरी हो जाया करती थी। देवोत्तर कर्म का यह अनिवार्य परिणाम था।

यह धारणा उस समय के विश्वस्तरीय धार्मिक डरावनी व भयावह परम्परा का निरूपण करता है।

बाबुल के मिलित्ता देवी के मन्दिर में वेश्यावृत्ति का सर्वमान्य वैधानिक प्रचलन था। बेरोसस (मिलित्ता के मंदिर के पुरोहित) के आधार पर ग्रीक इतिहासकार हेरोदोस लिखता है– बाबुल की प्रत्येक स्त्री को, जो उस देश की नागरिका थी। उन्हें जीवन में एक बार अनिवार्यतः मिलित्ता के मंदिर में जाकर अजनबी पुरूष से रमण करना पड़ता था। शुद्ध नगरवधू के रूप में जो अभिजात थी, वे इस संदर्भ में भी हीनवर्गीयाओं से पृथक अपनी शालीनता प्रदर्शित करने से नहीं चुकती थी। वे गौरवशाली रथों पर चढ़ अनेक दास–दासियों से परावृत्त देवी मंदिर को जाती थी। इनके अतिरिक्ति साधारण वर्ण की स्त्रियाँ सुंदर परिधानों से सज मालाएँ धारण कर भीतर बरामदों में बैठती थी। आने–जाने वालों का बराबर तांता लगा रहता था। रस्सियों के अलग–अलग घेरे बने रहते थे और प्रत्येक घेरे में एक नारी बैठती थी। अजनबी आगंतुक उसी रस्सी के द्वारा अपनी पसंद जाहिर कर देता था। अजनबी अपनी पसंद के घेरे में रति–मूल्य का सिक्का फेंक देता था और मनचीती नारी को लेकर मंदिर से कुछ दूर, इस कार्य के लिये व्यवस्थित झाड़ियों में चला जाता और यथाकाम भरपूर उसे भोगता था। सिक्का फेंकते समय पुरूष को अनिवार्यतः कहना होता था– ''देवी मिलित्ता तेरा कल्याण करे।'' सिक्का चाहे जिस मूल्य का हो– छोटा से छोटा भी– उन्हें लेने से इंकार नहीं किया जा सकता था। इस प्रकार एकत्र किया हुआ धन मंदिर के पुण्यार्थ खर्च होता था। रस्सी के घेरे में अपने तन को बेचने की इच्छा से बैठी हुई नारी पुरूष–पुरूष में अन्तर नहीं डाल सकती थी। सिक्का फेंकने वाला जो भी और जैसा भी व्यक्ति हो उसे उसके साथ बगैर ना–नुकुर के जाना ही पड़ता था। नारियों में जो सुंदर और आकर्षक होती थी, उनको बार–बार नहीं आना होता था क्योंकि उनको भोगने की इच्छा करने वालों की कमी नहीं होती थी। लेकिन जो रूप की धनी न होती उन्हें इस कानूनी व्यवस्था के पालन के लिए बार–बार सालों तक आना पड़ता था जब तक कि उन्हें कोई चुन न लेता। ये सभी नारियाँ विवाहिता होती (कुमारियों को वहाँ जाने का अधिकार न था) थी। कारण कि विवाह हो जाने पर भी, पति के साथ काम क्रिया सम्पन्न कर चुकने पर भी, कानूनी पत्नी वे तभी हो सकती थी, जब कोई अजनबी मिलिन्ता देवी के मंदिर में चुनकर उन्हें भोग न ले। यही पद्धति कुप्रस (साइप्रस) के द्वीप–राज्य में भी प्रचलित थी।

जब रोमनों ने ग्रीस को जीतकर उनकी विविध दार्शनिक अकादमियों को बंद कर दिया, तब ग्रीक दर्शन और उसके पंडितों ने सागरपार सिकंदरिया में शरण ली। मिस्त्र तब ग्रीकों का नया केन्द्र बन गया। तदन्तर सागर की नीली फेन से उत्पन्न प्रणय की अभिराम देवी अफ्रोदीती (रोमनों की वीनस, भारतीयों की रति, बाबुलियों की मिलित्ता) के मंदिर के उद्यानों में शिष्ट नगरवधुएँ और सरायों की गणिकाएँ समान उत्साह से अपने तन बेचने लगी। उनके खरीदारी तपस्वी, दार्शनिक, धनी व्यापारी, मद्यप सैनिक, मदहोश मांझी सभी थे। यह सीमाओं में न समा सकने वाली वासना फिर पश्चिम की ओर चली और रोम में तिबेर–नद के तीर उसने अपना बसेरा किया। जब मिस्त्र की रानी क्लियोपात्रा वहाँ जा रमी, जिसके दास रोमन सम्राट और जनरल, एक के बाद एक होते गये थे। अफ्रोदीती के ग्रीक मंदिरों की तर्जपर अब वीनस का रोमन मंदिर हुआ और सिकंदरिया–बाबुल का अंग–व्यापार अब रोमन के उद्यानों में जा पहुंचा।

इस दौड़ में भारत पश्चिम से रंचमात्र भी पीछे न था। कारण कि जो स्थिति हजरत मूसा को असह्य हो उठती उसे वात्स्यायन ने सहज ही प्रदान कर दी। वास्त्यायन कामशास्त्र के संसार के प्रथम वैज्ञानिक पंडित थे। उन्होंने रतिकार्य की विविध विधियों का उद्घाटन तो अपने कामसूत्रों की रचना द्वारा किया ही, पड़ोसी और मित्र की पत्नी को भी वश में करने के उपाय भी बताये। दण्डी ने अपने दशकुमारचरित में जिस समाज को प्रतिबिम्बित किया वह प्रमाणतः वात्स्यायन के ही निर्मित पद्धति पर चल रहा था।

वही जीवन अपने हजार यौन साधनों के साथ इटली में पुनरूज्जीवन काल में पोपों, धर्माचार्यों, उनके मुसाहिबों, बुद्धिपरस्तों, जारजों और प्रतिभावान कलाकारों द्वारा जिया गया। ग्रीस देश की हितेरियाँ, जिनकी मेधा की सुकरात और अफलातून दोनों ने प्रशंसा की थी और जिनके आवासों में दार्शनिक विलास और अलंकारिक भाषा सीखने के लालच में रमे रहते थे। रेनेसांस की सुकुमार सुन्दर नेत्रियों के रूप में फिर से अवतरित हो गयी। यह अकारण न था कि लियोनार्दो और लिप्पी, मिकेलांजेलो और रफेल ने विवाह कर पत्नी नहीं चुनी बल्कि अपनी मनहर रखैलों और प्यारे तरूणों के ही अभिराम रूप को वातिकन (पोप का आवास) के मूर्त्यागारों और गिरजों की दीवारों पर 'मदोना' के रूप में रच दिया। यह पाप के आधार से पुण्य, धर्म और कला का सृजन करता था। कौन कह सकता है कि ईसा की कौन सी माता किस धर्माचार्य, किस कलावन्त की वासना तृप्त करने वाली कुमारी की काया अपने कलेवर में प्रतिबिम्बित करती है? पोप अलेग्जेंडर स्वयं अपनी पुत्री लुकेत्सिया के प्यार के लिए अपने पुत्र सीजर बोर्जिया से रकाबत करता था और लुकेत्सिया तो उस काल की मादक भोगातुर क्रिया की मात्र सम्बोधिका है। पेत्रार्क, पिछले इतिहास का पहला मानववादी रेनासांस का जनक, स्वयं धर्माचार्य, आभिन्यों के पोपों के सम्बन्ध में लिखता है, "व्यभिचार, बलात्कार, परस्त्री भोग ही बस पोपों के वासनामय विलास के साधन रह गये

हैं। **'सोप्रा ला बेलात्सा देले दाने'** काव्य का प्रणेता पोप के ही वर्ग का धर्माचार्य था जिसने वह स्याह परचम लिखा। जिसमें नारी के यौन सौंदर्य का असाधारण योग्यता से उद्घाटन हुआ। उसके सृजन में जिस विद्धतापूर्ण प्रेरक नग्नता का उस धर्माचार्य ने परिचय दिया, उसकी आशा एक पुरोहित से नहीं की जा सकती थी। उसमें उसने काम क्रिया के समय स्पंदित होने वाले कुमारी के अंगांगों का, पुरूष की द्वन्द्वयुक्त इन्द्रियों का, उनके स्पर्श की प्रतिक्रिया का एवं भोग की पाशविक अभिवृत्ति आदि का आकर्षक रूप के नंगे जादू की अभिरामता युक्त अलौकिक वर्णन किया। रतिक्रिया संपादित करने वाला कोई सांसारिक, साहित्यसर्जक, कोई बोकाच्चो उस धर्माचार्य के नग्न लालित्य के वर्णन का छोर तक न छू सका।'' लुई तेरहवें के शासन काल तक पेरिस में नग्न–नर–नारियों के धार्मिक जुलूस निकला करते थे और धर्मपुरोहित उन्हें कोड़े मार–मार कर आगे बढ़ने को प्रेरित करते थे। कासानोवा के संस्मरण भिक्षुणियों के मठों में प्राप्त मधुर संभोगों के उदाहरण प्रस्तुत करते हैं और बाल्जाक मध्ययुगीन पादरियों के विलास की कहानियाँ अपनी ललित कहानियों में कहते नहीं थकता। अपूर्ण ग्राहस्थ के सीमित भोग को छोड़ असमय सन्यस्त हो जाने का ही यह परिणाम था कि प्रव्रजित संतों में काम की आग भड़की और हिन्दी के ये धर्मकवि अपनी कामक्षुधा श्रीकृष्ण जी के माध्यम से उनकी गोपियों की कामातुर संज्ञा द्वारा, उनकी वंशावलियाँ, अपने सपनों को रति–सामान्य और रति विपरीत की क्रियाओं द्वारा अपने काव्यों में चरितार्थ करने लगे। इन मांसल कामचेतनाओं द्वारा ही उन्होंने अपनी प्रव्रज्या का एकाकीपन भरा। स्वयं लोकप्रिय सन्त सूरदास इस वासनाजन्य प्रक्रिया से अछूते न रह सके। परिणाम यह हुआ कि समाज में ऐसे सम्प्रदायों का जन्म हुआ, जिनमें धर्म और निष्ठा के नाम पर भक्तों ने अपने देवता को भी अपने साथ खींचकर पाप की गहरी खाई में धंसा दिया, वे स्वयं कृष्ण की प्रिया बन, पुरूष होते हुए भी, रजस्वला होने का ढोंग करने लगे। कृष्ण वह सार्वजनिक खूंटी बने जिस पर कैसा भी कपडा टांगा जा सकता था। कालचक्र के साथ धर्म निश्चय ही पाप का प्रधान साधक बन गया।[123]

'देवदासी' पद को सुशोभित करने वाली नारियाँ आमतौर पर कुमारियाँ ही होती थी। इन देवदासियों से पुजारीगण देव सेवा के नाम पर अपनी सेवा करवाया करते थे। पुजारियों द्वारा समय–समय पर ये देवदासियाँ गर्भवती भी हो जाया करती थी। उनके जनने के बाद वे बच्चे समेत मंदिर प्रशासन की देख–रेख में रखे जाते थे। अगर बच्चा लड़का होता था, तो वह मंदिर में नौकरी करता था और अगर वह लड़की होती थी, तो उसे माता के स्थान पर ''देवदासी'' के पद पर प्रतिष्ठित कर लिया जाता था।

इस प्रकार ईश्वर की पूजा, आराधना व उन्हें प्रसन्न बनाये रखने के नाम पर मंदिरों में सुंदरी नारियों का रहना अनिवार्य कर दिया गया। इस घृणित विचारधारा ने 6वीं शती ई. तक काफी जोर पकड़ लिया था। पुरूषवादी समाज व धर्म प्रमुखों ने परस्पर

समन्यवतावादी साझा नारी नीति के तहत इस कार्य को अंजाम दिया क्योंकि इससे दोनों पक्षों को फायदा होता था। एक पक्ष तो नारी को दासत्व प्रथा में अपने अधीन रखना चाहता था और दूसरा पक्ष नारी के सौन्दर्य का रसपान सार्वजनिक तौर पर पूर्ण स्वतंत्रता पूर्वक करना चाहते थे। अतएव धर्म की आड़ में दोनों ही पक्षों को सफलता मिलनी शुरू हो गई क्योंकि धर्म के भय से शासन भी उनका साथ देता था। परिणामतः मन्दिरों में देवदासी प्रथा की शुरूआत हो गई जबकि पुरूषवादी समाज ने अपने लिए दासत्व व पातिव्रत्य प्रथा का विधान पक्का कर लिया और प्रत्येक नारी को उसका पालन करना अनिवार्य हो गया। देवदासियों को ईश्वर को प्रसन्न करने के नाम पर धर्म समर्थकों के समक्ष नृत्य भी करना पड़ता था। अगर धर्म समर्थक प्रसन्न हो जाते थे, तो यह समझा जाता था कि ईश्वर भी प्रसन्न हो गया। अतएव उनके नृत्य हेतु मंदिरों में पृथक रूप से ''नटमण्डप'' का निर्माण भी होने लगा था। इस प्रकार मंदिर की आड़ में नारी को धर्मावलम्बियों के समक्ष वह सभी क्रियाएँ करनी होती थी, जो क्रिया राजा या सामन्त के निजी आवास पर सेविकाएँ या अधीनस्थ नारियाँ सम्पन्न करती थी। डॉ. अल्तेकर के अनुसार– देवदासी प्रथा का आरम्भ 3री शती ई. में शुरू हो गया था। महाकवि कालिदास ने उज्जैन के महाकाल मंदिर की देवदासियों का निरूपण किया है।[124] पुराणों में भी देवदासियों के उल्लेख प्राप्त होते है।[125] चीनी यात्री व्हेनसांग ने मुल्तान के सूर्य मन्दिर की देवदासियों का वर्णन किया है।[126] राजा विक्रमांकदेव के मंदिर के आँगन में नृत्य करने वाली नर्तकियों का वर्णन है, जो अद्वितीय रूपवती थी।[127] सभी विशाल मन्दिर देवदासियों से पूर्ण होते थे। राजस्थान के हर्षनाथ मंदिर में अनेक देवदासियाँ थी जबकि सौराष्ट्र के सोमनाथ मंदिर में पांच सौ देवदासियाँ थी, जो अपने नृत्य द्वारा देवताओं को प्रसन्न करने के लिए सदैव तत्पर रहती थी।[128] चाड़जुड़कुआ के अनुसार गुजरात के चार हजार मंदिरों में लगभग बीस हजार देवदासियाँ थी।[129] इनके रहने की सारी व्यवस्था राजा द्वारा की जाती थी।

चूंकि नृत्य का सम्बन्ध धर्म से जोड़ दिया गया था, उन्हें देवताओं को प्रसन्न करने के साधन के रूप में प्रस्तुत किया जाता था, अतएव मन्दिरों में देवदासी रखने की प्रथा काफी जोर–शोर से चलने लगी।[130] 'देवदासी' को एक सम्मानीय पद का दर्जा दे दिया गया था ताकि नारी व उसके परिवार के लोगों को उनके प्रति अरूचि न हो, साथ ही ऐसी व्यवस्था भी की गई थी कि कोई भी देवदासी प्रथा के विरोध में सामने नहीं आ सकता था। ऐसा करने वालों को धर्मविरोधी माना जाता था और उनके लिए साम्राज्य द्वारा कठोर यातनाएँ निहित थी। अतएव विवशतापूर्ण स्थितियों में भी नारी समाज ने इस प्रथा का विरोध नहीं कर सकी और धर्मावलम्बियों के आदेशों का अक्षरशः पालन करने लगी। धर्म से इस प्रथा का महत्व इतना बढ़ गया कि मन्दिरों की बाह्य दीवारों पर इनकी प्रतिमाएँ भी उत्कीर्णित की जाने लगी। मध्यप्रदेश में खजुराहो, उदयपुर, ग्यारसपुर, छत्तीसगढ़ में

भोरमदेव, उड़ीसा में भुवनेश्वर, कोणार्क, राजस्थान में ओसिया, सोहानिया, पुरी के जगन्नाथ मंदिर, आदि के मंदिरों की दीवारों पर देवदासियों की मूर्तियाँ उत्कीर्ण कर दी गई है। इस प्रकार देवदासियों को राजदरबार में सम्मानित भी किया जाने लगा था। चंदेलराज की देवदासियाँ शासकीय अधिकारी के रूप में मान्यता प्राप्त थी। चंदेल राजत्वकाल में मंदिरों में रहने वाली देवदासियाँ शिवजी के भक्तों (पुरोहितों) के समक्ष मुफ्त में नृत्य करती थी। ये देवदासियाँ राजा के उपभोग की सामग्री भी मानी जाने लगी थी। काश्मीर के शासक हर्ष (1089–1101) को कौल सम्प्रदाय में दीक्षित देवदासियाँ भेंट में प्राप्त हुई थी।[131] तत्कालीन शासक वर्ग इनका उपयोग व्यक्तिगत आनन्द के लिए भी करने लगे थे।[132] कभी–कभी तो किसी सुंदर स्त्री के प्रेम में पड़कर राजा उसे देवदासी के रूप में मान्यता प्रदान कर देते थे और इस प्रकार उनका प्रेममार्ग सार्वजनिक रूप से प्रशस्त हो जाता था। दुर्भलक प्रतापादित्य द्वितीय एक बार एक विवाहित स्त्री, जिसका नाम नरेन्द्रप्रभा था, के प्रेम में पड़ गये। जब नरेन्द्रप्रभा के व्यापारी पति ''थोना'' को इसका पता चला, तब उसने राजा को अपनी पत्नी नरेन्द्रप्रभा को अपनी रानी के रूप में स्वीकार कर लेने को कहा। राजा की अनिच्छा व्यक्त होने पर उसने मंदिर में नर्तकी के रूप में अपनी पत्नी को रख लेने की प्रार्थना की ताकि उसकी पत्नी 'देवदासी' के रूप में प्रतिष्ठित हो जाय और उसके प्रेम में भी बाधा न पड़ सके।[133] राजा उत्कर्ष का भी उदाहरण सामने आता है, जब उसने मंदिर की नर्तकी सहजा को अपने अंतःपुर में रखकर राजरानी का पद दिया था।[134] दक्षिण भारत में यह प्रथा लगभग 9वीं शती में प्रारम्भ हुआ। आज भी कुछ समय पूर्व तक यह प्रथा वहाँ प्रचलित थी। देवदासी की प्रथा दक्षिण कोसल (छत्तीसगढ़) में भी प्रचलित थी। सरगुजा जिले के रामगढ़ पहाड़ी में स्थित जोगीमारा व सीताबेंगरा की गुफा में मौर्यकालीन ब्राह्मीलिपि में लेख प्राप्त हुआ है, जिसमें ''सुतनुका'' नामक देवदासी का उल्लेख प्राप्त होता है।[135] मूर्तिकारों ने भी अप्सराओं की मूर्तियों का अंकन कर देवदासियों को इस प्रथा हेतु अत्यधिक प्रोत्साहित किया। इस प्रकार स्वर्ग की अप्सराओं के समान भूतल में देवताओं की नर्तकियों अथवा देवदासियों को मंदिर में समर्पित करने की प्रथा थी।[136]

मातृ–पितृ विहीन कन्याओं का शोषण

पूर्वकालीन समाज में नारी का शोषण, धर्म की आड़ में आरम्भ हो गया था। लेकिन सबसे अधिक दुर्गति उस नारी की हो रही थी, जो बेसहारा थी, अर्थात जिनके माता, पिता, भाई आदि नहीं थे। रामायण में वेदवती और महाभारत में शकुन्तला आदि नारियाँ अपमानित व शोषित हुई थी। महाभारत में कीचक द्वारा द्रौपदी का अपमान भी इसी प्रक्रिया के ही तहत था। सबकी नजर में द्रौपदी उस समय निराश्रिता थी अर्थात उसका कोई समीपी नहीं था। उस समय भी यह बात किसी से छिपा नहीं रह गया था कि जिस प्रकार पक्षी जमीन

करती है और उनकी वंशावलियाँ आगे बढ़ाती है एवं पुत्री बनकर गौरवान्वित करती है... इसीलिए ही वह नारी कही जाती है। आदि से अन्त तक सर्वत्र पुरूष जाति के कल्याण के लिए जो समर्पिता है, उसी का नाम नारी है। इसीलिए ही धार्मिक कट्टरपंथी व्यवस्थाकार मनु ने भी निर्देश दिया है कि जो भी मनुष्य अपना कल्याण चाहता हो, वह चाहे पिता हो, भाई हो, पति हो या देवर हो सभी को सदैव ही नारी का पूजन करना चाहिए तथा उन्हें वस्त्राभूषणों से अलंकृत कर सम्मानित करना चाहिए।[149] उनकी व्यवस्था है कि जामि (बहन, पुत्रवधू, भाभी आदि कुल स्त्री) अप्सरा लोक का, बान्धव (मातृ पक्ष वाले) वैश्व देवलोक का, सम्बन्धी वरूण लोक का, माता तथा मामा– भू लोक का, बालक, वृद्ध, दुर्बल और रोगी– आकाश लोक के स्वामी है। बड़ा भाई पिता के सदृश है, स्त्री और पुत्र अपने शरीर ही है। अतएव इन लोगों का कभी भी अपमान नहीं करना चाहिए, बल्कि इनसे किसी भी प्रकार के विवाद से स्वयं को बचाना चाहिए। इनसे अगर तिरस्कार भी मिले, उसे भी चुपचाप सहन करना चाहिए। ऐसा करने से वे लोग संतुष्ट होकर अपने–अपने लोकों को प्रदान करते हैं।[150] कहने का तात्पर्य यह कि जो मनुष्य आजीवन नारी और उसके सम्पूर्ण पक्ष का कभी अपमान नहीं करता है, वह मृत्योपरान्त उनके द्वारा दिये जाने वाले विविध सुखों व लोकों को प्राप्त करता है।

धर्म व्यवस्थाकारों के अनुसार– घर की नारी, पुरूष के लिए सदैव पूजनीया और सम्मानीय होती है। शास्त्रों में अतिथि को देवता माना गया है और अतिथि को प्रथम भोजन खिलाने की परम्परा है। लेकिन नारी, अतिथियों से भी पहले पूजित व भोजन करने की योग्यता रखती है। व्यवस्थाकरों का यह स्पष्ट निर्देश है कि घर में अतिथियों के आ जाने पर भी घर की नारियों (नवविवाहित पुत्रवधू (पुत्र, भाई आदि की पत्नी), पुत्री, कुमारी (अविवाहित कन्या) और गर्भिणी स्त्री आदि को, बिना कोई विचार किये (अतिथियों के पहले उन्हें कैसे भोजन कराऊं, ऐसा विचार छोड़कर) उन्हें पहले ही भोजन करा देना चाहिए।[151] उनके अनुसार नारी, कभी भी अपमान करने योग्य नहीं होती। जिस कुल में उनकी पूजा होती है, उस कुल पर देवता प्रसन्न होते हैं और जिस कुल में नारी अपमानित व तिरस्कृत होती है, उस कुल द्वारा किये गये समस्त पुण्य, दान, धर्म, यज्ञ, तप आदि सभी निष्फल हो जाते हैं।[152] भारतीय व्यवस्थाकारों के अनुसार– जिस कुल में जामि (पत्नी, पुत्रवधु, बहिन, भानजी, कन्या आदि) शोक संतप्त होती है, अपमानित व तिरस्कृत होती है, वह कुल दैवी कोप से शीघ्र ही विनष्ट हो जाता है। लेकिन जिस कुल में वे शोक संतप्त नहीं होती, अपमानित व तिरस्कृत नहीं होती, वह कुल सर्वदा ही दैवी कृपा से सुख–शांति, ऐश्वर्य–वैभव आदि हासिल करता हुआ उन्नति के पथ पर अग्रसर होता रहता है।[153] धर्म शास्त्रकारों की व्यवस्था के अनुसार– जिस गृह को ये जामियाँ (पत्नी, पुत्रवधू, बहिन, भानजी, कन्या आदि) अपमानित व तिरस्कृत होकर अत्यन्त शोक

संतप्त स्थिति में श्राप (अभिशाप) देती है, वह गृह कृत्वा (अभिचार कर्म–मारण, मोहन, उच्चाटनादि) से हत् (नष्ट) के समान सब ओर से (धन, धान्य, परिवार आदि के सहित) अतिशीघ्र विनष्ट हो जाता है।[154]

धर्मशास्त्रकारों ने इस बात पर विशेष जोर दिये कि जिस घर में, परिवार में या कुल में नारी से पुरूष तथा पुरूष से नारी संतुष्ट व सुखी रहते है। उस कुल का सर्वदा ही कल्याण होता है।[155] उन्होंने नारी को साक्षात् देवी लक्ष्मी के रूप में स्वीकार किया है। उनका मानना है कि– ''संतानोत्पादन के लिए वस्त्राभूषण से आदर–सत्कार के योग्य घर की शोभा व सौन्दर्य रूपिणी ये स्त्रियाँ और लक्ष्मी, घरों में एक समान है (जिस प्रकार शोभा के बिना घर सुंदर नहीं लगता, उसी प्रकार स्त्री के बिना भी सुंदर नहीं लगता) अतः श्री (लक्ष्मी) और स्त्री में कोई भेद नहीं)।[156] पुरूषवादी प्रवृत्तियों के परे हटकर धर्मशास्त्रकार इस सच्चाई को स्वीकारने को विवश हुए कि पृथ्वी में केवल पुरूष ही कोई वस्तु नहीं है अर्थात उसका कोई अस्तित्व नहीं है। लेकिन नारी के साथ ही वे परिपूर्ण होते हैं। उनके अनुसार जो पति है, वही स्त्री है, उनमें किसी भी तरह का कोई भेद नहीं, अतएव उस स्त्री में (परपुरूष से भी) उत्पन्न संतान, उस स्त्री के पति का ही होता है।[157] पुरूषवादियों द्वारा समय–समय पर की जाने वाली नारी त्यागन से उत्पन्न महादुखःदायिनी स्थितियों से अवगत होकर धर्मशास्त्रकारों का निर्देश था कि नारी जाति किसी भी स्थिति में त्यागन योग्य नहीं हैं। इस आदेश का उल्लंघन करने वालों के खिलाफ उन्होंने उचित दण्ड की भी व्यवस्था की थी।[158] हालांकि श्रीराम जी ने इस धर्मशास्त्रीय व्यवस्था का उल्लंघन करके अपनी निर्दोष पत्नी श्रीसीता जी का परित्याग कर दिया था।[159] चूंकि श्रीराम जी स्वयं शासक थे, इसलिए उन पर धर्मशास्त्रीय व्यवस्था के उल्लंघन के फलस्वरूप कोई कार्यवाही नहीं हो सकी। शासन की बागडोर स्वयं उसके हाथ में थी, अतएव आधुनिक धर्मशास्त्रकार तुलसीदास जी ने यह कहकर पूर्व मामले को सुलझाने की कोशिश की कि सामर्थ्यवान को किसी भी कार्य के लिए कोई दोष या पाप नहीं होता।[160]

इसी सन्दर्भ में ही उसने उन पुरूषों की तीखी आलोचना भी की कि जो नारी जाति के प्रति विरक्त नहीं होते और उनका परित्याग नहीं करते।[161] गौतम बुद्ध ने हालांकि नारी परित्याग किया था, लेकिन वे नारी विरोधी कभी नहीं रहे। जब धार्मिक व्यवस्थाकारों ने नारी को समस्त संस्कारों से हीन व अयोग्य घोषित किया।[162] तब उनकी इस व्यवस्था को पूर्ण रूप से स्वार्थयुक्त अधार्मिक मानकर भगवान बुद्ध ने उन्हें धर्म–कर्म की सारी व्यवस्था सौंप दी तथा भिक्षुणी संघ निर्मित करके सभी व्यवस्थाकारों की निर्देशों को स्पष्ट रूप से अमान्य घोषित कर दिया। गौतम बुद्ध की उपर्युक्त व्यवस्था से निश्चित ही नारी समाज में एक नवीन क्रांति का संचार हुआ और वे अत्यन्त हर्षित हो गई। पुरूष प्रधान समाज की अत्याचारों से मुक्ति प्राप्त करने का उन्हें मार्ग सुलभ हो गया था। निश्चय ही दुःखित व

प्रताड़ित नारी समाज, जो सदियों से तिरस्कृत होती आ रही थी, उन्हें सुख–वैभव प्राप्त करने का एक नवीन राह नजर आ गया था।[163]

नारी द्वारा बहुपति करने का अधिकार : मर्यादित नयी आशाएँ –

धर्मशास्त्रीय व्यवस्था में, धर्मग्रंथों की रचना में, शासन व्यवस्थापन में और धार्मिक व सामाजिक समस्त गतिविधियों के प्रणेता चूंकि कट्टरपंथी पुरूष जाति ही रही है, इसलिए सारे धर्म–कानून उसने अपने हित को ध्यान में रखकर बनाया और नारी जाति की उसने पूर्णतया उपेक्षा की। उसने सारे धार्मिक, राजनीतिक, सामाजिक, सांस्कृतिक व आर्थिक अधिकार अपने पास सुरक्षित कर लिए और उसने नारी जाति को एक भी अधिकार देना पसंद नहीं किया। पुरूष जाति की स्वार्थलिप्सा की हद तो तब होनी शुरू हो गई, जब उसने अपने स्वार्थ की पूर्ति के लिए नारी जाति के अधिकारों की अवहेलना व उनका शोषण करना आरम्भ कर दिया। पाषाणकालीन मनुष्य ने जिस प्रकार हिंसक पशुओं को चालाकीपूर्वक अपने आधीन कर उनका उपयोग करना आरम्भ किया और इच्छित रूप से उन्हें काम में लगाना आरम्भ किया। उसी प्रकार पूर्वकालीन धार्मिक व्यवस्थाकारों ने नारी जाति को अपने काम में लगाना आरम्भ किया। पूर्वकालीन धार्मिक व्यवस्थाकारों ने नारी जाति को अपने स्वार्थ की पूर्ति के लिए अधिकारविहीन किया और उनके लिए "पातिव्रत्य धर्म" का विधान बनाकर उन्हें विवश किया कि वह उसे स्वीकार करे, अन्यथा उन्हें धार्मिक, सामाजिक, राजनीतिक व आर्थिक आदि सभी प्रकार के प्रयोगों से उत्पीड़ित करने पर जोर दिया। जिस अपराध के लिए पुरूष बन्धनमुक्त था, उसी अपराध के लिए नारी कठोर सजा के योग्य थी...। न्याय तो सभी के लिए एक समान होते हैं, न्याय के सामने न तो कोई पुरूष होता है और न ही नारी, न कोई राजा होता है और न ही गरीब...। लेकिन पूर्वकालीन व्यवस्था में इस प्रकार का पारदर्शी न्याय न था, बल्कि उस समय तो न्याय के मापदण्ड भी चेहरे देखकर निर्धारित होते थे। पुरूष जाति के लिए कम सजा, जबकि नारी कठोर यातनाएँ भुगतती थी। ब्राह्मण तो हर प्रकार के दण्ड व्यवस्था से मुक्त था, जबकि शूद्र भी नारी की तरह ही अधिक से अधिक यातनाएँ सहन करता था। इस प्रकार की पूर्वकालीन व्यवस्था को भला किस प्रकार से न्याय संगत व्यवस्था कहा जा सकता है ?

पुरूष जाति ने धार्मिक, सामाजिक, राजनीतिक, आर्थिक आदि से सम्बन्धित सारी व्यवस्थाओं व नियमों का निर्माण किया, इसलिए वे हर क्षेत्र में नारी जाति के अग्रणी रहे, बल्कि सर्वेसर्वा वही रहे, जबकि नारी जाति की स्थिति हर क्षेत्र में नगण्य रही। वह हर दृष्टिकोण से शोषित, अधिकार विहीन, अबला व संस्कृति विहीन रही। कारण यह कि उन्हें किसी भी क्षेत्र में आगे बढ़ने नहीं दिया गया। उन्हें सदैव के लिए धार्मिक नागपाश से जकड़ लिया गया, ताकि वह अपने अधिकारों के लिये जरा भी हिल डुल न सके। जागरूक

होने वाली व प्रतिस्पर्धा करने वाली नारियों से घबड़ाकर उन्होंने ''पातिव्रत्य धर्म'' की नींव रखी। यह नींव ऐसी थी, जिसकी बुनियाद धर्म था। चूंकि नारी धर्मभीरू थी, अतएव उन्हें डराया–धमकाया गया कि अगर वह अपने लिए निर्धारित धार्मिक नियमों का उल्लंघन करेगी तो उन्हें नर्क जाना पड़ेगा। नर्क जाने के भय से ही नारी उनके धार्मिक आवरण से युक्त स्वार्थ की जाल में फंस गई और ऐसी फंसी कि जिससे निकलना मुश्किल ही नहीं, बल्कि असम्भव भी था।[164] जो नारी इस प्रकार के जाल से बचने की कोशिश करती थी। उन्हें सार्वजनिक तौर पर ''वैश्या'', कुलटा, कुट्टिनी, अपतिव्रता, अधार्मिक, कलंकिनी, कुलनाशिनी, निर्लज्जा, असंयमी, कुलक्षणी, कुलक्ष्मी आदि नामों से सम्बोधित कर प्रताड़ित किया जाता था। चूंकि तत्कालीन न्यायाधीश स्वयं शासक ही थे, जो कट्टरपंथी धर्माचार्यों के दबाव के आगे झुककर अपना फैसला सुनाते थे, उनसे न्याय की उम्मीद किसी भांति भी नहीं की जा सकती थी। ऐसे मुंहदेखी न्याय करने वालों शासकों से नारी समाज लगातार दण्डित होती रही और उनके अधिकारों का हनन होता रहा। ऐसे शासकों से सम्पूर्ण भारतीय व विश्व इतिहास भरा पड़ा है। राम राज्य में सब सुख की कल्पना करते हैं, लेकिन हकीकत में राम राज्य नारी जाति और शूद्र समाज के लिए कलंकित रहा है। स्वयं श्रीराम जी ने निर्दोष सती साध्वी श्रीसीताजी को गर्भावस्था में वनवास जैसा कठोर दण्ड दिया तथा भरी सभा में मानसिक यातनाएँ भी दी।[165] इसी तरह उसने एक ब्राह्मण की शिकायत पर निर्दोष शम्बूक (शूद्र) का सिर काट दिया।[166] कहने का तात्पर्य यह कि पूर्वकालीन शासक उस समय के कट्टरपंथी धर्माचार्यों के निर्देशों का पालन करते थे, चाहे वह निर्देश सत्य से परे हटकर अन्याय युक्त ही क्यों न हो...। कोई भी शासक इसकी जरूरत भी नहीं समझते थे कि उनका निर्णय कितना अधर्मयुक्त है? वे धर्माचार्यों को वेद, पृथ्वीदेव, भूदेव, मर्यादा, सत्य रूप, नियम, धर्म आदि सभी कुछ समझते थे।[167] इसीलिए ही तत्कालीन युग में नारी और शूद्र की स्थिति बद से बदतर स्थिति तक पहुंच गई। धर्माचारी व धर्माचार्य सभी चूंकि ब्राह्मण ही थे, इसलिए उन्होंने अपने वर्ण की जी भरकर प्रशंसा की तथा उसे समस्त अधिकारों व विशेषाधिकार से संयुक्त किया।[168] इससे परिणाम यह हुआ कि नारी समाज की स्थिति लगातार बिगड़ती चली गई और शूद्र की स्थिति कुत्ते–बिल्ली से भी हीन हो गई। आधुनिक धर्मशास्त्रकार तुलसीदास जी ने भी अपने पूर्वजों की देखा–देखी यह घोषित करने से नहीं चूके कि शील और गुणों से हीन ब्राह्मण भी पूज्य है जबकि समस्त ज्ञानधर्म से युक्त शूद्र भी आदर के योग्य नहीं है।[169] इसी प्रकार इन धर्माचार्यों ने नारी को भी किसी भांति भी पद दलित करने से नहीं चूके। उनका कहना था कि पुरूष जाति जिस पद को प्राप्त करते हैं, उसे भला दो अंगुल भर प्रज्ञा (बुद्धि) वाली स्त्रियाँ कैसे पा सकती है...?[170] उन्हें पुरूष को भोजन करा लेने के बाद ही भोजन करने के लिए निर्देशित किया गया।[171] नारी, अपने पति का नाम अपने मुंह से नहीं ले सकती थी क्योंकि

यही धर्म व्यवस्था थी।[172] उनके लिए धर्म निर्देश था कि पुरूष चाहे उनके साथ कितना भी बुरा बर्ताव करें, नारी को उसे चुपचाप सहन करना चाहिए और अगर वह पुरूष से पीटी जा रही है, तब भी वह हंसमुख व नम्र बनी रहे।[173] धर्मशास्त्रकारों की व्यवस्था थी कि नारी को अपने पति के चरणों को सदैव धोना चाहिए और सेविका की तरह सेवा करना चाहिए।[174] उनके लिए धर्म तय किया गया कि पातिव्रत्य ही उनके इहलोक और परलोक दोनों की उत्तम गति का प्रमुख साधन है।[175] उनके पातिव्रत्य धर्म का मूल मंतव्य यह था कि पति चाहे जो करे, लेकिन पत्नी को उसके प्रति सदैव ही सती साध्वी रहनी चाहिए।[176] प्रत्येक नारी को पतिव्रता की तरह आदर्श जीवन व्यतीत करने के लिए निर्देशित किया गया।[177] उन्हें पति के अतिरिक्त दूसरे किसी भी पुरूष से बातचीत करने तक की अनुमति नहीं दी गई। इस कार्य को अत्यन्त घोर पाप माना गया।[178] पति के प्रत्येक आदेश का परिपालन पत्नी का पुनीत कर्तव्य माना गया।[179] धर्मशास्त्रियों ने व्यवस्था दी कि यदि पति शीलरहित, परस्त्रीगामी तथा विद्याहीन आदि अवगुणों से युक्त है, तो भी पति, नारी के लिए देवता के समान पूज्य है।[180]

आधुनिक धर्मशास्त्रकार तुलसीदास जी ने भी अपने पूर्वजों की परम्परा को जारी रखते हुए पतिव्रता का ही बेसुरा राग अलाप दिया है। उसके अनुसार पति चाहे वृद्ध, रोगी, मूर्ख, निर्धन, अंधा, बहरा, क्रोधी, दुर्बल, शराबी, वैश्यागामी आदि ही क्यों न हो, लेकिन नारी का धर्म सिर्फ पति सेवा ही है, अन्यथा वह नर्क में कठिन दुःख भोगती है।[181] हालांकि तुलसीदास जी ने यह नियम अपने मन से नहीं बनाया है, बल्कि उसने सीधे स्मृति ग्रंथों का हिन्दी अनुवाद कर दिया है।[182] लेकिन यह नारी जगत के लिए दुर्भाग्य ही तो है। प्राचीन व्यवस्थाकरों से लेकर आज की व्यवस्थाकारों तक सभी ने नारी के खिलाफ ही विष उगलने का काम किया। सिर्फ 'वराह मिहिर' ही एक ऐसा पुरूष था, जिसने सार्वजनिक तौर पर यह कहने की हिम्मत दिखाई कि – ऐसा कौन सा दोष है जो पुरूषों में नहीं होता? पुरूष अपनी ढिठाई के कारण ही नारी को तुच्छ समझते हैं। उसने नारी निन्दा करने वालों की तीखी भर्त्सना की।[183] लेकिन एक अकेले की आवाज विश्व पुरूष समुदाय में दबकर रह गई।[184] पुरूष इच्छानुसार जितनी चाहे पत्नियाँ रख लेने के लिए स्वतंत्र था, लेकिन नारी को निर्देश था कि वह एक से अधिक पति के विषय में भूलकर भी न सोचे।[185] यह पुरूषों की ईर्ष्यालु भावना थी कि नारी किसी भांति भी उनकी बराबरी न कर सके। उसने उन पर सदैव नियंत्रण बनाये रखने के लिए धर्म आदेश जारी किया कि वह पुरूष की अनुमति के बिना घर से बाहर एक कदम भी नहीं निकाल सकती।[186] धर्माचार्यों की नीयत अच्छी नहीं थी और उनकी निगाह में सुंदरी नारी की प्राप्ति ही एकमात्र लक्ष्य था, चाहे वह किसी भी स्थिति में उन्हें प्राप्त हो। एक तरफ तो वे नारी की बहुपतिकता के खिलाफ लामबंद थे, जबकि दूसरी ओर यह धार्मिक आदेश जारी करते हुए

फूले नहीं समाते थे कि– "यदि कोई सुंदरी नारी, भले ही वह विधवा हो, यदि वह किसी ब्राह्मण से विवाह कर ले, तो वही उसका वास्तविक पति कहलाता है। भले ही इससे पूर्व उसने दस अब्राह्मण पति कर लिये हों...।[187] कहने का तात्पर्य यह कि अगर वह अन्य जाति के पुरूषों को पति चुनती है, तो कुलटा, वैश्या, व्यभिचारिणी, कुलकलंकिनी आदि विशेषणों से विभूषित होती है, लेकिन अगर वह अपने समस्त पतियों को त्यागकर अंतिम में ब्राह्मण पति कर लेती है, तो वही धर्मशास्त्रीय विधि से उस नारी का वास्तविक पति ठहरता है। यह भारतीय धर्म व्यवस्था में दोहरा मापदण्ड का ज्वलंत उदाहरण है। भारतीय धार्मिक दण्ड व्यवस्था एवं न्याय व्यवस्था में भी पग–पग पर दोहरा मापदण्ड अपनाते हुए सम्पूर्ण भारतीय सामाजिक, राजनीतिक, एवं आर्थिक स्थिति का माखौल उड़ा दिया गया है। नारी के लिए जब पातिव्रत्य (एक पतिव्रत) का विधान किया गया तो पुरूष के लिए भी पत्नीव्रत (पत्नीव्रत) का विधान होना चाहिए था। लेकिन धर्म व्यवस्थाकारों ने ऐसा नहीं किया। कारण चाहे जो भी रहा हो, लेकिन एक कारण तो प्रमुख रूप से दृष्टिगोचर होता है कि धर्म एवं सामाजिक व्यवस्थाकारों में सभी पुरूष जाति से ही सम्बन्धित थे और वह भी उच्च वर्ण से सम्बन्धित...। इसलिए उन्होंने सारा धर्म कानून अपने पक्ष में निजी स्वार्थ के तहत निर्मित किये। उन्होंने स्वयं को सम्पूर्ण सृष्टि का स्वामी घोषित किया।[188] उन्होंने घोषित किया कि ब्राह्मण अपना ही खाता है, अपना ही पहनता है, अपना ही दान करता है तथा दूसरे व्यक्ति ब्राह्मण की दया से सबका भोग करते हैं।[189] उन्होंने व्यवस्था दी कि पृथ्वी पर जो कुछ भी है, वह सब ब्राह्मण का है। ब्रह्मा के मुख से उत्पन्न तथा कुलीन होने के कारण वह सब धन ग्रहण करने का अधिकारी है।[190] भारतीय दण्ड व्यवस्था में यह निर्णय लिया गया कि ब्राह्मण को प्राणदण्ड होने पर उसका मात्र मुण्डन करा देना ही उसका प्राणदण्ड होता है।[191] उन्होंने तत्कालीन शासकों को निर्देशित किया कि वह (राजा) समस्त पाप करने वाले ब्राह्मण का कभी वध न करे, अगर दण्ड देना जरूरी है तो उस ब्राह्मण को उसके सम्पूर्ण धन के साथ अक्षत शरीर वाले अर्थात उसे बिना कोई नुकसान पहुंचाये मात्र अपने राज्य से निर्वासित कर दें। ताकि वह अपना जीवन यापन अन्य राज्यों में कर सके।[192] उन्होंने सभी शासकों को चेतावनी दी कि ब्राह्मण वध के समान पृथ्वी पर कोई बड़ा पाप नहीं है, अतएव राजा मन से भी ब्राह्मण के वध का विचार न करे।[193] महाविपत्तियों में फंसा हुआ भी राजा, ब्राह्मणों को कुछ न करे क्योंकि क्रोधित ब्राह्मण सेना एवं वाहन सहित उस राजा को तत्काल नष्ट कर देते हैं।[194] उन्होंने समस्त शासकों को चेताया कि यद्यपि ब्राह्मण निन्दित कर्मों में भी प्रवृत्त होते हैं तथापि निन्दित ब्राह्मण भी सब प्रकार से पूज्य हैं क्योंकि वे उत्तम देवता हैं।[195] आधुनिक धर्मशास्त्रकार तुलसीदास जी भी उसी तर्ज पर हुबहू धर्मशास्त्रीय परम्परा में घोषित करते हैं कि ब्राह्मणों से द्रोह नहीं करना चाहिए क्योंकि उससे समस्त कुल का सर्वनाश हो जाता है।[196] इस प्रकार धर्मशास्त्रों

के रचयिता, धर्म कानून के निर्माता एवं शासकों के ऊपर रहकर सामाजिक व्यवस्था को बनाने वाले इन उच्चवर्गीय पुरूष जाति ने अपने स्वार्थ की खातिर सारे धर्म कानूनों को अपने पक्ष में बनाया और नारी को सदैव के लिए अपना पद दलित, सेविका और दासी बनाया। उसने नारी को कभी भी एक से अधिक पति रख सकने का अधिकार नहीं दिया और जिस नारी ने इसके विरोध में अपना सिर ऊपर उठाया, उसे सदैव के लिए पैरों तले कुचल दिया गया। उसके बाद तो किसी भी नारी ने पातिव्रत्य के विरोध में आने की हिम्मत नहीं दिखाई। तदन्तर सम्पूर्ण नारी समाज ने एक–एक करके अपना सिर झुकाया और पातिव्रत्य को विधि के विधान के रूप में स्वीकार कर लिया। इसके बाद तो प्रायः सभी नारियाँ पातिव्रत्य से बंधने लगी और असहायता की स्थिति में इसको स्वीकारने के सिवा उनके पास और कोई चारा ही नहीं रह गया था। धर्मव्यवस्थाकारों के निर्देशों का पालन स्वयं शासकगण कर रहे थे, फिर नारी क्या हस्ती थी कि उनके किसी भी आज्ञा का उल्लंघन कर सके। धर्मशास्त्रियों की यह सोची समझी युक्ति थी कि शासकों को अपने आधीन कर लेने मात्र से ही समस्त प्रजा पर उनका अधिकार हो जायेगा। हुआ भी यही शासकगण, उनके आदेशों का अक्षरशः पालन करने लगे तथा समस्त प्रजा को साम, दाम, दण्ड, भेद आदि नीतियों का प्रयोग करके धर्मानुयायियों के कथनानुसार चलने पर विवश किया गया। पूर्वकाल में पुरूष प्रधान समाज की जगह अगर नारी प्रधान समाज होता तो हर क्षेत्र में मातृसत्तामक परिवार ही चिरस्थायी होता। ऐसे में नारी समाज की स्थिति ठीक इसके विपरीत होती। जैसे कि सिन्धु सभ्यता के काल में थी। कम से कम वह समानता की स्थिति में तो होती ही। नारी अगर भारतीय धर्म व्यवस्था व समाज व्यवस्था का नीति निर्धारण करती तो वह स्वयं को अधिकारविहीन कभी न करती, बल्कि वह पातिव्रत्य जैसे स्वार्थपरक बन्धन में बंधती ही नहीं। वह तो समानता के अधिकार को ही स्वीकार करती...। आज भी जिस क्षेत्र में मातृसत्तात्मक परिवार मौजूद है, वहाँ की नारी सर्व अधिकार सम्पन्ना होती हैं। पौराणिक आख्यानों में भी जहाँ मातृसत्तात्मक परिवार का उल्लेख होता है, वहाँ की नारी पूर्ण स्वतंत्र व सर्व अधिकार सम्पन्ना ही नजर आती हैं।[197] इन्हीं सम–विषम परिस्थितियों के चलते भारतीय नारियाँ अत्यन्त दुखित हो जाती थी और अपना विचार यदा–कदा प्रकट कर दिया करती थी कि जो नारी, दूसरों के आश्रित होकर जीवन निर्वाह करती है, उसे धिक्कार है। दीनता से प्राप्त हुई जीविका की अपेक्षा तो मर जाना ही श्रेयस्कर है।[198] चूंकि अत्यन्त विवशतावश नारी उक्त उद्‌गार व्यक्त करती थी, लेकिन वास्तविकता में उन्हें कुछ भी कर सकने का अधिकार नहीं था। वर्तमान युग में भी अगर नारी को कोई अधिकार नहीं मिला होता तो वह सदैव अधिकार विहीन और पुरूषों के चरणों की दासी ही बनी रहती। यदि नारी प्रमुख श्रीमती इंदिरा गांधी भारत वर्ष की प्रधानमंत्री नहीं बनी होती तो सम्भवतया नारी आज की स्थिति की कल्पना भी न कर

सकती। हाँलांकि भारतीय संविधान में उन्हें समानता का अधिकार दिया गया है। भारत वर्ष में श्रीमती इंदिरा गांधी का काल, नारी समाज की उन्नति व अधिकारों का काल था। उनके शासनकाल में ही नारी समाज की स्थिति सुधरी और उनमें अपने अधिकारों के प्रति जागरूकता बढ़ी। श्रीमती गांधी के शासनकाल से ही नारी समुदाय को उनका वास्तविक हक मिलना शुरू हुआ।

निश्चित ही श्रीमती इंदिरा गांधी, भारतीय नारी समाज की जागृति देवी थी। जिन्होंने नारी को उनके अधिकारों के सम्बन्ध में सुषुप्तावस्था से जगाया। श्रीमती गांधी जी के नारी जागरण की पहल पर पुरूष समाज भी सतर्क हुआ और वह यह देखने लगा कि नारी कहाँ तक आगे जा सकती है ? लेकिन जब नारी को, नारी प्रशासन की ताकत मिली तो वह जरूरी ही उस हद तक आगे बढ़ी, जिसकी उन्हें स्वयं उम्मीद नहीं थी। पुरूष समुदाय भी यह उम्मीद नहीं कर सका था कि उसकी दासी के रूप में प्रतिष्ठित नारी न्यायाधीश, वकील, डॉक्टर, शिक्षक, इंजीनियर, पॉयलट, ड्राइवर, पुलिस, सैनिक, मंत्री, मुख्यमंत्री, राज्यपाल, वैज्ञानिक, विशेषज्ञ, राष्ट्रीय स्तर व अन्तर्राष्ट्रीय स्तर पर विभिन्न संस्थाओं के अध्यक्ष आदि विभिन्न पदों को सुशोभित कर सकती है। लेकिन यह अक्षरशः सत्य है कि अगर नारी को अवसर मिले तो वह हर क्षेत्र में पुरूष समुदाय से अधिक सत्यनिष्ठा से कार्य करती हुई सफलता की सीढ़ी पार कर सकती है और अपने समाज व देश को ऊँचा उठा सकती है।

अब इस तथ्य की ओर ध्यान देना अधिक जरूरी है कि जब मात्र एक महिला शासक होने से समय इस कदर पलटा खा गया कि समस्त धर्मशास्त्रों की कथनी और करनी में अन्तर आने लग गया, तब भला यदि सभी धर्मशास्त्री व समाज व्यवस्थाकार तथा शासकगण शुरू से आज तक नारी ही होती तो फिर क्या होता? होता वही जिसकी पुरूष प्रधान समाज कभी कल्पना भी नहीं कर सकता है। सम्पूर्ण पृथ्वी पर मातृसत्तात्मक परिवार स्थापित हो जाता । नारी पूर्ण स्वतंत्र व सर्व अधिकार सम्पन्ना होती....। नारी, अबला, दासी, देवदासी, परायी आदि कभी न होती। वह पातिव्रत्य जैसे कठोर व निष्ठुर बन्धनों से न बंधी होती। उनके लिये मायका व ससुराल में कोई अंतर न होता। वह मायका से ही ससुराल पर शासन कर सकती थी। वह ''विधवा'' जैसे सम्बोधनों से कभी सम्बोधित न होती और न ही वह कभी विधवा वेशभूषाओं से विभूषित होती। सुहागन, अभागन, अबला, परायी आदि प्रतीकों के अलंकरण से भी सदैव मुक्त रहती। वह पुत्र, पति, श्वसुर, देवर, जेठ आदि सभी के ऊपर माता की तरह घर की स्वामिनी बनकर शासन करती। वह इच्छानुसार पति करने के लिए स्वतंत्र होती, वह कभी भी पातिव्रत्य के चंगुल में नहीं रहती और पातिव्रत्य की चर्चा करने वाले पुरूषवादियों को वह स्वयं कठोर दण्ड देती तथा कोई भी पुरूष उनके समक्ष धर्म–कानून लगाने की हिम्मत नहीं कर पाता। जिस प्रकार पत्नी

के मृत हो जाने पर भी पति सौन्दर्य विहीना नहीं होता, उसी प्रकार ही नारी भी, पति के मृत हो जाने पर सौन्दर्य विहीन नहीं होती और वह इच्छानुसार एक से अधिक पति कर सकने के लिए पूर्ण स्वतंत्र होती। दहेज प्रथा, बाल विवाह प्रथा, आदि का स्वरूप भी नहीं रहता। अन्तर्जातीय विवाह, प्रेम विवाह, पसंदीदा पति चयन, विवाह हेतु पतिगृह बारात लेकर जाना, पति पर अनुशासन करना, आदि कार्यों के लिए पूर्ण स्वतंत्र रहती। कहना न होगा कि वह हर क्षेत्र में निर्णय लेने की स्वामिनी होती। घर और बाहर सभी जगह उसी का आदेश चलता और वह पुरूष जाति को कभी अधिकार विहीन नहीं करती। वह उसको उतना ही अधिकार देती, जितना उसके सेहत के लिए फायदेमंद होता। समाज में जितनी भी बुराइयाँ फैली हुई है, वह पुरूषवाद के ही कारण यत्र–तत्र–सर्वत्र प्रचारित व प्रसारित हुई है क्योंकि इसी विवादास्पद वाद ने नारी शिक्षा पर प्रतिबन्ध लगाकर अशिक्षा को बढ़ावा दिया था, जिसके कितने ही दुष्परिणाम समाज को भुगतने पड़े हैं, और न जाने कितने आने वाली पीढ़ी को और भुगतने होगें?

इन सबके बावजूद भी भारतीय समाज में ऐसी ख्यातिलब्ध नारियाँ भी मौजूद थी, जिन्होंने अवसरवादिता से युक्त धर्मशास्त्रीय नियम–कानून को दरकिनार कर नारी समाज को स्वतंत्रता का मार्ग दिखाया। जिनकी सर्वत्र प्रशंसा हुई और कहीं भी नहीं लगा कि ये नारियाँ धर्मशास्त्रीय उल्लंघन से नर्क ही जायेगी। दरअसल नर्कगामी तो वही लोग हुए जो अपने स्वार्थ की खातिर पाखण्डवाद और पुरूषवाद के स्वरूप का विकास किया तथा उन्हें धर्म का जामा पहनाया। सावित्री ने अपने पिता और गुरू के जीवित रहते हुए भी अपने विवाह के लिए स्वयं पति की तलाश की थी। शबरी ने धर्मशास्त्रों की अवहेलना करते हुए वनवास किया और तपश्चर्या में आजीवन संलग्न थी। पंच कन्याओं का उदय भी नारी स्वतंत्रता को ही परिलक्षित करता है। कुन्ती, कुंआरी माता थी और उसने नियोग द्वारा पांचो पांडवों की प्राप्ति की थी। ये पांचो पाण्डव भी अलग–अलग दैवीय शक्ति से युक्त पुरूषों से संसर्ग के फलस्वरूप प्राप्त किये गये थे। द्रौपदी जी के पांच पति थे, जो उन्होंने स्वयंवर के माध्यम से प्राप्त किये थे। उसके इन पांचो पतियों को राजकीय, धार्मिक व सामाजिक तौर पर मान्यता प्राप्त थी। तारा, पहले वानरराज बालि की पत्नी थी, लेकिन बाद में वह पति के मृत्योपरान्त अपने देवर सुग्रीव को पति रूप में वरण किया था। इसे भी राजकीय, धार्मिक व सामाजिक तौर पर सम्मान प्राप्त था। अहिल्या का नामकरण उसकी भव्य शारीरिक सुन्दरता के कारण हुआ था। उसे सभी देव, मनुष्य आदि चाहते थे। लेकिन वह गौतम की पत्नी बनी। तदन्तर देवराज इन्द्र ने उसके साथ संसर्ग किया और वह पति शापित हुई। लेकिन चूंकि नारी सदैव ही निष्कलंका होती है।[199] अतएव कालान्तर में वह फिर पुरूषवादी समाज के द्वारा पूर्ववत् सम्मान प्राप्त कर ली। मन्दोदरी, मयदानव की कन्या थी और रावण की प्रधान रानी थी। रावण के मृत्योपरान्त वह अपने देवर विभीषण की पत्नी

बनी। यह कार्य सर्व धर्मसम्मत स्वीकार किया गया। इन पांचो नारियों को पंचकन्याओं की संज्ञा दी गयी और यह कहा गया कि जो भी मनुष्य हर प्रातः इनका स्मरण कर ले तो उनके समस्त पाप क्षीण हो जाते है। इस प्रकार की धार्मिक मान्यता यह सिद्ध करती है कि तत्कालीन युगीन नारी अपनी स्वतंत्रता की ओर अग्रसर हो रही थी और उनके कार्य में लगातार बाधा के बावजूद वह अन्य दबी कुचली नारियों के लिए प्रेरणास्त्रोत बन रही थी।

धर्मग्रंथों में नारी को क्षेत्र (खेत) के रूप में महत्ता प्रदान की गई है। क्षेत्र के रूप में उनकी व्याख्या करके धर्मशास्त्रों ने उनकी स्वतंत्रता का मार्ग प्रशस्त किया है। धार्मिक न्यायविदों के अनुसार नारी खेत रूप है और पुरूष बीज रूप है, अर्थात खेत को खरीदकर या मूल्य अदा करने के निमित्त कोई भी कृषक बीज डालकर उपज ले सकता है।[200] उनके अनुसार नारी (स्वतंत्र अस्तित्व वाली) खेत (क्षेत्र) रूप है और पुरूष (पराधीन) बीज रूप है (क्योंकि बिना खेत के बीज का कोई महत्व नहीं है)। इन दोनों के परस्पर सम्मिलन से ही सब प्राणियों की उत्पत्ति होती है। समय पर जोते तथा सींचे गये खेत में जैसा (जिस जाति वाला) बीज बोया जाता है, अपने गुणों से युक्त वह बीज उस खेत में वैसा (अपनी जाति के समान) ही उत्पन्न होता है।[201] लेकिन इन तथ्यों के विपरीत आधुनिक वैज्ञानिक प्रयोगों से स्पष्ट होता है कि अर्न्तवर्णीय व अन्तर्जातीय सम्बन्धों से जो सन्तानोत्पति होते हैं। वह अत्यधिक बुद्धिमान, आत्माभिमानी, विवेकी, सुविज्ञ व अत्यन्त सुंदर होता है। ऐसे संतान उनके स्वयं के (एक ही वर्ण या जाति के) परस्पर सम्बन्धों से प्राप्त नहीं हो सकते है। पूर्वकाल में भी ऐसे अनेक उदाहरण मिलते हैं कि अन्तवर्णीय व अर्न्तजातीय सम्बन्धों के फलस्वरूप मानव समाज को उत्कृष्ट, धीर, वीर, सुंदर, ज्ञानी व सुशील, संतान की प्राप्ति हुई थी। शंकुलता, विश्वामित्र और मेनका के संयोग के फलस्वरूप पैदा हुई थी। महर्षि व्यास, पराशर एवं सत्यवती के संयोग से जन्म लिए थे। भीमसेन और हिडिम्बा के मिलन से घटोत्कच जैसे वीर पुत्र की प्राप्ति हुई थी। भगवान श्रीकृष्ण जी और जामवन्तीन के संयोग से साम्बू जैसे धीर–वीर व सुंदर पुत्र उत्पन्न हुआ था। सम्राट अशोक ने विदिशा की एक श्रेष्ठि कन्या (देवी) से विवाह किया था, जिससे ही विश्वविख्यात धर्म संवाहक महेन्द्र एवं संघमित्रा जैसे सुशील, विवेकी व धर्मनिष्ठ संतानों की प्राप्ति हुई थी। सम्राट अकबर की हिन्दु रानी से ही जहांगीर जैसे सुयोग्य पुत्र की उत्पत्ति हुई थी। उसी जहांगीर के पुत्र शाहजहां ने अपनी बेगम मुमताज महल की स्मृति में "ताजमहल" का निर्माण करवाया था। महाभारत कालीन बाणासुर की पुत्री ऊषा से श्री कृष्ण जी के पौत्र अनुरूद्ध जी ने विवाह किया था और इस विवाह को लेकर ही श्रीकृष्ण जी और शिवजी परस्पर आमने–सामने एक दूसरे से संघर्ष किया था। वर्तमान युग में पूर्वप्रधानमंत्री श्रीमति इंदिरा गांधी व उनके सुपुत्र राजीव गांधी ने अन्तरधर्मीय विवाह किया था। जो समूचे भारतवर्ष के लिए प्रेरणा स्त्रोत है।

पशु–पक्षियों में भी अन्तर्जातीय सम्बन्धों के अच्छे परिणाम प्राप्त हुए है। अधिक दुध देने वाली गाय, भैंस व बकरी, अधिक ताकतवर सांड़, घोडे, गधा एवं ऊंट आदि की पैदायशी इसका उदाहरण है। पेड़–पौधों में संकर किश्म के पौधे व फसल का उत्पादन देशी की तुलना में अधिक फायदेमंद, लाभकारी, रोग मुक्त व गुणकारी होता है। कुल मिलाकर तात्पर्य यह कि अर्न्तवर्णीय व अर्न्तजातीय सम्बन्ध अधिक लाभदायक, गुणकारी, स्फूर्तिदायक, उत्साहवर्धक और बल, बुद्धि, विवेक, ज्ञान आदि गुणों से सन्दर्भित होता है।

पूर्वकालीन धर्मशास्त्रकारों ने व्यवस्था दी थी कि हालांकि नारी (खेत रूप में) पूर्ण रूपेण स्वतंत्र है, लेकिन किसी भी पुरूष (बीज रूप में) के माध्यम से जो फल (संतान) प्राप्त होता है, उस पर नारी के वर्तमान (विवाहित) पति का ही अधिकार होता है।[202] उनके अनुसार जिस प्रकार गाय, घोड़ी, ऊंटनी, दासी, भैंस, बकरी और भेड़ में उत्पन्न संतान को पाने का अधिकारी संतानोत्पादक (सांड, घोड़ा, ऊंट, भैसा, बकरा आदि का मालिक) नहीं होता। (किन्तु उक्त गाय, घोड़ी, दासी, भैंस, बकरी आदि का स्वामी ही होता है) उसी प्रकार दूसरे पुरूष की स्त्रियों में उत्पादित संतान को पाने का अधिकारी (उन स्त्रियों का) पति (या पिता यदि नारी अविवाहित हो) होता है। (उत्पन्न करने वाला दूसरा पुरूष कदापि भी नहीं)।[203] जो (विवाहित पुरूष) क्षेत्र (नारी) का स्वामी (होकर भी या) नहीं होकर भी, दूसरे (पुरूष) के क्षेत्र (नारी) में बीज बोते है। वे उस क्षेत्र (नारी) में उत्पन्न होने वाले फल (संतान) को कहीं (किसी देश आदि में) भी नहीं पाते हैं।[204] धर्मशास्त्रों की राय है कि जिस प्रकार दूसरे की गाय में सांड़, सैकड़ों बछड़ों को उत्पन्न कर दे, वे सब बछड़े गाय के स्वामी के ही होते हैं– (और सांड़ के स्वामी के किसी प्रकार भी नहीं होते)। अतः सांड़ का वीर्यक्षरण करना व्यर्थ है।[205] उसी प्रकार ही दूसरे पुरूष की पत्नी (या कुंवारी कन्या) में जो भी पुरूष चाहे कितने ही संतानों की उत्पत्ति कर दे, लेकिन वे सभी संतान, सम्बन्धित स्त्री के पति (यदि कुंवारी है, तो पिता के) ही अधिकार क्षेत्र में रहेंगे। इन संतानों को उत्पन्न करने वाले (पुरूष) सर्वथा अधिकार विहीन होते हैं। अतएव इनका संतानोत्पत्ति के लिए श्रम करना व्यर्थ ही है। वे (पुरूष) क्षेत्र (नारी) का स्वामी नहीं होते हुए भी दूसरे (पुरूष) क्षेत्र (नारी) में बीज बोते (वीर्य क्षण करते) हैं, वे क्षेत्र (नारी) स्वामियों का ही अर्थ साधन (संतानोत्पादन का कठिन कार्य सिद्धि करते) हैं और बीज वाला (पर स्त्री में वीर्यक्षरण करने वाला पुरूष, सन्तानरूपी) फल कभी भी प्राप्त नहीं कर सकता (अतएव उनका अथक परिश्रम नितान्त दुर्भाग्यजनक है, चिंताजनक और सर्वथा व्यर्थ है।)[206] धर्मशास्त्रियों का मत है कि खेत (स्त्री) वाला और बीज (वीर्य) बोने (क्षरण करने) वाला– ये दोनों ही (पक्ष) परस्पर में फल (उत्पन्न होने वाला अन्नफल या सन्तानादि) के विषय में नियम–बन्धन (इस खेत या स्त्री में तुम्हारे बीज या वीर्य के बोने या क्षरण करने पर जो अन्न या संतान उत्पन्न होगा, वह हम दोनों का होगा, ऐसी पूर्व

शर्त) नहीं करे, तो उस खेत (स्त्री) में उत्पन्न (अन्नफल या संतानादि) खेत (स्त्री) वाले (पुरूष) का ही होता है क्योंकि बीज (वीर्य) की अपेक्षा (क्योंकि यह गुप्त होता है, अतएव) खेत या स्त्री ही प्रधान है। (यही नियम संतानोत्पत्ति के विषय में भी जाननी चाहिए।)[207] लेकिन यदि खेत (स्त्री) का स्वामी (पति) बीज बोने (वीर्य क्षरण करने) वाले (पुरूष पक्ष) से नियम–बन्धन (इस खेत या स्त्री में तुम्हारे बीज या वीर्य से उत्पन्न अन्नादि या संतानादि) हम दोनों का होगा, ऐसी शर्त करके जो खेत (स्त्री) को संतान उत्पादनार्थ दूसरे पक्ष या पुरूष को) सौंपता है। इस लोक में (धर्मसम्मत रूप से) इस उत्पन्न अन्नादि (संतानादि) का स्वामी दोनों–खेत (स्त्री) स्वामी तथा बीज बोने (वीर्य क्षरण करने वाले पुरूष पक्ष) को होते देखा गया है (अर्थात इस नियम से प्राप्त अन्न या संतानादि पर दोनों पक्षों का समान रूप से अधिकार होता है।)[208] धर्मशास्त्रियों का यह भी मानना है कि पानी (सौन्दर्य मद) या हवा (ऐश्वर्य मद) के वेग से–दूसरे के खेत (स्त्री) में बोया (क्षरण किया) गया– जो बीज (वीर्य) बहकर (बहककर) या उड़कर (भटककर) दूसरे के खेत (स्त्री) में जाता (अंकुरित होता) है, वह बीज (वीर्य) का फल (संतानादि दूसरे के अधिकार में चले जाते हैं और बीज (वीर्य) का फल क्षरण करने) वाला मुंह ताकता रह जाता है), अतएव उस बीज (वीर्य) का फल (अन्न या संतानादि) खेत (स्त्री) – (जिसमें बीज (वीर्य) जाता है, उस खेत (स्त्री) के स्वामी (पति) का ही होता है। बीज बोने (वीर्य क्षरण करने) वाला उसका कुछ भी फल (लाभ) प्राप्त करने का जरा भी अधिकारी नहीं होता।[209] जिस प्रकार किसी शिकारी या व्याधा के द्वारा मारे गये मृग शरीर के उसी (पूर्व शिकारी से बिद्ध) स्थान में दूसरे शिकारी या व्याधा का बाण लगकर व्यर्थ हो जाता है अर्थात उस मृग को पाने का अधिकार पहले शिकारी या व्याधा को ही होता है, दूसरे को नहीं। उसी प्रकार ही स्त्री पर छोड़ा गया बीज (वीर्य) शीघ्र ही व्यर्थ हो जाता है क्योंकि उससे उत्पन्न संतान को पाने का अधिकार वीर्य निषेक करने वाले को नहीं मिलता, अपितु उस क्षेत्र (स्त्री) के पति को ही (सार्वजनिक व धार्मिक तौर पर उस संतान को प्राप्त करने का पूर्ण अधिकारी) होता है। अतएव भूलकर भी पर स्त्री संभोग नहीं करना चाहिए (क्योंकि इस हेतु किये गये पूर्व के सारे ही परिश्रम निष्फल हो जाते हैं)[210] भारतीय पुराविद् (प्राचीन इतिहास के ज्ञाता महर्षिजन) लोग इस पृथ्वी को पृथु की भार्या मानते है। उनके अनुसार खुरथ (ठूंठ पेड़) काटकर भूमि को समतल करके खेत बनाने वाले (परिश्रमी मनुष्य) का खेत मानते है और पहले बाण मारने वाले का मृग मानते हैं (अर्थात नारी का पति– जिसने नारी के साथ सार्वजनिक तौर पर विवाह करने का रश्म पूरा किया है (भले ही विवाह पूर्व उस नारी के अनेकों पुरूषों से सम्पर्क रहा हो और विवाह पूर्व वह क्षत यौवना बन चुकी हो या पुरूष के विवाह पूर्व अनेकों नारी से सम्पर्क रहा हो और उससे उक्त नारियाँ गर्भवती व पुत्रवती हो, तब भी) वही अपनी विवाहिता पत्नी का वास्तविक दावेदार है और इस कारण उससे प्राप्त संतानादि भी निःसंदेह उसी

वास्तविक पति के ही स्वीकृत होंगे। भले ही वह प्राप्त संतानादि बाहर (किसी दूसरे पुरूषों के माध्यम) से हुए हों।)[211] यह सर्वमान्य धर्मशास्त्रीय व्यवस्था है कि केवल अकेला पुरूष ही कोई वस्तु नहीं होता अर्थात वह अपूर्ण ही रहता है, वह केवल अपनी पत्नी और संतान से युक्त होकर ही पूर्ण माना जाता है। अतएव पुरूष और स्त्री में कहीं भी कोई भेद नहीं है, बल्कि इस दैनिक जीवन में पुरूष की अपेक्षा स्त्री अधिक प्रशंसनीय व अधिकार सम्पन्ना होती हैं (क्योंकि पुरूष, परस्त्री संभागादि करके जो संतानादि उत्पन्न करता है, उसे प्राप्त करने का न तो खुद का अधिकार है और न ही उसकी स्त्री संतानादि को सार्वजनिक तौर पर अपना कह सकती है। लेकिन स्त्री, पर पुरूष से संसर्ग करके, गर्भवती होकर बाद में संतानवती हो जाती है, उस संतानादि पर खुद उसका तो सार्वजनिक तौर पर अधिकार तो होता ही है और उसका पति भी सार्वजनिक रूप से उस संतानादि पर पूर्ण अधिकार रखता है और उक्त संतानादि के पिता कहलाने का भी गौरव हासिल करता है। ऐसा करके वह सार्वजनिक जीवन में अपनी पौरूष का प्रदर्शन करता है)। अतएव उस स्त्री में (पर पुरूष से भी) उत्पन्न संतान (सामाजिक व राजकीय तौर पर भी) उसके पति का ही होता है। (यही पूर्वकाल से चली आ रही धर्मशास्त्रीय व्यवस्था है, जिसे हर युग में स्वीकारा गया है और आने वाले समय भी उसे स्वीकारेगा)।[212] पूर्वकालीन धर्मशास्त्रीय मर्यादा में निर्देशित किया गया है कि– स्त्री को बेचने या त्याग देने मात्र से ही (वह अपने पति की स्त्री) अपने पति के स्त्रीत्वपन से कोई नारी पृथक नहीं हो जाती क्योंकि जिस प्रकार घाव के मिट जाने के बाद भी उसका चिन्ह जीवन भर शरीर पर बना रहता है, उसी प्रकार न तो स्त्री और न ही पुरूष एक–दूसरे के त्याग देने या किसी को दे देने मात्र से ही (दूसरे स्त्री के पति या दूसरे पुरूष की पत्नी नहीं होते बल्कि) जीवनभर एक–दूसरे के प्रतीक बने रहते हैं। उस परिस्थितिवश विलग अवस्था में यदि स्त्री, किसी पुरूष के संसर्ग से गर्भवती होकर संतानवती हो जाती है, तो वह प्राप्त संतान, उसके पूर्व पति का ही होता है न कि (वीर्य प्रदान करने वाले) उस पुरूष का। (लेकिन यदि अपनी स्त्री से विलग कोई पुरूष, किसी पर स्त्री से संसर्ग करता है, तो उससे उत्पन्न संतान, उसका (वीर्य प्रदान करने वाले पुरूष का) नहीं होता और इस प्रकार स्वयं उसकी पत्नी भी उस उत्पादित संतान पर अपना अधिकार स्थापित नहीं कर सकती। अतएव हर दृष्टिकोणों से यह स्पष्ट होता है कि पुरूष की अपेक्षा स्त्री ही सर्वश्रेष्ठ व सर्वाधिकारिणी है।)[213]

धर्मशास्त्रीय उक्त व्यवस्था से नारी समाज को पर्याप्त अधिकार व सम्मान प्राप्त हुआ। वह विवाह पूर्व और विवाहोपरान्त भी किसी एक ही पुरूष से नियम–बन्धन में नहीं रहती थी, अपितु वह पुरूषों के समतुल्य समान अधिकार की अधिकारिणी थी। इच्छित वस्तुओं को प्राप्त न कर सकना भी एक अपराध ही होता है, अतएव उसकी प्राप्ति हेतु प्रयत्नशील रहना ही प्रत्येक मनुष्य के कर्तव्य माने गये है। नारी भी उस दिशा में निरन्तर

अग्रसर थी। असल में नारी, पुरूष जाति के लिए नाव रूप है, जिसके सहारे मनुष्य बेड़ा पार कर सकता है। धर्मशास्त्रीय नियमानुसार पुरूष जाति को संतानयुक्त होना अनिवार्य बताया गया है, चाहे वह इस हेतु सक्षम हो या अक्षम...। बिना पुत्र के मनुष्य पितृऋण से मुक्ति नहीं पा सकता अतएव वह स्वर्ग का अधिकारी नहीं हो सकता। चूंकि पुत्र (या पुत्री) पुत् नामक नरक से पिता की रक्षा करता है, इसीलिए ही वह पुत्र (या पुत्री) के नाम से ख्यातिलब्ध है।[214] नारी, अपने पति की स्थिति समझकर उसकी सुरक्षा के लिए जिस किसी भी माध्यम से पुत्र या पुत्री प्राप्त करके अपने पति का नर्क से उद्धार करती है। अतएव वह पूजनीया है। इसीलिए ही बिना पत्नी के पुरूष को अधूरा एवं निरर्थक स्वीकार किया गया है।[215] तत्कालीन धार्मिक व्यवस्थाकारों ने इसीलिए ही स्वीकार किया है कि पुत्रवान शोक रहित होकर जिस सुख के अनुभव रूप मार्ग को प्राप्त करते हैं, उस मार्ग का महान् व्यक्तियों के द्वारा गुणगान किया जाता है और अच्छी प्रकार से सेवा करने योग्य उसके (गाय, बैल आदि) पशु पक्षी भी इस तथ्य को अच्छी तरह से जानते है। इसीलिए वे (पशु, पक्षी, पुत्र आदि सुख के लिए ही) जब माता के साथ भी मैथुन करते हैं (तो स्त्री के साथ किया गया मैथुन भी उससे जरा भी भिन्न नहीं है)[216] यह तथ्य सर्वथा उपर्युक्त है कि ईश्वर ने नारी और पुरूष की उत्पत्ति, परस्पर संयोग करके सृष्टि क्रम को निरन्तर आगे बढ़ाते रहने के लिए की है। नारी और पुरूष का निर्माण, इस तरह से किया गया कि वे परस्पर एक–दूसरे के विपक्षी आलम्बन सिद्ध हुए।[217] उनके शरीरांगों का निर्माण, गंध, व्यवहार, लावण्यता, शारीरिक सौष्ठव आदि एक–दूसरे के आकर्षण के केन्द्र बिन्दु बने। यह प्रक्रिया पशु और मानव तथा पक्षियों में भी समान रूप से दृष्टिगोचर होती है। परस्पर आकर्षण व सम्मोहन से उनमें नई यौगिक शक्ति का संचार शुरू हो जाता है। इससे सबसे बड़ा फायदा यह होता है कि वे एक–दूसरे के विपक्षी यौगिक शक्ति के प्रभाव से इस योग्य भी बन जाते है, जिस योग्य वे अपने आम जीवन में नहीं रहते। दुर्बल व रोगी क्षीणवीर्य पुरूष भी शक्ति सम्पन्न हो जाता है। इसी प्रकार बन्ध्या स्त्री भी बलिष्ठ व शारीरिक सौष्ठव से युक्त अपने विपक्षी आकर्षण के रस, रूप, गंध व स्पर्श मात्र से गर्भधारण करने हेतु मचल उठती है क्योंकि उस समय उसकी मुकुलित गर्भाशय पुरूष शुक्राणु को धारण करने के लिए तत्पर हो जाती है। धर्मग्रंथों के अनुसार तो ओजस्वी सांड़ के तेजस्वी मूत्रगंध मात्र से ही बन्ध्या स्त्री भी गर्भधारण करने की अपनी खोयी हुई शक्ति अप्रत्याशित रूप से प्राप्त कर लेती है।[218] उनके अनुसार अगर बैल ओजस्वी और अपनी सम्पूर्ण शक्ति में है, तो उनके मूत्रगंध मात्र से ही बन्ध्या स्त्री को ऐसी दुर्लभ शक्ति प्राप्त हो जाती है, जिससे वह गर्भधारण करने एवं संतानोत्पत्ति के योग्य हो जाती है।[219] जब मानव स्त्री, पशु (नर) के मूत्रगंध मात्र से ही गर्भधारण करने योग्य हो जाती है, तब फिर योग्य पुरूष की प्राप्ति से तो वह अपनी सारी इच्छाएँ पूर्ण कर सकती है। इसीलिए ही धर्मशास्त्रकारों ने उन्हें इसकी

सुविधाएँ प्रदान की, क्योंकि वे भी उनकी मूलभूत आवश्यकताओं से अवगत थे। उनके अनुसार– यदि कोई स्त्री ब्रह्मचर्य का जीवन व्यतीत करने में स्वयं को असमर्थ पाती है, तो वह उस धनी व्यक्ति के पास जाए, जो बिना किसी धार्मिक विवाह की औपचारिकता के उसे पत्नी रूप में स्वीकार कर सके।[220] लेकिन कुछ धर्मशास्त्रकारों की व्यवस्था थी कि खुद अपने परिवार में ही यदि उपर्युक्त पुरूष मौजूद है, तो फिर अन्य बाहर के पुरूषों से तालमेल या सम्बन्ध का कोई अर्थ ही नहीं है।[221] कुछ उदाहरण तो ऐसे भी प्राप्त होते हैं कि मृत्यु शैय्या पर पड़े हुए पति, स्वयं अपनी पत्नी को उसकी मृत्यु के पश्चात दूसरा विवाह कर लेने को प्रेरित करते थे, ताकि वह अपनी युवावस्था का भरपूर उपयोग कर सके।[222] धार्मिक व्यवस्थापकों ने आवश्यकता के मद्देनजर ही नारी को अपनी इच्छा पूर्ति का अधिकार दिया और हरदम नवपरिणीता बनने का सौभाग्य प्रदान किया।[223]

महाभारत काल में अनेक नायक पुरूषों का जन्म बहुपति (एक से अधिक पुरूषों का वरण करने) के फलस्वरूप हुआ था।[224] पति के मृत्योपरान्त या पति की अक्षमता के मद्देनजर पत्नी को देवर या किसी भी ऐसे पुरूष से सम्बन्ध रखने की अनुमति थी, जो परिवार से निकट का सम्बन्धी हो या परिवार से उसका रक्त सम्बन्ध हो। लेकिन इस हेतु घर के बड़े बुजुर्ग से सलाह–मशविरा व अनुमति जरूरी थी, ताकि स्त्री किसी भी गलत पुरूषों के सम्बन्धों से अपने को सुरक्षित रख सके। वैसे आमतौर पर स्त्री की इच्छाओं को अनदेखा नहीं किया जाता था।[225] पूर्वकालीन नारियाँ, प्राप्त अपने अधिकारों का बेहिचक इस्तेमाल किया करती थी। एक उल्लेख के अनुसार जब प्रव्रजित होने से पूर्व उग्र गृहपति ने महागोविन्द ब्राह्मण की तरह अपनी चार कुमारी–पत्नियों के लिए अन्य पति प्राप्त करने का अधिकार दिया, तो उस गृहपति की समझदार बड़ी पत्नी ने प्राप्त उस अधिकार का पूरा उपयोग किया।[226] एक श्रेष्ठि पुत्री ऋषिदासी जब पतिगृह से लौट आयी, तब वह इच्छानुसार क्रमशः द्वितीय पति और तृतीय पति भी करने के अधिकार का सदुपयोग किया।[227] इसी प्रकार सुकुमालिका जब अपने प्रथम पति से ऊब गई, तब वह इच्छानुरूप द्वितीय पति रखकर सुख व्यतीत करने लगी।[228] तत्कालीन धर्मशास्त्रकारों के मतानुसार जीवन पर्यन्त स्त्रियों के आठ पति होते है, जो उनकी हर समय उनकी रक्षा में संलग्न रहते हैं। उनके प्रथम पति–देवराज इन्द्र हैं, जो उनके शारीरिक सौष्ठव व लावण्यता का विकास करता है व उनकी रक्षा करता है। द्वितीय पति– सूर्यदेव है जो उनकी आँखों की सुन्दरता व चमक को बरकरार रखता है। तृतीय पति– चन्द्रदेव है, जो उनकी शरीरांगों में शीतलता की सात्विक आभा को उड़ेलता है। चतुर्थ पति– सोमदेव है, जो उनके वचनों में मधुरता व नवीन रस को अमृत के सादृश्य बना देता है। पंचम पति–नागराज है, जो उनके बालों की सुरक्षा करता है। षष्ठम् पति– ऐरावत है जो उन्हें चलने की कला सिखाता है और अष्टम पति– उनका विवाहित लौकिक पति है। धर्मव्यवस्थाकारों ने उनकी ऐसी व्यवस्था की कि

नारी सदैव शुद्ध व पवित्र बनी रही। उन्होंने अपनी शुद्धता व पवित्रता को धर्मशास्त्रों से प्रमाणित कराकर अपनी स्थिति को स्वतंत्र व सुदृढ़ बनाया तथा इच्छित पति प्राप्त करने का मार्ग प्रशस्त किया। धर्मशास्त्रीय व्यवस्था थी कि स्त्रियों की पवित्रता अद्वितीय रूपवाली होती है, उन्हें कोई भी यौन सम्बन्ध द्वारा दूषित नहीं कर सकता। प्रत्येक मास में होने वाले मासिक स्त्राव उनके समस्त दोषों को दूर कर देता है।[229] उनके अनुसार– युवावस्था में पहुंचते तक उनका (नारी) का उपभोग उनके तीन पति क्रमशः सोम, सूर्य और अग्नि कर चुकते हैं, तब उनके उपभोग कर लेने के पश्चात् ही नारी का विवाह होता है और फिर वह (नारी) अपने लौकिक पति से संसर्ग सुख प्राप्त करने के योग्य होती है।[230] कुछ धर्मशास्त्रों के अनुसार– सोमदेव ने स्त्रियों को पवित्रता प्रदान की, गन्धर्व ने मधुर और मनोहर बोलने का ढंग दिया, अग्नि ने उनको सबके द्वारा भोगने योग्य बनाया, अतएव स्त्रियाँ सभी प्रकार की अशुद्धियों से सदैव मुक्त होती हैं।[231] इस प्रकार ईश्वर ने नारी को प्राकृतिक रूप से पवित्र बनाया और समस्त धर्मशास्त्रों ने इसका उल्लेख किया। उनके अनुसार बकरी और घोड़ा मुख से, गौ पीछे से, ब्राह्मण चरणों से जबकि स्त्रियाँ सर्वांग से पवित्र होती है।[232] इस प्रकार भारतीय धार्मिक व्यवस्था नारी स्वतंत्रता की ओर इंगित करती है, भले ही तत्कालीन नारियाँ इसका भरपूर फायदा नहीं उठा सकी। नारी समाज अशिक्षित व पातिव्रत्य के बन्धन से बंध चुकी थी, इसलिए धर्मशास्त्रीय उद्घोष उनके लिए ''भैंस के सामने बीन बजाय, भैंस खड़ी पगुराय।'' की भांति सिद्ध हुआ और वे धर्म व्यवस्था का उपयोग खुले तौर पर नहीं कर सकी तथा स्वतंत्रता के सुख को न समझकर पराधीनता को ही अपना लक्ष्य बना लिया। जिसके कारण ही वे आज तक दबी, कुचली और असहाय की भांति जीवन जी रही हैं। आज शिक्षित व सब भांति योग्य होते हुए भी वह पराधीन ही है, क्योंकि उनके पास जागरूकता व स्वतंत्रता की आंखे ही नहीं है। तभी तो आज भी वे पातिव्रत्य, दहेज, बाल विवाह, पर्दा आदि प्रथाओं से अभिशप्त है। आज भी कई ऐसे प्रदेश हैं, जहाँ के ग्रामीण अंचलों में नारियाँ अशिक्षित व पुरूषवादी प्रभाव से दबी कुचली, उपेक्षित व अधिकारविहीन तथा पराधीन है। आज भी उन्हें समाज में अपनी मांग रखने का अधिकार नहीं है। यहाँ तक कि उनके द्वारा समाज के सभा, पंचायत आदि स्थलों पर जाने के कार्य को सही नजरिये से नहीं देखा जाता है तथा वे भी संकोच, लज्जा व भयवश पुरूषवादी समाज का अतिक्रमण करने के विषय में सोच भी नहीं सकती हैं।

नारी अशिक्षा व पराधीनता के वातावरण में पली–बढ़ी तत्कालीन कुछ नारियों को परिवार व समाज से भरपूर सहयोग प्राप्त हुआ और वे पातिव्रत्य के बन्धनों से मुक्त शारीरिक व मानसिक स्वतंत्रता से एक से अधिक पति का सेवन किया और जिस कारण से उन्हें समाज, परिवार व धर्म में ख्याति प्राप्त हुई। वैसे अति प्राचीनकाल में स्त्रियों के लिए भी कोई नियम–धर्म उनकी स्वतंत्रता पर कुठाराघात करने के लिए नहीं था, जैसे

का पालन करेगी। हम–तुम कौन होते है उनके धर्मपालन में रूकावट बनने वाले...। तदन्तर वह ऋषिकुमार, उस सनातन धर्म व मर्यादा को किसी भांति भी सहन न कर सके और उन्होंने नारी जाति के लिए नया धर्म व मर्यादा सुनिश्चित की। जो कालान्तर में विकास करता हुआ ''पातिव्रत्य धर्म'' के रूप में नारी समाज में ख्यातिलब्ध हो गया। तभी से नारी पातिव्रत्य की ओर उन्मुख हुई और अपने लिए जारी निर्देशों का परिपालन शुरू किया। बाद के युगों में कई कट्टरपंथी धार्मिक नेताओं का उदय हुआ, जिन्होंने अलग–अलग ढ़ंग से नारी जाति के लिए विभिन्न धर्म–कानून बनाए। हालांकि उनके द्वारा जारी धर्म कानूनों में नारी ही प्रमुख केन्द्र बिन्दु थी। कुछ धर्मशास्त्री (मनु, याज्ञवल्क्य, गौतम आदि) इतने कट्टरपंथी थे कि उन्होंने छोटी–छोटी घटनाओं को भी अपराध का दर्जा दिया और हर समय नारी को कुचलते रहने के लिए उन पर विभिन्न फतवे जारी करते रहे, उन्हें दण्डित करवाते रहे और वर्णव्यवस्था लागू कर, जिस वर्ण से वे स्वयं सम्बन्धित थे, उस वर्ण में जन्में व्यक्ति को सम्पूर्ण लोक का देवताओं का भी देवता घोषित करते रहे।[235]

ऋषि पुत्र श्वेतकेतु द्वारा नया धर्म व मर्यादा की रूपरेखा नारी समाज के लिए कठोरता से लागू की गई और नारियों के लिए उसका परिपालन अनिवार्य बनाया गया। उन्हें पातिव्रत्य धर्म के परिपालन के लिए हर तरह से विवश किया गया तथा इस हेतु जो भी हथकण्डे हाथ आया, उसका प्रयोग किया गया। चूंकि नारी स्वाभावतः धर्मभीरू होती है, उन्हें धर्म के नाम पर नर्क का भय दिखाकर इच्छित कार्य कराया जा सकता है, यह वास्तविकता श्वेतकेतु भली भांति जानते थे। अतएव उन्होंने साम, दाम, दण्ड व भेद, सभी नियमों के प्रयोगों से नारी को अपने आधीन किया और उन्हें तरह–तरह के नर्क का भय दिखाकर पातिव्रत्य के परिपालन हेतु दिशानिर्देश किया। अन्य जाति (पशु–पक्षियों आदि) के नारी समाज पर यह नियम बन्धनकारी नहीं था।[236] नारी जाति की स्वतंत्रता का वह स्वर्णिम युग महाकट्टरपंथी श्वेतकेतु के काले कारनामों के कारण सदैव के लिए ध्वस्त कर दिया गया। चूंकि नारी समाज जागृत अवस्था में नहीं थी, इसलिए उसके इस काले अध्याय से युक्त संविधान का जरा भी विरोध नहीं कर सकी, जिस तरह महर्षि विश्वामित्र ने ब्राह्मणत्व प्राप्त करने के लिए सम्पूर्ण ब्रह्माण्ड में अपना विरोध दर्ज कराया था। परशुराम ने अपने पिता का बदला लेने के लिए सम्पूर्ण पृथ्वी के सभी क्षत्रियों का संहार कर दिया और स्वयं तथा उनके माध्यम से सभी ब्राह्मण समुदायों ने मृत क्षत्रियों के युवा पत्नियों, बहिनों व माताओं के साथ कई वर्षों तक कुकृत्य किया। जिनके परिणाम स्वरूप भारतीय समाज में विभिन्न जातियाँ व उपजातियाँ पनपी, जिन्हें उन्होंने अलग–अलग समुदायों में वर्गीकृत कर दिया उनमें एकता स्थापित न हो जाय, उस भाव से उनके मन में परस्पर भेदभाव भर दिया गया ताकि वे स्वयं को एक दूसरे से ऊँची जाति का सिद्ध करने लगे और एक दूसरे के प्रति हीन भावना प्रदर्शित कर समाज में अस्पृश्यता की स्थिति को पैदा

कर दिया। जिसका परिणाम आज समूचा राष्ट्र भुगत रहा है। संविधान निर्माता युग पुरूष डॉ. भीमराव आम्बेडकर के प्रयासों से निश्चित रूप से अस्पृश्यता पर काबू पाया जा सका है, लेकिन ग्रामीण अंचलों में आज भी अस्पृश्यता व भेदभावपूर्ण स्थिति देखी जा सकती है।

प्राचीन धर्मग्रंथों और साहित्यों में ऐसे अनेक सन्दर्भ और धर्मादेश है कि जिनसे यह स्पष्ट रूप से परिलक्षित होता है कि पूर्वकालीन परिवार, समाज, राज्य व देश तथा समूची पृथ्वी में नारी जाति पर पातिव्रत्य जैसा कोई भी नियम–बन्धन लागू नहीं था, बल्कि वे स्वतंत्रतापूर्वक इच्छानुसार किसी भी पुरूष के साथ सहर्ष यत्र–तत्र–सर्वत्र विचरण किया करती थी और कामजन्य सुख आदि का उपभोग किया करती थी। यही समूचे विश्व का सनातन धर्म व मर्यादा थी। पातिव्रत्य धर्म जैसी कोई वस्तु उस समय पृथ्वी पर विद्यमान नहीं था और न ही जनमानस में इस तरह की ही कोई अवधारणा थी।

पूर्वकाल में ''सत्यकाम–जाबालि'' नामक बहुचर्चित विद्वान हुए है। उस महात्मा पुरूष का सही नाम ''सत्यकाम'' था, जबकि ''जाबालि'' उसका उपनाम (जाबालि, उसकी माता का नाम) था। जब वह शिक्षा प्राप्त करने हेतु गौतम ऋषि के आश्रम में दाखिल हुआ, तो गौतम ने उसे उसका परिचय गोत्र सहित पूछा। लेकिन ''सत्यकाम'' को गोत्र मालूम नहीं था। अतएव वह निर्देशानुसार अपनी माता के पास गया। माता से उसने पूछा कि ''हे माता... मेरे आचार्य जी ने मुझे पिता का नाम, गोत्र आदि के बारे में जानकारी के लिए आपके पास भेजा है, तो बताइये कि मेरे पिता कौन है? और मेरा गोत्र क्या है? इस पर उसकी माता जाबालि बड़ी असमंजस में पड़ गई। लेकिन वह बड़ी विचारवती, विदुषी और सुशीला थी। उसने कहा– हे पुत्र! मैं जब युवावस्था में थी, उस समय मेरा सम्पर्क अनेकों पुरूषों से रहा है। मैं यह ठीक–ठीक नहीं बतला सकती कि कितने पुरूषों से मेरा सम्बन्ध रहा है। तो मैं यह भी नहीं बतला सकती हूं कि तू किस वर्ण, जाति या गोत्र के पुरूष से जन्म धारण किया है। अतएव मैं ही तेरे पिता, माता और गोत्र सभी कुछ हूँ...।'' उक्त बांते सत्यकाम ने अपने आचार्य के सम्मुख कही। तब आचार्य गौतम ने उसकी माता एवं पुत्र दोनों की सत्यवादिता से बड़े प्रभावित हुए और 'सत्यकाम' का गोत्र जाबालि स्वीकार कर उसे अपने शिष्य के रूप में ग्रहण किया।

प्राचीन युग में महारानियाँ भी पृथक उप पति रखने से नहीं हिचकती थी क्योंकि समाज में मान्यता थी कि महारानियाँ, रानियाँ या साधारण नारी ही क्यों न हो, अगर उसके पति के अतिरिक्त, अन्य उपपतियाँ भी है, तो मात्र उसी से ही कोई नारी, कुनारी नहीं हो सकती। बल्कि यह तो भारतीय समाज में उच्च परम्परा, नारी सम्मान एवं विद्धतापूर्ण धार्मिक व सामाजिक क्रिया–कलाप के प्रतीक होंगे। इस सम्बन्ध में कहा जाता था कि महानदी पर सभी प्राणी जल पीते हैं। उससे नदी, अनदी नहीं होती...।[237]

प्राचीन धर्मशास्त्रों ने नारी स्वतंत्रता का प्रत्यक्ष और अप्रत्यक्ष रूप से समर्थन किया तथा समाज व सम्पूर्ण पृथ्वी पर प्रचलित परम्परा को उद्‌धृत किया कि – "जिस तरह एक गाय, पीठ पर ककुधधारी वृषभ (सांड़) की अपेक्षा करती है, ठीक उसी तरह ही नारी, ऐसे पुरूष की इच्छा करती है कि जो पुरूषों में ककुधधारी वृषभ (सांड़)के सदृश हो।[238] तत्कालीन युगीन नारियाँ, अपने पति के मृत्योपरान्त अन्य हष्ट–पुष्ट पुरूषों के साथ स्वेच्छा से चली जाती थी, यही उनका मूल कर्तव्य और सनातन धर्म था।[239] अंतःपुर में सुरक्षित रहने वाली स्त्रियाँ भी पति के मृत्योपरान्त दूसरे शारीरिक सौष्ठव व हष्ट–पुष्ट से युक्त पुरूषों के साथ रहना अधिक पसन्द करती थी।[240] धर्मशास्त्रों का स्पष्ट निर्देश था कि किसी कामिनी (नारी) के द्वारा ऋतु रक्षा की प्रार्थना करने पर जो भी पुरूष उनकी प्रार्थना पर ध्यान नहीं देता तथा उनकी ऋतु की रक्षा नहीं करता। ब्रह्मवादी ब्राह्मणगण उनको भ्रूणहत्या का पापी करार देते हैं अर्थात किसी भी कामाभिलषित नारी की इच्छा को जो भी पुरूष अनदेखा करता है या इंकार करता है। उसे भ्रूण हत्या के समान महापाप के दुष्परिणाम को भुगतना पड़ता है।[241]

धर्मशास्त्रियों का स्पष्ट निर्देश था कि समागम के योग्य (कामानुरागिनी) कामिनी (नारी) के कामवती (पुरूष संगम अभिलाषिणी) होने पर और (अत्यधिक उत्कण्ठायुक्त होकर) एकान्त में मिलने की प्रार्थना (पसंदीदा पुरूष से) करने पर, जो भी (उसका इच्छित) पुरूष उनसे नहीं मिलता, (या मिलने से इंकार कर देता है, वह (निश्चय ही) भ्रूण हत्यारा होने के समान महापातकी है (जिसका प्रायश्चित असम्भव है।)।[242] धर्म व्यवस्थाकारों का मानना है कि किसी नारी का पति और उसकी सहेली (सखी) का पति, दोनों समान है। दो सहेलियों (सखी नारियों) में से किसी एक का विवाह हो जाने से ही दोनों सहेली नारियों का विवाह सिद्ध होता है अर्थात अगर दो नारियाँ हमउम्र (पूर्ण युवती या विवाह योग्य) और परस्पर अभिन्न सहेली (सखी) हों तो उन्हें एक–दूसरे के पति की उपभोग करने का पूर्ण अधिकार प्राप्त है, तब दूसरी सखी (जो कुमारी अवस्था में ही है) को भी अपने सहेली (सखी) के नवविवाहित पति के उपभोग का अधिकार स्वयंमेव ही प्राप्त हो जाता है।[243] इस सम्बन्ध में प्राचीन महाकाव्य महाभारत में एक उल्लेख है – जिसमें एक नारी (सखी) अपनी दूसरी सखी (नारी) से कहती है – "हे सखी, तुमने जब इन राजा को पति के रूप में वरण किया था, मैंने भी तभी इनको (तुम्हारे पति को) वर (अपना पति मनोनीत कर) लिया था क्योंकि एक नारी (सखी) के पति, धर्मानुसार दूसरी नारी (सखी) के लिये भी स्वयमेव पति सुनिश्चित हो जाते हैं अर्थात तुम्हारे पति पर मेरा भी उतना ही अधिकार है, जितना कि तुम्हारा...। एक सखी अपनी दूसरी सखी के सर्वस्व होती है, इस प्रकार किसी एक के पति को दूसरी भी अपने उपभोग में ला सकती है। एक सखी के पतियुक्ता हो जाने

से दूसरी सखी किसी प्रकार भी पतिविहीना नहीं कहला सकती है अर्थात एक का पति, दूसरी के लिए भी समान रूप से कामोपभोग का समान उपलब्धि कराने वाला होता है।[244]

धर्मग्रंथों में एक उल्लेख आता है कि देवगुरू महामुनि वृहस्पति जी जब हमेशा की तरह अपनी भाभी ममता के पास कामानुरागी होकर गया और रति विलास की याचना करने लगा। तब साध्वी ममता उन बोलने वालों में श्रेष्ठ अपने देवर (वृहस्पति जी) से बोली– ''मेरे प्रिय, तुम्हारे बड़े भाई से मैं गर्भवती हो गई हूँ। इसलिए फिलहाल मेरी कामना मत करो और वापस लौट जाओ। अपनी भाभी ममता के मृदुल स्वर में ऐसा कहने पर वृहस्पति जी अति प्रदीप्ति तेजस्वी व ज्ञानवान् होने पर भी अपनी भाभी के साथ मन की कामाभिलाषा को त्यागन नहीं कर सके और (गर्भवती हो जाने के कारण) कामना किये जाने के अयोग्य कामिनी (अपनी भाभी) पर कामानुरागी हुए (और उससे अपनी कामाभिलाषा को हठ करके पूर्ण किया। बेचारी ममता भी उसकी इच्छा के आगे झुक गयी और उसे पूरी तरह से संतुष्ट कर अपने मन को तसल्ली दी।)[245] धर्मशास्त्रों में इसी प्रकार की पूर्वकालीन एक घटना का और जिक्र आया है, जिसके अनुसार– एक कुलीन, साध्वी व विदुषी नारी कामाभिलाषा से अपने उस प्रिय पुरूष के दाहिनी जांघ पर बैठकर उससे लिपटकर कामसुख की आकांक्षा करती है, जो किसी एकान्त स्थल पर विचारमग्न थे। उस कामानुरागिनी नारी को अपनी दाहिनी जंघा पर विराजमान देखकर वह विद्वान व धर्मज्ञ पुरूष, उसकी आकांक्षा को शांत करने की नीयत से उसे समझाते हुए कहते है कि– ''हे पवित्र व साध्वी नारी, विशेष कर तूने दक्षिण जांघ पर बैठकर मेरा आलिंगन किया है, अतः हे भीरू वराङ्नने! पुरूष जाति की दाहिनी जांघ, पुत्र, कन्या (भतीजी, भानजी, बहिन (सगी), चचेरी, ममेरी, फुफेरी, पिता के मित्र की लड़की, माता के सखी की लड़की आदि) और वधू (पुत्रवधू, भाई की पत्नी, आदि) का आसन है, यह तुम अपने मन में जान लो। यही धर्मसम्मत् व परम्परा से चली आ रही है। हे देवी... हे सुभागिनी... और पुरूष जाति की बाँयी जांघ पूर्णायिनी (पूर्ण व्यस्का, पूर्णांगिनी, कामाभिलाषिणी, कामानुरागिनी, एकान्त में पुरूष प्रणय की पूर्ण इच्छाधारिणी नारी) के (स्वर्गिक सुख आदि) भोगने योग्य है। तुमने उस बाँयी जांघ को छोड़ दिया है। इसलिए हे सुमुखी, मैं तुमसे कामयुक्त आचरण (कामक्रिया से सम्बन्धित कोई भी कार्य) नहीं कर सकता।[246] चूंकि पूर्व काल में जिस भी नारी को कामवती हो जाने पर कामसुख की आकांक्षा रहती थी, वह अपने इच्छित पुरूष के बाँयी जांघ पर विराजमान हो जाती थी। किसी भी पुरूष के बाँयी जांघ में किसी भी नारी का बैठ जाना, यह दर्शाता था कि वह कामानुरागिनी है और एकान्त सुख की चाहना कर रही है। उपर्युक्त स्थिति के आ जाने पर सम्बन्धित पुरूष उस कामवती नारी की इच्छा को परिपूर्ण करता था क्योंकि वह (पुरूष) उसकी (नारी की) इच्छा को पूर्ण करने के लिए सम्पूर्ण रूप से जवाबदेह होता था, अन्यथा वह भ्रूणहत्या का महापापी ठहरता था और वह अपने पाप के फलस्वरूप नर्क भोग

करता था। इसीलिए ही महाभारत में दुर्योधन ने महारानी द्रौपदी जी को अपनी बाँयी जंघा पर बैठने के लिए आमंत्रित किया था। अगर द्रौपदी उसके कहे अनुसार उसकी बाँयी जंघा पर बैठ जाती तो दुर्योधन अपने कुकर्मों से दोषमुक्त हो सकता था। लेकिन द्रौपदी जी ने ऐसा न करके उसे महापापी ही बनाये रखा और दोषमुक्त नहीं किया।

प्राचीन धर्मशास्त्रीय सामाजिक व्यवस्था का धर्मशास्त्रों ने अच्छा दिग्दर्शन कराया है। उनके अनुसार प्राचीन युग के मानवों का प्रमुख धर्म– ''सनातन धर्म'' था, जो उस युग की सभ्यता, संस्कृति और उच्च विकासोन्मुखी स्थिति को प्रदर्शित करता है। उस काल के पुरूष वर्ग ने, नारी पर अत्याचार करना नहीं सीखा था और न ही उनके अधिकारों का हनन करना वे जानते थे। उन्होंने अपने समान ही नारी के अधिकार को समझा और उसे महत्व दिया। नारी, पुरूष की हर क्षेत्र में बराबरी की भागीदार थी और अधिकार भी उन्हें बराबर ही हासिल थे। उन्होंने न तो कभी पुरूषों के अधिकार पर प्रश्न चिन्ह लगाया और न ही पुरूषों ने उनके अधिकारों की उपेक्षा की। निश्चय ही तत्कालीन सनातन धर्म अति ही प्रशंसनीय, उदार, प्रगति सूचक और मानवाधिकारों से संयुक्त था। धर्मशास्त्रों में उल्लेखित है कि उत्तर कुरूओं में आज तक उस (सनातन) धर्म की पूजा हो रही है क्योंकि वह सनातन धर्म स्त्रियों पर कृपा करने वाला (नारी जाति को पूर्ण स्वतंत्रता प्रदान करने वाला) है। पर थोड़े काल से (कुछ ही समय से) इन (नारियों की पूर्ण स्वतंत्रता) के विषय में वर्तमान नियम (पातिव्रत्य धर्म) निश्चित हो गया है अर्थात प्रत्येक नारियाँ कुछ ही समय से स्वयं को नया नियम (पातिव्रत्य धर्म) के अनुपालन के लिए तैयार कर रही हैं।[247] यह क्या नियम है–..... चूंकि नारी जाति के समझ से परे है, इसलिए उन्हें शुरूआती दौर में कई परेशानियों का सामना करना पड़ता है और पुरूष समुदाय भी नारी की परेशानियों के मद्देनजर पूर्ण आश्वस्त नहीं थे कि यह धर्म (पातिव्रत्य धर्म) कामयाब हो ही जायेगा। समयान्तर में अग्निदेव ने पातिव्रत्य धर्म के कठोर नियमों के कारण नारी की दुविधा जनक व निराशा जनक स्थिति को समझा और फिर से उन्हें सनातन धर्म के परिपालन का निर्देश दिया, ताकि वह अधिकार विहीन होकर गलत दिशा (पातिव्रत्य धर्म) की ओर न जा सके। लेकिन उनके इस निर्देश का सम्पूर्ण पृथ्वी में समुचित पालन किया गया था या नहीं, यह निश्चय से नहीं कहा जा सकता। लेकिन क्षेत्र विशेष (माहिष्मतीपुरी) में इसका प्रभाव अवश्य दृष्टिगोचर हुआ। धर्मग्रंथ कहता है कि –''इस माहिष्मतीपुरी में स्त्रियाँ सनातन धर्म के परिपालन में (फिर से) संलग्न हो गई। अग्निदेव के आदेशानुसार– कोई भी मनुष्य उन्हें 'सनातन धर्म' से वंचित करने का प्रयास न करें। अतएव निश्चय ही अग्निदेव के आदेश का सम्पूर्ण मानव जाति पर गम्भीर प्रभाव पड़ा। उससे (सम्पूर्ण पृथ्वी की) स्त्रियाँ स्वैरणी (स्वतंत्र पक्षी की तरह) बनकर स्वेच्छा पूर्वक एकांत सुख की लालसा में यत्र–तत्र–सर्वत्र परिभ्रमण करने लगी थी।[248] निश्चय ही अग्निदेव, तत्कालीन नारी समाज के लिए युग

पुरूष थे, जिन्होंने उनकी विवशता युक्त परिस्थितियों को समझा और उनके पूर्व धर्म को तन–मन–धन से स्वीकार कर लेने की उन्हें प्रेरणा प्रदान की। पुरूष वर्ग ने भी उन्हें उनके पूर्व धर्म में लौटने पर किसी प्रकार की बाधा नहीं पहुंचाई और उनकी पूर्ण स्वतंत्रता व अधिकारों का तहे–दिल से समर्थन किया। अधिक पति प्राप्त करना, सनातन धर्म में नारी की गौरवशाली परम्परा रही है। एक पति प्राप्त करना, नारी की साधारण स्थिति को दर्शाता है, जबकि अधिक पति से संयुक्त नारी प्रशंसा की पात्रा समझी जाती थी। अधिक पति की मौजूदगी से नारी को पूर्ण सुरक्षा, पारिवारिक दायित्व में प्रतिष्ठा और पारिवारिक कलह से मुक्ति प्राप्त होती थी। अधिक पति से जमीन जायदाद के विभाजन, आपसी तनाव, और घरेलू कड़वाहट से भी नारी बची रहती थी। चूंकि सभी पतियों के प्रेम का केन्द्र बिन्दु वही एक मात्र होती थी, इसलिए सभी का प्रेमपात्र होने से वह संतुष्ट, सुखी, ऐश्वर्य सम्पन्ना व फूलों की भांति जीवन भर हंसती मुस्कुराती रहती थी, तथा दया, स्नेह, करूणा व शांति के भाव हर दम उनकी आँखों में विद्यमान रहते थे। उनके पतिगण भी दिनभर के परिश्रम के बाद जब शाम को अपनी स्नेहशीला पत्नी को मुस्कुराकर स्वागत करते हुए पाते तो उनकी सारी थकान तुरंत ही दूर हो जाती थी। वे पतिगण अपनी एकमात्र सुंदरी पत्नी को हर प्रकार के सुख–ऐश्वर्य प्रदान करने में किसी भी प्रकार से एक दूसरे से कम नहीं होते थे। बल्कि उनके मध्य परस्पर प्रतिस्पर्धा लगी रहती थी कि कौन, पत्नी को कितना अधिक सुख–समृद्धि प्रदान कर सकता है। उन पतियों का सारा परिश्रम व जीवन का प्रमुख ध्येय भीएक मात्र पत्नी ही थीं। इसीलिए ही यह माना जाता था कि एक पति से युक्त नारी, असंरक्षिता, अबला, दुर्भाग्यवती, गौरव विहीना तथा दुःखों से उत्पीड़ित रहती है। उनको प्रत्येक कामों में पति का सहयोग करना पड़ता है तथा वह घर–परिवार में कलह की सूत्रधार समझी जाती है। अतएव उनका जीवन हरदम कुम्हलाये हुए फूल की भांति रहता है। लेकिन जो नारी अधिक पतियों से युक्त रहती है, उनकी सारी कामनाएँ तुरंत ही पूर्ण हो जाती है तथा वह उस महारानी से भी बढ़कर सौभाग्यवती होती है, जो अपने एकमात्र पति के कारण चिंतित, दुःखी व सुख विहीना होती है। जिस नारी को सुख की चाहना होती थी, वह अधिक पति की कामना करती थी। जीवन में अधिक से अधिक पतियों का मिलना, प्रत्येक नारी के लिए अत्यन्त प्रसन्नता का विषय होती थी।[249] एक पति से युक्त नारी– 'अबला', तीन पतियों वाली नारी 'सबला', पाँच पतियों की पत्नी– 'सौभाग्यवती', सात पति प्राप्त करने वाली नारी – 'अखण्डिता' और दस पतियों से युक्त नारी– 'सर्व ऐश्वर्य सम्पन्ना' कही जाती थी। दस से भी अधिक पति वाली नारी को – ''महा सौभाग्यवती'' और पन्द्रह या उससे अधिक पति वाली नारियाँ ''महालक्ष्मी'' से अभिसम्बोधित होती थी।

पूर्वकालीन समाज में ''पंच कन्याओं'' का विशेष गौरव था। पुराणों में उल्लिखित है कि अपना कल्याण चाहने वाले प्रत्येक मनुष्य को हर प्रातः इनका स्मरण करना चाहिए।

इन पंच कन्याओं को धार्मिक व सामाजिक मान्यता प्राप्त थी तथा इनका दर्शन, व स्मरण प्रत्येक व्यक्ति के लिए सौभाग्य का प्रतीक था। कुन्ती, द्रौपदी, मन्दोदरी, तारा और अहिल्या ये पांचों ही भारतीय नारियाँ ''पंचकन्या'' पद से अभिहित व पूजित थी। इनमें कुन्ती ने अपने विवाह पूर्व कर्ण को जन्म दिया था तथा विवाहोपरान्त पति की इच्छा से नियोग द्वारा तीन पुत्र प्राप्त किये थे। द्रौपदी, एक महासाध्वी नारी थी। इसका मूल नाम कृष्णा था तथा यह भगवान श्रीकृष्ण जी की प्रिय बहिन थी। इसके पांच पति और पांच ही पुत्र थे। मन्दोदरी और तारा क्रमशः रावण व बालि की पत्नियाँ थी और अपने पति के मृत्योपरान्त उन्होंने अपने देवर क्रमशः विभीषण एवं सुग्रीव को अपने पति के रूप में स्वीकार कर लिया था। अहिल्या, अत्यन्त सुन्दरी नारी थी, उसे एक बार देखने के बाद कोई भी व्यक्ति अपनी पलकें नहीं हिला सकता था। इसलिए वह अहिल्या कहलायी। देवराज इन्द्र उसे प्राप्त करना चाहता था, लेकिन गौतम ऋषि ने उसे प्राप्त कर लिया। बाद में देवराज इन्द्र ने छलपूर्वक उसके साथ रति रस किया। जिसके कारण वह अपने पति द्वारा त्याग दी गई। बाद में श्री रामावतार के अनन्तर उसको मोक्ष प्राप्ति हुई।

बुद्ध एवं महावीरकालीन समाज में नारी स्वातंत्र्य के उदाहरण प्राप्त होते हैं। जिसके अनुसार उस समय की नारी इच्छानुसार एक से अधिक पति एक ही समय में प्राप्त कर सकती थी। तत्कालीन एक कथानक के अनुसार राजा द्रुपद एवं रानी चुलनी देवी की द्रौपदी नामक सुंदर कन्या थी। उस समय की प्रथा के अनुसार एक बार जब द्रौपदी स्नान करके अपने पिता के चरण छूने आई, तो राजा ने उसे गोद में लेकर उससे कहा – कि यदि मैं किसी के लिए तुम्हें पत्नी के रूप में दूंगा, तो सुखी या दुःखी रहोगी, जिससे मुझे यावज्जीवन कष्ट होगा। अतः मैं स्वयंवर की रचना करता हूं। उसमें तुम जिसको चाहो, अपना पति चुन लेना। तदन्तर राजा ने एक विशाल स्वयंवर का आयोजन किया, जिसमें राजकुमारी ने अपनी इच्छानुसार एक ही साथ पाँच भाइयों (पांडवों) को अपना पति चुन लिया। तब राजा ने उन्हें घर लाकर सविधि पाणिग्रहण संस्कार सम्पन्न किया और विपुल प्रीतिदान किया।[250] धर्मग्रंथों की मान्यता है कि एक से अधिक भाइयों के लिए संयुक्त रूप से अगर एक ही पत्नी विद्यमान हो तो फिर उनकी स्थिति अत्यन्त सुदृढ़ होती है। उनमें कभी भी मतभेद नहीं होता, बंटवारा व तनाव भी नहीं होता। एक ही नारी पर सभी भाइयों के समान प्रेम होने से वे आजीवन सुदृढ़, शक्तिशाली व अभेद्य बने रहते है।[251] इसी सन्दर्भ में उल्लेख है कि पूर्वकालीन युग में जटिला नामक गौतम गोत्रीय एक कन्या ने विधिवत् एक ही समय में सात पुरूषों (ऋषियों) को अपना पति बनाया था।[252] आधुनिक युग में भी भारतवर्ष के कई ऐसे हिस्से हैं, जहाँ विधिवत बहुपति प्रथा का पालन किया जाता है और नारी स्वातंत्र्य को सुरक्षित रखा गया है। हिमाचल प्रदेश की किन्नौर घाटी की महिलाओं को किन्नरियाँ कहा जाता है। लेकिन सैलानी इन्हें अप्सरा कहकर पुकारते है। किन्नौर

घाटी की प्राकृतिक सौन्दर्य की तरह किन्नर महिलाएँ भी बहुत खूबसूरत होती हैं। तीखे नैन–नक्श, गुलाबी होंठ, सेब जैसे गाल, झील सी गहरी आंखे, सुगठित शरीर, मोतियों से चमकते दांत, और उनका पहनावा भी बरबस मन मोह लेता है। किन्नौर घाटी में रात्रि को होने वाले नृत्य युवक–युवतियों में बहुत प्रिय है। इन रात्रि नृत्यों में युवक–युवतियों को आवास में घुलने मिलने और जीवन साथी तक चुनने की पूरी छूट होती है। ऐसा ही आयोजन ''तोशिंग'' भी है। यह ''तोशिंग'' वैसी ही प्रथा है, जैसे कि आदिवासियों में घोटुल प्रथा है। ''घोटुल'' प्रथा की तरह इसमें भी कुंवारे युवक–युवतियाँ सम्मिलित होते है। प्रौढ़ महिलाएँ या पुरूष उसमें शामिल नहीं हो सकते। किन्नरों में जबरन विवाह की प्रथा है, जिसे अपहरण विवाह कहते हैं। किन्नौरी समाज में हर डामटेन्गिश (कोई विवाहिता स्त्री किसी अन्य पुरूष पर फिदा हो जाये तो वह अपने पूर्व पति को निश्चित धनराशि देकर अपने प्रेमी के पास चली जाती है) और बहुपति विवाह (परिवार के कई भाइयों के साथ एक किन्नरी महिला का विवाह) होता है।

भारतीय मानव विज्ञान सर्वेक्षण विभाग द्वारा किये गये एक अध्ययन के अनुसार परिवार के कई भाइयों के साथ ब्याही गई किन्नरी महिला पूरे वर्ष का समय अधिकतर एक ही पति के साथ गुजारती है क्योंकि परिवार में काम का बंटवारा इस तरह होता है कि उसके अन्य पति कामकाज के सिलसिले में बारी–बारी घर आते–जाते रहते हैं। ऐसे विवाहों में परिवार के बड़े भाई की स्थिति सबसे बेहतर होती है। विवाहोपरान्त वर के सभी भाई, नियमानुसार नववधू के पति मान लिये जाते है। कभी–कभी छोटी आयु वाला भाई, यदि किसी सुंदरी युवती से विवाह करता है तो शेष भाई भी नियमानुसार उस नवविवाहिता के पति मान लिये जाते है।[253] आदिवासी बहुत क्षेत्रों में भी महिलाएँ, आमतौर पर बहुपति प्रथा का पालन करती हैं। उनके स्वातंत्र्य स्थिति को सामाजिक मान्यता प्राप्त होती है। कुछ क्षेत्रों में विवाह पूर्व जीवन साथी चयन करने के मामले में पूर्ण पुरूषत्व को विशेष महत्व दिया जाता है। जिसके तहत् नारी अपनी पुत्री के लिए जीवनसाथी चयन करने के सिलसिले में विवाहोत्सुक पुरूषों के साथ एकान्त में सहवास आदि के माध्यम से उनके ''पुरूषत्व शक्ति'' के विषय में जानकारी हासिल करती है। उसके बाद ही वह नारी, अपनी विवाह योग्य पुत्री को उसके विवाह हेतु अपनी स्वीकृति प्रदान करती है।

कुल मिलाकर स्थिति यह कि पूर्व वैदिककालीन नारी स्वातंत्र्य व अधिकार की स्थिति आज भी साक्ष्य के तौर पर यदा–कदा, भारतीय समाज में विद्यमान है, जो हमें यह स्मरण दिलाती है कि भारतीय समाज कभी सुखी व समृद्धशाली था। जबकि नारी समाज को भी पुरूष समाज के बराबर समान अधिकार प्राप्त थे और सभी दृष्टिकोणों से वह भी पुरूषों के बराबर सम्मान प्राप्त की अधिकारिणी थी। हालांकि आज की स्थिति में चारों ओर नारी को पुरूषों के समान अधिकार मिलने की दुहाई दी जा रही है, लेकिन वास्तविकता आज

भी कोसों दूर है। इस दूरी को कम करने के लिए स्वयं नारी समाज को जागृत होना होगा। उन्हें पारस्परिक ईर्ष्या द्वेष, व भेदभाव को भूलना होगा। दहेज, पातिव्रत्य आदि के विरूद्ध उन्हें स्वयं जनजागृति फैलानी होगी। ऐसे धर्मग्रंथ, जो उन्हें नीचे गर्त की ओर ढकेलनें का कार्य करते है, उनके खिलाफ आने के लिए उन्हें महत्वपूर्ण साहसिक कदम उठाने होंगे। लड़का–लड़की के मध्य पनप रही मानसिक विकृति को दूर करना होगा तथा उन्हें बराबर का दर्जा देकर उनका पालन–पोषण व शिक्षा–संस्कारादि की उचित व्यवस्था करना आवश्यक होगा। पारिवारिक दृष्टिकोण भी बदलना नितान्त जरूरी है। पारिवारिक दृष्टिकोण बदलने से निश्चय ही समाज का भी नजरिया बदलेगा और नारी को सम्मानपूर्वक जीवन का अधिकार हासिल हो सकता है।

आर्थिक दशा

वैदिककालीन समाज में स्त्री और पुरूष को समान अधिकार प्राप्त थे और उनका सदैव से ही सम्पत्ति में बराबर का हक रहता आया है। अपने माता–पिता की निगाह में वह पुत्र से किसी भांति भी कम नहीं थी और उनका परवरिश भी पुत्र की तरह ही किया जाता था। किसी भी विषय में उनके प्रति कोई भेदभाव नहीं बरता जाता था।[254] पुत्र के अभाव में वह दत्तक पुत्र से हर मामले में श्रेष्ठतर थी।[255] भ्राता के न रहने की स्थिति में तो वह सम्पत्ति व वंश परम्परा को कायम रखने के लिए पूरी तौर से उत्तराधिकारिणी थी।[256]

वैदिक युगीन समाज में स्त्री और पुरूष को समान अधिकार मिला हुआ था और यह व्यवस्था ई. पू. चौथी शती तक बराबर कायम रही।[257] लगभग ई. पू. दूसरी शती के बाद स्त्री के पूर्व कालीन समस्त अधिकारों पर प्रतिबन्ध लगा दिया गया और उनके समानता के अधिकारों को ध्वस्त कर दिया गया। इस समय कुछ ऐसे धर्मशास्त्रकार हुए जो पुरूषवादी विचारधारा के थे और नारी अधिकारों के वे सख्त खिलाफ थे। उन्होंने भाई के न रहने की स्थिति में भी उनके उत्तराधिकार को नहीं स्वीकारा। उनके अनुसार– नारी और पुरूष के अधिकारों की परस्पर तुलना नहीं की जा सकती थी। आपस्तम्ब के अनुसार– जब सपिण्ड, गुरू या शिष्य कोई न हो, तब ही पुत्री को उत्तराधिकारी के रूप में स्वीकार जा सकता है, साथ ही उसने यह भी व्यवस्था दी कि उनके समस्त सम्पत्ति को धर्मकार्य में लगा दिया जाना चाहिए। इस प्रकार प्रत्यक्ष रूप से उसने पुत्री के अधिकार को खण्डित कर दिया और उनका साम्पत्तिक अस्तित्व पर कुठाराघात कर दिया।[258] वशिष्ठ, गौतम और मनु जैसे धर्मशास्त्रकार निश्चित रूप से नारी हितों के खिलाफ थे और उन्होंने नारी अधिकार के सम्बन्ध में कठोरता का बर्ताव किया।[259] उन्होंने कभी भी सम्पत्ति पर नारी का अधिकार स्वीकार नहीं किया। लेकिन महाकाव्यों के काल में नारी हितों के सरंक्षण की भावना बलवती होने लगी थी। स्वयं श्री कृष्ण जी नारी अधिकार के हित चिंतक थे और

इसीलिये उसने महारानी द्रौपदी जी की प्रत्येक इच्छा को पूर्ण किया था। महाभारतकार ने स्पष्ट रूप से कन्या के अधिकार को पुत्र के समकक्ष ही स्वीकार किया है और नारी अधिकार के प्रति अत्यन्त जागरूक होते हुए उसने व्यवस्था दी कि भाईविहीन कन्या को अगर पूरी सम्पत्ति नहीं मिल पाती है, लेकिन आधी सम्पत्ति तो उन्हें हर हालत में अवश्य ही मिलनी चाहिए।[260]

मौर्य युगीन समाज में निश्चित ही पुत्री को पुत्र के समकक्ष अधिकार प्राप्त था। तभी तो सम्राट अशोक के पुत्र महेन्द्र और पुत्री संघमित्रा बौद्ध धर्म के प्रचारार्थ श्रीलंका गये थे। इस स्थिति के निर्माण में गौतम बुद्ध का भी योगदान स्मरणीय है कि उन्होंने सारे धार्मिक परम्पराओं को दरकिनार करते हुए नारी समाज को भिक्षुणी संघ गठित करने की अनुमति दे दी थी और इस क्रांतिकारी कदम से समस्त मानव समाज में एक भूचाल आ गया था। नारी तो अपने अधिकारों के प्रति अत्यन्त उत्साहित हो गई थी और पुरूष प्रधान समाज इससे किंकर्तव्यविमुढ़ हो गया था।

चन्द्रगुप्त मौर्य के प्रधानमंत्री कौटिल्य ने कन्या अधिकार के प्रति सजग होते हुए व्यवस्था दी थी कि भाई विहीन कन्या ही अपने पिता के सम्पत्ति की वास्तविक अधिकारिणी है। लेकिन अगर उन्हें सम्पत्ति का पूरा हिस्सा नहीं मिलता है, तो कुछ तो अवश्य ही मिलना चाहिए।[261] याज्ञवल्क्य का मानना है कि पुत्री किसी भी विषय पर पुत्र से किसी भांति भी कम नहीं है। अतः पुत्र और विधवा के अभाव में पुत्री ही समस्त चल–अचल सम्पत्ति की उत्तराधिकारिणी है।[262] वृहस्पति और नारद जैसे धर्मशास्त्रकार नारी अधिकार के विषय पर स्वतंत्र निर्णय देते हुए कहा कि– पुत्री भी अपने पिता की सन्तान है, और पुत्र की तरह उनका भी पिता की सम्पत्ति पर पूर्णतः अधिकार है।[263] कात्यायन जैसे व्यवस्थाकारों ने इस विषय में संयम का परिचय देते हुये स्पष्ट किया कि पुत्र के अभाव में पुत्री ही अपने पिता की सम्पत्ति की सर्वेसर्वा उत्तराधिकारिणी है।[264]

मुसलमान लेखक अलबेरूनी के अनुसार भी पुत्र के अभाव में पुत्री ही अपने पिता के सम्पूर्ण सम्पत्ति की उत्तराधिकारिणी होती थी।[265] जीमूतवाहन और विज्ञानेश्वर ने भी कन्या के साम्पत्तिक अधिकार की परिपुष्टि की है।[266] यह तो निश्चित ही है कि पिता के सम्पत्ति में बराबर का अधिकार कन्या को वैदिक काल से ही रहा है तथा उक्त काल में कन्या पुत्र से किसी भांति भी कम नहीं थी।[267] पिता के दिवंगत हो जाने पर कन्या का विवाह करना पुत्र का परम कर्त्तव्य माना जाता था। भाई का यह पुनीत कर्तव्य था कि वह अपने ही हिस्से के बराबर का भाग अपनी बहिन के विवाह में व्यय करे और उनके हाथ पीले करें अथवा अपने हिस्से की सम्पत्ति से ही अपनी बहिन के विवाह का सम्पूर्ण व्यय करे।[268] सम्पत्ति का उत्तराधिकारी उन्हें ही प्रदान किया जाता था, जो पिण्डदान का भी

अधिकारी होता था। चूंकि तत्कालीन युग में कन्या को पिण्डदान का अधिकार नहीं दिया गया था, इसलिए उनके उत्तराधिकार पर भी प्रश्न चिन्ह उठने लगे थे। लेकिन तुरंत ही इसका भी समाधान खोजा गया और यह कहा गया कि जब पुत्री अपने पुत्र के माध्यम से पिण्डदान करती थी, तब वह स्वयं में वही सम्पत्ति की अधिकारिणी हो जाती थी।[269] आजीवन अविवाहित रहने वाली कन्या भी पिता के सम्पत्ति की उत्तराधिकारिणी थी।[270] स्वयं मनु ने उस भाई की तीखी भर्त्सना की है जो अपनी बहिन को उसका हक नहीं देता।[271] उसने पौत्र एवं दौहित्र का भेद समाप्त कर पुत्रियों का ही पक्ष लिया था।[272]

जहाँ तक विधवा के अधिकार का सवाल है तो लगभग तीसरी शती ई.पू. में विधवाओं को उनके अधिकार प्राप्त नहीं थे जबकि महाकाव्यों के काल में विधवा नारी सम्मान पूर्वक जीवन जीती थी तथा उनके साम्पत्तिक अधिकार में किसी भी तरह का कोई अतिक्रमण नहीं था। कौशिल्या, सुमित्रा, कैकेयी, कुन्ती, अम्बिका, अम्बालिका आदि नारियाँ इसकी जीती–जागती मिशाल थी। बौद्धकाल में वैभव सम्पन्न कुल की विधवाएँ पति की सम्पत्ति को ही अपने जीवन यापन का साधन बनाती थी। सुन्दरी के पिता ने प्रभुत धन छोड़कर प्रव्रज्या ग्रहण कर ली थी, जिसको सुन्दरी की माँ ने जीवनयापन का साधन बनाया।[273] सोणा भी पति के प्रव्रजित होने पर उनकी सम्पत्ति की स्वामिनी हो गई थी।[274] उसी प्रकार स्थापत्या (थावच्चा) सार्थवाही ने भी पति के धन को ही जीवनयापन का साधन बनाया था क्योंकि उसके व्यापार का आधार पति के द्वारा अर्जित धन ही था।[275]

लेकिन मनु के काल तक विधवा नारी की स्थिति दयनीय हो गई थी। उसके अनुसार पुत्र के अभाव में पुरूष के धन का भागी पिता या भाई ही था, अन्य नहीं...।[276] उसने मात्र एक स्थल पर ही विधवा को उत्तराधिकारिणी स्वीकार किया है।[277] लेकिन दक्षिण भारत में वह पति की सम्पत्ति का उत्तराधिकारिणी घोषित की जा चुकी थी।[278] मेघातिथि के अनुसार – विधवा, सम्पत्ति में कहीं भी भागीदार नहीं होती थी।[279] कौटिल्य के समय तो उस स्त्री को, जिसके पति की मृत्यु हो जाती थी, उसे राजा की दया पर निर्भर रहना पड़ता था। दायादों के अभाव में यदि राजा मृत पुरूष का धन लेता था, तो वह मृत पुरूष की स्त्री के लिए जीवन निर्वाहार्थ तथा उसके और्ध्व दैहिक कार्य के लिए कुछ धन अवश्य छोड़ देता था। अर्थात सम्पत्ति में उनकी भागीदारी सुनिश्चित कर दी गई थी।[280] गौतम ने सपिण्डों, सगोत्रियों आदि के साथ विधवा के समान अधिकार को स्वीकृति दी है। कभी–कभी पुत्रों के अयोग्य होने की स्थिति में विधवा ही सम्पूर्ण सम्पत्ति की पूर्णरूपेण उत्तराधिकारिणी होती थी।[281] गुप्तकालीन शासक चन्द्रगुप्त द्वितीय विक्रमादित्य की सुपुत्री प्रभावती गुप्त इसके ज्वलंत उदाहरण है, जिसने अपने पति के मृत्योपरान्त राज वैभव का उपयोग किया था। लेकिन नारद ने उत्तराधिकारी के अभाव में मृत व्यक्ति की सम्पत्ति पर राज्य के अधिकार को स्वीकार किया है, जबकि विधवा के लिए व्यवस्था दी कि जीवन

निर्वाह के लिए उन्हें राज्य की ओर से आवश्यक धन उपलब्ध करा दिये जाये।[282] लेकिन दायभाग और मिताक्षरा का निर्णय विधवा के हक में ही है। उनके कथनानुसार पुत्र के अभाव में विधवा ही सम्पत्ति की वास्तविक उत्तराधिकारिणी है।[283]

इस प्रकार पूर्व मध्ययुग तक निश्चय ही स्त्री के प्रति पर्याप्त सहानुभूति व स्नेहिल वातावरण का निर्माण होने लगा था। उनके शेष जीवन को सुघड़ बनाने के लिए धर्मशास्त्रकारों ने सम्पत्ति विषयक उनके अधिकार को सुनिर्धारित करके विधवाओं के जीवन को संवारने में अपना योगदान किया।

"राजनीतिक"

आर्यों के प्रारम्भिक काल में भारतीय नारियाँ उन्मुक्त थी। वे बिना किसी प्रतिबन्ध के सामाजिक, धार्मिक व राजनीतिक गतिविधियों में हिस्सा लेती थी। निश्चय ही वैदिकयुगीन स्त्री जिस तरह स्वतंत्र व बन्धनहीन थी, उतनी परवर्तीकालीन किसी युग में न रह सकी। शिक्षा, ज्ञान, यज्ञ, शासन, राजनीतिक आदि विभिन्न क्षेत्रों में वह बिना किसी रूकावट के स्वच्छन्दतापूर्वक सम्मिलित होकर अधिकारिक सम्मान प्राप्त करती थी। आमतौर पर राजकुल की स्त्रियाँ ज्ञान विज्ञान और ललित कला में प्रवीणता प्राप्त करने के साथ ही साथ राजनीति और युद्धकला की शिक्षा भी प्राप्त करती थी। उत्तम और न्यायानुकूलयुक्त शासन व्यवस्था वाले राजा के यहाँ राजमहिषी का परामर्श भी सर्वमान्य रहता था। रामायण काल में श्रीराम जी के वनागमन के अवसर पर श्री सीताजी को ही राजमुकुट देने का प्रस्ताव किया गया था।[284] स्त्रियाँ राजदरबार का प्रमुख अंग थी और राजदरबार में राजाओं के चारों ओर वे उपस्थित रहती थी।[285] अनेक भारतीय व्यवस्थाकारों का यह मानना था कि स्त्रियाँ शासिका बन सकती है, अतएव शासन में उनकी भागीदारी सुनिश्चित थी। मनु ने स्त्री को राज्य संचालन के योग्य माना है। उनके अनुसार राजा को स्वजातीय, शुभ लक्षणों वाली, श्रेष्ठ कुल में उत्पन्न, हृदय प्रिय तथा रूप गुण से युक्त स्त्री से विवाह करना चाहिए। अर्थात उपर्युक्त गुणों से युक्त राजमहिषी परिस्थिति आने पर राजकार्य का संचालन भी कर सकती थी। राजनीति के दांव–पेंच में भी यदा–कदा स्त्रियाँ ही प्रयुक्त की जाती थी। विविध पक्षों में मनु ने स्त्रियों के संत्य व्यवहारों के मद्देनजर स्त्रियों को ही साक्षी बनाये जाने का समर्थन किया।

हालांकि राजनीति का क्षेत्र स्त्रियों से अछूता नहीं था, परन्तु राजतंत्रीय व्यवस्था में सामान्य वर्ग की स्त्रियों को उसमें प्रवेश करने का कोई अवसर नहीं था। राजपरिवार की कुलीन स्त्रियाँ ही इसमें हिस्सा लेती थी। बाल्यावस्था से ही राजकुमार के सदृश राजकुमारियों को भी राजनीति की पूर्ण शिक्षा दी जाती थी। यूनानी आक्रमणकारी सिकंदर के आक्रमण का प्रतिरोध करने वाले देशभक्त वीर नायक पौरव के मृत्योपरान्त, सिकंदर

के सेनापति सेल्यूकस के आक्रमण के समय, उसका तीव्र प्रतिरोध, पौरव की पत्नी मस्सय की महारानी ने राज्य कमान संभाल कर किया था। दूसरी शती ई.पू. में आन्ध्र– सातवाहन वंशीय राजमाता नयनिका ने अपने अल्पवयस्क पुत्र का संरक्षण करते हुए राज्य प्रभार का निर्वाहन बड़ी ही कुशलता के साथ किया था। वाकाट्क वंशीय महारानी और तत्कालीन भारतीय सम्राट चन्द्रगुप्त द्वितीय विक्रमादित्य की पुत्री प्रभावती गुप्ता (चौथी शती ई.) ने अपने पुत्र की अल्पवयस्कता के कारण स्वयं शासन कार्य संभाला था। काश्मीर की सुगंधा और दिद्दा नामक स्त्रियाँ अपने प्रशासन और राजकीय प्रबन्ध के लिए विख्यात थी।[286] अक्कादेवी और भैलादेवी जो गुजरात की चालुक्यवंशीय रानियाँ थी, अपने राज्य का प्रशासन निष्ठापूर्वक व कुशलता से सम्पन्न किया था।[287] सातवीं शती ई. में उत्तर भारत के दो स्त्री राज्यों का उल्लेख चीनी यात्री व्हेनसांग ने किया है। उसके अनुसार प्रथम राज्य पूर्व की ओर और द्वितीय पश्चिम की ओर था, जिन्हें क्रमशः ''पूर्वी स्त्री राज्य'' तथा ''पश्चिमी स्त्रियों का देश'' कहा जाता था।[288] इन राज्यों में प्रत्येक की अपनी सरकारें थी।[289] राज्य संचालन में नारियों ने बड़े साहस का परिचय दिया था। काश्मीर की रानी सूर्यमती ने अपने देश में सुदृढ़ शांतिमय राज्य व्यवस्था में अद्वितीय स्थान प्राप्त किया था। वह स्वयं राज्य के प्रशासनिक व्यवस्था में संलग्न रहती थी।[290] दसवीं शती के आसपास श्रमवर्मन की विधवा पत्नी दिद्दा ने अपने विरूद्ध चल रहे षड़यंत्र से अपने राज्य की सुरक्षा व्यवस्था की थी। तत्कालीन रानियाँ शासन संचालन में मंत्रीमण्डल से परामर्श लेती रहती थी।[291] कभी–कभी प्रजा भी अपने पसंद के अनुसार रानियों को राज्य का शासक नियुक्त करती थी। काश्मीर की प्रजा ने सुगंधा को अपना शासक बनाया था और सुगंधा रानी ने अपने नाम पर सुगंधा नगर बसाया था।[292] दिद्दा और सुगंधा दोनों ने अपने नाम के सिक्के भी प्रचलित किये थे। सुगंधा के सिक्कों के अग्रभाग में लक्ष्मी जी आकृति बनी है तथा रानी का नाम सुग (धां) उत्कीर्ण है। पृष्ठ भाग में राजा की आकृति के साथ ''देव्य'' शब्द उत्कीर्णित है। इसी प्रकार दिद्दा के सिक्कों पर लक्ष्मी की आकृति बनी है तथा ''दिद्दा'' उत्कीर्ण है।[293] दिद्दा ने तो राजकीय परम्परा के अनुरूप अभिलेख भी उत्कीर्ण कराये थे। उसका एक अभिलेख श्रीनगर से प्राप्त हुआ है।[294]

भारतीय नारियों का राजनीति में रूचि रखने तथा शासन सूत्र पकड़ने की घटनाएँ अत्यन्त ही प्राचीन है। गुप्तकालीन नारियाँ तो प्रशासनिक कार्यों के लिए विख्यात थी। चन्द्रगुप्त प्रथम के सिक्कों पर महारानी कुमारदेवी के चित्र का अंकन इस बात का प्रतीक है। इसी प्रकार वाकाट्क नरेश रूद्रसेन द्वितीय के निधन पर अपने पुत्र प्रवर सेन द्वितीय की आवश्यकता के कारण प्रभावती गुप्ता ने राज्य संरक्षिका के रूप में कार्य किया था। उसने ''पूनाताम्रपत्र'' उत्कीर्ण कराकर अपने पिता व स्वयं की वंशावली एवं पराक्रम को स्पष्ट कर दिया था कि नारियाँ भी राज्य प्रशासनिक व्यवस्था में पुरूष प्रधान समाज से

किसी भांति भी पीछे नहीं है।[295] इस्लामी प्रभाव के पूर्व तक भारतीय शासन तंत्र में स्त्रियों का प्रभाव बहुत अधिक था। काश्मीर शासक श्रेमयुक्त (950 ई. – 958 ई.) ने शाही प्रधान की पुत्री से विवाह किया था। दिद्दा ने अपने निर्बल पति पर प्रभुत्व स्थापित किया था। इसीलिए ही श्रेमगुप्त को ''दिड–श्रेम'' कहा जाता था।[296] इसकी पुष्टि श्रेमगुप्त के उन सिक्कों से भी होती है, जिन पर ''दि–श्रेम'' उत्कीर्णित है।[297] श्रेमगुप्त के स्वयं अकेले के सिक्के बहुंत ही न्यून मात्रा में प्राप्त हुए है। काश्मीर शासिका दिद्दा के लगभग एक शती बाद राजस्थान के सांभर के चाहमान मुखिया अजयराज की पत्नी सोमल देवी ने शासन कार्य संभाला था और उसने अपने नाम के सिक्के भी प्रचलित किये थे।[298]

प्राचीन भारतीय नारियाँ, राज्य शासन ही नहीं संभाल ही थी, वरन् युद्ध में भी वीरता का प्रदर्शन करती थी। 8वीं शती ई. में दाहिर की बहिन रानी बाई ने अरब जनरल मोहम्मद बिन कासिम से युद्ध किया था और पति की युद्ध क्षेत्र में वीरगति पा जाने के पश्चात पराजित होने की आशंका से अग्नि में प्रवेश कर अपने प्राणों का उत्सर्ग कर दिया था। सामान्यजनों की स्त्रियाँ आमतौर पर सैनिक होती थी, जो युद्ध क्षेत्र में जाती थी। खजुराहों की मूर्तियाँ इसके साक्षात प्रमाण है। विश्वनाथ मंदिर के बाएँ बाह्यभाग में उत्कीर्ण एक दृश्य में एक स्त्री शस्त्रों से सुसज्जित दिखाई दे रही है। एक अन्य स्त्री बाएँ हाथ में बड़ी सी तलवार लिए खड़ी है और दाहिने हाथ से तलवार का ऊपरी भाग पकड़े हुए है– यह दृश्य दूल्हा देव मंदिर के पिछले बाह्यभाग में उत्कीर्ण है। उसी मंदिर में एक स्त्री को शस्त्रों से सुसज्जित दर्शाया गया है। इन दृश्यों से स्पष्ट है कि तत्कालीन शासक स्त्रियों की सैनिक टुकड़ियाँ भी रखते थे जो आपत्तिकाल में विशेष सहयोग करती थी। भोज का ग्वालियर अभिलेख भी इस बात की परिपुष्टि करता है।[299]

तत्कालीन भारतीय समाज में राजनीतिक शिक्षा राजकुमारियों और सामन्त कुमारियों की शिक्षा का प्रमुख अंग थी।[300] दक्षिण भारत का शुद्धि अभिलेख जिसकी तिथि 1048 ई. शती है, में कल्याणी के चालुक्य शासक विक्रमादित्य षष्ठम् की रानी लक्ष्मा देवी का उल्लेख है, जिसने सम्राट के समान ही कल्याणी में शासन किया था।[301] चूंकि अस्त्र–शस्त्र व युद्ध विषयक समस्त शिक्षाएँ नारी को उपलब्ध थी, अतएव तत्कालीन साहित्य व प्रशस्तियाँ युद्ध विषयक ज्ञान गरिमाओं से भरे पड़े हैं। श्रीकृष्ण जी ने स्वजन सुरक्षार्थ द्वारका में जो दुर्ग बनवाया था, उसमें पुरूष सैनिकों के अतिरिक्त स्त्री योद्धाएँ भी नियुक्ति की थी।[302] युद्ध क्षेत्र में रानियाँ पति के साथ जाया करती थी। रामायण के एक कथानक के अनुसार देवासुर संग्राम में जब दशरथ ने युद्ध क्षेत्र में प्रवेश किया, तो उसके साथ कैकेयी भी थी, जिन्होंने राजा की प्राणपण से रक्षा की थी, जिसके ऐवज में ही उसे दो वरदान प्राप्त हुए थे। भागवत पुराण में श्री कृष्ण जी ने जब भौमासुर से युद्ध किया था, तो उस समय उसके प्रमुख सहयोगी के वेश में सत्यभामा उसके साथ थी। इसी प्रकार यदुवंशियों के साथ युद्ध

में सुभद्रा ने अर्जुन की मदद की थी। बाद के युगों में भी यही स्थिति दृष्टिगोचर होती है। विजयमल्ल की रानी पति के साथ युद्ध में गई थी।[303] कल्याणी के चालुक्य वंश की रानी अक्कादेवी युद्ध का संचालन भी करती थी। उस समय राजकुमारियों के अतिरिक्त अन्य स्त्रियाँ भी शस्त्र शिक्षा ग्रहण करती थी। मौर्यकाल से ही अस्त्र–शस्त्रों से सुसज्जित अंगरक्षक स्त्रियों के विवरण मिलते है।[304] पूर्वमध्यकालीन अभिलेख तथा मूर्तिकला भी स्त्रियों की युद्धकला एवं शासन सम्बन्धी जानकारी देते है। मिहिर भोज की "ग्वालियर प्रशस्ति" में स्त्रियों के सैन्य समुदाय का वर्णन है, जो सैनिक व्यवसाय में प्रसिद्ध था।[305] अस्त्र–शस्त्रों की शिक्षा ग्रहण कर स्त्रियाँ आत्म निर्भर हो जाती थी और पुरूषों पर पूर्ण रूप से निर्भर नहीं रहती थी। नारी आत्मनिर्भरता का प्रदर्शन से साक्षात्कार कराने वाली भारतीय मूर्तिकलाएँ प्रत्यक्ष है। खजुराहो की मूर्ति कला में एक स्त्री भाला, फरसा तथा धनुष–बाण लिए हुए है।[306] एक अन्य स्त्री छुरा लिए हुए प्रहार करने की मुद्रा में खड़ी है।[307] तत्कालीन स्त्रियाँ अपनी सुरक्षा के लिए स्वयं पुरूषों से युद्ध कर रही है, एक अन्य दृश्य में अश्व पर सवार एक स्त्री हाथ में लगाम थामे हुए है। खजुराहो के लक्ष्मण मंदिर के दाहिने बाह्यभाग में युद्ध तथा शिकार में पुरूषों का साथ देने वाली स्त्रियों का आलेखन बड़ी ही सजीवता के साथ किया गया है। भुनेश्वर के मंदिर में विचित्र पशु शार्दूल पर सवार स्त्रियाँ तलवार ढाल लिए युद्ध मुद्रा में दर्शायी गई है। एक अन्य मंदिर में एक विचित्र पशु जिसका सम्मुखीय भाग हाथी जैसा एवं मध्य भाग अश्व जैसा और पिछला भाग सिंह जैसा है, उस पर सवार स्त्री तलवार लिए हुए पुरूष से युद्ध कर रही है।[308]

हालांकि पूर्वकाल की भांति यह परम्परा लगातार जारी नहीं रह सकी, लेकिन इस क्रियाकलाप में नारी स्वरूप का प्रतिबिम्ब देवी व दुर्गा के रूप में सामने आना जारी रहा। नारी विभिन्न देवियों के रूप में पूजित हुई व श्रद्धा का पात्र बनी। वह धार्मिक शासिका के रूप में भी जानी गई। उनके हाथों में विभिन्न प्रकार के अस्त्र–शस्त्र सुशोभित होने लगे तथा वह भी राजसिंहासन में शोभित होने लगी। दुर्गा के हाथों शुम्भ–निशुम्भ, महिषासुर, अन्धक आदि दैत्यों के मारे जाने का उल्लेख नारी महिमा व शक्ति को प्रतिबिम्बित करता है। एक कथानक के अनुसार भण्डासुर के अत्याचारों से त्रस्त होकर इन्द्र तथा अन्य देवताओं ने शक्ति की आराधना की थी और उसने देवताओं की प्रार्थना पर भण्डासुर का वध कर दिया था।[309] इसी प्रकार शुष्क रेवती देवी ने असुरों का विनाश किया था।[310] मार्कण्डेय पुराण के देवी महात्म्य में महिषासुर का वध करने वाली देवी का आख्यायन है, जिसकी उत्पत्ति समस्त देवताओं की सम्मिलित शक्ति से हुई थी और वास्तविक शक्ति देवी हुई। इस देवी की एक सुंदर मूर्ति ढाका संग्रहालय में सुरक्षित है।[311]

आधुनिक युगीन समाज में नारी नयी सभ्यता की ओर बढ़ने के लिए प्रवृत्त हुई है। भारतीय स्वतंत्रता संग्राम में उन्होंने बढ़–चढ़कर हिस्सा लिया था। रानी दुर्गावती, रानी

लक्ष्मी बाई, श्रीमति इंदिरा गांधी, सरोजनी नायडू, कमला नेहरू आदि नारियों ने अपना अमूल्य योगदान किया था। विजय लक्ष्मी पंडित तो संयुक्त राष्ट्र संघ की अध्यक्ष भी बन गई। वह प्रधानमंत्री, राज्यपाल, मुख्यमंत्री, आदि प्रमुख पदों का कुशलतापूर्वक दायित्व निर्वाहन करके स्पष्ट कर दिया है कि वह पुरूष समाज से किसी भांति भी कम नहीं है। भारतीय नक्शेकदम पर चलते हुए विदेशों में भी नारियाँ जागृत हुई हैं और राष्ट्रपति, प्रधानमंत्री आदि महत्वपूर्ण पदों पर स्थापित होकर उसका दायित्व वहन कर रही हैं। जो यह लक्षित कर रही है कि नारी समाज अब और अधिक दिनों तक पुरूषों के चंगुल में नहीं रह सकती। लेकिन वास्तविक स्थिति में वैदिक कालीन स्थिति कब तक इस पृथ्वी पर दृष्टिगोचर होगी? यह एक सोचनीय प्रश्न है। मनोभाव में तब्दीली, धार्मिक स्वतंत्रता, सामाजिक स्वतंत्रता एवं कार्य व व्यवहार में स्वतंत्रता, जब तक पुरूष व नारी को बराबर अधिकार हासिल नहीं होंगे। जब तक उनके मध्य स्थापित भेद समाप्त नहीं होगा, तब तक नारी स्वतंत्रता सिर्फ किताबों तक ही सीमित रहेगी और उनका वास्तविक प्रतिबिम्ब समाज में व परिवार में प्रकट होना नामुमकिन है।

संदर्भ ग्रंथ -

1. ऋग्वेद, 5/61/8
2. अथर्ववेद, 14/14
   – प्राचीन भारतीय शिक्षण पद्धति, पृ. 157
3. "अनतिपृश्न्यां वै देवतामपि पृच्छसि।" – वृहदारण्यक उप. 3–6, 1
4. "योषितो यज्ञिया इमाः।" – अथर्व वेद, 2/36/1, 11/1/17/27
5. शतपथ ब्राह्मण, 5/116/10 तैत्तिरीय ब्राह्मणम्, 22/2/6
6. "दृष्टयज्ञो नर पतिः पुत्र द्धव समन्वितः। न सीतायाः परां भार्या वव्रे स रघुनन्दनः। यज्ञे–यज्ञे च पत्न्यर्थं जानकी काञ्चनी भवत्।।" – रामायणे, उत्तरकाण्डे, 98/7–8, 91/24–25
7. "गृभ्णामि ते सौभगत्वाय हस्तं मया पत्या जरर्दाष्टर्यथासः। भगो अर्यमा सविता पुरंधिर्मह्मं त्वादुर्गार्हपत्याय देवाः।।" – ऋग्वेद, 10/85/36
8. धर्मशास्त्र का इतिहास, भाग 1, प्र. 273
9. "अद्धों ह वा एष आत्मनो यज्जाया तस्माद्या वज्जायां न व्न्दिते नैव तावत् प्रजायते ऽसर्वो हि तावद् भवति...।" – शतपथ ब्राह्मणम्, 5/3/6/10
10. "यदि वा इतरथा ब्रह्मचर्यादेव प्रव्रजेद् गृहाद् वा वनाद् वा।" – जाबालि उप., 4
11. "अयज्ञो वा एषः। योऽपत्नीकः।" – तैत्तिरीय ब्राह्मणम्, 2/2/2/6
12. "आह माता पितिसु सुसू सितवियेे हे मेव गुरूत्वं प्राणेसु, द्रह्मितव्यं सचं वतक्यिं से इमे धंमगुण पवतित विया. .....।" – द्वितीय लघु शिलालेख (अशोक के धर्मलेख), पृ. 94
13. बौद्ध और जैन आगमों में नारी जीवन, पृ. 44
14. पाराजिक, पृ. 195
15. "जायेस्तं मधवन्.....।" – ऋग्वेद, 3/53/4

"So on marriage, a women was not only given a very honourable position in the household……' – Women in the Vadic age, p.19

16. If the husband was away on a journey, the wife alone performade the various sacrifices, which the couple had to offer jointly. – the position of women in hindu civilization, p.198
17. "इहैव स्तं मा वि यौष्टं विश्वमायुर्व्यश्नुतम्। क्री कन्तौ पुत्रैर्न प्तृभिर्मो दमानो स्वे गृहे।।" – ऋग्वेद, 10/85/42, 10/85/45–47
"परा देहि शामुल्यं ब्रह्मभ्यो वि भजावसु। कृत्यैषा पदृति भूत्वा जाया विशते पतिम्।" – अथर्ववेद 14/1/25
18. महाभारत, 5193, 63, 3/112, 16
19. रामायण, II, 67, 13
20. "साम्राज्ञी श्वसुरे भव साम्राज्ञी श्वश्वां भव। ननान्दरि साम्राज्ञी भव साम्राज्ञी अधिदेवेषु।" – ऋग्वेद 10/85/46
21. "सुमंगली प्रतरणी गृहाणां सुशेवा पत्ये श्वशुराय शंभूः। स्योना श्वश्वै प्र गृहान्विशेमान्।" – अथर्ववेद, 14/2/26
22. Vadic Index, 1, 484.485
23. "य सूर्यात्परिसर्पन्ति स्नुषेव श्वसुरादधि।"– अथर्ववेद, 8/6/24
"अस्य स्नुषा श्वशुरस्य प्रविष्टिम्..... स्नुषा सपत्नाः श्वशुरो यमस्तु.....।" – तैत्तिरीयब्राह्मण, 2/4/5/12
24. "इध में, भो गोतम, चत्तारो पुत्ता। ते मं दारेहि संपृच्छ घरा निक्खा मेन्ती' ति।" – संयुक्त निकाय, 1/175
25. "सुणिसा द्वि मय्द्धं बञ्झा अहोसि, सा मं वधित्वान विजायि पुत्तं। सा दानि सब्बस्स कुलस्स इस्सरा, अहं पचम्हि अपविद्धा एकिका।" – जातक, 8/417/5, ऋग्वेद, 3/53/4, Womam in the Vadic age, p.19
26. "संजानाना उप सीदन्नभिज्ञु पत्नीवन्तो नमस्यं नमस्यन्।" – ऋग्वेद, 1/72/5
"सं पत्नी पत्या सुकृतेन गच्छताम्। यज्ञस्य युक्तौ धूर्यावभूताम्। – तैत्तिरीय ब्राह्मणम्, 3/7/5/11
27. हिन्दु परिवार मीमांसा, पृ.132–133, प्राचीन भारतीय शिक्षण पद्धति, पृ. 157
28. "ता व लोके पठमं उपासिका अहेसुं......।" महावग्ग, पृ. 21
"तए णं सा सिवानंदा...... ससमणोवासिया जाया.......।"– उपासकदशांग, पृ. 1162
29. संयुक्त निकाय, 1/85
30. "....... पुत्ता ति वादा राति वा.... अयं वुच्चति, ब्राह्मण, गहपतग्गि।" – अंगुत्तर निकाय, 3/187
31. "सप्पुरिसो....... पुत्तदारस्स अत्थाय हिताय सुखाय होति.......।" – अंगुत्तर निकाय, 2/312
32. "मयं खो, आचरिय, अगारिका नाम उपजाना मेतस्स संयमस्म.... मा त्वं.....विमनो अहोसि। न ते देय्य धम्मो हायिस्सति।" – महावग्ग, पृ. 286
33. "ये ते भत्तु गरूनों भविस्सन्ति..... ते सक्करिस्साम..... ये अब्भन्तरा– कम्मन्ता.... तत्थ दक्खा भविस्साम....... यो अब्भन्तरो अन्तोजनो....तेसं....जानिस्साम....यं धनं....तं आरक्खेन गुत्तिया सम्पादेस्साम.....।" – अंगुत्तर निकाय, 2/303–304
34. "पुत्तावत्थु मनुस्सानं भरिया च परमो सखा।" – संयुक्त निकाय, 1/35
35. "किन्न तुवं.... ओलुग्गा जाव झियायसि.... किं णं.... अहमेयस्स अट्ठस्स अणरिहे सवणयाए ता णं तुमं ममं... .. दुक्खं रहस्सी करेसि।" – नायाधम्मकहाओ, 1/1/14
"तो णं तुब्भे मम एयमट्ठं....परिकहेह, जा णं अहं तस्स अट्ठस्स अन्तगमणं करेमि।" – निरियावलियाओ, 1/1/26
36. तए णं सा भद्दा धणं सत्थवाहं....नो आढाइ.....तुसिणीया परम्मुही संचिट्टई।" – नायाधम्मकहाओ, 1/2/46

37. ''पञ्चहि ठानेहि.....सामिकेन भरिया पच्चुपट्टातब्बा.....सम्माननाय, अनवमाननाय, अनतिचरियाय, इस्सरियवोसग्गेन, अलंकारानुप्प दसेन।'' –दीघनिकाय, 2/146–147

38. Vadic Index, 1, 482

'Self Choice, the election of a husband by a princess or daughter of a Kshatria at a public assembly of suitors. – Sanskrit, English Dictionary (Monier Williams, oxford-1956), p.1278

39. ''इदं च धनुरूद्यम्प सज्यं यः कुरूते नरः। तस्य मे दुहिता भार्या भविष्यति न संशयः।'' – रामायण, 2/118/42

''इदं सज्यं धनुः कृत्वा सज्जैरेभिश्च सायकैः। अतीत्य लक्ष्यं यो वेद्धा स लब्धा मत्सुता मिति।'' – महाभारत, 1/185/11

40. ''उठ्ठेहि पुत्तकं! किं सोचितेन दिन्नासि वारणव तिम्हि। राजा अनीकरत्तो अभिरूपो तस्स त्व दिन्ना।'' – थेरीगाथा, 16/1/464

41. ''जस्स णं अहं तुमं पुत्ता। रायस्स वा जुवरायस्स वा मारियत्ताए सयमेय दलइस्सामि तत्थ णं तुमं सुहिया वा दुहिया वा भवेज्जासि। तए णं मम जावज्जीवाए हिययदाहे भविस्सइ। तं णं अहं तव पुत्ता! अज्जयाए सयं वरं वियरामि। अज्जयाए णं तुमं दिन्न सयंवरा।'' – नायाधम्मकहाओ, 1/16/121

42. ''कल्लं पाउप भायाए।...... दोवईए सयंवरे भविस्सइ। तं तुब्भे सयंवरामंडवे.....नामंकेसु आसणेसु निसीयह..... करयल.....तेसिं.....राजवर सहस्साणं पणामं करेह। अम्मापिऽवंस सत्तसामत्थगोत्तं विक्कंतिकंति बहुविह आगय माहप्प रूवजोत्वणगुण लावण्णा कुलसीलजाणिया कित्तणं करेह। तए णं दुवए राया.....पंचण्हं पंडवाणं दोवईए य पाणिग्गहणं करावेह......पीददाणं दलयइ.....।'' – नायाधम्मकहाओ, 1/16/123–125

43. "Marriage in the early Vedic texts appears essesntially as a union of two persons of full development.' – Vedic Index, 1, 474

44. ''पति संयोग सुलभं वयो दृष्ट्वा तु मे पिता।'' – रामायण, 2/199/85

45. ''अथ सोल समे वस्से, दिस्वा मं पत्तजोब्बनं कञ्ञं। ओरून्धतस्स पुत्तो......।'' – थेरीगाथा, 15/1/447

46. ''उन्मुक्क बालभावं..... सारित्वयाणं .... कन्नाणं पाणिं गिण्हाविंसु।'' – नायाधम्मकहाओ, 1/1/24

47. ''यौवनजनितेर्ना– जरत कुमारी मिव।'' – हर्षचरित, 7 उच्छवास, पृ.386

48. ''या पूर्वपति वित्वाऽथान्यं विन्दतेऽपरम्। पचौदनं तावजं ददातो न वियोषतः।। समानलोको भवति पुनर्भुवऽपरः पतिः।।''– अथर्ववेद, 9/27–8

49. मनुस्मृति, 9/175–176

50. नारद स्मृति, 12/90

51. दीघनिकाय, 1/12

52. ''विवदन नाम सचे वियुज्जितुकामो अत्थ अज्जेव वियुज्जथ इति वो पुन सम्पयोगोन भविस्सती ति एवं वियोगकरणं।'' – सुमंगलविलासिनी, 1/96

53. ''ते मं पितुघरं पत्नियिंसु विमना दुखेन अधिभूता।– थेरीगाथा, 15/1/421

''अथ सो पि मं पटिच्छरयि।– वही, 15/1/423

''सो पि वसित्वा पक्खं अथ तातं भणति ''देहिमे पोटि्ठ। घटिकं च मल्लिकं च पुन पि भिक्खं चरिस्सामि।''। वही, 15/1/425

54. ''तए णं सागर दारए सूमालियं दारिय सुहपसुत्तं जाणित्ता..... जामेव दिसिं पाउत्भूए तामेव दिसिं पडिगाए।' नायाधम्मकहाओ, 1/16/116

55. ''सुमुत्ता साधु मुत्ताम्हि, तीहि, खुज्जेहि मुत्तिया। उदुक्खलेन, मुसलेन, पतिना, खुज्जकेन च।''– थेरीगाथा 1/11/11

"एवं खलु अहं तेयलिपुत्तस्स पुव्विं इट्ठा ऽ आसि इयाणिं अणिट्ठा ऽ जाव परिभोगं वा। तं सेयं खलु ममं सुव्वयाणं अज्जाणं अंतिए पव्वइत्तए।" – नायाधम्मकहाओ, 1/14/105

56. गरूड़ पुराण, 157/33
57. "अप्रदुष्यां स्त्रियं हत्वा, शूद्र हत्या व्रतं चरेत्।" – अग्निपुराण, 173/13, पराशर, 6/16
58. गरूड़ पुराण, 215/33
59. "...... नारीति नाम प्रधानमंस्त्र कामस्य....।" – प्रबोध चन्द्रोदय, 4/8–13
60. "...... स्त्रीणां हृदयं बज्रकर्कशम.....।" – कथासरित्सागर, भाग–1, 4/1/97 एवं वही, भाग–2, 10/2/56
61. "प्रकृत्या वा काशप्रभव–कुसुम–प्रान्त चपला। पुरूंध्रीणां प्रज्ञा पुरूष गुण–विज्ञान– विमुखी।" – मुद्राराक्षस, 2/7
62. यशस्तिलक चम्पू, 4, यशस्तिलक चम्पू एण्ड इण्डियन कल्चर, पृ. 176
63. "जदपि नीति निपुण नर नाहू। नारि चरित जलनिधि अवगाहू।।
    "सत्य कहहिं कबि नारि सुभाऊ। सब विधि अगहुं अगाध दुराऊ।।
    "निज प्रतिबिम्ब बरूकु गहि जाई। जानि न जाई नारि गति भाई।।
    "का न करै अबला प्रबल, केहि जग कालु न खाय।"
    "विधिहुं न नारि हृदय गति जानी। सकल कपट अद्य अवगुन खानी। – (रामचरितमानस, अयोध्या काण्ड, 26/4, 46/4, 47, 161/2)
64. "..... विद्युतामिव चापलम्.....।" – कथासरित्सागर, भाग 1, 3/5/28
65. "इतिपरिणतौ प्रेमण्युच्चावचे परिचिन्तितेक्वचन। नियमान्निन्धिा वन्द्या न वा सुधियां स्त्रियाः।" – राजतरंगिणी 7/856
66. नीतिवाक्यामृत, 24/10–11
67. "यादग्गुणेन भर्त्रा स्त्री संयुज्येत यथाविधिः। ताद्दग्गुणा सा भवति समुद्रेणेव निम्नगा।" – मनुस्मृति, 9/22
68. महाभारत, 13/40/4–5
69. मनुस्मृति, 2/214
70. वही, 9/18
71. "अरक्षिता गृहे रूद्धाः पुरूषैराप्तकारिभिः। आत्मानयात्मना यास्तु रक्षेयुस्ताः सुरक्षिताः।" – मनुस्मृति 9/12
72. शिवपुराण, रूद्रसंहिता–युद्धखण्ड, अ.28
73. जातक, 2/145
74. वही, 2/198
75. वही, 2/212
76. मनुस्मृति, 7/150
77. शतपथ ब्राह्मण, 1/9/2/12, 10/5/2/9, शिवपुराण, रूद्रसंहिता–पार्वती खंड अ. 52
    "भर्तुनाम न गृहणीयात् ह्यायुषोऽस्य (वि) वृद्धये.....। आक्रष्टापि च नाक्रोशेत्ताडितापि प्रसीदती।" – स्कन्दपुराण, ब्रह्मधर्मारण्य, अध्याय–7
78. "मात्रा स्वस्त्रा दुहित्रा वा न विविक्ता सनो भवेत्। बलवानिन्द्रिय ग्रामों विद्धांसमपि कर्षति।" – मनुस्मृति 2/215
79. "भ्राता पिता पुत्र उरगाही। पुरूष मनोहर निरखत नारी। होई बिकल सक मनहिं न रोकी। जिमि रवि मनि द्रव रविहिं बिलोकी।" – रामचरितमानस, अरण्यकाण्ड, 16/3
80. शिवपुराण, उमासंहिता, अध्याय–24
81. जातक, 3/251

82. शिवपुराण, उमासंहिता, अ. 29, रूद्रसंहिता, अ. 16
"द्विधा कृत्वाऽऽऽत्मनो देहधर्मेन पुरूषोऽभवत। अर्धेन नारी तस्यां च विराज मसृजत्प्रभुः।" – मनुस्मृति, 1/32, बाइबिल, उत्पत्ति, 2/21–24
83. "शतरूपा च सा ख्याता सावित्री च निगद्यते। सरस्वत्यथ गायत्री ब्रह्माणी च परंतप। ततः स्व देह संसूता–मात्मजामित्य कल्पयत्।।" – मत्स्य पुराण, 3/31–2, सौन्दर्यलहरी, 96
84. प्राचीन भारतीय मूर्ति विज्ञान (डॉ.नी. पु. जोशी), पृ. 174
"शिवपुराण, रूद्रसंहिता– पार्वती खण्ड, अ. 3–6
"कालिकापुराण कला उत्पत्ति विषयक खण्ड
85. "द्यौर्मे पिता जनित नाभिरत्र बन्धुर्मे माता महती महीयाम्। उत्तान योश्चम्बो योनिरंतरत्रा पिता दुहिता गर्भमाधात्।।"– ऋग्वेद, 1/22/164–33
86. "प्रजापति वै स्वां दुहित रमभ्यध्याय दिवमित्यन्य आहुः, उष समित्यन्ये, तामृश्यों भूत्वा रोहितं भूतामम्यैत, तं देवा अपश्यन्।" – ऐतरेण ब्राह्मणम, 13/9/3/3
87. "कलत्रं वैधात्रं कति कति भजन्ते न कवयः। श्रियो देव्याः को वा न भवति पतिः कैरपिधनैः।
महादेवं दित्वा तव सति सती नामचरमे। कुचाभ्यामासंङ्ग कुरबक तरोरप्य सुलभः।– सौंदर्यलहरी, 96
88. "तें जाति सम्भेदभया सकाहि भगिनहि सद्धिं संवासं कप्पेन्ती ति। अय खो ओक्काको उदानं उदानेसि– सक्या वत् भो, कुमारा! परमसक्या, वत भो कुमारां ति। तदग्गे खो पन, अम्बष्ठ सक्या पञ्ञायन्तिः सो च नेसं पुब्बपुरिसो।– दीघनिकाय, 1/80–81
89. Vedic index, 1, 475
90. मनुस्मृति, 2/215, महाभारत, वनपर्व (द्रौपदी–सत्यभामा मिलन प्रसंग), रामचरितमानस, अरण्यकाण्ड, 16/3
91. "लाल रट्ठे पुरे तस्मिं सीहबाहु नराधिपो।
रज्जं कारेसि कत्वान महेसि सीह सींवलि।"– महावंसो, 6/36
92. बाइबिल, पुराना नियम, उत्पत्ति, 19/30–38
93. महावंश, 33/33–36
94. Buddhist India, p.2
95. महावंश, 7/67
96. महावंश, 6/20
97. वही, 9/15–27
98. वही, 10/37–40
99. जातक, 3, पृ. 18
100. ऋग्वेद, 10/40/2, निरूक्त, 3/15, धर्मशास्त्र का इतिहास, 1, पृ. 34
101. "देवराद्धा सपिण्डान्द्धा स्त्रिण सम्यड. नियुक्तया। प्रजेरिसताधि गन्तव्या सन्तानस्य परिक्षये। द्वितीय मेके प्रजनं मन्यते स्त्रीषु तद्धिदः। अनिर्वृतः नियोगार्थं पश्यन्तो धर्मतस्तयोः। यवीयाऽन्येष्ठभार्यायां पुत्र मुत्याऽये द्यपि। समस्तत्र विभागः स्यादिति धर्मो व्यवस्थितः। हरेत्तत्रं नियुक्तायां जातः पुत्रो यथौरस। श्रोत्रिकस्य तु तद्वीजं धर्मतः प्रसवश्च सः।। – मनुस्मृति, 9/59, 61, 145, 120
"अपतिरपत्यलिप्सु र्देवरातः। गुरू प्रसूता नर्तुमतीयात्। पिण्ड गोत्रार्षि सम्बन्धेभ्यो योनि मात्राद्धा। ना देवरादित्येके। नाति द्वितीयम्। – गौतम, 18/4–8, 18/11
"कन्यायां दत्त शुल्कायां म्रियेत यदि शुल्कदः। देवराय प्रदातव्या यदि कन्याऽनुमन्यते।।" – मनुस्मृति 9/97
102. स महीम खिलां भुन्जन्राजर्षि प्रवरः पुरा। वर्णानां संकरं चक्रे कामोपहलचेतनः।" – मनु. 9/67
103. महाभारत, आदिपर्व (धृतराष्ट्र व पाण्डु उत्पत्ति प्रसंग)।

104. महाभारत, रामोपाख्यायन पर्व, (वन पर्व) 280/39, रामायण, किष्किन्धाकाण्ड 46/9
"हते वालिनि सुग्रीवः किष्किन्धां प्रत्यपद्यत्। तां च तारापति मुखीं तारां निपति तेश्वराम्।"
105. "रहति न प्रभु चित चूक किए की। करत सुरति सय वार हिए की।।
जेहि अद्य बधेऊ ब्याध जिमि बाली। फिरि सुकंठ सोइ कीन्ह कुचाली।।
सोई करतूति विभीषण केरी। सपनेहु सो न राम हिंय हेरी।
ते भरतहिं भेंटत सनमाने। राजसभा रघुवीर बखाने।।"– रामचरितमानस, बालकाण्ड, 28 (ब) / 3–4
106. "तमुवाच ततस्तत्र क्षुभिता जनकात्मजा। सौमित्रे मित्ररूपेण भ्रातुस्त्वमसि शत्रुवत। यस्त्वमस्यामवस्थायां भ्रातरं नाभि पद्यसे। इच्छसित्वं विनश्यन्तं रामं लक्ष्मण मत्कृते।। लोभात्तु भत्कृते नूनं नानुगच्छसि राघवम्। व्यसनं ते प्रियं मन्ये स्नेहो भ्रातरि नास्ति ते।।" – रामायणे, अरण्यकाण्डे, 45/5–7
"अहं तव प्रियं मन्ये व्यसनं महत्। रामस्यं व्यसनं द्रष्ट्वातैनेतानि प्रभाषसे। नैन चित्रं सपत्नेषु पापं लक्ष्मण यद् भवेत्। त्वदविधेषु नृशंसेषु नित्यं प्रच्छन्नचारिषु। सुदुष्टस्त्वं वने राममेकमेकोऽनुगच्छसि। मम हेतोः प्रतिच्छन्नः प्रयुक्तो भरतेन वा। तन्न सिध्यति सौमित्रे तवापि भरतस्य ना। कथमिन्दी वदश्यामं रामं पद्यनिभेक्षणाम्।। उपसंश्रत्य भर्तारं कामयेयं पृथग्जनम्। समक्षं तव सौमित्रे प्राणांस्त्यक्ष्याभ्य संशयम्। रामं विना क्षणमपि नैवजीवामि भूतले। भावो मयि तवात्यर्थ पाप एव निवेशितः। विनष्टे भ्रातरि प्राप्तुं न च त्वं मामवाप्स्य से। संकेताद् भरतेन त्वं रामं समनुगच्छसि। क्रोशन्तं हि यथात्यर्थं नैनमभ्यवपद्य से।। रिपुः प्रच्छन्न चारीत्वं मदर्भमनुगच्छसि राघवस्यान्तरं। प्रेप्सुस्त थैनं नाभिपद्यसे।" – रमयणे, अरण्यकाण्डे, 45/22–26, 59/17–19
107. "अन्येभ्योऽपि त्वया रक्ष्या प्राप्नुयां घर्षणं यदि। तद्वर्भतः स्नुषा तेऽहंतत्वमेतद् ब्रवीमिते।। सूतस्य यदि मे भार्या ततस्त्वं द्वि स्नुषा भवेः। बाढभित्येव स रम्भाप्राह रावण मुत्तरम्। धर्मतस्ते सूत स्याहं भर्या राक्षसपुङ्गव। पुत्रः प्रियतरः प्राणैर्भातुर्वैश्रवणस्यते। तमुदिश्य तु मे सर्व विभूषणमिदं कृतम्। यथातस्य हि नान्यस्य भावो मांप्रति निष्ठति। तेन सत्येनम मां राजन् मोक्तुमहंस्यरिदम। स हि तिष्ठति धर्मात्मा मां प्रतीक्ष्य समुत्सुकः। स्नुषास्मि यदवोच स्त्वमेक पत्नीषयं क्रमः। देवलोक स्थितिरियं सुराणां शाश्वतीमता।। पतिरप्सरसां नास्ति न चैकस्त्री परिग्रहः। एवमुक्त्वा स तां रक्षो निवेश्च च शिलातले। कामभोगाभि संरक्तो मैथुना योपचक्रमे।।" – वा. रामायणे, उत्तरकाण्डे, 26/29–40
108. "यस्मात् तु घर्षिता चाहं त्वया पापात्मना वने। तस्मात् तव वधार्थंहि समुत्पत्स्ये ह्यहं पुनः।।"– रामायणे, उत्तरकाण्डे, 18/31
109. "तदद्य व्याहृतं भद्रे ममैयत् कृत बुद्धि ना। लक्ष्मणे वाथ भरते कुरू बुद्धिं यथा सुखम्।।" – रामायणे, युद्ध काण्डे, 115/22
110. "पक्खंदेज लियंजोइ घूमकेअं दूरासयं। नेच्छन्ति वेतयं भोत्तुं कुते जाया अगंधणे। धिरत्थु तेजसो कामी। जोतं जीविय कारणा वन्तं इच्छासि आवेडं सेयं ते मरणं भवे।"– उत्तराध्ययन, 22/42–43
111. बाइबिल, पुराना नियम, उत्पत्ति, 38/8
112. डॉ.विमलचंद्र पाण्डेय, प्राचीन भारत का इतिहास, भाग–2, पृ.65 से 77 तक।
113. महावंश, 63/42–51, पृ. 181
114. वही, 53/59–70, पृ. 174–175
115. "करौ जाइ सोइ जतन बिचारी। जेहि प्रकार मोहि बरै कुमारी।
जप तप कछु न होय तेहि काला। हे बिधि मिलहिं कवन बिधि बाला।– रामचरितमानस, बालकाण्ड, 130/4
116. "जिनके रही भावना जैसी। प्रभु मूरति तिन्ह देखी तैसी।
एहि विधि रहा जाहि जस भाऊ। तेहि तस देखेउ कोसल राउ।।–
रामचरितमानस, बालकाण्ड 240/2, 241/4
117. बाइबिल, नयानियम, मत्ती., 5/28–30

118. ''त्वं तु शक्र तदा नारीं जानीषे मनसा प्रभो। स्थानाधिकताया पत्नी, ममैषेति पुरंदर।। सतया सह धर्मात्मा रमते स्म महामुनिः। आसन्नि राशा देवास्तु गौतमे दत्तया तया। सा त्वया घर्षिता शक्र कामार्तेन समन्युना। दुष्टस्त्वं स तदा तेन आश्रमे परमर्षिणा। धयं तु भावो दुर्बुद्धे यस्त्वयेह प्रवर्तितः। मानुषेष्वपि लोकेषु भविष्यति न संशयः। तत्रार्धे तस्य मः कर्ता स्वरायर्धे नियतिष्यति। न च ते स्थावरं स्थानं भविष्यति न संशयः।। तां तु भार्या निर्भत्स्र्य सोऽब्रवीत सुमहातयाः। दुर्विनीते विनिध्वंस ममाश्रमसमीपतः।। रूप यौवन सम्पन्ना। यस्मात् त्वमनवस्थिताः। तस्माद रूपवती लोके न त्वमेका भविष्यति।। दता प्रभृति भूमिष्ठं प्रजा रूप समन्विता। सा तं प्रसाद यामास महर्षि गौतमं तदा। अज्ञानाद घर्षिता विप्र त्वद रूपेण दिवौकसा। न काम काराद विप्रषै प्रसादं कर्तु मर्हषि। तस्यातिथ्यं च कृत्वा वै मत्समीपं में गमिष्यसि। वत्स्यसि त्वं मया सार्धं तदा हि वरवर्णिनि।। एव मुक्त्वा स विप्रर्षिराज गाम स्व माश्रमम्। तपश्वचार सुमहत् सा पत्नी ब्रह्मवादिनिः।'' – रामायणे, उत्तरकाण्डे 30/25–45
119. बुद्धचरितम्, 4/16–80, शिवपुराण, कोटिरूद्रसंहिता, अ. 14, उमा संहिता, अ. 4
120. प्रतीक शास्त्र (परिपूर्णानंद वर्मा), पृ. 189
121. वही, पृ. 229
122. वही, पृ. 248
    कटनर की पुस्तक, पृ. 154
123. भारतीय कला का इतिहास (भगवतशरण उपाध्याय) परिशिष्ट, पृ. 161–163
124. मेघदूतम, 11/36
125. पद्मपुराण, सृष्टिखण्ड, 52/97, भविष्यपुराण, 1/93, 67
126. वाट्र्स, 2, पृ. 254
127. विक्रमांकदेवचरित, 31/7/21
128. साचौ, जिल्द 1, पृ. 116
129. स्ट्रगल फॉर एम्पायर, पृ. 495
130. खजुराहो, (विद्या प्रकाश) पृ. 68, पाद टिप्पणी 3
131. राजतरंगिणी, 7 (स्टाइन का अनुवाद, लाहौर, 1892)
132. वही, 8/708
133. वही, 4/36
134. वही, 7/858
135. छत्तीसगढ़ की लोक संस्कृति एवं समाज वैशिष्ट्य, (डॉ. चैन सिंह नागवंशी), पृ.24 एवं छत्तीसगढ़ के हीनयानी बौद्ध स्तूप एवं क्षेत्रीय पर्यटन स्थल (डॉ. चैन सिंह नागवंशी, संपा. –डॉ. मंगलानंद झा), पृ.25
136. प्राचीन भारत में नारी, पृ 121–122
137. ''उत्सृष्ट मामिसं भूमौ प्रार्थयन्ति यथा खगाः। प्रार्थयन्ति जनाः सर्वे वीरहीनां तथा स्त्रियम्।'' – महाभारत, आदिपर्व, 146/12
138. ''........बेसातिय राजउय्याने अम्बरूक्खमूले ओपपांतिका हुत्वा निब्बत्ति.... अथं न अभिरूपं... दिस्वा सम्बहुला राजकुमारा अत्तनो परिग्गहं कातुकामा अञ्ञ मञ्ञं कलहं अकंसु। तेसं कलहवूपसमत्थं तस्सा कम्मसंचोदिता बोहारिका सब्बेसं होतु ति गणिका ठाने ठापेसुं।'' – परमत्थदीपिनी (थेरी की अट्ठकथा) पृ. 207
139. ''अथ खो राजगह को नेगमो वेसालिं अगमासि केनचिदेव करणीयेन। अद्दसा खो..... अम्बपालिं च गणिकं अभिरूपं....। अथ खो नेगमो.... बिम्बिसारं एतदवोच.... साधु, देव, मयं पि गणिकं बुट्ठापेय्यमा ति। तेन हि भणे तादिसिं कुमारि जानाथ यं तुम्हे गणिकं बुट्ठापेय्याथ..... नेगमो सालवतिं कुमारिं गणिकं बुट्ठापेसि।'' – महावग्ग, पृ. 286
    ''सालवती नाम कुमारी अभिरूपा होति..... नेगमो सालवतिं कुमारिं गणिकं बुट्ठापेसि।'' – महावग्ग, पृ. 286

140. "से णं तत्थ...... अणङ्गसेणां पामोक्खाणं..... अणेगाणं गणियासहस्सीणं आहेवच्चं जाव विहरइ।" – अन्तगडदासाओ, 1/1/7
141. "परिगृह्य च तां दीनां कृष्णाम जिन संस्तरे। पार्थ विश्राम यामा सुर्लब्ध संज्ञां तपस्विनीम्।। तस्या यमौ रक्ततलौ पादौ पूजित लक्षणौ। कराभ्यां किण जाताभ्यां शनकैः संववाहतु।।" – महाभारत, वनपर्व, 144/20
142. "इयंहि नः प्रिया भार्या प्राणेभ्योऽपि गरीयसी। मातेव परिपाल्या व च पूज्या ज्येष्ठेन च स्वसा।।"– महाभारत, विराट पर्व, 3/14
143. "यदा यदा च कौसल्या दासीव च सखीव च। भार्यावद भगिनी वच्च मातृवच्चो पतिष्ठति।। सततं प्रियकामां मे प्रियपुत्रा प्रियवदां। न मया सत्कृता देवी सत्कारार्हा कृते तव।।– रामायणे, अयोध्याकाण्डे, 12/68–69
144. "धनंजय समुद्यम्य पांचालीं वह भारत। राजधान्यां निवत्स्यामों विमुक्ताश्च वनादितः। तामा दायार्जुन स्तूर्ण द्रौपदी गजराडिव। सम्प्रात्य नगराभ्याशमवतार यदर्जुनः।।"– महाभारत, विराट पर्व 5/7–8
145. "न च भार्या समं किं चिद विद्यते भिषजां मतम्। औषधं सर्व दुःखेषु सत्यमेतद् ब्रवीमि ते।"– महाभारत, वनपर्व, 61/29
146. "या चिध दिस्वान पति पमोदिता। सखी सखाएं व चिरस्स आगतं कोलेय्य का सीलवतीं पतिब्बता। या एवरूपा पुरिसस्स भरिया। सखी च भरियाति च सा पवुच्चति।'– जातक, 3/269 (सुजाता जातक) साथ ही देखिए– अंगुत्तर निकाय, 3/225
147. "यथापि जेट्ठा भगिनी कनिष्ठा। सगारवा होति सकम्हि सामिके। हिरी मना भत्तुवसानु वत्तिनी। या एवरूपा पुरिसस्स भारिया। भगिणी च भरियाति च सा पव्वुच्चति।"– जातक, 3/269, अंगत्तर निकाय, 3/224

"या सब्बदा होति हितानुकम्पिनी। माता व पुत्तं अनुरक्खते पतिं। ततो धनं सम्मत मस्स रक्खति। या एवरूपा पुरिसस्स भरिया। माता व भरिया ति च सा पवुच्चति।"– जातक, 3/269 (सुजाता जातक) साथ ही देखिए– अंगुत्तर निकाय, 3/224
147. "पति भार्या संप्रविश्य गर्भो भूत्वेह जायते। जायया स्ताई जायात्वं यदस्यां जायते पुनः।।"– मनुस्मृति, 9/8

"पति जार्यां प्रविंशति गर्भो भूत्वां स मातरम्। तस्यां पुनर्नवो भूत्वा दशमें मासि जायते।।"– ऐतरेय ब्राह्मणम् 33/1/7/3/1, पृ. 1144

"भार्या पतिः संप्रविश्य स यस्माज्जायते पुनः। जायाया इति जायात्वं पुराणाः कवयो विदुः।।"– महाभारत, आदिपर्व, 68/36

"आत्मा हि जायते तस्यां तस्माज्जाया भवात्युत। भर्ता च भार्यया रक्ष्यः कथं जायान्म मोदरे।।"– महाभारत, वनपर्व, 12/70

देवाश्चैता मृषयश्च, तेजः समभरन महत। देव मनुष्यान ब्रुवन्नेष वो जननी पुनः।।– ऐतरेय ब्राह्मणम्, 33/1/7/3/1, पृ. 1144
148. "तज्जाया जाया भवति यदस्यां जायते पुनः। आमू तिरेषा भूतिर्बीजमेतन्नि धीयते।।"– ऐतरेय ब्राह्मणम् 33/1/7/3/1
149. "पितृभि र्भ्रातृभिश्चैताः पतिर्भिर्देवरैस्तया। पूज्या भूषयित व्याश्च बहुकल्याण मीप्सुभिः।।"– मनुस्मृति, 3/55
150. जाययोऽप्सरसां लोके वैश्वदेवस्य बान्धवाः। सम्बन्धिनो ह्यपां लोके पृथिभ्यां मातृ मातु लौ।।– मनु स्मृति, 4/183
151. "सुवासिनीः कुमारीश्च रोगिणो गर्भिणीः स्त्रियः। अतिथिभ्योऽग्र एवैतान्भोज येऽविचारयन्।। – मनुस्मृति, 3/114
152. "यत्र नार्यस्तु पूज्यन्ते रमन्ते तत्र देवताः। यत्रैतास्तु न पूज्यन्ते सर्वास्तत्राफलाः क्रियाः।।" – मनुस्मृति, 3/56
153. श्पेचन्ति जामयो यत्र विनश्यत्याशु तत्कुलम्। शोचन्ति तु यत्रैचावर्धते तद्धि सर्वदा।।"– मनुस्मृति 3/57
154. "जामयो यानि गेहानि शयन्त्यप्रतिपूजिताः। तानि कृत्याहृतानीव विनश्यन्ति समन्ततः।"– मनुस्मृति 3/58

155. "संतुष्टो भार्याया भर्ता भर्त्रा भार्या तथैव च। यस्मिन्नेव कुले नित्यं कल्याणं तत्र वै ध्रुवम।'– मनुस्मृति 3/60
156. "प्रजनार्थं महाभागाः पूजार्हा गृहदीप्तयः। स्त्रियः श्रियश्च गेहेषु न विशेषोऽस्ति। – मनुस्मृति 9/26
157. "एतावानेव पुरूषो यज्जायाऽऽत्मा प्रजेति ह। विप्राः प्राहुस्तथा चैतद्यो भर्ता सा स्मृताङ्गना।'– मनु, 9/45
158. "नं माता न पिता न स्त्री न पुत्रस्त्याग मर्हति। त्यजन्न पतिता नेतान् राजा दण्डयः शतानि शट्।'
– मनु, 8/389
159. रामायणे, उत्तरकाण्डे, सर्ग 45 से 49 तक
160. समरथ कहुं नहिं दोष गुसाई......।' रामचरितमानस, बालकाण्ड, 68/4
161. "पुरूष त्यागि सक नारिहिं जो विरक्त मति धीर। न तु कामी विषयावस विमुख जो पद रघुवीर।।"
– रामचरितमानस, उत्तरकाण्ड, 115 (क)
162. "वैवाहिको विधिः स्त्रीणां संस्कारों वैदिकः स्मृतिः। पति सेवा गुर्रौवासो गृहार्थोऽविन परिक्रिया।'
– मनुस्मृति, 2/67, याज्ञवल्क्य, 1/13
163. "अहं पि पब्बजिस्सामि भातु सोकेन अट्ठिता।'– थेरी गाथा, 12/4/329
"अस्सोसि खो सा इत्थी– "सामिको किर मं धातेतु कामो" ति।
वरभण्डं आदाय..... पब्बज्जं याचि।"– पाचित्तिय, पृ. 301
"....... अहं तेयलिपुत्तस्स.... ञणिट्ठ....। तं सेपं खलु ममं.... पव्वइत्तए।"– नायाधम्मकहाओ, 1/14/105
"..... नो चेव णं अहं दारगं वा दारियं वा पयायामि तं सेयं पव्वइत्तए।"– निरयावलियाओ, 3/4/116
164. प्राचीन भारत में नारी, (डॉ. उर्मिला प्रकाश मिश्र), पृ. 70, 76, 77
165. रामायणे, उत्तरकाण्डे, 95/4–13, 96/11–24
166. वही, 75/14–18, 76/2–5
167. मनुस्मृति, 1/93–101, 2/135
168. वही, 9/313–319, 10/3
169. "सापत ताड़त परूष कहंता। विप्र पूज्य अस गावहिं संता।।
पूजिय विप्र सील गुन हीना। सूद्र न गुन गन ग्यान प्रवीना।।– रामचरितमानस, अरण्यकाण्ड 33/1
170. "यं तं इसीहि पत्तब्बं ठानं दुरभि सम्मवं। न तं द्धङ्गुलपञ्ञायसक्का पप्पोतुमित्थिया।।" संयुक्त निकाय, 1/129
171. शतपथ ब्राह्मणम्।, 1/9/2/12, 10/5/2/9
172. स्कंदपुराण, ब्रह्मधर्मारण्य, अध्याय–7
173. प्राचीन भारत में नारी (डॉ.उर्मिला प्रकाश मिश्र) पृ. 74
174. मेद्यातिथि, मनु. 9/1
175. कथासरित्सागर, भाग 1, 3/3/98
176. हिन्दु परिवार मीमांसा, पृ. 124
177. महाभारत, 12/144/20
178. मनुस्मृति, 8/361, याज्ञवल्क्य, 2/285
179. याज्ञवल्क्य स्मृति, 1/77
180. मनु, 5/148–156
181. वृद्ध, रोगबस जड़ धन हीना। अंध बधिर क्रोधी अति दीना।
ऐसे हुं पतिकर किए अपमाना। नारि पाव जमपुर दुख नाना।
एकहि धर्म एक व्रत नेमा। काय बचन मन पति पद प्रेमा। –रामचरितमानस, अरण्यकाण्ड 4/4, 4/5
182. मनुस्मृति, 5/154–155

183. प्राचीन भारत में नारी (डॉ. उर्मिला प्रकाश मिश्र), पृ.17
184. ''न चाप्य धर्मः कल्याण बहुपत्नीकता नृणाम। स्त्रीणाम् धर्म सुमहान्भर्तुः पूर्वस्य लङ्घने।।'– महाभारत, आदिपर्व 146/34, History of Dharma Shastra, Part 2, Page 552, जातक 5, पृ. 178
185. याज्ञवल्क्य, मिताक्षरा, 1/87, अपरार्क, पृ. 107, मदन पारिजात पृ. 195, स्मृति चन्द्रिका, व्यवहार, पृ. 249–250, विवाद रत्नाकर, पृ. 430
186. उत यत्पतयो दश स्त्रियाः पूर्वे अब्राह्मणाः। ब्रह्मा चेद्धस्तम ग्रहीत्व एव पतिरेकधा। ब्राह्मण एव पतिर्न राजन्यो न वैश्यः तत्सूर्यः प्रब्रुवन्नेति पञ्चभ्यो मानवेभ्यः।' – अथर्ववेद, 5/17/8–9
187. ''उत्तमाङ्गोद्भवाज्जयैष्ठयाद् ब्राह्मणश्चैव धारणात्। सर्वस्यैवास्य सर्गस्य धर्मतो ब्राह्मणः प्रभुः। – मनु, 1/93
188. ''स्वमेव ब्राह्मणो मुङ्क्ते स्वं वस्ते स्वं ददाति चं। आनृशंस्याद ब्राह्मणस्य भुन्जते हीतरे जनाः।। – मनु. 1/101
189. ''सर्वं स्वं ब्राह्मणस्येव यल्किंचिज्ज यतीगतम्। श्रेष्ठयंनाभिजने नेद्धं सर्वे वै ब्राह्मणोऽर्हति।।'' – मनु, 1/100
190. ''मौण्डयं प्राणान्ति को दण्डो ब्राह्मणस्य विधीयते। इतरेषां तु वर्णनां दण्डः प्राणान्ति को भवेत।।'' – मनु, 8/379
191. '' न जातुं ब्राह्मणं हन्यात्सर्वा पापेष्वपि स्थितम। राष्ट्रादेनं बह्टिः कुर्यात्समग्र धन मक्षतम्। – मनु, 8/380
192. ''न ब्राह्मणवधाद् भूयान धर्मो विद्यते भूवि। तस्मादस्य वधं राजा मन साऽपि न चिन्तयेत्। – मनु, 8/381
193. ''परामप्यापदं प्राप्तो ब्राह्मणान्न प्रकोपयेत। तेह्येनं कुपिता हन्युः सद्यः सबल ब्राह्मणम्। – मनु, 9/313
194. ''एवं यद्यप्प निष्टेषु वर्तन्ते सर्वकर्मसु। सर्वथा ब्राह्मणाः पूज्याः परं दैवतं हि तत्।– मनु, 9/319
195. ''......... जिमि द्विज द्रोह किए कुल नासा।''– रामचरितमानस, किष्किन्धा काण्ड, 16/4
196. ''तस्यां पूर्यां तदा चैव माहिष्मत्यां कुरूद्वह। ब्रभूवुरन भिग्राह्या योषितश्छन्दतः किल।। एव मग्निर्वरं प्रादात्स्त्रीणाम् प्रतिवारणे। स्वैरिण्यस्तत्र नार्यो हि यथेष्टं प्रचरन्त्युत।।''– महाभारत सभापर्व, 27/23–24
197. ''पराश्रया वासुदेव या जीवामि धिगस्तु माम। वृतेः कृपण लब्धाया अप्रतिष्ठैव ज्यायसी।।''– महाभारत, उद्योगपर्व, 88/93
198. ''अजाश्वं मुखतो मेध्यं गावो मेध्याश्च पृष्ठतः। ब्राह्मणः पादतो मेध्या स्त्रियोः मेध्याश्च सर्वतः।'' – मनु, (क्षेपक), 5/17
199. ''क्षेत्रभूता स्मृता नरी बीज भूतः स्मृतः पुमान। क्षेत्र बीज समायोगत्सम्भवः सर्व देहिनाम्। – मनु, 9/33
200. वही, 9/36
201. ''भर्तुः पुत्र विजानन्ति श्रुति द्वैधं तु भर्तरि। आहुरूत्पादकं के चिद परे क्षेत्रियं विदुः। – मनुस्मृति, 9/32
202. ''यथा गोऽश्वोष्ट्रदासीषु महिष्य जाविकासु च। नोत्पादकः प्रजाभागी तथैवान्याङ्गनास्वपि।।'' – मनु, 9/48
203. ''येऽक्षेत्रिणो बीजवन्तः पर क्षेत्र प्रवापिणः। ते वै सस्यस्य जातस्य न लभन्ते फलं कविचत्। – मनु, 9/49
204. ''यदन्यगोषु वृषभो वत्सानां जनयेच्छतम्। गोमिनामेव ते वत्सा मोघं स्कन्दित मार्षभम्। – मनु 9/50
205. ''तथै वा क्षेत्रिणो बीजं परक्षेत्र प्रबापिणः। कुर्वन्ति क्षेत्रिया मर्थं न बीजी लभते फलम्। – मनु., 9/51
206. ''फलं त्व नभिः संधाय क्षेत्रिणां बीजिनां तथा। प्रत्यक्षं क्षेत्रिणामर्थो बीजाद्योनिर्गरीयसी।'' – मनु, 9/52
207. ''क्रियाऽम्युपगमात्वेत द्विजार्थ यत्प्रदीयते। तस्येह भागिनौ दृष्टौ बीजी क्षेत्रिक एव च।।'' – मनु, 9/53
208. ''ओद्य वात हृतं बीजं यस्य क्षेत्रे प्ररोहति। क्षेत्रि कस्यैव तद्दबीजं न वप्ता लभते फलम्।'' – मनु, 9/54
209. मनु, 9/43
210. मनु, 9/44
211. ''एतावानेव पुरूषो यज्जायाऽऽत्या प्रजेति ह। विप्राः प्राहुस्तथा चैतद्यो भर्ता सा स्मृताङ्गना।– मनु, 9/45
212. वही, 9/46
213. ''पुन्ना भ्रो नरकाद् यस्मात् पितरं जायते सुतः। तस्मात् पुत्र इति प्रोक्तः पितृन यः पाति सर्वतः।''– रामायणे, अयोध्याकाण्डे, 107/12

214. शतपथ ब्राह्मणम्, 5/3/6/10
215. ''एष पन्था उरू गायः सुशेवो, यं पुत्रिण आक्रमन्ते विशोकाः। तं पश्चन्ति पशवो वणांसि च, तस्माते मात्राऽपि मिथुनि भवन्ति।।'' – ऐतरेय ब्राह्मणम्, 33/1/7/3/1
216. जातक, 3/251 (संकप्प जातक)
217. ''वृषभानपि जानामि राजन् पूजित लक्षणान्। येषां मूत्रमुपाघ्राय अपि बन्ध्यां प्रसूतयते। – महाभारत, विराटपर्व, 3/11
218. ''ऋषभांश्चापि जानामि राजन् पूजित लक्षणाम्। येषां मूत्रमुपाघ्राय अपि बन्ध्यां प्रसूतयते।''– वही, 10/14
219. ''विधवात्विन्द्रिय दौर्बल्यादातुरा भोगिनं गुणं सम्पन्नं विन्दते। सौख्यार्थिनी किलान्य विन्देत।''– कामसूत्रम, 4/2
220. ''न तु खलु कुलीने विद्यमाने परगामिनी स्थात्।'' – वशिष्ठ धर्मसूत्र, 17/67
221. वेसन्तर जातक, 6/4945
222. ''नष्टे मृते प्रब्रजिते क्लीवे च पतिते पतौ। पन्चस्वात्सु नारीणां परिरन्यों विधीयते।''– पराशर स्मृति, 4/24
223. महाभारत, आदिपर्व, 95/103, 105, अनुसूया पर्व, 44/52–53
224. बौधायन धर्मसूत्रम्, 2/2/66–68
"The remarriage of a widow was apparently premmitted...... the marriage of the widow to the brother or other nearest kinsman of the dead man in order to produce children.'- Vedic Index, 1. 476-477
''संस्थितस्या न पत्यस्य सगोत्रात्पुत्रमाहरेत्। तत्र यदिक्थ जातं स्यात्तस्मिन्प्रति पादयते।' – मनु, 9/190
225. ''...... होति वा पुरिसाधिटपाओ, कस्स वो दम्मीति ? एवं वुत्ते.... जेट्ठा प्रजापति मं एतदवोच– इत्थन्नामस्स मं अय्यपुत्त, पुरिसस्स देही– अंगुत्तर निकाय, 3/316
226. थेरी गाथा, 15/1/408, 422, 424
227. नायाधम्मकहाओ, 1/16/117
228. ''स्त्रियः पवित्र मतुलं नैता दुष्यन्ति कहिं चित्। मासि मासि रजो ह्यासां दुरितान्यपकर्षति।''– बौधायन ध र्मसूत्रम्, 2/2/4/4
229. ''हिन्दु सामाजिक संस्थाएँ, पृ. 190
230. ''सोमश्शौचं ददत्तासां गन्धर्वश्शिक्षितां गिरम्। अग्निश्च सर्वभक्ष्यत्वं तस्मांन्निष्कल्मषाः स्त्रियः।।'' – बौधायन धर्मसूत्रम, 2/2/4/5
231. ''अजाश्वं मुखतो मेध्य। गावो मेध्याश्च पृष्ठतः। ब्राह्मणः पादतो मेध्याः स्त्रियोः मेध्याश्च सर्वतः।'' – मनु, (क्षेपक), 5/17
232. मनु, 9/27
233. ''अनावृताः किलपुरा स्त्रिय आसन्न रानने। कामचार विहारिण्यः स्वतंत्राश्च्या रूलोचने। तांसां व्युच्चरमाणानां कौमारात्सुभगे पतीन्। ना धर्मोऽभूद्वरारोहे स हि धर्मः पुराभवत्।।'' – महाभारत, आदिपर्व, 113/4–5,, पृ. 614
234. ''ब्राह्मणः सम्भवेनैव देवाना मपि दैवतम्। प्रमाणं चैव लोकस्य ब्रह्मात्रैव हि कारणम्।।''– मनु, 11/84
235. ''श्वेतकेतोः किलपुरा समक्षं मातरः पितृःजग्राह ब्राह्मणः पाणौं गच्छाव इति चाब्रवीत्। कुद्धं तं तु पिता दृष्ट्वा श्वेतकेतु मुवाच ह। मा तात कोपं कार्षीस्त्वमेष धर्मः सनातनः। अनावृताः हि सर्वेषां वर्णां नामऽङ्ना भु वि। यथा गावः स्थितास्तात स्वें स्वें वर्णे तथा प्रजाः। ऋषि पुत्रोऽथ तं धर्मः श्वेतकेतु न चक्षमे। चकार चैव मर्यादा मि मां स्त्री पुसंयोर्भवि। मातृषेषु महाभागे न त्वेवान्येषु जन्तुषु। तदा प्रभृति मर्यादा स्थितेयमिति नः श्रुतम्।।''– महाभारत, आदिपर्व, 133/11–16, पृ. 615–16
236. ''पिपन्ति वे महाराज! सपदानि महानदिं। न तेन अनदी होति....।''– जातक, 2/195, पब्बतूपत्थर जातक।
237. जातक, 2/232– वीणथूण जातक

238. उत्तराध्ययन सूत्रः एक परिशीलन, पृ. 412
239. "तओ तेणऽज्जिए दत्वे दारे य परिक्खिए। कीलंतिन्ने नरा दायं हट्ठतुट्ठमंल किया।"– उत्तराध्ययन, 18/16
240. "ऋतुं वै याचमानया न ददाति पुमान्वृतः। भ्रूणहेत्युच्यते ब्रह्मन्स इह ब्रह्मवादिभिः।।"– महाभारत, आदिपर्व 78/32, पृ. 441
241. "अभिकामां स्त्रियं यस्तु गम्यां रहसि याचितः। नोपैति स च धर्मेषु भ्रूणहेत्युच्यते बुधैः।– महाभारत, आदिपर्व, 78/33, पृ. 441
242. "समावेतौ मतौ राजन्यतिः सख्याश्च यः पतिः। समं विवाह मित्योहुः संख्या मेऽसि पतिर्वृतः।।"– महाभारत, आदिपर्व, 77/19 पृ. 434
243. "यदा त्वया वृतो राजा वृत एव तदा मया। सखी भर्ता हि धर्मेण भर्ता भवति शोभने।– महाभारत, आदिपर्व, 78/20 पृ. 439
244. "उवाच ममता तं तु देवर वदतां वरम्। अन्तर्वत्नी अहं भ्राता ज्येष्ठै नारम्यतामिति।।" एव मुक्तस्तया सम्यंग्वृहत्तेजा वृहस्पतिः। कामात्मानं तदात्मानं न शशाक नियच्छितुम। संबभूव ततः कामीतया सार्धमकामया।" – महाभारत, आदिपर्व, 98/8, 11–12, पृ. 547–48
245. "....प्राप्य दक्षिणमुरूं मे त्वमाश्लिष्टा वराङ्गने। अपत्यानां स्नुषाणां च भीरू विद्धगेत दासनम्। सव्यतः कामिनी भागस्त्वया स च विवर्जित्। तस्मादहं नाचरिष्ये त्वयि कामं वराङ्गने।।"– महाभारत, आदिपर्व, 92/9–10, पृ. 503–04
246. उत्तरेषु च रम्भोरू कुरूष्व द्यापि वर्तते। स्त्रीणामनुग्रह करः स हि धर्मः सनातनः। अस्मिस्तु लोके न चिरान्म मर्यादेयं शुचि स्मिते।"– महाभारत, आदिपर्व 113/7–8, पृ. 615
247. "तस्यां पूर्या तरा चैव माहिष्मत्यां कुरूद्वह। बभूवुरन भिग्राह्या योषितश्छन्दतः किल। एव मग्निर्वरं प्रादात्स्त्रीणाम् प्रतिवारणे। स्वैरिण्यस्तत्र नार्यो हि यथेष्टं प्रचरन्त्युत।"– महाभारत, सभापर्व, 27/23–24, पृ. 143
248. "इप्सितश्च गुणः स्त्रीणामेकस्या बहुभर्तृता।"– महाभारत, आदिपर्व, 194/8
249. नायाधम्मकहाओ, 1/16/121–125
250. "परस्परेण भेदश्च नाधातुंतेषु शक्यते। एकस्यां ये रताः पत्न्यां न भिद्यन्ते परस्परम्।– महाभारत, आदिपर्व, 194/6
251. "श्रूयते हिं पुराणेऽषि जटिला नाम गौतमी। ऋषी नध्या सितवती सप्तधर्म भृतांबर।"– वही, 188/14
252. नवभारत, (नागपुर) रविवार दिनांक 26 फरवरी 1995, (रविवारीय) पृ. 5 गुरमती बेदी, राणा निवास, बैजनाथ (हिमाचल प्रदेश) 176125
253. वशिष्ठ धर्म., 17/15
254. " न हि ग्रभायारणः सुशेवोऽन्योदर्यो मनसा मन्त्वा उ''' – ऋग्वेद, 7/4/8
255. "अभ्रातेव पुसं एति प्रतीचो गर्तांरूगिव सनयेधनानाम्।" – ऋग्वेद, 1/124/7
256. थेरीगाथा, सं. 327
257. "पुत्राभावे यः प्रत्यासन्नः सपिण्डः। तद्भावे आचार्यः। आचार्या भावे अन्तेवासी हृत्वा धर्मकृत्येषु योजयेत्। दुहिता वां...।"– आपस्तम्ब, 2/14/2–4
258. वशिष्ठ, 15/7, गौतम, 28/21, मनु, 9/185,
259. "यथैवात्मा तथा पुत्रः पुत्रेण दुहिता समा। तस्यामात्मनि निष्ठन्त्यो कथमन्या धनं हरेत्। अमातृका समग्राह्यं चार्धा हैत्यपरे बिदुः। – महाभारत, 13/80/11, 13/66/32
260. "द्रव्यम् पुत्रस्य सौंदर्या भ्रातरः सहजीविनो वा हरेयुः कन्याश्च।।"– अर्थशास्त्र, 3/5
261. याज्ञवल्क्य, 2/135

262. ''पुत्राभावे तु दुहिता तुल्य संतानकारणात्।'' – नारद, 13/50, वृहस्पति, 15/35
263. कात्यायन, याज्ञवल्क्य, 2/135–136
264. ग्यारहवीं सदी का भारत, पृ. 155
265. जीमूतवाहन, दायभाग, 11/2/4, विज्ञानेश्वर–मिताक्षरा, याज्ञ., 2/135
266. 'अमाजूरिविपित्रोः स चाःसती समानादा सद सरस्त्वामिये भगम्। कृधि प्रकेतमुप मास्या भर दद्धि भागं तन्वायेनम भामहः।''– ऋग्वेद, 2/17/7
267. ''यदि संस्कार पर्याप्त मपि पितृ धनं नास्ति तदा पुत्रसम भागितैव दुहितृणाम्।'' – वीर मित्रोदय, पृ. 542 ''अविद्यमाने पित्रर्थे स्वांशादुद्धृत्य वा पुनः। अवश्यकार्याः संस्कारा मातृभिः पूर्व संस्कृतैः।।– नारद, 13/34
268. ''अभ्रातेव पुंसएति प्रतीची गर्तारूगिव सनये धनानाम्।।'' – ऋग्वेद 2/124/7
269. ऋग्वेद, 9/118
270. मनु, 9/118
271. वही, 9/139
272. ''हत्थी गवस्सं मणिकुण्डलं च, फीतञ्चिमं गह विभवं पहाय। पिता पब्बजितो तुय्हं.....।''– थेरीगाथा, 13/4/328
273. थेरी अपदान, 3/6/231
274. ''तत्थणं बारवई ए शावच्चा नामं गाहावइणी परिवसइ अट्ढा जाव अपरिभूया।'' – नायाधम्मकहाओ, 1/5/58
275. ''....... पिता हरेद पुत्रस्य रिक्थं भ्रातर एव च।''– मनु, 9/185
276. वही, 9/127
277. निरूक्त, 3/5, ऋग्वेद 1/24/7 (यास्क की व्याख्या)
278. ''अतो यन्मेधातिर्थिना पत्नीनां मंश भागित्वं निषिद्ध मुक्तं तत्संबद्धम। पत्नीनामंस भागित्वं बृहस्पत्या दिसं मतम्। मेघातिथि निराकुर्वन्न प्रीणाति सतां मनः।।– मेघातिथि, मनु. 9/187 (भाष्य)
279. ''द्रव्यमपुत्रस्य सोदर्या भ्रातरः सहजीविनो वा हरेयुः कन्याश्च। रिक्थं पुत्रवतः पुत्रा दुहितरो वा।... अदादायकं राज्य हरेन स्त्रीवृत्ति प्रेतकायवजम्।– अर्थशास्त्र 3/5
280. ''पत्नी दुहितरश्चैव पितरौ भ्रातरस्तथा। तत्सुता गोत्रजा बंधु शिष्य सब्रह्मचारिणः।। एषाम भावे पूर्वस्य धनभा गुप्तरोन्तरः। स्वर्या तस्य सपुत्रस्य सर्ववर्णोव्रयं विधिः।'' – विष्णु पुराण, 2/135–136
281. अन्यत्र ब्रह्मणात्किन्तु राजा धर्मपरायणाः। तरस्त्रीणां जीवनं दद्यादेषु धर्म सनातनः।'' – नारद. 13/52
282. ''अपुत्रा शयनं भर्तुः पालयन्ती पतिव्रता। पत्न्येव दद्यान्तत्पिण्ड कृत्स्नमशं हरेच्च च।''– दायभाग, खण्ड 13, मिताक्षरा, याज्ञ. 2/136
283. ''आत्माहि दारा सर्वेषां दार संग्रहवर्तिनाम्। आत्मेयमिति दामस्य पालयिष्यति मेदिनीम्।''– रामायण, 2/37–38
284. अर्थशास्त्र, अ. 20
285. राजतरंगिणी, 7/905, 909, 931, 8/1137–9
286. इंडियन ऐंटिक्यूरी, भाग 9, पृ. 274, भाग 18, पृ. 37
287. वाट्र्स, 1, पृ. 230
288. वही, 2, पृ. 257
289. ''भर्तुर्नारी–विधेयत्वं तस्या भर्तुजयस्तथा। निष्कलंकेन शीलेन नान्योन्यं गहर्यतामगात्।''
– राजतरंगिणी, 7/200
290. ''ततः वमाश्रितैकांगा स्वयं संवत्सरद्धयम्। सुगंधा बिदधे राज्यं स मित्रत्वेन तंत्रिणाम्।– वही, 5/249
291. वही, 5/244
292. कैटलॉग ऑफ दी क्वाइंस इन दी इंडियन म्यूजियम, कलकत्ता, जिल्द–1, पृ. 270–271, पट्टिका 27–13

293. एपिग्राफिआ इंडिका, जिल्द 27, पृ. 154
294. पोजीशन ऑफ वीमेन इन हिन्दु सिविलाइजेशन, पृ. 187
295. राजतरंगिणी (अनु. स्टेन), भाग 1, पृ. 249
296. क्वाइंस ऑफ इंडिया, पृ. 45, सं. 21
297. वही, पट्टिका– 6/10–12
298. प्राचीन भारत में नारी, पृ. 98–99
299. नवसाहसांकचरित, 4/59
300. एफिग्राफिसा इंडिका, जिल्द 15/102, पक्तियां 12/22
301. "तस्माद दुर्ग करिष्यामि यदुनाम रि दुर्जयम्। स्त्रियोऽपि यत्र युध्येयुः कि पुनर्वृष्णि पुंड्गवाः।
– विष्णु पुराण 5/23/11
302. "आश्रिलस्य पृष्ठं तिष्ठन्त्या जायया सहितो ब्रजन्। स चकार तुरंगस्थः संग्राममतिमानुषम्।
– राजतरंगिणी, 7/905–9
303. हेमचन्द्र राय चौधरी, पॉलिटिकल हिस्ट्री ऑफ एशेन्ट इंडिया, पृ. 276
304. एपिग्राफिआ इंडिका, जिल्द 18, पृ. 109
305. कंदरिया तथा जगदम्बी मंदिर का आधार, वामन मंदिर का दाहिना बाह्य भाग।
306. दुल्हादेव मंदिर, बांया बाह्य भाग
307. प्राचीन भारत में नारी, पृ. 45
308. ब्रह्माण्ड पुराण, 4/13/32
309. मत्स्यपुराण, 179/36
310. आइक्नोग्राफी ऑफ बुद्धिस्ट एण्ड ब्राह्मनिकल स्कल्प्चर इन ढाका म्यूजियम (भट्टसाली, एन.के, कलकत्ता–1958), पृ. 191

अध्याय – तृतीय

भारतीय धार्मिक संकीर्णता और प्रथाएँ

इस तथ्य के ठोस प्रमाण है कि नारियाँ, वैदिक काल तक स्वतंत्र थी और उन पर सामाजिक, धार्मिक व पारिवारिक बन्धन बिल्कुल भी नहीं थे। आज की स्थिति तक जिस प्रकार पुरूष एक से अधिक स्त्रियाँ रख सकता है, उसी प्रकार ही उस युग में नारियाँ भी एक से अधिक पति कर सकती थी। उन पर पातिव्रत्य जैसा कोई धार्मिक, सामाजिक या पारिवारिक बन्धन लागू नहीं था। मध्यकाल तक उन पर समस्त बन्धन आरोपित किया गया। यह पातिव्रत्य धर्म, पुरूष प्रधान समाज ने अपने स्वार्थ लिप्सा के तहत् ही बनाया था। वे चाहते थे कि नारी जाति हर तरह से उनके आधीन बनी रहे और वे उनके खिलाफ किसी प्रकार भी आवाज न निकाल सके। श्रीकृष्ण, सम्राट अशोक, बिम्बिसार, दशरथ, प्रसेनजित, जयचंद, पृथ्वीराज चौहान आदि भारतीय शासकों द्वारा अनेकानेक पत्नियाँ रखना और उनका नारी से यह अपेक्षा करना कि वह पातिव्रत्य धर्म निबाहें, किसी भी तरह से न्याय संगत नहीं कहा जा सकता। पुरूषों ने उनकी निर्बलता व विवशता का लाभ उठाकर अपने स्वार्थ के लिए उन पर धर्मों के बन्धन लाद दिये। उनके द्वारा नियमों का उल्लंघन करने की स्थिति में उन्हें नरक का भय दिखलाया गया। साम, दाम, दण्ड, भेद आदि नीतियों के जरिये उन पर बलपूर्वक अधिकार करके स्वयं को उनका स्वामी घोषित किया। उनके लिए विविध संकीर्णताएँ व प्रथाएँ जरूरी बनायी गयी ताकि वे उनका अतिक्रमण न कर सके और वह किसी भांति भी पुरूषों की बराबरी का दावा न कर सके। विवाह प्रथा, दहेज प्रथा, परदा प्रथा, सती प्रथा, बाल विवाह, बहुपत्नीत्व, पातिव्रत्य,

त्रियाचरित्र, उत्तराधिकारी से पृथकता, कौमार्य सुरक्षा, छुआछूत, वैश्यावृत्तियाँ, देवदासियाँ आदि कुप्रथाएँ उनके सौन्दर्य युक्त जीवन को दग्ध कर देने के लिए ही निर्मित किये गये थे। इन प्रथाओं के परिपालन ने नारी समाज को उत्थान के बजाय अवनति के मार्ग पर ले गया, जिससे उनकी पूर्वकालीन समस्त शक्तियों व अधिकारों का पतन प्रारम्भ हो गया।

(अ) विवाह प्रथा-

भारतीय धर्मशास्त्रकारों ने विवाह को एक धार्मिक संस्था के अन्तर्गत ग्रहित किया है। जिसका प्रमुख प्रयोजन यज्ञ सम्पादन और संतानोत्पत्ति है। धर्मग्रंथों में गृह की शोभा और सम्पन्नता स्त्री से ही मानी गई है।[1] स्त्री से परिवार बनता है और बढ़ता है अतएव विवाह गार्हस्थ जीवन का मूल है। पुरूष और स्त्री के व्यक्तित्व का विकास, वंश का उत्थान तथा कुटुम्ब का संयोजन विवाह से ही सम्भव मानी गई है। वेस्टर मार्क के अनुसार– विवाह एक या एक से अधिक पुरूषों का एक या एक से अधिक स्त्रियों के साथ जुड़ने वाला वह सम्बन्ध है, जो ऐसी प्रथा अथवा कानून द्वारा स्वीकार किया जाता है जिसमें दोनों पक्षों और उनसे उत्पन्न होने वाली संतानों के अधिकार और कर्तव्य समाविष्ट होते हैं।[2] जबकि मजुमदार और मदन के अनुसार – ''विवाह के साथ सामाजिक स्वीकृति होती है, जो प्रायः वैधानिक और धार्मिक कृत्य के रूप में होती है, तथा जो दो विषम लिंगी मानवों को, पारस्परिक यौन सम्बन्ध तथा उनसे सम्बन्धित अन्य सामाजिक और आर्थिक सम्बन्ध स्थापित करने का सार्वभौम अधिकार प्रदान करती है।[3] साधारणतया ''विवाह'' का अर्थ है – वधू को उसके पिता के घर से विशेष रूप से ले जाना या विशेष कार्य के तहत् पत्नी बनाने के लिए ले जाना। पाणिग्रहण का अर्थ होता है – वधू का हाथ ग्रहण करना।[4] वैसे भारतीय नृतत्व शास्त्रियों के मतानुसार– यौन सम्बन्ध का प्रारम्भ बिना किसी विवाह बन्धन के हुआ था। नारियों को सम्पूर्ण स्वतंत्रता थी और उन्हें एक ही पुरूष से यौन सम्बन्ध रखने का कोई बन्धन नहीं था। उद्दालक ऋषि के पुत्र श्वेतकेतु ने इस सामाजिक व्यवस्था को अस्वीकार कर स्त्री पुरूष को धार्मिक बन्धनों में बाँध दिया। उसने पति को छोड़कर दूसरे के साथ यौन सम्बन्ध रखने वाली स्त्री के लिए गर्भ हत्या के समान भयंकर पाप घोषित किया और उन्हें दण्ड के लिए नर्क का भय भी दिखलाया गया।[5] उसने समाज में एक दीर्घ क्रांति का सूत्रपात किया, जिसके तहत् नारी की स्वतंत्रता पर एक के बाद एक लगातार प्रतिबन्ध लगना शुरू हो गया।

तत्कालीन धर्मशास्त्रकार जानते थे कि कोरे आदर्शों के आधार पर विवाह का आदर्श टिक नहीं सकता, इसीलिए उन्होंने मनुष्य की प्रकृति प्रदत्त दुर्बलताओं को ध्यान में रखकर विविध वैवाहिक सम्बन्धों को वैधानिक मान्यता प्रदान की। उन्होंने विवाहों के आठ प्रकार निश्चित किये– ब्राह्म, दैव, आर्ष, प्राजापत्य, आसुर, गांधर्व, राक्षस एवं पैशाच। स्वयंवर

विवाह भी प्रचलन में था। पूर्वमध्यकालीन स्मृतिकारों ने दो प्रकार के विवाह का भी उल्लेख किया है– अनुलोम विवाह और प्रतिलोम विवाह ....। विवाह करने का एक प्रमुख कारण यह भी था कि तत्कालीन धर्मशास्त्रकार विवाह को धार्मिक कृत्य निरूपित करने लगे थे। उनके अनुसार यदि कोई पिता अपनी कन्या का विवाह करता है, तो वह महान पुण्य का भागी होता है। पुराणों के अनुसार– जो मनुष्य गंगा यमुना के संगम पर आर्ष विधि से कन्यादान करता है, उसकी नरक–यातना से रक्षा होती है।[6] यह भी कहा गया कि गौरी कन्या का विवाह करने से पिता को अक्षय प्रसन्नता प्राप्त होती है।[7] सामान्यतः धारणा यह बनी कि कुपात्र को दी हुई कन्या न यश के लिए थी और न ही धर्म के लिए, अपितु पश्चाताप के लिए होती थी।[8] संस्कारानुसार ''पाणिग्रहीता'' शब्द परिणीता स्त्री के लिए प्रयुक्त होता था।[9] ऋग्वेद के अनुसार विवाह ही व्यक्ति को गृहस्थ बनाता और यज्ञादि सम्पन्न करने की योग्यता प्रदान करता है। देवपूजन कार्य में पति–पत्नी एक दूसरे के सहायक माने गये हैं।[10] यह स्वीकार किया गया कि पत्नी, पति के आधे भाग की पूरक है।[11] यह भी माना गया कि समस्त याज्ञिक कार्यों में दोनों का एक दूसरे से सहयोग होना चाहिए।[12] यज्ञ में साथ बैठने वाली को ही ''पत्नी'' शब्द से अभिहित किया जाता था।[13] यह भी स्वीकार किया गया कि धर्म, अर्थ, काम और पुत्र की प्राप्ति पति–पत्नी दोनों के संयोग से ही सम्भव हो सकती है।[14] सन्तान सम्बन्धी अभिलाषा अत्यन्त ही प्राचीन है और पाणिग्रहण को उत्तम संतान की प्राप्ति हेतु प्रमुख सेतु स्वीकार किया गया।[15] यह मान्यता भी बलवती हुई कि मनुष्य, पुत्र से स्वर्ग आदि उत्तम लोकों को प्राप्त करता है।[16] तत्कालीन युगीन समाज में पुत्रवान व्यक्ति की मुक्त कंठ से प्रशंसा की गई और पुत्रहीन की निंदा की जाती रही।[17]

यह भी स्वीकार किया जाता रहा कि पुत्र उत्पन्न होने से मनुष्य को दस अश्वमेधों के स्नान का फल प्राप्त होता है।[18] इसके अतिरिक्त यह माना गया कि यौन परक इच्छा की तृप्ति के लिए भी विवाह एक सुसभ्य और सुंदर तथा सुसंस्कृत माध्यम है। वैदिक युगीन समाज में स्त्री–पुरूष के शरीरांगो के सम्मिलन को आनन्द की पराकाष्ठा का नाम दिया गया।[19] मनु जैसे धर्म व्यवस्थाकारों ने भी रति की महत्ता स्वीकार की है तथा उसे विवाह के उद्देश्य में प्रधान माना है।[20] मुसलमान यात्री अलबीरूनी के अनुसार– पृथ्वी पर व्यवस्थित वैवाहिक जीवन के बिना कोई भी जाति नहीं रह सकती क्योंकि इसके द्वारा वासना के उस ज्वर का निरोध होता है, जिसे सुसंस्कृत व सम्य तथा कुलीन समाज के लोग पसन्द नहीं करते।[21] यह मान्यता बनी कि स्त्री व पुरूष दोनों के संयोग से ही सन्तानोत्पत्ति होती है। धर्म के अनुपालन, याज्ञिक कार्य, सन्तानोत्पत्ति, वंशोत्थान, गार्हस्थ तथा पितरों के लिए पिण्डदान आदि के निमित्त भी विवाह की आवश्यकता को स्वीकार किया गया।[22] धर्मशास्त्रों में विवाह को अनिवार्य घोषित किया गया तथा यह कहा गया कि

स्त्रियों का प्रमुख कार्य सन्तानोत्पादन, रति व गृहकार्य है।[23] यह निर्देश किया गया कि बिना विवाह के स्त्रियों को सद्‌गति और मोक्ष की प्राप्ति नहीं हो सकती और न ही उन्हें स्वर्ग प्राप्त हो सकता था। आमतौर पर अविवाहित स्त्री या पुरूष समाज में आदर की दृष्टि से नहीं देखे जाते थे। विवाहित होना व्यक्ति के चरित्र और आचरण का सबसे प्रबल प्रमाण माना जाता था जबकि अविवाहित मनुष्य पग–पग पर अविश्वास और शंका का कारण था। बाण के अनुसार– जब हर्ष ने उस पर दुश्चरित्र होने का आरोप लगाया तो उसने अपने बचाव में स्वयं को विवाहित और गृहस्थ होने की दलीले पेश की।[24] विवाह हेतु विधि नियम भी सुनियोजित ढंग से निर्धारित किए गए। आश्वलायन के अनुसार– सर्वप्रथम मातृ और पितृ दोनों पक्षों से कुल की परीक्षा करनी चाहिए।[25] दस पीढ़ी मातृपक्ष से और पांच पितृ पक्ष से विख्यात परिवार को कुलीन कहा गया।[26] वर के चुनाव में उसकी श्रेष्ठता उसके गुणों से आंकी गयी। मनु, यम आदि के अनुसार– उत्कृष्ट, अभिरूप और योग्य वर मिल जाय तो कन्या की अवस्था विवाह योग्य न होने पर भी उनका शीघ्र अतिशीघ्र विवाह कर देना चाहिए।[27] कुल, शील, रूप, यश, विद्या, सनाथता, वित्त आदि सात गुण वर के लिए आवश्यक समझे गये। उनके लिए अखण्ड ब्रह्मचारी का होना भी आवश्यक समझा गया।[28] उनके अन्य गुणों में– उत्तम स्वास्थ्य, सर्वप्रियता, युवावस्था, बुद्धिमत्ता और पुंसत्वता आदि को भी प्रधानता दी गई।[29] वीर मित्रौदय के अनुसार– पहले वर के आयु की परीक्षा होनी चाहिए, फिर अन्य गुणों की।[30] नारद के अनुसार– सन्तान के लिए स्त्रियों की सृष्टि हुई है। स्त्री, क्षेत्र और नर बीजी है। क्षेत्र, बीजवान को देना चाहिए। अबीजी को क्षेत्र नहीं चाहिए।[31] मनु के अनुसार– स्त्री, क्षेत्र तुल्य है और पुरूष बीज तुल्य। क्षेत्र और बीज के संसर्ग से सब प्राणियों की उत्पत्ति होती है। उसके अनुसार– बीज तथा क्षेत्र में बीज ही श्रेष्ठ कहा गया है। अतः सब जीवों की संतान बीज के लक्षणों से युक्त होते है।[32] चरित्र, विद्या और शील से सम्पन्न व्यक्ति पुंसत्व के अभाव में निरर्थक और व्यर्थ था, जबकि पुंसत्व सम्पन्न व्यक्ति अन्य गुणों के अभाव में भी सार्थक और उपयोगी था।

यद्यपि अनेक जितेन्द्रिय पुरूषों तथा ब्रह्मचारी नारियों, सुलभा, शांडिल्य आदि के दृष्टान्त हमें मिलते हैं, जिन्होंने आजीवन ब्रह्मचर्य व्रत का पालन किया था, फिर भी विवाह को साधारणतः साधारण धर्म मानकर स्त्रियों का अविवाहित रहना किसी भी प्रकार श्रेयस्कर नहीं समझा गया। महाभारत काल तक यह धारणा बन चुकी थी कि अविवाहित स्त्री मोक्ष की पात्रा नहीं होती। इस सम्बन्ध में कुणिगर्ग की कन्या का दृष्टान्त मिलता है, जो उपर्युक्त वर के अभाव में अविवाहित रही तथा मोक्ष प्राप्ति के लिए कठिन तपस्या की। परन्तु विवाह न होने के कारण उसे मोक्ष मिलना असम्भव था, अतः उसने वनवासी ऋषियों को तपस्या का अर्द्धांश लेकर विवाह करने की प्रार्थना की और उसके इस निवेदन को गालव ऋषि के पुत्र ऋग्वान ऋषि ने इस शर्त के साथ स्वीकार किया कि वे केवल एक रात उसके साथ

रहेंगे।[33] विवेच्य काल में स्त्रियों का विवाह अनिवार्य होने के कारण भी थे– प्रथम, पुरूष प्रधान समाज ने यह धारणा बलवती कर दी थी कि कन्या का जन्म पिता के लिए प्रमुख दुःख का कारण है तथा कन्या के अक्षतयोनि होने पर भी बहुत अधिक बल दिया जाने लगा था। द्वितीय– युवती कन्या को पिता अपने समीप सदैव सुरक्षित रख पाने में स्वयं को असमर्थ महसूस करता था। लेकिन विवाह हो जाने से कन्या पिता की निगाह में पूर्ण रूपेण सुरक्षित व सम्मानीया हो जाती थी। इस प्रकार विवाह प्रथा का प्रारम्भ पृथ्वी पर हुआ।

विवाह प्रथा के आरम्भ से ऐसी कन्याओं की खोज शुरू की गई, जो सर्वगुण सम्पन्न हो। पुरूष प्रधान समाज ने इस हेतु किसी भी प्रकार की कोई कमजोरी नहीं की और सुन्दर कन्या प्राप्ति के लिए उसने कई विधि नियमों का निर्माण किया। इन विधि नियमों को धर्मशास्त्र का नाम देकर उनका परिपालन सबके लिए अनिवार्य किया गया। उसने सदैव ही सौन्दर्ययुक्ता, शीलयुक्ता, सुलक्षणा, बुद्धिमती, स्वस्थ व सुडौल शरीरांग वाली कन्या की अपेक्षा की। उस समय मुख्य रूप से कन्या की तीन प्रकार की योग्यता देखी जाने लगी जो उनके शरीर, बुद्धि और आचरण से सम्बन्धित होती थी। उनके अनुसार ''नारी'' से तात्पर्य संतान उत्पन्न करने में शारीरिक क्षमता है। मिताक्षरा के अनुसार– स्त्री वही है जो नपुंसकत्व निवृत्ति के लिए स्त्रीत्वेन परीक्षित हो।[34] मनु के अनुसार– विवाह के लिए वही कन्या उपर्युक्त है जो अतिरिक्त अंगों से रहित, सुंदर नाम वाली, हंस और गज के सदृश गंभीर चाल वाली, छोटे रोंये, सुंदर दंतपंक्तियाँ और काली केश राशि लम्बी तथा शरीरांग मृदुल हो।[35] उसके अनुसार– भूरे वर्ण वाली, न्यूनाधिक अंगों से युक्त, नित्य रोगिणी रहने वाली, पूर्णतः लोमरहित या अत्यधिक रोमयुक्त, वाचाल, भूरे आंखों वाली, नक्षत्र, पेड़, नदी, पहाड़, पक्षी, सर्प, दूत या दासी के नामों वाली एवं भयंकर नामों वाली कन्या से भी विवाह नहीं करना चाहिए।[36] पुरूष प्रधान समाज ने अतिसुंदर कन्या प्राप्त करने की होड़ में कभी भी स्वयं को पीछे नहीं रखा। इस सम्बन्ध में उन्होंने अत्यन्त छानबीन व सूक्ष्मता का सहारा लिया। उनके अनुसार– अधिक या कम केशयुक्ता, अति सांवली या अति पाण्डुवर्णी, अधिक या न्यून अंग वाली, अपवित्रा, रोमयुक्तता, अकुलीना, रोगिणी, दुष्ट स्वभाव वाली, कटुभाषिणी, अंगहीना, मूंछयुक्ता, पुरूष जैसे आकार वाली, घर्घर शब्द करने वाली, अतिमंद या कौए के समान स्वरवाली, गोलनेत्र युक्ता, जिनकी जांघों पर बाल हो, जिनके गुल्फ ऊंचे हो, हंसते समय जिनके गाल पर गड्ढे पड़ जाते हों, जिनकी कांति अत्यन्त मंद या उदासीन हो, नख पाण्डुवर्णा हो, नेत्र रक्तवर्णा हो, हाथ पैर भारी हो, अति नाटी व या अतिलम्बी हो, दांतों में अधिक अंतर हो, दांत बाहर निकले हुए हो.... इस प्रकार के लक्षणों वाली कन्या से भी विवाह नहीं करना चाहिए।[37] पुरूषवादी प्रवृत्तियों ने कन्या के पक्ष को अत्यन्त दीन–हीन करार देकर उनके साथ मनमाना रवैया अख्तियार किया और अपनी इच्छा को उन पर थोपना आरम्भ किया। उन्होंने विवाह पूर्व

कन्या के वित्त (पिता की सम्पत्ति) रूप, प्रज्ञा और बान्धव– इन चार गुणों के परीक्षण पर भी जोर दिया।[38] पुरूष प्रधान प्रवृत्तियाँ कन्या गुणों का बारीकी से विश्लेषण करने में लगी रही और एक–एक करके उनकी योग्यता की सूक्ष्मता को सबकी निगाह में लाया जाने लगा। वात्स्यायन् ने विवाह योग्यता को निर्धारित करते हुए कहा कि वाग्दत्ता, कपिला या भूरी, बुरे नामों वाली, छिपाकर रखी गई, सफेद धब्बों वाली, पुरूषों जैसी आकृति वाली, झुके कंधों वाली, असंहत जांघों वाली, मृत पिता के क्रियाकर्म के कारण अशुद्ध, बड़े माथे वाली, रजस्वला, दूसरे पुरूष से सम्बन्ध रखने वाली, गर्भवती, मित्र, जिनके हाथ–पैर में बेवजह पसीना आता हो, अधिक उम्र वाली और जिनकी छोटी बहिन न हो, ऐसी कन्याएँ विवाह योग्य नहीं हैं।[39] विवाह पूर्व इस प्रकार पुरूषों द्वारा अपनी स्वार्थ लिप्सा नीति के तहत् गहन छानबीन करने के उपरान्त जब योग्य कन्या की प्राप्ति हो जाती थी, तब उन्होंने विवाह हेतु आवश्यक विधि बनाया और उन्हें समस्त पुरूष प्रधान समाज में लागू किया। उस विधि विधान का प्रारूप इस प्रकार निर्धारित किया गया –

1. वर–वधू की गुण परीक्षा, 2. कन्या को देखने के लिए वर को भेजना, 3. विवाह हेतु परस्पर वचनदान, 4. संस्कार के पूर्व शुभाशंसा तथा पितरों की प्रसन्नता के लिए उनका आह्वान, 5. कन्या के पिता के घर वर पक्ष का जाना, 6. मधु–शर्करा–घृत आदि से निर्मित मिष्ठ विशेष से स्वागत करना, 7. वर को बैठने के लिए आसन प्रदान करना, 8. अचल सौभाग्य की प्रतीक पार्वती और शिव का पूजन, 9. स्नान, वस्त्र धारण और कटिबंधन आदि, 10. वर–वधू को अंगराग लगाना, 11. कन्या के हाथ में कवच बांधना, 12. वर और वधू का घर के अंदर से निकलकर मण्डप मैं जाना, 13. वर और वधू का परस्पर देखना, 14. कन्यादान, 15. अक्षतरोपण, 16. वधू की कलाई में कंकण बांधना, 17. आर्द्रकाक्षत रोपण, 18. तिलककरण, 19. अष्ट फलिदान, 20. मंगलसूत्र बांधना, 21. गणपति पूजन, 22. वर और वधू की चादरों की छोर को आबद्ध करना, 23.लक्ष्मी–पार्वती–शची पूजन, 24. बोए हुए अंकुरित पौधे का दान, 25. अग्नि स्थापन और दान, 26. पाणिग्रहण, 27. धान के लाजा से अग्नि में हवन करना, 28. वर द्वारा वधू के साथ अग्नि की प्रदक्षिणा, 29. वधू का पत्थर पर चढ़ना, 30. स्त्रियों द्वारा प्रशंसा (गाथागान), 31. विवाह के सात उद्देश्यों के लिए सात पग रखना, 32. सिर पर जल छिड़कना, 33. कन्या द्वारा सूर्य को देखना, 34. वर द्वारा कन्या के हृदय का स्पर्श करना, 35. सिन्दूर लगाना, 36. दर्शकों को सम्बोधन, 37. दक्षिणादान (आचार्य को), 38. वधू का वर के घर में प्रवेश, 39. गृहप्रवेश व होम, 40. ध्रुव तथा अरून्धती का दर्शन, 41. पक्वान्न का हवन, 42. त्रिरात्र व्रत (विवाहोपरान्त की रात्रि–ब्रह्मचर्य व्रत), 43. चतुर्थी कर्म (विवाह के चौथे दिन वर–वधू की एकता के सूचक कर्म), 44. आहूत देवताओं की बिदाई तथा मण्डप का उखाड़ना हैं।[40]

अनुलोम विवाह-

जिस समय तक वर्ण व्यवस्था की उत्पत्ति नहीं हुई, उस समय तक स्त्री—पुरूषों के मध्य जो सम्बन्ध स्थापित होता था, वह सर्वस्वतंत्रता का युग होने के कारण 'विवाह' शब्द से अभिहित नहीं होता था। ''वर्ण व्यवस्था'' की उत्पत्ति के पूर्व (पूर्व वैदिककाल) में स्त्री और पुरूष बिना किसी सामाजिक नियंत्रण के अपना सम्बन्ध स्थापित करने के लिए पूर्ण स्वतंत्र थे। चूंकि ''विवाह'' संस्था का आरम्भ एक सामाजिक बन्धन के तहत् पुरूषवादी दृष्टिकोणों के दबाव में हुआ था, इसलिए पूर्व वैदिककालीन स्वतंत्रतायुक्त प्रेम सम्बन्ध को ''विवाह'' का शब्द देना, तर्कसंगत नहीं प्रतीत होता। वैदिककाल के बाद भी लगातार पूर्व परम्परानुसार स्वतंत्रतापूर्ण प्रेम सम्बन्ध बनते रहे। उन्हें भी 'विवाह' नाम देना उचित नहीं है। लेकिन जो विवाह परोक्ष या प्रत्यक्ष रूप से माता, पिता या दोनों की सहमति से हुआ, उसे ही 'विवाह' नाम देना श्रेयस्कर है क्योंकि सन्तान माता या पिता या फिर दोनों की इच्छा से स्वयं को समर्पित किया। सामाजिक स्वीकृति से तात्पर्य भी यही है कि माता, पिता और बन्धु बान्धव, जिस सम्बन्ध को सहर्ष स्वीकार करते है, वही ''विवाह'' है। जिस प्रकार पृथ्वी के अन्य जीवधारी आपस में प्रेम सम्बन्ध तो स्थापित करते रहते है, लेकिन वह चिरस्थायी होती है क्योंकि वह ''विवाह'' के रूप में बन्धनयुक्त नहीं होता है। उसी प्रकार मानव का प्रेम सम्बन्ध भी चिरस्थायी हो सकता है, बशर्ते कि प्रेम सम्बन्ध को 'विवाह' का नाम न दिया जाय। ''प्रेम'' बन्धन सहन नहीं करता, प्रेम बन्धनमुक्त होता है। अतएव पूर्व वैदिककाल में प्रेम सम्बन्ध स्थापित होते थे, न कि विवाह। लेकिन बाद के काल में विवाह प्रक्रिया आरम्भ हुई जो कठिन से कठिन बन्धनों से युक्त थी, जिसमें एक पक्ष तो सुखी रह सकता था, लेकिन दूसरा पक्ष नहीं.......।

अनुलोम विवाह में 'वर्ण व्यवस्था' के अन्तर्गत उच्चवर्गीय पुरूष होता था और निम्नवर्णीय स्त्री। वैदिककालीन समाज में चूंकि ''वर्ण व्यवस्था'' सख्ती से लागू नहीं था, इसलिए ऐसे विवाह आमतौर पर होते रहते थे। भृगुवंशी ऋषि च्यवन ने क्षत्रिय सुकन्या से परिणय किया था।[41] महर्षि श्यावश्य ने क्षत्रिया रथवीति से दाम्पत्य जीवन आरम्भ किया था।[42] वृष्णिवंशीय शौरि ने एक वैश्य पुत्री को भी पत्नी के रूप में ग्रहण किया था।[43] चाक्षुक और कक्षीवान् जैसे ख्यातिप्राप्त तपस्वियों का उद्गम महर्षि और शूद्रा की संयुक्तता से ही हुआ था।[44] वशिष्ठ पुत्र शक्ति का विवाह वैश्य कन्या अदृश्यन्ती से हुआ था।[45] जबकि महर्षि अगत्स्य की पत्नी लोपामुद्रा क्षत्रिय कन्या थी।[46] अनुलोम विवाह के ऐतिहासिक साक्ष्य भी मौजूद है। पुष्पमित्र शुंग के पुत्र अग्निमित्र का विवाह क्षत्रिय नरेश यज्ञसेन की दुहिता मालविका से सम्पन्न हुआ था।[47] वाकाट्क नरेश रूद्रसेन द्वितीय ने चन्द्रगुप्त द्वितीय विक्रमादित्य की पुत्री प्रभावती गुप्ता से विवाह किया था। इसी प्रकार रविकीर्ति नामधारी ब्राह्मण ने वैश्य कन्या भानु गुप्ता से परिणय किया था।[48] वाकाट्क नरेश देवसेन के मंत्री

सोमनाथ नामक ब्राह्मण ने क्षत्रिय कन्या से विवाह रचाया था।[49] कदम्बवंशी शासक मयूर शर्मा के वंश की कन्याएँ गुप्तों को ब्याही गई थी।[50] विख्यात लेखक बाण के सौतेले भाई चन्द्रसेन और मातृसेन शूद्रा स्त्री से उत्पन्न हुए थे।[51] ब्राह्मण राजशेखर की पत्नी अवन्ति सुंदरी चौहान वंशीय क्षत्रिय कन्या थी।[52] संग्रामराज की पुत्री लोठिका का विवाह दिद्दामठ के प्रमुख प्रेम नामक ब्राह्मण से हुआ था।[53] अशोक दत्त नामक ब्राह्मण, क्षत्रिया कुमारी मदनलेखा से परिणय सूत्र में बंधे थे।[54] अलबीरूनी के अनुसार भी ब्राह्मण अपने से निम्न वर्ण की कन्याओं से विवाह करते थे।[55] ब्राह्मणों को सभी वर्णों की कन्याओं से विवाह करने का अधिकार प्राप्त था।[56] प्रायः सभी धर्मशास्त्रकार इससे सहमत थे कि अनुलोम से सजातीय स्त्री के अतिरिक्त ब्राह्मण तीन (क्षत्रिय, वैश्या और शूद्रा से), क्षत्रिय (वैश्या और शूद्रा से) और वैश्य एक मात्र (शूद्रा से) विवाह कर सकता था।[57] वैदिक युग के बाद आमतौर ऐसे विवाहों को निन्दनीय माना गया क्योंकि विवाह व्यवस्था गुजरते समय के साथ ही साथ कठोर होती चली गई और इस पर पुरूषवादी प्रवृत्तियों का नियंत्रण स्थापित हो गया। वर्ण व्यवस्था को नजरअंदाज कर विवाह रचाने वाले दम्पत्तियों से पुरूषवादी व्यवस्थाकार सख्त से सख्त नियम बनाकर कड़ाई से पेश आने लगे। उन पर अपना दबाव व नियंत्रण स्थापित करने के लिए पुरूषवादियों ने अपना घिनौना स्वरूप सामने लाना आरम्भ किया। उनके अनुसार वर्ण व्यवस्था को तिलांजलि देकर विवाह करने वाला पुरूष सवर्णा स्त्री की उपस्थिति में असवर्णा स्त्री से कोई भी धार्मिक कृत्य नहीं करवा सकता था।[58] ग्यारहवीं सदी के बाद से तो ऐसे वैवाहिक नियम सिद्धान्त मात्र ही रह गये। इस युग तक पुरूषवादी प्रवृत्तियों का बोलबाला एवं नियंत्रण अपनी चरम सीमा पर पहुंच गया था। इस युग तक अनुलोम विवाह से उत्पन्न सन्तान को पिता की सम्पत्ति में बहुत कम धन प्राप्त होता था।[59] पुरूषवादी व्यवस्थाकार वर्ण व्यवस्था को सख्ती से मानव समाज में लागू करने के पक्षधर थे। इस व्यवस्था के लागू हो जाने से कुछ गिने चुने प्रमुख लोगों को ही वर्चस्वता की प्राप्ति होनी थी, सो हुई। इस व्यवस्था से वर्ण व्यवस्था अत्यन्त कठोर हो गई और जाति व्यवस्था उत्पन्न होकर समस्त मानव समुदाय को नष्टप्राय कर दिया। नारी समाज और शूद्र इससे सबसे अधिक प्रभावित हुए तथा सबसे अधिक कष्ट इन्हें ही प्राप्त हुआ। लेकिन सारे नियंत्रणों के बाद भी यदा–कदा इस प्रकार के विवाह होते रहे। ब्राह्मण हरिश्चन्द्र ने ब्राह्मण कन्या के अलावा क्षत्रिय कन्या से भी विवाह किया था।[60] चेदिशासक यशःकर्ण ने हूण राजकुमारी अल्हणदेवी से विवाह किया था।[61] मौर्यशासक चन्द्रगुप्त ने विदेशी सेल्युकस की पुत्री से विवाह किया था, जो प्रथम अन्तर्राष्ट्रीय विवाह भी था। पालवंशी शासकों ने राष्ट्रकूट और हैहयवंशी क्षत्रियों से विवाह सम्बन्ध स्थापित किये थे।[62] धर्मपाल ने राष्ट्रकूट प्रमुख प्रबल की कन्या रत्नादेवी से प्रणय किया था।[63] क्षत्रिय नरेश क्षेमगुप्त का विवाह तोमर शासक की कन्या दिद्दा से हुआ था।[64] काबुल व

सिंध के ब्राह्मण शासित राज्यों के क्षत्रिय राजपुरूषों को ब्राह्मण कन्याओं से परिणय करने का अधिकार प्राप्त था।[65]

प्रतिलोम विवाह -

चूंकि पूर्व वैदिक काल में वर्ण व्यवस्था अस्तित्व में नहीं था और लोग इससे परिचित भी नहीं थे। इसलिए अनुलोम या प्रतिलोम का तात्पर्य ही नहीं था। ऋग्वेद के पुरूष सूक्त में ''वर्ण व्यवस्था'' का जो उल्लेख हुआ है, वह बहुत बाद में जोड़ा गया था। समस्त भारतीय इतिहासकार इस तथ्य को स्वीकार करते हैं कि वर्ण व्यवस्था का प्रचुरता के साथ उल्लेख वेदों के बाद शुरू हुआ था। ''वर्ण व्यवस्था'' के उद्‌भव के साथ ही नारी पराधीनता का इतिहास भी शुरू होता है। जिस युग में वर्ण व्यवस्था का नामोनिशान नहीं था, उस युग में नारी पूर्णरूपेण स्वतंत्र, सर्व अधिकार सम्पन्न व सुखी थी। लेकिन पुरूषवादी प्रवृत्तियों को उनके सुख–ऐश्वर्य को देखा नहीं गया और उन्होंने उन्हें बन्धन में रखकर उन पर शासन करने की नीयत से उन पर 'वर्ण व्यवस्था' का फंदा डाला। भोली–भाली नारी उस फंदे में जो एक बार फंसी, तो लगातार फंसती ही चली गई और उनके लिए उबरने हेतु कोई चारा ही शेष नहीं रह गया था। फिर भी पुरूषवादियों को उन पर दया नहीं आई। ''वर्ण व्यवस्था'' नारी जाति के लिए एक काले अध्याय के रूप में सम्मुख आया। इन सारे बन्धनों के चलते हुए भी नारी अपने पूर्व के अधिकारों को स्मरण रखकर कुछ समय तक अपनी स्थिति में सुधार लाने हेतु विवाह प्रबंधन प्रतिरोधक कार्य किया। इसी उद्देश्य के तहत् प्रतिलोम विवाह सामने आया। इसके अन्तर्गत उच्चवर्णीय कन्या, किसी भी अपने पसंद के पुरूष के साथ विवाह हेतु इच्छुक होती थी, चाहे वह पुरूष किसी भी वर्ण से सम्बन्धित हो। असल में 'वर्ण व्यवस्था' की कठोर व्यवस्था, किसी भी भारतीय नारी के हितों के अनुकूल नहीं थी, इसलिए वे ऐसी व्यवस्था के खिलाफ थे और स्वार्थ लिप्सा से युक्त उक्त व्यवस्था को वे किसी भी प्रकार से उपर्युक्त या राष्ट्र तथा समाज हित के अनुकूल नहीं मानते थे। इसके अन्तर्गत ब्राह्मण कन्या अंगिरसी, क्षत्रिय भावयव्य से विवाह किया था।[66] कृष्ण द्वैपायन के पुत्र शुक्र की कन्या कृत्वी ने राजा नीप से परिणय किया था।[67] शुक्राचार्य की कन्या देवयानी, राजा ययाति से परिणय सूत्र में बंधी थी।[68]

इतिहासकारों के अनुसार चंदेलों की उत्पत्ति गाहड़वाल शासक इन्द्रजीत के काशीस्थ पुरोहित हेमराज की कन्या हेमावती और देवलोक निवासी सोम के संयोग से हुई थी।[69] पुरूषवादी प्रवृत्तियों से युक्त धर्मशास्त्रकारों ने नारी स्वातंत्र्य को अस्वीकार करते हुए उनके द्वारा किये ऐसे विवाहों को निन्दनीय करार दिया। उन्होंने ऐसे विवाहों को नारी का सबसे गलत कदम निरूपित किया और कहा कि नारी का अपने मन के अनुरूप किये जाने वाला प्रत्येक कार्य निन्दनीय, गलत व त्याज्य है। नारी समाज को सदैव के लिए सबक

सिखाने व उन्हें सदैव अपने आधीन रखने हेतु उन पर दबाव बनाने के तहत् उनके प्रत्येक स्वतंत्रतायुक्त कार्य को निकृष्ट बताया गया और निर्देशित किया गया कि प्रतिलोम विवाह से उनसे जो भी संतान जन्म लेंगे, वह धर्मच्युत, निकृष्ट, वर्णशंकर व अस्पृश्य समाज में समाहित होगा एवं धर्म के द्वारा बहिष्कृत होगा।[70] पुराणकारों ने भी उनकी हां में हां मिलाते हुए नारी स्वातंत्र्य को निरस्कृत करते हुए कहा कि नारी द्वारा समर्थित प्रतिलोम विवाह धर्म विरूद्ध है।[71] चूंकि नारी को अपने आधीन करने व डराने–धमकाने का प्रमुख आधार स्तम्भ धर्म का सहारा ही था और नर्क का भय भी इसमें बहुत अधिक मदद करता था। इसलिए उपर्युक्त सभी आधारों का प्रयोग पुरूषवादियों के द्वारा किया गया। नारी भयग्रस्त व डरी–सहमी, पुरूषवादियों के प्रत्येक कथन पर फूंक–फूंक कर कदम रखने को विवश हुई।

(ब) स्वयंवर प्रथा-

पूर्वकालीन समाज में नारी स्वातंत्र्य का सबसे प्रबल प्रमाण ''स्वयंवर'' है। जिसे प्रत्येक भारतीय समाज स्वीकार करता था। माता या पिता अपनी योग्य कन्या का विवाह किसी भी पुरूष से नहीं कर सकते थे। इसके लिए कन्या की सहमति भी आवश्यक होती थी। ''स्वयंवर'' के अन्तर्गत कन्या स्वयं ही अपना पति चुन लेती थी, जिसे कोई भी पुरूषवादी समाज अस्वीकार नहीं कर सकता था। वैसे शासक और धनी वर्ग में ही इसका विशेष रिवाज था, लेकिन साधारण प्रजाजन भी इसका अनुसरण किया करते थे। ''स्वयंवर'' गांधर्व विवाह के ही समान है, अंतर सिर्फ यही है कि स्वयंवर में केवल कन्या ही अपनी इच्छा से वर का चुनाव करती थी।

जबकि गांधर्व विवाह में वर और कन्या दोनों अपने मन के अनुरूप विवाह करते थे। पूर्व वैदिकयुगीन कन्याएँ स्वयं अपने पति को चुन लिया करती थी और अपने पूर्ण स्वातंत्र्य का सदुपयोग किया करती थी।[72] पति चुन लेने का मतलब यह भी नहीं था कि वह उसके बन्धनों में बंधी रहे या कि ''पातिव्रत्य'' का अनुपालन करें। ''पातिव्रत्य'' पुरूषवादी प्रवृत्तियों का सबसे अधिक स्वार्थयुक्त ज्वलंत उदाहरण है। नारी स्वातंत्र्य का स्वरूप ''स्वयंवर प्रथा'' उत्तर वैदिक काल तक आते–आते भारतीय समाज में अत्यन्त ही लोकप्रिय हो गई। विशेषकर नारी समाज उससे सुखी, स्वस्थ, परिपुष्ट व प्रसन्न हुई। कालान्तर में इस प्रथा में कुछ संशोधन भी किये गये, जिसके अन्तर्गत कुछ शर्तें व प्रतिज्ञाएँ भी जोड़ी गई। यह शर्तें व प्रतिज्ञाएँ भी स्वयं कन्या या कन्या के पिता द्वारा की जाती थी, जिसका परिपालन आवश्यक माना गया। यह इसलिए किया गया कि योग्य कन्या को, योग्यतानुरूप वर प्राप्त हो। अन्यथा कोई भी पुरूष, सुंदरी कन्या की प्राप्ति की इच्छा रखता था। अतएव कन्या या कन्या पक्ष द्वारा विवाह हेतु आवश्यक शर्तें व प्रतिज्ञाएँ सम्मिलित किया जाना भी नारी समाज के उत्थान के अनुकूल ही था। इस प्रक्रिया से सुंदरी, बुद्धिमती, विवेकशीला व

प्रज्ञायुक्ता कन्या को अपने इच्छानुरूप उपर्युक्त वर की प्राप्ति सम्भव हो पाती थी। इसी प्रक्रिया के तहत् राजा जनक ने अपनी पुत्री श्री सीता जी के स्वयंवर में शिवजी के भारी भरकम लौह निर्मित धनुष को तोड़ने की शर्त रखी थी।[73] इसी तरह पांचाल नरेश महाराज द्रुपद ने अपनी पुत्री द्रौपदी जी के स्वयंवर के लिए शर्त किया था कि जो भी पुरूष मत्स्यनेत्र का लक्ष्य भेदन कर देगा, उसी के साथ वह अपनी पुत्री का विवाह करेगा। अर्जुन ने इस शर्त को पूरा करके द्रौपदी को ग्रहण किया था।[74] जबकि कुन्ती और दमयन्ती का स्वयंवर बिना किसी शर्त के आयोजित हुआ था, जिसमें उन्होंने क्रमशः पाण्डु और नल को अपना पति चुना था।[75] श्रीकृष्ण जी की आठ पटरानियों में से कुछ तो स्वयंवर की शर्तें पूर्ण करने के उपरान्त ही ब्याही गई थी।[76] बौद्धग्रंथो में भी स्वयंवर के अनेकानेक उल्लेख प्राप्त होते हैं। गौतम बुद्ध की पत्नी यशोधरा ने भी सशर्त युक्त स्वयंवर में शर्त के पूर्ण होने पर अपना पति चुना था।[77] असुरराज बेचपति की पुत्री ने अपना मनोनुकूल पति चुन लिया था।[78] कुणाल जातक में स्पष्ट किया गया है कि द्रौपदी ने पांचो पांडवों को अपना पति चुना।[79] परवर्ती साहित्य भी स्वयंवर प्रथा का समर्थन करते हैं। कालिदास ने इन्दुमती के स्वयंवर का विशद् वर्णन किया।[80] करहाट के शिलाहार राजा की पुत्री चित्रलेखा ने कल्याण नरेश चालुक्य विक्रमांकदेव को अपना पति चुना था।[81] गाहड़वाल शासक जयचंद ने अपनी पुत्री संयोगिता के विवाह के लिए स्वयंवर का भव्य आयोजन किया था।[82] इसी प्रकार मरूप्रदेश के शासक महेन्द्र ने अपनी बहिन के लिए स्वयंवर का आयोजन किया था, जिसमें चालुक्य नरेश दुर्लभराज वर चुना गया था।[83] गूवक की बहिन कलावती ने अपने स्वयंवर में अन्य बारह राजाओं को छोड़कर अन्त में कन्नौज शासक से विवाह किया था।[84] जैनियों में भी स्वयंवर की प्रथा प्रचलित रहने के साक्ष्य हैं।[85] हालांकि स्वयंवर के माध्यम से कन्या अपने लिए उपर्युक्त वर का चुनाव कर लेती थी, लेकिन इस सम्बन्ध में सर्वाधिक चिन्ता पिता करता था क्योंकि कुपात्र को दी हुई कन्या न तो यश के लिए ही होती थी और न ही धर्म के लिए, अपितु जीवनभर पश्चाताप के लिए ही मानी जाती थी।[86] हर माता–पिता अपनी पुत्री को स्वयंवर के माध्यम से गुणी तथा अभिलक्षित पति प्राप्त करने का आशीर्वाद देते थे।[87] नारी स्वातंत्र्य व उनके अधिकारों के सम्मुख नतमस्तक होते हुए धर्मशास्त्रकारों को भी यह व्यवस्था देनी पड़ी कि अगर पिता अपनी कन्या के लिए योग्य वर नहीं चुन पाता है, तो वह कन्या तीन ऋतुकाल बीत जाने पर स्वयं अपनी पसंद के अनुसार पति ग्रहण कर ले।[88]

मनु जैसे कट्टर पुरूषवादी धर्मशास्त्रकार को भी नारी महत्ता के सम्मुख स्वयं को शिथिल करते हुए व्यवस्था में कहना पड़ा कि ऋतुमती कन्या भी यदि जीवन पर्यन्त पिता के घर में रहना चाहे तो, कुछ भी बुराई नहीं, लेकिन उसे बोझ समझकर किसी गुणहीन, अयोग्य एवं निकृष्ट पुरूष को कभी न देवे।[89] भारतीय साहित्य ऐसे अनेक

उल्लेखों से भरे हुए हैं, जिनमें भारतीय कन्याओं ने अपनी पसंद व इच्छानुसार वर का चयन किया था। ''हातिमताई'' नामक किस्से की शुरूआत तो इसी से आरम्भ होती है और अंत तक लगभग सशर्त स्वयंवर के आख्यायन भरे पड़े है। ''सहस्त्र रजनी चरित्र,'' कुट्टनीमतम्, समयमातृका, कथासरित्सागर, जातक, सारंगा–सदाबृज, तोता मैना, बैताल पच्चीसी, सिंहासन बत्तीसी, लटकता सांप नाचता घोड़ा, शीत वसन्त, मालती माधव, शाकुंतलम्, नैषधचरित्र, मालविकाग्निमित्र, स्वप्नवासवदत्ता, मेघदूतम आदि में इस प्रकार के उल्लेख प्राप्त होते हैं।

(स) प्रेम-विवाह (गान्धर्व)

आमतौर पर जब युवक–युवती परस्पर प्रेमवश कामयुक्त होकर अपने माता, पिता व समाज की उपेक्षा करके परिणय कर ले, इस प्रकार के विवाह को प्रेम विवाह या गान्धर्व विवाह के नाम से अभिहित किया गया।[90] नारी स्वातंत्र्य से परिपूर्ण पूर्वकालीन उक्त व्यवस्था का परिपालन व प्रचलन आने वाले सभी युगों में समान रूप से मान्य रहा है, हालांकि इस व्यवस्था का पुरूषवादी प्रवृत्तियों द्वारा तीव्र विरोध भी किया जाता रहा है। इसका विरोध करने वाले पुरूषवादियों ने प्रेम विवाह करने वाले को डराना–धमकाना, सामाजिक बहिष्कार, जाति बहिष्कार, धर्म बहिष्कार, पारिवारिक बहिष्कार आदि दण्ड का प्रावधान किया और इसका सारा कसूरवार नारी को ही माना। इसलिए दण्ड का सम्पूर्ण खामियाजा नारी समाज को ही भुगतना पड़ा। नारी ने कभी भी संयुक्त रूप से इसका विरोध नहीं किया बल्कि उनका परोक्ष सहयोग पुरूषवादियों को मिलता रहा। अगर नारी स्वयं एकजुट होकर अपने खिलाफ होने वाले समस्त नियमों–उपनियमों का विरोध करे और नर्क के भय से नहीं डरें तो उन्हें उनका समुचित अधिकार हर स्थिति में मिल जायेगा। वैसे नारी की पूर्वकालीन सुदृढ़ स्थिति से लगता है कि उन्हें उनकी वापसी एक न एक दिन हो जायेगी। 'प्रेम विवाह', नारी स्वातंत्र्य की स्थिति को बल व सुदृढ़ता प्रदान करता है। यह प्रथा अत्यन्त प्राचीन है और इसका विवरण वैदिककालीन समाज में प्राप्त होता है। पूर्वकालीन युग में भारतीय कन्याएँ अपने प्रेमी से मिलने को आतुर रहा करती थी और स्वयंवर आदि समारोहों में वे अपने पति को निर्भीक होकर चुन लेती थी, तथा ऐसी कन्याओं की माताएँ स्वयं अपनी लड़की का अलंकरण कार्य किया करती थी।[91] तत्कालीन माता–पिता भी स्वतंत्र मानसिकता व स्वस्थ विचारधारा के तहत अपनी लड़कियों का ''प्रेम विवाह'' में भरपूर सहयोग करते थे। कन्याएँ भी अपने माता–पिता के सहयोगत्मक रूख से प्रभावित होकर अत्यन्त प्रसन्नता से इच्छानुसार अपना जीवन साथी चुन लेती थी।[92] महाकाव्यकालीन दुष्यंत और शंकुतला का विवाह स्वस्थ, सामाजिक परिष्कार व विकसित मानसिकता का परिचायक है।[93] रूखमणी–श्रीकृष्ण, नल–दमयन्ती, सत्यवान–सावित्री, ऊषा–अनिरूद्ध,

सुभद्रा–अर्जुन, संयोगिता –पृथ्वीराज चौहान, उदयन–वासवदत्ता, कामकन्दला–माधव, मालती–माधव, ध्रुवस्वामिनी–चन्द्रगुप्तद्वितीय विक्रमादित्य आदि के प्रेम विवाह आज भी गर्व के साथ उल्लिखित किये जाते है। जातकों में भी प्रेमविवाह के अनेकानेक सन्दर्भ प्राप्त होते हैं। एक जातक के अनुसार वाराणसी आचार्य के एक शिष्य ने स्थानीय युवती से प्रेम हो जाने पर आपस में परिणय कर लिया था।[94] पूर्वकालीन पुरूरवा और उर्वशी का प्रेमविवाह तो अत्यन्त ही ख्यातिलब्ध है।[95] इसी प्रकार शतरूपा ने भी प्रेम वशीभूत होकर मनु को पति रूप में ग्रहण किया था।[96] सुबन्धु ने अपनी कृति "वासवदत्ता" में कन्दर्पकेतु और वासवदत्ता के प्रेमविवाह को विस्तृत रूप से सन्दर्भित किया हैं। बाण ने अपनी कादम्बरी में "चन्द्रापीड तथा कादम्बरी और महाश्वेता एवं पुण्डरीक के प्रणय विवाह को अत्यन्त ही मनोहरी ढंग से रूपांकित किया है। भवभूति ने भी अपनी कृति 'मालती–माधव' में मालती और माधव के प्रेमविवाह को रूपायित किया है। पूर्वकालीन युग में परिणय हेतु 'नारी स्वातंत्रता' का प्रत्येक जगह व प्रत्येक समाज के द्वारा सम्मान किया जाता था। नारी स्वतंत्रता का प्रदर्शन ही तत्कालीन युगीन स्वस्थ सामाजिक स्थिति का परिचालक था। उस युग में यह माना जाता था कि परिणय के लिए कन्या और वर का परस्पर समान प्रेम ही सर्वोत्कृष्ट मंगलमयता के लक्षण है, जिसमें उनके प्रेम चक्षु आपस में संगमित रहते हैं और उसी में ही कल्याण भावना निहित रहती है। यही तत्कालीन समाज की परिपुष्ट मानसिकता एवं उच्च विचारधारा का मूल तत्व है। उनकी मान्यता के अनुसार यही मानवीय जीवन के वास्तविक उन्नति पथ के प्रशस्त होते रहने का गूढ़ रहस्य है। जीवन का सौन्दर्य व सुखी जीवन के मूल स्त्रोत स्वस्थ सामाजिक परिपक्कवता में ही रूपायित रहते हैं।[97] कट्टरपंथी मनु ने इसी विवाह को सभी वर्णों के लिए धर्मसम्मत करार देने के लिए बाध्य हुए जबकि महर्षि वात्स्यायन् के अनुसार तो यही विवाह सुखदायक, सर्वश्रेष्ठ और सर्वमंगलकारक है।[98] पूर्वमध्यकाल में इस प्रेमविवाह को स्पष्टतया मान्यता प्रदान की गई और उसे धर्मशास्त्रानुमोदित भी कहा गया। उसके अनुसार नारी अपनी स्वाभाविक मनोवृत्ति के अनुसार जिस किसी भी युवक से प्रेमप्रस्ताव कर विवाह करती है, वही विवाह भारतीय परम्परा व संस्कृति को सुदृढ़ता प्रदान कर सकता है। यही सामाजिक उन्नति और धर्मशास्त्रों के अनुकुल कृत्य भी है।[99] आज के वैमनस्वता, ईर्ष्या, द्वेष और भेदभाव से युक्त जातिवादी युग में प्रेमविवाह का महत्व पूर्व से भी अधिक बढ़ गया है। इस विवाह को अगर भारतीय समाज की हरी झंड़ी मिल जाय और आधुनिक माता–पिता भी इस विवाह को स्वीकारोक्ति दे दे तो निश्चय ही समाज में व्याप्त, छुवाछूत, दहेज, बेमेल विवाह, नारी आत्मदाह एवं घुटनभरी नर्क युक्त जिंदगी से सहज ही में छुटकारा पाया जा सकता है। वैसे भारत सरकार द्वारा अनुलोम या प्रतिलोम विवाह करने वाले दम्पत्तियों को पुरस्कृत करने की शुरूआत निश्चय ही इस दिशा में एक सकारात्मक कदम कहा जा सकता है। जरूरत है तो सिर्फ स्वस्थ सामाजिक

मानसिकता एवं साफ–सुथरे दृष्टिकोणों की......। तभी भारतीय समाज में रहने वाली नारी का भी समुचित विकास हो सकता है।

(द) दहेज प्रथा -

वैदिक युगीन समाज में जब कन्या का विवाह किया जाता था, तो उसे विविध प्रकार के वस्त्रालंकारों से अंलकृत कर बिदाई दी जाती थी। पिता के घर से विदाई से पूर्व उसे सर्वगुण सम्पन्न दिखाने के लिए सर्व अंलकरण सम्पन्न बनाया जाता था। कन्या के साथ–साथ वर को भी वस्त्राभूषणों से अलंकृत करने की परिपाटी बन रही थी। इस प्रकार की वैवाहिक प्रक्रिया बाह्म विवाह के अन्तर्गत आती थी। इस वैवाहिक परम्परा में वधू को विविध प्रकार के वस्त्रालंकरणों से अलंकृत करके उसके पतिगृह भेजा जाता था। यह परम्परा भारतीय परिवेश में नित्य निरन्तर जारी रही क्योंकि यह विवाहों का प्रमुख प्रकार थी। विवाहोपरान्त कन्याएँ अपने साथ ढेर सारे वस्त्राभूषण साथ लेकर जाती थी, जो अपनी कन्याओं के हितार्थ पितृगृह द्वारा प्रदाय किये जाते थे। कभी–कभी दहेजरूपी वस्त्राभूषण व अन्याय वस्तुएँ नवविवाहिता कन्या के विदाई के पहले या पश्चात भी उसके पतिगृह को भेज दी जाती थी। पुरूषवादी प्रवृत्तियों ने इस प्रक्रिया को अनिवार्य बना दिया। वैदिककाल में स्वेच्छा से ही पुत्री को उनके सुख के लिए पर्याप्त साजो–सामान उपलब्ध कराया जाता था बल्कि अत्यन्त प्रेमपूर्वक व स्नेह से ही उसे इच्छित सार वस्तुएँ दी जाती थी। सूर्या को उसके पिता ने जो इच्छित वस्तुएँ दी थी, वह उसके ससुराल पहुँचने के पूर्व ही वहाँ पहुंचा दी गई थी।[100] जबकि रूखमणी, सुभद्रा, आदि के पतिगृह पहुंच जाने के बाद ही इच्छित वस्तुएँ पहुंची थी। इन इच्छित वस्तुओं में हाथी, घोड़े, ऊँट, पालकी, वस्त्राभूषण, रथ, दास – दासियों आदि देने का भी रिवाज बनता जा रहा था। कुन्ती, द्रौपदी, और सुभद्रा आदि के विवाह में अनेक प्रकार की इच्छित वस्तुएँ उनके पितृपक्ष से प्रदान की गई थी।[101] यह परम्परा एक प्रथा के रूप में नित्य निरन्तर विकसित होती रही। आगे चलकर इस प्रथा का विस्तार होने लगा, जो दहेज प्रथा के रूप में सामने आया। इसकी नींव उसी प्रकार मजबूत व सुदृढ़ होती चली गई, जिस प्रकार वर्ण व्यवस्था के नाम पर जाति प्रथा और पातिव्रत्य धर्म प्रथा की नींव मजबूत कर दी गई। जिसका सहज ही में उखड़ पाना नितांत असम्भव है। बौद्ध साहित्य में भी दहेज प्रथा के नित्य निरन्तर जारी रहने के प्रमाण उपलब्ध है। विशाखा को विवाह में उसके पिता ने अपार धन सम्पत्ति अर्पित किया था।[102] इसी प्रकार इन्दुमती के पिता ने भी अपनी पुत्री को विवाह के उपलक्ष्य में बहुत सा धनवैभव प्रदान किया था।[103] तत्कालीन युगीन समाज में मंगलालंकृता कन्याएँ ही दान की जाती थी। भारतीय ग्रंथों में इस प्रकार के अनेकानेक साक्ष्य मिलते है कि स्नेहवश् भारतीय पिता अपनी स्नेहिल व लाडली पुत्री की वैवाहिक विदाई के करूण अवसर पर नाना प्रकार

मात्र से कन्या का रोमांचित हो उठना।[126] निश्चय ही वयस्क विवाहों के प्रमाण है। आमतौर पर ब्राह्मण समाज वेदाध्ययन के बाद ही विवाह करता था।[127] जबकि क्षत्रिय समुदाय धनुर्वेद, रणकौशल आदि की समुचित शिक्षा–दीक्षा प्राप्त करने के उपरान्त ही विवाह हेतु अग्रसर होते थे।[128] सम्राट हर्ष की बहिन राज्यश्री का विवाह उसके युवती हो जाने पर ही सम्पन्न हुआ था।

लेकिन पूर्व मध्य युग तक पदार्पण करते–करते अल्पवय विवाह का प्रचलन भारतीय समाज में होने लगा था। कट्टरपंथियों का दबाव और प्रजा की धर्मभीरूता इसमें प्रमुख सहयोगी बना था। नारी भी धर्मभीरू हो गई थी और नर्क के भय ने उन्हें पुरूषों के हाथों की कठपुतली बना दिया था। मुसलमान यात्री अलबरूनी के अनुसार– हिन्दुओं का विवाह बहुत छोटी अवस्था में हो जाता है। बारह वर्ष की लड़की, विवाह हेतु पूर्ण योग्य समझी जाती है तथा उससे अधिक आयु वाली स्त्री से विवाह करने का यहाँ विधान ही नहीं है।[129] लेकिन कुछ वास्तविक धर्मशास्त्रकार विवाह योग्य कन्या की आयु 12, 16 और 20 वर्ष को प्रमाण माना है।[130] उनके अनुसार– सोलह वर्ष से कम की बालिका से विवाह नहीं करना चाहिए क्योंकि ऐसी स्थिति में उनका गर्भ ठीक से नहीं ठहरता।[131] यानी कि तत्कालीन कुछ व्यवस्थाकार नारी की मूल समस्याओं से परिचित थे और वे उनको दूर करने के उद्देश्य से आम प्रजा को नारी की वास्तविक स्थिति से अवगत कराना चाहते थे। लेकिन वे अपने मूल मकसद में नाकामयाब ही रहे क्योंकि कट्टरपंथियों की संख्या लगातार बढ़ती जा रही थी। उनके सम्मुख नरमपंथी शिथिल होते जा रहे थे। उस समय प्रायः सभी प्रमुख धर्मशास्त्रकार पुरूषवादिता की ओर आगे बढ़ रहे थे और समाज में कट्टरपंथ को लागू कर रहे थे। उन सभी ने कन्याओं के अल्पवय विवाह का जोरदार समर्थन किया और अल्पवय विवाह करने वाले माता–पिता आदि को स्वर्ग प्राप्त करने वाला निरूपित किया, जबकि अल्पवय में विवाह न करने वाले माता–पिता आदि को नरकगामी व महापातकी करार दिया गया।[132]

व्यवस्थाकारों की धारणा थी कि प्रत्येक स्थिति में कन्या, वर से छोटी होनी चाहिए। कट्टरपंथियों ने किस उद्देश्य से कन्या को वर से उम्र में छोटी होना अनिवार्य माना? यह समझ से परे है। सम्भवतः इसलिए कि उनके अनुसार पुरूषों में काम का वेग एक गुना होता है, जबकि नारियों में अपेक्षाकृत तीन गुनी अधिक होती है। उनके अनुसार कामोपभोग के द्वारा स्त्री को कभी भी जीता नहीं जा सकता।[133] दूसरा तथ्य यह हो सकता है कि नारी के मासिक धर्म की शुरूआत 12–13 वर्ष की आयु से हो जाती हैं। इससे उन्हें इस आयु तक विवाह योग्य मान लिया गया। जबकि पुरूष के सम्बन्ध में यह माना गया कि वह चौबीस वर्ष की आयु तक स्त्री सम्बन्ध के सन्दर्भ में अनभिज्ञ रहता है।[134] तीसरा तथ्य यह लगाया होगा कि नारी स्वाभावतः अत्यधिक चंचल और कामातुरा होती है।[135] अतएव उन्हें पूर्ण संतुष्टि प्रदान करने के लिए पुरूषों का उनसे हर दृष्टि में अधिक योग्य होना जरूरी

होता है। इसी सन्दर्भ में कतिपय पुराणों ने वर और कन्या के आयु के बीच तीन और एक वर्ष के अन्तर को उपर्युक्त माना है।[136] उन्होंने निजी स्वार्थ को बढ़ावा देने के उद्देश्य से अल्पवय विवाह को उचित ठहराया और निर्देशित किया कि गौरी कन्या (8 वर्षीया) से विवाह करने पर पितरों को आह्लाद होता है।[137] कन्याओं के बालविवाह को प्रोत्साहित करने के लिए ही उनके उम्र के हिसाब से उनके दैवी स्वरूप का निरूपण किया गया। एक वर्षीया संध्या, द्वि वर्षीया सरस्वती, सप्तवर्षीया चण्डिका, अष्टवर्षीया शाम्भवी, नौवर्षीया दुर्गा, दस वर्षीया गौरी, द्वयदश वर्षीया श्यामा, त्रयदशवर्षीया महालक्ष्मी, शोड्ष वर्षीया ललिता, आदि दैवी स्वरूपों के निरूपण के पीछे लगभग यही लक्ष्य प्रकटीकरण होता है। यह कहा गया कि जो पिता अपनी दस वर्षीया पुत्री का विवाह नहीं करता है, वह प्रत्येक वर्ष उसका रूधिर पीने का दोषी है। यह निर्देशित किया गया कि वस्त्र पहनने का ज्ञान हो जाने के पूर्व ही कन्या का विवाह आवश्यक रूप से कर देनी चाहिए। तत्कालीन भारतीय शासक पृथ्वीराज चौहान का प्रथम विवाह मंडोवर के परिहार शासक नाहर राय की कन्या से और दूसरा विवाह आबू नरेश सलख परमार की पुत्री और जेत परमार की बहिन इंछिनी से अल्पवय में ही हुआ था।[138] जबकि विक्रमांक देव चालुक्य की कन्या का विवाह गोवा के कदम्ब युवराज से बाल्यावस्था में ही हुआ था। धर्म कट्टरपंथियों ने अल्पवय विवाह को भारतीय समाज में कड़ाई से लागू करने के उद्देश्य से आदेशित किया कि ऋतुमति होने से पूर्व कन्या का विवाह न करने वाले पिता गर्भ हत्यारे के रूप में महापातकी होते है।[139] उनके अनुसार पितृगृह में ऋतुमती होने से कन्या के बन्धु–बान्धव सभी अधोगति को प्राप्त होते हैं।[140] यह माना गया कि युवावस्था में पहुंचने तक कन्या का उपभोग क्रमशः उनके चार पति – सोम, सूर्य और अग्नि तथा गांधर्व कर चुकते हैं, तब वह अपने मूल पति के घर जा पाती है। अतएव बहुत जल्दी विवाह कर देने से वह इनके तत्कालिक प्रभाव से मुक्त होकर सीधे ही अपने मूल पति के पास जा पाती है ।[141] कहने का तात्पर्य यह कि नारी को अपने इशारों पर नचाने हेतु उनकी शिक्षा–दीक्षा के पूर्व ही उनका अल्पवय विवाह कर देने के लिए भारतीय समाज पर दबाव बढ़ाने हेतु उन पर हर तरह के हथकण्डे अपनाया गया। पुरूषवादियों ने उन्हें धर्म के नाम पर डराया, नर्क के नाम पर डराया, कौमार्य के नाम पर डराया और हर तरह से अपना स्वार्थ सिद्ध किया। आगे चलकर धार्मिक कट्टरपंथियों ने जब इतने पर भी संतुष्ट नहीं हो सके तब उन्होंने कन्याओं के पूर्व निधारित 8 वर्ष के विवाह वय को घटाकर आधी अर्थात 4 वर्ष कर दी गई।[142] अर्थात जितनी जल्दी हो सके, नारी का विवाह का दिया जाता था, ताकि उन्हें पढ़ने, लिखने आदि का अवसर ही न मिल सके। इस प्रकार वह आजीवन अशिक्षित होकर पुरूषों के आश्रित रहती थी और किसी भी बुराई का वह विरोध नहीं कर सकती थी। उन्हें इस योग्य रहने ही नहीं दिया जाता था कि वह किसी भी बात का विरोध दर्ज करा सके। भवभूति कृत उत्तररामचरित की सीता

भी विवाह के समय बालिका ही थी।[143] हालांकि रामायण में सीता ने स्वयंवर में श्रीराम से विवाह किया था। लेकिन भवभूति ने अपने समय की सामाजिक परिस्थिति के अनुरूप ही सीता विवाह का निरूपण किया था।

भारतीय इतिहासज्ञों ने बाल विवाह प्रचलन के कई कारण गिनाये है, जिनमें विदेशी आक्रमण, स्त्रियों की कौमार्य सुरक्षा, वर्ण संकरता को रोकने के प्रयास, समाज की शुद्धता एवं पवित्रता को रखने का प्रयास, अन्तवर्णीय एवं अन्तर्जातीय विवाह को रोकने का प्रयास, बौद्ध भिक्षुणियाँ बनने से रोकने के प्रयास, कन्यादान एवं गौरीदान करके स्वर्ग प्राप्त करने के प्रयास आदि प्रमुख है। इस तरह बाल विवाह प्रचलन के चाहे लाखों कारण दिखा दिये जाये, लेकिन उसका सारा ही परिणाम नारी समाज को ही भोगना पड़ा है और आज भी वे कई क्षेत्रों में बाल विवाह को दुःखी मन से झेल रही है।

(ए) बहुपत्नीत्व

पुरूषवादी प्रभाव से युक्त धर्मशास्त्रकारों के अनुसार पुरूष एक से अधिक पत्नियाँ रख सकता था। वैदिककालीन समाज में बिना किसी विशेष परिस्थिति के एक से अधिक पत्नियाँ रखने का विधान ही नहीं था। आमतौर पर बहुपत्नीत्व की प्रथा शासक और धनिग वर्ग में अधिक थी क्योंकि अधिक पत्नियाँ रखना सौभाग्य एवं सम्मान का प्रतीक समझा जाता था। तत्कालीन समाजिक व्यवस्था में अधिक पत्नियों का होना प्रतिष्ठा का द्योतक था। शासकों की पत्नियाँ चार वर्गों में विभाजित थे – महिषी, परिवृका (प्रभावशाली), वावाता (व्यक्तिगत रूप से प्रिय) तथा पालागली (सबसे निम्न व्यक्ति की कन्या)।[144] ऋग्वैदिककालीन समाज में भी लोग सहर्ष एक से अधिक पत्नियाँ रखा करते थे।[145] उस समय भारतीय समाज में पुरूषवादी प्रभाव बढ़ता जा रहा था और पुरूषवादी धर्माचारी इस बात का प्रचार–प्रसार कर रहे थे कि एक पुरूष के कई भार्याएँ हो सकती है, किन्तु एक पत्नी के कई पति नहीं हो सकते।[146] एक से अधिक पत्नी रख सकने के लिए उन्हें धर्म का जामा पहनाया जाने लगा ताकि उनकी इस प्रक्रिया पर कोई विरोध न हो सके। निश्चित रूप से नारी, पुरूषवादियों की इस चाल से वाकिफ न हो सकी और उनका विरोध भी न कर सकी। धार्मिक कट्टरपंथियों के अनुसार, विवाह धार्मिक कार्य के अतिरिक्त काम का भी शमन करता है, इसलिए अनुलोम पद्धतिनुसार ब्राह्मण चार, क्षत्रिय तीन, वैश्य दो और शूद्र को एक पत्नी रखने का अधिकार है।[147] पूर्व मध्यकालीन पुरूषवादी व्यवस्थाकारों ने भी लगभग यही बात दोहराया और स्पष्ट किया कि राजा की यथेष्ट (इच्छानुसार) पत्नियाँ हो सकती है।[148] इक्ष्वाकुवंशी शासक हरिश्चंद्र को कोई भी पुत्र नहीं था, जबकि उसकी सौ पत्नियाँ थी। इसी प्रकार रामायण में महाराज दशरथ की तीन सौ तीन पत्नियों का उल्लेख मिलता है। मनु की दस भार्याएँ और याज्ञवल्क्य की दो विदुषी भार्याओं के भी उल्लेख प्राप्त

है।[149] बौद्ध ग्रंथों में भी पुरूषवादी बहु विवाह के उदाहरण प्राप्त होते हैं। उसमें एक मनुष्य की चार पत्नियों का विवरण है।[150] जातक कथाओं में तो कई पत्नियों से युक्त पुरूषों का सन्दर्भ है।[151] भगवान बुद्ध के पिता महाराज शुद्धोदन की दो पत्नियाँ थी – महामाया और महाप्रजापति गौतमी। महावंश के अनुसार ये दोनों सगी बहिने थी। इसी तरह तत्कालीन मगध सम्राट बिम्बिसार की पाँच सौ भार्याएँ वर्णित हैं।[152] पुरूषवादी धर्मशास्त्रियों के अनुसार रोगग्रस्त, धूर्त, लगातार कन्या पैदा करने वाली, मदिरा सेवन करने वाली, अत्यधिक व्यय करने वाली, अप्रिय वादिनी, पति से द्वेष करने वाली आदि स्वाभाव व हावभाव से युक्त पत्नी के रहते हुए पुरूष निश्चित रूप से दूसरी पत्नी कर ले।[153] महाभारतकालीन समाज में पाण्डु की कुन्ती और माद्री नामक दो भार्याएँ थी जबकि श्रीकृष्ण जी की सोलह हजार एक सौ आठ पत्नियों का विवरण प्राप्त होता है।[154]

अग्निमित्र की धारणी, इरावती और मालविका नाम की तीन पत्नियाँ उल्लिखित है। तत्कालीन भारतीय शासक दुष्यंत की कई रानियाँ थी।[155] इस युग में पुरूषवादी विचारधारा के प्रबल होने के कारण साधारण लोगों में भी एक से अधिक पत्नी रखने की प्रथा विद्यमान थी तथा यह तत्कालीन पुरूषवादी समाज के लिए गौरव का भी प्रतीक थी।[156] इन्हीं पुरूषवाद से प्रभावित होकर चन्द्रापीड को उसकी मां ने अनेक पत्नियों से युक्त होने का आशीष वचन दिया था।[157] तत्कालीन लोकप्रिय कवि माघ ने पुरूषवादी प्रवृत्तियों से सराबोर होते हुए एक पुरूष के अनेक पत्नियों का उल्लेख किया है।[158] मौर्य और गुप्तराजवंशीय शासकों (यथा– चन्द्रगुप्त, बिन्दुसार, अशोक, समुद्रगुप्त, चन्द्रगुप्त द्वितीय विक्रमादित्य, कुमारगुप्त आदि) की कई भार्याएँ थी। तत्कालीन मगध शासक नंदवंशीय महापद्मनंद की भी कई पत्नियों का उल्लेख प्राप्त होता है। इसी तरह पूर्व मध्ययुगीन राजपूत शासकों (यथा– चेदिराज गांगेयदेव, पृथ्वीराज तृतीय, जयचन्द्र आदि) ने भी पुरूषवादी प्रवृत्तियों के चलते अनेक पत्नियाँ रखे हुये थे। ग्यारहवीं सदी के मुसलमान यात्री अलबीरूनी ने भी इस बात को रेखांकित किया है कि भारतीय पुरूष कम से कम चार स्त्रियाँ तो रखता ही है।[159] एक से अधिक स्त्री रखना, उस समय भारतीय पुरूष प्रधान समाज का गौरव था जबकि एक ही पत्नी से युक्त पुरूष उस समय अत्यन्त दीन–हीन, दुर्बल, गरीब व असहाय तथा दया का पात्र था। एक ही पत्नी से युक्त पुरूष का समाज में कोई विशेष सम्मान नहीं था, बल्कि वह विभिन्न कारणों से उपहास का पात्र भी हो जाया करता था।

तत्कालीन भारतीय समाज में पुरूषवाद का धर्मान्ध इतना बढ़ा–चढ़ा था कि जिसे देखकर विदेशी यात्री भी भौचक्के रह गये थे। इसी के तहत् पूर्ववर्ती मुसलमान लेखक सुलेमान कटाक्ष करते हुए कहता है कि – भारतीय पुरूष, जब चाहे, इच्छानुसार, कितनी भी स्त्रियाँ रख सकता है। अधिक स्त्रियाँ रखने का अधिकार उन्हें जन्म से ही प्राप्त हो जाता

है।[160] उस समय की विदुषी महिला मनोवती ने शासक वर्ग द्वारा अनेक पत्नियाँ रखे जाने का उदाहरण साधारणजनों के लिए प्रस्तुत किये जाने पर यह आख्यायन प्रस्तुत किया कि देश, रूप, अवस्था, चेष्टा, बुद्धि, ज्ञान, आदि की भिन्नता से अच्छी स्त्रियाँ भिन्न–भिन्न गुणों से सम्पन्नवती होती है। बहुपत्नी विलासिता का प्रतीक है और धनिक वर्ग उनका भली प्रकार पालन–पोषण व सुरक्षा कर सकते थे। अतएव कई पत्नियाँ रखना उनके लिए सहज सिद्ध था।[161] भोज वर्मा द्वारा बेतवा ताम्रपत्र में उल्लिखित सामल वर्मा की कई रानियों में मलव्य देवी की प्रमुखता थी।[162] प्रतिहार वंशीय शासक हरिशचंद्र और महेन्द्रपाल दोनों के ही दो–दो भार्याएँ कही गई है, जबकि चंदेलशासक देवगण की भी दो पत्नियाँ थी।[163] जयदेव सिंह उदयादित्य ने सोलंकी और बघेलवंशी राजकन्याओं से परिणय किया था।[164] भारत में व्याप्त पुरूषवादी धर्मान्धता व दुर्बलता का उल्लेख विदेशी यात्रियों ने खुलकर किया था। अरब यात्री सुलेमान के अनुसार शासक एक ही साथ कई पत्नियाँ रख सकते थे।[165] चूँकि स्वयं शासकगण बहुपत्नी प्रथा के पोषक थे अतएव उन्होंने इस प्रथा को बढ़ावा ही दिया तथा जनसाधारण द्वारा भी इस प्रथा को अपना लिये जाने पर भी शासकगण अपरोक्ष रूप से उन पर कृपा दृष्टि ही बनाये रखा। आम प्रजा, अपने शासक के गतिविधियों से परिचित होकर स्वयं भी उनके अनुसार ही जीवन चर्या व्यतीत करना आरम्भ कर दिये थे। तत्कालीन बहुपत्नी प्रथा के कारण आमजीवन में ईर्ष्या–द्वेष आदि का प्रवेश करना एक साधारण सी बात हो गई थी। यह गृहकला का भी मूल स्वरूप होती थी।[166] अधिक पत्नियाँ रखकर पुरूषवादी समाज ऊपरी तौर पर तो तृप्ति का अनुभव कर रहे थे, लेकिन यह प्रथा विलासिता का प्रमुख केन्द्र होने के कारण विभिन्न दुर्गुणों व घटनाओं को अपने में समेटे हुए थी। नारी समाज की दीन–हीन दशा व उनके सर्वाधिकारों का हनन पुरूषवादी भारतीय समाज के लिए महाभंयकर कलंक था, जिसे तत्कालीन समाज किसी भांति भी नहीं समझ सका था। भारतीय नारियाँ न तो इस दिशा में जागरूक ही हुई थी और न ही वे अपने मूल अधिकारों को सन्दर्भित ही कर पाई थी। चूँकि तत्कालीन सभी व्यवस्थाकार व शासक पुरूषवादी प्रवृत्तियों से युक्त, धार्मिक कट्टरपंथी एवं स्वार्थ वादी प्रवृत्तियों के पोषक थे, अतएव सभी ने एक दूसरे का साथ दिया और नारी की बिलखती आवाज को कुचल दिया गया। नारी की आवाज, इच्छा, अधिकार सभी पर से उनका नियंत्रण सुदृढ़ हो गया और पुरूषवादी प्रवृत्तियों का वर्चस्व हर क्षेत्र व हर समाज में कायम हो गया। धार्मिक व्यवस्थाकार व शासक दोनों के एक स्वर में हां में हां मिलाने एवं एक दूसरे का सहयोग करने की प्रवृत्ति के चलते नारी हर जगह, हर क्षेत्र में जन्म से लेकर मृत्यु पर्यन्त तक शोषित हुई और अधिकार विहीना बनी।

(ऐ) बहुपतित्व

बहुपतित्व से तात्पर्य है – ''एक स्त्री का एक से अधिक पति रखना। एक नारी का एक पति के जीवित रहते हुए अन्य पुरूषों से विवाह करना या एक ही समय में दो या दो से अधिक पुरूषों से विवाह करना – मूल रूप से बहुपति विवाह के अन्तगर्त है।[167] पूर्व वैदिक और वैदिक युगीन समाज में कोई भी नारी एक से अधिक पति कर सकने में पूर्ण स्वतंत्र थी। वह एक पति के जीवित अवस्था में ही क्रमशः दूसरे और तीसरे पति कर सकने में सक्षम थी। उनके इस कार्य में समाज और परिवार किसी प्रकार की बाधा नही पहुंचाते थे। बल्कि वे इस कार्य में उनका भरपूर सहयोग व समर्थन करते थे। वेदों में बहुपतित्व की प्रथा को प्रकट करने वाले अनेक उदाहरण प्राप्त होते हैं। अथर्ववेद में पंचौदन के माध्यम से पत्नी और उसके द्वितीय पति के बीच अविच्छेद्यता की कामना की गई है।[168] विधवा विवाह तो निश्चित ही समाज में प्रचलित था। तैत्तिरीय संहिता में ''दैधिशव्य'' शब्द का प्रयोग हुआ है जो निश्चित रूप से ''विधवापुत्र'' के अर्थ में है।[169] उस युग में कोई भी नारी प्रत्येक वर्ण से (क्रमशः ब्राह्मण, क्षत्रिय, वैश्य एवं शूद्र से) चार पति कर सकती थी और इच्छानुसार उनका उपभोग कर सकती थी। वह पति के चयन करने, इच्छानुसार उनके साथ जीवन व्यतीत करने और अपने सभी अधिकारों के उपयोग के लिए वह स्वतंत्र थी। वह धार्मिक और सामाजिक बन्धनों से भी मुक्त थी तथा उस युग में समाज एवं परिवार में किसी भी प्रकार की नारी के प्रति कोई कुंठित मनोभावनाएँ नहीं थी। इतना अवश्य था कि नारी अपने अधीनस्थ चारों पतियों में से उस पति को ज्यादा प्राथमिकता व सम्मान देती थी जो ब्राह्मण वर्ण से सम्बन्धित होते थे।[170] लेकिन इसका मतलब यह कतई नहीं था कि वह अपने अन्य वर्णों के पति की उपेक्षा व अवमानना करती थी। दरअसल उस समय ''ब्राह्मण'' से तात्पर्य था– कि, जो ब्रह्मज्ञान से परिपूर्ण हो अर्थात ब्रह्मज्ञान से युक्त पुरूष ही ब्राह्मण कहलाने का अधिकारी था, जो कि जन्म पर आधारित न होकर कर्म पर आधारित था। जिनमें सत्य, दान, क्षमा, सुशीलता, क्रूरता का अभाव, तपस्या और दया– ये सद्‌गुण दिखाई देते हो, उसी पुरूष को ही ''ब्राह्मण'' माना जाता था।[171] कहने का तात्पर्य यह कि वैदिक युगीन नारी इतनी सुशिक्षित व धर्म परायणा थी कि वह अपने उस पति को ज्यादा समय, महत्व व सम्मान देती थी, जो सभी सद्‌गुणों से युक्त होते थे और जो कम गुणी होते थे उन्हें भी बिना निरस्कृत किये आवश्यकतानुसार सम्मान, महत्व व समय दिया जाता था। वैदिकयुगीन उपर्युक्त गतिविधियाँ इस बात के ज्वलंत उदाहरण है कि नारी को पुरूषों के समान पूर्ण स्वतंत्रता व अधिकार हासिल थे और वह आवश्यकतानुसार एक से अधिक पुरूषों से विवाह करके सुखी दाम्पत्य जीवन व्यतीत करती थी। महाभारत की नायिका महारानी द्रौपदी ने पाँच भाइयों से एक ही साथ विवाह करके उन्हें पति रूप

वाले तथाकथित दूरगामी चमत्कारी प्रभावों से नारी समुदाय को आकर्षित कर लिया गया। पुरूषवादियों ने अपनी कुटनीतिक विजय नारी समाज पर प्राप्त की ली थी और अब वे उसके भरपूर इस्तेमाल की ओर ध्यान केन्द्रित कर रहे थे। उन्होंने इसी के तहत् साध्वी व पतिव्रता स्त्रियों को पृथ्वी की माता व संरक्षिका के रूप में स्वीकार किया।[235] उन्होंने अपनी स्त्री के साथ भोजन करने वाले व्यक्ति को अत्यन्त ही निम्न स्तरीय व गर्हित आचरण से युक्त माना।[236] उनके अनुसार वह स्त्री सर्वदा ही प्रशंसा के योग्य थी, जो कि अपने पति का कभी प्रतिवाद नहीं करती थी। उनके स्वतंत्र अस्तित्व को मिटा देने के लिए धर्मशास्त्रकारों ने एक ऐसी सामूहिक मुहिम छेड़ रखी थी, कि जिससे नारी स्वयं को किसी प्रकार भी बचा नहीं सकती थी क्योंकि नारी समाज में एकजुटता का अभाव था और वे अपने अधिकारों के प्रति जागरूक भी नहीं थी। उनके समस्त शरीरांगों पर उसके पति का ही पूर्ण अधिकार स्वीकार कर लिया गया कि वह उनके साथ जैसा चाहे, व्यवहार करें।[237] उनके लिए यह नियम अनिवार्य कर दिया गया कि वह घर से बिना किसी से कहे और बिना चादर ओढ़े बाहर न जाय, शीघ्रतापूर्वक न चले, बनिये, सन्यासी, वृद्ध वैद्य के अतिरिक्त और किसी भी पुरूष से वार्तालाप न करें। अपनी नाभि खुली न रखे, एड़ी तक वस्त्र धारण करे, अपने स्तनों पर से वस्त्र न हटाये, मुंह ढंके बिना न हंसे, पति या सम्बन्धियों से घृणा न करें। धूर्त, वेश्या, अभिसारिणी, सन्यासिनी, भाग्य बताने वाली, जादू टोना या गुप्त विधियाँ कहने वाली दुःशील स्त्रियों के साथ न रहें। इनकी संगति से कुलगत स्त्रियों का चरित्र भ्रष्ट हो जाता है।[238] इस प्रकार की परिस्थितियाँ निर्मित कर दिये जाने से निश्चय ही कन्या का महत्त्व पुत्र की अपेक्षा निम्न होता चला गया। मुसलमान यात्री अलबीरूनी के अनुसार भी– भारत में कन्या की अपेक्षा पुत्र का अधिक ध्यान रखा जाता है।[239]

इस प्रकार पातिव्रत्य धर्म ने नारी समाज के विकास को अवरूद्ध किया और उन्हें कभी भी अधिकारों से संयुक्त नहीं होने दिया। पातिव्रत्य, धर्मशास्त्रकारों द्वारा नारी समाज पर डाला गया वह स्वार्थयुक्त फंदा है, जिससे आज भी नारी न तो मुक्त होने का प्रयास कर सकती है और न ही अपने सभी अधिकारों को हासिल ही कर सकती है। पुरूष प्रधान समाज के लिए 'पातिव्रत्य' एक ऐसा सुरक्षा कवच है, जिसके सहारे वह नारी का इच्छित उपयोग कर सकता है और नारी कभी भी उनके अधिकारों को चुनौती नहीं दे सकती। चूंकि नारी धर्मभीरू होती है, इसलिए उनसे पातिव्रत्य जैसे महाबंधन को एकाएक झटककर फेंक देने की उम्मीद भी नहीं की जा सकती। लेकिन अगर वह अपने अधिकारों के लिए जागरूक हो तो भी इस हेतु उन्हें कई पीढ़ियों का इंतजार करना पड़ सकता है। नर्क का भय, पाप का डर तथा भारतीय पुरूषवादी समाज के मजबूत रहते वह स्वयं को तब तक असहाय ही समझती रहेगी जब तक कि स्वयं उसके पास आत्मबल, धैर्य व स्थिर शक्ति न

हो जाय। इस हेतु भी उन्हें पुरूष समाज की मदद की आवश्यकता पड़ सकती है, जिसे हासिल करने में उन्हें संकोच रहित होनी चाहिए।

(अं) परदा प्रथा-

निश्चिय ही पूर्वकालीन भारतीय समाज में नारी के लिए "परदा" जैसी कोई प्रथा नहीं थी। वैदिक युग से लेकर प्रथम शती ई.पू. तक हिन्दू समाज में स्त्रियों के लिए परदा और अवगुंठन जैसी कोई क्रियाकलाप विद्यमान नहीं थी। निश्चय ही तत्कालीन स्त्रियाँ बिना परदे के स्वच्छन्दता पूर्वक कहीं भी आ–जा सकती थी और पुरूषों के साथ हिल–मिल सकती थी। सहशिक्षा का व्यवहार अवश्य ही स्त्री–पुरूष दोनों के लिए ही उन्मुक्तता का वातावरण पैदा करता था। पूर्व वैदिक युगीन वधुओं को, सभी आगतों को खुशी के तौर पर दिखलाई जाती थी।[240] उनके लिए यह ईश्वरीय कामना की जाती थी कि वृद्धावस्था तक वह जनसभाओं में बोल पायेगी। उस युग में नवविवाहित वधू का सम्मान अपने सास, श्वसुर, ननद और देवर के लिए किसी साम्राज्ञी से किसी भाँति भी कम नहीं होता था। तद्युगीन स्त्रियाँ विदश (सभा और समिति) तथा समन (उत्सव और मेला) में मनोनुकुल स्वच्छन्दता पूर्वक सम्मिलित होती थी।[241] उन्हें सभावती शब्दों से भी अभिसम्बोधित किया गया। जो उनके परदा प्रथा के अस्तित्व को पूरी तरह से नकारता है। उत्तर वैदिक कालीन पुत्रवधुएँ, आमतौर पर श्वसुर से लजाती हुई दूर खिसक जाती थी।[242] प्रत्येक सभा और गोष्ठी में हिस्सा लेना उनका प्रमुख दायित्व था। वह हर किसी से वाद–प्रतिवाद किया करती थी और विचारों का आदान–प्रदान भी किया करती थी। ऐसे समारोहों और सार्वजनिक उत्सवों में उनका सम्मिलित होना स्वागत योग्य और प्रशंसनीय था। आवश्यकता अनुसार स्त्री सम्पत्ति विषयक मामले में न्यायालय में भी जाया करती थी।[243] महाकाव्य काल में राजपरिवार और अभिजात वर्ग की स्त्रियाँ सम्मान और गरिमा की दृष्टि से, लज्जाभाव से अपने मुख पर अवगुंठन डाल लिया करती थी ताकि किसी की भी दृष्टि उन पर न पड़े। तथापि रामायण में यह कहा गया है कि विवाह, स्वयंवर, यज्ञ आदि के अवसर पर स्त्रियाँ निर्विरोध व बिना किसी हिचक के सम्मिलित हो।[244] महाभारत में तो कहीं पर भी परदा प्रथा का वर्णन नहीं हैं। महारानी द्रौपदी का जुआ खेलते समय सभा भवन में उन्मुक्त होकर आना परदा प्रथा के विरूद्ध प्रमाण हैं। कहीं पर भी महाभारत की नारियाँ कुन्ती, द्रौपदी, शकुंलता, दमयन्ती आदि अवगुंठन करते कहीं भी नहीं दीखती। हालांकि दुख के अवसर पर कहा गया कि – "जिन स्त्रियों को न तो चन्द्रमा ने देखा और न सूर्य ने, वे कारवेन्द्र राजा धृतराष्ट्र के वन जाने पर शोकार्त्त होकर राजमार्ग पर चलने लगी। लेकिन यह कहावत अतिसंयोक्ति पूर्ण है।[245] इसी प्रकार जब रामायण में श्री सीता जी राम जी के साथ वनगमन के लिए सन्नद्व हुई तो दुःख भरे माहौल में यह कहा गया कि

वे न देख सके, इसलिए ही अवगुंठन की व्यवस्था की गई, जो बाद में हिन्दू समाज का अंग स्वीकृत हो गया।

कौमार्य सुरक्षा और व्यवहारिक अवमानना

आमतौर पर भारतीय धर्मशास्त्रकारों ने कन्या के कौमार्य सुरक्षा पर विशेष जोर दिया था। उनके अनुसार कौमार्य (कुंवारापन) ही किसी कन्या की वह अमूल्य वस्तु थी, जो उनके चरित्र का निर्धारण करती थी। उन्होंने अक्षत योनि कन्या को ही विवाह हेतु उपर्युक्त माना था।[257] किसी कन्या के कौमार्य लोप होने की स्थिति ही उनके चारित्र्यक पतन का मूल प्रतिबिम्ब माना जाता था।[258] तत्कालीन युग में भारतीय कन्याएँ अपना कौमार्य भंग हो जाने पर दुःखित होकर प्राणोत्सर्ग तक कर देती थी।[259] रामायण काल में अरजा नाम की कन्या को निर्दोष होने पर भी दण्डित किया गया क्योंकि वह अपने कौमार्य की सुरक्षा किसी भांति भी नहीं कर सकी थी।[260] धार्मिक कट्टर वादी मनु ने इसीलिए ही कन्या के मात्र योनिस्पर्श के लिए ही दण्ड का विधान किया था। भले ही उस कन्या के योनि के स्पर्श करने वाली कोई दूसरी स्त्री या कन्या ही क्यों न हो।[261] इस सम्बन्ध में महाभारत ने नम्र होते हुए व्यवस्था दी कि यदि कन्या का कौमार्य भंग होने में उनका कोई दोष नहीं है, तो वह क्षमापात्रा थी।[262] वैसे अक्षतयोनि कन्या पर बल दिये जाने के कुछ प्रमुख कारण नजर आते है – 1. पुरूष जाति भले ही कितने कुकर्मी और बदनामशुदा क्यों न हो, लेकिन विवाह वह किसी अक्षतयोनि कन्या से ही करना चाहता है। 2. कौमार्य की सुरक्षा, वही कन्या हर हालत में कर सकती है, जो लज्जाशीला, धर्मशीला व संकोच से युक्त हो।

अतएव इसी प्रकृति की कन्याओं को ज्यादा चाहा जाने लगा।[263] 3. एक अन्य प्रमुख कारण यह भी है कि कन्या को पिता की सम्पत्ति में परिगणित होनी चाहिए जिसकी सुरक्षा प्राणपण से होती रही हो क्योंकि नई वस्तु का एक बार भी प्रयोग होने से वह पुरानी मानी जाती है और कम कीमत पर आंकी जाती है। इसी कारण ही कौमार्य भंग वाली कन्या को समाज में विवाह के लिए अनुपयुक्त माना गया।[264] जहाँ तक उनकी अवमानना का सवाल है तो निश्चय ही वैदिक काल के बाद सामाजिक स्थिति में बदलाव आने लगा था और उनके साथ हीन बर्ताव किया जाने लगा था। उन्हें रत्न का स्वरूप भी दे दिया गया और दूसरों को दान के रूप में भी दिया जाने लगा। जिससे उनकी व्यक्तिगत अस्तित्व का ही लोप हो जाये। पिता द्वारा किसी सुयोग्य वर को कन्या दान करना तो धर्मसम्मत था, लेकिन राजा–महाराजा द्वारा ऋषि–मुनियों, ब्राह्मणों आदि को कन्याएँ दान–दक्षिणा के रूप में दिया जाना कदापि भी न्यायसंगत नहीं था। धर्म की दृष्टि से भी यह अत्यन्त निम्नकार्य था। रामायण में रावण इसी प्रकार की कन्याओं से आवृत्त था।[265] बौद्ध साहित्य के एक उल्लेख के अनुसार भी राजा सुदर्शन की दानशाला में अन्य वस्तुओं के साथ स्त्रियाँ भी

दान में दी जाती थी।[266] महाभारत काल में यज्ञ के उपरान्त महाराज युधिष्ठिर ने ब्राह्मणों को कई लाख कन्याएँ दान में दिये थे।[267] इसके अतिरिक्त युधिष्ठिर के पास एक लाख दास और कई लाख दासियाँ भी उपस्थित थी।[268] वैदिक काल में भी इस प्रकार के कार्य प्रचलित थे। एक वैदिक ऋषि ने यह स्वीकार भी किया था कि पुरूकुत्स के पुत्र त्रयदस्यु ने उसे पचास युवतियाँ प्रदान की थी।[269] ऋग्वेद के अनेक ऋचाओं के रचयिता ऋषि कविष बेन का जन्म दासी और दीर्घात्मा के संयोग से हुआ था जबकि कवश ऐलुश ऋषि भी दासी पुत्र थे जो अनेक ऋचाओं के जन्मदाता थे।[270] महाभारत में विदुर भी दासीपुत्र ही थे और कौरव सेना के प्रधान युयुत्सु भी दासी पुत्र ही थे। उत्तर वैदिक काल में प्रायः उपहार के तौर पर दास–दासियाँ ही दी जाती थी, जो उस युग में अत्यन्त सम्मान का कारण था।[271] एक उल्लेख के अनुसार एक राजा ने अपने राज्याभिषेक होने की खुशी में अपने पुरोहित को दस हजार दासियों और दस हजार हाथी भेंट किये थे।[272] उपनिषद काल में भी दास दासियों के दान में दिये जाने का चलन जोरों पर था। कठोपनिषद् में यमराज का नचिकेता को सम्बोधन था – मनुष्य लोक में जो दुर्लभ है, उन सब भोगों को तू स्वच्छन्दता पूर्वक मांग ले। यहाँ रथ और बाजों सहित ये रमणियाँ है। ऐसी स्त्रियाँ मनुष्यों को प्राप्त होने योग्य नहीं होती। मेरे द्वारा दी हुई इन कामनियों से तू अपनी सेवा करा। परन्तु नचिकेता तू मरण सम्बन्धी प्रश्न मत पूछ।[273] इसी तरह आरूणि और उसका पुत्र श्वेतकेतु, दोनों जब ज्ञान प्राप्ति के लिए प्रवाहण जैबलि के निकट गए तो यह उच्चारित किया गया था कि उनके पास गौ, अश्व और परिवार के साथ परिधानों से संयुक्त दासियाँ भी है।[274] एक दूसरे उपनिषद में राजा अश्वपति ने सत्ययज्ञ से कहा –"खच्चरियों से जुता हुआ रथ और दासियों के साथ हार प्रस्तुत है।[275] बौद्धयुग में भी दास दासियों के प्रचुर उल्लेख प्राप्त होते हैं।[276] दास दासियों के क्रय–विक्रय, सेवाकार्य, भेंट, उपहार आदि विविध सन्दर्भ जातकों में भरे पड़े हैं। एक जातक के अनुसार एक ब्राह्मण ने एक राजा से अन्य उपहारों के साथ सौ दासियों की भी मांग की थी, जो उसे प्रदान कर दी गई थी।[277] उस युग में दासी रूप में नारियाँ बाजार में बेची और खरीदी जाती थी। जो नारी अन्यन्त सुंदर और रूपवती होती थी, उनका अधिक मूल्य देना पड़ता था। एक जातक के अनुसार एक ब्राह्मण ने भिक्षा मांगकर सात सौ कार्षापण इकट्ठा किया, जिससे वह अपेक्षित दास दासियाँ क्रय कर सकें और अपना जीवन सुखमय बना सके।[278] महाभारत में भी दास दासियों को भेंट स्वरूप प्रदान करने के अनेकानेक उदाहरण मिलते हैं।[279] धर्मराज युधिष्ठिर ने राजसूय यज्ञ सम्पन्न करने के उपलक्ष्य में 88000 ब्राह्मण स्नातकों को तीस–तीस दासियाँ दान में प्रदान की थी।[280] वैन्य ने अत्रि को एक हजार रूपवती दासियाँ उपहार में दिया था।[281] कथा सरित्सागार में एक वणिक ने पाटलिपुत्र से अनेक दासियाँ क्रय की थी।[282] कभी–कभी रूपवती दासियों को देखकर श्रमिक और ब्राह्मण उनसे विवाह भी कर लिया करते थे।[283]

हेमचन्द्र ने भी अनेक दास दासियों का जिक्र किया है।[284] लेख पद्धति ने भी गुजरात और महाराष्ट्र की अनेक दासियों का उल्लेख किया है।[285]

दरअसल जिन्हें भोजन और वस्त्र नहीं मिल पाते थे, वे लिखित रूप से अपने को किसी के हाथ बेचकर सेवा में लग जाते थे और इस प्रकार दासत्व की प्रथा निरन्तर चलती रहती थी। जो पीढ़ी दर पीढ़ी जारी भी रह सकती थी। इन दास दासियों के साथ उनके स्वामियों का व्यवहार आमतौर पर क्रूरतापूर्ण रहता था। राजा हरिश्चन्द्र की कथा प्रसिद्ध है कि उसके पुत्र व स्त्री को खरीदकर एक ब्राह्मण ने उनके साथ किस तरह अमानवीय व्यवहार किया था। जातकों में तो इस प्रकार के कथानक भरे पड़े हैं। एक जातक के अनुसार एक दासी अपने नित्य कर्म के अनुसार मजदूरी नहीं ला पाई, तो उसके स्वामी और स्वामिनी ने उसे गृहद्वार पर ढकेलकर रस्सियों से खूब पीटा।[286] एक दूसरे जातक के अनुसार वाराणसी की एक श्रेष्ठि कन्या अपने दासों को अत्यन्त निर्ममता और क्रूरतापूर्वक पीटा करती थी।[287] अंगुत्तर निकाय के अनुसार एक दयाहीन और क्रूर स्वामी के दण्ड से दास–दासियाँ सर्वदा डरा करती थी और वे अश्रुपूरित नेत्रों से सेवा करती थी।[288] वेसन्तर जातक के अनुसार वेसन्तर नृप के पुत्र और पुत्री को दान में पाकर ब्राह्मणों ने उनके हाथों को बाँधकर और पीछे डण्डे लेकर ले चला। प्रत्येक सांध्यकाल में वे ब्राह्मण जंगली पशुओं के भय से उन्हें पेंड़ की शाखाओं से बांध देते थे और स्वयं प्राण रक्षा हेतु पेंड़ पर चढ़ जाते थे।[289] कट्टरपंथी मनु ने भी दासों के अपराध करने पर उन्हें रज्जु या वेणुदल से पीटने की बात कही है।[290] कभी–कभी रूपवती दासियों का विवाह उसके स्वामी से हो जाया करते थे। अगर ऐसा हो जाता था तो उक्त दासी को दासतापन से मुक्त कर दी जाती थी। इस विषय पर कौटिल्य का निर्देश है कि यदि स्वामी अपनी दासी से सन्तानोत्पादन करे तो वह प्रसविनी दासी और उसकी संतान दोनों ही दासता से छुटकारा पा जायेंगी। यदि वह दासी संतान की माता बनकर स्वामी के घर में भार्या की तरह रहने लगे और परिवार सम्बन्धी क्रियाकलाप की चिंता करने लगे, तो उस दासी के भाई–बहिन भी दासता से मुक्त हो जाते है।[291] पतंजलि ने दासी को कामुकता की पात्री के रूप में वृषली के रूप में उल्लिखित किया है। उसने दासियों के प्रति उनके स्वामियों की लोलुप दृष्टि का अनेक बार उल्लेख किया है। स्वामी और दासी के संयोग से उत्पन्न पुत्र को ''दासेर'' कहा जाता था।[292] अधिक से अधिक दास – दासियाँ रखना महाकाव्य काल में प्रतिष्ठा का द्योतक था। सम्भवतः इसीलिए युधिष्ठिर के पास एक लाख दास और कई लाख दासियाँ थी।[293] आमतौर पर असहाय युवक–युवतियों को दासत्व प्रथा का दामन सम्भालना पड़ता था और उनकी मजबूरियों का लाभ धनीवर्ग व शासक बखूबी उठाया करते थे।

गणिका, वेश्यावृत्तियाँ और देवदासियाँ

पूर्वकालीन समाज में वेश्यावृत्तियाँ अपनाने वाली स्त्रियों का कार्य किसी भांति भी निन्दनीय नहीं था, बल्कि वे अन्य साधारण लोगों से श्रेष्ठ थी। नगर जीवन में आमोद–प्रमोद, आह्लाद–उल्लास आदि में प्रमुख भूमिका अदा करने वाली ये स्त्रियाँ लोगों के मध्य आकर्षण का केन्द्र थी। गणिकाओं का जीवन संगीत व ललितकला को पूर्णरूपेण समर्पित रहता था और इसी से उनका भाग्योदय भी हुआ करता था। तत्कालीन युग में गणिका का पद, राजकीय प्रतिष्ठा का पद था और उसे प्राप्त करने के लिए सुंदरी युवतियों में होड़ सी लगी रहती थी।

महाकाव्यकालीन समाज में वेश्याएँ, सम्मानीय और प्रतिष्ठात्मक सम्मान ग्रहण कर चुकी थी। गांधारी के गर्भवती हो जाने की स्थिति में उसकी आवश्यक परिचर्या करने हेतु एक निपुण वेश्या को नियुक्त किया गया था। शांति स्थापन कार्य के लिए शांतिदूत होकर श्रीकृष्ण जी जब हस्तिनापुर पधारे तब उसका स्वागत करने वालों में वेश्याओं की संख्या भी कम नहीं थी। तद्युगीन सेनाओं में भी वेश्याएँ रहा करती थी और पाण्डवों की सेना में भी वेश्याएँ थी।[294] बौद्धयुग में भी वेश्याओं का विकास अत्यन्त तीव्र गति से हुआ। इस काल में ललितकला व संगीत के क्षेत्र में भी उत्तरोत्तर वृद्धि हुई। इस समय नगर का उल्लास और सौन्दर्यमय आनन्द गणिकाओं के संयोग से ही सम्भव हो पाता था। इस युग में भी गणिकाओं का पद राजा की ओर से ही प्रतिष्ठित होता था। वैशाली नगर के भ्रमणी एक श्रेष्ठिकुमार राजगृह में सम्राट बिम्बिसार को सूचित करते हुए कहता है कि महाराज अम्बपाली नामक परम् सुंदरी, रमणीया, नयनाभिराम, सुंदरवर्णा, गायन–वादन –नृत्य–विशारदा और अभिलषित बहुदर्शनीया गणिका की वजह से वैशाली नगर अत्यन्त समृद्ध, ऐश्वर्ययुक्ता और परम मनोहरी हो गया है।[295]

उस युग में हर राज्य में एक दूसरे की अपेक्षा श्रेष्ठ से श्रेष्ठ गणिका रखने की भी होड़ थी। जिस राज्य में सुंदरी गणिका होती थी, वह राज्य प्रतिष्ठित माना जाता था। इसीलिए ही वैशाली के अम्बपाली के मुकाबले में, राजगृह में भी अत्यन्त रूपवती और संगीतदक्षा सालवती नामक सुंदरी को गणिका के पद पर सीधे राजा द्वारा मनोनीत किया गया था। इसलिए राजा व आम जनता के लिए यह पद अत्यन्त सम्माननीया था। इन गणिकाओं का रहन सहन व वेशभूषा राजसी ऐश्वर्य से युक्त होता था व उनके आज्ञा की किसी भांति भी, कहीं भी अवमानना नहीं होती थी। राजा की ओर से किसी स्त्री का गणिकाभिषेक किया जाना सम्पूर्ण राज्य के लिए अत्यन्त गौरव व सम्मान का क्षण होता था। जिसकी प्रतीक्षा हर क्षण राज्यवासियों को रहती थी। हर सम्मानीया व सुंदरी स्त्री हार्दिक दिल से यही चाहती थी कि यह अमूल्य राजकीय पद उसे ही प्राप्त हो और

जिस भी सुंदरी नारी को यह पद प्राप्त हो जाता था, तो समझा जाता था कि उनका भाग्योदय हो गया और यह समझ लिया जाता था कि राजा एवं राज्य भी उन्हीं के आधीन है। सम्पूर्ण राज्य उसकी कला सौन्दर्य का यथोचित सम्मान करता था।[296] अक्सर राज्य में राजकीय तौर पर नृत्य संगीत आदि के महोत्सव होते रहते थे। जिनमें ये गणिकाएँ प्रमुख रूप से आमंत्रित होती थी और वहाँ प्रमुख आकर्षण का केन्द्र भी यही होती थी। उस युग की गणिकाएँ इतनी प्रतिष्ठित होती थी कि हर किसी का स्वागत करना उनके लिए आवश्यक नहीं था। लेकिन वह इच्छानुसार किसी को भी आमंत्रित करने के लिए स्वतंत्र थी। स्वयं भगवान गौतम बुद्ध ने अम्बपाली के निमंत्रण को स्वीकार करके और उसका आतिथ्य ग्रहण करके उसके सम्मान को और भी बढ़ा दिया था। यह घटना लोगों को सोचने के लिए विवश कर दिया था कि जिस गणिका का आतिथ्य स्वयं गौतम बुद्ध ने स्वीकार किया, वह गणिका कोई साधारण नारी नहीं हो सकती थी, बल्कि वह निश्चित रूप से इस योग्य थी। कभी–कभी इन गणिकाओं के निमित्त भी युद्ध के आयोजन हो जाते थे और राज्यों की नींद भी हराम हो जाती थी। एक कथा के अनुसार उज्जैन के बहुचर्चित शासक विक्रमादित्य ने काम नगरी की गणिका कामकन्दला की खातिर कामनगरी पर चढ़ाई कर दी थी और उसे प्राप्त करके ही दम लिया था। हालांकि यह लड़ाई एक ब्राह्मण और काम कन्दला के प्रेम की परिणति का परिणाम था।[297] जहाँ तक गणिका से उत्पन्न पुत्र का सवाल है, तो वह भी सम्मान के साथ समाज में रहता था और उसकी प्रतिष्ठा भी बराबर बरकरार रहती थी। राजगृह की गणिका सालवती से उत्पन्न पुत्र जीवक, उस काल का विख्यात राजवैद्य था।[298] ये गणिकाएँ प्रति रात्रि अपने सांगीतिक प्रदर्शनों से सहस्त्राधिक मुद्राएँ अर्जित कर लेती थी।[299] कुछ गणिकाएँ तो इतनी एकनिष्ठता व सत्य पर स्थित थी कि वह अपने निर्धारित अवधि में अन्य किसी से ताम्बूल तक भी स्वीकार नहीं करती थी।[300] तत्कालीन युगीन गणिकाएँ इतनी नियमनिष्ठ व संयमी होती थी कि भय के अवसरों पर भी जरा भी भयभीत नहीं होती थी और सुलझे हुए मनोमस्तिष्क से भय के कारणों का बुद्धिमानी से मुकाबला करती थी। सुलसा नामक गणिका, ऐसी ही स्त्री थी जो एक दस्यु से प्रेम होने के कारण उसके बहकावे में उसके साथ एक पहाड़ी शिखर पर चली गई। वह दस्यु अत्यन्त क्रूर व धूर्त था। वह चाहता था कि सुलसा के समस्त अलंकरणों को छीनकर उसे पहाड़ी के शिखर से ढकेल दें। लेकिन सुलसा तुरंत ही उसके मन्तव्य को भांप गई और बड़ी ही बुद्धिमानी व संयम से भय प्रकट न करते हुए उसे आलिंगित करने की तर्ज पर प्रदर्शन करते हुए उस डाकू को पहाड़ी के शिखर से ढकेलकर, उसे मारकर स्वयं को मुक्त किया।[301]

कुछ गणिकाएँ ऐसी भी थी जो मात्र धन को ही अपना ध्येय समझती थी और उसके सम्मुख किसी शख्सियत की कोई कीमत नहीं थी। ऐसी ही सम्पत्ति आसक्ता एक गणिका,

एक श्रेष्ठि पुत्र की प्रेमिका थी, जो उसके बदौलत नित्य ही एक सहस्त्र कार्षापण पाती थी। एक दिन दैवयोग से वह श्रेष्ठिपुत्र बिना कार्षापण के ही उसके पास चला गया। इससे क्रुद्ध होकर उस गणिका ने उसे बेइज्जत कर दरवाजे से बाहर निकलवा दिया। परिणाम स्वरूप वैराग्य हो जाने से वह श्रेष्ठि पुत्र भिक्षुक हो गया।[302] समस्त कलाओं में निपुण गणिकाओं को राज्य की ओर से छात्रवृत्ति भी प्रदान की जाती थी।[303] गणिकाओं के सम्बन्ध में विशद् वर्णन कामसूत्र में भी दर्शित है। तत्कालीन भारतीय साहित्यों– जातक, शुकसप्तति, समयमातृका, कुट्टनीमतम्, प्रबन्धचिंतामणि आदि में विविध गणिकाओं के उल्लेख प्राप्त होते हैं।

विभिन्न प्रकार की वेश्याओं के अतिरिक्त भारतीय समाज में देवदासी प्रथा का भी बीजारोपण हो रहा था। जातकों में अनेकानेक गणिकाओं के उल्लेख प्राप्त होते है, लेकिन देवदासियों का कहीं भी नामोनिशान नहीं हैं। इससे स्पष्ट है कि देवदासी प्रथा का बीजारोपण बौद्धयुगीन समाज में नहीं था और मौर्य युग के पश्चात ही उसका श्रीगणेश हुआ था क्योंकि अर्थशास्त्र में वेश्याओं का तो वर्णन है, लेकिन देवदासियों का कहीं भी नहीं।[304]

गुप्तकाल में जब देवमंदिरों का निर्माण प्रारम्भ हुआ तो उनके वैभव और ऐश्वर्य को प्रभायुक्त करने के लिए अनेक नियोजनाएँ आरम्भ की गई। सौन्दर्य और वैभव विलास के प्रेमी यह चाहते थे कि अगर देव के सम्मुख नृत्य और गान करने वाली सुदरियाँ जो अपने आकर्षण, हावभाव व प्रदर्शन से देव को विमोहित करती रहे। इससे बढ़कर सौभाग्य क्या होगा? पूजन और स्तवन के समय सुमधुर कोमल वाणी की भी परिकल्पना की गई। उसी के तहत् आम जनता में धार्मिक उन्माद को बढ़ाकर यह कहा गया कि जो भी मनुष्य इस कार्य के हेतु अपनी कन्या या बहिन को समर्पित करेगा, तो वह अपने साथ कई पीढ़ियों का भी उद्धार कर लेगा तथा उन्हें स्वर्ग लोक में नित्य ही अत्योत्तम अविनासी सुख की प्राप्ति होगी। इसी धार्मिक उन्माद को सत्य समझकर लोगों ने स्वर्गिक सुख की कामना से अपनी पुत्री या बहिन को देवमंदिरों को सौंपना शुरू किया। चूंकि यह नियुक्तियाँ देवकार्य की आड़ में की जाती थी, अतएव ये सुंदरियाँ देवदासी कहलायी। स्त्रियों के मन में भी यह भावना कूट–कूट कर भर दी जाती थी कि अगर उनकी पुत्रियाँ या स्वयं देव मंदिर में जाकर ब्रह्मचर्य रूप से देवसेवा करेगी तो उनका परलोक सुधर जायेगा तथा वह जन्म–मरण से मुक्त हो जायेगी। इसी दुष्प्रचार के तहत् युवतियाँ या तो स्वयं ही देवसेवा स्वीकार की या अपनी पुत्रियों को उसके लिए तैयार किया। मेघदूतम् तथा पुराणों में देवदासी के विवरण प्राप्त होते हैं। उल्लेखों के अनुसार उज्जयिनी के महाकाल मंदिर में अनेक देवदासियाँ रहा करती थी और अपने नृत्यगान में सदैव ही व्यस्त रहा करती थी।[305] व्हेनसांग ने मुल्तान के सूर्य मंदिर की देवदासियों का वर्णन किया है।[306] राजा विक्रमांकदेव के मंदिर आंगन में नृत्य करने वाली नर्तकी अद्वितीय रूपवती थी।[307] राजस्थान के हर्षनाथ मंदिर में अनेकानेक

देवदासियाँ थी।[308] सौराष्ट्र के सोमनाथ मंदिर में पांच सौ देवदासियाँ थी, जो अपने नृत्य द्वारा देवताओं को प्रसन्न रखने के लिए तत्पर रहा करती थी।[309]

उस युग में पुराणों ने भी यह निर्देश दिया था कि धार्मिक कार्य के तहत् मंदिर सेवा के लिए जितना सम्भव हो सके, सुंदरी कन्याओं को क्रय करके अर्पित करना चाहिए।[310] धार्मिक उन्माद व दुष्प्रचार के बढ़ते कदम के साथ देवदासी प्रथा को जब राजकीय तथा साधारण वर्ग से भी समर्थन सुलभ हो गया, तब यह भी कहा गया कि जिस देव सेवा के लिए जिस परिवार की कन्या अर्पित होगी, उसे देवइच्छा से अमित सुख व स्वर्ग की प्राप्ति होगी। इसी के तहत् कहा गया कि सूर्य लोक की प्राप्ति के लिए सूर्य मंदिर को वेश्या कदम्ब अर्पित करना चाहिए।[311] धीरे–धीरे यह भावना भी समाज में बलवती होने लगी कि अगर निःसंतान व्यक्ति भी देव मंदिर में अपनी पहली संतान को देवसेवा में देने का संकल्प कर ले तो निश्चय ही उसे संतान की प्राप्ति हो सकती है। इसी प्रकार की मनौती के अनन्तर संयोग वश यदि संतानोत्पत्ति शुरू हो जाती थी, तब प्रथम संतान यदि कन्या हुई तो देवसेवा के हेतु उसे पालन–पोषण और योग्य बनाकर अर्पित कर देते थे और अपने भाग्य को भी सराहते थे। यही से इस कुप्रथा की शुरूआत हुई। नृत्य का सम्बन्ध धर्म से जुड़ा था और यह देवताओं को प्रसन्न करने का साधन थी। इसीलिए मंदिरों में देवदासी प्रथा बढ़ी।[312]

चीनी यात्री व्हेनसांग ने अपने भारत प्रवास के दौरान मुल्तान के सूर्यमंदिर में नृत्यगान में व्यस्त अनेक देवदासियों के साक्षात्कार किये थे।[313] मुसलमान यात्रियों ने भी देवदासियों का जिक्र किया है। अलबीरूनी ने तो इसका विस्तृत विवरण दिया है।[314] चाउजुडकुआ के अनुसार गुजरात के चार हजार मंदिरों में देवदासियाँ कार्यरत थी।[315] देवदासियों का पद धार्मिक कट्टर पंथियों ने धार्मिक बनाकर समाज और प्रशासन की आँखों में धूल झोंका और उन्होंने देवताओं की आड़ में जी भरकर सुरा–सुंदरी का उपभोग किया। चूंकि बाहरी लोगों ने इस पद को सम्मान व भक्तिभाव से देखा और वास्तविकता की काली छाया से अनभिज्ञ रहे, इसीलिए ही मंदिर की बाह्य दीवारों पर इन की मूर्तियाँ अंकित की गई। खजुराहो, उदयपुर, ग्यारसपुर, भुवनेश्वर, कोणार्क, ओसिया, सोहानिया आदि के मंदिरों में इनकी आकृतियाँ उत्कीर्णित है। बुरे कार्यों का परिणाम तो सदैव ही बुरा होता है। धर्म के नाम पर प्रारम्भ की गई, इस प्रथा में विकृति आ गई, तथा शासकगण इन देवदासियों को धर्माचार्यों से हासिलकर उनका प्रयोग अपने व्यक्तिगत सुख–सुविधाओं के लिए करने लगे। इसी के तहत् कभी कोई राजा जब किसी स्त्री के प्रेम में फंस जाते थे, तब उसे देवदासी बनाकर किसी देव मंदिर में प्रश्रय दे देते थे और धर्म की आड़ में उनका दैहिक शोषण करते रहते थे। कोई भी उनके इस कार्य को चुनौती नहीं दे सकता था।[316] इस प्रकार इस कुप्रथा का लगातार विकास हो गया और उत्तर प्राचीन ग्रंथों में

इसकी चरम परिणति का पता चलता है।[317] पूर्वमध्यकालीन अभिलेखों में भी देवदासियों के उल्लेख प्राप्त होते हैं, जिनसे स्पष्ट होता है कि इस प्रथा को राज्य और समाज द्वारा बराबर प्रोत्साहन और समर्थन मिलता रहा था। व्हेनसांग के अनुसार सौराष्ट्र के सोमनाथ मंदिर में पांच सौ देवदासियाँ थी जो अपने नृत्य द्वारा देवताओं को प्रसन्न रखने के लिए तत्पर रहा करती थी।[318]

कलचुरि शासक जाजल्लदेव अपने राजदरबारियों के साथ अत्यन्त हर्ष व उत्साह के साथ देवमंदिरों के समारोह में सम्मिलित होता था। जहाँ पर देवदासियाँ नृत्यगान में सदैव ही निमग्न रहा करती थी।[319] इस प्रकार धर्मशास्त्रकारों, राज्यों, शासकों व साधारण जनता द्वारा भी इस प्रथा को पर्याप्त समर्थन प्राप्त था, तभी यह प्रथा नित्य–निरन्तर विकासोन्मुख होती रही थी। छठी शती ई. तक सम्पूर्ण भारत के मंदिरों में देवदासियाँ रखने की परम्परा पूजा–अर्चना और धार्मिक उत्कर्ष के लिए ही हुआ था, लेकिन कालान्तर में धार्मिक लुटेरों, तांत्रिक प्रभावों व वासनालिप्त शासकों, ब्राह्मण पुजारियों आदि के कारण ये देव मंदिर कामोद्दीपन के केन्द्र के रूप में विख्यात होते चले गये। इसी कुप्रथा की रामकहानी आज भी देवमंदिरों की दीवारों पर स्पष्ट रूप से देखी जा सकती है। खजुराहो, गंडई, भोरमदेव, उदयपुर, ग्यारसपुर, ओसिया, सोहानिया, लिंगराज, कोणार्क, जगन्नाथ आदि के मंदिरों में ये काम वासनात्मक प्रतिमाओं के प्रदर्शन द्रष्टव्य है।

सती प्रथा

''सती'' का शाब्दिक अर्थ ''अमर'' अथवा सत्य पर स्थित रहने वाली है अर्थात धर्म के प्रति एकनिष्ठता को सन्दर्भित करते हुए अपने उज्जवल चरित्र की कीर्ति द्वारा संसार में यश को प्राप्त करने वाली नारी। सती प्रथा के आरम्भिक स्त्रोत मिश्र की प्राचीन परम्परा है, जो वहाँ के पिरामिड के रूप में ख्यातिलब्ध है। मिश्र की पिरामिड परम्परा में प्राचीन मृत राजाओं के साथ उनकी प्रिय जीवित रानियाँ अपने परिचारिकाओं सहित विभिन्न सुख–सामग्री के साथ दफना दी जाती थी, ताकि मृत आत्माएँ दूसरे लोक में भी सुख–समृद्धि व परस्पर प्रेम पूर्वक अविच्छिन्न रह सके। इस प्रकार मृत पति के साथ जीवित पत्नी को जला देने की परम्परा (कुप्रथा) मिश्र के अतिरिक्त स्लाव, रोम, यूनान आदि देशों में भी प्रचलित थी। यही विदेशी कुप्रथाएँ भारत के सती प्रथा को आरम्भ करने के लिए मूल प्रेरणा स्त्रोत बनी। लेकिन यह तथ्य निश्चित है कि पूर्व वैदिक काल में इस प्रथा के आरम्भिक स्वरूप के दर्शन होते हैं, जिसमें नारी को जिन्दा नहीं जलाया जाता था, अपितु उनको नया जीवन शुरूआत करने के लिए अभिप्रेरित किया जाता था। पूर्व वैदिक कालीन आरम्भिक प्रथा के अनुसार स्त्री अपने मृत पति के शव के साथ लेटती है। तत्पश्चात् उन्हें सम्बोधित किया जाता है – ''नारी, उठो, पुनः इस संसार में आओ........।''[320] इसी अर्थ को व्यक्त करने वाले और इस प्रथा के

आरम्भिक स्वरूप के अनुगामी उत्तर वैदिक कालीन ग्रंथ भी है। तैत्तिरीय संहिता, अथर्ववेद और तैत्तिरीय आरण्यक आदि में सती प्रथा के आरम्भिक स्त्रोत सुस्पष्ट है। अथर्ववेद के अनुसार– नारी अपने मृत पति के शव के साथ चिता पर आरोहण करती है और उसके बाद उन्हें चिता से उतर आने के लिए निर्देशित किया गया है। तैत्तिरीय आरण्यक में मृत पति के साथ विधवा स्त्री दर्शित है, जिनके आगामी जीवन के सुखमय होने की कामना की गई है।[321] जहाँ तक गृह्यसूत्र का सवाल है तो किसी भी गृह्यसूत्र ने सती प्रथा का कहीं भी कोई उल्लेख नहीं किया है क्योंकि सतीप्रथा के आरम्भिक स्वरूप को मानने या नहीं मानने के लिए आम जनता स्वतंत्र थी। उन पर किसी तरह से कोई धार्मिक दबाव न था। केवल आपस्तम्ब धर्मसूत्र ने इस सम्बन्ध में इतना ही कहा कि मृत पति का भाई या उसका शिष्य या कोई दास, विधवा स्त्री को, उनके जीवन संवारने के निमित घर ले आता था। इस प्रकार पूर्व वैदिक काल, वैदिक काल और उत्तर वैदिक काल तक सतीप्रथा के नाम पर किसी जीवित नारी को जला देने का कोई नियम नहीं था और इसे शासन, धर्म एवं आम जनता की दृष्टि में कोई नैतिक समर्थन प्राप्त नहीं था। उनकी दृष्टि में पति के मृत हो जाने के बाद विधवा स्त्री को नया जीवन जीने का पूरा हक था और समाज व धर्म द्वारा उन्हें यह अधिकार सुनिश्चित रूप से प्राप्त होता था। उन्हें सती प्रथा के नाम पर जिन्दा जला देने का निर्देश तत्कालीन किसी भी ग्रंथ में नहीं है, चूंकि साहित्य, धर्म और समाज का दर्पण होता है, इसलिए इस तथ्य में किसी प्रकार भी संदेह नहीं है।

भारत में सती प्रथा के माध्यम से नारी जाति को जिन्दा जलाये जाने के प्रकरण धार्मिक व सामाजिक दबावों के कारण चौथी सदी ई. पू. में व्यवहार में लाने शुरू हो गये थे। रामायण काल में सती प्रथा के कहीं भी उल्लेख नहीं है, वैसे भी रामायण की प्रमुख पात्राएँ–कौशिल्या, कैकई, सुमित्रा आदि महारानियाँ, राजा दशरथ के मरने के उपरांत सती नहीं हुई थी, अपितु सामान्य रूप से राजमाता के पद पर प्रतिष्ठित हुई थी। लेकिन महाभारत काल में सती प्रथा के अनेकानेक उदाहरण मिलने शुरू हो जाते हैं।

इस समय समस्त धर्मशास्त्रकार अपने धार्मिक प्रयासों में सफल हो गये थे और सतीप्रथा की आड़ में विधवा नारी को अछूत भावना से और उनके दर्शन को ही महापातक मानकर उन्हें समाज से ही सदा के लिए अलविदा करने के प्रयास में कामयाब हो रहे थे। महाराज पाण्डु के मृत होने पर उसकी रानी माद्री सती हो गई थी।[322] श्रीकृष्ण के पिता वसुदेव के मरने पर उसकी चार पत्नियाँ देवकी, भद्रा, रोहिणी और मंदिरा ने सहमरण किया था।[323] ग्रीक इतिहासकारों ने भारतीय सतीप्रथा के सन्दर्भ में विवरण दिये है। स्ट्रैबो ने तक्षशिला की स्त्रियों के लिए लिखा है कि वे मृत पति के साथ चिता में जल मरती थी।[324] तत्कालीन युग के पंजाब में निवास करने वाली कठ जाति में भी सती प्रथा को मान्यता प्राप्त थी।[325] गुप्तकालीन कवि कालिदास ने भी इस प्रथा का ''पतिवर्त्मगा'' शब्द के माध्यम

से उल्लेख किया है।[326] तत्कालीन युग में सतीधर्म की मान्यता प्राणिमात्र और चेतनाहीनों के लिए भी स्वाभाविक था।[327] महर्षि वात्स्यायन के अनुसार– तत्कालीन नर्तकियों द्वारा अपने प्रेमियों को उनके साथ सती होने का झूठा आश्वासन दे देती थी।[328] वृहस्पति के अनुसार– वैधव्यता की कठिन ब्रह्मचर्य की स्थिति से बेहतर सती हो जाना ही श्रेयस्कर है।[329] इसी प्रकार दक्ष और व्यास के अनुसार भी सती धर्म, कष्टमय विधवाजीवन से सर्वथा श्रेष्ठ ही है।[330] इस प्रथा के महत्व को स्वर्गप्राप्ति से भी बढ़कर निरूपित किया गया। वृहत्संहिता जैसे ग्रंथ ने भी सती धर्म को स्वीकार करते हुए वैधव्यता से बेहतर विधवा नारी को जलकर सती हो जाना ही श्रेयस्कर बतलाया था।[331] गुप्तकालीन अभिलेखकीय प्रमाण भी सतीप्रथा के स्वरूप को उजागर करते हैं। हूणों के विरूद्ध युद्ध में मृत (510 ई.) सेनापति गोपराज की पत्नी असह्यःवेदना से सती हो गई थी।[332] पौराणिक काल में भी सतीप्रथा के अनेक प्रसंग विद्यमान है। श्रीकृष्ण जी के मृत्योपरांत रूक्मिणी आदि उनकी पत्नियों ने उसके मृत शरीर को आलिंगित कर प्रज्वलित अग्नि में प्रवेश कर ली थी।[333] इसी तरह पुराणों ने यह भी उल्लेख किया कि बलराम के मृत होने पर उसकी पत्नी रेवती ने अह्लाद पूर्वक उसके शरीर का आलिंगन कर शीतल अग्नि (विरहाग्नि से कम ताप युक्त) में प्रविष्ट हो गई थी।[334] कभी–कभी पति के संभावित मृत्यु को दृष्टगत् रखकर पत्नी उसके मृत्यु पूर्व ही अग्नि में प्रवेश कर जाना श्रेयस्कर समझती थी। हर्षचरित के अनुसार महाराज प्रभाकर वर्धन की मृत्यु से पूर्व ही उसकी पत्नी महारानी यशोमति अग्नि प्रवेश कर चुकी थी। परवर्ती व्यवस्थाकारों ने स्त्रियों की दुर्दशा को आत्मसात् करते हुए स्पष्ट किया है कि पति के मरने के बाद स्त्रियों की कोई दूसरी गति नहीं है। भतृ वियोग से उत्पन्न दाह का कोई दूसरा शमन या रास्ता ही नहीं है। उनकी व्यवस्था थी कि यदि पति देशान्तर में मरे तो साध्वी स्त्री को चाहिए कि उसकी पादुकाएँ अपने हृदय से लगाकर पवित्र होकर अग्नि में प्रवेश करे, तभी उनको स्वर्ग की प्राप्ति हो सकती है।[335] विज्ञानेश्वर का तो यह कहना था कि सती प्रथा के मामले में किसी भी वर्ण के साथ कोई भेदभाव नहीं होने चाहिए, अपितु सभी वर्णों में यह व्यवस्था लागू होनी चाहिए।[336] लक्ष्मीघर का तो कहना था कि पति के मृत हो जाने पर जो स्त्री हुताशन पर आरोहण करती है, वह अरून्धती की तरह आचरण युक्त होकर स्वर्गलोक में प्रतिष्ठित पद को प्राप्त करती है। मानव शरीर के साढ़े तीन करोड़ रोयें जितने वर्ष पर्यन्त वह पति का सहगमन करती हुई स्वर्ग लोक में निवास करती हैं। जिस तरह सांप को पकड़ने वाला सांप को बिल में से निकाल लेता है, उसी प्रकार नारी अपने उद्योग से पति का उद्वार कर उसके साथ ही वह स्वर्ग की ओर प्रस्थान करती है। उसका मानना था कि पति के नक्शे–कदम पर चलने वाली स्त्री अपने माता–पिता और भर्ता, तीनों ही कुलों को उज्जवल और पवित्र कर देती है। तथाकथित पति भक्ति को बढ़ा–चढ़ाकर पेश करते हुए उसने माना कि पति के चरणों में अनुरक्त रहने वाली उत्तम,

परम, पति से ही रति आंकाक्षिणी वाली निश्चित ही अपने पति के साथ स्वर्ग लोक जाती है और चर्तुदश इन्द्रों के समय तक उससे विहार करती रहती है। अपने पुरूषवादी प्रवृत्ति के अनुसार उसने माना कि चाहे पति कितने ही कृतघ्न और मित्रहन्ता ही क्यों न हो, उसका अनुगमन करने वाली स्त्री उसे पवित्र करती ही है। पति के मृत्योपरान्त साध्वी का अग्नि प्रवेश के अतिरिक्त और कोई दूसरा धर्म धर्मशास्त्रों द्वारा विहित नहीं है। पति के स्वर्गवासी हो जाने पर जब तक पतिवृत्ता अपने शरीर का अग्निदाह नहीं कर लेती, तब तक वह अपने इस पाप युक्त शरीर से किसी प्रकार भी मुक्त नहीं हो सकती। मृत्योपरान्त पति के स्वर्ग चले जाने पर पति वियोग से क्षत–विक्षत शरीर से कातर स्त्रियों के सम्मुख अग्निप्रवेश के अतिरिक्त और कोई दूसरा मार्ग नहीं दिखलाई पड़ता।[337] काश्मीरी लेखकों ने भी सतीप्रथा के अनेक सन्दर्भ प्रस्तुत किये है। उसके अनुसार महाराज शंकर वर्मन के मृत्योपरान्त उसकी प्रधान रानी सुरेन्द्रवती व अन्य तीन रानियों ने प्रज्वलित अग्नि में प्रवेश किया था।[338] इसी ग्रंथ में ही कन्दर्प सिंह के मृत होने की दशा में उसकी भार्या के सती हो जाने का उल्लेख है।[339] कथासरित्सागर में भी इस बात का उल्लेख है कि पति के मृत्योपरान्त पत्नियाँ सती हो जाया करती थी।[340] उत्तर प्राचीन कालीन अभिलेखों से भी सती प्रथा के कतिपय सन्दर्भ प्राप्त होते है। एक नेपाली अभिलेख में उल्लिखित है कि धर्मदेव नामक राजा के मृत्योपरान्त महारानी राज्यवती ने प्रज्जवलित अग्नि में स्वयं को समर्पित कर दिया था।[341] जोधपुर अभिलेख के अनुसार तत्कालीन गुहिलवंशीय दो रानियाँ चिताग्नि में स्वयं को स्वाहा कर दी थी।[342] इसी प्रकार घटियावाला (जोधपुर) अभिलेख स्पष्ट करता है कि राजपूत सामन्त राणुक के शहीदोपरान्त उसकी पत्नी सम्पल देवी ने सतीमार्ग का अनुसरण किया था।[343] भोरमदेव से प्राप्त एक शिलालेख में भी एक नारी द्वारा सती धर्म पालन का उल्लेख है। 'आल्हखण्ड' में गजमोतिन, बेला आदि ऐसी स्त्रियों का उल्लेख है, जिन्होंने सतीधर्म का अनुसरण किया था।

इस प्रकार कुछ धर्मशास्त्रकारों ने जहाँ सतीमार्ग का समर्थन किया है, वहीं कुछ ने इस कुप्रथा का विरोध भी किया है। मध्यकालीन टीकाकार मेघातिथि ने एक वेद वाक्य को उद्धृत किया है, जिसके अनुसार यद्यपि अंगिरा ने सतीप्रथा को अनुमति दी है, लेकिन आसलियत में यह आत्महत्या ही है, ज़ो स्त्रियों के लिए पूर्णतः निषिद्ध है। वेद में ''श्येनेमाभिचरन् पजेत्'' सन्दर्भित है। लेकिन इसे किसी भी मायने में धर्म नहीं समझा जाता। यह अभिचार या जादू ही है, जो कि अधर्म ही है।

गुप्तकालीन स्मृतिकारों ने स्त्रियों के लिए दो मार्ग निर्धारित किये– पति के मृत्योपरान्त या तो वह ब्रह्मचारिणी जीवन व्यतीत करे या फिर सती हो जाए।[344] शुक्र के अनुसार भी विधवा स्त्री को या तो सती हो जाना चाहिए या फिर ब्रह्म चारिणी जीवन व्यतीत करने की शपथ लेनी चाहिए।[345] कामसूत्रम् में भी अनुमरण के उल्लेख प्राप्त होते

हैं।[346] नैषध महाकाव्य और प्रियदर्शिका में भी विधवा के प्रज्जवलित चिताग्नि पर सोने के उल्लेख है।[347] हर्षचरित में हर्ष की माता यशोमती अपने पुत्र हर्ष से कहती है कि वह विधवाओं के पक्ष से संसार में रहना चाहती है, शरीर से नहीं।[348] वराहमिहिर ने तो सती होने वाली स्त्रियों की अत्यधिक प्रशंसा की है।[349] वेश्याएँ भी इस मामले में प्रतिस्पर्धी थी। वे भी सभी प्रतिष्ठित नारियों की भांति प्रतिष्ठा पाने की होड़ में शामिल हो गई थी। एक कथानक के अनुसार राजा विक्रमसिंह के मृत्योपरान्त कुमुदिका नामक वेश्या उसके साथ सती हो गई थी।[350] काश्मीर में भी सती प्रथा के प्रमाण मिलते है।[351] अरब यात्री सुलेमान के अनुसार राजा के मृत्योपरान्त रानियाँ स्वयं को चिताग्नि में जला देती थी।[352]

अलबेरूनी ने तो स्पष्ट लिखा है कि परम्परानुसार विधवा स्त्रियों को, चाहे उनकी इच्छा हो या न हो, लेकिन उन्हें सती हो जाना ही पड़ता है।[353] उसके ही अनुसार यदि मृत्यु की वजह से किसी का पति न रहे, तो वह पुनःर्विवाह नहीं कर सकती। उन्हें या तो ब्रह्मचारिणी धर्म का पालन करना होता है या फिर स्वयं को अग्नि में भस्म कर देना पड़ता है।[354] लेकिन सत्य व अहिंसा से प्रेरित बौद्ध धर्मावलम्बी इस कुप्रथा के सख्त खिलाफ थे।[355] मिताक्षरा के अनुसार तो सती प्रथा ब्राह्मण से लेकर चाण्डाल तक की स्त्रियों के लिए समान रूप से श्रेयस्कर है।[356]

इस प्रकार कुछ धर्मशास्त्रकारों ने जहाँ सतीमार्ग का समर्थन किया है, वहीं कुछ ने इस कुप्रथा का प्रबल विरोध भी किया है। मध्यकालीन टीकाकार मेघातिथि एक वेद वाक्य को सन्दर्भित किया है, जिसके अनुसार सती का उल्लेख अधर्म के सन्दर्भ में है, जो नारी अपने तथा पति के लिए शीघ्रता पूर्वक स्वर्गप्राप्ति की इच्छुक है, वह अंगिरा के कथन को प्रमाणित तो करती है, लेकिन यह अशास्त्रीय आचरण ही है। अपने पूर्ण विहित जीवन व आयु में आवश्यक कर्तव्य कर्म का पालन करने के पूर्व इस संसार का (बलपूर्वक) त्याग नहीं करना चाहिए और न ही उसका अनदेखा किसी भांति करना चाहिए।[357] देवगण भट्ट के अनुसार तो किसी स्त्री का सती होना, विधवा जीवन में ब्रह्मचारिणी रहने की अपेक्षा अत्यन्त ही जघन्य है और यह पुण्य नहीं, अपितु महापाप है।[358] पूर्वकालीन महाकवि बाण ने इस प्रथा की तीखी भर्त्सना करते हुए कहा है कि स्त्री सती प्रथा के नाम पर आत्महत्या ही करती है और इस जघन्य महापाप के कारण वह सीधे ही नरक में जाकर गिरती है।[359] तत्कालीन ख्याति प्राप्त शूद्रक ने भी सतीप्रथा की कटु आलोचना, भर्त्सना व निन्दा की है।[360] कुछ भारतीय धर्मशास्त्र ऐसे भी थे जो नारी जाति को उनकी धर्मान्धता के खिलाफ सख्त चेतावनी भी दी और कहा कि आँखे बंद करके, सामाजिक भय तथा धार्मिक मोह के कारण चिता में सज्जित होने वाली नारी, घोर नरक गामिनी होती है। इसमें जरा भी संदेह नहीं है।[361]

लेकिन अनेक व्यवस्थाकारों के तीखे प्रतिरोध के बावजूद भी समाज में इसका प्रचलन उसी प्रकार बरकरार रहा, बल्कि मध्यकाल तक आते–आते हिन्दू समाज में उसका प्रभाव स्थायी हो गया, जिस प्रकार वर्णव्यवस्था के तहत् जाति प्रथा के विषय में हुआ था। पूर्वमध्यकालीन अरब लेखकों के अनुसार राजपूत और योद्धा वर्ग ने विशेष रूप से सती प्रथा को मान्यता प्रदान की और उसका अनुगमन भी किया।[362] आमतौर पर धर्मशास्त्रकार इस बात पर एक मत दिखलाई पड़ते है कि सती प्रथा के अनुपालन के लिए क्षत्रिय वर्ग ही विशेष उपर्युक्त था।[363] ब्राह्मण स्त्री के लिए सतीप्रथा का अनुगमन करना ब्रह्महत्या के समान महापातक कहा गया। ब्राह्मणवादी प्रवृत्ति और स्वार्थ लिप्सा के तहत् स्वयं को बचाते हुए पैठिनसि, अंगिरा, व्याध्रपाद आदि शास्त्रकारों के कथन के आलोक में अपरार्क ने भी यह निर्देश जारी किया कि ब्राह्मणी के लिए सतीप्रथा का अनुपालन करना अत्यन्त ही निन्दनीय है।[364]

इस प्रकार सतीप्रथा के लिए ब्राह्मण व्यवस्थाकारों ने अपना बचाव किया और दूसरे वर्ण की स्त्री के साथ भेदभाव व स्वार्थपरता की नीति अपनाया। जो आगे चलकर निश्चित रूप से जातिवाद को बढ़ावा ही दिया।

सती प्रथा, भारतीय समाज की अत्यन्त निर्दय, क्रूर, जघन्य, निन्दनीय व वीभत्स प्रथा थी, जो ब्राह्मणों द्वारा दूसरे वर्ण की स्त्रियों के लिए षड़यंत्रपूर्वक लागू की गई थी। ब्राह्मण धर्मशास्त्रकारों की शह पाकर अन्य वर्ग के लोग लोभवश, चल अचल सम्पत्ति में से स्त्री को कुछ भी न देने के उद्देश्य से उन्हें जबरदस्ती जला मारते थे या फिर उन्हें जल मरने के लिए बलपूर्वक विवश किया जाता था।[365]

"विधवा - जीवन"

वैदिक काल में विधवा जीवन पर कुछ सन्दर्भ इस प्रकार मिलता है– मरूत के वेग से जिस प्रकार पृथ्वी कांपने लगती है, उसी प्रकार पति के बिछोह (मृत्यु) होने पर स्त्री दुःख अथवा दुर्व्यव्यवहार के भय से कांपती है।[366] पति के मृत्यु के बाद एक वर्ष के लिए उसे मधु, मांस, मदिरा तथा नमक का परित्याग कर भूमि शयन करना पड़ता था। तत्पश्चात यदि वह पुत्र विहीन होती तो घर के बड़ों की सलाह एवं अनुमति से देवर द्वारा संतान भी उत्पन्न कर सकती थी।[367]

आमतौर पर विधवाओं को शुद्ध और पवित्र जीवन जीने को सभी धर्मशास्त्रकारों द्वारा प्रेरित किया गया। हारीत के अनुसार अगर विधवा स्त्री जिव्हा, हस्तपाद, इन्द्रियों आदि पर विजय प्राप्त कर, स्वचारवती होकर दिन–रात अपने मृत पति का ही अनुशोचन करती हुई शांत रहती है, वह जीवन के अंत में पति लोक पर विजय प्राप्त करती है और पुनः पति वियोग को प्राप्त नहीं होती है।[368] वृहस्पति के अनुसार– "पति के मृत्योपरान्त

जो पतिव्रता साध्वी स्त्री निष्ठा (ब्रह्मचर्यव्रत) का पालन करती है, वह सब पाप दोषों को त्यागकर पतिलोक को प्राप्त होती है। नित्य व्रत–उपवास में निरत्, ब्रह्मचर्य में व्यवस्थित, दम और दान में रत् स्त्री, निःसंतान होते हुए भी निःसंदेह स्वर्ग की ओर प्रस्थान करती है।[369] मनु के अनुसार– पति के मृत्योपरान्त विधवा स्त्री, पुष्प, कंद और फल के आहार से अपना शरीर क्षीण कर दे तथा दूसरे पुरूष का नाम भी न ले।[370] ब्राह्मणवादी धर्मशास्त्रकारों ने उनके लिए अनेक कठोर नियम बना दिये और व्यवस्था दी कि वह न बाल सज्जित करे, न पान खाए, न सुंगधित द्रव्य, फूल–अंलकरण का व्यवहार करें और न ही दिन में दो बार खाए।[371] पुरूषवादी पुराणों ने भी विधवा स्त्री के प्रति जरा भी दया दृष्टि न करते हुए उन्हें कठोर जीवन व्यतीत करने का निर्देश किया है। भूमि पर शयन करना, क्रोध से विरत् रहना, धूर्तता न करना, श्वेत वस्त्र धारण करना और जितेन्द्रिय रहना उनका मूल कर्तव्य था। आभूषणों का परित्याग, मलिन वस्त्र धारण और केश न रखना भी उनके मूल कर्तव्यों में जोड़ दिया गया।[372]

पौराणिक काल में कामदेव के भस्मीकरण की स्थिति में उसकी विधवा स्त्री रति ने अपने समस्त आभूषण उतार दिये और दुःख की विह्लता के कारण उसके केश भी बिखरकर धूलि – धुसरित हो गये थे।[373] ग्रीक लेखक स्ट्रैबो के अनुसार– जीवन पर्यन्त उन्हें यज्ञ तथा किसी अन्य धार्मिक आयोजनों में भाग लेने का अधिकार नहीं था।[374] कुछ भारतीय शास्त्रकार उनके प्रति इतने कठोर हो गये थे कि उन्हें सर्वाधिक अभागिन घोषित किया गया और कहा गया कि उनका दर्शन ही सबसे बड़ा अमंगल है। ब्राह्मणवादियों ने उनके आशीर्वाद को सांप के विष की संज्ञा दी और कहा कि बुद्धिमान मनुष्य उनके आर्शीवाद को ग्रहण न करें।[375] ब्राह्मण व्यवस्थाकारों की ऐसी भेदभाव व घृणित नीति के कारण ही भारतीय नारियों की दशा बद से बदतर होती चली गई और उनका इस पृथ्वी पर पशु से भी बुरा हाल किया जाने लगा।

गुप्तकालीन ब्राह्मणवादी व्यवस्थाकारों ने भी जीवित विधवाओं के लिए कठोर ब्रह्मचर्य व्रत, सच्चरित्रता और सदाचरण के पालन को आवश्यक बतलाया है। उपनयन, विवाह जैसे शुभ अवसरों पर केवल सधवाएँ ही वधू का श्रृंगार किया करती थी। विधवाओं का तो वहाँ जाना तक निषिद्ध था।[376] जबकि महाकाव्यों के काल में कहीं पर भी विधवाओं पर आक्षेप नहीं किया गया है। रामायण में कौशिल्या, सुमित्रा और कैकेयी जैसी राजकुल की विधवाएँ राज्यसभा में प्रतिष्ठित होती थी, जबकि महाभारत में विधवा होने के बावजूद भी कुन्ती ने अपने पुत्रों का विवाह स्वयं सम्पन्न करवाया था। धर्मराज युधिष्ठिर ने स्पष्ट कहा कि माता की आज्ञा ही वेद की आज्ञा है। माता के बिना, वेद का कहीं कोई अस्तित्व ही नहीं है। निश्चय ही कुन्ती जैसी राज कुल की विधवा उस युग में हर मांगलिक कार्यों में सम्मानित होती थी और स्वयं श्री कृष्ण जी उनका सम्मान किया करते थे। लेकिन कालान्तर में

विधवाओं की दशा नित्य निरन्तर दयनीय होती चली गई। हर्षचरित में राज्यश्री के विवाह पर राजकुल में चारों ओर सुहागन स्त्रियाँ ही दिखलाई देती है।[377] अलबीरूनी के अनुसार– स्त्री विधवा रूप में जब तक जीवित है, तब तक उनके साथ बुरा व्यवहार अनिवार्य रूप से किया जाता है।[378] आरम्भिक युग में विधवाओं के सिर मुण्डन की प्रथा नहीं थी। लेकिन पूर्व मध्यकालीन ब्राह्मणवादी व्यवस्थाकारों ने विधवाओं को केश श्रृंगार से दूर रहने का निर्देश दिया।[379] जबकि महेन्द्र पाल की पहेवा प्रशस्ति में विधवा स्त्रियों के बड़े–बड़े बालों का वर्णन किया गया है।[380] बाणभट्ट ने हर्षचरित में विधवा के केश बन्धन का वर्णन किया है।[381] लेकिन कालान्तर में धार्मिक कट्टरपंथियों के भारी दबाव के चलते बेचारी भारतीय नारी मजबूरन यतियों के जीवन को अपना ध्येय मानकर दुःखित होकर सिर मुण्डन भी कराने लगी। लगभग 10–11वीं शती ई. में यह प्रथा चलकर परम्परा के रूप में उभरी।[382] विधवाएँ अलंकरण विहीन और श्वेत वस्त्र युक्ता होती थी।[383] व्रत और आत्मसंयम ही उनका प्रमुख धर्म बन गया।[384] आमतौर पर मानव जीवन में त्याग और आदर्श को बहुत महत्व दिया जाने लगा और कहा जाने लगा कि जब बौद्ध और जैन भिक्षुणियाँ संयमित आदर्श का पालन कर सकती है तो भला विधवाएँ क्यों नहीं कर सकती? लेकिन उन पर दया दृष्टि करते हुए महर्षि वात्स्यायन ने निर्देश किया कि यदि कोई विधवा स्त्री ब्रह्मचर्य का जीवन व्यतीत करने में स्वयं को असमर्थ पाती है तो वह उस धनी व्यक्ति के पास जाए जो बिना किसी धार्मिक औपचारिकता के उन्हें पत्नी के रूप में स्वीकार कर लें।[385]

निश्चित रूप से महर्षि वात्स्यायन् एक उदारवादी व्यवस्थाकार थे, जिन्होंने नारी समाज की स्थितियों को स्वयं अनुभव करके उन्हें प्रत्यक्ष रूप से सहयोग देने का ऐलान किया। उनका बल पाकर अवश्य ही नारी समाज को भारी दबाव के बीच कुछ राहत तो अवश्य ही मिली होगी। लेकिन यह राहत भी सभी ब्राह्मण व्यवस्थाकारों के भीषण दबाव के सामने अत्यन्त न्यून व क्षणिक ही रही होगी। इसमें जरा भी शक की गुंजाईस नहीं दिखती।

संदर्भ ग्रंथ –

1. ''अर्थो अर्द्धो वा एषं आत्मनः यत् पत्नीः।''– तैति. ब्रा. 2/9/4–7, मनु. 9/26
2. वेस्टर मार्क, दी हिस्ट्री अव ह्यूमन मैरेज, 1, पृ. 26
3. मजुमदार एण्ड मदन, ऐन इंट्रोडक्शन टू एन्थ्रोयालॉजी, पृ. 416
4. ''एव मुप यमन पाणिग्रहण शब्दात्परिणयन शब्दोऽपि दण्डिन्याये नैव कर्म समुदाये शास्त्रेषु प्रयुज्यते।'' – अपरार्क पृ. 95
5. महाभारत, 1/128/4–47
6. मत्स्यपुराण, 106/9
7. विष्णुपुराण, 3/16/20

8. "विधेव कन्यका मोहाद पात्रे प्रतिपादिता। यशसे न, न धर्माय जायेता– नुशायाय।"– कथासरित्सागर, 5/1/26
9. "पाणिगृहीतिः प्रकाराः शब्दा उढायां स्त्रियांङ्यन्ता निपात्यन्ते। यथा पाणिर्गृहीतोऽस्याः पाणौ वा गृहीता पाणिगृहीति एवं करगृहीति।।"– शब्दानुशासन, 2/4/51, 2/4/52
10. ऋग्वेद, 5/3/2, 5/28/3
11. "अर्धो ह वा एस आत्मनो यज्जाया तस्माद्या वज्जायां..... तर्हि हि सर्वो भवति।"– शत. ब्रा. 5/2/1/10
12. जैमिनी, 6/1/17
13. "पत्युर्नो यज्ञ संयोगे।'– पाणिनि, 4/1/13
14. मार्कण्डेय पुराण, 21/68–73
15. ऋग्वेद, 10/85/36
16. "पुत्रेण लोकां जयति पौत्रेणा नन्त्य मश्नुते। अथ पुत्रस्य पौत्रेण ब्रह्मन स्यारनोति विष्टपम।।"– मनु, 9/137
17. महाभारत, 1/120, 29–30, तैत्तिरीय संहिता, 6/3/10–15
18. ब्रह्मपुराण, 104/7–14
19. "तद वा अस्यैत दतिच्छन्दा, अपहत पाप्य माभयं रूपम्। तद्यथा प्रियया स्त्रिया सम्परिश्ष्वक्तो न ब्राह्म किंचन वेद नान्तरं मेव मेवायं पुरुषः प्राज्ञेनात्मनां सम्यरिष्वक्तो न ब्राह्म किंचन वेद नान्तरं तद् वा अस्यै प्ताकाममात्मा काम मकामं रूपं शोकान्तरम्।"– वृह. उप. 4/3/21
20. "अपत्यं धर्म कार्याणि शुश्रुषा रतिरूत्तमा। दाराधीन स्तथा स्वर्गः पितृयामात्मनष्च ह।"– मनु., 9/28
21. डॉ. जयशंकर मिश्र, ग्यारहवीं सदी का भारत, पृ. 134
22. तैत्तिरीय संहिता, 6/3/10/5
23. मनु. 9/27
24. "दार परिग्रहादम्या गारिकोऽस्मि।"– हर्ष चरित, पृ. 79
25. "कुलमग्रे परीक्षेत् मातृतः पितृतश्चेति।"– आपस्तम्ब., 1/5
26. "दश पुरूष विख्याताच्द्रोत्रि याणां महाकुलात्।"– याज्ञ. (विज्ञानेश्वर) 1/54
27. "उत्कृष्ट्रायामि रूपाय वराय सद्धशाय च। अप्राप्ता मपि तां तस्मै कन्यां दद्याद्यथा विथि।"
– मनु, 9/88 एवं यमस्मृति, 1, 1/78
28. ::अविलुत ब्रह्मचर्यो लक्षण्यां स्त्रिय मुद्धहेत। अनन्य पूर्विकां कान्ताम सपिडां यवीय सीम।"
– बौधायन., 4/11, मनृ. 3/2, याज्ञ. 1/52
29. "एतेरैव गुणेर्युक्तः सवर्णः श्रोत्रियोः वरः। यत्नान परीक्षितः पुंस्त्वे युवा धीमान जनप्रियः।"
– आपस्तम्ब. 1/3/20, याज्ञ. 1/55
30. "पूर्वमायुः परीक्षेत पश्चाल्ल क्षण मादिशेत्। आयुहीनन राणां च लक्षणैः किं प्रयोजनम्।"– वीरमित्रौदय, सं भा. 2, पृ. 752
31. "अपत्यार्थे स्त्रियः सृष्टः स्त्री क्षेत्रं वीजि नोनराः। क्षेत्रं वीजवते देयं ना बीजी क्षेत्र मर्हति।"– नारद. स्त्री पुं. संयोग, 12/19
32. "बीजस्य चैव योन्याश्च बीजमृत्कृट मुच्यते। सर्वभूत प्रसूतिर्हि बीजलक्षण लक्षिता।"– मनु, 9/33, 35
33. प्राचीन भारत में नारी, पृ. 52
34. "स्त्रियं नपुंसकत्व निवृत्तये स्त्रीत्वेन परीक्षिताम्।"– मिताक्षरा, 1/51
35. "अत्यंगांगी सौम्यनाम्नी हंस वारण गामिनीम्। तनुलोम केशदशनां मृद्धंगी युद्धहेत्स्त्रियम्।– मनु. 3/10
36. "नोद्धहेत्कपिलां कन्यां नाधिकांगी न रोगिणीम्। ना लोमिकां ना तिलोमां न वाचातां न पिंगलाम्। नर्क्षवृक्षनदी नाम्नीं नान्त्यपर्वत नामिकाम्। न पक्ष्यहिप्रेष्य नाम्नीं न च भीषण नामिकाम्।– मनु. 3/8–9

37. वर्षैरेक गुणां भार्यामुद्धहेत त्रिगुणस्सवयम्। नाति केशामकेशां वा नास्ति कृष्णा न पिंगलाम्। निसर्गतोऽधिकांगी वा न्यूनांङ्गीमपि नोद्धहेत। नाविशुद्धां सरोमां वा कुलजां वापि रोगिणीम्। न दुष्टां दुष्ट वाक्यां वा व्यंङ्गिनी पितृ मातृतः। न श्मश्रुत्यंजनवतीं न चैव पुरूषा कृतिम्। नाति रूक्षच्छविं पाण्डुकरजा मरूणेक्ष णाम्। आपीन हस्त पांदा च न कन्यामुद्धहेद् बुधः। न वामानां नाति दीर्घा नोद्धहेत्सं हृत भ्रुवम्। न चातिच्छिद्र दशनां न करालमुखी नरः।"– विष्णु पुराण, 3/10/16–22
38. "चत्वारि विवाह करणानि वित्तं रूपं प्रज्ञा बांधव निति।"– भारद्वाज, 1/6
39. कामसूत्रम, 3/1/12
40. "संस्कारम्यूख" से उद्धृत
41. शतपथ ब्राह्मणम्, 4/1/5
42. ऋग्वेद, 5/61/17–19
43. "वैश्या यामद धाच्छौरिः पुत्र कौशिकमग्रजम्।"– मत्स्य पुराण, 46/20
44. मत्स्य पुराण, 46/62, वायु पुराण, 99/70, ब्रह्माण्ड पुराण, 3/74/71
45. महाभारत, 13/53/17
46. वही, 3/94–97
47. मालविकाग्निमित्र, उच्छवास, 1
48. फ्लीट, कार्पस इन्स्क्रिप्शन्स इंडिकेरम, 3, पृ. 152–64
49. आर्क्योलॉजिकल सर्वे ऑफ इंडिया, खण्ड 4, पृ. 140
50. एपिग्राफिआ इण्डिका, खण्ड 8, पृ. 24
51. हर्षचरित, 1
52. काव्यमीमांसा, 1/11
53. राजतरंगिणी, 7/11/12
54. कथासरित्सागर, 35/171
55. ग्यारहवीं सदी का भारत, पृ. 141
56. अथर्ववेद, 4/17/8/9
शूद्रैव भार्या शूद्रस्य सा च स्वा च विशः स्मृते। ते च स्वा चैव राज्ञश्च स्वा चाग्रजन्मनः।" – मनु, 3/13
"ब्राह्मणस्यानुपूर्व्येण चतस्त्रस्तु यदि स्त्रियः।" – मनु, 9/149
57. मिताक्षरा., 1/4, याज्ञवल्क्य., 4/91–92, शंख. 4/6–7
58. याज्ञवल्क्य., 1/88, मनु. 9/85–86
59. याज्ञवल्क्य., 1/88
60. एपिग्राफिआ इण्डिका, 18, पृ. 95
61. वही, 2, पृ. 4, पद्य 15
62. राष्ट्रकूटाज एण्ड देयर टाईम्स, पृ. 17
63. इंडियन एण्टीक्यूरीज, 21, पृ. 255
64. क्वाइंस ऑफ मेडिवल इंडिया, पट्टिका 4, सं. 11 – दि क्षेमगुप्त
65. वैद्य, हिन्दु भारत का उत्कर्ष, पृ. 309
66. ऋग्वेद, 1/26
67. भागवत पुराण, 9/21/24
68. भावगत पु., 1/18/18, विष्णुपुराण, 4/10/4, वायुपुराण, 93/43

69. आर्क्योलॉजिकल सर्वे ऑफ इंडिया रिपोर्ट, 2, पृ. 445
70. गौतम, 4/15– '''प्रतिलोमास्तु सुतमागधा योगव कृत वैदेहक, चण्डालः।'' क्षत्रिया द्विप्रकन्यायां सुतो भवति जातिनः। वैश्यान्मागध वैदेहो राजविप्रांगना सुतौ।''– मनु, 10/11–12
71. मत्स्यपुराण, 93/13/4, ब्रह्माण्डपुराण, 3/68/43, वायु पुराण, 93/43
72. ऋग्वेद, 10/27/22
73. रामायण, 1/66/67
74. महाभारत, आदिपर्व, द्रौपदी स्वयंवर प्रसंग
75. वही, 1/112, 54/8–9
76. भावगतपुराण, दशम स्कन्ध (श्रीकृष्ण विवाह प्रसंग)
77. बुद्धचरितम, (बुद्ध विवाह प्रसंग)
78. धम्मपद टीका, पृ. 278–79
79. कुणाल जातक, सं. 536
80. रघुवंश, 6/7
81. विक्रमांकदेवचरित, सर्ग 9, 130, 148
82. जंगम कथा, पृ. 548–49, पद्य 5–7, पृथ्वीराजरासौ
83. पृथ्वीराज रासौ, सर्ग 7, श्लोक 74–79
84. पृथ्वीराज विजय, 5/38
85. वृहत्कल्पभाष्य, 2/34–46
86. ''विद्येव कन्यका मोहादपात्रे प्रतिपादिता। यशसेन धर्माय जायेतानुशयाय च।''– कथासारित्सागर, 5/1/26
87. ''व्यतर दय पिताशिषं सुतापै नत शिर से मुद्दकन्नमय मौलिम्। दयितमभिमतं स्वयंवरे त्वं गुणमयमाप्नु हि वासरैः क्रियदिभ।''– नैषध महाकाव्य, 4/119
88. ''त्रिन्कुभार्यृतृन तीव्य स्वयं युज्ये तानिन्दिते तोत्सृज्य पित्र्यानलंकारन्।– गौतम, 18/20
''अप्रयच्छन समाटनोति भ्रूण हत्या मृतावृतौ। गम्यन्त्व भवेदा तृणां कन्या कुयति स्वयम्वरम्।''
– विष्णु, 25/40–41, मनु. 9/90 एवं याज्ञवल्क्य, 1/64
89. मनु. 9/89
90. ''सकामेन सकामायां मिथः संयोगो गान्धर्वः।''– बौधायन., 1/11/6
'' मिथः कामात्सां वर्तते सा गान्धर्वः।''– आपस्तम्ब., 2/20
''इच्छन्त्या स्वयं संयोगो गांन्धर्वः।''– गौतम. 3/32
''इच्छयाऽन्योन्य संयोगः कन्यायाश्च वरस्य च। गान्धर्वः स तु विज्ञेयो मैथुन्य काम सम्भवः।''– मनु. 3/32
91. ''भद्रावधूर्भवति यत्सुपेशाः स्वयं सा कृणुते जने हति। सृसंकाशा मातृ–पृष्टेव योषाविस्तन्वं कृष्णुर्षेदृशेकमे।''
– ऋग्वेद, 10/34/5, 9/32/5, 9/56/3, 10/27/12, 1/123/11
92. अथर्ववेद, 6/8, 6/30, 6/8/1, 2/30/2, 2/36/4–5
93. महाभारत, 1/69, अभिज्ञान शाकुंतलम्
94. जातक 1, पृ. 300
95. ''पुरूत्वा स्त्वतिदान शोलोऽति यज्वाति तेजस्वी। यं सत्यवादिन मति रूपवन्तं मनस्विनं मित्रावरूण शापान्मानुषे लोके मया वस्तव्यमिति कृतमति रूर्वशी ददर्श।''– वायु पुराण, 2/15, मत्स्य पुराण, 24/30/32, 4/6/35–47
96. वायु पुराण, 10/11

97. "इतरेतरानुरागो हि दारकर्मणि परार्ध्य मंगलम। गीताश्चायमर्थो अंगिरसा यस्यां मनश्चक्षुसो निबन्धस्तस्या मृद्धि रिति।।'– मालती–माधव, अंक 1,
98. "शडानुपूर्व्या विप्रस्य क्षत्रस्य चतुरोऽवरान्। विट् शूद्रयोस्तु तानेव विद्याद्वर्म्यान राक्षसान्।– मनु. 3/23
"सुखस्वाद बहुवलेशादपि चावरणादिति। अनुरागात्मक त्वाच्च गान्धर्वः प्रवरोमतः।।"– कामसूत्रम्, 3/5/30
99. "धर्मशास्त्र विहित एष गान्धर्वो विवाहः।"– प्रियदर्शिका, 3
100. "नास्या जाया, शतवाही कल्याणी तल्पभाशये।"– ऋग्वेद, 10/85/13, अथर्ववेद, 14/1/13, 5/17/12
101. महाभारत, 1/113/12, 1/200/6, 1/74/3–5
102. धम्मपद टीका, 1/7/3
103. रघुवंश, 7/18, 12/16
104. दी पोजीशन ऑफ वीमेन इन हिन्दू सिविलाइजेशन, पृ. 71
105. हर्षचरित, उच्छवास 4, पृ. 239
106. "पंचाना तु त्रयो धर्म्याः द्वावधर्म्यो युधिष्ठिर। पैशाचाश्चा सुरश्चैव न कर्तव्यो कथंचन। न सेव भार्या क्रेतव्या न विक्रव्या कथंचन्। प्रदानमपि कन्यायाः वशुवर कोऽनुमन्यते। विक्रयं चाप्यपत्यस्यकः कुर्यात् पुरूषो भुवि।।"
– महाभारत, 13/44/9, 13/44/46, 1/121/4
107. "आददीत न शुद्रोऽपि शुल्कं दुहितरं ददत्। शुल्कं हि गृह्वकुरूते छन्नं दुहितृ विक्रयम।"– मनु. 9/98
108. बौधायन, 1/11/20–21
109. पद्मपुराण, व्रतखण्ड, 24/26
110. "सोमोवधू युरभवदर्शिवनास्ता मुभावरा। सूर्या यत्पत्ये शंसन्ती मनसा सविता ददाता।"– ऋग्वेद, 10/84/9
111. तैत्तिरीय उपनिषद, 1/9/2
112. ऋग्वेद, 5/28, 10/39, 8/31
113. "प्रदानं प्रागृतोः।...... प्राग्पासस प्रतिफ्तेरित्येके......।"– गौतम, 18/21–23
– "माता चैव पिता चैव ज्येष्ठो भ्राता तथैव च। त्रयस्ते नरकं यान्ति दृष्ट्वा कन्यां रजस्वलाम्।"– संवर्त स्मृति, 1/67, वशिष्ठ, 10/70–71
114. "दद्याद्गुणवते कन्यां नग्निकां ब्रह्मचारिणे। अपि वा गुणहीनाय नोपरून्ध्याद्रज स्वलाम्।"– बौधायन., 4/10/10/12
115. "त्रिंशद्वर्षे द्विहेत्कन्या' हृद्यां द्वादश वार्षिकीम्। त्र्यष्टवर्षेऽष्टवर्षं वाद्यर्मे सीदति सत्वरः।"– मनु, 9/94
116. "द्वादशवर्षा स्त्री प्राप्त व्यवहारा भवति।"– अर्थशास्त्र, 3/2
117. "प्राप्ते तु द्वादशे वर्षे यः कन्यांन प्रयच्छति। मासि–मासि रजस्तस्य पिबन्ति पितरोऽनिशम्।"– पराशर, 7/7–8
–अप्रयच्छन्दोषी, गौतम, 18/22
118. थेरीगाथा, 445
119. जातक, 4, पृ. 484
120. महाबोधिवंश एवं अशोकावदान
121. जातक 9, पृ. 456
122. बौधायन, 4/1/14, मनु. 9/89–90
123. वशिष्ठ, 17/70–71, बौधायन, 4/1/12
124. "त्रिवर्षात् प्रभृति न्यूनवयसाम्।" – कामसूत्रम्, 3/1/2
125. कुमार संभवम्, 7/85
126. वही, 79

127. रघुवंश, 5/10
128. वही, 3/10/32
129. ग्यारहवीं सदी का भारत, पृ. 137
130. गृहस्थ रत्नाकर, पृ. 83
131. "ऊन शोडषवर्षायाम प्राप्तः पंच विंशतम्। यद्याधत्ते पुमान गर्भ कुक्षिस्थः स विपद्यते। जातो वा न चिरंजीवेज्जीवेद्धा दुर्बलेन्द्रियः। तस्मादत्यन्त बालायां गर्भाधानं न कारयेत्।"– सुश्रुत 10/54/55
132. गौतम, 18/20–22, बौधायन, 4/1/12–14, वशिष्ठ, 10/70–71, मनु, 9/9–91, याज्ञवल्क्य, 1/64
133. "न स्वप्नेन जयेन्निद्रां न कामेन स्त्रियं जयेत्। नेन्धनेन जयेदग्निं न पानेन सुरां जयेत्।"
– महाभारत, उद्योगपर्व, 39/66
134. मनु., 9/99
135. "नाग्निस्तृप्यति काष्ठानां नाप गानां महोदधिः। नान्तकः सर्वभूतानां न पुंसां वामलोचना।"– महाभारत, उद्योगपर्व, 40/6
136. वर्षैरेकगुणां भार्यामुद्धहेत्त्र गुणत्स्वयम्।" – विष्णु पुराण, 3/10/16
137. वही, 3/10/20
गौरी वाप्यु द्वहेत्कन्यां नीलं व वृषभ मुत्सृजेत।" – वही, 3/10/20
138. पृथ्वीराज रासौ, सातवां समय, चौदहवां समय
139. "अप्रयच्छन समाप्नोति भ्रूणं हत्या मृतावृतौ।" – याज्ञवल्क्य., 1/64
140. कथासरित्सागर, 5/40
141. हिन्दू सामाजिक संस्था, पृ. 190
142. ब्रह्मपुरण, 165/61
143. "इयम पितदा जानकी शिशुर्दधती मुखं।"– उत्तर रामचरित, 1/20
144. "चलस्त्रो जाया उपक्लृप्ता भवन्ति। महिषी वावाता परिवृक्ता पालागली।"– शतपथ ब्राह्म., 5/2/1/10, 13/4/1/7
145. ऋग्वेद, 10/145, 159
146. ऐतरेय ब्राह्मणम्, 12/4
147. "शूद्रैव भार्या शूद्रस्य सा च स्वा च विशः स्मृते। ते च स्वा चैव राज्ञश्च ताश्च स्वा चाग्रजन्मनः।– मनु, 3/13
148. "एक शूद्रस्य वैश्यस्य द्वौ तिस्त्रः क्षत्रियस्य च। चतस्त्रः बाह्मणस्य स्यु र्भार्या राज्ञो यथेच्छतः।" – देवलस्मृति, गृहस्थरत्नाकर के पृ. 85 पर उद्धृत
149. मैत्रायणी संहिता, 1/58, वृहदारण्यक उपनिषद, 4/5/1–2
150. दी बुक अव ग्रैजुअल सेइंग्स, 1, पृ. 120, मज्झिमनिकाय, 2/4/2
151. जातक, 2, पृ. 138 (बबू जातक, सुहक जातक), जातक, 1, पृ. 231
152. महावग्ग, 8/1/15
153. सुरापी व्याधिता धूर्त्ता बन्ध्यार्थध्न्य प्रियम्वदा। स्त्री प्रसुश्चाधिवेत्तव्या पुरूषद्वेषिणी तथा।"– याज्ञवल्क्य, 1/73, व्या. 2/50
154. महाभारत, आदिपर्व 111/8–9, 112/18, मौसलपर्व, 2/50
155. "बहुवल्लभाः हिराजानः श्रूयन्ते।'– अभिज्ञानशाकुंतलम्, अंक 3
156. "बहुधनत्वात् बहुपत्निकेन तत्र भवता भवितव्यम्।"– अभिज्ञान शाकुंतलम्, अंक 6

157. "पितुः प्रसादात्समस्तां भिरूपेतो विद्या भिरा लोकितोऽस्ये व मचिरेणैव कालेनानु रूपाभिर्वधूभि रूपेतया लोक यिष्यामि।"– कादम्बरी, पृ. 206
158. शिशुपाल वधम्, 2/194, 316, 7/59
159. ग्यारहवीं सदी का भारत, पृ. 146
160. सिलसिलतुत, तवारीख, पृ. 54
161. कथासारित्सागर, भाग 2, 8/4/104
162. इंसक्रिप्शंस ऑफ बंगाल, 3, पृ. 15 (भोज वर्मा का बेलपाता ताम्रपत्र) 12वीं सदी ई.
163. एपिग्राफिआ इंडिका, 18, पृ. 5, 14, पृ. 174 एवं 1, पृ. 200
164. परमारवंशीय प्रशस्ति, एपिग्राफिआ इंडिका, जिल्द 2, पृ. 56
165. अरब और भारत के सम्बन्ध, पृ. 27
166. नवसाहसांकचरित, 14/53
167. कपाड़िया, डिक्शनरी अव सोशियोलॉजी, पृ. 53
168. "या पूर्वम् पतिं ह्त्वा अथान्यं विन्दते पतिम्। पंचौदनं च तौ अर्जं ददातौ न विपोषतः। समान लोकौ भवति पुनर्भुव अपरः पतिः। योजं पचौदनं दक्षिणा ज्योतिषं ददाति।"– अथर्ववेद, 14/2/18/5/27–29
169. तैत्तिरीय संहिता, 3/2/4/4
170. "उतयत्पतयो दश स्त्रियां पूर्वे अब्राह्मणाः ब्रह्माचेदभस्तम ग्रहीत्स एव परिरेकधा। ब्राह्मण एव पतिर्न राज्ञन्य न वैश्यः।"– अथर्ववेद, 5/17/8–9
171. "सत्यं दानं क्षमा शील मानृशंस्यं तपो घृणा। दृश्यन्ते यत्र नागेन्द्र स ब्राह्मण इति स्मृतः।।"– महाभारत, वनपर्व, 180/21
172. वही, 1/182/11–15
173. वही, 1/198/21–30
174. "भविष्यन्ति महावीर्या एकस्मिन्नेव जन्मनि। प्रख्यातोदार कर्माणो भवत्याः पतयो दश।"– विष्णु पुराण, 1/15/68
175. "नारीतु पत्य भावे देवरं कृणुते पतिः।"– महाभारत, 13/12/19, रामायण, 2/30, 7–8, 3/45/5–7, 4/34/43
176. वशिष्ठ., 17/75–80, बौधायन., 8/2/26
177. "दीर्घ प्रवासिनः प्रव्रजितस्य प्रेतस्यवा भार्या सप्त तीर्थान्याकांक्षेत।"– अर्थशास्त्र 3/4
178. नारद स्मृति
179. "न शेषो अग्ने अन्यजात मस्ति।– ऋग्वेद, 7/5/7
180. महाभारत, आदिपर्व, 95/103, 105, अनुसूया पर्व, 44/52–53
181. साचौ, भाग 1, पृ. 108
182. "ईप्सितश्च गुणः स्त्रीणांमेकस्या बहुभर्तृता।"– महाभारत, आदिपर्व, 194/8
183. महाभारत, आदिपर्व, 113/4–5, 133/11–16, 113/7–8, सभापर्व, 27/23–24, आदिपर्व 78/32–33, 98/8, 11–12, 92/9–10, शिव पुराण, कोटिरूद्रसंहिता, अ. 4 एवं 14 महावंश, 33/33–36
184. निरूक्त, 3/15, ऋग्वेद, 10/40/2, धर्मशास्त्र का इतिहास 1, पृ. 341
185. मनु. 9/59, 9/61, 9/145, 9/120, 9/97, गौतम., 18/4–8, 18/11, वशिष्ठ. 17/56–65, बौधायन. 2/2/17, 2/2/68–70, याज्ञवल्क्य., 1/68–69, नारद. स्त्रीपुंस. 80–83, कौटिल्य. 3/6, आपस्तम्ब., 2/10/27/2–4

186. "तदद्य व्याहृतं भद्रे मयैतत् कृत बुद्धि ना। लक्ष्मणे वाथ भरते कुरू बुद्धिं यथा सुखम्।"– वा. रामायणे, युद्ध काण्डे, 115/22
187. अथर्ववेद, 9/5/26–27
188. बौधायन, 8/2/26, वशिष्ठ. 17/62–64
189. मज्झिम निकाय, 2, पृ. 109
190. कुस जातक, 531
191. "ईर्ष्या सूया समुत्येतु संबंधे राग हेतु के। दंपत्ति विवेद यात्रां न ज्ञातिषु न राजनि।"– नारद. स्त्री–पुंस, श्लोक 89
192. "अभिविन्ना तु भर्तव्या महदेनोऽन्यथा भवेत्। यत्रानुकूल्यं दम्पत्योस्त्रिवर्ग स्तत्र वर्द्धते।"– याज्ञवल्क्य., 1/74
193. "व्यभिचाराहृतौ शुद्धिर्गर्भे त्यागो विधीयते। गर्भभर्तवधादौ च तथा महति पातके।"– याज्ञवल्क्य., 1/72
194. पराशर., 4/24
195. "परस्परं द्वेषान्मोक्षः।"– अर्थशास्त्र, 33
196. "नी चत्वं परदेशं च प्रस्थितो राजकिल्विषी। प्राणाभिहन्ता पतितस्त्याज्यः क्लीवोऽपि वा पतिः।"
– अर्थशास्त्र, 3/2/59
197. "नष्टे मृते प्रवृजिते क्लीबे चा पतिते पतौ। पंचस्वायत्सृ नारीणां पतिरन्यो विधीयते।।" – नारद, 12/97
198. देवल का उद्धरण, कृत्यकल्पतरू, व्यवहार काण्ड, स्त्री पुंयोग, पृ. 641
199. "या पत्या वा परित्यक्ता विधवा वा स्वयेच्छया.....। सा चेदक्षत योनिः स्याद्रत प्रत्यागतापि वा। पौनर्भवेन भर्त्रा सा पुनः संस्कार मर्हति।" – मनु. 9/175–176
200. नारद, 12/90
201. दीघनिकाय, 1/12
202. "विवदन नाम स चे वियुज्जितु कामो 'अत्थ अज्जेव विमुज्जथ इति वो पुन सम्ययोगो न भविस्सती ति एवं वियोग करणं।" – सुमंगल विलासिनी, 1/96
203. ते मं पितुघरं पटिनयिंसु विभना दुखेन अधिभूता।.... अथ सो पि मं परिच्छरयि।... सो पि वसित्वा पक्खं अथ तातं भणति देहि मे पोट्ठिं। घटिकं च मल्लिकं च पुन पि भिक्खं चरिस्सामि।"– थेरी गाथा, 15/1/421, 423, 425
204. "तए णं सागरदार ए सुभालियं दारियं सुहपसुत्तं जाणित्ता....जामेव दिसिं पाडब्भूए तामेव दिसिं पडिगए।"
– नायाधम्मकहाओ, 1/16/116
205. सुमुत्ता साधुमुताम्हि, तीहि खुज्जेहि मुक्तिया। उदुक्खलेन मुसलेन, पतिना खुज्जकेन च।।"
– थेरीगाथा, 1/11/11
206. एवं खलु अहं तेयलि पुत्तस्स पुब्विं इट्ठा पू आसि इयाणिं अणिट्ठ पू जाव परिभोग वा। तं सेयं खलु ममं सुव्वयाणं अज्जाणं अंतिए पव्वइत्त ए।।– नायाधम्मकहाओ, 1/14/105
207. स्मृति व्यवहार, पृ. 251, पराशर माधवीय, 2/1, पृ. 38
208. वा. रामायणे, अध्योध्या काण्डे, 12/68–69, महाभारत विराटपर्व, 3/14 मनु., 9/8, ऐतरेय ब्राह्मणम्, 33/1/7/1, सुजाता जातक, 3/269, महाभारत, आदिपर्व, 68/36, वनपर्व, 12/70
209. "यत्र नार्यस्तु पूज्यन्ते रमन्ते तत्र देवताः। यत्रै नास्तु न पूज्यन्ते सर्वास्त त्राफलाः क्रियाः।– मनु. 3/56
210. "त्रिवर्ग साधनेयत्नः कर्तव्योगृहमेधिना। तत्सं सिद्धौ गृहस्थस्य सिद्धिरत्र परत्र च।"– मार्कण्डेय पुराण, 21/68–73, 27/10
211. "अन्योन्यस्या व्यभिचारो भवेदामरणान्तिकः। एव धर्मः सभासेन ज्ञेयः स्त्री पुंसयो पदः। तथा नित्यं यते याता स्त्री पुंसौतु कृत क्रियौ। यथा नाभि चरेतां तौ वियुक्ता वितरेतरम्।"– मनु. 9/101–102

212. शुक्र., 4/366
213. रामायण, 2/73/26, कुमारसंभवम्, 8/29
214. ''आसीता मरणात्क्षान्ता नियता ब्रह्मचारिणी। यो धर्मः एक पत्नीनाम कांक्षन्ती तमनुत्तमम्।– मनु. 5/158
215. रघुवंशम्, 7/34, शांकुतलम्, पृ. 255
216. ''सिवाखो पन ते गहपति एवमस्स, नकुलमाता गहपतानीं मयच्चयने अत्रं घर गमिस्सति।''– अंगुत्तर निकाय, 3, पृ. 295
217. ''आरा दूरेन दूध वदाचि अत्थि, परम्परा नाम कुले इमस्मिन्तं कुल्लक्त अनुक्त माना माहं कुले अन्तिम गन्धिनी अहुं एतस्सा वादस्स जिगुच्छमाना अकामिका बद्धचरामि तुद्धयम्।''– जातक, 4, पृ.35
218. ''दीर्घायुरथ वाल्पायुः सगुणो निर्गुणोऽपि वा। सकृद्व्रतो मया भर्ता न द्वितीयं वृणोम्यहम्।।''– महाभारत, 3/294/27
219. शतपथ ब्राह्मणम्, 4/1/5/9
220. जातक, 5, पृ 88–89
221. ग्यारहवीं सदी का भारत, पृ. 151
222. ''रामोऽपि कृत्वा सौवर्णी सीतां पत्नी यशस्विनीम्। ईजे यज्ञैबहुविद्यैः यह भ्रातृभिरचितैः।'– गोभिलस्मृति, 3/10
223. ''देवभूतपितृ ब्रह्म मनुष्याणा मनु क्रमात। महासत्राणि जानीयात्त एवेह महामखाः।''– कात्यायन स्मृति, 13/2
224. मनु. 5/150–154
225. वही, 5/154
– ''दुःशीलः कामवृत्तो वा धनैर्वा परिवर्जितः। स्त्रीणा भार्यां स्वभावरनां परमं दैवतं पतिः।।''– वा.रामायणे, अयोध्या काण्डे, 117/24
– ''नैतादृदशं दैवत मस्ति सत्ये, सर्वेषु लोकेषु सदेव केषु। यथा पतिस्तस्य तु सर्वकामाः लभ्याः प्रसादात् कुपितश्च हन्यात्।।''– महाभारत वनपर्व, 235/2
226. ''दासीव दिष्टं कार्येषु भार्या भर्तुः सदा भवेत्।''– ब्यास स्मृति, 2/27
227. ''दरिद्रं व्याधितं धूर्तं भर्तारं या व मन्यते। साशूनीजायते भूत्वा शूकरी च पुनः पुनः।।''– पराशर स्मृति, 4/16, मनु. 5/164
228. कथासरित्सागर, भाग 1, 3/2/9
229. ''इहामुत्रच साध्वीनां पतिदेव गतिर्यत्।''– वही, 3/3/98 मनु. 5/155, वा. रामायणे, अयोध्या काण्डे, 24/26, महाभारत, विराट पर्व, कीचक वध पर्व, 16/42
230. कथासरित्सागर, भाग 2, 7/2/39–40
231. राजतरंगिणी, 1/318–21
232. ''आपद्यपि सतीवृत्तं किं मुन्चति कुलस्त्रियः।।''– कथासरित्सागर, खण्ड 1, 1/3/14
233. ''अचिन्त्यशील गुप्तानां चरितं कुलयोषिताम्।''– वही, 1/4/83
234. वही, 6/3/188
235. महाभारत, 1/43/19–21
236. बौधायन, 1/1/19
237. शतपथ ब्राह्मणम्, 4/4/2/13
238. मिता., याज्ञवल्क्य, 2/14/8, 1/87, मेघा., मनु. 5/147 कुल्लुक, मनु., 1/147
239. ग्यारहवीं सदी का भारत, पृ. 154, व्यास. 2/21
240. सुमंगली रियं वधूरिमा समेत पश्यत्। सौभाग्य मस्यै दस्वा या शास्त्रं वि परेतन।।''– ऋग्वेद, 10/85/33

241. "साम्राज्ञी श्वसुरे भव सम्राष्यधिदेवृषु। वशिनी रवं विथमविदास।" वही, 10/85
242. ऐतरेय ब्राह्मणम्, 12–11
243. "जुष्टा नरेयु समनेषु बल्गुः।"– अथर्ववेद, 14/1/21 एवं निरूक्त, 3/5
244. व्यननेषु च कृच्छेषुं नो युधे नो स्वयंवरेः। न क्रयौ न विवाहे च दर्शन दुष्यति स्त्रियः।"– रामायण, 6/116/28
245. महाभारत, आश्रमवासिक पर्व, 15/13
246. "या न शक्या पुरा द्रष्टुं भुतैरा काश गैरपि। तामद्य सीता पश्यन्ति राजमार्ग गता जनाः।।"
    – रामायण, 2/33/8
247. वही, 6/17/32
248. जातक, 5/439, 6/31–33, 6/239, 300
249. "दृष्ट्वा न खल्वभिक्रद्धो मामि हानव गुण्ठिताम्। निर्गतां नगरद्वारात् पदभ्यां मेवा गतं प्रभो।। पथ्येष्टदार दारांस्ते भ्रष्ट लज्जा वगुष्ठनान। बहिर्निष्पतितान सर्वान कथं दृष्ट्वा न कुश्यसि।।"– रामायणे, युद्धकाण्डे, 111/61–62
250. "राजाः कल प्रदर्शनां हे जनं कलत्रदर्शनात्प्रिहरतीति बहुदोष मुत्या दयति। तस्मादास्य ताभः।।"
    – स्वप्नवासवदत्ता, अंक 6
251. "का स्विदवगुंठनबत्ती नातिषरिस्फुट शरीर लावण्या।"– शाकुंतलम्, 5/13
252. कथासरित्सागर, 9/40, 16–10–26
253. "विदुषक– भो वयस्य कन्यका खल्वेषा तल्किं न प्रेक्षावहे। राजाः– को दोषः। निर्दोष दर्शना हि कन्यका।"
    – नागानन्द, अंक 1
254. "गोपा शाक्यकन्या न कंचन दृष्टवा वंदनं दादयतिस्य। ये कामा संवृत्ता गुप्तेन्द्रिया सूनिवृताश्च मनः प्रसन्ना कि तादृशानां वदनं प्रतिच्छादायित्वा।।" – ललितविस्तार
255. कथासरित्सागर, 33/6–7 ("राजपुत्र प्रसंगेन वदामि तव तच्छृणु। रक्षाचान्तः पुरेएवी दृड़नैवमेतत्मतं मम्। नीति मात्रमहंमन्ये स्त्रीणां रक्षा नियन्त्रणम्।।")
256. इलियट, 1, पृ. 11
257. गौतम., 4/1, वशिष्ठ. 8/1, याज्ञ., 1/52, मनु. 9/176
258. महाभारत, 10/90/30
259. शिवपुराण, रूद्रसंहिता, सतीखण्ड, अ. 7, रामायण, 7/17
260. रामायणे, उत्तरकाण्डे, 80/8–19
261. कन्यैव कन्यां या कुर्यात्तस्याः स्याद् द्विशतो दमः। शुल्कं च द्विगुणं दद्याच्छि फाश्चैवाटनुयाद दश। या तु कन्यां प्रकुर्यात्स्त्री सा सद्यो मौण्डय मर्हति। अङ्गुल्योरेव वा छेदं खरेणोद्वहनं तथा।।" – मनु. 8/369–70
262. "अपराधश्चते नास्ति कन्याभावं गतात्यसि।'– महाभारत, 15/30/21
263. स्टडीज इन सेक्स साइकोलॉजी, भाग 1, (तैतलाक एलिस)
264. प्राचीन भारत में नारी, पृ. 2
265. रामायणे, सुंदरकाण्डे, 9/6
266. दीघनिकाय, 2/4
267. महाभारत, सभापर्व, 33/52, शांतिपर्व, 29/65
268. वही, सभापर्व, 61/8/14
269. ऋग्वेद, 8/19/36
270. वही, 10/34

271. तैत्तिरीय संहिता, 2/2/6/3
272. ऐतरेय ब्राह्मणम्।, 39/8
273. "ये ये कामा दुर्लभा मर्त्यलोके, सर्वान्का मांश्छन्दतः प्रार्थयस्व। इमा रामाः सरथाः सतूर्या, न ही दृशाः लम्भनीया मनुष्यैः। अभिर्भत्प्रन्ताभिः परिचारयस्व नचिकेतो मरणं मानुप्राक्षीः।" – कठोपनिषद, 1/1/25
274. "स हो वाच विज्ञायते हास्ति हिरण्यस्या पात्तं गो अश्वानां दासीनां..... – वृहदारण्यक उपनिषद, 4/4/23
275. प्रवृत्तोऽश्व तरीरथो दासी निष्कोऽत्स्यन्नं पश्यसि.....। – छांदोग्य उपनिषद 5/13/2
276. "दास दासी परिग्गहणों पतिटिरतो हीति।"– दीघनिकाय, 1/64
 – "चयो नेकानं दास गणानां चयो नेकानं दासी गणानं चयो।"– मज्झिम निकाय, 1/452
277. "गामव रानि पच्च दासी सतं सत्त गवं शतानि, परोसहस्सञ्च सुवण्ण निक्खेभरिया च ते सा दिसी द्वे ददामि।।" – जातक, 4/99
278. सत्तुगस्त जातक, सं. 402
279. महाभारत, सभापर्व, 52/45, वनपर्व, 233/43, विराटपर्व, 18/21
280. वही, सभापर्व, 52/45–46
281. महाभारत, वनपर्व, 185/34
282. कथासरित्सागर, 1, पृ. 92
283. वही, पृ. 250, 261, 307
284. त्रिशष्ठिशलाकापुरूषचरित, 3/248, अभिधान चिंतामणि श्लोक 360, 534
285. लेखपद्धति, 41–47
286. "अथ एकां दासीं भति अदत्मानं सा मिका द्वारे निसिदा येत्वा रज्जु या पहारन्ति।"– जातक, 1, 502
287. लक्क जातक, सं.63
288. "दण्डतज्जिता भयतज्जिता, अस्सुमुखा रूदमाना परिकम्मानि करोन्ति।"– अंगुत्तर निकाय, 1, पृ.207–8
289. जातक 6, पृ. 548–73
290. मनु., 8/299
291. "स्वामिनः स्वस्यां दास्यां जातं समातृक मदासं विद्यात्। गृह्या चेत्कुटुम्बार्थ चिन्तनी माता भ्राता भगिनी चास्या अदासाः स्युः।।" – अर्थशास्त्र, 3/13
292. महाभाष्य, 2/3/69, 1/3/55, 4/1/114
293. महाभारत, सभापर्व, 61/8/14
294. महाभारत, 1/118/5/9, उद्योगपर्व, 51/64, 151/58
295. महावग्ग, 8/112
296. जातक, 4/240–50, महावग्ग, 6/30/2–5
297. सिंहासन बत्तीसी, माधव और कामकन्दला के आख्यायन
298. महावग्ग, 8/1/4
299. जातक, पृ. 249, कणवेरजातक, 318, सुलसा जातक, 419
300. जातक, 2, पृ. 380
301. जातक, 3, पृ. 435–38
302. वही, 3, पृ. 475–76
303. अर्थशास्त्र, 155–56
304. वही, 2/27

305. मेघदूतम्, 1/35
306. वाट्र्स, 2, पृ. 254
307. विक्रमांकदेव चरित, 31/7/21
308. विग्रहराज द्वितीय का हर्षनाथ अभिलेख, अलीचौहान, डायनेष्टी, पृ. 260
309. साचौ, जिल्द, 1, पृ.116
310. पद्मपुराण, सृष्टिखण्ड, 52/97
311. ''वेश्या कदंबकं यस्तुदद्यात्सूयमि भक्तितः। स गच्छेत्परम्। स्थानं यत्र तिष्ठति भानुमान।।''
– भविष्यपुराण, 1/93/67
312. विद्याप्रकाश, खजुराहो, पृ. 68, पादटिप्पणी, 3
313. वाट्र्स, 2, 354
314. ग्यारहवीं सदी का भारत, पृ. 159–62
315. स्ट्रगल फार एम्पायर, पृ. 495
316. राजतरंगिणी, 8/708
317. कुट्टनीमतम्, 743–55, प्रबंध चिंतामणि, पृ. 108, राजतरंगिणी, 7/858
318. साचौ, जिल्द, 1, पृ. 116
319. एपिग्राफिया इंडिका, पृ. 26
320. ''इया नारी रविधवाः सत्पत्नीराजनेन सर्पिषा संविशन्नु। अनश्रवो नयी वाः सुरत्ना आरोहन्तु जनयोयोनिमग्ने।। उदीर्ष्य नार्यभिजीव लोकं गतासुभेत मुपशेषः एहि। हस्त ग्राभस्य दिधिषोस्त चैवं पत्युर्जैनित्व ममि सवभूथ।।'' – ऋग्वेद, 10/18/7, 10/18/8
321. अग्ने व्रतानां व्रत पति रसि पत्न्यानुगम व्रतं चरियान्मि तच्छ केयं तन्येराध्यताम् इद्दत्व अग्ने नमसा विद्येम सुवर्गस्य लौकस्य समेत्ये। जुषाणो अद्य हविसा जातवेदो किशानि त्वा सत्वतो नयमा पत्युरग्रे।''– तैत्तिरीय संहिता– (विल्सन्स वर्क्स), 2, पृ. 295–96
– इयं नारी पतिलोकं वृषाणां निपद्यते उपत्वा मर्त्य प्रेतम् धर्मम् पुराण मनु पालयन्ती तस्मै प्रजां द्रवणि चेहद्यत।।''– अथर्ववेद, 19/21
– धनुर्हस्ता दाददाना मृतस्य श्रिये ब्राह्मणे तेजसे बलाय अत्रैव त्वमिह वयं सुशेय वा विश्वाः स्पृधो भिजातीर्जेयम्।।'– तैत्तिरीय आरण्यक, 6/1
322. ''तत्रैन चिताग्निस्थं माद्री समन्वाह रोह....।''– महाभारत, आदिपर्व, 95/65
323. वही, मौसलपर्व, 17/7/8–24
324. मैक्रिंडल, पृ. 69–70
325. वही
326. कुमार संभवम्, 4/33–45
327. वही
328. कामसूत्रम्, 6/2/53
329. वृहस्पति., 483–84
330. ''मृते भर्तारि या नारी समारोहेद्धुताशनम्। सा भवेत शुभचारा स्वर्ग लोकं महीयते।।''– व्यास स्मृति, 2/53
331. वृहत्संहिता, 84/16
332. ''भक्तानुरक्ता च प्रिया च कांता भार्या वत्नाभुताग्नि राशिम्।।''– फ्लीट, 3, 93
333. ''अष्टौमहिष्यः कथिता रूक्मिणी प्रमुखास्तुयाः। उपगुहा हरेदैहं दिवि गुप्ता हुताशनम्।''– विष्णुपुराण 5/38/2

334. "रेवती चापि रामस्य देहमाश्लिष्य सत्तमा। विवेश ज्वलितं वन्हि तत्संग हृतादशीतलम्।।"– विष्णुपुराण, 5/38/2
335. ब्रह्मपुराण का उद्धरण, कृत्यकल्पतरू, पृ. 634
336. मिताक्षरा, याज्ञवल्क्य, 1/86
337. अंगिरा का उद्धरण, कृत्यकल्पतरू, व्यवहारकाण्ड, पृ. 632–34
338. "तिस्त्रः सुरेन्द्रव त्याद्या राग्योराजन मन्वयुः। बेलाक्तिः कृतज्ञश्च जयसिंहा व्हयः कुती।।"– राजतरंगिणी, 5/226
339. "प्रशान्ते तुमुले बिम्बा, चतुर्भिर्दिवसैः सती। तुग स्नुषा सुताशाहे प्रविवेश हुताशनम्।।"– वही, 7/103
340. कथासरित्सागर, 10/58
341. एजुकेशन इन ऐसियंट इंडिया (अल्तेकर), 9, पृ. 164, 344, 350
342. एपिग्राफिआ इंडिका, 20 पृ. 58
343. प्रोग्रेस रिपोर्ट आव दि आर्कयोलॉजिकल सर्वे ऑफ इंडिया, वेस्टर्न सर्किल, 1906–7, पृ. 35
344. विष्णु स्मृति, 35/14, वृहस्पति स्मृति, 25/11
345. शुक्रनीति, (विजय कुमार सरकार), पृ. 163
346. कामसूत्रम्, 6/3/53
347. नैषध महाकाव्यम्, 4/21, प्रियदर्शिका, प्रथम अंक, पद्य 11
348. "वत्सः विश्रवस्तानां यशसा स्यातु मिच्छा मिलोके न वपुषा।।"– हर्षचरितम्, पंचम उच्छवास्
349. वृहत्संहिता, 74/16
350. कथासरित्सागर, द्वितीय खंड, 10/2/31
351. राजतरंगिणी, 6/107/195, 7/103, 478
352. इलियट, हिस्ट्री, भाग1, पृ.6
353. साचौ, जिल्द 2, पृ. 155
354. अलबीरूनी का भारत, भाग 3, परिच्छेद 69, पृ. 199
355. हर्षचरितम्, पंचम उच्छवास, पृ. 280, अष्टम उच्छवास
356. मिताक्षरा, याज्ञवल्क्य, 1/86
357. मेघातिथि, मनु. 8/156–57
358. स्मृति चन्द्रिका, व्यवहारकाण्ड, पृ. 598
359. कादम्बरी, पूर्वार्ध, पृ. 308
360. मृच्छकटिक, अंक 10
361. "मोहाद् भर्तृश्चिता रोहाद्भवेन्नदक गामिनी।"– महानिर्वाणतंत्र, 10/79
362. ग्यारहवीं सदी का भारत, पृ. 164–165
363. वृहद्देवता, 5/15
364. पद्मपुराण, 49/72–73
365. दायभाग, पृ. 46, 56
366. ऋग्वेद, 1/87/3
367. बौधायन धर्मसूत्रम, 2/2/66–68
368. हारीत का उद्धरण, कृत्यकल्पतरू, व्यवहारकाण्ड, पृ. 634
369. वृहस्पति स्मृति, 21/15

370. कामं तु क्षपये देहं पुष्प मूल फलैः शुभैः। न तु नामापि गृह्णीयात्य त्यौ प्रैते परस्य तु।।"– मनु. 5/157
371. वृद्ध हारीत, 11/205/10
372. नारी या दभर्तृकाऽकस्मान्त नुस्ते व्यक्त भूषणा। न राजते तथा शुक्र म्लान वस्त्र शिरोरूहा।।"– मत्स्यपुराण
373. ब्रह्माण्ड पुराण, 4/30/44
374. मैक्रिंडल, पृ. 69
375. "विधवा कवरीबन्धो भर्तृबन्धाय जायते। शिरसो वपनं तस्मात् कार्यं विधवया सदा।"– स्कंदपुराण 4/71–74
376. कात्यायन, 626/27, पराशर., 4/31, वृद्धहारीत, 9/205/10, कुमार संभवम्, 7/6
377. हर्षचरित, चतुर्थ उच्छवास, पृ. 240
378. अलबीरूनी का भारत, तृतीय भाग, 69, परिच्छेद, पृ. 199
379. वृद्ध हारीत, 9/206
380. एपिग्राफिया इंडिका, भाग 1, पृ. 246, श्लोक 16
381. "यथा वलनातु वैधव्यवेणीवरं मनुष्यतां।"– हर्षचरित, पंचम उच्छवास
382. धर्मशास्त्र का इतिहास, भाग 1, पृ. 333
383. हर्षचरित, पंचम उच्छवास, पृ. 278
384. विन्ध्याहवी वर्णनम्, कादम्बरी, अंक 1
385. "विधवात्विन्द्रिय दौर्वल्या दातुरा भोगिनं गुण सम्पन्नं विन्दते। सौख्यार्थिनी किलान्यं विन्देत्।"
– कामसूत्रम् 4/2

अध्याय – चतुर्थ

प्रताड़ना और आंसू से संयुक्त भारतीय नारी (पितृगृह से पतिगृह तक)

पुत्री

प्राचीनतम् ग्रंथ ऋग्वेद में बार–बार वीर पुत्रों की कामना की गई है।[1] जबकि पुत्री का स्थान ब्राह्मणवादियों ने एक सोची समझी षड़यंत्र के तहत् शुरू से ही अत्यन्त निम्न रखा। समाज ने उन पर कई नियम बन्धन लगाये व उन पर अपना प्रभुत्व स्थापित किया। वह बचपन में पिता के, जवानी में पति के और वृद्वावस्था में पुत्र के आधीन कर दी गई। इन सारी बातों की वजह–उन ब्राह्मणवादियों के अनुसार– इन सारी व्यवस्थाओं के अभाव में नारी दोनों कुलों (पिता व पति) को निन्दित कर देती है।[2] उनके लिए मान्यता बना दी गई कि वह जन्म लेते ही सब जनों को अत्यन्त कष्ट देने लगती है। विवाह के समय समुचित धन ले जाती है, तरूणाई में अनेक दोषों से युक्त होकर वंश को कलंकित कर देती है। अतएव कन्या माता–पिता के हृदय को आघात पहुंचाने वाली होती है।[3]

पूर्वकालीन समाज में धार्मिक कट्टरपंथियों ने आम जनता में यह भ्रामक प्रचार–प्रसार करना शुरू कर दिया था कि सम्मान की इच्छा रखने वाले सभी लोगों के लिए कन्या का पिता होना अत्यन्त ही दुःख का विषय है क्योंकि यह पता नहीं चलता कि कौन और कैसा पुरूष कन्या का वरण करेगा? माता–पिता के और जहाँ पर कन्या दी जाती है, उस पति

के कुल को भी कन्या सदैव संशय में डाले रहती है।[4] उनके लिए कहा गया कि जिनका शील एवं स्वाभाव श्रेष्ठ है और जो ऊँचे कुल में उत्पन्न हुए यथस्वी तथा उत्तम बल वाले है, ऐसे लोगों के कुल में कन्या का उत्पन्न होना अत्यन्त दुःख का विषय है। कन्या मातृ कुल को, पितृ कुल को तथा जहाँ वह ब्याही जाती है, उस कुल को अर्थात सत्पुरूषों के इन तीनों कुलों को संशय में डाल देती है।[5]

इन सबके बावजूद भी कुछ भारतीय धर्मशास्त्रकारों ने कन्या के प्रति हार्दिक सहानुभूति प्रकट करते हुए उनकी महत्ता और प्रतिष्ठा को स्वीकार किया है। मनु ने पिता, भाई और पति को प्रतिदिन कन्या पूजन का निर्देश किया है और कहा है कि नारी और श्रीलक्ष्मी में कहीं भी कोई भेद नहीं है।[6] महाभारत ने भी स्पष्ट किया कि कन्या में सर्वदा लक्ष्मी जी निवास करती है।[7] कट्टरवादी मनु को यह स्वीकार करना पड़ा है कि वह पुत्र के समान है तथा उनके अभाव में वही उत्तराधिकारी है।[8] नारद और वृहस्पति जैसे ब्राह्मण धर्मशास्त्रकारों ने भी विवशतापूर्वक इसी कथन को स्वीकार किया है।[9] ऐतरेयब्राह्मणम और शब्दानुशासन दोनों ने ही कन्या को शोक का मूल रूप माना है अर्थात कन्या और शोक दोनों ही एक दूसरे के पूरक है।[10] चूंकि कन्या ही के माता, पिता, भाई आदि को दुःख व कष्ट प्राप्त होते हैं, ऐसा मानते हुए कट्टरपंथियो ने उन्हें परम्परागत शत्रु भी करार दिया है।[11] इन ब्राह्मणवादियों ने उन्हें शोक का मूल रूप मानकर अपशकुन भी करार दे दिया।[12] इन धर्मशास्त्रियों के अनुसार पुत्री उत्पन्न होते ही आजीवन पिता को चिंता के भंवर में डाले रहती है और इस प्रकार पिता जीवन भर प्रज्वलित अग्नि में झुलसते रहता है।[13] उनका मानना था कि पुत्री के जन्म से लेकर शिक्षाएँ, दहेज, दान, उनके श्वसुर के यहाँ होने वाला आचरण और व्यवहार सभी बाते चिंता के रूप में पिता के अंतस् में उमड़ती रहती है। इसके बावजूद भी पुत्री अपने पिता के लिए प्राण के समान थी, जैसे कि देवयानी अपने पिता के लिए।[14] महाकाव्य काल में महारानी द्रौपदी भी अपने पिता से अगाध प्रेम करती थी।[15]

कुछ उदारमना व्यवस्थाकारों ने कन्या के प्रति उदारवादी दृष्टिकोण अपनाते हुए यह व्यवस्था दी थी कि पिता के मृत्योपरान्त उनके लिए सम्पत्ति सुरक्षित रखे जाय और स्त्रीधन पर तो उनका एकाधिकार था ही। विज्ञानेश्वर के अनुसार पुत्र की उपस्थिति में कन्या को सम्पत्ति का चतुर्थांस अवश्य प्राप्त हो।[16] कात्यायन के अनुसार भी अविवाहित कन्या को विभाजन का चतुर्थांश प्राप्त होता था।[17] दायभाग के अनुसार– पैत्रिक सम्पत्ति कम होने पर भी भाई अपने हिस्से के चतुर्थ अंश से बहिन का विवाह करता था और विपुल सम्पत्ति रहने की स्थिति में चतुर्थ भाग का कोई बन्धन नहीं था।[18] नारद को उद्धृत करते हुए दायभाग का कथन है कि पुत्र के न होने पर पुत्री ही पिता के सम्पत्ति की वास्तविक उत्तराधिकारिणी होती थी। वैसे आमतौर पर पुत्र और पुत्री पिता को समान रूप से प्रिय थे।[19] वृहस्पति का उद्वरण देते हुए विज्ञानेश्वर का कहना है कि पत्नी, भर्तृ (पति) के धन

की मूल उत्तराधिकारिणी थी। उसके न रहने पर पुत्री, क्योंकि पुत्री भी मनुष्य के अंग अंग से आविर्भित होती है।[20] ग्यारहवीं सदी में यह धारणा बलवती ही रही कि पुत्र प्रसन्नता का कारण है जबकि पुत्री क्लेश का मार्ग है।[21] लेकिन इन सभी भ्रांतियों के बावजूद भी कन्या परिवार का मूल कुल भूषणा थी।[22]

पत्नी

भारतीय संयुक्त परिवार के अन्य सदस्यों में चाचा–चाची, भाई–बहिन, ननद–भौजाई और सास–बहू भी रही है। इनका आज के परिवेश में भी महत्त्व किसी तरह कम नहीं है। इन सबके योग से ही संयुक्त परिवार का ढांचा पूर्ण होता है। सदस्यों की संयुक्तता से ही परिवारिक जीवन आह्लाद और स्नेह से समन्वित होता रहता है। कुटुम्ब के सदस्यों के रूप में पत्नी की अभूतपूर्व महत्ता रही है। इसीलिए वह "जाया" और "जननी" भी कही जाती थी। दरअसल पत्नी ही घर की आत्मा व प्राण थी तथा उन्हें गृह्य साम्राज्ञी के रूप में मान्यता प्राप्त थी।[23] परिवार के सभी कार्यों में उनका सक्रिय सहयोग रहता था। वह पुरूष की अर्धांगिनी और सर्वोत्तम सखी भी थी। उन्हें धर्म, अर्थ और काम का मूल स्वीकार किया गया और साथ ही संसार सागर को पार करने का एक प्रमुख साधन भी थी। सपत्नीक गृहस्थ को ही धार्मिक क्रियाएँ और यज्ञादि कर्म करने का निर्देश था। यह माना गया कि प्रियवादिनी पत्नियाँ एकांत में पति की मित्र थी और निर्जन स्थान में पथिक का विश्राम स्थल। पत्नीयुक्त पुरूष का ही विश्वास किया जाता था और पुरूष की गति अपने भार्या से ही मानी जाती थी।[24] उन्हें गृह की शोभा और कांति के रूप में स्वीकार किया गया। संतानोत्पत्ति, धर्म, सेवा, उत्तमसुख, पितरों और स्वर्ग को भी उनके आधीन माना गया, जो कट्टरपंथी धर्मशास्त्रकारों की नजर में नारी की बड़ी विजय कही जा सकती थी।[25] निश्चय से सात्विक मार्ग वही थी, जो घर की रक्षिका थी, अपने पति को प्राणों के समान चाहती थी और संतानोत्पत्ति में बराबर की भागीदार होती थी।[26] वैदिकयुगीन समाज में पत्नी को घर की साम्राज्ञी का दर्जा प्राप्त था। वह सभी सामाजिक और धार्मिक कार्यों में हिस्सा बंटाती थी। याज्ञिक कार्यों में वह पति का सहयोग करती थी और आवश्यकतानुसार स्वयं भी यज्ञ सम्पन्न कर लेती थी।[27] पत्नी की अनुपस्थिति में कोई भी यज्ञ पूर्ण नहीं हो सकता था, बल्कि याज्ञिक कार्य की पूर्णता के लिए उनकी उपस्थिति अत्यन्त आवश्यक थी।[28] रामायण काल में स्वयं श्रीराम जी को अश्वमेध यज्ञ की पूर्णता के लिए अपनी पत्नी सीता जी की अनुपस्थिति में उसकी प्रतिमा बनवानी पड़ी थी।[29] वैदिक परवर्तीकालीन समाज में पत्नी द्वारा किये जाने वाले कार्य को पुरूषवादी पुरोहितों ने छीन लिया और उनके द्वारा किये जाने वाले हवि के कर्म को अग्नि प्रज्जवलित करने वाला पुरोहित स्वयंमेव करने लगा था। इस प्रकार याज्ञिक कार्य के नारी अधिकार को छीना जाने लगा और अपने कोमल

स्वाभाव के चलते नारी ने इसका विरोध भी नहीं किया।[30] इस प्रकार उनका महत्त्व घटने लगा। कालान्तर में कम उम्र में विवाह के कारण उनका उपनयन संस्कार नहीं हो पाता था, जिसके बिना वह शूद्र के समकक्ष स्थिति को पहुंच गई।[31] चूंकि उपनयन संस्कारादि के पश्चात ही वेदादि विभिन्न विषयों की शिक्षा प्रदान करने की व्यवस्था की गई थी। अतएव उपनयन न होने से स्त्रियाँ वेदविहीना थी, फलतः उन्हें यज्ञादि कर्मो से दूर ही रहने को निर्देशित किया गया।[32] विवाह के अतिरिक्त उनके समस्त संस्कार बिना वेदमंत्रों के उच्चारण के होते थे। दूसरी सदी ई.पू. से उनका स्तर अत्यन्त घट गया और परवर्ती शास्त्रकारों ने तो उनके महत्त्व को और भी कम कर दिया।[33] ब्राह्मणवादियों ने शिक्षा और ज्ञान के क्षेत्र में उन्हें शूद्र के समकक्ष कर दिया और दोनों के अपराधिक मामलों में समान दण्ड व्यवस्था भी लागू कर दी।[34] कुछ धर्मशास्त्रकारों ने तो निजी स्वार्थ के तहत् स्त्रियों को संसार के सभी दुःखों का मूल माना और सुख की इच्छा करने वाले के लिए स्त्री का त्यागन व वैराग्य प्राप्ति को श्रेयस्कर करार दिया। फलतः धीरे–धीरे समाज में नारी की कटु निन्दा होनी शुरू हो गई। ब्राह्मण कट्टरपंथियों द्वारा उन्हें त्याज्य वस्तुओं में से एक माना गया। उनके अनुसार वह झूठ, विनाश और आपत्ति का मूल कारण ही नहीं, बल्कि व्यभिचारिता, स्नेहहीनता, चंचलता व इन्द्रिय दुर्बलता का भी एक रूप स्वीकार कर लिया गया।[35] इन सारे ब्राह्मणवादी स्त्री निन्दकों की तीखी व कड़ी निन्दा करते हुए वराहमिहिर ने उन्हें दुर्जन कहकर खूब फटकार लगाई और उन्हें अपनी ऐसी हरकतों से बाज आने के लिए चेतावनी भी दी।[36] दक्ष जैसे स्मृतिकारों ने स्त्री निन्दकों के समक्ष, स्त्री के अनेक गुणों की प्रशंसा की है और उन्हें विविध तारीफों से साधुवाद भी दिया है, साथ ही ब्राह्मणवादी प्रवृत्ति के चलते यह भी कह दिया कि जो स्त्री दरिद्र और व्याधियुक्त पति का अपमान करती है, वह कुतिया, गधी और बकरी का बार–बार जन्म ग्रहण करती रहती है, जबकि पुरूषों को भी उसने चेतावनी दी कि जो पुरूष अदृष्टा–पतित भार्या को यौवन काल में ही त्याग देता है, वह अपने जीवन के अंतिम क्षणों में ही स्त्रीत्व और बन्ध्यत्व को प्राप्त हो जाता है।[37] महर्षि वेदव्यास जी ने भी स्त्रियों को उनके धार्मिक व सामाजिक कर्तव्यों के प्रति सजग किया है। उनका मानना है कि ऐसा करने वाली स्त्री अपने समस्त परिजनों का उद्धार कर देती है और स्वयं भी देवी के सदृश पूजित हो जाती है।[38] विदुषी स्त्रियों के लिए मनु और याज्ञवल्क्य जैसे व्यवस्थाकारों ने अपनी व्यवस्था में कहा कि वह सर्वदा हंसमुख रहे, गृह की समस्त वस्तुएँ सुंदर ढंग से रखे। गृह कार्य में दक्ष तथा अब्ययी न हो। पति के प्रिय कार्यों को करना, सास–श्वसुर की सेवा करना, सच्चरित्रता और संयमपूर्वक रहना आदि को भी उनके प्रमुख गुणों के रूप में निर्देशित किया गया।[39] तत्कालीन भारतीय समाजशास्त्रियों का नजरिया 'पतिव्रत' के सम्बन्ध में लगभग एक ही था। सभी यही चाहते थे कि पत्नियाँ, अपने पतिव्रत धर्म में स्थिर रहे। उनके अनुसार धर्मपत्नी को अत्यन्त कर्तव्य

परायणा और गुण सम्पन्न होना चाहिए, जो घर से बिना किसी से कहे बाहर नहीं जाती थी, बिना उत्तरीय के नहीं निकलती थी, त्वरित (तीव्र) गति से नहीं चलती थी, गुल्फ तक परिधान धारण करती थी, पर पुरूष से अभिभाषण नहीं करती थी, वणिक् वृत्ति की होती थी। नाभि का प्रदर्शन नहीं करती थी, स्तनों को अनावृत्त नहीं करती थी, ऊँचे स्वर में नहीं हंसती थी, पति एवं उनके रिश्तेदारों से द्वेष नहीं करती थी, गणिका, धूर्त्त, प्रेमी को मिलाने वाली प्रव्रजिता, स्त्री ज्योतिषियों, मायावी, कुहक करने वाली और दु:शील स्त्रियों से नहीं मिलती थी।[40] ब्राह्मणवादी स्मृतिकारों का मत था कि दुर्जन के संसर्ग, सुरा पान, पति से दूर रहने, घूमने, दिन में सोने और दूसरों के घरों में रहने से स्त्रियाँ बिगड़ जाती थी।[41] तत्कालीन भारतीय धर्मशास्त्रकार नारी जाति के प्रति अत्यन्त ही निष्ठुर हो गये थे। उनके अनुसार पति द्वारा लांछित होने पर भी उन्हें चिल्लाकर नहीं बोलना चाहिए और मार खाने पर भी मुस्कुराते रहना चाहिए। उनका मानना था कि नाम लेने से पति की आयु घटती थी और दूसरे पुरूष का नाम लेना भी उनके लिए वर्जित था। पुराणों ने पतिव्रता स्त्री के गुणों को उल्लेख करते हुए स्पष्ट किया है कि वही पत्नी श्रेयस्कर व नारी श्रेष्ठा थी, जो आलक्तक, कुंकुम, सिन्दुर, अंजन, कुचंकी, ताम्बुल, सुंदर आभूषण और बालों में वेणी धारण करती थी। वह पति के लिए कार्य में दासी, रति सुख देने में वेश्या, भोजन देने में माता और विपत्ति ग्रस्त स्थिति में निपुण मंत्री के सदृश थी।[42] महाकवि कालिदास जी ने पति के द्वारा तिरस्कृत किये जाने पर भी भार्या को पति के विरूद्ध जाने के लिए निषेध किया है और कहा है कि यह कदापि भी उचित नहीं है।[43] आमतौर पर सभी धर्मशास्त्रकार इस बात पर सहमत थे कि पति के विदेश चले जाने पर पत्नी को विशेष नियमों का पालन करना चाहिए– जैसे क्रीड़ा, शरीर सज्जा, अलंकरण, अनुलेपन, समाजोत्सव में जाना, हंसना और परपुरूष से संभाषण आदि का सख्त निषेध सम्मिलित है।[44] तत्कालीन युग की कट्टरपंथी मान्यता के अनुसार वही स्त्री पतिव्रत्ता थी जो पति के आर्त्त होने पर आर्त्त, मुदित होने पर मुदित, प्रोषित होने पर मलीन और कृष तथा मरने पर मृत हो जाती थी। ऐसी पतिव्रता पत्नी अपने पति को यमदूतों से उसी प्रकार छीन लेती थी, जिस प्रकार संपेरा बिल में से सांप को पकड़ निकालता है।[45] आपत्तिकाल में तो स्त्री पति की रक्षा भी किया करती थी।[46] अतएव निश्चित रूप से पत्नी की भूमिका, भारतीय परिवार में अत्यन्त ही महत्वपूर्ण रही है।

एक तथ्य और विडम्बना यह है कि नारी, पुरूष जाति के आँसू के एक बूंद को भी अपनी आँखों के सामने सह नहीं सकती। लेकिन वही पुरूष उन्हें अपनी करनी से जीवनभर प्रताड़ित करते हुए रूलाता रहता है।[47] श्री सीताजी सती साध्वी और पति परायणा भारतीय नारी थी। उसने अपने पति श्रीराम जी को अपने प्राणों से भी अधिक चाहती थी। वह रात दिन उसी के ध्यान में निमग्न रहती थी। किसी भी पुरूष का उसने मन से भी चिन्तन नहीं किया था। उसी सीताजी को, श्रीराम जी ने सबके सम्मुख अनेकों कठोर वचन सुनाए और

उसके मन को अत्यन्त ही व्यथित कर दिया कि जिससे वह तड़प उठी।[48] इतना ही नहीं, उन्होंने भरी सभा में सीताजी को अग्नि में जल जाने को मजबूर किया। सीताजी अपने जीवन से निराश होकर अग्नि में प्रवेश कर गई। यह दैवयोग ही था कि वह अपने सत्य व धर्म के प्रभाव से सुरक्षित बच निकली।[49] इस प्रकार जहाँ नारी प्रमुख ही पुरूष प्रधान समाज के द्वारा प्रताड़ित होती है, वहाँ पर अन्य नारियों के अस्तित्व का ठिकाना ही कहाँ है? एक ओर जहाँ धर्मशास्त्र, स्त्री वध को अनुचित और महापाप बतलाते हैं,[50] वही श्रीराम जी ने ताड़का को मारा और शूर्पनखा को अपमानित किया। इसी प्रकार परशुराम जी ने तो स्वयं अपनी माता को मारने में भी संकोच नहीं किया। धर्मशास्त्रियों ने एक निर्देश जारी किया था कि माता, पिता, स्त्री और पुत्र किसी भी दशा में त्यागने योग्य नहीं है। इनमें से किसी का भी त्यागन करने वाले को राजा 600 पण से दण्डित करे।[51] लेकिन श्रीराम जी ही ने स्वयं राजा होते हुए भी अपनी निर्दोष सती साध्वी स्त्री का परित्याग कर दिया था, वह भी उसकी गर्भावस्था में। धर्मशास्त्रीगण आमतौर पर इस बात परस्पर सहमत थे कि जिस स्थान पर नारी की पूजा व सेवा सुश्रुषा होती है, वहाँ पर भगवान निवास करते हैं। लेकिन जहाँ पर नारी का अपमान होता है, वहाँ से देवतागण निराश होकर चले जाते हैं। जिस कुल में नारियाँ शोक करती है, वह कुल अतिशीघ्र ही नष्ट हो जाता है। जिस किसी भी गृह को नारी जाति, दुःख से अत्यन्त संतप्त होकर श्राप देती है। वह गृह निश्चय ही चारों ओर से नष्ट हो जाता है। लेकिन जिस घर में स्त्री संतुष्ट व सुखी रहती है, उस घर का सदैव ही कल्याण होता है।[52] आधुनिक धर्मशास्त्री तुलसीदास जी ने नारी जाति की जी भर कर निन्दा की है, जो कि अत्यन्त दुःख का विषय है।[53]

कुछ धर्मशास्त्रों ने यह बात स्वीकारने में जरा भी संकोच नहीं किया कि आसलियत में नारी की कोई जाति नहीं होती। वह जिस भी पुरूष के साथ व्याही जाती है, वह वैसे ही रूप–गुण से सुसम्पन्ना हो जाती है।[54] तात्पर्य यह की नारी के गुण व दोष उनके पति के गुण दोषों के कारण अधिक मुखरित होते है और इसमें स्वयं पति को ही अपने गुण दोषों पर ध्यान देना चाहिए, ताकि नारी भी उसी अनुरूप में स्वयं को ढाल सके। इस प्रकार नारी की समस्त गतिविधियों का मूल केन्द्र बिन्दु उनके पति ही होते है और नारी, किसी भी कार्य गतिविधियों व गुणदोषों के लिए अकेली जिम्मेदार नहीं होती। लेकिन ब्राह्मणवादी धर्मशास्त्रकारों के कारण समाज में नारी के प्रति हीन भावना पनपी, जो कि आने वाले उनके भविष्य को गर्त में ढकेलने के लिए पर्याप्त साबित हुई। भारतवर्ष ने कई वर्षों तक विदेशियों की जो गुलामी सही व अत्याचारों को सिर झुकाकर सहन किया, उनका एक प्रमुख कारण यह भी था कि समाज का प्रमुख अस्तित्व नारी उस काल में पूर्णतः अस्तित्वहीना कर दी गई थी, जिसका परिणाम सम्पूर्ण देश, सभी समाज एवं सभी संस्कृतियों ने भोगा। आज के परिवेश में श्रीमती गांधी (पूर्व प्रधानमंत्री भारत) के समय से

उनकी स्थितियों में लगातार सुधार आ रहा है। इसकी मूल वजह यह भी रही कि हमारे संविधान में उन्हें समानता का अधिकार प्रदान किया है। हालांकि कई क्षेत्रों में वह अभी भी मध्ययुगीन स्थिति में ही है।

पति

आरम्भिक युगीन समाज में पति का स्थान पत्नी के ही समकक्ष रहा है और दोनों का ही अधिकार समान था। दोनों ही अपने अधिकारों के उपयोग के लिए स्वतंत्र थे। एक गाड़ी के दो पहिये के समान ही उनकी उपयोगिता थी। लेकिन ब्राह्मणवादी धर्मशास्त्रियों ने एक सुनियोजित षड़यंत्र के तहत् पति की महत्ता को बढ़ावा देने लगा और पत्नी के महत्त्व को धीरे–धीरे घटाया जाने लगा। स्त्री पर उनकी सर्वतोमुखी प्रभुत्व स्थापित होने लगा।[55] उसे पत्नी के लिए देवता के समान पूजनीय माना गया।[56] वह उसके लिए इष्ट देवता भी बना दिया गया और विशिष्ट देवता भी।[57] जबकि वैदिक युगीन समाज में वह पत्नी के सखा के ही सदृश था।[58] उसका प्रमुख कार्य वैदिक युगीन समाज में कुटुम्ब की देखभाल करना था।[59] वह पत्नी के समानता के अधिकार को भी सहर्ष स्वीकार करता था। सोमरस निकालना, देवताओं को हवि प्रदान करना और कामसुख का उपभोग करना आदि उनके संयुक्त कर्तव्य थे।[60] परिवार व समाज में दोनों की ही स्थिति समान थी और वे परस्पर एक दूसरे के आधे अंग के रूप में स्वीकार्य थे।[61] जिस प्रकार दाल के दो दानों की संयुक्तता से ही उसकी पूर्णता मानी जाती है और दोनों की उपस्थिति, सृष्टि विषयक् कार्यों व अधिकारों पर सन्निहित है, उसी प्रकार ही इन दोनों की स्थितियाँ भी स्वीकार की गई थी।[62] दोनों एक शरीर के हिस्से थे। यह भी माना गया कि इन दोनों की उपस्थिति इहलोक और परलोक दोनों के लिए ही आवश्यक है।[63] परवर्ती कालीन समाज में भी पति–पत्नि दोनों के समान अधिकार व संयुक्तता को स्वीकार किया गया। यह भी कहा गया कि जो पति है, वही पत्नी है। इन दोनों में कोई फर्क नहीं है।[64] कालान्तर में पत्नी का स्तर पति की तुलना में क्रमशः नीचे होने लगा। परिवार में उनका नियंत्रण और निर्देशन लगातार बढ़ने लगा। फलस्वरूप पति का स्वामित्व शक्तिशाली स्थिति में तब्दील होने लगा और पत्नी की स्थिति दिन प्रतिदिन दयनीय होने लगी। आर्थिक और सुरक्षात्मक कारणों से नित्यप्रति पति पर ही निर्भर रहने के कारण वह उसकी मुखाक्षेपी हो गई और हर कार्य के लिए उसकी अनुमति प्राप्त करना आवश्यक हो गया। अन्नपान व वस्त्रालंकरणों आदि के लिए पति पर ही आश्रित होने के कारण यह मान्यता बढ़ने लगी कि असीम धन सम्पत्ति अर्जित करने वाला पति, पत्नी के लिए सर्वथा पूजा के ही योग्य था।[65] चूंकि स्त्री की आजीविका और आर्थिक स्थिति पूर्णतः पति पर ही निर्भर थी, इसलिए उसे ''भर्त्ता'' के रूप में जाना जाने लगा।[66] परिणामतः पति ने परिवार पर अपना एकछत्र

शासन स्थापित कर लिया और अनेकों प्रकार के नियम बन्धन उन्होंने धर्मशास्त्रियों की शह पर पत्नी पर आरोपित कर दिया। पत्नी को दण्डित करने, दान–विक्रय करने और अपना दूसरा विवाह करने का अधिकार भी उसने अपने हित में सुरक्षित कर लिया।

इतना सब हो जाने के बाद भी किसी भी धर्मशास्त्र ने पति को पत्नी वध का अधिकार नहीं दिया। निश्चय ही नारी का वध राजा के लिए भी अमंगलकारी था। इसीलिए धर्मशास्त्रों ने उन्हें सर्वसम्मति से सर्व अवध्या घोषित कर दिया।[67] आचरणहीन और दुश्चरित्रा होने की स्थिति में भी उनके लिए मात्र प्रायश्चित का ही नियम बनाया गया था, जो स्त्रियों की हालत सुधारने का एक प्रयास ही था। व्यवस्थाकारों ने स्त्रीवध को ब्रह्महत्या और गौ हत्या जैसे महान पापों में परिगणित कर दिया ताकि इस प्रकार के नारी उत्पीड़नों को रोका जा सके।[68] इस प्रकार के दुष्कृत्य करने वाले कठोर कर्मियों को चेतावनी देते हुए धर्मशास्त्रियों का कहना था कि स्त्रीवध के समान पाप और कुछ भी नहीं है तथा इसके पापमुक्ति के लिए किसी भी प्रकार के प्रायश्चित का विधान भी नहीं है।[69]

कालान्तर में एक कुत्सित मनोभावों के तहत् पति ने पत्नी पर अपना सारा अधिकार जमा लिया और उन्हें पूर्णतः अधिकारविहीन करते हुए किसी वस्तु की तरह दान–दक्षिणा भी करने लगा। स्त्रियाँ, दासियाँ, कन्याएँ आदि दान के रूप में दी जाने लगी और कल्पना की जाने लगी कि इससे विपुल पुण्य प्रतिष्ठा की प्राप्ति होती है। इस प्रकार का प्रचार–प्रसार एक निजी स्वार्थ के तहत् ब्राह्मणवादियों के द्वारा किया जाने लगा। परिणाम यह हुआ कि सभी लोग विपुल पुण्य की प्राप्ति की लालसा में नारी दान करने लगे। राजा भागीरथ ने यज्ञ सम्पादन के अवसर पर दस लाख कन्याओं का दक्षिणा स्वरूप दान किया था, जबकि महर्षि वशिष्ठ को राजा मित्रसह ने अपनी पत्नी मदयन्ती ही को दान में दे डाला था।[70] इस प्रकार 'नारीदान' की परम्परा को बलवती बताते हुए स्वर्ग प्राप्ति की लालसा में राजा कल्माषपाद और युवनाश्व ने अपनी–अपनी पत्नियों का दान कर दिया था।[71] लेकिन किसी भी नारी ने इस कुप्रथा का कोई विरोध नहीं किया बल्कि वह अपने पति की खुशी के ऐवज में स्वयं को समर्पित कर दिया। नारी जाति की विवशता के चलते, किसी निर्जीव वस्तु की तरह पुरूष द्वारा दान कर दिये जाने की कठोर एवं निन्दनीय परम्परा को फूलते–फलते देखकर दया भावना से कुछ मध्यवर्ती शास्त्रकारों ने इस प्रथा को सर्वथा अनुचित करार दिया और यह निर्देशित किया कि पत्नी और पुत्र को दान करने वाले व्यक्तियों को बारह वर्षों तक कठोर प्रायश्चित करना पड़ेगा। ऐसे निन्दनीय कर्म करने वाले को पतित मानकर मानव जाति से पृथक कर देने का भी निर्देश किया गया।[72] निश्चय ही पत्नी और पुत्र, दोनों ही अदेय थे और पति को यह अधिकार कदापि भी नहीं था कि वह अपनी पत्नी को किसी को दान में दे सके या विक्रय कर सके।[73] इन सबके बावजूद भी पति के अधिकार क्षेत्र में कोई कमी नहीं आई क्योंकि धर्मशास्त्रकार भी तो पुरूष जाति के ब्राह्मणवादी थे,

इसलिए उन्होंने नियम तो बना दिये लेकिन स्वतः न तो खुद इसका परिपालन किया और न ही दूसरों के पालनार्थ कोई कारगर कदम उठाये। अंततः पति ही परिवार में सर्वेसर्वा ही रहा और अपने अधिकार में और वृद्धि करता रहा। उपनिषदों ने तो यहाँ तक निर्देशित किया कि अगर पत्नी अपने पति को मैथुन न करने दे तो वह पति इच्छानुसार दण्ड का भय दिखाकर उसके साथ बलपूर्वक काम क्रिया करे। यदि यह भी सम्भव न हो तो फिर पति उसे शाप का भय दिखाकर कहे – "मैं तुझे शाप देकर दुर्भगा (वन्ध्या) बना दूंगा।" इतने पर भी यदि वह वशवर्ती न हो तो पति सचमुच ही उसके निकट जाय और कहे– "मैं अपनी यश स्वरूप इन्द्रिय द्वारा तेरे यश को छीन लेता हूँ।" इस मंत्र का उच्चारण करे। इस प्रकार शाप देने पर वह अयशस्विनी (वन्ध्या) हो ही जाती है।[74] पति के कथन या इच्छा की अवहेलना करने वाली पत्नियों के लिए धर्मशास्त्रकारों ने दण्ड की व्यवस्था भी कर दी और कहा कि– उन्हें दुर्वचन न कहकर बाँस की पतली खपची, रस्सी अथवा हाथ से पत्नी की पीठ पर तीन प्रहार करना चाहिए या उसका भी विरोध होने पर उन्हें वाकदण्ड और पारूष्य का (कोड़े या डण्ड़े से) कम से कम आधादण्ड तो देना ही उचित है।[75] यद्यपि कुछ धर्मशास्त्रकार इस निर्णय से असहमत थे। उनका मानना था कि पत्नी का निर्दयता से पिटाई करना, किसी निर्दयी और पापी से ही सम्भव हो सकता था। ऐसे अधम व्यक्तियों के घर से तो निश्चय ही पितृगण निराश होकर लौट जाते थे और उस अधम व्यक्ति का पतन ठीक उसी भांति ही अतिशीघ्र हो जाता था, कि जिस प्रकार पके फल का डंठल से गिरने में जरा भी समय नहीं लगता है।[76] इस प्रभावपूर्ण विचारधारा के चलते अनेक धर्मशास्त्रकारों ने पति द्वारा पत्नी के पीटे जाने का कड़ा विरोध किया एवं अत्यन्त विशेष परिस्थितियों में उदार प्रताड़ना की मंजूरी दी। यह उदार मंजूरी भी एक प्रकार से पुरूषवादी समाज की जीत को ही परिलक्षित करता है।

पति के बढ़ते निरंकुशता व एकांगी विचार धाराओं के चलते पुरूषवादी समाज में दूसरी भार्या कर लेने के कुत्सित विचारधारा का भी बीजारोपण हुआ। लेकिन धर्मशास्त्रकारों ने इसकी अनुमति भी सिर्फ उन्हीं परिस्थितियों में दी, जबकि यह आवश्यकता सिर्फ पुत्रोत्पति और धर्मपालन के लिए ही हो।[77] भारतीय धर्मशास्त्रकारों ने पहली पत्नी के रहते दूसरी पत्नी लाने का सख्त विरोध किया है। पूर्व समय में भी तलाक के बाद ही दूसरी पत्नी लाने की व्यवस्था थी और तलाक के लिए भी उपर्युक्त आधार होना चाहिए था।[78] बिना उचित आधार के दूसरी पत्नी कर लेने वाले को घोर अपराधी घोषित कर दिया गया था।[79] अधिकार विहीन होते ही पत्नी पूर्ण रूप से पति पर ही निर्भर हो गई और पति का प्रमुख कार्य उनका भरण पोषण और रक्षण हो गया। वैसे वैदिकयुगीन पति भी पाणिग्रहण के समय पत्नी के पोषण की सार्वजनिक रूप से प्रतिज्ञा करता था।[80] धर्मशास्त्र बेहिचक स्वीकार करते है कि स्त्री के भरण करने के कारण 'भर्ता' और पोषण करने के कारण

"पति" शब्द की व्युत्पत्ति हुई है।[81] समस्त धर्मशास्त्रकार इस बात पर सहमत दिखते है कि साध्वी स्त्री के भरण पोषण और सुरक्षा अति आवश्यक है।[82] भाष्यकार तो स्त्री जाति पर सहानुभूति दर्शाते हुए यहाँ तक कहते है कि अगर पत्नी, पति से द्वेष रखती है, तब भी पति का कर्तव्य यही है कि वह उनका भरण–पोषण में किसी तरह की कोई कमी न आने दे।[83] आमतौर पर भारतीय धर्मशास्त्रकारों ने उस पति की तीखी भर्त्सना की है जो अपनी पत्नी की कमाई पर निर्भर रहते है और पत्नी को बाजारू बनाकर सर्वसुलभ कर देते है। ऐसा पति निश्चित रूप से महापापी है। उन्होंने ऐसे पति को जाति बहिष्कृत कर देने का भी निर्देश किया है।[84] इसी तरह जो पति, अपनी पत्नी के रूप–सौन्दर्य को अपनी जीविका का साधन बनाता था, वह भी महापातकी और निन्दनीय था। ऐसा व्यक्ति भी निश्चित रूप से जाति बहिष्कृत करने योग्य था।[85] ऐसा पति तो निश्चित रूप से कठोरतम् दण्ड के योग्य था, जो अपनी पत्नी के प्रेमी से सहर्ष भेंट ग्रहण करता था और उस प्रेमी पुरूष का मनोबल बढ़ाता था।[86] धर्मशास्त्रकारों ने यह स्वीकार किया था कि संकट या आपत्ति के समय पत्नी को यह अधिकार था कि वह अपने पति से संरक्षण प्राप्त करे। महाभारत में पति द्वारा रक्षित पत्नी के सन्दर्भ प्राप्त होते है। महारानी द्रौपदी ने कीचक से बचाने की याचना करते हुए भीम को उसके कर्तव्य की याद दिलायी थी।[87] पत्नी की रक्षा कर पाने में असमर्थ पति, निन्दनीय, महापातकीय और नरकगामी था। धर्मशास्त्रकारों ने तो उनकी खुलकर भर्त्सना की है।[88] स्मृतिकारों ने इस सम्बन्ध में अपना साफ–सुथरा दृष्टिकोण रखते हुए स्पष्ट किया कि पुरूष एकमात्र अपनी पत्नी की रक्षा करके ही, अप्रत्यक्ष रूप से अपने पुत्र, चरित्र, कुल, आत्मा और धर्म का भी संरक्षण करता है।[89] स्त्री रक्षा के सम्बन्ध में शास्त्रकारों की मूल आशंका यह थी कि अगर स्त्री की सही सुरक्षा न की जाये तो संकरता की सम्भावना बढ़ जाती है, अतएव इस प्रकार की सम्भावना के मद्देनजर उनकी हर सम्भव रक्षा की जानी चाहिए।[90] वैसे पत्नी स्वयं परिवार की सम्मानित अंग थी। वह भारतीय समाज व परिवार की दृष्टि में अत्यन्त पूज्यनीया, महासौभाग्यवती, महापुण्यशीला और गृह साम्राज्ञी व शोभा थी।[91] गौतमबुद्ध ने वज्जिनिवासियों को चेतावनी दी थी कि अगर अपने राज्य, नगर व समाज तथा परिवार का कल्याण चाहते हो तो नारी जाति का कभी भी अनादर न करना। महाभारत में भी स्पष्टतया कहा गया है कि– "नारी जाति, माननीया और पूजनीया है। हे मानवों! उनका कभी भी अपमान न करो, अगर अपनी उन्नति चाहते हो। नारी से ही धर्म, रति, परिचर्या और सेवा आदि सभी तरह के कार्य सम्पादित होते हैं। सन्तानोत्पादन, उसका परिपालन और सांसारिक जीवन के प्रति लगाव, भार्या के कारण ही सम्भव हो पाती है। इसीलिए ही ये सम्मान की पात्रा है। उनकी कृपा से निश्चय ही हर कार्य सिद्ध हो जाते है।[92] स्मृतिकारों का मानना था कि चूंकि धर्म, अर्थ और काम

का संवर्धन स्त्रियों से ही सम्भव है, इसलिए साध्वी स्त्रियों का सदैव ही पति, देवर, सास, श्वसुर और बन्धुओं द्वारा हर सम्भव सम्मान व पूजन होना चाहिए।[93]

पूर्व मध्यकालीन भाष्यकार और लेखक भी पर्याप्त रूप से स्त्रियों के अधिकारों के प्रति पूरी सजगता दिखाई है। निश्चय ही पत्नी और परिवार का भरण–पोषण, पति के प्रमुख उत्तरदायित्वों में से था। मेघातिथि स्वीकार करते है कि हर तरह के अनुचित कार्य करके भी वृद्ध माता–पिता, साध्वी भार्या और शिशु का पालन–पोषण होना चाहिए।[94] कुछ धर्मशास्त्रकारों ने पोषण–भरण के योग्य सदस्यों का उल्लेख करते हुए स्पष्ट किया है कि पुरूषों को ऐसे सभी प्राणियों के भरण–पोषण करने होंगे, जो स्नेह योग्य, दया योग्य, आदर योग्य तथा पूजायोग्य है। यथा– माता–पिता, गुरू, भार्या, प्रजा, दीन, समाश्रित, अभ्यागत अतिथि और अग्नि आदि।[95] आमतौर पर धर्मशास्त्रकारों में यह सम्मति थी कि स्त्रियों की रक्षा उनको ताड़ित करने से नहीं हो सकती, बल्कि प्रेमपूर्ण व्यवहार से ही उनको वशीभूत किया जा सकता है। प्रताड़ना से अनर्थ अवश्यसंभावी है। व्यवहार शील विद्वान पुरूष पांचाल स्त्रियों में भी मृदुता का ही उपदेश किया करते है, ताकि अनर्थकारी प्रक्रिया से बचा जा सके।[96] पत्नी के स्वच्छन्दतापूर्वक रहने की स्थिति में भी पति का प्रमुख दायित्व यही था कि वह उनका पूर्ण जिम्मेदारी से पालन पोषण करे। प्राचीनकाल से ही ऐसी स्त्रियों का पालन पोषण पूर्ण रूप से उनके पतियों के ही जिम्मे रहा है। महाभारत कालीन माहिष्मती की स्त्रियाँ स्वेच्छा चारिणी और नियंत्रण हीना थी, फिर भी उनके पतियों ने उनके भरण–पोषण का भार उठाया था।[97] धर्मशास्त्रकारों की राय यही थी कि शूद्र से व्यभिचार करने वाली ब्राह्मण, क्षत्रिय तथा वैश्य की स्त्रियाँ, प्रायश्चित से शुद्ध हो सकती थी।[98] कुछ शास्त्रकारों की व्यवस्था थी कि बहुपत्नीत्व से युक्त पुरूष की ज्येष्ठ पत्नी के दुराचारिणी हो जाने की स्थिति में उसे पुनः अग्नि का आधान करना चाहिए, जबकि गौतम के अनुसार यह आवश्यक नहीं था।[99] महर्षि वेदव्यास ने स्त्रियों के प्रति सहानुभुति पूर्वक विचार करके पुरूषवादी समाज को निर्देशित किया है कि आगामी ऋतुकाल के बाद व्यभिचारिणी, दुष्ट और धिक्कृत स्त्री के साथ, उसके पति और अन्य सम्बन्धी पूर्ववत् व्यवहार करे।[100] वैसे धर्मशास्त्रज्ञों में इस विषय पर कोई मतभेद नहीं था कि पति, पत्नी के ऋतुकाल की सम्पूर्ण अवधि में उसके साथ रहकर सन्तान उत्पन्न करे। जो भी पति ऐसा नहीं करता था, वह भूण हत्या के पाप का भागी होता था। ऐसे पुरूष को जाति बहिष्कृत भी कर दिया जाता था।[101] विश्वरूप जैसे भाष्यकार का मानना था कि जो पति तीन वर्ष तक लगातार बिना किसी अपराध के अपनी ऋतुमती पत्नी के पास नहीं जाता है। उसे अवश्य ही भ्रूणहत्या का पाप लगता है। उसने धर्मयुक्त शब्दों से आदेशित किया कि जो पति ऋतुस्नाता पत्नी के पास नहीं जाता, उस माह में उसके सम्पूर्ण पितर उस स्त्री के रज में दुःख पूर्ण स्थिति में निवास करते है। इसी तरह जो स्त्री भी अपने पति

की अवमानना करके अपना ऋतु व्यर्थ करती है। उन्हें बेझिझक धर्म के नाम पर भ्रूण हत्याचारिणी घोषित कर घर और गाँव से निकाल देना चाहिए।[102] इन सब नियमों के दबाव के चलते या अनुकुल–प्रतिकुल स्थितियों में भी सज्जन पुरूष, अपनी पत्नी के प्रति स्नेह और प्रेम को प्रकट करता रहता था। जो उसकी एक निष्ठता, धर्मप्रियता, दायित्व और कर्तव्य परापणता का बोध कराता है। पुरूष के लिए निश्चय ही नारी, प्राणों से भी बढ़कर प्रिय थी।[103] जैसे– सीता–राम, दमयन्ती–नल, द्रौपदी–पांडव, सावित्री–सत्यवान, अनुसुइया–अत्रि आदि में परस्पर अगाध प्रेम व आकर्षण था।

''माता और पिता''

आमतौर पर पुत्र का अपनी माता के प्रति प्राचीन काल से ही प्रेम व गौरव रहा है। माता भी संतानों में पुत्र के प्रति अधिक स्नेहाशीला होती थी और उस पुत्र को ही वंश वृद्धि के लिए बीज स्वरूप समझा जाता रहा है। संतान का अपनी माता से विशेष लगाव व अपनत्व होता है, और कुछ मायनों में तो माता, पिता से भी सर्वश्रेष्ठ स्थान पर प्रतिष्ठित है। नौ–दस महीने पेट में रखने के कारण माता को भी अपनी संतान से अगाध स्नेह व निस्वार्थ प्रेम होता है। दुनियाँ में माता के सिवा कोई भी प्राणी यह दावा नहीं कर सकता कि उसका प्रेम निःस्वार्थ है। जन्म, लालन–पालन, शिक्षा–दीक्षा आदि के मूल प्रेरणास्त्रोत चूंकि माता ही है, इसलिए भी वह अत्यधिक आदरणीया है। महाभारत में धर्मराज युधिष्ठिर ने स्पष्ट रूप से स्वीकार किया है कि माता का गौरव, पृथ्वी से भी अधिक है।[104] चूंकि पुत्र का जन्म बड़े ही कष्ट और सतत् साधना के परिणाम स्वरूप होता है, अतएव वेदों ने पुत्र को सलाह दी है कि वह जीवनभर अपनी माता के अनुकूल रहे। यह महज एक परम्परा ही नहीं है कि ''माता' शब्द का व्यवहार सदैव ही ''पिता'' शब्द के पहले होता रहा है, बल्कि इसके पीछे गूढ़ रहस्य यह है कि माता, अनादिकाल से ही पृथ्वी के रूप में भी समस्त संसार की पूज्यनीया थी। कौशिल्या, कुन्ती, गान्धारी, शंकुतला आदि माताएँ अपने सम्मान व वैभव के लिए ख्याति प्राप्त थी। समस्त धर्मशास्त्रकारों ने एक मत से माता की श्रेष्ठता को स्वीकार किया है। पंचमवेद महाभारत के अनुसार– आचार्य, सदा दस श्रोत्रिय से बढ़कर है। पिता दस उपाध्यायों से भी बढ़कर है। माता अकेली ही स्वयंमेव इतनी समर्थशीला है कि अपने गौरव व तेज शक्ति से समस्त पृथ्वी को भी तिरस्कृत कर सकती है। अतएव माता के सिवा, संसार में कोई वास्तविक व निस्वार्थी गुरू दूसरा कोई नहीं है।[105] धर्मशास्त्रकारों ने निःसंकोच रूप से स्वीकार किया कि दस उपाध्यायों से अधिक गौरव आचार्य का है, सौ आचार्य से अधिक पिता का और एक हजार पिताओं से भी अधिक गौरव माता का है। माता की समता दुनियाँ की किसी भी वस्तु से नहीं की जा सकती।[106]

वैसे तो धर्मशास्त्रकार तुलनात्मक दृष्टि अपनाने को उचित नहीं समझते थे, लेकिन विशेष परिस्थितियों में तुलनात्मक रवैया भी अख्तियार किया जाता था। आमतौर पर सभी धर्मशास्त्रों की व्यवस्था माता के ही पक्ष में थी। उनका यह सख्त निर्देश था कि पतित पिता त्यागन के योग्य था, लेकिन माता किसी भी स्थिति में त्यागन के योग्य कदापि न थी। उनमें व्यभिचारिता जैसी अनेक दोषों के होने के बावजूद भी पुत्र के लिए आवश्यक कर्तव्य यही था कि वह दोष युक्त माता का किसी भी तरह से अपमान न करते हुए उनका ससम्मान भली प्रकार से सेवा सुश्रुषादि करे।[107] सम्पूर्ण पृथ्वी पर ढूंढने पर भी माता के समान दूसरी छाया दुनियाँ में और किसी की छाया ही नहीं थी। उनका प्रेम निःस्वार्थ एवं मधुर था तथा वह अपने पुत्र के लिए ऐसी रक्षा स्थल थी कि – ''पुत्र की सुरक्षा ही उनका मूल ध्येय था न कि अपनी जान की रक्षा। अपने पुत्र को वह जान से भी बढ़कर मानती थी और पुत्र की वह मृत्यु से भी रक्षा करने में समर्थ थी। आमतौर पर धर्मशास्त्रों का भी यही मत था कि माता ही सर्वोत्तम छाया, गति, ऋण और प्रिय है।[108] माता की महिमा पूर्व से लेकर आज तक ज्यों का त्यों विद्यमान है। पुत्र का उनके प्रति असीम श्रद्धा और प्रगाढ़ प्रेम स्वाभाविक ही था क्योंकि माता के सदृश गुरू, पालनकर्ता, मार्गदर्शक, प्रेमप्रदायिका–दुनियाँ में कहीं भी प्राप्त नहीं हो सकती।[109] माता भी अपने पुत्रों से असीम स्नेह करती थी। कुन्ती, सत्यवती, सुभद्रा, द्रौपदी आदि ऐसी ही माताएँ थी, जिनका अपने पुत्र के प्रति अगाध स्नेह और अनुपम आकर्षण था।[110] कुछ वीर माताएँ ऐसी भी होती थी जो युद्ध में हतोत्साहित और पराजित पुत्र में उत्साह का संचार कर देती थी, जिससे वह पुत्र युद्ध भूमि में पुनः जाकर विजय श्री का परिणयन करता था। संजय की माता विदुला भी ऐसी ही माताओं में से थी।[111] धर्मशास्त्रकारों ने बेहिचक स्वीकार किया है कि माता ही ''परमगुरू'' है और इस प्रकार परिवार व समाज में उनकी सर्वोच्चता स्वयंमेव दर्शित थी।[112] इतिहास गवाह है कि भगवान गौतम बुद्ध ने सिवाय अपनी माता के किसी के भी चरणों में मस्तक नहीं झुकाया था। उसने भी माता को दुनियाँ में सर्वसम्मानीया स्वीकार किया था। पुरूषवाद के महाकट्टर शंकर ने नारी को नरक कहा, लेकिन अपनी माता की मृत्यु पर वह भाव विभोर होकर स्वीकार किया कि प्रसवशूल वेदना, पालन–पोषण का कष्ट, निस्वार्थ रक्षा व प्रेम आदि एक का भी बदला कोई उन्नतिशील पुत्र भी नहीं चुका सकता। अन्य की बात तो दूसरी ही है।[113] तत्कालीन धर्म, साहित्य व समाज ने भी माता के महत्व को स्वीकार करते हुए यही सिद्धांत प्रतिपादित किया कि माता सर्वपूजनीया है और उनके समान गुरू व आदर की वस्तु दुनियाँ में कुछ भी नहीं है।[114]

तत्कालीन युग में गर्भवती माता को कुल का प्रतिष्ठापक समझा जाता था और उनकी सुरक्षा के व्यापक बंदोबस्त किये जाते थे। 'वेणीसंहार' में महारानी द्रौपदी जी, अपनी पुत्रवधु उत्तरा के गर्भाधान के चौथे मास में सुभद्रा को उसकी सावधानी पूर्वक रक्षा करने

की सलाह दी है।[115] प्रायः प्रत्येक माताएँ वात्सल्य प्रेम में विह्ल होकर अपनी संतान के लिए कई यातनाएँ व कष्ट सहकर भी असीम सुख का अनुभव करती है। माता की आज्ञा पुत्र के लिए सर्वदा अनुलंघनीय है क्योंकि माता की आज्ञा ही धर्म और वेद की आज्ञा है। माता की आज्ञा के कारण ही पांचो पांडवो ने द्रौपदी से विवाह किया था और किसी के भी विरोध को स्वीकार नहीं किया था। माता की श्रेष्ठता पर पुत्रों को गौरव होता था और माता भी अपने पुत्रों के अच्छे कार्यों से गौरवान्वित होती थी। प्रायः हर माताओं का ध्येय यही था कि वह वीर पुत्रों की जननी बने। हर्षवर्धन की माता यशोमती चिता पर चढ़ने के पूर्व स्पष्ट रूप से उद्घोषित किया कि – मैं वीर पिता की संतान हूँ, वीर की पत्नी हूँ और मैने वीर संतान उत्पन्न किये है।[116] पूर्वकाल में वीर माताओं की बड़े ही ओजपूर्ण स्वरों से प्रशंसा की जाती थी।[117] जहाँ तक सकुशल गृहिणी होने का सवाल है तो इस सम्बन्ध में कथन है कि विवाह के पश्चात पतिगृह में प्रवेश कर नारी को अलग माहौल में दूसरे की भावनाओं और कठिनाइयों को समझ कर कार्य करना पड़ता है और उस परिवार के वातावरण के अनुरूप ढ़लने पर परिवार में सुखशांति का साम्राज्य स्थापित हो जाता है। जबकि विपरीत अवस्था में परिवार तहस–नहस हो जाता है। भारतीय परिवेश में पत्नी और माता दोनों ही रूपों में घर की देखरेख व व्यवस्था करना नारी का मूल दायित्व माना गया। बड़े लोगों की सेवा सुश्रूषा, सपत्नियों के साथ प्रेम, सखी सा व्यवहार, पति के शुष्क व्यवहार पर क्रोध न करना, पोष्य एवं आश्रितों के साथ अनुग्रह पूर्वक व्यवहार करना, कभी भी अपने वैभव का मान मर्दन न करना आदि उनके मूल कर्तव्यों में सम्मिलित था। जो युवतियाँ, परिवार में इस प्रकार व्यवहार शील होती है, वहीं सम्मानीया गृहिणी है। अन्यथा विपरीत चलने वाली तो कुल के लिए व्याधिरूप ही है।[118] माता और पुत्र के सम्बन्ध में एक प्रसिद्ध कहावत यह है कि– ''पुत्र भले ही कुपुत्र हो सकता है, लेकिन माता, कुमाता कभी भी नहीं हो सकती।''

देवर

भारतीय समाज में देवर का महत्त्व प्राचीन काल से ही अत्यधिक रहा है। जिस नारी के देवर न हो तो निश्चय ही उनकी नारीत्व में निखार नहीं आता। देवर से तात्पर्य ''द्वितीय वर'' होता है।[119] अर्थात पति की अनुपलब्धता में देवर ही नारी के लिए प्रमुख केन्द्र बिन्दु हो जाता है। यह प्रक्रिया अधार्मिक नहीं, अपितु धार्मिक ही है। देवर और भाभी में परस्पर प्रेम भी होते रहे हैं। संतानहीन होने की स्थिति में देवर से ही पुत्र प्राप्त करने का धर्मशास्त्रीय निर्देश भी है।[120] देवर के रहने से किसी भी नारी को अन्य पुरूषों के मुंह नहीं ताकने पड़ते थे और उन्हें आसानी से पुत्र सुख प्राप्त हो जाता था।[121] धर्मशास्त्रों की राय थी कि सगाई के बाद यदि पति की मृत्यु हो जाय तो, उस कन्या की इच्छानुसार,

उन्हें उनके देवर के लिए दे देना चाहिए ताकि उनका जीवन नष्ट न हो और उनका उस परिवार से आजीवन सम्बन्ध भी बना रह सके।[122] देवर द्वारा उत्पन्न पुत्र को अपने चाचाओं के समान ही धन में भाग पाने का धर्मशास्त्रीय अधिकार था।[123] रामायण और महाभारत ने भी नारी को यह स्पष्ट निर्देश दिया कि पति की अनुपलब्धता में देवर को ही पति के रूप में स्वीकार कर लिया जाय।[124] बालि के मृत्योपरान्त उसकी पत्नी तारा ने अपने देवर सुग्रीव को पति रूप में ग्रहण कर लिया था।[125] श्री सीता जी का अपने देवर लक्ष्मण से यह कथन कि तुम मुझ पर अधिकार करने के लिए ही श्रीराम का विनाश चाहते हो। मेरे लिए तुम्हारे मन में लोभ हो गया है। श्रीराम का संकट में पड़ना ही तुम्हें प्रिय है...। ''निश्चय ही तत्कालीन विधवा विवाह को स्पष्ट करता है।[126] ऐतिहासिक उदाहरणों में ध्रुवस्वामिनी ने अपने नपुंसक पति रामगुप्त का त्याग कर अपने देवर चन्द्रगुप्त द्वितीय विक्रमादित्य से विवाह कर लिया था। वैदिक कालीन समाज में भी स्त्री को सलाह दी गई है कि पति की अनुपलब्धता की स्थिति में वह देवर को पति रूप में मान सकती है और उसके साथ रह सकती है।[127] उत्तर वैदिक कालीन समाज में भी यह प्रथाएँ प्रचलित थी कि पुत्रहीन विधवा नारी, पुत्र प्राप्ति के निमित्त अपने देवर को पति रूप में वरण कर लेती थी।[128] गौतम ने भी पतिहीना नारी को निर्देशित किया है कि यदि उनके मन में पुत्र प्राप्ति की कामना है तो वह उसे अपने देवर से प्राप्त करे।[129] अन्य धर्मशास्त्रकारों ने भी इस मत का सर्वसम्मति से समर्थन किया है।[130] कभी–कभी रूग्ण या नपुंसक पति की वजह से भी पुत्र की लालसा से स्त्री द्वारा देवर से पुत्र प्राप्त कर लिया जाता था।[131] महाभारत में कुन्ती और माद्री ने नियोग प्रक्रिया द्वारा अपने पुत्रों को प्राप्त किया था। अर्थशास्त्र ने भी निर्देशित किया कि पुत्रहीना विधवा नारी, देवर, मातृबन्धु आदि से सम्बन्ध स्थापित कर पुत्र प्राप्त कर सकती थी। जो उसकी संपत्ति के उत्तराधिकारी होते थे।[132] महाभारत में धृतराष्ट्र, पाण्डु आदि की उत्पत्ति रानियों द्वारा अपने जेठ व्यास जी से उत्पन्न की गई थी। महाभारत के ही अनुसार परशुराम ने जब अनेकानेक क्षत्रियों का वध कर डाला। तब बहुंत सी क्षत्रिय नारियाँ नियोग धर्म के पालनार्थ ब्राह्मणों से सम्बन्ध स्थापित की थी।[133] नियोगप्रथा द्वारा पुत्र प्राप्ति के भी नियम थे। देवर या अन्य सम्बन्धी द्वारा अधिक से अधिक तीन पुत्र प्राप्त किये जा सकते थे और ज्यादा पुत्र प्राप्ति में दोष उत्पन्न हो जाता था तथा सम्बन्धित स्त्री पापिनी कहलाती थी।[134]

प्रबन्ध चिंतामणि' के अनुसार भी बाल विधवा कुमार देवी से आशाराज ने विवाह करके वस्तुपाल और तेजपाल को जन्म दिया था।[135] रामायण में रावण के मृत्योपरान्त मन्दोदरी अपने देवर विभीषण को अंगीकार कर ली थी। बौद्ध ग्रंथों से भी इस प्रकार के विवाह प्रथा पर प्रकाश पड़ता है। एक रानी ने राजा के मृत्योपरान्त, राजपुरोहित से विवाह कर लिया था। जबकि एक स्त्री ने राजा को जवाब दिया था– ''पुत्र तो गोद में है और

पति रास्ते–रास्ते सुलभ है।[136] 'आल्हखण्ड' में रानी मछला अपने देवर उदयचन्द पर ही अत्यधिक भरोसा करती है और अपने हर कार्य उसे ही सौंपती है। उदयचन्द्र भी उसकी हर इच्छाएँ पूरी करते है। उदयचन्द्र के विवाह के लिए आल्हा के हार मानने पर वह स्वयं उसके विवाह करवाने पर कमर कस लेती है। कालान्तर में भी इस प्रथा का बोल बाला रहा। आज भी ग्रामों में अक्सर पति की मृत्योपरान्त विधवाएँ अपने देवर के साथ ही रहना अत्यधिक पसन्द करती है।

''सास-श्वसुर''

ससुराल में किसी भी स्त्री को सास–श्वसुर की भूमिका बड़ी ही महत्त्वपूर्ण जान पड़ती है। आमतौर पर बहुएँ इन शख्सियतों से ही भय खाती रहती है। पूर्व काल में वह विवाहोपरान्त श्वसुर गृह की साम्राज्ञी मानी जाती थी और श्वसुर गृह के समस्त कार्यों का निष्पादन उन्हीं के निर्देशन पर होता था।[137] सास–श्वसुर का स्नेह उस पर पुत्रीवत् होता था और वधुएँ भी अपने सास–श्वसुर को माता–पिता की तरह सम्मान देती थी और उनकी आज्ञा का पालन करती थी। रामायण में महारानी कौशिल्या और दशरथ का अपनी पुत्रवधू सीता के प्रति स्नेह व प्रेम किसी से भी छुपा नहीं है। दोनों ही श्री सीता जी को इतना अधिक चाहते थे कि राम की अनुपस्थिति में वे, उसे ही चाहते थे। दशरथ का तो यही कहना था कि अगर सीता जी वापिस आ जाय तो मैं खुशी से राम के आने का इंतजार करता रह सकता हूँ। इससे पूर्व दशरथ जब अपनी पुत्रवधुओं को ब्याह कर ले आए, तब उन्होंने रानियों को निर्देशित किया था कि बहुएँ अभी बच्ची है, पराए घर से आयी है। इनको इस तरह से रखना, जैसे नेत्रों को पलकें रखती है।[138] तब उनकी रानियों ने अपनी बहुओं को स्वयं अपने साथ सुलाया।[139] महाभारत में भी माता कुन्ती अपनी पुत्रवधू द्रौपदी से अनन्य स्नेह रखती थी और श्री द्रौपदी जी भी उन्हें माता जैसी सम्मान देती थी। इसी प्रकार सावित्री की सास–श्वसुर भी उसे हृदय से चाहते थे और सावित्री भी उन्हें भरपूर सेवा सुश्रुषाएँ अर्पित किया करती थी। बौद्ध ग्रंथों में भी वधुएँ और सास–श्वसुर के मध्य मृदुल व्यवहार का पता चलता है।[140] भगवान बुद्ध की क्षीरदायिका महाप्रजापति गौतमी भी अपनी पुत्रवधू यशोधरा से अनन्य स्नेह रखती थी। महाराज शुद्धोदन भी अपनी पुत्रवधू का पुत्रीवत् पालन करते थे। भागवत पुराण के अनुसार– देवकी और वसुदेव भी अपनी पुत्रवधुओं से अत्यन्त दुलार किया करते थे। श्रीकृष्ण जी भी अपनी पत्नियों के साथ अपनी समस्त पुत्रवधुओं को पुत्री जैसा मानते थे। धर्मराज युधिष्ठिर व द्रौपदी आदि भी अपनी पुत्रवधुओं का अत्यन्त स्नेह के साथ पालन–पोषण किया करते थे।

इस प्रकार समस्त भारतीय ग्रंथ सास–श्वसुर का अपनी पुत्रवधुओं के साथ स्नेहिल व्यवहार को दर्शाता है। वही पुत्रवधुएँ भी अपनी सास–श्वसुर के प्रति गौरव की भावना

से अभिभूत होती थी। वह, उनका माता पिता की भांति सम्मान तथा सेवा सुश्रुषा आदि किया करती थी।

आज की स्थिति में सास–श्वसुर व वधू की भूमिका को देखें तो पहले का वातावरण आज नहीं रह गया है। आधुनिकता की होड़ में जहाँ एक ओर वधुएँ भी अपने सास–श्वसुर के प्रति गौरव की भावना से अभिभूत नहीं, और न ही उनका किसी तरह से परवाह किया करती है। वहीं सास–श्वसुर भी उन्हें अपनी पुत्री का स्थान किसी प्रकार भी सौंप नहीं पा रहे है। अगर एक पक्ष से भी पहल किया जाता तो सम्भव है कि घर में पनपी कड़वाहट को कम किया जा सकता था। लेकिन झुकने के लिए कोई भी तैयार नहीं होता। बहू कहती है कि मैंने कोई गलती नहीं की है, तो फिर क्यों माफी मागूंगी या झुकूंगी, जबकि उसके सास–श्वसुर का कहना होता है कि हम किसी के खा थोड़े ही रहे हैं जो कि झुकेंगे...। जो हमारे परिश्रम की कमाई पर मौज कर रही है... उन्हें ही झुकना चाहिए। परिणामस्वरूप स्थिति बड़ी ही सोचनीय हो जाती है और कई अनहोनी घटनाएँ भी घट जाती है। वैसे परिवार में तनाव बढ़ने व उसके परिणाम गलत होने के कुछ प्रमुख कारण है, जिन पर ध्यान रखने पर तनाव व लड़ाई झगड़े की स्थिति से बचा जा सकता है। यथा– दहेज, सास–श्वसुर की तानाशाही, बहू का जिद्दीपन व अपने मायके का जी खोलकर तारीफ करना, पति के रिश्तेदारों से सही व्यवहार न करना। आज के समय में पूर्व की अपेक्षा सास–श्वसुर का अपनी बहू के प्रति कठोर रवैया अख्तियार करना साधारण सी बात हो गई है। लड़का भी अपने माता पिता की इच्छानुसार अपनी पत्नी को दण्डित करता है और हताशा में पत्नी आत्मदाह जैसी कठोर कदम भी उठाती रहती है। आज प्रेम व स्नेह का पहले का सा युग नहीं रह गया है। सास–श्वसुर को माता–पिता समझने वाली बहू भी आज नहीं के बराबर है। आज की बहू, सास को मूर्खा, गंवार, अनपढ़ आदि शब्दों से सम्बोधित करती है, तो कतिपय श्वसुर अपनी पुत्रवधु को भद्दी, गंदी व अश्लील गालियाँ भी देता है जो कि किसी भी तरह शोभनीय नहीं कही जा सकती। कई स्थलों पर देखा गया है कि बहू और श्वसुर के मध्य शारीरिक सम्बन्ध भी स्थापित हो जाते हैं। ऐसा श्वसुर की ओर से जोर जबरदस्ती व धमकियों के कारण होता है और कमजोर बहू लोकलाज के भय से खामोश सब कुछ सहन करती चली जाती है। इस प्रकार के गलत परिवेश से आने वाली पीढ़ियाँ भी दिग्भ्रमित होती चली जा रही है जो कि निन्दनीय है। अगर पूर्व की भांति ही सास–श्वसुर व बहू के व्यवहार में आमूल परिवर्तन हो जाय तो यह धरा ही स्वर्ग का सुख दे सकती है।

ननद

भारतीय परिवार में ननद–भौजाई का अनोखा प्रेमयुक्त स्थान रहा है। चूंकि ननद और भौजाई आमतौर पर हमउम्र होते है, इसलिए भी उनमें परस्पर प्रेमपूर्ण व्यवहार स्थापित हो जाता है और वे आपस में अनन्य सखी हो जाती है। गोपनीय बांते करने, एक–दूसरे की मदद करने व संदेश वाहिका के कार्य के लिए ननद– भौजाई दोनों ही एक–दूसरे के लिए महती भूमिका अदा करते रहे हैं। महाभारत की सुभद्रा, अपनी भौजाई रूक्मिणी आदि से अनन्य प्यार हासिल करती थी। सुभद्रा के प्रेम विवाह में रूक्मिणी ने भी अपना भरपूर योगदान किया था। महाभारत में जयद्रथ द्वारा द्रौपदीहरण के बाद जयद्रथ की पिटाई करते समय द्रौपदी ने अपनी ननद रानी दु:शला के वैधव्यता के भय से काँपते हुए जयद्रथ को क्षमादान दे देने की प्रार्थना की थी। यह महारानी द्रौपदी का अपनी ननद दु:शला के प्रति अनन्य प्रेम को अभिव्यक्त करता है। बौद्धयुग में गौतमबुद्ध की बहिन नन्दा, अपनी भाभी यशोधरा को अत्यधिक चाहती थी। जिस समय यशोधरा बौद्धधर्म में दीक्षित होने लगी तो उस समय नन्दा ने भी अपनी प्रिय भाभी का अनुसरण किया था। देवकी–रोहिणी आदि भी अपनी ननद कुन्ती आदि से प्रेम करती थी। इनके मध्य किसी भी प्रकार के कलह के कोई उदाहरण धर्म साहित्य में नहीं है। लेकिन धीरे–धीरे ननद–भौजाई के रिश्ते में कड़ुवाहट आनी शुरू हो गई है। इसका प्रमुख कारण उनमें संयमशीलता का अभाव है। वे एक–दूसरे की मदद कर पाने में असमर्थ है। आज की ननद–भौजाई एक–दूसरे की सखी न होकर प्रमुख प्रतिद्वन्दी हो गई है। दोनों ही एक–दूसरे को नीचा दिखाने की कोशिश किया करती हैं तथा इनमें से कोई भी किसी के सामने झुकना पसंद नहीं करती। इन्हीं प्रवृत्तियों के चलते परिवार टूटने के कगार पर भी पहुंच जाता है। जहाँ भाभी के दुर्व्यवहार के चलते ननद अपने बराबर के हिस्से की (धनसम्पति की) माँग करने लगी है, वही ननद के रूखे व्यवहार से भी कई भाभियाँ आत्मदाह तक के लिए बाध्य हो जाती है। ननद–भौजाई के रिश्ते की टूटन सिर्फ गाँव तक ही नहीं है, अपितु शहरों और नगरों के शिक्षित परिवार में भी इसकी गूंज सुनाई देने लगी है। आमतौर पर ननद अपनी माता की पक्षधर होती है जो कि बहू को सताने में माहिर रहती है। जबकि बहू भी ऐसी सास–ननद को फूटे आँख भी नहीं भाती। हर जगह उनकी चुगली करती फिरती रहती है, फिर चाहे वह भी शिक्षित घराने की क्यों न हो।

ननद और भाभी के पवित्र रिश्ते में आज भी सुधार की गुंजाइशें है और आज भी वे अनन्य सखी है। बशर्ते कि वे आपस में मित्र ही हो और मित्र की तरह से ही वे आपस में व्यवहार करे तथा एक–दूसरे की निजी जीवन से उन्हें परहेज तो रखना ही चाहिए। तभी ननद और भौजाई का तालमेल आजीवन सुखमय बना रह सकता है। ननद और भाभी,

खुशी के ही दो अलग–अलग नाम है, अतएव उन्हें एक–दूसरे की खुशी में ही खुश रहना चाहिए, तभी ये रिश्ते सार्थक व सुखमय हो सकते है।

"जेठ - जेठानी"

भारतीय समाज में जेठ और जेठानी का स्थान अग्रगण्य है। समस्त भारतीय नारियाँ, अपने जेठ के गौरव को स्वीकार करती है। जेठ के किसी भी आज्ञा का किसी भी नारी के लिए अनुलंघनीय है। जेठ, श्वसुर के बड़े पुत्र को कहा जाता है, जो सम्पत्ति का प्रमुख हकदार है। जिस प्रकार छोटा भाई अपने बड़े भाई के किसी भी इच्छा का सम्मान करने के लिए उत्साही व बाध्य होता है, उसी प्रकार ही नारी भी श्वसुर की भांति ही अपने जेठ का भी सम्मान किया करती है। वैदिक युगीन समाज से ही यह प्रक्रिया पूर्ववत् जारी है। लेकिन कभी–कभी समान उम्र होने या थोड़े बहुंत अंतर के चलते जेठ और अनुज वधु दोनों ही सारा सम्मान व लिहाज भूलकर एकाकर हो उठते है, जो कि निन्दनीय है। श्वसुर की अनुपस्थिति में जेठ ही घर का स्वामी होता है। इसलिए जेठ को ही अपने उत्तरदायित्व को समझना चाहिए और अपनी अनुज वधू को पुत्रवधु व पुत्री या बहिन मानना चाहिए। उसी प्रकार अनुज वधू भी अपने जेठ को श्वसुर या बड़े भैय्या के सदृश मानना चाहिए व उसका कद्र करना चाहिए। उन्हें ऐसी परिस्थितियों के लिए बचना चाहिए जो उन्हें एकाकर होने के लिए बाध्य कर दे। धर्मशास्त्रों में वर्णित है कि समस्त पृथ्वी का पालन करते हुए राजर्षि प्रवर वेन ने कामभावना से नष्ट बुद्धि होकर (मनुष्यों को भाई की स्त्री के साथ संभोग का नियम चालू कर) वर्णसंकर बनाया।[141]

रामायण काल में इस नियम का आदर्श युग था। हालांकि इसके अपवाद रूप बालि ने सुग्रीव की पत्नी रूमा को हथिया लिया था और इसी के चलते उसे देह भी त्यागने पड़े थे। उस समय राम ने भी स्पष्ट किया था कि– "जो पुरूष, अपनी कन्या, बहिन अथवा छोटे भाई की स्त्री के पास काम बुद्धि से जाता है, उसका वध करना ही उसके लिए उपर्युक्त दण्ड माना गया है।[142] रामायण में ऐसा उल्लेख कहीं भी नहीं है कि श्रीराम जी के सम्मुख उनकी अनुज वधुएँ आमने–सामने वार्तालाप भी किये हो। लेकिन महाभारत काल में इसके विपरीत स्थिति थी। वहाँ जेठ और अनुज वधू के मध्य मर्यादा की रेखा विछिन्न हो गई थी। महारानी सत्यवती ने भीष्म जी को अपनी अनुज वधुओं से नियोग धर्म द्वारा पुत्रोत्पत्ति के लिए निर्देशित किया था। हालांकि भीष्म जी प्रतिज्ञाबद्ध होने से यह कार्य नहीं कर पाये। इसलिए महर्षि वेदव्यास, जो कि जेठ ही थे, ने अपनी अनुज वधुओं (अम्बिका और अम्बालिका) से समागम किया और क्रमशः धृतराष्ट्र व पाण्डु आदि को उत्पन्न किया था। लेकिन धर्मराज युधिष्ठिर ने कभी भी अपनी अनुज वधुओं को सिर उठाकर भी नहीं देखा था। उन्होंने आजीवन एक पत्नीव्रत का यथावत् पालन किया। रूक्मिणी जी आदि भी

कभी अपने जेठ बलराम जी से कोई औपचारिक चर्चा भी नहीं की थी और उन्होंने उनका बड़े भैय्या की तरह से आजीवन सम्मान करते रहे।

जहाँ तक आज की स्थिति का विषय है तो आज भी अनुज वधुएँ अपने जेठ का पर्याप्त रूप से सम्मान किया करती है और जेठ भी उन्हें छोटी बहिन का सा व्यवहार देते हैं। उनमें कभी लड़ाई–झगड़ा भी नहीं होता। कभी–कभी अपवाद स्वरूप उनमें लड़ाई–झगड़े भी हो जाते हैं, तब भी अनुज वधु छिपकर ही उनसे सवाल जवाब करती है न कि सम्मुख आकर। कुछ जेठ जो आदतन कामुक प्रवृत्ति के होते हैं, वे अपने पवित्र रिश्ते पर सवालिया निशान लगाने से भी नहीं चूकते। लेकिन ऐसी घटनाएँ बहुत कम होती है।

जहाँ तक जेठानी का सवाल है तो वह भी अपनी देवरानी के लिए माता या बड़ी बहिन के सदृश होती है। जेठानी–देवरानी किसी सगी बहिन से कम नहीं होती और उनमें परस्पर प्रेम का संचार होता रहता है। कभी–कभी घर की लड़ाई में जेठानी–देवरानी का असामंजस्य भरा व्यवहार भी कार्य करता है। आमतौर पर खटपट, लेन–देन या बच्चों के मामले में ही होता है। वैदिककालीन समाज से लेकर पौराणिक काल तक किसी भी देवरानी या जेठानी के प्रतिद्वन्दता का वर्णन नहीं है। अगर जेठानी व देवरानी एक–दूसरे को बड़ी व छोटी बहिन समझकर, परस्पर हिल मिलकर कार्य करें तथा क्षमाभाव को धारण कर एक–दूसरे के अपराध को नजरअंदाज करते हुए रहें तो उनमें आजीवन प्रेम व सौहार्द्र बना रह सकता है।

रामायणकाल में श्री सीताजी ने अपनी देवरानियों के साथ प्रेमपूर्ण बर्ताव किया था। जबकि महाभारत काल में गांधारी व कुन्ती के परस्पर प्रतिद्वंदिता के उदाहरण मिलते हैं। महारानी द्रौपदी जी ने भी अपनी देवरानियों के साथ उचित व्यवहार किया था। वह तो स्वयं ही बिना संकोच के उनकी सेवा किया करती थी। भागवत पुराण में रेवती ने भी रूक्मिणी आदि अपनी देवरानियों से प्रेमयुक्त माहौल बना रखा था।

आज की स्थितियों में जेठानी–देवरानी को परस्पर प्रेमपूर्वक रहना अत्यन्त आवश्यक है। ये दोनों ही हस्तियाँ परिवार को तोड़ने और जोड़ने, दोनों ही कार्यों में महत्त्वपूर्ण भूमिका अदा करते हैं। जेठानी और देवरानी, एक बहिनों के दो अलग अलग नाम है। अतएव दोनों को एक–दूसरे का सहयोग करते हुए मिल जुलकर रहना चाहिए और छोटी–छोटी बातों को भूलकर रहना ही श्रेयस्कर है न कि तिल का ताड़ बनाने से। परिवार की धुरी, एक गाड़ी के दो पहिये, एक सिक्के के दो पहलू आदि विभिन्न नामों से उन्हें अभिसम्बोधित किया जा सकता है। आज भी जरूरत है कि हर जेठानी, सीता, रेवती, द्रौपदी आदि बने, जबकि हर देवरानी, उर्मिला, रूक्मिणी, सुभद्रा आदि की तरह रहे, तभी इस पृथ्वी को सौन्दर्यमय बनाया जा सकता है व जेठ व जेठानी तथा देवरानी के मध्य सुमधुर सम्बन्ध आजीवन बना रह सकता है।

संदर्भ ग्रंथ -

1. ऋग्वेद, 1/91/20, 3/1/23
2. मनु. 5/148–149
3. "संभवे स्वजन दुःखकारिता सम्प्रदान समयेऽदर्थहारिका। यौवनेऽपि बहुदोषकारिका, दारिका हृदयदारिका पितुः।"– ऐतरेय ब्राह्मणम्, 33/1 पर सायण का भाष्य
4. "कन्या पितृत्वं दुःखं हिं सर्वेषां भानकाङ्क्षिणाम्। न ज्ञायते च कः कन्यां वरये दिति कन्यकेः। मातुः कुलः पितृं कुलं यत्र चैव च दीयते। कुल त्रयं सदा कन्या संशये स्थाप्य तिष्ठति।"– रामायण, उत्तरकाण्ड, 9/9–10
5. धिक्खल्वधु शीलानामुच्छ्रितानां यशस्विनाम्। नराणां मृद्ध सत्वानां कुले कन्या प्ररोहणम्। मातुः कुलं पितृं कुलं यत्र चैव प्रदीयते। कुलत्रयं संशयितं कुदते कन्यका सताम्।"– महाभारत, उद्योगपर्व, 95/15–16
6. "पितृभि भातृभिं श्चैताः पतिभि दैवरैस्तथा। पूज्या भूषयित त्याश्च बहुकल्याणमीत्सुभिः। प्रजनार्थः महाभागाः पूजार्हा गृहदीप्तयः। स्त्रियः श्रियाश्च गेहेषु न विशेषोऽस्ति कश्चन।।"– मनु. 3/55, 9/26
7. "नित्य मनिवसते लक्ष्मीः कन्यका सुप्रतिष्ठितः"– महाभारत, 13/11/4
8. "यथैवात्मा तथा पुत्रः पुत्रेण दुहिता सभा। तंस्यामात्मनि, तिष्ठन्त्यां कथमन्यो धनं हरेत्।।"– मनु. 9/130
9. नारद, दायभाग, 50, वृहस्पति, अपरार्क द्वारा उद्धृत, पृ. 743
10. ऐतरेय ब्राह्मणम्, 33/1, शब्दानुशासन, 5/1/103
11. महाभारत, 1/15/9/11
12. वही, 6/3/7
13. "उद्वेग महावर्ते पातयति पयोधरोन्नयन काले। सरिदिव तट मनुवर्ष विवर्धमाना सुता पितरम्।" – हर्षचरित, 4, पृ. 140–141
14. महाभारत, 1/80/9/10
15. महाभारत, 3/22/65
16. विज्ञानेश्वर, याज्ञवल्क्य, 2/135
17. कात्यायन, विज्ञानेश्वर द्वारा उद्धृत, याज्ञवल्क्य., 2/135
18. विज्ञानेश्वर, याज्ञवल्क्य., 3/35
19. "पुत्राभावे तु दुहिता तुल्य संतान कारणात्। पुत्रश्च दुहिता चोभौपितुः संतान कारकौ।"– नारद, दायभाग, 50
20. याज्ञवल्क्य, 2/135, पर उद्धृत
21. "शोक कन्दः कन्या हि, क्वानन्दः कायवान्सुतः।"– कथासरित्सागर, 28/6
22. "कन्याः कुलभूषणत्वम्।"– विक्रमांक देवचरित, 9/37
23. ऋग्वेद, 3/53/4, 10/85/46
24. "अर्ध भार्या मनुष्यस्य भार्या श्रेष्ठतम् सखाः। भार्या मूलं त्रिवर्गस्य भार्या मूलं तरिएयतः।। भार्यावन्तः क्रियावन्तः सभार्याः गृहमेधिनः। भार्यावन्तः प्रमोदन्ते भार्यावन्तः श्रियान्विताः।। सुखायः प्रविक्तेषु भवन्त्येताः प्रियंवदा। पितरो धर्मकार्येषु भवन्त्यार्त्तस्य मातरः।। कान्तारेष्वपि विश्रामो जनस्याध्वनि कस्य वै। यः सदारः स विश्वास्यस्तस्माद्दारा परांगति।।" – महाभारत, 1/17/41–53
25. "अपत्यं धर्मकार्याणि शुश्रुषा रतिसत्तमा। दाराधीनस्तथा स्वर्गः पितृगणामात्मनश्च ह।।" – मनु. 9/28
26. सा भार्या या वहेदग्निं सा भार्या या पतिव्रता। सा भार्या या पतिप्राणा सा भार्या या प्रजावती।"– शंख स्मृति, 1/15
27. ऋग्वेद, 1/72/5, 5/32, तैत्तिरीय ब्रा. 3/7/5, अथर्ववेद 11/1/17–27, शतपथ ब्रा.1/9/2/1
28. शतपथ ब्राह्मणम 1/9/21–25, तैत्तिरीय ब्राह्मणम 3/3/3/1
29. काञ्चनी मम पत्नी च दीक्षायां ज्ञांश्चं कर्मणि। अग्रतो भरतः कृत्वा गच्छत्वग्रे महायशाः। रामायण, 8/91/2/5

30. शतपथ ब्राह्मण, 14/3/1/85
31. विष्णु., 1/26–37
32. "न वै कन्या युवतिनल्पि विद्यो न बालिशः। होता स्यादग्नि होत्रस्य नार्तो ना संस्कृतस्तथा।" – मनु, 11/36
33. "हृत् कण्ठतालु गाभिस्तु यथासख्यं द्विजातयः। शुद्धयेत्न् स्त्री च शूद्रश्च सकृत्स्यृष्टाभिरन्ततः।।" – मनु, 5/139, याज्ञवल्क्य, 1/21
34. बौधायन ध.सू., 2/1/11–12
35. "एवं स्वभावं ज्ञात्वाऽऽसां प्रजापति निसर्गजम्। परमं यत्न मातिष्ठेत्पुरूषो रक्षणं प्रति।" – मनु., 9/16, योगवशिष्ठ, 1/21/35, महाभारत, 13/40/4–5, मैत्रायणीसंहिता, 1/10/11
36. "अहो धार्ष्टयम् साधूनां निन्दतामानद्याः स्त्रियाः। मुष्ठातामिव चोरानां तिष्ठ चोरति जल्पताम्।।" – वृहत्संहिता, 76/17
37. "पत्नी मूलं गृहं पुंसा यदिच्छन्दोऽनुवर्तिनी। गृहाश्रम समं नास्ति यदि भार्य्या वशानुगा।। तया धर्मार्थ कामनां त्रिवर्ग फलमश्नुते। प्राकाम्ये वर्तमाना तु स्नेहान्नतु निवारिता।। अदृष्टा पतितां भार्य्या यौवने यः परित्यजेत्। स जीवनान्ते स्त्रीत्वञ्च बन्ध्यत्वञ्च समाप्नुयात्। दरिद्रं व्याधितं चैव भर्त्तारं यावमन्यते शुनी गृधी च मकरी च जायते सा पुनः पुनः।" – दक्षस्मृति, 4/1–18
38. "कृतपूर्वान्हलकार्या च स्वगुरू न भिवादयेत्। ताम्यां भर्तृपितृभ्यां वा भ्रातृमातुल बान्धवैः।। पैशुन्यं हिंसा विद्वेषमहाहङ्कार धूर्त्तताः। नास्तिक्य साहस स्तेय दस्मान साध्वी निवर्जयेत्।।" – वेदव्यास स्मृति, 2/25–35
39. "सदा प्रहृष्टया भाव्यं गृहकार्येषु दक्षया। सुसंस्कृतो पस्करया व्यये चामुक्तहस्तया।"– मनु. 5/150
"संपतोपस्करा दक्षा दृष्टा व्यमपराङ्मुखी। कुर्याच्छ्वशुरयोः पादवन्दनं भर्तृतेत्परा।। पति प्रियहिते युक्तास्वचारा संयतेन्द्रिया। इहकीर्ति मवाप्नोति प्रेत्य चानुपमं सुखम्।।' '– याज्ञवल्क्य, 1/83, 87
40. मिताक्षरा, याज्ञवल्क्य, 1/87, शंख. स्मृतिचन्द्रिका, 251, वायु पुराण, 70/67
41. "पानं दुर्जनं संसर्गः पत्या च विरहोऽट्नम्। स्वप्नोद्रन्य गेहवासश्च नारी संदुषणानि शट्।।" – मनु. 9/13
42. "कर्मे दासी रतो वेश्या भोजने जननी समा। विपत्सु मंत्रिणी भर्तुः सा च भार्या पतिव्रता।।" – पद्मपुराण, 47/56, स्कंदपुराण, अ.–7
43. "भर्तृर्विप्रकृतापि रोशणतया मा स्म प्रतीपं गमः।।"– शाकुंतलम्, 4/20
44. "क्रीडा शरीर संस्कारं समाजोत्सव दर्शनम्। हास्य पर गृहे यानं व्यजेत् प्रोषितभर्तृका।।"– याज्ञवल्क्य, 1/84, महाभारत, 13/123, 27
45. "ब्यालग्राही यथा व्यालं बलादुद्धरते बिलात्। एव मुत्क्रम्य दूतेभ्यः पतिं स्वर्गं ब्रजेत्सती। यमदूताः पलायन्ते तामालोक्य पतिव्रताम्।।"– स्कंदपुराण, 7/54–55
46. वृहत्कल्पभाष्य, 4/43/48, 7/54–55
47. "लक्ष्मणस्य वचः श्रुत्वा दारूणं जनकात्मजा। परं विषादमागम्य वैदेही निपपात ह।"– रामायणे, उत्तरकाण्डे, 48/1
48. "प्राप्त चारित्र संदेहा मम प्रतिमुखे स्थिता। दीपो नेत्रा तुरस्येव प्रति कुलासि मेः दृढ़ा।। नहि त्वां रावणो दृष्ट्वा दिव्य रूपां मनोरमाम्। मर्षयेत चिरं सीते स्वगृहे पर्यवस्थिताम्।।"– वही, युद्धकाण्डे, 115/17–24
49. "एवमुक्त्वा तु वैदेही परिक्रम्य हुताशनम्। निवेशज्वलनं दीप्तं निःशङ्के नान्तरात्मना।।"– वही, 116/29
50. "स्त्रियः कस्माद् वधं वीर मन्यसे राक्षसेश्वरं"– रामायणे, युद्धकाण्डे, 92/64
"अवध्यास्तु स्त्रियः सृष्टा मन्यते धर्मचिन्तकाः।।"– महाभारत आदिपर्व, 209/4
51. "न माता न पिता न स्त्री न पुत्र स्त्याग मर्हति। त्यजन्न पतिता नेतान् राज्ञा दण्डमः शतानि शट्।। – मनु., 8/389

52. "पितृभि भ्रर्तृभिः श्चैताः पतिभि र्देवरैस्तथा। पूज्या भुशयित व्याश्च बहुकल्याण मीत्सुभिः।। यत्र नार्यस्तु पूज्यन्ते रमन्ते तत्र देवताः। यत्रैवास्तु न पूज्यन्ते सर्वास्त त्राफलाः क्रियाः। श्येचन्ति जामयो यत्र विनश्यत्याषु तत्कुलम्। न शोचन्ति तु पत्रैता वर्धते तद्धि सर्वदा।। संतुष्टो भार्यया भर्ता भर्त्रा भार्या तथैव च। यस्मिन्नेव कुले नित्यं कल्याणं तत्र वै ध्रुवम्।।"– मनु, 3/55, 56, 57, 58, 60
53. – बिन्धु बदनी सब भांति संवारी। सोह न बसन बिना बर नारी। (रामचरित मानस, बाल काण्ड, 9/2)
– बसनहीन नहि सोह सुरारी। सब भूषण भूषित बर नारी।। (वही, सुंदर काण्ड, 22/2)
– नारि सहज जड़ अग्य। (वही, बालकाण्ड, 57 (क))
– जदपि सहज जड़ नारि अयानी (वही, बालकाण्ड, 119/2)
– पुरूष प्रताप प्रबल सब भांति। अबला अबल सहज जड़ जाती। (वही, उत्तर काण्ड, 114 (क)/8
– महावृष्टि चलि फुटि किआरी। जिमि सुतंत्र भए बिगरहिं नारी। (वही, किष्किन्धा काण्ड, 14/4
– जदपि नीति निपुण नर नाहू। नारि चरित जल निधि अवगाहू। (वही, अयोध्या काण्ड, 26/4
– सत्य कहहिं कबि नारि सुभाऊ। सब बिधि अगहुं अगाध दुराऊ। (वही, 46/4)
– निज प्रतिबिम्ब बरूक गहि जाई। जानि न जाई नारि गति भाई। (वही, 46/4)
– काह न पावक जारि सक, का न समुद्र समाइ। का न करै अबला प्रबल, केहि जग कालु न खाइ।। (वही, 47)
– विधिहुं न नारि ह्रदय गति जानी। सकल कपट अद्य अवगुन खानी। (वही, 161/2)
– काम क्रोध लोभादि मद प्रबल मोह कै धारि। तिन्ह मंह अति दारूण दुःखद माया रूपी नारि।। (वही, अरण्य काण्ड, 43)
– जप तप नेम जलाशय झारी। होई ग्रीषम सोशई सब नारी। (वही, 43/1)
– पाप उलूक निकर सुखकारी। नारि निबिड़ रजनी अंधियारी। बुद्धि बल सील सत्य सब मीना। बनसी सम त्रिय कहहिं प्रबीना (वही, 43/4)
– अवगुन मूल सूलप्रद, प्रमदा सब दुख खानि। (वही, 44)
– माता पिता पुत्र उरगाही। पुरूष मनोहर निरखत नारी। होई बिकल सक मनहिं न रोकी। जिमि रवि मनि द्रव रबिहिं बिलोकी। (वही, 16/3)
– प्रौढ़ भए तेहि सुत पर माता। प्रीति करइ नहिं पाछिलि बाता। (वही, 42 (ख)/4)
– ढोल गंवार सुद्र पसु नारी। सकल ताड़ना के अधिकारी। (वही, सुंदर काण्ड, 58/3)
54. "याद्दग्गुेन भर्त्रा स्त्री संयुज्येत यथा विधि। ताद्दग्गुणा सा भवति समुद्रेणेवा निम्नगा।।"– मनु. 9/22
55. "उपपन्ना हिदारेषु प्रभुता सर्वतोमुखो।"– शाकुंतलम्, 5/26
56. स्मृतिचन्द्रिका, व्यवहार, पृ. 251, पराशर माधवीय, 2/1/38
57. रामायण, 2/39/15–31, महाभारत, 14/90/50
58. "सखा ह जायाः।"– ऐतरेय ब्राह्मण, 33/1
59. ऋग्वेद, 5/32, 8/31/5, 10/10/5
60. वही, 8/31/5–9
61. "अर्धो वा एष आत्मनोयत्पत्नी।"– तैत्तिरीय संहिता, 6/1/8/5
62. "स हैतावानास यथा स्त्री पुमांसौ संपरिष्वक्तौ। ततः पतिश्च पत्नी चाभवताम्। तस्यादर्ध वृगलमिव स्वः इति ह स्माऽऽह याज्ञवल्क्यः।।"– वृहदारण्यक उपनिषद, 1/4/3, शतपथ ब्राह्मण, 14/4/2/4–5
63. शतपथ ब्राह्मण, 5/2/1/10
64. मनु, 9/45

65. "मितं ददाति हि पिता मितं भ्राता मित्नं सुतः। अमितस्य तु दातारं भर्त्तारं का न पूजयेतं।" – रामायण, 2/39/30
66. वही, 1/104/31
67. "अवध्या ब्राह्मणा गा वो स्त्रियो बालाश्च ज्ञातयः। ये षां चान्नानि भुञ्जीत ये च स्युः शरणागताः।" – महाभारत, उद्योगपर्व, 36/64
"स्त्रियः कस्माद् बधं वीरं मन्यसे राक्षसेश्वर।"– रामायणे, युद्धकाण्डे, 92/64
68. महाभारत, 13/126/26
69. "मित्र द्रुहः कृतध्नस्य स्त्रीध्नस्य गुरू घातिनः। चतुर्णा वयमेतेषां निष्कृतिं नानुशुश्रुम्।।" – महाभारत, 12/108/32, 13/111/117–18
70. "यः रथगताः कन्या रथाः सर्वे चतुर्युजः। शतं शतं रथे नागाः पद्मिनो हेम–मालिनः।।"– महाभारत, 2/298/16, 2/51/8, 2/52/11, 2/33/52, 12/29/
"राजा मित्रसहश्चैव वसिष्ठाय महात्मने। मदयन्तीं प्रियां भार्या दत्वा च त्रिदिवं गतः।।" – महाभारत, 12/234/30
71. वही, 1/184/20
72. "पुत्र, दारादि दाता पतितो भवति।"– गौतम, सरस्वती विलास में उद्धृत, पृ. 278–79
73. "स्वं कुटुम्बा विरोधेन देयं दारसृता दृते।"– याज्ञवल्क्य., 2/175
"विक्रये चैव दाने च वशित्वं न सुते पितुः।"– नारद, 7/5, 12, सरस्वती विलास, पृ. 283
74. "सा चेदस्मै न दद्यात् काम मेना मन क्रीणीयात् सा चेदस्मै नैव दद्यात् काम–मेनां यष्टया वा पाणिना वोपेदृत्याति क्रामेन्द्रियेण ते यशसा यश आदद इत्ययशा एव भवति।"– वृहदारण्यक उपनिषद, 6/4/7
75. "नग्ने विनग्नेऽपितृकेऽमातृके इत्यनिर्देशन विनयग्राहणम्। वेणुदल रज्जुहस्ता नामन्यतमेन पृष्ठे त्रिराद्यातः। तस्यातिक्रमे वाग्दण्ड पारूष्य दण्डाभ्या मर्धदण्डाः।।"– अर्थशास्त्र, 3/2/9/11
76. महाभारत, 13/127/6, 5/36/61
77. आपस्तम्ब धर्मसूत्र, 2/5/11/12–13
78. "सत्य मान्यां सवर्णायां धर्मकार्य न कारयेत्। सवर्णाषु विधौ धर्मे ज्येष्ठया न विनेतरा।"– याज्ञवल्क्य, 1/88, मनु. 5/168, 9/82 अपरार्क, 1/73, स्मृति चन्द्रिका, 246
79. "एवं हि त्यजतां नराणां नास्ति निष्कृतिः।"– महाभारत, 13/59/10
80. ममेयमस्तु पोष्या।"– अथर्ववेद, 14/1/52
81. भार्यायाः भरणाद् भर्त्ता पालनाच्च पतिः स्मृतः।"– महाभारत, 1/104/31
82. "लोकान्त्यं दिवः प्राप्तिः पुत्र प्रौत्र प्रपौत्र कैः।"– याज्ञवल्क्य. 1/78, मनु 9/96
83. कुल्लुक और मेघातिथि, मनु 9/95
84. महाभारत, 13/93/124–25
85. विष्णु. 37/25, 43/26, 44/5, मनु, 8/66, नारद. 4/181
86. याज्ञवल्क्य, 2/301
87. महाभारत, 4/21/40–42
88. वही, 44/90/48–49
89. "स्वां प्रसूति चरित्रं च कुलमात्मान मेव च। स्वं च धर्मप्रयत्नेन जायां रक्षन्हि रक्षति।"– मनु, 9/7
90. "स्त्रियो रक्ष्या यतः स्मृताः।"– याज्ञवल्क्य, 1/81
91. महाभारत, 5/38/10
92. महाभारत 13/46/9–12

93. "भर्तृ भ्रातृ पिज्ञातिश्वश्च श्वसुर देवरैः। बन्धुभिश्च स्त्रियः पूज्या भूषणाच्छादनाशनैः।"– याज्ञवल्क्य. 1/82
94. "वृद्धौ च माता पितरौ साध्वी भार्या शिशुः सुतः। अप्य कार्यशतं कृत्वा भर्तव्या मनुर ब्रवीत।" – मेघातिथि, मनु. 3/62
95. "माता पिता गुरूः र्भार्या प्रजाः दीनः समाश्रितः। अभ्यागतोऽतिथिश्चाग्निः पोश्य वर्ग उदाहृतः।"– दक्ष, 2/36
96. "रक्षा च स्त्रीणां स्वदार निरतत्वमेव न तु ताड़ना दिका। तया तासामनर्थोऽपि संभाव्येत्। तथा च लौकिकाः पांचाल स्त्रीषु मार्दव मिति पठन्ति।"– विश्वरूप, याज्ञवल्क्य., 1/60
97. "स्वैरिण्यस्तत्र नार्योहि यथेष्टं विचरन्त्युत।।"– महाभारत, 2/32/40
98. विज्ञानेश्वर, याज्ञवल्क्य., 1/70–72
99. "ज्येष्ठा चेद्बहुभार्यस्य चाति चारेण गच्छति। पुनराधान मैत्रेक इच्छन्ति न तु गौतमः।। – कात्यायनस्मृति, विंशखण्ड, श्लोक 4
100. "व्यभिचारेण दुष्टानां पतीनां दर्शना हते। धिककृतायाम वाच्यामन्यत्र वासयेत् पतिः।। पुनस्ता मार्त्तवस्नायां पूर्ववद् व्यवहारयेत्।"– व्यास., 2/49–50
101. "भ्रूणहत्या मवाप्नोति ऋतौ भार्या पराङ्मुख। सा त्ववाप्याऽव्यतो गर्भ त्याज्या भवति पापिनी।।" – वही., 2/45
102. विश्वरूप, याज्ञवल्क्य., 1/79
103. "एवमुक्ता तु भगवान्पत्नीं प्राणैरति प्रियाम्।।"– वायुपुराण, 30/122
104. "माता गुरूतरा भूमैः.........।"– महाभारत, वनपर्व, 313/60
105. "दशैव तु सदाऽऽचार्यः श्रोत्रियानति रिच्यते। दशाचार्यानुपाध्याय उपाध्यायान् पितादश।। पितृन् दश तु मातै का सर्वा वा पृथिवी मपि। गुरूत्वे नाभिभवति नास्ति मातृसमो गुरूः।।"– महाभारत, शांतिपर्व, 108/17
106. "उपाध्याया द्दशाचार्याः आर्चाणां शतं पिता। पितु र्दशशतं माता गौरवेणातिरिच्यते।।"– वशिष्ठ, 13/48
107. "पतितामपितु मातरं विमृया दनभिभाषणमाणः। पतितः पिता परित्याज्यां माता तु पुत्रे न पतति।"– बौधायन., 1/10/28/9, 1/10/29/9
108. महाभारत, 12/266/31
109. वही, 15/22/1
110. वही, 1/1/37/13, 7/78/16
111. वही, 5/133/36
112. मनु. 2/145, याज्ञवल्क्य, 1/35
113. "आस्तां तावदियं प्रसूति समये दुर्वार शूल व्यथा, नै कच्ये तनु शोषणं मलमयी शम्या च सावत्सरी। एकस्यापि न गर्भ भार भरण क्लेशस्य यस्याः क्षमो। दातुं निष्कृति मुन्नतोऽपि तनयस्तस्यै जनन्यैः नमः।"– शंकर दिग्विजय, 15/29–55
114. शाकुंतलम्, 4/18, रघुवंश, 3/1/9, हर्षचरित, संस्कार प्रकाश, पृ. 479
115. "अद्य वत्साया उत्तरा याश्चतुर्थो मासः प्रतिपन्नस्य गर्भस्या।"– वेणी संहार, 6/26
116. "वीरजा, वीर जाया, वीर जननी च।"– हर्षचरित, पंचम उच्छवास्, पृ. 289
117. "साधुः वीर मातः साधु।"– वेणीसंहार, 419
118. अभिज्ञान शाकुंतलम्, 4/20
119. निरूक्त, 3/15, ऋग्वेद, 10/40/2, धर्मशास्त्र का इतिहास, प्रथम भाग, पृ. 341
120. "देवराद्धा सपिण्डाद्धा स्त्रिण सम्यङ् नियुक्तयां। प्रजेप्सिताधि गन्तव्या संतानस्य परिक्षये।"– मनु. 9/59
121. वही, 9/69–70
122. "कन्यायां दत्त शुल्कायां म्रियेत यदि शुल्कदः। देवराय प्रदातव्या यदि कन्याऽनुमन्यते।।"– मनु.9/97
123. "यवीयाज्जयेष्ठ भार्यायां पुत्र मुत्यादयेद्यदि। समस्तत्र विभागः स्यादिति धर्मो व्यवस्थितः।"– मनु.9/120

124. "नारि तु पत्यभावे देवरं कृणुते पतिः।"– महाभारत, 13/12/19, रामायण, 2/30/7–8, 3/45/5–7, 4/34/43
125. राम प्रसादात् कीर्ति च कपि राज्यं च शाश्वतम्। प्राप्त वानिह सुग्रीवो रूमा मां च परंतम्।।" – रामायणे, किष्किन्धाकाण्डे, 35/5, और देखिए– 33/39, 33/43, 33/56, 35/13, 35/23, 42/1–2, 42/54, 46/9
126. "तमु वाच ततस्तत्र क्षुभिता जनकात्मजा। सौमित्रे मित्र रूपेण भ्रातुस्त्वमसि शत्रुवत्। यस्त्वमस्या मव स्थायां भ्रातरं नाभिपद्यसे। इच्छसित्वं विनश्यन्तं रामं लक्ष्मण मत्कृते। लोभान्तु मत्कृते नूनं नानु गच्छसि राघवम्। व्यसनं ते प्रियं मन्ये स्नेहो भ्रातरि नास्तिते।।"– रामायणे, अरण्यकाण्डे, 45/5–7
127. "को वां शत्रुया विधवेव देवरमर्यम् न योषा कृणुते सधस्थ आ।"– ऋग्वेद, 10/4/2
128. "या पूर्व पतिं वित्वा अथान्यं विन्दते पतिम्। पंचौदनम च तो अजं ददतो न नियोजतः। समान लोको भवति पुनर्भुवा अपरः पति।"– अथर्ववेद, 9/5/27–28
129. "अपतिरपत्य लिप्सु र्देवरात्।"– गौतम. 8/4–14
130. नारद. 80–83, बौधायन, 2/2/68–70, याज्ञवल्क्य., 1/68–69
131. बौधायन., 2/2/7
132. "क्षेत्रे वा जनयेदस्य नियुक्ताः क्षेत्रजं सुतम्। मातृ बंधुः सगोत्रो व तस्मै तत्प्रदिशेद्वनम्।"– अर्थशास्त्र, 3/6
133. महाभारत, आदिपर्व, 95, 103, 120/23, 64, 104, अनुशासन पर्व, 44/52–53
134. "पाण्डुस्तु पुनरेवैना पुत्रलोभान्महा यशाः। प्रादिश दृर्शनीयार्थी कुन्ती त्वेन मथा ब्रवीत्।। जातश्चतुर्थमप्रसव भायतत्वपि वदन्त्युत। अतः परं स्वैरिणी स्याद्वंधकी पंचमे भवेत्।।"– महाभारत, 1/132/63–64
135. प्रबंध चिंतामणि, पृ. 155–56
136. "उच्छंगे देव, मे पुत्तो, पथे धावन्तिया पृति।"– उच्छंगजातक, 67, सुसीमजातक, 163
137. "साम्राज्ञी स्वसुरे भव साम्राज्ञी अधिदेवृषु।"– ऋग्वेद, 10/85/46
138. "वधू लरिकनी पर घर आई। राखेहूं नयन पलक की नाई।।– रामचरितमानस, बालकाण्ड, 354/4
139. "सुंदर बधुन्ह सासु लै सोई...।"– वही, 357/2
140. संबुला जातक
141. "स महीम खिलां भुन्ज राजर्षि प्रवरः पुरा। वर्णानां संवरं चक्रे कामो–पहत चेतनः।।"– मनु, 9/67
142. "औरसीं भगिनीं वापि भार्या वाप्यनुजस्य यः। प्रचरेत नरः कामात् तस्य दण्डो वधः स्मृतः।।"– रामायणे, किष्किन्धाकाण्डे, 18/22

अध्याय पंचम

नारी जागृति की अवधारणा, साम्पत्तिक अधिकार, बन्धन को संदर्भित करते साज-श्रृंगार, प्रतिरोध और महिला जगत से उम्मीदें

वैदिक कालीन समाज में नारी पूर्ण रूप से सुशिक्षित व जागृत थी। उन्हें अपने कर्त्तव्यों व अधिकारों का पूर्ण ज्ञान था। वह उनके सार्वजनिक उपयोग के लिए भी स्वतंत्र थी। उन्हें पुरूष के समान सारे ही अधिकार प्राप्त थे तथा उनके कार्य सम्पादन में किसी की भी पूर्व अनुमति आवश्यक न थी। वह अपनी इच्छाओं की पूर्ति के लिए स्वतंत्र थी। जहाँ तक सम्पत्ति का सवाल है, तो उस पर तो उनका बराबर का हिस्सा रहता आया है। परिवार में वह पुत्र से किसी भांति भी कम न थी।[1] दत्तक पुत्र से तो वह हर मामले में सर्वश्रेष्ठा थी।[2] भ्राता की अनुपलब्धता में वही मूल उत्तराधिकारिणी थी।[3] ऐसी व्यवस्थाएँ चौथी सदी ई.पू. तक समाज में निश्चित रूप से प्रचलित थी।[4] लेकिन दूसरी सदी ई.पू. के बाद स्त्री जाति पर अनेक तरह के प्रतिबन्ध लगाये जाने लगे और शिक्षा तथा साम्पत्तिक अधिकार पर भी प्रश्न चिन्ह लग गया। अनुदार पुरूषवादी व्यवस्थाकारों की व्यवस्था थी कि उत्तराधिकारी के अभाव में जब सपिण्ड या गुरू या शिष्य कोई न हो, तब पुत्री ही उत्तराधिकारिणी हो सकती है। लेकिन साथ ही यह भी निर्देशित किया कि पुत्री उस सम्पत्ति को निजी कार्यों में खर्च न कर धर्म कार्यों में ही व्यय करें।[5] जबकि कुछ धर्मशास्त्रकारों ने तो पुत्री के उत्तराधिकार के विषय पर मौन ही साध लिया है। सम्भवतः उनकी नजरों में पुत्री इस योग्य थी ही नहीं।[6]

इन विरोधाभाषों के चलते महाभारत ने स्पष्ट रूप से पुत्री के उत्तराधिकार को स्वीकार किया है। उसके अनुसार– पुत्र के समान ही पुत्री को भी उत्तराधिकार प्राप्त करने का हक है।[7] साथ ही यह भी दोहराया गया कि अगर अभार्तृका को पूरी सम्पत्ति नहीं मिल पाती है, तो आधी तो अवश्य ही मिलनी चाहिए।[8] जबकि अर्थशास्त्र ने तो खुलकर पुत्री के प्रति सदाशयता दर्शित करते हुए स्पष्ट किया है कि पुत्री उत्तराधिकारिणी तो है ही, भले ही उन्हें कम सम्पत्ति प्राप्त हो।[9] याज्ञवल्क्य ने भी इस मत का स्पष्ट समर्थन करते हुए निर्देशित किया है कि पुत्र और विधवा के अभाव में पुत्री ही मूल उत्तराधिकारिणी है।[10] कुछ धर्मशास्त्रकारों का तर्क था कि पिता, पुत्री को, क्या पुत्र के समान स्नेह नहीं करता है? फिर पुत्र की अनुपलब्धता में उनके उत्तराधिकार को भला कैसे नजर अंदाज किया जा सकता है?[11] इन समस्त धर्मशास्त्रीय सिन्द्धातों को निचोड़ते हुए कात्यायन ने स्पष्ट किया कि पुत्र के अभाव में निश्चित ही पुत्री ही अपने पिता के सम्पत्ति की मूल उत्तराधिकारिणी है।[12] तत्कालीन अरब यात्री अल्बीरूनी ने भी इस मत की परिपुष्टि की है कि भारत में पुत्र के अभाव में पुत्री ही मूल उत्तराधिकारिणी स्वीकार्य थी।[13] निश्चय ही वैदिक कालीन समाज में पुत्र की उपस्थिति में भी कन्या का बराबर साम्पत्तिक अधिकार रहा है।[14] जहाँ तक कन्या विवाह खर्च का सवाल है तो पिता के दिवंगत हो जाने की स्थिति में पुत्र का यह पुनीत कर्त्तव्य था कि वह अपनी बहिन का समुचित ढंग से विवाह कार्य करे। भले ही इसके लिए उसे अपने हिस्से का ही व्यय क्यों न करना पड़े तथा अपने हिस्से की सम्पूर्ण सम्पत्ति ही उसमें क्यों न लग जाय।[15] इसके साथ ही यह भी कहा गया कि विवाहोपरान्त अगर सम्पत्ति बच रही हो तो उसे वह अपने साथ ससुराल नहीं ले सकती।[16]

तत्कालीन युग में बाल विवाह के कारण कन्या के साम्पत्तिक अधिकार के विषय पर अधिक ध्यान नहीं दिया जाता था। दूसरा उन्हें प्राप्त होने वाले दहेज और स्त्रीधन के कारण भी उनकी साम्पत्तिक अधिकार पर विशेष विवेचन नहीं हो पाया। धर्मशास्त्रकारों की व्यवस्था पर भाई तो अपनी बहिन को हिस्सा देने लगे थे और जो भी भाई अपनी बहिन को हिस्सा नहीं देता था, मनु ने उन पर तीव्र आक्रोश व्यक्त किया है।[17] उसने पुत्रवाद पर आक्षेप करते हुए यह प्रश्न उछाला कि क्या पौत्र और दौहित्र की अपेक्षा पुत्री श्रेष्ठ नहीं है, जो कि अपने माता–पिता को समान रूप से प्यारी है। निश्चय ही यह कथन अन्य धर्मशास्त्रकारों को भी प्रभावित किया।[18]

भारतीय नारी वैदिक युगीन समाज की गृहस्वामिनी थी।[19] पत्नी, पति के दायभाग की उत्तराधिकारिणी थी।[20] जैमिनी ने भी स्त्रियों के साम्पत्तिक अधिकार का खुलकर समर्थन किया है।[21] वैदिककालीन समाज में विधवा के साम्पत्तिक अधिकार थे या नहीं यह विवाद का विषय हो सकता है क्योंकि संहिताओं और ब्राह्मण ग्रंथों में इस विषय पर पर्याप्त प्रकाश नहीं पड़ता।[22] तीसरी शती ई.पू. तक इनके साम्पत्तिक अधिकार के विवरण प्राप्त नहीं होते।

आपस्तम्ब के मतानुसार– ''व्यक्ति के मृत्योपरांत पुत्र के अभाव में उसका उत्तराधिकारी सपिण्ड व्यक्ति होता था। उसके न रहने पर मृत व्यक्ति का आचार्य और उसके भी न रहने पर उसके अन्तेवासी सम्पत्ति के उत्तराधिकार को प्राप्त होते थे।[23] मनु की व्यवस्था थी कि पुत्र के अभाव में साम्पत्तिक उत्त्तराधिकारी विधवा न होकर पिता या भाई ही था।[24] इन सबके अभाव में सपिण्डों में निकट सम्बन्धी, मृत व्यक्ति के धन का भागी था। इसके भी अभाव में सजातीय, आचार्य तथा शिष्य धन के भागीदार हो सकते थे।[25] मेधातिथि ने भी स्पष्ट तौर पर कहा कि सम्पत्ति में विधवा कहीं भी भागीदार नहीं हो सकती थी। कालान्तर में उदारवादी धर्मशास्त्रकारों ने व्यवस्था दी कि अगर विधवा पुनःर्विवाह नहीं करती या नियोग द्वारा पुत्र प्राप्त करने की चेष्टा भी नहीं करती, तब तो उनके भरण–पोषण के लिए जरूर ही कुछ न कुछ व्यवस्था होनी चाहिए। इसी परिस्थिति के मद्देनजर अर्थशास्त्र के सहृदयता से पति की सम्पत्ति में विधवा के अधिकार को स्वीकृति दी गई।[26] महर्षि गौतम ने भी अपनी व्यवस्था में स्पष्ट किया कि सपिण्डों, गोत्रियों और सम्बन्धियों के साथ विधवा भी सम्पत्ति में समान भाग प्राप्त कर सकती थी।[27] विष्णु का निर्देश सुस्पष्ट था कि पुत्रों की अयोग्यता पर विधवा ही वास्तविक उत्तराधिकारिणी थी।[28] इस मत का परिपालन गुप्तकाल में ऐतिहासिक रूप से हुआ, जब चन्द्रगुप्त द्वितीय विक्रमादित्य की पुत्री प्रभावती गुप्ता ने विधवा होकर पुत्र की अयोग्यता के कारण सम्पूर्ण राज्य का संचालन किया था। लेकिन नारद, कात्यायन, भोज आदि पुरूषवादी व्यवस्थाकार इस मत के खिलाफ थे। नारद का मानना था कि उत्तराधिकारी के अभाव में राज्य ही सम्पत्ति के स्वामी हो सकते है। उन्होंने विधवा के भरण–पोषण के लिए आवश्यक धन प्रदाय करने के भी निर्देश दिये।[29] लेकिन दायभाग और मिताक्षरा ने इन विरोधियों के मत का खण्डन करते हुए विधवा को पुत्र के अभाव में वास्तविक उत्तराधिकारी घोषित किया। जो निश्चित रूप से नारी जाति के हित में थी।[30] धीरे–धीरे अति उदारवादी धर्मशास्त्रियों व पुरूष वर्ग का उदय हुआ, जो नारी के अधिकार के प्रति उदारवादी दृष्टिकोण से युक्त थे। जिन्होंने नारी और पुरूष के बराबर अधिकार को स्वीकार किया। चूंकि विधवा का जीवन नीरस, निर्ममता, सात्विक तथा तपश्चर्या से युक्त था। अतएव पूर्व मध्ययुगीन व्यवस्थाकारों ने उनके प्रति पूर्व के कठोर रवैये को वापस लिया और नारी हित में व्यवस्था का सम्पादन किया।

भारतीय धर्मशास्त्रकारों ने स्त्री के उस धन के लिए भी विचार व्यक्त किये है, जिस पर स्त्रियों का निजी अधिकार था। उनके छह प्रकारों के निजी धन से आमतौर पर सभी धर्मशास्त्र सहमत थे। उनके छह प्रकार के निजीधन यह है– ''वैवाहिक अग्नि के सम्मुख दिया गया धन, ससुराल जाते वक्त मिला धन, स्नेहवश दिया गया धन, माता–पिता व भाई से प्राप्त धन।[31] विवाह होने के पश्चात ससुराल में सास–श्वसुर आदि से पाद–वन्दनादि प्रथा में प्राप्त धन पर भी स्त्री का पूर्ण अधिकार था।[32] सम्पत्ति विभाजन के समय भी माता

या पत्नी का, पुत्र के समान ही प्राप्त भाग तथा भाईयों के अंश के चतुर्थांस को भी व्यवस्था में स्त्रीधन के रूप में मान्यता प्राप्त हुई।[33] पति द्वारा प्रदत्त धन व उत्तराधिकार में प्राप्त धन भी निश्चित ही स्त्रीधन के ही अन्तर्गत थी।[34] कालान्तर में स्त्रीधन में बढ़ोत्तरी होने लगी और पति की सम्पूर्ण सम्पत्ति ही स्त्रीधन के रूप में स्वीकार कर ली गई। बौद्धग्रंथों के अनुसार– धर्मदिन्ना, पति के निर्देशानुसार मायका जाते समय अपने साथ इच्छाुसार यथेष्ट धन ले जा सकती थी।[35] पुरूषवादी प्रवृत्ति के धर्मशास्त्रकार मनु ने भी यह निर्देशित किया है कि पति के मृत्योपरान्त नारी को उसके स्त्रीधन से कदापि भी वंचित न किया जाय।[36] पति, स्त्रीधन का केवल उसी अवस्था में उपयोग कर सकता था, जब दुर्भिक्ष, धर्मकार्य, व्याधि आदि के लिए जरूरी हो। नारद ने स्त्री को केवल चल सम्पत्ति ही बेचने की अनुमति दी है, अचल सम्पत्ति को कदापि नहीं।[37] इस मत को समकालीन भाष्यकारों ने भी अपने मतों से परिपुष्ट कर दिया।[38] कुछ धर्मशास्त्रकारों की सोच थी कि पुत्री, माता के स्त्रीधन की वास्तविक उत्तराधिकारिणी है। चूंकि स्त्री रज की अधिकता से ही कन्या की उत्पत्ति होती है और पुरूष वीर्य की अधिकता से पुत्र...। अतएव कन्या में स्त्री अवयव अधिक होने के कारण मातृधन उन्हीं को प्राप्त होने चाहिए। पराशर ने भी यह स्वीकार किया कि अविवाहिता कन्या ही स्त्रीधन की अधिकारिणी है और विवाहित होने की स्थिति में उन्हें समान भाग की प्राप्ति होती है।[39] साथ ही धर्मशास्त्रीय व्यवस्था भी थी कि दोषपूर्ण व अवगुणी कन्याओं को स्त्रीधन नहीं दी जानी चाहिए। पापयुक्ता, निर्लज्जा, अर्थनाशिनी तथा व्यभिचारिणी स्त्री को स्त्रीधन पर किसी भी प्रकार से अधिकार नहीं प्राप्त होता था।[40] इस प्रकार देखा जाये तो नारी के साम्पत्तिक अधिकार को लेकर धर्मशास्त्रकारों में विवाद की स्थिति थी और वे एकमत नहीं हो सके थे। हालांकि पूर्व मध्ययुगीन शास्त्रकार नारी के अधिकारों के प्रति सजग व उदारयुक्त थे।

आज की स्थिति में भी कानून बन जाने के बाद भी नारी को पर्याप्त साम्पत्तिक अधिकार प्राप्त नहीं है। उनके विषय में सारा अधिकार सिर्फ कागजों तक ही सीमित होकर रह गया है। उन्हें व्यवहारिक जीवन में अधिकार दिलाने के लिए सामाजिक तौर पर जागृति फैलानी होगी। तभी उन्हें साम्पत्तिक अधिकार पूर्णरूपेण प्राप्त हो सकता है।

"बन्धन को सन्दर्भित करते साज-श्रृंगार"

वैसे तो साज–श्रृंगार का मूल उद्देश्य सौन्दर्य को ही बढ़ाना होता है। चाहे वह स्त्री के लिए प्रयुक्त हो या पुरूष के लिए। लेकिन इन साज–श्रृंगारों में कुछ श्रृंगार ऐसे भी है, जो स्त्री और पुरूष दोनों के लिए अलग–अलग निर्धारित है। इनमें पुरूषों के श्रृंगार तो मात्र उनके सौन्दर्य वृद्धि के लिए है, जबकि नारी के श्रृंगार, उनके सौन्दर्य वृद्धि के साथ–साथ मूल रूप से सुहागन की स्थिति को भी सन्दर्भित करते हैं। स्त्री, सुहागन है या विधवा, यह मात्र

उनके अलंकरणों से ही स्पष्ट होता है। लेकिन पुरूष, विधुर है या पत्नीयुक्त, यह स्पष्ट नहीं हो पाता। नारी जाति के विवाहित, अविवाहित व विधवा आदि से सम्बन्धित जानकारी उनके वस्त्राभूषण ही स्पष्ट कर देते है, लेकिन पुरूषों के मामले में ऐसा कुछ नहीं है। उनके विवाहित, अविवाहित या विधुर होने से सम्बन्धित जानकारी धारित वस्त्राभूषण कदापि भी स्पष्ट नहीं करते, सिवाय इसके लिए पूछताछ करके स्पष्ट करें। इस प्रकार अगर देखें तो साज–श्रृंगार के विषय पर भी नारी और पुरूषों के अधिकारों के मध्य अत्यधिक असहनीय भेदभाव स्थापित कर दिया गया है। हालांकि इस भेदभाव को अनुभूत नहीं किया जा सकता और न ही कोई नारी इस ओर ध्यान दे पाती है। उन्हें सौन्दर्य का मद हो गया है, इसलिए ही किसी की नजर इस ओर नहीं है। सौन्दर्य तो टिकने की वस्तु नहीं है, फिर भी नारी इस ओर ध्यान देती है और अधिकार जो स्थायी वस्तु है, उस ओर उनका जरा भी ध्यान नहीं है। यह बड़े ही दुर्भाग्य की बात है। आइये देखें कि ये सौन्दर्य प्रसाधन किस तरह से बन्धन के सूचक हैं –

पूर्व वैदिक युगीन समाज में प्रत्येक कार्य के लिए विभिन्न प्रकार के वस्त्राभूषणों का प्रयोग किया जाता था। ऋग्वेद के अनेक स्थलों पर आर्यों के विविध वस्त्रों का उल्लेख हुआ है। प्रायः वे नीवी (अधोवस्त्र) और अधोवास (उत्तरीय) का उपयोग करते थे।[41] सुनहरी जरी अथवा किमख्वाब की लम्बी अचकन भी उस काल के लोग पहनते थे। जिसके लिए ''हिरण्यमान अत्कान'' का उल्लेख किया गया है।[42] महाकाव्यकाल से आमतौर पर स्त्रियाँ और पुरूष रंग–बिरंगे वस्त्र धारण करने में विशेष रूचि लेते थे। रामायण के अनुसार– सीता ''पीत कौशेय'' वस्त्र और राम 'कौशेय' परिधान धारण करते थे।[43] महाभारत में श्रीकृष्ण विभिन्न सभाओं, समारोहों में पीत कौशेय वस्त्र धारण किये सम्मिलित होते थे।[44] रामायण में रावण भी पीले वर्ण के वस्त्र धारण करता था।[45] अश्वत्थामा और बलभद्र दोनों ही नीले रंग के वस्त्र ही धारण करते थे।[46] परीक्षित ने समूचे सूर्यवंश के विनाशार्थ जो यज्ञ आयोजित किया था, इसमें सभी पुरोहितों ने काले वस्त्र धारण किये थे।[47] जबकि जिस समय मेघनाथ ने युद्ध अभियान के लिए चला, उस वक्त उसने रक्त वर्ण का परिधान धारण किया था।[48] सत्यवान के प्राण लेने आये यमराज का वस्त्र भी रक्तवर्ण का था।[49] रामायण में सोयी हुई त्रिजटा ने स्वप्न में जब राम और लक्ष्मण को श्वेत परिधान धारण किये देखा तो यह निश्चय कर लिया कि युद्ध में विजयश्री उन्हें ही प्राप्त होगी।[50] समाज का साधारण वर्ग प्रायः सूती वस्त्र ही धारण करते थे, जबकि ऊँचे और अभिजात वर्ग के लोग विशेष अवसरों व समारोहों पर कौशेय वस्त्र पहनते थे।[51] बौद्ध युग में वस्त्र उद्योगों के विकास के साथ ही विभिन्न प्रकार के रंग बिरंगे वस्त्रों का प्रचलन भी हो गया था। प्रायः दर्जी, कपड़ों की सिलाई करते थे।[52] वाराणसेमाक, काशीय, काशीकुन्तम आदि उस युग के उच्चकोटि वस्त्रों में से थे। ''अड्ढकासिक'' नामक अत्यन्त सुंदर झीना वस्त्र तो बहुत

अधिक विख्यात था, जिन्हें धारण करने में ही आनन्द की अनुभूति होती थी।[53] आमतौर पर पुरूष वर्ग धोती पहनते थे और स्त्रियाँ साड़ी धारण करती थी।[54] उस युग में स्त्री और पुरूष दोनों ही कंचुक धारण करते थे।[55] स्त्री और पुरूष दोनों ही, कमरबन्ध धारण करते थे। इन कमरबन्धों की फुंदनेदार छोर लटकती रहती थी।[56] पुरूष वर्ग जहाँ पगड़िया धारण करते थे, वहीं स्त्रियाँ भी अपना सिर उत्तरीय अथवा ओढ़नियों से ढंका करती थी।[57] गुप्तयुगीन समाज में भी स्त्री–पुरूष की वेशभूषाओं में कई तरह के परिवर्तन दृष्टिगोचर होते है। गर्मी और सर्दी के लिए रेशमी (कौशेय) और ऊनी दोनों प्रकार के परिधान प्रचलित थे। मलमल जैसे महीन वस्त्र इस युग में अत्यधिक प्रचलित हो चुके थे, जो सांस लगने से भी उड़ जाया करते थे[58] 'चीनाशुंक' नाम से चीन का रेशमी वस्त्र सबको विशेष प्रिय था।[59] कुछ ऐसे परिधान भी थे, जिनके धारण से मन और शरीर दोनों को शीतलता प्राप्त होती थी। शोभा तथा अभिरामता में भी वृद्धि होती थी। ''अंशुक'' स्त्री का प्रधान परिधान था।[60] चोली (कूर्पासक), घाघरा और उत्तरीय– ये तीन वस्त्र स्त्रियों के लिये होते थे।[61] कूर्पासक के लिए ''स्तनाशुंक'' का भी प्रयोग किया जाता था। यह मात्र स्त्री के स्तनों को आवृत्त करता था तथा उनका अन्य भाग अनावृत्त रहता था। यह परिधान उनके अग्रभाग से होते हुए पीछे जाकर आबद्ध हो जाता था। सम्भवतः यह चोली का ही एक रूप था। स्त्री का उत्तरीय ऐसा था, जिन्हें वह आवश्यकता पड़ने पर अवगुंठन के रूप में प्रयुक्त कर सकती थी जैसे कि शकुंतला ने दुष्यन्त की राजसभा में किया था। स्त्रियाँ, प्रायः नीवीबन्ध एवं घाघरा का भी इस्तेमाल करती थी, जो आज राजस्थान और गुजरात में भी प्रचलित है। ''नेत्र'' नामक महीन वस्त्र भी समाज में प्रचलित था, जो कई रंगो में उपलब्ध था। बाण के अनुसार श्वेत ''नेत्र'' का बना केंचुली की तरह हल्का कंचुकी मालती ने धारण किया था।[62] बाण ने ''नेत्रवसन'' की जी भरकर तारीफ की है। उसने इस वस्त्र को सांप की केंचुली की तरह महीन, कोमल केले के गाभे की तरह मुलायम, फूंक से उड़ जाने योग्य हल्का तथा मात्र स्पर्श से ज्ञात करने योग्य माना है।[63] जैकेट की तरह संकुचित पाजामा पहनने का चलन गुप्तकाल में था। स्त्रियाँ भी अपने वक्ष कसे हुए जैकेट से ढंकती थी।[64]

ग्यारहवीं सदी में स्त्रियों के पहनावे पर अल्बीरूनी का कथन है – ''कुतको'' (बाँहो वाली छोटी कमीजें) जो कंधों से शरीर के मध्य तक होती है।[65] इस युग की स्त्रियाँ अपने स्तनों को हमेशा ढंके रहती थी।[66] स्तनों को ढंकने के लिए भी दो तरह के वस्त्र प्रयोग में लाये जाते थे।[67] 'घाघरा' हेमचन्द द्वारा 'जघन वस्त्र भेदः' से स्पष्टतः किया गया है।[68] साड़ी और उत्तरीय भी स्त्रियों द्वारा धारण किये जाते थे।[69] सोमदेव के अनुसार– कृषक वधुएँ कंचुक धारण किये थे, जो उनके घट स्तनों के कारण फटे जा रही थी।[70] कंचुक को ''वारबाण'' भी कहा जाता था अर्थात बाण की तरह प्रयुक्त होने वाला।[71]

भारतीय पुरूष विभिन्न प्रकार से केशों को सजा–संवार कर सौन्दर्य का अनुभव करते रहे है। स्त्रियाँ अपने केशों को आलंकारिक ढंग से सजाती–संवारती थी। वे विभिन्न प्रकार के जूड़े और वेणियाँ भी बनाया करती थी, जिन्हें पुष्पों और रत्नों से प्रसाधित भी किया जाता था। यदा–कदा वे अपने केशों को उन्मुक्त भी रखा करती थी, जो कमर तक झूलते रहते थे।

प्राचीन काल से ही भारतीय स्त्री–पुरूष अपने शरीर को विभिन्न अलंकरणों से अलंकृत करते रहे हैं। कानों में कर्णशोभन और गले में निष्क नामक आभूषण धारित किया जाता था।[72] आर्य स्त्रियाँ शीश पर कुम्ब नामक आभूषण पहनती थी। भुज, केयूर, भुजबन्ध, नुपूर, कंकण, मुद्रिका आदि आभूषण भी स्त्रियाँ धारण करती थी। वे हाथों में कड़े और पैरों में खादि का प्रयोग करती थी।[73] स्त्री पुरूष दोनों ही अपने वक्षों को ''रूक्म'' नामक आभूषणों से सुसज्जित करते थे।[74] निष्क के विनियोग से ''निष्ककंठ'' नामक आभूषण गले में धारण किया जाता था।[75] पाणिनि ने अंगुलीय (अंगूठी), कणिका (कान का आभूषण), ललाटिका (ललाट का आभूषण), ग्रैवेयक (गले का आभूषण या हार), कुम्बा (स्त्रियों के केशों के अलंकार) आदि आभूषणों का वर्णन किया है।[76] महाकाव्यों में भी स्त्री–पुरूषों के विविध आभूषणों का पता चलता है।[77] कुण्डल, मुक्ताहार, कंठसूत्र, मेखला, केयूर, चूड़ामणि, वलय, अंगद, अंगलीयक, नुपुर आदि विभिन्न प्रकार के आभूषण समाज में ख्याति प्राप्त थे। अभिजात वर्गीय आभूषण सोने, चांदी और जवाहरातों के होते थे और निर्धन वर्गों के आभूषण पीतल, मूंगा, कौड़ी आदि के बने होते थे।[78] बौद्ध ग्रंथों से भी अंगूठी (मुद्रिका), कुण्डल (वल्लिका), गले का हार (केयूर या ग्रैवेयक), कंगण (ओवन्तिका), मेखला, चूड़ी (हत्थरण), कर्णफूल (पामङ्ग) आदि विविध अलंकरणों के उदाहरण प्राप्त होते है।[79] मणि, मुक्ता, वैदूर्य, शिला, लोहितंक, मसारगल्ल, प्रवाल आदि अलंकरणों में जड़े जाने वाले बहुमूल्य रत्न थे। जिन्हें स्त्री–पुरूष पसन्द करते थे।[80] यह विश्वास था कि स्त्री का सौन्दर्य अनेक प्रकार के आभूषणों से संवृद्ध होता था।[81] प्राचीनकाल से ही स्त्रियाँ सौन्दर्य प्रिय रही है, फिर चाहे परिणाम जो हो। हर्षकालीन समाज में वे अपने को अत्यधिक सज्जित करती थी। पैरों में वे घुंघरू व पायजेब आदि पहनती थी।[82] उनके पैर प्रायः नुपुरों से सज्जित होते थे। वक्षस्थल– आकर्षक हारों से, कान– कुण्डल से, भुजाएँ– बाजूबंद से तथा स्वास्तिकों से सज्जित किये जाते थे।[83] हर्षकालीन समाज में नारी सौन्दर्य की जागृति निम्न प्रकार से दर्शित है – ''तुम्हारे स्तनों का भार ही तुम्हारी कमर को कष्ट देने के लिए पर्याप्त है, फिर दूसरे हार से क्या लाभ? नितम्बों के भार से ही दोनों जांघे खिन्न है, फिर इस मेखला से क्या लाभ? दोनों भारी भरकम जांघों को ही वहन करने की शक्ति तेरे पैरों में नहीं, फिर यह नुपुर क्यों? तुम तो अपने से ही विभूषित हो, फिर शरीर को कष्ट देने के लिए आभूषणों को क्यों धारण करती हो?''[84]

पूर्व युगीन शीश के आभूषणों में किरीट, मौलि, पट्ट, मुकुट, कोटीर आदि थे। कान के आभूषणों में अवतंस, कर्णपूर, कर्णिका, कर्णोत्पल, कुण्डल आदि का वर्णन मिलता है। कंठ के आभूषणों में एकावली, कोष्ठिकाहार, हारयष्टि, मौक्तिक दाम आदि उल्लेखित है। हाथ के आभूषणों में– अंगद, केयूर, कंकण, वलय आदि एवं अंगुलियों में उर्मिका, अंगुलीयक आदि के विवरण है। कटि के आभूषणों में – काँची, मेखला, रशला, घर्घर मालिका आदि तथा पैर के आभूषणों में – मजीर, हिंजीरक, नुपूर, तुलाकोटि और हंस आदि प्रमुख रूप से थे। अरब यात्री अल्बीरूनी के अनुसार– स्त्रियाँ कानों में कुण्डल, हाथों में चूड़ियाँ, हाथ की अंगुलियों में स्वर्ण की अंगूठियाँ और पैरों की अंगुलियों में छल्ले पहनती है।[85] सौन्दर्य कवि कालिदास ने नारी के सौन्दर्य का वर्णन यों किया है– ''दुबली, पतली, युवावस्था को प्राप्त, नुकीले चावल की नोक की तरह पके हुए बिम्बा फल के समान निचले होंठ, पतली कमर, भयभीत हिरणी के समान नयन, गहरी नाभि एवं नितम्ब भार से मन्द–मन्द गतिवाली, स्तनों से झुकी हुई सी तथा युवतियों में ब्रह्मा की प्रथम रचना की सासात मूरत हो।[86]

सौन्दर्य के प्रति ब्राह्मणवादियों ने नारी की पवित्रता को प्रमुख स्थान दिया। सौन्दर्य को नित्य प्रति आनन्द देने वाला स्वीकार किया गया। पुरूषवादी धर्मशास्त्रकारों के अनुसार– ''बिना सूंघे हुए फूल, नखों से अछूते पल्लव, बिना बिंधे हुए रत्न, बिना चखा हुआ नवीन मधु और बिना भोगे हुए पुण्य फल आदि भी सौन्दर्य के प्रमुख मापदण्ड के रूप में स्वीकार किये गए।[87] आमतौर पर भारतीय कवियों की चित्रवृत्ति जितनी नारी सौन्दर्य वर्णन में रमी, उतनी पुरूष सौन्दर्य वर्णन में कभी नहीं। पुरूष सौन्दर्य में कठोरता और वीरता ही सर्वत्र मिलती है, परन्तु लावण्यता, कमनीयता, सुलोनापन, स्त्री सौन्दर्य के प्रतीक है। उन्होंने स्त्री के एक–एक अंग में लावण्यता और सुकुमारता के साक्षात्कार किये हैं।[88] नारी सौन्दर्य स्वरूप–रूप, मृदुता, सुकुमारता, कृशता, लावण्यता, प्रभा, उज्जवलता, यौवन, सुगढ़ता, गठनशीलता, उभार और विकास पर ही मूल रूप से निर्भर करता है।

'पद्मावत' नामक महाकाव्य के अनुसार नारी सौन्दर्य के मूल मापदण्ड ये है –[89]

(1) **चार दीर्घ** - केश, अंगुली, नयना, ग्रीवा (2) **चार लघु** – दशन, कुच, ललाट, नाभि (3) **चार भरे हुए** – कपोल, नितम्ब, जांघ, कलाई (4) **चार क्षीण** – नाक, कटि, पेट, अधर। हर्षनंदिनी भाटिया के अनुसार – ''कामशास्त्रीय दृष्टि में'' नारी के प्रमुख सौन्दर्य मान इस प्रकार है– ''कमलनयनी, क्षुद्ररंध्रनासिका युक्ता, अविरल–कुच–युग्मा, दीर्घकेशी, कृशांगी, सुवर्ण की सी कांतियुक्ता, पद्मगंधा, सुवेशी, मृगनयनी, सुकुमारी, लज्जाशीला, राजहंस की सी गति युक्ता, मृदुल मुस्कान संयुक्ता आदि का होना अति आवश्यक है।[90] जबकि काव्य शास्त्रीय दृष्टि में नारी अलंकरणों के 28 भेद स्वीकार किये गये है – (1) **अगज–३–** भाव, हाव, हेला (2) **अयत्नज–७–** शोभा, कांति, दीप्ति, माधुर्य, प्रगल्भता, आदौर्य, धैर्य।

(3) **स्वाभावज-18**– लीला, विलास, विच्छिति, विल्लोक, किलकिंचित, मोट्टयित, कुट्टमित, विभ्रम, ललित, मद, विहृल, तपन, मौग्ध्य, विक्षेप, कुतूहल, हसित, चकित तथा केलि। हर्षनंदिनी भाटिया जी के अनुसार– आमतौर पर स्त्रियाँ आकर्षक लगने के लिए ही वस्त्र धारण करती हैं। नारी के सौन्दर्य का कामोद्वेक से निकट का सम्बन्ध भी स्वीकार किया गया है। रूपा गोस्वामी जी के अनुसार – नारी के सोलह श्रृंगार इस प्रकार से है – 1. स्नान, 2. नासामणि 3. असिटपट (श्वेतवस्त्र) 4. सूत्रिणी (करधनी) 5. वेणी बन्धन 6. कर्ण वितंस 7. अंगो को चर्चित करना 8. बालों में पुष्प माला लगाना 9. हाथों में कमल लेना 10. माला धारण करना 11. पत्रावली रचना 12. पान खाना 13. चिबुक में बिन्दु अंकित करना 14. नेत्रों में काजल लगाना 15. आलक्तक लगाना 16. तिलक लगाना।[91] पूर्व काल में स्नान, वस्त्र धारण और माँग भरने की प्रथा को अनिवार्यता का जामा पहनाया गया। वीरगाथा काल में युद्ध विजयी वीर योद्धा अपनी पत्नी के माँग में मोतियों को भरकर गौरवान्वित होता था और प्रशंसा का पात्र बनता था। उस समय कट्टरपंथियों ने सुहाग के प्रमुख प्रतीक निर्धारित किये– माँग में सिन्दूर, आँखों में काजल और मुख में पान........। मुगलकालीन समाज में कुछ फेरबदल के साथ सोलह– श्रृंगारों की नयी सूची सामने आई जो उस समय के सामाजिक परिवेश का प्रकटीकरण है–[92] 1. स्नान करना 2. तेल लगाना 3. केशबन्धन 4. ललाट पर आभूषण धारण करना 5. चन्दन का लेप करना 6. वस्त्र धारण करना 7. ललाट पर जाति चिन्ह (सौभाग्य सूचक) 8. आँखों में अंजन 9. कानों में कुण्डल पहनना 10. नाक में नथ या मोती पहनना 11. कंठ में आभूषण धारण करना 12. गले में पुष्पों या मोतियों की माला धारण करना 13. कमर में करधनी, जो क्षुद्र घुंघरूओं से युक्त हो 14. हाथों को अलंकृत करना (मेंहदी–महावर) 15. पैरों में आभूषण धारण करना 16. पान खाना (सुंदर स्वाभाव)।

हर्षनंदिनी भाटिया जी का मानना है कि नारी की सुघड़ता का, उनके सौन्दर्य पर व्यापक प्रभाव पड़ता है। समस्त सौन्दर्य प्रसाधनों से सज्जित, मण्डित और अलंकृता नारी भी सुघड़ता के अभाव में आकर्षित नहीं कर पाती।[93] रसिक प्रिया के अनुसार– सोलह श्रृंगारों की परिगणना कुछ इस तरह से है–[94] 1. उबटन 2. स्नान 3. अमलपट 4. जावक 5. वेणी गूंथना 6. माँग में सिन्दूर भरना 7. ललाट में खौर लगाना 8. कपोलों में तिल बनाना 9. अंगों में केशर मलना 10. मेंहदी लगाना 11. पुष्पाभूषण धारण करना 12. स्वर्णाभूषण धारण करना 13. मुखवास 14. दंतमंजन 15. ताम्बूल 16. गणना। जबकि 'कविप्रिया' में शोडष श्रृंगार इस प्रकार से संदर्भित है–[95] 1. शौचादि शुद्धीकरण 2. स्नान ध्यान 3. निर्मल वस्त्र धारण 4. केशपाश सज्जा 5. अंगराग 6. मांग में सिन्दूर भरना 7. मस्तक पर खौर या टीका लगाना 8. गालों पर तिल बनाना 9. अंग में केशर लगाना 10. हाथों में मेंहदी लगाना व पैरों में महावर लगाना 11. फूलों के गहने या गजरा धारण

करना 12. मुखवास 13. मुखराग– मिस्सी लगाना 14. ओष्ठों को रंगना 15. नेत्रों में काजल लगाना 16. मधुर हंसी, बोल व आकर्षक गति। इसी का स्पष्टीकरण 'प्रियप्रकाश' में इस प्रकार निरूपित किया गया है–[96] 1. सकल शुचि (शौच, दंतधावन, उबटनादि) 2. मज्जन 3. अमलबास 4. जावक (पैरों में महावर) 5. केशपास (बाल संवारना) 6. सिन्दूर लगाना (भरना) 7. मेंहदी रचना 8. चिबुक पर तिल बनाना 9. उरूस्थल पर केशर मलना 10. मधुर संभाषण, मन्द गति, कर्ण प्रिय हंसी आदि 11. दांतों को मिस्सी से रंगना 15. होठों को ताम्बूल से रंगना 16. नेत्रों में कज्जल (अंजन लगाना)। अंत में सूफी काव्यमर्मज्ञ एक विद्वान ने अपनी लेखनी में निम्न शोडष श्रृंगारों को लिपिबद्व किया–[97] 1. शौंच 2. उबटन 3. स्नान 4. केश बन्धन 5. अंगराग 6. अंजन 7. जावक (महावर) 8. दन्तरंजन 9. ताम्बूल 10. वसन 11. भूषण 12. सुगन्ध 13. पुष्पहार 14. कुंकुम 15. तिलक 16. चिबुक बिन्दु आदि।

''नारी श्रृंगारिक परम्परा''

गाथासप्तशती के अनुसार– कानों में कमल के कर्णपूर या जुड़वा बेर, केशों के प्रसाधन– कलात्मक रूप से मोर के पिच्छ सदृश, केशों में सुगन्ध एवं पुष्प लगाने की प्रथा थी। शरीर की कांति बढ़ाने के लिए हल्दी के उबटन से स्नान एवं साबुन का कार्य–जामुन के पत्रों के कषाय से किया जाता था। हाथों में कंकण व जालीदार वलय, गले में कंठी, पैरों में नुपूर और कमर में सोने की श्रृंखला पहनने की परम्परा थी। चरणों में लाक्षारस लगाया जाता था। कुसुम्भी वस्त्र विशेष प्रिय, चोली (कञ्चुलिका) का प्रचलन था, जिसके बन्धन सम्मुखीय थे।

स्वयंभू रामायण के अनुसार– मस्तक पर तिलक, नेत्रों में कज्जल, मुख में ताम्बूल, मुंह में अलका–तिलका, चरणों में कुंकुम, कानों में कुण्डल, कचैल करवीर का फूल, हाथों में कंकण, मणिवलय, चूड़, कटक व केयूर, अंगुलियों में मुंदरी तथा आरसी, कंठ में मोतियों के हार, पैरों में नुपूर, कमर में कांचि आदि सौन्दर्य के प्रतिमान थे।

राउरवेल (शिलांकित काव्य) के अनुसार– आंखों में काजल, ललाट पर तिलक, अधरों पर ताम्बूल, केश प्रसाधन में जूड़ा, मांग में सिन्दूर, रक्तिम कंचुक (चोली), दो रंगी चोली, घाघरा, चादर, ओढ़नी, पाटन की साड़ी आदि प्रसाधनों में सम्मिलित थे।

संदेश रासक (अब्दुल रहमान कृत) के अनुसार – शरीर पर हरिचंदन लेप लगाना, कुंकुम चंदन से चर्चित करना, कपूर के लेप से आप्लावित होना और केशों में पुच्छ गुच्छ, जूड़ा बांधने की प्रथा, भाल में तिलक, मुख में पान, नेत्रों में कज्जल, अगरू से धूप देने की प्रथा थी। कानों में रत्नताटंक, कंठ में मुक्त माला, कमर में करधनी, पैरों में नुपूर, हाथों में चूड़ियाँ आदि धारण करने का प्रचलन था।

वसंत विलास (सं. माता प्रसाद गुप्त) के अनुसार – स्नान के बाद चोलियों का मंडन के लिए घिसा हुआ चंदन कटोरियों में भरना, सिर पर जूड़ा बांधना, केतकी के पुष्पों से श्वेतवर्ण का श्रृंगार, मांग में सिन्दूर का भरा जाना, मांग में मोती भी भरा जाना, पान खाना, कानों में कुण्डल, कंठ में मोती की माला, हार, हाथों में कंकण, बांहों में केयूर, पैरों में नुपूर आदि धारण किया जाना एवं वस्त्रों में कंचुक (चोली), चीवर और ओढ़नी भी सौन्दर्य के रूप में धारित की जाती थी।

विद्यापति के अनुसार – सिन्दुर, रेखा (भाल–अरूण), मांग में मोती भी भरना, जूड़े में मालती की माला, मस्तक पर तिलक, आंखों में काजल, हाथों को लालिमा युक्त करना, शरीर पर गोदना और चित्र बनाने की प्रथा, अंगराग में मृगमद का लेप, चंदन का लेप, कुंकुम का मर्दन, सिन्दूर–कूपर–चंदन तथा कस्तूरी के अंगराग का प्रयोग किया जाता था, आभूषणों में– कानों में कुण्डल, कंठ में मनमोहन हार, मोतिमहार, मनिमयहार, गजमौक्तिकहार, नीलमणि की माला, हाथों में कांच की चूड़ियाँ, कंगन, हाथी दांत की चूड़ियाँ, चीर, नीला वस्त्र आदि धारण किये जाते थे।

वर्णरत्नाकर के अनुसार – आभूषणों में सुन्दरी, शेखर (सिर पर), त्रिका, कुण्डल, खूटी, बीर (कान में), एकावली, सुता, सिकली, हार, दवनीयारी, पताका (कंठ में), टाड, कराओ, चूलि, वलया, पद्य सूत्र, कंकण (भुजा और हाथ में), मेखला, रशना (कमर में), नुपूर, किंकिणी, सिंगलीशाख (पैर में) आदि सौन्दर्य प्रसाधन थे।

कुतुब शतक (स.डॉ. माता प्रसाद गुप्त) के अनुसार – बंधे और खुले केश, मांग में सिन्दूर, कपूर और कस्तूरी का लेप, अरगजा में सुवासित केश, हाथों में चूड़ियाँ आदि सौन्दर्य के प्रतीक थे।

पृथ्वीराज रासो के अनुसार – मुद्रिका, पहुंची, ताटंक, तिलक, तिलक नग, कनकशीश फूल, जासिका में मोती, गले में मोतियों की माला, हिलते हुए हार, भुजाओं में टोडर, हाथों में कंकण, पैरों में नुपूर, मंजीर, सुंदर और झीनेदार वस्त्र, तान–कतान व पाम वस्त्रों के पहनने का प्रचार अधिक था। तनसुख वस्त्र, लोकप्रिय, कंचुकी और पहोर वस्त्र (लहंगा के समान वस्तु) एवं कुसुंभी साड़ी का विशेष प्रचार था। चीर (ओढ़नी) में रक्तिका (घुंघनी) शोभित, तीन लटों वाली वेणी एवं मांगों को मोतियों से भरा जाता था। घुंघराले केशों की बेला, सेवंती और जूही के फूल गूंथना, घुघराले केशों को फूलों से सजाना और उसमें मोती की लड़ी पिरोना सुंदरता के मापदंड थे। माथे पर मृगमद का बिन्दु, ललाट पर तिलक, मुख में ताम्बूल, नेत्रों में अंजन, दांतों में नीला रंग आदि लगाना लोगों को अत्यन्त प्रिय था।

ढोला मारू रा दुहा (डॉ. कृष्ण कुमार शर्मा) के अनुसार – कटि के नीचे घाघरा, शरीर पर दखिनी चीर ओढ़ना एवं वक्ष पर कांचली धारण करना लोगों को अच्छा लगता

था। पाट वस्त्रों का प्रचलन, पारदर्शी वस्त्रों का प्रयोग एवं दुल्हन के लाल रंग के वस्त्रों का प्रचलन था। खुले केश की अनुपम शोभा, आंखों में अंजन, अधरों पर आलक्तक की लाली एवं भाल पर मृगमद का तिलक शोभा की वस्तु थी। तबोल रस का पान, नाक में नकफुली, गले में नवलखा हार, मोतियों का हार, भुजा में बंहरखा तथा चूड़ा, कटि की मेखला, पांवों में झांझर, भौहों पर सोहली आदि सौन्दर्य के रूप में लोकप्रिय थे।

"मांग को सिन्दूर से भरना"

आमतौर "सिन्दूर" नवविवाहिताओं का ही श्रृंगार है, जो उनके विधवा होने के पूर्व तक लगातार जारी रहता है। विवाहोपरान्त ही "सिन्दूर" का प्रयोग नारी कर सकती है। "सिन्दूर" रक्तिम वर्ण का प्रतिनिधित्व करता है, जो यह संकेत करता है कि नारी, अपने वैवाहिक जीवन में "रक्त सम्बन्ध" से सीधी जुड़ी रहती है। यह "रक्त सम्बन्ध" पति–पत्नी के परस्पर शारीरिक सम्पर्क से स्थापित किया जा सकता है। चूंकि विवाहित दम्पत्ति को ही शारीरिक सम्पर्क की छूट मिली रहती है और जो कानून व समाज द्वारा मान्य होता है। इसीलिए ही विवाहिताएँ विवाहोपरान्त "रक्त सम्बन्ध" के आजीवन जारी रहने के खुले अधिकार व स्वामित्व के प्रदर्शन स्वरूप "रक्तिम वर्ण के प्रतिनिधि" सिन्दूर का उपयोग करके गौरवान्वित होती है। जबकि अविवाहिता (स्त्रियों) को "सिन्दूर" धारण का नैतिक अधिकार प्राप्त नहीं होता और अवैध शारीरिक सम्पर्कों को वे प्रकाश में लाने में घबड़ाती है तथा आजीवन समाज व कानून की निगाहों में अपराधिनी बनी रहती है। विवाहिता और अविवाहिता के भेद को "सिन्दूर" ही स्पष्ट करता है।

"सिन्दूर" का प्रयोग नारी की मानसिकता नहीं, अपितु पुरूष प्रधान समाज की मानसिकता है। विवाहिता और अविवाहिता का भेद करना, पुरूष के लिए लाजिमी है क्योंकि वह स्त्री भोगी है। धर्मशास्त्रीय मर्यादा के तहत् परायी नारी से शारीरिक सम्बन्ध बनाना महापाप है, अतएव तत्कालीन पुरूषवादियों ने इन पापों से बचने के लिए विवाहिता और अविवाहिता के भेद के लिए "सिन्दूर" के आविष्कार को जन्म दिया। जो एक प्रकार से स्त्री के लिए विवाहिता होने का मूल प्रतीक है। जबकि विवाहित या अविवाहित पुरूष–भेद के लिए समान मापदण्ड नहीं अपनाया गया और पुरूषों से सदैव दबी होने के कारण नारियों ने भी इस भेदभावयुक्त प्रथा का विरोध नहीं किया। फलतः धीरे–धीरे इस प्रथा का विकास हुआ और सिन्दूर "विवाहिता नारी" के प्रमुख श्रृंगारों में समाविष्ट हो गया। अगर पूर्वकालीन नारी इस कुप्रथा का विरोध की होती और समान अधिकार की मांग की होती तो सम्भवतः आज के पुरूषों के लिए भी "विवाहित चिन्ह" निर्धारित हो गया होता क्योंकि विवाहिता नारी तो सहज में ही पहचानी जा सकती है, लेकिन विवाहित पुरूष नहीं।

''सिन्दूर'' के प्रचलन के विषय में डॉ. नरेन्द्र सिन्हा का अभिमत है – 'Sindoor was the symbol of red blood applied by the mundas married ladies out of the killed animals on their head to indicate their fortune that their husbands are returned safe from the hunting or sendera, as it si still called in mundari. जबकि सुप्रसिद्ध भाषाविद् सुनीति कुमार चांटुर्ज्या ''सिन्दूर'' को चीनियों की देन मानते है –[98] Probodh chandra Bagachi Suggested that the Sanskrit word for 'Vermillion' Sindoor was also from the chinese (its in-T-ung). इसी संबंध में डॉ. अल्तेकर का भी कथन है कि–[99] 'A streak of sindhura on the head or a circular mark of kumkum on the forehead was made by maidens and women in covertune - indes - pensible sign of saubhagya or Married bliss. कालिदास ने भी रमणियों के मांग भरने का उल्लेख किया है, जिसमें अरूण चूर्ण का उल्लेख किया गया है।[100] स्त्रियाँ अपने बालों के मध्य भाग में फूलों को भी सजाया करती थी।[101] एक अन्य कथा के अनुसार दो अंगुलियों से गीली हरताल और मंगल सूचक मैनसिल से मैना अपनी पुत्री पार्वती के माथे पर विवाह का सौभाग्यसूचक तिलक करती है।[102] श्री हर्ष ने स्पष्ट लिखा है कि जल के माध्यम से अपने वैधव्य को नहीं पाने के लिए, राजा भीम के महोत्सव में आयी हुई राजपत्नियों ने अपने पतियों की आयु रक्षा के निमित्त मांगलिक सिन्दूर के समान दमयन्ती के चरणों की महावर को अपने सिर पर लगाया।[103] तत्कालीन भारतीय कवि जायसी ने भी– 'सिन्दूर' के सम्बन्ध में अच्छा छन्द प्रस्तुत किया है।[104] इस प्रकार ''सिन्दूर'' को सौभाग्य चिन्ह के रूप में स्वीकार किया गया और इसकी उत्पत्ति के बाद से इसके प्रयोग में विविधता आती रही। इसी के साथ केशों के विविध श्रृंगार की भी प्रथा चलती रही। ''सिन्दूर'' को पातिव्रत्य धर्म से भी जोड़ दिया गया, इसलिए धर्मविमुख होने के भय से भी नारी इस प्रथा से स्वयं को आज पर्यन्त तक मुक्त नहीं कर पाई।

''साड़ी''

इस वस्त्र का अस्तित्व रामायण–महाभारत काल तक निखरकर सामने आ चुका था। लेकिन उससे भी पूर्व इस वस्त्र का प्रचलन था क्योंकि आविष्कारिक वस्तु का विकास धीरे–धीरे ही होता है। साड़ी पहनने के पीछे भी पुरूषवादी प्रवृत्तियाँ सक्रिय रही है। आज की स्थितियों में जिस प्रकार आमतौर पर विवाहिताएँ ही साड़ियाँ धारण करती है और अविवाहिताएँ सलवार सूट आदि वस्त्र पहनती है। इसी प्रकार पूर्वकाल में भी विवाहिता और अविवाहिता दोनों के लिए ही पृथक–पृथक वस्त्र सुनिर्धारित थे। साड़ी अर्थात् जिससे

'सारतत्व' सुरक्षित हो.....। साड़ी 'सारतत्व' को गोपनीय रखती है....। सम्पूर्ण नारीत्व को जो ढ़ंके रहती है, उस वस्तु का नाम साड़ी तो होना ही है। साड़ी पहनने से सौन्दर्य में वृद्धि होती है, यह एक तथ्य भी है। साड़ी धारण के पीछे महत्त्वपूर्ण राज यह भी है कि इससे जल्दबाजी की काम क्रिया में बड़ी सहायता मिलती है, ऐसा कामशास्त्र के विशेषज्ञों का मानना है। चूंकि साड़ी कामशास्त्र की गतिविधियों के ही अनुकुल होती है, इसीलिए ही वर–वधू के आपस में देखने की प्रक्रिया से लेकर विवाहोपरान्त आजीवन साड़ी का उपयोग अनवरत् रूप से जारी रहता है। साड़ी की महिमा महाभारत काल में द्रौपदी जी की चीरहरण प्रसंग से जानी जा सकती है। साड़ी, निष्कलंकित वस्त्र है और यह मातृत्व व नारीत्व दोनों के निर्वाहन के लिए अति उपर्युक्त है। आदिमयुग में छाल व खाल दोनों ही शरीर पर लपेटने के कार्य में आते थे। उसी के उन्नत रूप में साड़ी का विकास परिलक्षित होता है। तत्कालीन युगीन कुछ प्रमुख साड़ियाँ उल्लेखनीय है।[105] पंचरंग साड़ी, लाल साड़ी, झुमक साड़ी, कुसुमी साड़ी, रगमगी साड़ी, सुरंग साड़ी, ढिर्गान की साड़ी, जाकसी साड़ी आदि। महाकाव्यों के काल तक नारी और पुरूष समान रूप से धोती धारण करते थे। महाभारत में उल्लिखित है कि राजा नल वनवास के समय अपनी धोती गंवा देने के कारण अपनी सोयी हुई पत्नी दमयन्ती के आधी धोती को काटकर पहन लिया था और उसे सोते हुए ही छोड़कर चले गये। चूंकि सिर ढंकने का कार्य लम्बे वस्त्र अर्थात साड़ी से ही भली भांति सम्भव है और पुरूषवादी समाज में नारी को सिर ढंकना या पर्दे में रहना अनिवार्य था। इसलिए भी साड़ी का अत्यधिक विकास हुआ और विवाहिता के लिए साड़ी पहनना अनिवार्य कर दिया गया। ससुराल में नारी को सम्मान स्वरूप सिर ढंकना, पर्दा करना अनिवार्य था। इसलिए सुभीते साधन के रूप में साड़ी को उपर्युक्त पाया गया और यही चलन में भी आया। साड़ी, सफल कामसाधन व नारी के साथ मनमर्जी करने के लिए भी पुरूष को उपर्युक्त वस्त्र प्रतीत हुआ। अतएव पुरूष प्रधान समाज ने विवाहिता के लिए सही वस्त्र के चुनाव के रूप में साड़ी का ही चयन किया।

"अंगिया"

मध्यकालीन युग में इस वस्त्र का व्यवहार अनिवार्य हो गया था। देलावेले में इसका स्पष्ट वर्णन मिलता है–[106] and for the most part they use no garment, but wear only a close waste - coat (waist- coat). the sleeves of which reach not beyond the middle of the arm. the rest where to the hand is covered with broclets of gold or silver or ivery. यह एक प्रकार से कसी हुई फिट बॉडी का ही प्राचीन स्वरूप था। जिसे कालान्तर में विकास के साथ परिवर्धित व सुसंस्कारित किया गया।[107] All respectable ladies it seems, used to wear a jacket or bodice either with long sleeves reaching the fingers or with short ones endiry at the clbows.... chining to the body.'

पूर्वकालीन समाज में पुरूष तो कमर से ऊपर का भाग खुला रखते थे जबकि स्त्रियों के लिए यह नियम निर्धारित था कि वह कमर से नीचे भी धारण करे और ऊपर भी धारण करें। शुरूआत में उन्हें अंगिया (ब्रा) के रूप में वस्त्र धारण करने पड़े। सधवा और विधवा की अंगिया अलग–अलग किश्म की होती थी। सधवा स्त्रियाँ आमतौर पर कुहनी तक आस्तीन वाली कंचुकी धारण करती थी जबकि विधवा लम्बी आस्तीनों वाली। अंगिया में प्रायः पीठ खुली रहती थी और उसका इस्तेमाल प्रायः वक्षस्थल को ढंकने के लिए ही किया जाता था। इसे डोरी द्वारा पीठ पर बाँध दिया जाता था। इसी का विकास आगे चलकर हुआ और इनमें बांहे भी लगने लगी तथा आज यही 'ब्लाउज' के नाम से विख्यात है। जो पुरूषवादी समाज की ही देन है। यह 'ब्लाउज' सिर्फ महिलाओं द्वारा ही धारण की जाती है, पुरूषों द्वारा नहीं। इस प्रक्रिया में भी वही नजरिया छुपा हुआ है, जो साड़ी के परिप्रेक्ष्य में छुपे हुए थे। साड़ी के आवरण के बिना "ब्लाउज" और लहंगा दोनों ही व्यर्थ है, या कि भौडेंपन के सूचक है और साड़ी का अस्तित्व वहीं तक सीमित है, जब तक कि उसे हाथ न लगाया जाय या कि तेज वायु के झोंके उस पर से न गुजरे। इस प्रकार पुरूषवादी प्रवृत्ति के लिए वह एक सरलता के ही प्रतीक है। उन्होंने इस व्यवस्था का चुनाव भी अपनी सुविधा को ही ध्यान में रखकर किया था।

"चोली"

आरम्भ में महाराष्ट्र व गुजरात में ही इसकी शुरूआत हुई। "कटोरी चोली' भी इसी के साथ विकसित हुई। नारी का स्तनाच्छादक वस्त्र विशेष रूप से चोली के नाम से जाना गया। एक हथेली को जिस प्रकार पानी के लिए "चुल्लू" का रूप दिया जाता है। उसी प्रकार "चुल्लू" के स्वरूप व नाम पर स्तनाच्छादक वस्त्र को "चोली" का नामकरण प्राप्त हुआ। 1570 ई. के आसपास इसे बाहों से भी अलंकृत किया जाने लगा। "चुल्लू भर पानी में डूब मरना" यह कहावत चोली से ही विकसित हुई है अर्थात् पुरूष चोली और उसके अंगों में ही सिमट कर रह जाता था और जिसे दीन–दुनियाँ की सुधि नहीं रहती थी। वह लताड़ के रूप में उक्त कहावत से अभिसम्बोधित होता था।

"ओढ़नी"

यह वस्त्र किसी अच्छे सूती वस्त्र या सिल्क से निर्मित होता था। देशीनाममाला में इसके लिए "ओड्ढण" शब्द व्यहृत होता था।[108] इस विशेष परिधान पर सोने चांदी की तारों से काम भी होता था। साहित्य में इसे दोनों ओर घुटने तक लटकता हुआ दर्शित किया गया

है।[109] Mandelslo hang down on both sides, as low as the knees (made of clives). फावरी नामक विद्वान के अनुसार तो ओढ़नी से ही आधुनिक साड़ी का विकास हुआ है।[110] Surprinsingly enough, the present day sari which developed about the year 1780 A.D. did not develop from this order sari. but in the lengthening of that order gourment the dupatta or orhini now tucket in the waist hand whist, the thing once called sari, has tusend slowly into a petticoat. worn under this much length and hand kar chief, the orhini.' ओढ़नी का प्रयोग आमतौर पर वक्षस्थल के ढंकने के लिए इस्तेमाल किया जाता है। मुगलकालीन समाज में इसके प्रचलन की शुरूआत हुई थी। इस प्रकार यह एक विदेशी देन है, जबकि महाकाव्य काल में धोती विशेष का प्रचलन था, जिसे नारियाँ धारण करती थी। इसका विकास ही काल क्रमानुसार साड़ी के रूप में माना जा सकता है। आज के सभ्य समाज में ओढ़नी का प्रचलन बरकरार है। ओढ़नी वक्षःस्थलों का सहारा है। आमतौर पर पुरूषवादी प्रकृत्ति की देन होने के कारण नारी को समस्त धारित वस्त्र सहारा लेकर ही सुशोभित होती है। जैसे– ब्लाऊज का सहारा कुचबन्ध, साड़ी का सहारा– लहंगा व विभिन्न पिन, लहंगा का सहारा डोरी तथा योनिबन्ध आदि।

"घाघरा"

यह मुस्लिम स्त्रियों का पहनावा था। इसे धनी वर्ग की महिलाएँ विशेष पसन्द करती थी। मुसलमान शासकों व पुरूषों ने अपनी नीतियों से इसे आकार प्रदान किया। स्त्रियों के वस्त्राभूषण आमतौर पर पुरूषवादी प्रवृत्तियों की ही देन है। घाघरा भी इन वस्त्रों में एक है।

"लहंगा"

यह वस्त्र नारी की शोभावृद्धि करता है और अन्तः प्रदर्शन को रोकता है। साड़ी के प्रमुख सहायक के रूप में यह नारी का प्रिय वस्त्र है, जो पुरूषवादी प्रवृत्तियों की देन है। साड़ी का सही पहनावा इसी के कारण शोभित होता है। लहंगा, मूल रूप से साड़ी की जान है। यह पुरूषवादी दृष्टिकोण में वह सरल वस्त्र है, जिसमें शीघ्रता से रतिकर्म सम्भव है। आमतौर पर यह पहनावा अपारदर्शक व भारी होता है ताकि शरीर की गठनशीलता को बढ़ा सके। लेकिन पारदर्शक पहनावे से सौन्दर्य वृद्धि तो होती ही है, साथ ही शरीर की सुगढ़ता भी सुस्पष्ट हो जाती है, जो प्राकृतिक सौन्दर्य को भी लाजवाब कर देती है। नारी अबला थी और उन्हें गुड़ियों की तरह से सजाकर उनसे मनोरंजन करना पुरूषवादी प्रवृत्तियों का प्रमुख ध्येय था। इसी तारतम्य में ही इस पहनावे का विकास हुआ। 'आइने–अकबारी' में वस्त्र धारण सोलह श्रृंगारों में परिगणित है। यथा – अंगिया– बांहे, कभी कुहनी तक और

पांव की अंगुलियों तक लंहगा– नीवी बन्ध के साथ, कटि के नीचे पहनने वाला वस्त्र, ओढ़नी– इसका एक भाग रखकर सिर भी ढ़ंका जा सकता था और इससे घूंघट भी बनाया जा सकता था। पायेजान– आजकल के पाजामें का पूर्व रूप। वैसे स्त्रियों के लिए तीन प्रमुख वस्त्र पुरूषवादियों ने स्वीकृत किये है – 1. लहंगा तथा साड़ी 2. कंचुकी, अंगिया, अंगी और चोली 3. फरिया, चुनरी या ओढ़नी।

लहंगा, ब्रज की विशिष्ट परिधान है। यह वस्त्र मथुरा के आस–पास बुंदेलखण्ड और राजस्थान– गुजरात तक लबादेदार रूप से पहना जाता है।[111] इसे ही बड़ा घेरेदार होने के कारण घाघरा, घघरीया और घग्घर भी कहते है।[112] मूल रूप से लहंगा के चार भाग होते हैं – 1. नेफा (नीवी) 2. घेर–घेरदार 3. मोट 4. लामन–घेर के नीचे किनारे–किनारे एक पट्टी लगी रहती है। चूंकि लहंगा–साड़ी का सम्बन्ध चोली–दामन का है। अतएव जहाँ तक लहंगा है, वहाँ तक साड़ी की अनिवार्यता भी सुस्पष्ट है।

कंचुकी

यह भी पुरूषवादी प्रवृत्ति से संयुक्त नारी परिधान है, जो उन पर लाद दी गई है और बेबस नारी इसे भी धारण करने को मजबूर हुई। परिणामतः आज भी नारी इसे धारण करती है, भले ही इसके प्रति नज़रिया बदल गया हो। हालांकि यह सत्य है कि इसी परिप्रेक्ष्य में नारी सौन्दर्य में वृद्धि हो गई। कष्टों से ही तो सौन्दर्य का विकास होता है। बाद में रंगत के अनुसार कंचुकी धारण की प्रक्रिया शुरू हुई। यथा– गोरे शरीर पर लाल व काली कंचुकी शोभित होती थी जबकि सांवले शरीर पर सफेद, पीली आदि। काढ़ी हुई कंचुकी भी विशेष अवसरों पर पहनी जाती थी। फूल से अंकित, कुसुममय तथा मृगमद से सुरभित कंचुकी भी विशेष रूप से धारण किये जाते थे। कुसुभी कंचुकी, श्याम कंचुकी, सौंधे कंचुकी आदि भी उल्लेख्य है। हरिदास ने नारी वस्त्रों में नीली निचोल, सुख सारी, लाही अंगिया, अटलस, अतरौता, सिलसिला लहंगा, सार की ओढ़नी, मरगजा सारी तथा चुनरी का उल्लेख किया है जबकि रामराय ने अटलास की कंचुकी और लहरिया के लहंगा का उल्लेख किया है।[113] केशव ने नील निचोल, कंचुकी और अंगिया आदि का विशेष तौर पर उल्लेख किया है।[114] इस प्रकार रीतिकाल में पुरूषवादी कवियों ने नारी सौन्दर्य को विषय बनाकर अपनी इच्छाओं की तृप्ति के लिये साड़ी तथा ओढ़नी से भी ज्यादा कंचुकी का प्रदर्शन किया। अंग प्रदर्शन, स्वास्थ्य व सौन्दर्य झलकाने की दृष्टि से महाकवि देव ने अत्यन्त महीन साड़ी का विशेष उल्लेख किया है। इस प्रकार तत्कालीन पुरूषवादी युग में साटन, मलमल, रेशमी, डोरिया, लहरिया, पंचतोरिया आदि साड़ियों का विशेष महत्त्व था। होली में नारियाँ प्रायः श्वेत झीनी साड़ियाँ पहनती थी। चुनरी और ओढ़नी तो वे धारण करती ही थी।

बिन्दिया

हालांकि भारतीय नारियाँ माथे पर बिन्दिया धारित करके फूली नहीं समाती है क्योंकि यह सुहाग चिन्ह के रूप में पुरूषवादियों द्वारा स्वीकृत किया गया है। यह भी कहा जाता है कि सुहागिन पर सौभाग्यवती होने का प्रमुख चिन्ह ''माथे पर लगी चमकती दमकती बिन्दिया'' ही है। अवश्य ही यह बिन्दी नारी के 'अखण्ड सौभाग्य' का प्रदर्शन करती है, जो भारतीय समाज द्वारा मान्य है। कुछ विद्वानों की धारणा है कि ''तिलक'' बिन्दी का पूर्वगामी रूप था। हालांकि आज की स्थिति में तिलक और बिन्दी के आकार में कोई फर्क नहीं रह गया है और यह मस्तक की साजो–श्रृंगार के अन्तर्गत आ गया है। धर्मशास्त्रों ने अपराधी के मस्तक को चिन्ह स्वरूप दागने की प्रथा विकसित की थी, उसी अनुकरण पर ही पुरूषवादी प्रवृत्तियों ने अपनी आधीनता स्वीकार कराने के प्रतीक स्वरूप नारी के माथे पर दागने की प्रथा विकसित की। जो कालान्तर में सौन्दर्य प्रसाधनों का एक अंग बन गई और विकसित भी हो गई तथा कालान्तर में उस स्थान को बिन्दी ने ग्रहण कर लिया।

आमतौर पर विवाहिता नारी ही बिन्दी धारण करती है और गौरवान्वित होती है, इसका सीधा अर्थ यह है कि नारी स्वयं ही अत्यन्त खुशी से पुरूष की आधीनता स्वीकार करने के प्रतीक को धारण करती है। अगर ऐसा नहीं होता और पुरूष तथा नारी को समान अधिकार मिला होता तो क्यों नहीं पुरूष भी माथे पर बिन्दी धारण करता? आखिर उसे बिन्दी धारण करने में लज्जा का अनुभव होता है, क्यों? वह बिन्दी धारण करने को अपनी शान के खिलाफ समझता है? कारण साफ है कि वह नारी की आधीनता किसी भी शर्त पर स्वीकार करने को तैयार नहीं है।

धीरे–धीरे विकसित समाज ने बिन्दी लगाने के कारणों पर कोई ध्यान न देकर उन्हें सौन्दर्य प्रसाधनों में परिगणित कर लिया। पूर्वकालीन जैनों में भी तिलक के प्रयोग किये जाने के उल्लेख प्राप्त होते है।[115] सुखमय भट्टाचार्य के अनुसार– मध्यकालीन समाज में भौंहों के बीच में कृत्रिम चिन्ह ''पिप्ल'' लगाने का रिवाज चलता था।[116] महाभारत कालीन समाज के विभिन्न विवरणों में माथे पर तिलक लगाये जाने के विवरण प्राप्त होते हैं।[117] तिलक लगाकर पुरूष ईश्वर के प्रति भक्ति प्रदर्शित करता है, जबकि बिन्दी लगाकर नारी पुरूष की आधीनता स्वीकार करती है। प्राचीन मनीषियों ने तिलक को वशीकरण का एक रूप बताकर इसको और बढ़ावा दिया। इस संदर्भ में गोरोचन, हरताल, मैनसिल आदि के तिलक के उल्लेख प्राप्त होते हैं। विवाह के अवसर पर श्री पार्वती जी को हरताल व मैनसिल से तिलक किया गया था।[118] तिलक आमतौर पर ''तिल के फूल'' के ही आकृति स्वरूप बनाया जाता था। मालविकाग्निमित्रम् में स्पष्ट है कि काले भौंरों से लिपटे हुए तिल के फूल ने स्त्रियों के माथे पर के तिलक को भी नीचा दिखा दिया है।[119] यह तो

निश्चित है कि तिलक नारी सौन्दर्य की वृद्धि करता है। कालान्तर में यही तिलक श्रृंगार का एक प्रमुख अंग स्वीकृत हो चुका था। तिलक या बिन्दी का विचारणीय पक्ष यह है कि हालांकि सौन्दर्यवर्धन के लिए नारी नीले, पीले, हरे या किसी भी रंग तथा आकार के बिन्दी का प्रयोग कर सकती है। लेकिन आमतौर पर लाल रंग की बिन्दी या तिलक का चलन, जरूर ही किसी रहस्य को स्पष्ट करने का प्रयास करता है। लाल रंग, रक्त और खतरे का चिन्ह है। विवाहोपरान्त नारी अपने मासिक स्त्राव का सही सदुपयोग कर पाती है तथा प्रथम समागम के समय रक्त का बहना भी प्रमुख उद्देश्यों में से है। दूसरी बात–विवाहिता स्त्री दूसरे पुरूषों के लिए निश्चित रूप से खतरे का प्रतीक है क्योंकि परस्त्री से सम्बन्ध बनाना, परपुरूषों के लिए अनैतिक व महापाप भी है। परस्त्री का संग करने वाले पुरूष इतिहास में बुरी मौत मारे गये है। दुःशासन, दुर्योधन, रावण, कीचक, बालि आदि इन्हीं में से हैं। इसी कारण नारी विवाहोपरान्त लाल की बिन्दी, माथे पर धारण करती है ताकि उनके मस्तक को दूर से देखकर हर आदमी सतर्क रह सके और उनसे अपने आपको बचाये रख सके। जिस प्रकार बिजली के खम्भों में खतरे का चिन्ह लाल रंग से बनता है और रेल्वे फाटक पर भी लाल चिन्ह ही खतरे के रूप में प्रयुक्त मिलता है। इसी प्रकार ही स्त्री के माथे पर लाल रंग की बिन्दी सुशोभित रहती है। कहने का तात्पर्य यह है कि धर्मशास्त्रों के नियमानुसार पुरूष ने विवाहिता स्त्री को दूर से ही पहचानने के लिए 'खतरे के प्रतीक' बिन्दी को उनके माथे पर लगाने का नियम बनाया, जैसे कि अपराधियों को उसके अपराध के अनुसार उसके मस्तक पर दाग दिया जाता था, ताकि वह दूर से ही पहचाना जा सके कि उक्त व्यक्ति अपराधी है और वह कौन से अपराध पर दंडित हुआ है। डॉ. वासुदेव शरण अग्रवाल[120] ने छठवीं शती ई. में इसके प्रयोग का उल्लेख करते हुए लिखा है– "माथे पर एक बड़ी टिकुली थी, जो देखने में पद्यात पक्ष के छायामण्डल सी जान पड़ती है। मथुराकला में इस प्रकार की माथे पर गोल टिकुली से युक्त लगभग छठी शती ई. का स्त्री मस्तक प्राप्त हुआ है।

"काजल या अंजन"

मोहकता, स्वच्छता व विशालता, अगर किसी आँखों में दर्शित हो तो वही सुन्दरता की प्रमुख निशानी है। आँखों की सुन्दरता के लिए प्रमुख मापदण्डों में पुतलियाँ काली, पतली और घनी होनी बहुत जरूरी है, निश्चय ही आँखें उत्तम स्वास्थ्य का खुला दर्पण होती है और किसी के भी दिल की बातें आँखों से ही जानी जा सकती है। आँखों का सौन्दर्य प्राकृतिक देन है, लेकिन आँखों में अंजन या काजल का प्रयोग करना एक पुरूषवादी प्रवृत्ति से ही प्रभावित है। प्राचीनकाल से ही काले रंग का प्रयोग अक्सर टोना–टोटका, दुःख और गमगीन माहौल को व्यक्त करने के लिए किया जाता है। नारी जाति ने काले रंग (काजल)

का प्रयोग पुरूषवादी दबाव के चलते ही स्वीकार किया था। पुरूष जाति चाहता था कि उसकी पत्नी या प्रेमिका या पुत्री आदि पर किसी की भी बुरी मनहूसियत भरी नजर न लगे और उन पर सदैव ही उसका स्वत्व बना रहे....। इसी प्रयास के तहत् उन्होंने नारी को आँखों में काजल लगाने को मजबूर किया। विवश होकर अबलाएँ टोना–टोटका या मातम् के चिन्ह स्वरूप काजल को आँखों में लगाने लगी। कालान्तर में यह एक रिवाज का रूप धारण कर लिया। तदन्तर ये समानान्तर के साथ प्रमुख सौन्दर्य प्रसाधनों में गिने जाने लगे। फलस्वरूप नारी पुरूषवादी प्रभाव को भूलती हुई उसे अत्यन्त हर्ष के साथ धारित करने लगी। रीतिकालीन कवियों ने श्रृंगार रस के अन्तर्गत इसका विविध रूप से उल्लेख किया है।

"भौंह बनाना"

भौहों की वक्रता नारी सौन्दर्य का प्रमुख कारण स्वीकृत है। भौंह वक्रता प्राकृतिक होती है और कृत्रिम भी निर्मित की जाती है। काली और कुटिल भौंहें निश्चय ही सौन्दर्य वर्धक है। 'पानी की लहर' 'भ्रू' का सर्वोत्तम नमूना है और 'धनुष' भी इसके उपमानों में गिने जाते हैं। आमतौर पर लम्बी, पतली, काली तथा वक्र भौंहों को भी स्वास्थ्य और सौन्दर्य का शुभ नमूना स्वीकार किया गया है। भौंहों को कृत्रिम रूप से वक्रता प्रदान करना भी पुरूषवादी प्रवृत्तियों का ही परिणाम है। "धनुष बाण" का प्रयोग आमतौर पर शत्रुओं के मारन के लिए किया जाता था या फिर शिकार करने के लिए। एक दृष्टिकोण के अनुसार– 'धनुष' स्त्री के प्रतीक और पुरूष 'बाण' के प्रतीक है। अतएव पुरूषों ने उन्हें 'धनुष' की संज्ञा दी और उस चिन्ह को उनकी आँखों के लिए सुरक्षित कर दिया। तात्पर्य यह कि वह अकेला धनुष होकर भी कुछ नहीं कर सकती जब तक कि उनके साथ बाण (पुरूष) न हो। भौंह बनाने की कला को गदाधर भट्ट ने "मोहिनी यंत्र" करार दिया है। पुरूषों ने नारी को ज्ञान प्राप्ति में बाधक माना व उन्हें शत्रुवत् समझा। नारी के साथ पुरूष का व्यवहार संदैव से ही स्वार्थपरता से युक्त रहा है। मछली, मृग आदि के सदृश उनकी आँखें मानी गई है और ये दोनों ही प्राणी शिकार होने की जाति पर विकसित है। किसी भी शक्ति को पराजित करने के लिए या लड़ाई त्यागने के लिए नारी अह्म भूमिका निभा सकती थी। अतएव पुरूषों ने उन्हें ढाल के रूप में इस्तेमाल किया और उनकी भौंह को धनुषाकृति बनाकर उन पर अपना स्वामित्व का चिन्ह छोड़ गया। शुरू में तो नारी को ऐसा करना बुरा लगा। लेकिन धीरे–धीरे वह इसकी अभ्यस्त हो गई और इसे एक प्रमुख परम्परागत श्रृंगार के रूप में इस्तेमाल करने लगी।

'कपोल तथा चिबुक का प्रसाधन'

यह भी पुरूषवादी प्रवृत्तियों से ही उपजी एक प्रकार का टोटका है। जिस प्रकार आज की नारी अपने शिशु को टोने–टोटके से रक्षा के नाम पर विभिन्न प्रकार की क्रियाएँ चेहरे व आँख आदि पर किया करती है। उसी प्रकार ही पूर्वकालीन समाज में पुरूषप्रधान समाज नारी पर अपना पूर्ण अधिकार समझता था और वह उनके साथ हर प्रकार के व्यवहार करने के लिए भी स्वतंत्र था। पुरूष उन्हें अपनी निजी उपभोग की साम्रगी समझता था। अतएव उसने अपने पसंदीदा या प्रचलित टोटके को अंकन के रूप में उन्हें अपने मुखों पर चिन्हित करने को मजबूर किया। आरम्भिक नारियाँ अपने ऊपर थोपे गये इस अतिवादिता का असफल विरोध की होगी या दासी वृत्ति के कारण चुपचाप स्वीकार कर ली होगी.....। इस विषय में अगर सोचा जाय तो दोनों ही बातें अपनी जगह सच प्रतीत होती है।

'कपोल प्रसाधन' कई रूपों में प्रदर्शित किये जाते है। कपोलों को अनेक प्रकार की श्वेत, रक्त एवं काले चंदन की बंदकियों से सजाया संवारा जाता था। चिबुक के कूप से दो रेखाएँ ऊपर गालों पर कानों की ओर खींच दी जाती थी। इन पर लता की भांति टहनियाँ और पत्तियाँ आदि बना दी जाती थी। इसी प्रकार ललाट के ऊपरी हिस्से में केश रेखा के किनारे–किनारे सफेद, लाल एवं काली बुंदकिया डाली जाती थी। अधिकतर ये कपोल के दोनों ओर कान तक, फिर नीचे भ्रुवों के ऊपर और दोनों तरफ रेखाएँ, आँखों की कोरों के साथ मिला दी जाती थी। इन्हीं बुन्दकियों से जब तिलक करते थे, तो इसको 'भक्ति' कहा जाता था। 'भक्ति' के रूप में ललाट के बीचों–बीच लाल बिन्दियाँ, लाल बिन्दियों के मध्य श्वेत बिन्दी भी रचते थे। इनमें धुली या सुखी केशरिया कुंकुम का भी प्रयोग होता था।[121] बौद्ध युग में नारी कपोलों पर एक विशेष प्रकार का चिन्ह बनाया करती थी, जिन्हें "विशेषक" के नाम से सन्दर्भित किया जाता था।[122] जैन धर्म में स्नानोपरान्त इसको "कौतुक कर्म" कहा गया है। कौतुक दृष्टि दोषादि से रक्षा के लिए अंकित किया गया काजल का चिन्ह विशेष है, जिनको स्त्रियाँ कलात्मक ढंग से लगाती थी जिनसे कृष्ण चिन्ह से अंकित उनके गौर मुखमण्डल की शोभा और भी बढ़ जाती थी।[123]

"ओष्ठ प्रसाधन और ताम्बूल सेवन"

रक्तिम वर्ण का प्रयोग आमतौर पर तांत्रिक प्रयोगों के लिए किया जाता था। लाल रंग को पुरूषों ने एक सोची–समझी नीति के तहत् खतरे का निशान निरूपित किया और उसे नारी को अपने ओष्ठों, नाखूनों, हथेलियों और तलुओं आदि में स्थान देने हेतु बाध्य किया। नारी शुरूआत में तो लाल रंग के सेवन के नाम पर हिचकिचाई क्योंकि उन्हें पूर्वाभाष था कि यह पराधीनता का सूचक है। लेकिन पुरूषवादी दबाव के चलते वह झुक गई और उनके

बताये हुए स्थानों पर लाल रंग का प्रयोग करने लग गई। लाल रंग, खतरे के चिन्ह के रूप में विशेष सतर्कता बरतने के स्वरूप में प्राचीन काल से ही जाना जाता था। शुरूआत में पराधीन नारी ही रक्तिम वर्णों का प्रयोग करती थी। लेकिन समयान्तर के साथ उन्हें यह रंग रास आने लग गया और प्रायः सभी नारियाँ इसके प्रयोग को उत्सुक हो गई। आज भी खतरे के चिन्ह के रूप में लाल रंग का उपयोग सार्वजनिक स्थलों पर किया जाता है। पूर्वकाल में नारी जब रक्तिम वर्णों का प्रयोग करती थी, तब उनके समीप कोई भी बदनीयती से नहीं फटक सकता था क्योंकि वे दूर से ही जान जाते थे कि अमुक नारी पराधीन हो चुकी है और अब उनके समीप जाना या उनसे वार्तालाप करना भी खतरे से खाली नहीं है क्योंकि जो खतरे को समझकर भी उसकी उपेक्षा करता है, उनका सर्वनाश हो जाता है। पूर्वकाल में रावण, दुर्योधन, कीचक, शुम्भ – निशुम्भ, बालि आदि लोगों ने इसकी उपेक्षा की थी, फलस्वरूप उन्हें मौत की सजा भुगतनी पड़ी।

कालान्तर में धीरे–धीरे जब यह एक सामान्य बात हो गई, तब इसका सेवन प्रायः सभी नारियाँ करने लग गई, चाहें वह कुंवारी हो या विवाहिता। साहित्य में रक्तिम ओष्ठों की प्रशंसा किये जाने की परम्परा विकसित हुई और कला में भी निखार आने लगा। उसकी उपमा कन्दुर के पके हुए फल से दी जाने लगी।[124] बौद्ध युग में ओष्ठों पर लालिमा लाने के लिए ''नन्दीचूर्ण'' का प्रयोग किया जाता था। लाल रंग अच्छी तरह से जम जाए तथा उसमें चमक आ जाए, इसके लिए मोम का भी प्रयोग किया जाता था। 'अभिज्ञान शांकुतलम्' में राजा दुष्यंत, शकुंतला के उन होठों का वर्णन करते है, जो न रंगने से पीले पड़ गए थे। 'कुमारसम्भवम्' के अनुसार– 'तपस्याकाल में श्री पार्वती जी अपने होंठ रंगना त्याग चुकी थी, फिर भी उसके होंठ लाल ही थे। 'रघुवंश' तथा 'विक्रमोर्वशीय' में भी ओष्ठ–राग का स्पष्ट उल्लेख है। कुमारसम्भवम् के अनुसार– सुडौल आँखों वाली श्री पार्वती जी का निचला ओष्ठ, ऊपर के ओष्ठ से एक रेखा के द्वारा अलग हो गया था। जिस पर मोम के द्वारा और भी अधिक लाली प्रकट हो गई थी। इससे फड़कते हुए लाल ओष्ठों की शोभा और भी निराली हो उठी थी।[125] 'कर्पूरमंजरी' में भी होठों पर मोम लगाना व्यंजित होता है, विशेष तौर पर शीतऋतु में। लेकिन मध्यकालीन युग में ताम्बूल सेवन के कारण पृथक रूप से ओष्ठ रंगने की आवश्यकता ही नहीं रह गई। माना यह गया कि अधरों को तो प्राकृतिक रूप से लाल होने चाहिए, लेकिन अगर न हो तो लाल रंग (आलक्तक) रंगने की प्रथा थी, साथ ही चिकना करने के लिए उस पर मोम रगड़ लिया जाता था। लालिमा हेतु लाक्षारस व मोम का विवरण प्रायः मिलता है। वराहमिहिर ने पान खाने के गुण इस प्रकार सन्दर्भित किये है– पान खाने से काम की वृद्धि होती है, रूप निखरता है, सौभाग्य बढ़ता है, मुख सुगन्धित होता है, शरीर में तेज की वृद्धि होती है, कफ रोग नष्ट होता है।

.........कक्कोल, सुपारी, लवली, पारिजात से युक्त पान मन को प्रसन्न करता है।[126] सोमेश्वर कृत 'मानसोल्लास'[127] में 'ताम्बूलोपभोग' में इस सम्बन्ध में विस्तृत विवेचन प्राप्त होता है। कामसूत्रम्, शुक्रनीतिसार, विसुद्धिमग्ग आदि ग्रंथों में भी इसके उल्लेख प्राप्त होते है।

"मुस्कान"

नारी की स्वाभाविक मुस्कान को लेकर पुरूषवादी प्रवृत्तियों ने तरह–तरह के वक्तव्य दिये है। उनके अनुसार नारी को सिर्फ पति के सम्मुख ही मुस्कुराना चाहिए, चाहे वह (पति) उन्हें कितना ही सताए। उनके लिए कहा गया कि पतिव्रता स्त्री को पति या सास–श्वसुर द्वारा प्राप्त हर तरह के दुःखों को नजर अंदाज कर देना चाहिए और कठोर यातना दिये जाने पर भी मुस्कुराते रहना चाहिए। किसी अन्य के सम्मुख उनके मुस्कान को उनका नैतिक अपराध घोषित किया गया। नारी इस स्वाभाविक मुस्कान के प्रति भी बन्धन लगा दिये जाने का विरोध नहीं कर सकी और इस प्रकार उनकी मुस्कुराहट ही कैद हो गई। पराजित शत्रु स्त्रियों की तो अत्यन्त दयनीय दशा हो जाती थी, जब प्रताड़ना के उपरान्त उन्हें मुस्कुराने को विवश किया जाता था। धीरे– धीरे यही प्रथा पातिव्रत्य धर्म में परिगणित हो गया और हर नारी के लिए पति के वास्ते मुस्कुराना अनिवार्य हो गया। नारी समाज ने भी इसकी महती आवश्यकता समझकर मुस्कान को अपने सोलह श्रृंगारों में शामिल कर लिया।

यह सही है कि मुस्कान का सौन्दर्य पर अनुकुल प्रभाव पड़ता है। नारी का आकर्षण निश्चित रूप से द्विगुणित हो जाता है, यदि उनमें मुस्कुराहट और बांकी चितवन का योग हो जाए। मुस्कान से तात्पर्य– इस प्रकार से हंसना कि न आवाज हो और न दांत ही दिखाई पड़े। रक्तिम सुकोमल अधरों पर मुस्कान की आभा अमृत की वर्षा करती है। मुस्कान को नारी सौन्दर्य के प्रमुख मापदण्डों में स्थान दिया गया। सौन्दर्य और स्वास्थ्य दोनों ही दृष्टियों से मुस्कान का महत्त्व स्वयंसिद्ध है। मुस्कान के विभेद इस प्रकार से माने जा सकते है– 1. स्नेहिल मुस्कान (बच्चों के प्रति) 2. आदर सूचक मुस्कान (माता–पिता और गुरू के प्रति) 3. मधुर मुस्कान (प्रेमी या प्रेमिका के प्रति) 4. विस्मय सूचक मुस्कान 5. रहस्यपूर्ण मुस्कान 6. षड़यंत्र युक्त मुस्कान 7. भेदभरी मुस्कान 8. मन्द मुस्कान (ज्ञान धर्म के कारण) 9. कुटिल मुस्कान 10. शर्मीली मुस्कान आदि। 'वृन्द' ने सोलह श्रृंगारों की सूची में तेरहवाँ स्थान "मुस्कान" को भी दिया है।[128]

"मेंहदी रचना"

हथेलियों, तलुवों आदि में मेंहदी रचाने की प्रथा प्राचीन काल से चली आ रही है। यह भी पुरूषवादी प्रवृत्तियों की ही देन है। हाथों और तलुवों में मेंहदी द्वारा विभिन्न कला कृतियाँ निर्मित करने के कुछ कारण भी है। चूंकि मेंहदी लाल रंग की होती है और हरी–हरी

पत्तियों के पीस देने पर निर्मित होती है, इसी रहस्य को ध्यान में रखकर ही प्राचीन व्यवस्थाकारों ने नारी को निर्देशित किया कि वह उनका इस्तेमाल अपने हाथों और तलुवों आदि निरावरण युक्त अंगों में करे। पुरूषों की नजर में नारी अत्यन्त सुंदर थी और वह उस पर अपना पूर्ण स्वामित्व प्रदर्शित करना चाहता था। हथेली एवं तलुएँ ऐसी जगहें है, जो हर रहस्य को स्पष्ट करने में समर्थ है। मेंहदी के हरी–हरी पत्तियों की भांति ही नारी का सुकोमल जीवन है। जिस प्रकार उनके पत्तों को पत्थरों से पीस दिये जाने पर वह लाल रंग में तब्दील हो जाती है, जो एक प्रकार से उसका रक्त ही है। नारी और पुरूष, सांसारिक जीवन के दो पहिए है। लेकिन संघर्ष व दुःख का सारा झेल नारी को ही सहना पड़ता है। प्रथम, सहवास का कष्ट, प्रसव कष्ट आदि दुःखों की प्रताड़ना एक मात्र नारी को ही सहन करना पड़ता है। पुरूष इस प्रकार के दैवीय कष्टों का सहन कभी भी नहीं कर सकता है। चूंकि सारे कष्टों को सहकर भी नारी कभी दुःखित नहीं होती, अपितु उन्हें अपना सौभाग्य समझकर आनन्दित ही होती है। ठीक उसी प्रकार मेंहदी की स्थिति है। मेंहदी, पीसकर भी स्वयं भी आनन्दित होती है और दूसरों को भी आनन्दित करती है। उसी प्रकार नारी भी अतुलनीय कष्ट पाकर सौभाग्यवती व पुत्रवती होने का अतुलनीय सुख उठा पाती है। आरम्भिक युग में व्यवस्थाकारों ने उन्हें बलपूर्वक मेंहदी का प्रयोग कराया जो उनके आधीनता सूचक थे। लेकिन कालान्तर में यही सौन्दर्य प्रसाधनों में परिगणित हो गया और सौभाग्यवती नारी द्वारा इसका प्रयोग निर्भीक व निःसंकोच रूप से किया जाने लगा।

आज प्रायः समूचे विश्व में इसका प्रयोग शुरू हो गया है। हालांकि हर क्षेत्र में उसके नामकरण अलग–अलग है। यथा– हिना, मदयन्तिका, मेन्धिका, मेन्धी, मेंहदी, मेंदही, मेंदी, मिहदि आदि।[129] नीबू के रस के समागम से मेंहदी के रंगत में चमकीलापन आ जाता है। आज की स्थिति में निश्चिय ही मेंहदी की लालिमा प्रेम के स्वरूप है। जिस प्रकार हरी–हरी पत्तियों में अप्रत्यक्ष रूप से लालिमा व्याप्त रहती है, ठीक उसी प्रकार लुप्तप्राय सच्चा प्रेम भी संकट की घड़ी से गुजर कर सही निखार ला पाता है। भारतीय कवियों ने मेंहदी के सन्दर्भ को विभिन्न अभिप्रायों से सुंदर तालमेल बिठाकर इस प्रकार प्रस्तुत किया है–

1. ''होत सूर सरनाम के चूर चूर निज अंग। पिसत–पिसत ज्यों सिला पै मेंहदी लावत रंग।।
2. ''ज्यों मेंहदी के पात में, लाली लखी न जाय। त्यों कन–कन में ईस बसै, कबीरा देखे नाय।।
3. ''यों रहीम सुख होत है, उपकारी के संग। बाटनवारे के लगै, ज्यों मेंहदी के रंग।।

पुरूषवादी प्रवृत्तियों ने बड़े ही सुझ–बूझ से मेंहदी का चलन शुरू किया। जिससे उनके इच्छानुसार संकेत उन्हें प्राप्त हो सके। जिस प्रकार प्रसवकाल के तुरन्त बाद नारी

को आराम करने की सलाह दी जाती है तथा उनके चलने फिरने पर पाबंदी लग जाती है, उसी प्रकार ही तुरन्त मेंहदी लगे हाथ–पांवों से कोई भी नारी तुरन्त ही चलने–फिरने व कोई कार्य करने को राजी नहीं होती क्योंकि मेंहदी लगाने के बाद देर तक विश्राम की स्थिति में रहना होता है। इसीलिए एक कवि ने यों रचना कर दी –

"मेरे कर मेंहदी लगी है, नन्दलाल प्यारे। लट उलझी है नैंकु बसरि संभार दे।"

"माला धारण करना"

नारी द्वारा स्वयं को माला आदि से सज्जित करना, मूल रूप से पुरूषवादी प्रवृत्तियों की ही देन है। अगर यह पुरूष जाति की देन नहीं होती तो वह भी माला आदि धारण करता। लेकिन पुरूष, माला आदि पहनने में लज्जा का अनुभव करता है तथा उसे नारीत्व का आभाष होने लगता है। नारी को पृथ्वी कहा गया और पुरूषों को आकाश...... अर्थात हर स्थिति में पुरूष प्रधान समाज, स्वयं को नारी समाज से सर्वश्रेष्ठ ही ठहराता रहा है। नारी अगर माला आदि धारण न करे तो पुरूष प्रधान समाज उन्हें अशुभ ठहराता है तथा विधवा को माला आदि धारण करने की अनुमति नहीं देता क्योंकि उन्हें अशुभ बतलाते है। इस प्रकार नियम किसी नारी समाज ने नहीं बनाया अपितु पुरूष प्रधान समाज ने ही निर्मित किया है। नाट्यशास्त्र में, यौवन की वयः संधि की अवस्था में नारी के सौन्दर्य के लिए अन्य आवश्यक तत्वों के साथ "माल्य धारण" भी पुरूष रूप से है। सोमेश्वर ने भी इसका उल्लेख किया है।[130]

"महावर"

यह नारी समाज के लिए पुरूष प्रधान समाज की अनोखी देन है। पुरूष जाति की एक सोच के अनुसार नारी का मासिक स्त्राव ब्रह्महत्या के परिणाम स्वरूप रक्तिम होता है। प्रथम सहवास से भी रक्त का अटूट सम्बन्ध है, इसीलिए इन सारे प्रतीकों के प्रकटीकरण के लिए पैरों में महावर का प्रयोग सुहागिन के लिए अनिवार्य माना गया ताकि सभी लोग मात्र उनके पैरों को देखकर ही उनके सुहागिन होने का अर्थ समझ सके। पुरूष जाति ने उन पर दबाव के तहत् रक्तवर्ण को नारी का सुहाग चिन्ह घोषित किया। रक्तवर्ण खतरे का चिन्ह है, अतएव सुहागिन नारी से अन्य पुरूषों को बचाने के लिए उनके माथे में सिन्दुर, बिन्दिया, नाखूनों में नेल पॉलिश, पैरों में महावर आदि की व्यवस्था की गई। जिन्हें कालान्तर में नारी समाज द्वारा सुहाग चिन्ह के रूप में स्वीकार कर लिया गया। महावर को जावक (यावक) और आलता (आलक्तक) भी कहा जाता है। कालिदास ने केवल 'रंजयित्वा' का उल्लेख किया है।[131] श्री पार्वती जी के चरणों में जब सखी महावर लगा चुकी, तब ठिठोली करते हुए उन्हें आर्शीवाद दिया कि तुम इन पैरों से अपने पति

की सिर की चन्द्रकला को छुओ। विवाह के समय प्रायः नवदुल्हन 'रक्तिम प्रतीक' मेहंदी और 'महावर' लगाती है।

"आभूषण"

नारी द्वारा धारित विभिन्न आभूषण पुरूष वादी प्रवृत्तियों की ही देन है। तभी तो विभिन्न आभूषणों को सिर्फ नारी ही धारण करती है, जबकि पुरूष नहीं। जहाँ नारी सारे आभूषणों को धारित कर गौरवान्वित होती है, वहीं पुरूष इन सारे आभूषणों से स्वयं परहेज रखता है और अपनी पत्नी को गुड़िया की भांति सजाने में रूचि लेता है। यह भी कम रहस्यपूर्ण बात नहीं है कि कोई भी पत्नी, अपने पति को आभूषणों से सज्जित करने में रूचि नहीं लेती क्योंकि वह समझती है कि इससे उसके पति के पुरूषत्व को ठेस पहुंचेगी और वे उपहास के पात्र हो जायेगें। पुरूष, अंगूठी, घड़ी आदि के सिवा और कुछ धारण ही नहीं कर सकता, जबकि नारी, सम्पूर्ण शरीर में स्वर्ण और चांदी के विविध आभूषण धारण कर प्रसन्न होती है।

"प्रतिरोध"

भारतीय पुरूष प्रधान समाज द्वारा नारी समाज के विकास में पूर्वकाल से आज तक बराबर प्रतिरोध उपस्थित किया जाता रहा है। निश्चय ही पुरूष जाति कभी भी सच्चे मन से नारी समाज का विकास नहीं चाहता। आज के परिवेश में भी कोई यह लिखित गारंटी नहीं दे सकता कि वह अपनी पत्नी को वह सारे अधिकार दे सकता है, जो उसे हासिल है। हालांकि कहने को तो महिलाएँ हर क्षेत्र में पुरूषों के कंधे से कंधा मिलाकर लगातार आगे बढ़ रही है। लेकिन फिर भी उन्हें वह अधिकार प्राप्त नहीं है, जो समाज द्वारा प्रत्येक पुरूष को प्राप्त है। पुरूष, अपनी एक पत्नी के जीते जी दूसरी पत्नी ला सकता है। कम उम्र की सुंदर लड़की से वयोवृद्ध होने पर भी विवाह रचा सकता है। इच्छानुसार दहेज मांग सकता है। अपनी पत्नी की आँखों के सम्मुख ही किसी दूसरी के साथ रंगरेलियाँ मना सकता है। स्वतंत्रतापूर्वक कहीं पर भी अकेले ही सैरसपाटा कर सकता है, घर से बाहर कई रात्रि गुजार सकता है। किसी के भी साथ हंस–बोल सकता है। लेकिन क्या पूर्वकाल से लेकर आज तक नारी यह सब कर सकती है? शायद नहीं क्योंकि पुरूष प्रधान समाज उन्हें ऐसा कर सकने की अनुमति हर्गिज भी नहीं दे सकता। आज के शिक्षित व सभ्य समाज में भी मात्र पातिव्रत्य धर्म के नाम पर न तो नारी ऐसा कर सकती है, और न ही कोई पुरूष उन्हें इस दिशा में प्रेरित करने के लिए ही सोच सकता है। पूर्वकालीन समस्त धर्मग्रंथों के सदृश ही आधुनिक धर्मग्रंथों ने भी नारी के अहित को भी धर्म का आधार स्वीकार किया गया है।

आज की नारी ग्रेजुएट और पोस्टग्रेजुएट आदि उच्च शिक्षा प्राप्त करके पुरूषों के कंधे से कंधा मिलाकर लगातार आगे बढ़ रही है और इस भौतिकवादी युग के हर क्षेत्र में उनकी पहुंच आसान हो गई है। घर की चहारदीवारी से उन्मुक्त होकर वह सैनिक वेश में युद्ध क्षेत्र में भी भ्रमण कर रही है। पायलट बन हवाई जहाज उड़ा रही है। ड्राइवर बन रेलगाड़ी आदि चला रही है और अपने बलबूते पर मंत्री पद आदि को भी विधिवत् निर्वाह रही है। लेकिन इन सबके बावजूद भी उनके मन के किसी कोने में यह भावना अभी भी घर की हुई है कि वह अपने पति के सम्मुख किस प्रकार स्वतंत्र रहे? आमतौर पर नारी धर्मभीरू होती है, इसलिए भी वह तथाकथित धर्म से अपना मुंह नहीं मोड़ सकती। भारतीय भूमि चूंकि शुरू से ही धर्मभीरू रही है, इसलिए प्राचीन ऋषि मुनियों द्वारा प्रतिपादित धर्म से कोई भी भारतीय नारी मुंह नहीं मोड़ सकती, फिर चाहे वह देश की कर्णधार ही क्यों न बन गई हो। श्रीमति विजय लक्ष्मी पंडित, श्रीमति इंदिरा गांधी, श्रीमति कमला नेहरू, श्रीमति पुतली बाई, श्रीमति कस्तुरबा गांधी आदि ने भी भारतीय धर्म को स्वीकार किया। तो फिर आज की महिलाएँ भला किस प्रकार से इन धर्मों का विरोध कर सकती है? फिर चाहे उस धर्म से उन्हें काफी कष्ट व नुकसान ही क्यों न पहुंच रहे हों।

धर्म उपासना के नाम पर जिस प्रकार मीरा बाई को अनेकों कष्ट झेलने पड़े थे, उसी भांति ही आज भी भारतीय नारी को धर्म के कारण अनेकों कष्ट सहन करने पड़ते है। माँ–बाप, पति, सास–श्वसुर आदि की अनुमति के बिना वह कोई भी धार्मिक अनुष्ठान नहीं कर पाती है क्योंकि शास्त्रों की आज्ञा के अनुसार अगर वह पूज्यजनों की अनुमति के बिना कोई भी व्रत–उपवास आदि करती है, तो वह निष्फल हो जाता है। इन सबके बावजूद भी जिस प्रकार मीराबाई ने किसी की भी परवाह किये बिना अपने धर्म पर अचल रही, उसी प्रकार अगर हर नारी अपने धर्मों के प्रति निष्ठावान व जागरूक हो तो निश्चय ही वह अपने मार्ग पर सुदृढ़तापूर्वक आगे बढ़ती रहेगी। फिर चाहे भारतीय समाज उन्हें मार्गभ्रष्ट करने के लिए सैकड़ों हथकण्डे क्यों न अपनाए...।

आज के राजनीतिक परिदृश्य में ही देखें तो पुरूषवादी प्रवृत्तियों का स्पष्ट खुलासा हो जायेगा। आज की राजनीतिक पार्टियाँ भी पुरूषवादी प्रवृत्तियों से सराबोर है और वह उनसे किसी भांति भी ऊबर नहीं सकती। श्रीमति सोनिया गांधी, भारत वर्ष की बहू है, लेकिन उसे अब भी भारतीय नागरिक मानने को कोई तैयार क्यों नहीं है? और अगर वह स्वदेशी बन चुकी है तो फिर प्रधानमंत्री पद के योग्य क्या वह नहीं है? लेकिन पुरूषवादी प्रवृत्तियाँ यहाँ इस कदर हावी है कि क्या मजाल कोई महिला प्रधानमंत्री की कुर्सी तक पहुंचने की हिमाकत ही जुटा पाए....। लगता है कि श्रीमति इंदिरा गांधी, भारतवर्ष की प्रथम और अंतिम महिला प्रधानमंत्री थी..। उसके बाद सभी पुरूष प्रधान समाज की नजर उस

उच्च पद पर टिकी हुई है और इस प्रकार वे किसी भी बहाने महिलाओं को इस उच्च पद पर पहुंचने में कभी भी कामयाब नहीं होने देगें..।

''महिला - जगत से उम्मीदें''

इतिहास गवाह है कि रानी दुर्गावती एवं रानी लक्ष्मी बाई के ऊपर उनके जन्मजात् पुरूष शत्रुओं ने ही धोखा देकर वार किया था। सम्मुख में वार करने की किसी भी पुरूष जाति में हिम्मत नहीं थी..। इसी प्रकार आधुनिक धर्मशास्त्रकार तुलसीदास जी भी सम्मुख में कुछ कहने की बजाए धर्म की आड़ लेकर नारियों के हित के खिलाफ कार्य किया है। जिन्हें सदैव ही अनदेखा किये रहना मानवतावाद के सख्त खिलाफ है। आज भी पुरूष प्रधान समाज दिखाने के लिए बड़े से बड़ा वायदा करता है और सभा सोसायटी आदि में सम्मान हासिल करता है। लेकिन आसलियत में वह अपने वायदे के अनुसार कभी भी कार्य नहीं करता। महात्मा गांधी का यह कथन कि– ''अपराध करने वाला उतना दोषी नहीं होता, जितना कि सहन करने वाला होता है। ''एकदम सही है। जो कोई भी अपराध को चुपचाप सहन करता है, वह अपराधी को आगे और अपराध करने के लिए अप्रत्यक्ष रूप से सहयोग करता है। इसीलिए ऐसे किसी भी अपराधी को कभी भी सहन नहीं करना चाहिए, जो मार्ग में रूकावट हो और सदैव ही अहित कार्य में संलग्न हों....। नारियाँ, पूर्वकाल में आज से भी ज्यादा जागृत थी। लेकिन इसका एहसास किसी को भी नहीं होता। रामायण काल में गौतम मुनि की पत्नी अहिल्या ने अपने सुदीर्घ प्रेमी देवराज इन्द्र की इच्छा को स्वेच्छा से, बिना किसी समय के परिपूर्ण किया था। सत्यकाम की माता जाबालि, अपने पुत्र के पिता का गोत्र व नाम आदि भी नहीं जानती थी क्योंकि उसका सम्पर्क कई पुरूषों से रहा था। कुन्ती, सत्यवती, सुरजावती आदि नारियाँ विवाह पूर्व ही संतानोत्पादन में प्रवृत्त हो गई थी। पुराणग्रंथों नें भी ऐसी अपूर्वा पाँच कन्याओं के उल्लेख किये है कि जिनके स्मरण मात्र से ही लाखों पाप जल कर राख हो जाते है। ये कन्याएँ, विवाहिता होकर भी कन्याएँ ही कहलाती थी और उनके विवाहित पति की अपेक्षा, अन्य पुरूषों से भी उनके सम्पर्क स्थापित थे। यथा–

1. **कुन्ती** - इसके विवाहित पति पाण्डु थे, जबकि इसका सम्पर्क सूर्य, इन्द्र, धर्म, पवन आदि देव पुरूषों से हुआ था।
2. **द्रौपदी** - धर्मशास्त्रों ने एक स्त्री के केवल एक ही पति का निर्देश किया है। लेकिन इसे पांच सगे भाई, पांच पतियों के रूप में प्राप्त हुए थे। इस प्रकार यह एक विलक्षणा नारी थी।

3. **अहिल्या** – इसके समान सुंदरी पूरे विश्व में न थी। इसके पति गौतम थे। लेकिन यह इन्द्र द्वारा स्वेच्छा से भोगी गई थी और अनंतकाल तक पश्चाताप की आग में जलती रही थी।
4. **तारा** – इसके विवाहित पति बालि थे। लेकिन पति के मृत्योपरान्त उसने अपने देवर सुग्रीव को अपना दूसरा पति चुन लिया था।
5. **मन्दोदरी** – यह राक्षसराज रावण की ज्येष्ठा पत्नी थी। रावण के मृत्योपरान्त इसने भी अपने देवर विभीषण को अपना पति स्वीकार कर लिया था।

इसी तरह अन्य भारतीय नारियों को देखिए– भीष्मक पुत्री रूखमणी ने अपने पिता व बड़े भाई के विचारों से असहमत होकर श्री कृष्ण जी को अपना पति चुनकर, उसे गुप्त संदेश भिजवाकर, उसके साथ ही, सबके सामने से भाग गई थी और विवाह रचा लिया था। सावित्री ने स्वयं ही खोजबीन करके सत्यवान को पति के रूप में ग्रहण कर लिया था। दमयन्ती, शंकुतला आदि ने भी स्वेच्छा से अपने पति का चुनाव किया था। शंकुतला तो वन में अकेली होकर भी दुष्यंत से गांधर्व विवाह कर लिया था। रति ने अपने पति प्रद्युम्न को खुद ही पाल पोषकर बड़ा किया व उसे शिक्षा–दीक्षा दी थी। बाणासुर की पुत्री ऊषा ने अपने प्रेमी व पति अनुरूद्ध का स्वेच्छा से अपहरण करके उसे अपने घर में रख ली थी और उससे गर्भ भी धारण कर लिया था। सुभद्रा ने अपने अपहरण कार्य के लिए अर्जुन को सहयोग दिया था। अपने भाइयों से युद्ध करने के निमित्त अर्जुन को प्रोत्साहित करती हुई घोड़ों की बागडोर स्वयं संभाल ली थी और रथ का भलीभांति संचालन किया था। 'आल्हखण्ड' में राजकुमारी लेखा ने अपने भावी पति इंदल को उसके महल में जाकर उससे विवाह करने की चुनौती दी थी तथा उससे आधा भांवर फेरे लेकर, आधे भांवर को अपने पिता के घर में घूमने के लिए चेतावनी भी दी। बेला ने तो अपने पति की खातिर अपने सगे भाई को ही मौत के घाट उतार दिया था। जयचंद की सुपुत्री संयोगिता ने अपने पिता को अंधेरे में रखकर पृथ्वीराज चौहान के साथ भाग गई थी। रामगुप्त की पत्नी ध्रुवस्वामिनी ने अपने पति का परित्याग करके अपने देवर चन्द्रगुप्त विक्रमादित्य द्वितीय से विवाह कर लिया था। महाभारत में उत्तंक की गुरू पत्नी ने उसे अपने पति की अनुपस्थिति में संभोग हेतु आमंत्रित किया था। इसी प्रकार उर्वशी ने भी अर्जुन को रति रस हेतु आमंत्रित किया था। रामायण में शूर्पनखा ने स्वयं ही श्रीराम व लक्ष्मण से काम याचना की थी। तुलसी, वृन्दा, अगमा, अम्बालिका, अम्बिका आदि ने भी पर पुरूषों का सेवन किया था।

आधुनिक समय में भी नारी जागकरण की शुरूआत पूर्व प्रधानमंत्री श्रीमती इंदिरा गांधी के समय से हुई है। श्रीमती गांधी स्वतंत्र प्रकृति की भारतीय नारी थी और उसने स्वयं की इच्छाशक्ति पर किसी को भी हावी नहीं होने दिया। उसी के तहत् उसने एक ब्राह्मण

की पुत्री होकर भी मुस्लिम से विवाह कर लिया था। उसकी पुत्रवधु, सोनिया गांधी जो विधर्मी थी, उसके पुत्र ने विवाह किया था। सोनिया गांधी की पुत्री प्रियंका ने भी ईसाई से विवाह किया है। भारत सरकार ने इसीलिए ही अन्तर्जातीय विवाह को प्रोत्साहित किया है। असल में नारी की कोई जाति ही नहीं होती। वह जिस भी पुरूष के साथ ब्याही जाती है, वह वैसे ही रूप से सुसम्पन्ना हो जाती है।[132]

निश्चय ही धर्मशास्त्रीय परम्परा में भी नारी को जाति विशेष से सर्वथा मुक्त रखने की इच्छा व्यक्त की गई है। इसीलिए पूर्व के कई मुनि महात्माओं के साथ अन्तर्जातीय विवाह के कार्य सम्पन्न हुए थे। सुकन्या क्षत्रिया थी जबकि च्यवन ब्राह्मण थे। श्रीराम क्षत्रिय थे जबकि सीताजी ब्राह्मण जनक की कन्या थी। सम्राट अशोक की एक धर्मपत्नी विदिशा की थी, जो वहाँ के नगर सेठ की पुत्री थी। इसी के ही संतान महेन्द्र और संघमित्रा थे, जो श्रीलंका में बौद्ध धर्म के प्रचार–प्रसार हेतु भेजे गये थे। रावण की पत्नियों में सभी वर्णों का प्रतिनिधित्व था। मनु महाराज ने स्वयं ही अपने वर्ण की स्त्रियों के अतिरिक्त दूसरे वर्णों की स्त्रियाँ रखने का भी नियम बनाया है।[133]

तात्पर्य यह कि पूर्व में भी आमतौर पर यह धारणा बलवती हो रही थी कि नारी, जाति विहीना होती है। वह जिस भी जाति के साथ संयुक्त होती है, उसी जाति वाली कही जाती है। यही पूर्व परम्परा है। लेकिन कालान्तर में यह धारणा बदल गई और जातिवाद शुरू हो गया। आज समय की मांग यही है कि पूर्व की तरह ही नारी को जातिविहीन करार दिया जाये और उन्हें कानूनी मान्यता प्रदान की जाये। उनके किसी भी कागजात या सर्टीफिकेट वगैरह में जाति का उल्लेख कदापि न किया जाये। ऐसा अगर नियम–कानून हर समाज व धर्म स्वीकार कर ले तो अवश्य ही, यह नारी जागृति की दिशा में पहला कदम होगा....।

भारतीय महिला जगत अत्यन्त विस्तृत है। उनमें बाला से लेकर वृद्धा तक सभी आती है। इसमें गांव या नगर में भी किसी तरह का कोई परहेज नहीं है। ये लोग अगर अपने अधिकार व समाज की बुराइयों को समझ लें, तो वे अपने उद्धार की दिशा में अग्रसर हो सकती है। पुरूष प्रधान समाज से स्वयं की मुक्ति के लिए उन्हें उसी प्रकार संघर्षरत् रहना होगा, जिस प्रकार पंछी पिंजड़े से बाहर निकलने के लिए प्रयासरत् रहता है और अंततः उसे एक दिन सफलता मिलती ही है। फिर चाहे जान पर ही क्यों न खेला जाये...। यह ठीक ही है कि पिता, पति, भाई, जीजा, ताऊ आदि को उनके रिश्ते अनुसार माना जाये। लेकिन इसका यह भी मतलब नहीं कि इनके पीछे स्वाभिमान की ही बलि चढ़ा दी जाये। आज की ही बात नहीं, पूर्वकालीन समाज में भी स्वाभिमान प्रिय नारियाँ रहा करती थी। जो अपने स्वाभिमान व आत्मसम्मान की रक्षा हर तरह से किया करती थी, फिर चाहे सम्मुख उसका पिता या पति ही क्यों न आ जाए...। रामायण काल में कैकेयी ने दशरथ

को भी नजरअंदाज कर दिया और हर हालत में अपने मन की इच्छा पूरी की। चाहे उसे समाज, धर्म व परिवार कुछ भी कहे। महाभारतकाल में द्रौपदी ने अपने अपमान का बदला हर हालत में लेकर ही रही थी। चाहे इसके लिए उसे कुछ भी क्यों न करना पड़ा...। उसने जब तक अपने अपराधी कीचक को नहीं मरवा दिया, तब तक अन्न जल भी ग्रहण नहीं किया। दुःशासन के रक्त से जब तक अपने केश नहीं धोये, तब तक उसने जूड़े ही नहीं बांधे और न ही उसे कभी सजाया संवारा...।

इसी तरह ही पुराण काल में सती जी भी अपने पिता द्वारा अपना अपमान सहन नहीं कर सकी और उसे कठोर वचन कहते हुये अत्यन्त क्रोधवश आत्मदाह की ली। सावित्री ने जिस पुरूष को पति रूप में ग्रहण किया था उसे वह अपने पिता–माता व समस्त परिवार के समझाने के बावजूद स्वयं के निर्णय पर अडिग रही और किसी के भी आगे किसी भांति भी नहीं झुकी। बाणासुर की पुत्री ऊषा ने अपने पसन्द के पुरूष का इस तरह से अपहरण करवा लिया कि किसी को भी पता नहीं चल सका। उसने उसे अपने भवन में रख लिया तथा बाद में उससे विवाह भी कर लिया। वह अपने पिता की धमकियों व अत्याचार के आगे किसी भांति भी नहीं झुकी। और जो भी इच्छा में आया, उसे करके दिखा दिया। भीष्मक पुत्री रूक्मिणी भी अपने पिता व भाई के सारे दांव–पेंचों को असफल करके अपने पसन्द के युवक के साथ घर से ही निकल भागी और फिर उसने निर्भयतापूर्वक विवाह कर लिया। गंगा जी ने अपने पति शांतनु से वचन लेकर ही उससे विवाह किया था कि वह उसके किसी भी कार्य में हस्तक्षेप नहीं कर सकेगा...। लेकिन एक दिन जब वह अपने वायदे के खिलाफ शांतनु ने उसके कार्य में हस्तक्षेप किया तो वह स्वाभिमानी नारी अपने उस पति के पास एक क्षण भी नहीं ठहर सकी, और तुरन्त ही वहाँ से अपना नाता तोड़ लिया...।

गौतम बुद्ध की महारानी विश्व सुंदरी यशोधरा भी सबके लाख समझाने के बावजूद भी बुद्ध के दर्शन को नहीं गई क्योंकि बुद्ध ने बिना किसी अपराध के उसका परित्याग किया था। अंत में स्वयं बुद्ध को झुकना पड़ा और वे स्वयं दर्शन देने के निमित्त यशोधरा के दरवाजे पर गये। तब कहीं यशोधरा ने उसका दर्शन किया और किसी प्रकार भी अपने स्वाभिमान को आहत नहीं होने दी। उसने बड़े धैर्य व शांति के साथ अपने आत्मसम्मान की रक्षा की। भगवान बुद्ध की परमभक्ता सुजाता, विशाखा, अम्बपाली, रानी मल्लिका, रानी क्षेमा आदि ने भी कभी स्वयं के नारी प्रतिनिधित्व को ठेस नहीं पहुंचायी, अपितु अपने कार्य से नारी जगत का विश्व में सम्मान बढ़ाया।

इसी प्रकार और ऐसे अनेक उदाहरण है कि जिनसे यह साबित होता है कि पूर्वकालीन नारियाँ, आज की नारियों की तुलना में अत्यधिक उच्च विचारवाली व समाज के बन्धनों को उखाड़ फेंकने वाली थी। वे सिर्फ प्रेम के बन्धनो में ही बंधी रहती थी।

लेकिन जहाँ भी उनके स्वाभिमान के खिलाफ कोई घटना घटी, कि वे स्वयं को या तो इस घटना से पृथक कर लेती थी या फिर उस घटना के कर्त्ता को अच्छा सबक सिखला देती थी...। फिर चाहे सम्मुखीय व्यक्ति कोई भी हो...। जैसे आल्हखण्ड में सती साध्वी बेला ने अपने सगे भाई को अपनी राह में कांटा देखकर बेहिचक मौत के घाट उतार दिया था। शिवपुराण में श्री पार्वती जी ने अपने पुत्र गणेश की खातिर अपने पति शिवजी के खिलाफ ही युद्ध छेड़ दी थी। महाभारत में सुभद्रा ने अपने भाइयों के खिलाफ युद्ध के लिए अर्जुन को प्रेरणा देकर स्वयं ही घोड़ों की बागडोर संभाली थी...।

आधुनिक महिला जगत भी अगर स्वविवेक के निर्णय पर चाहे तो समाज, परिवार व राष्ट्र को अपनी विचारधारा से संयुक्त करके नियंत्रित कर सकती है। जिस तरह वह परिवार की प्रमुख धुरी है, उसी प्रकार ही वह समाज व राष्ट्र की प्रमुख कर्णधार भी है....। हालांकि पुरूष प्रधान समाज इस सत्य को किसी भी प्रकार स्वीकार करने को तैयार नहीं है। नारी जगत चाहे तो वह पुरूषप्रधान समाज को यह सोचने पर विवश कर देगी कि अगर नारी ही न हो, तो क्या हो...? अगर महिला जगत अपने स्थान पर अड़ जाय, तो उन्हें वहाँ से कोई हिला 'डुला नहीं सकता। वह चाहे तो समाज व परिवार के सारे नियम–कायदों को स्वयं ही बना सकती है और खुद ही उन्हें मिटा भी सकती है। लेकिन जरूरत है कि उन्हें अपने वास्तविक स्वरूप को समझने, जानने व स्वीकारने की....। असल में वे अपने स्वरूप को ही नहीं जान पायी है। जिस दिन वे अपने स्वरूप को जान लेगी, उसी दिन से नयी सुबह की शुरूआत होगी। नारी सिर्फ साज–श्रृंगार की वस्तु ही नहीं, अपितु वह परिवार, समाज व राष्ट्र की मूल हेतु है। उनके बिना परिवार, समाज व राष्ट्र सब कल्पना की वस्तुएँ मात्र होकर रह जायेगी...। इसलिए उन्हें अपने स्वरूप को अवश्य ही पहचानने चाहिए–

(1) वह पृथ्वी का मूल रूप है। अतएव वह ही समस्त संसार की उत्पत्ति के प्रमुख कारण है।
(2) वह विराट् पुरूष के बांयी भाग से प्रकट हुई है, जबकि पुरूष दांयी भाग से...। इसलिए वह पुरूष के समान सारा अधिकार रखती है।
(3) वह किसी की दासी नहीं, अपितु वह सिर्फ माता, बहिन, पत्नी और पुत्री ही है।
(4) वह वात्सल्यमयी माता, स्नेहशीला बहिन, प्रेम की मूर्ति पत्नी, और लाडली पुत्री है। जिसकी समता विश्व के किसी भी कीमती वस्तु से नहीं की जा सकती।
(5) उनकी कोई जाति नहीं होती। अपितु वह निर्मल जल की तरह है, जो गुणवान या गुणहीन पति के संसर्ग से उसी की भांति हो जाती है। जिस प्रकार धर्मों में बौद्ध धर्म जाति विहीन धर्म है, उसी भांति ही मनुष्यों में नारी, जाति विहीना है।

(6) वह सदैव ही पवित्र, निच्छल व पूजा की पात्रा है। वह कलंक से रहित, पाप से रहित व स्वर्गिक सुखों की खान है। माता के रूप में वह ईश्वर है तथा पत्नी के रूप में वही जीवन की सुखदायिनी महाऔषधि है...।

(7) जिस तरह पुरूष अपने पिता के गोत्र को धारण करता है, उसी प्रकार ही समान अधिकार के तहत् वह भी अपने पिता के ही गोत्र धारण कर सकती है न कि पति के गोत्र को...। पति की तरह वह भी समयानुसार उस पर हुक्मनामा जारी कर सकती है और उल्लंघन की स्थिति में वह पति को वही दण्ड दे सकती है, जिस प्रकार पति उसे दिया करता है...।

(8) वह समान व्यवहार के तहत् तभी पति को सिर झुका सकती है, जबकि पति भी अवसर विशेष के तहत् उसे भी सिर झुकाते हो...।

(9) वह प्रेमपूर्ण व्यवहार के मद्देनजर पति की अनुगामिनी तो हो सकती है, बशर्ते कि पति भी ऐसा ही करते हो...। वह प्रेम के नाम पर सौदेबाजी से स्वयं को बचाकर रखेगी तो क्या हो?

(10) नारी, अपने पति व उसके परिवार की प्रताड़ना को किसी भांति भी सहन करने योग्य नहीं है, बशर्ते कि वह निर्दोष हो। निर्दोषता की स्थिति में वह पति तथा उसके परिवार से जवाब–तलब करने व प्रतिकार करने में पूर्ण सक्षम है...।

(11) शब्द, रूप, रस, गंध और स्पर्श तथा कामसुख, संतानसुख, ऐश्वर्य सुख, आदि की अभिलाषा एक उसी की नहीं है, बल्कि इस कार्य में पति भी समान रूप से भागीदार है...। अतएव वह किसी भी सुख के नाम पर पति से झुककर न रहे, और न ही अपने आत्मसम्मान व गौरव को किसी भांति ठेस पहुंचने दे।

(12) उत्पन्न सन्तान की देख–रेख, सुरक्षा व शिक्षा–दीक्षा आदि की जवाबदेही अकेली उसी की नहीं, अपितु उसके पति का भी है।

(13) उत्पन्न सन्तानों में कन्या अपनी माता का गोत्र बेहिचक लिख सकती है, और पुत्र अपने पिता का...। या फिर पुत्र माता की और पुत्री, पिता के गोत्र को लिख सकते है।

(14) अगर पुरूष बारात लेकर उसके दरवाजे पर जा सकता है, तो नारी भी, समान अधिकार के तहत् पुरूष के दरवाजे पर बारात ले जाने का हक रखती है...। इसी तरह पुरूष अगर लड़की देखने–परखने जाता है, तो वह नारी भी बेहिचक अपने लिए लड़का देखने व परखने जा सकती है। जिस प्रकार विख्यात भारतीय नारी सावित्री गयी थी।

(15) पुरूष जाति, बिना रीढ़ की हड्डी के होने पर भी दहेज लेने के नाम पर सौदेबाजी के लिए तुला रहता है और नारी रूप व गुण की कोई कीमत नहीं समझता। वह चाहे कितने ही मूर्ख व गंवार क्यों न हो। लेकिन वे रूपवती व गुणवती नारी की कोई

कद्र ही नहीं करता, अगर नारी दहेज लेकर न आई हो। लेकिन यह एक तथ्य है कि अगर नारी अड़ जाय तो पुरूष को ही उन्हें दहेज देने पड़ जायेंगे। लेकिन नारी सरलता से फायदा उठाकर पुरूष उन्हें हर दृष्टि से कमजोर समझकर जो चाहता है, उससे करवाता है। इसलिए नारी को भी चाहिए कि वह भी बिना दहेज लिए पुरूष से विवाह करने के लिए इंकार कर दे। आखिर पुरूष जाति कब तक अकड़ा रह सकता है...। एक न एक दिन तो वह झुकेगा ही...।

(16) नारी, विवाहिता होने का चिन्ह अकेली ही ढोती फिरती है और पुरूष को इससे कोई भी फर्क नहीं पड़ता। किसी पुरूष को देखकर यह मालूम ही नहीं पड़ता कि वह विवाहित है या अविवाहित। इसी कारणवश कई नारियाँ धोखे से पुरूषों के सब्जबाग के जाल में जा फंसती है और असलियत मालूम होने पर जीवनभर पछताती रहती है। इसलिए नारी समाज चाहे तो पुरूष समाज को इस बात के लिए मजबूर कर सकती है कि वह भी समान अधिकार के परिप्रेक्ष्य में विवाहित चिन्ह धारण करे। इन चिन्हों के निर्धारण के लिए नारी समाज ही उसी प्रकार सर्वेसर्वा होगी, जिस प्रकार नारी को विवाहिता चिन्ह धारण करवाने में पुरूष समाज हरदम आगे रहता है और चिन्ह न धारण करने वाली नारी को दण्डित करता है...। नारी समाज जो भी चिन्ह उन्हें दे दे, पुरूष जाति को धारण करना ही पड़ेगा। अगर नारी धर्म की जंजीर में बंधी है, तो फिर पुरूष ही क्यों स्वतंत्र रूप से विस्तृत रहे..।

(17) विवाहित और विधुरता का चिन्ह पुरूष जाति के लिए भी अनिवार्य कर दिया जाय कि वह भी उन चिन्हों को धारित करे। जिस प्रकार विवाहिताएँ और विधवाएँ धारण किया करती है। जब पुरूष प्रधान समाज विधवा को अशुभ मानकर हर तरह के शुभ कार्यों में उनसे परहेज करता है तब फिर नारी समाज भी आखिर कब तक विधुर को शुभ समझकर उसमें अपना दाम्पत्य जीवन जोड़ती रहेगी और हर शुभ कार्यों में उन्हें ही अगुवा बनाती रहेगी....।

(18) अपराध– (व्यभिचार, चोरी आदि) पर दण्ड सभी को मिले। अगर नारी अपराध करती है, तो पुरूष उसे दण्ड दे, और अगर पुरूष अपराध करे तो नारी भी उसे वैसा ही दण्ड देने का अधिकार रखती है, जैसा कि उसने स्वयं भोगा था।

(19) धन–सम्पत्ति व जमीन जायदाद में वह पुरूष के समान ही बराबर की अधिकारिणी है। अगर उसे उसके अधिकार से वंचित किया जाता है, तो वह उसे चुपचाप सहन न करे क्योंकि सहनशीलता का परिचय हर स्थान पर देना उचित नहीं है.....। बल्कि वह जैसे भी हो, अपने अधिकार को प्राप्त करे, चाहे इसके लिए उसे कुछ भी क्यों न करना पड़े..।

(20) पिता के सम्पत्ति में भाई के बराबर ही, उसे भी धन सम्पति का पूरा हक मिलना चाहिए। वह अपने पिता व भाई से मान सम्मान की आशा नहीं कर सकती क्योंकि जब तक वह स्वयं उनका सत्कार नहीं करेंगी, तब तक उसे भी न तो उसके पिता ही सम्मान देंगे और न भाई बन्धु ही.....। शिवपुराण की सती, महाभारत की अम्बा, आल्हखण्ड की बेला आदि की स्थितियाँ सम्पूर्ण भारतीय समाज को स्मरणीय है। आज भी ऐसी ही घटनाएँ यदा–कदा होती ही रहती है।

(21) नौकरी, व्यवसाय, ठेकेदारी, वकीली आदि सिर्फ पुरूष ही कर सकते है, ऐसी बांते भूलकर भी मन में नहीं रखनी चाहिए। अपितु नारी भी हर कुछ कर सकने में पूर्ण सक्षम है। बल्कि जो कार्य पुरूष जाति नहीं कर सकते, उसे अकेली ही नारी कर सकती है।

(22) गृहकार्य, अकेले नारी का ही कार्य नहीं है, अपितु पुरूष को भी इसमें हाथ बंटाने के लिए तत्पर रहना चाहिए। गृह कार्य में किसी को भी लज्जा या संकोच की गुंजाइस नहीं होनी चाहिए। ऐसी बातों का निर्देश स्वयं गृहस्वामिनी दे और उसके परिपालन के लिए वह खुद उन पर दृष्टि रखे, जिस प्रकार पुरूष उस पर रखा करता है....।

(23) लेन–देन के कार्य को नारी की अपेक्षा पुरूष कम ही जानता है, इसलिए पुरूष को किसी भी प्रकार के सौदेबाजी के कार्य से पृथक रखने चाहिए।

(24) अतिथि सत्कार व मेहमान आदि के स्वागत सत्कार में पुरूषों को भी समान रूप से सम्मिलित होने के लिए नारी निर्देश जारी करे। गृहसज्जा, बागवानी आदि कार्य नारी पुरूष दोनों मिलकर कर सकते है ताकि किसी के भी ऊपर बोझ न रहे। व्यस्तता की स्थिति में नारी, पुरूष को कार्य की पूर्णता के लिए निर्देशित कर सकती है।

(25) ससुराल जाने की परम्परा सिर्फ नारी तक ही सीमित नहीं रखनी चाहिए। बल्कि नारी समाज को चाहिए कि किसी भी प्रकार से पुरूष समाज पर दबाव डाले कि पुरूष जाति भी ससुराल जावे और अपनी पत्नीगृह में रहकर कार्य करे। यदि पुरूष धनवान है तो नारी उसके घर जाये और यदि नारी धनवान पिता की पुत्री है, तो पुरूष को भी उसके गृह पर रहकर सारे कार्य उसी प्रकार करना चाहिए, जिस प्रकार वधुएँ निःसंकोच किया करती है। ससुराल जाने वाले पुरूष भी दहेज लेकर जाये, नियम कायदे से रहे और ससुराल में हर किसी की आज्ञा का पालन करे।

(26) यदि पुरूष, नारी की बढ़ती सामाजिक, प्रादेशिक व राष्ट्रीय स्तर की मान प्रतिष्ठा को सहन नहीं कर सकता है, तो नारी भी अत्यन्त दृढता से स्थिर रहकर उसके साथ ऐसा कोई भी समझौता न करे, जो उसके यशः प्राप्ति के मार्ग में बाधक हो। बल्कि अगर पुरूष उसकी कोई परवाह नहीं करता है, तो उन्हें भी बिना उसकी कोई परवाह

किये स्वयं को मंजिल की अंतिम सीढ़ी तक ले जाने का नित्य निरन्तर प्रयास करते रहना चाहिए।

(27) यदि पुरूष, अपने निरर्थक अहं के चलते नारी की नौकरीपेशा को पसन्द नहीं करता है और इसी कारण से वह रोजाना कलह किया करता है तथा नौकरी छुड़वाने के लिए रोजाना तरह–तरह के हथकण्डे अपनाते हुए तलाक की धमकियाँ देता है। तब नारी सिर्फ हताशा भरी मानसिकता में उस नौकरी को न छोड़े, बल्कि अगर उस पुरूष का ही अहं बहुंत ज्यादा है, तो नारी को उसका निःसंकोच परित्याग ही कर देना चाहिए न कि अपने पिता, भाई आदि के लगाये नौकरी का.....।

(28) यदि पति शंकालु और ईर्ष्यालु किश्म का है। व्यवहार शील व मिलनसार नहीं है। शराबी है, मारता पीटता है या शारीरिक व मानसिक रूप से सदैव प्रताड़ित किया करता है। तब नारी को चाहिए वह ऐसे दुष्ट प्रवृत्ति के पुरूष का बेझिझक परित्याग कर दे। फिर परिणाम चाहे जो हो....। जिस प्रकार पुरूष जाति, नारी त्यागन के समय कोई परिणाम की किसी भी प्रकार से चिन्ता नहीं किया करता है।

(29) यदि पुरूष नपुंसक, अंधा, लंगड़ा, बहरा, रोगी, कोढ़ी, शंकालु, ईर्ष्यालु, परस्त्रीगामी, वेश्यागामी, पागल, खूनी, लूला आदि है, तो भी ऐसे पति का तुरन्त ही परित्याग कर देना चाहिए क्योंकि पुरूष जाति जब सुंदर स्त्री का भी अकारण ही परित्याग कर सकता है, तब नारी यदि बदसूरत और अपराधी पति का त्याग कर दे तो कौन सी हानि हो सकती है? या किस धर्म कानून का उल्लंघन हो सकता है...?

(30) यदि पुरूष, दूसरी स्त्री रख लेता है, तो ऐसी स्थिति में भी वह उस पुरूष के धन सम्पत्ति की बराबर की अधिकारिणी है क्योंकि उसने स्वयं ही पहले परित्याग का रास्ता अख्तियार नहीं किया था। लेकिन यदि स्त्री, स्वयं की इच्छानुसार अपने पति का परित्याग कर देती है, तो उसका पति उस पर किसी भी प्रकार का दावा नहीं कर सकता क्योंकि कि पुरूष जाति, पत्नीव्रती नहीं होते और वह स्त्री भी बिना कारण उसका परित्याग नहीं कर सकती....।

(31) सारी बुराइयों से संयुक्त पुरूष को कभी भी यह अधिकार नहीं देना चाहिए कि वह नारी के पास फटक भी सके। अगर पुरुष लाख समझाने के बावजूद भी नारी की किसी समझाइश पर ध्यान नहीं करता और नित्य–निरन्तर अपनी पत्नी की इच्छाओं को अनदेखा किया करता है। तब नारी भी स्वयं को किसी भी प्रकार न झुकाए, बल्कि वह अपने आत्म प्रभाव (सम्मान) की रक्षा के लिए उसे दुत्कार दे या उससे सदैव के लिए ही पीछा छुड़ा ले।

(32) मनु महाराज ने पुरूष जाति के हित में यह नियम बनाया है कि पुरूष, अपने साथ द्वेष रखने वाली स्त्री को एक वर्ष तक (उसके द्वेष त्याग सुधार हेतु) प्रतीक्षा

करे, इसके बाद उसके लिए दिये गये भूषणादि को उससे लेकर उसके साथ सहवास (संभोगादि) करने का त्याग कर दे।[134] समान अधिकार के तहत् नारी भी, यदि पुरूष उसके साथ ईर्ष्यावश बैर रखता है और किसी भांति भी नहीं सुधरता है, तो अपने अधिकार का इस्तेमाल करती हुई, किसी भी धर्म को बन्धन न समझकर अतिशीघ्र ही उससे संभोग और अन्य प्रिय कर्मों का त्यागन कर दे, जो पुरूष जाति के लिए सुखकर होते है। पुरूष जाति आमतौर पर रति सुखप्रेमी होते है। इसलिए नारी जाति के लिए यह एक अच्छा साधन है कि वह इसका बेहिचक इस्तेमाल करके पुरूष को अपने चरणों में नाक रगड़ने के लिए नित्य–निरन्तर मजबूर करती रहें....।

(33) पुरूष जाति के हितैषी मनु महाराज का यह निर्देश निश्चित रूप से पुरूष जाति के उत्थान में पूर्ण रूप से सहायक है कि– ''जो स्त्री प्रमादयुक्त, मतवाले तथा रोग से पीड़ित पति की उपेक्षा करे, पति उसका भूषणादि लेकर तीन माह तक (उससे संभोगादि कर्म का) त्यागन कर दे।[135] एवं संतानहीन स्त्री की आठवें वर्ष में, मृतसंतान पैदा करने वाली स्त्री की दसवें वर्ष में, कन्या को ही उत्पादन करने वाली स्त्री की ग्यारहवें वर्ष में और अप्रिय वादिनी स्त्री की तत्काल उपेक्षा करके उसके जीवित रहने पर भी पति दूसरा विवाह कर ले।[136] उन्हीं नियमों को ध्यान में रखकर नारी भी ऐसे पति को त्यागने के लिए पूर्ण रूपेण स्वतंत्र है, जो अपनी पत्नी के प्रमादपन, मतवालीपन व रोगग्रस्त स्थिति में उसकी उपेक्षा करते हो। इसी प्रकार ही नपुंसक पुरूष की एक माह में, कमजोर वीर्य से युक्त पुरूष की पांच वर्ष में, रोगी व अपाहिज बच्चे को जन्म दिलाने वाले पुरूष की दस वर्ष में और अत्यन्त कठोरता युक्त बर्ताव करने वाले निर्भय व नृशंष पुरूष का तुरन्त ही परित्यागकर नारी उसके जीवित रहने पर भी उसके ही नजरों के सामने अपने पसन्द के किसी भी पुरूष से विवाह कर ले या दीर्घकाल अथवा अल्पकाल, जैसे भी समय निर्धारित करके पुरूष का परित्याग करके, किसी भी सुंदर पुरूष के साथ संयुक्त हो जाने के लिए पूर्णरूपेण स्वतंत्र हो सकती है। या अगर पति, अपनी स्त्री का भक्त है और वह हर तरह से अपनी पत्नी की इच्छा का सदैव सम्मान किया करता है। तब नारी अपने विवेक का इस्तेमाल करते हुए अपने पति के प्रति अत्यन्त कठोर कदम न उठाये। बल्कि यदि पुरूष नपुंसक, रोगी, कोढ़ी, पागल, या संतान सुख दे पाने में पूर्ण–रूपेण किसी कारणवश अक्षम है, तो वह अत्यन्त धैर्य व सावधानी के साथ पहले पति को अपने विश्वास में ले और अपने मन की तीव्र अभिलाषा (संतानसुख या रति सुख) उसके सम्मुख प्रकट कर दे। यदि पुरूष, उस पर दया करके उसे अपनी इच्छा पूरी करने के लिए आदेश दे दे, तब वह निःसंकोच उससे इस बात की भी याचना करे कि वह स्वयं ही उसके लिए किसी ऐसे नवयुवक को अपने सम्मुख ही, घर पर आमंत्रित करे, जो अविवाहित,

रूपवान, गुणवान, धर्मशील तथा किसी भी बात को सदैव गुप्त रखता हो। जब पति, ऐसे मनभावन किसी कुंवारे नवयुवक को घर पर आमंत्रित करता है, तो वह पति से कहकर, एक संतान के हिसाब से उसे पूर्व ही शुल्क दिलवा दे ताकि उत्पन्न संतान पर उसके पति का ही पूर्ण अधिकार हो सके। तदन्तर वह अपने पति की निगरानी में ही उस आकर्षक व्यक्तित्व के धनी नवयुवक से आंगन में सेज बिछाकर संभोग करे (एकांत में इसलिए नहीं कि वह नवयुवक उस पर पूर्णरूपेण हावी हो सकता है, और आंगन में पति के सम्मुख संभोग करने से वह नवयुवक किसी भी प्रकार के अनाधिकृत हरकतों से बाज आयेगा। इन्हीं प्रक्रियाओं से वह इच्छानुसार संतानें प्राप्त कर सकती है। लेकिन शर्त यह भी होगी कि संतान उत्पत्ति के बाद उसे प्रत्येक बार अविवाहित नवयुवक बदलने पड़ेंगे। यदि वह अविवाहित नवयुवक रतिकर्म से पूर्ण रूपेण अनभिज्ञ है तो वह अपने निर्देशन में कम से कम पांच संतानों की प्राप्ति तक इससे रतिकर्म करती रह सकती है। लेकिन यदि पति रोगी, कोढ़ी, पागल, नपुंसक, या संतान उत्पन्न करने में पूर्ण रूपेण अक्षम होकर भी अपनी पत्नी की याचना को कठोरता से दबा देता है। तब वह फिर शांत व धर्म चित्त से पति से तो दिखावटी रतिकर्म करे और गुप्त रूप से ऐसे अविवाहित नवयुवक से सीधे या किसी माध्यम से सम्पर्क करे, जो हर बात को गोपनीय रखता हो, तथा जो अक्सर घर पर आता–जाता रहता हो। अगर वह अविवाहित नवयुवक पति के खास मित्र, भाई के मित्र, सखी के भाई, देवर, देवरानी के भाई, भाभी के भाई, स्वयं के पूर्व प्रेमी आदि हो तो और भी अच्छा है। लेकिन संभोगकर्म के पूर्व उसे हर प्रकार की शर्तों से बांध दे, ताकि वह नवयुवक सीमा पार करने की जरा भी कोशिश न करे....। कोई भी भारतीय नारी, इस प्रकार के निर्णय करने में तो स्वतंत्र है, लेकिन कार्य को अंजाम देने के लिए पूर्व निर्धारित योजनाएं होने चाहिए और उन योजनाओं का पूर्व रूपेण पालन भी हो. ..। तभी वह अपने ऐसे कार्य में सफलता अर्जित कर सकती है और अपने पति के भी विश्वास में बनी रह सकती है...। अतएव कोई भी निर्णय, परिणाम को ध्यान में रखकर ही करना श्रेयस्कर है.....। क्योंकि हर कार्य के परिणाम अंतिम, परिणति के रूप में प्राप्त होते ही है.....।

इस प्रकार नारी की जागरूकता व सम्पूर्ण महिला जगत से यह उम्मीदे की जा सकती है कि वे स्वयं के स्वरूप को भलीभांति पहचानकर, स्वयं के हित को सर्वोपरि मानकर अपना ख्याल रखेगी और वही कुछ करेंगी, जिनसे समाज, परिवार व राष्ट्र में उनकी साख व मान–प्रतिष्ठा में वृद्धि हो सके। नारी समाज को इस बात पर विशेष ध्यान रखना होगा कि उन्हें अपने लक्ष्य की प्राप्ति के लिए एक जुट होकर संघर्ष करना पड़ेगा

और उस पृथ्वी पर जहाँ–जहाँ भी पितृसत्तामक समाज है, वहाँ–वहाँ पुरजोर कोशिश के चलते मातृसत्तामक समाज की स्थापना करनी होगी। तभी नारी जाति अपने उत्थान व स्वतंत्रता की दिशा में अग्रसर हो सकती है और नित्य–निरन्तर उनका पुनरूत्थान व विकास की प्रक्रिया आरम्भ हो सकती है। जो उन्हें चरम सीमा तक पहुंचा सकती है। हमारी यह सुदृढ़ आकांक्षाएँ है कि उपर्युक्त जो भी आशाएँ महिला जगत से की गई है, उसके विषय में वे भी स्वयं गौर करेगी और जिसमें उनका सर्वोपरि हित सम्भव हो सके। उसी मार्ग की ओर वे सुदृढ़तापूर्वक पग बढ़ायेगी....। भले ही शुरूआती दौर में उनका मार्ग कंटक और अतिसंघर्ष पूर्ण हो...। उन्हें अपने जीवन को ही संघर्ष मानकर हर परिस्थितियों का डटकर मुकाबला करना है और निःसंकोच व निर्भीक होकर अपने राह पर बढ़ते जाना है। आखिर नारी जाति की पराधीनता की जंजीरे क्या कभी भी टूट नहीं सकेंगी? आशा, उत्साह, धैर्य व सुदृढ़तापूर्वक सजगता से दुनियाँ में सभी कुछ सम्भव हो सकता है....। गौतमबुद्ध, ध्रुव, चन्द्रगुप्त मौर्य, सम्राट अशोक, महात्मा गांधी, डॉ. आम्बेडकर, महाराणा प्रताप, शिवाजी, सरदार पटेल, इंदिरा गांधी, महेन्द्र और संघमित्रा, यशोधरा, दुर्गावती, लक्ष्मीबाई, अवंतीबाई आदि इसके सशक्त उदाहरण है...।

संदर्भ ग्रंथ -

1. "वशिष्ठ, 17/15
2. "न हि ग्रभायारणः सुशेवोऽन्योदर्यो मनसा मन्तवा उ।"– ऋग्वेद, 7/4/8
3. "अभ्रातेव पुंस एति प्रतीचो गर्तारूगिव सनमेधना नाम्।"– वही, 1/124/7
4. थेरीगाथा, सं. 327
5. "पुत्राभावे यः प्रत्यासन्नः सपिण्डः। तदभावे आचार्यः। आचार्यभावे अन्तेवासी ह्त्वा धर्मकृत्येषु योजयेत। दुहिता वा।"– आपस्तम्ब, 2/14/2–4
6. वशिष्ठ, 15/7, गौतम, 28/21, मनु., 9/185
7. "यथैवात्मा तथा पुत्रः पुत्रेण दुहिता समा। तस्यामात्मनि तिष्ठन्त्यो कथमन्या धनं हरेत्।।"– महाभारत, 13/80/11
8. "अभातृका समग्राह्रा चार्धा र्हेत्यपरे बिदुः।"– महाभारत, 3/88/22
9. "द्रव्यम् पुत्रस्य सौंदर्या भ्रातरः सहजीविनो वा हरेयुः कन्याश्च।"– अर्थशास्त्र, 3/5
10. याज्ञवल्क्य., 2/135
11. "पुत्राभावे तु दुहिता तुल्य संतान कारणात्।"– वृहस्पति, 15/35, नारद., 13/50
12. "पत्यी पत्युर्धनहरी या स्याद् व्यभिचारिणी। तद्भावे तु दुहिता यद्यनूढ़ा भक्तेदा।"– कात्यायन, याज्ञवल्क्य., 2/135–136
13. ग्यारहवीं सदी का भारत, पृ. 155
14. "अमाजूरिव पित्रोः सचा सती समानादा सदसस्त्वामिये भगम्। कृधि प्रकेतमुप भास्या भर दद्वि भागं तन्वा यैन भामहः।"– ऋग्वेद, 2/17/7
15. "यदि संस्कार पर्याप्त मपि पितृधनं नास्ति तदा पुत्रसमभागि तैव दुहितृणाम्।।"– वीरमित्रोदय, पृ. 542
16. "अविधमाने पित्रर्थे स्वांशा दुद्धृत्य वा पुनः। अवश्य कार्याः संस्कारा भातृभिः पूर्व संस्कृतैः।।"– नारद., 13/34

17. तस्मात्संस्कारो पयुक्तद्रव्यस्यैव दानं मात्रं विवक्षितम्।।''– वीर मित्रोदय, पृ. 542 मनु, 9/118
18. ''पौत्र दौहित्र योलोके न विशेषोऽस्ति धर्मतः। तयोहिं माता पितरौ संभूतौ तस्य देहतः।।''– मनु., 9/139
19. तैत्तिरीय संहिता, 6/2/1/1, काठक संहिता, 28/4, मैत्रायणी संहिता, 3/7/9
20. शतपथ ब्राह्मण, 14/7/3/1–2, 14/5/4/1
21. मीमांसा सुत्त, 6/1/13–16
22. ''तस्मात्स्त्रियो निरिन्द्रिया अदायादी।''– तैत्तिरीय संहिता, 6/5/4/2, शपतथ ब्राह्मणम्, 4/4/2/13
23. ''पुत्राभावे यः प्रत्यासन्नः सपिण्डः। तदभावे आचार्यः। आचार्या भावेऽन्तेवासी हृत्वा धर्म कृत्येषु योजयेत्। दुहिता वा.....।''– आपस्तम्ब., 2/14/2–4
24. ''...... पिता हरेदपुत्रस्य रिक्थं भ्रातरं एव च।''– मनु., 9/185
25. वही, 9/187
26. ''अदायादकं राजा हरे रस्त्री वृत्तिप्रेतकर्त्य वर्जम्।''– अर्थशास्त्र, 3/5
27. गौतम धर्मसूत्रम
28. ''पत्नी दुहितरश्चैव पितरौ भ्रातरस्तथा। तत्सूता गोत्रजा बंधु शिष्य सब्रह्मचारिणः। एषाम भावे पूर्वस्य धनभागुत्तरोत्तरः। स्वर्णातस्य सपुत्रस्य सर्ववर्णेष्वयं विधिः।।''– विष्णु. 2/135–136
29. ''अन्यत्र ब्रह्मणात्किन्तु राजा धर्मपरायणः। तत्स्त्रीणां जीवनं दद्यादेष धर्म सनातनः।''– नारद, 13/52
30. ''अपुत्रा शयनं भर्तुः पालयन्ती पतिव्रता। पत्न्येव दद्यात्तत्यिण्डं कृत्स्नमशं हरेत च।''– दायभाग, खण्ड 13, मिताक्षरा, याज्ञवल्क्य., 2/136
31. ''अध्यग्न्य ध्यावाहनिकं दत्तं च प्रीति कर्मणि। मातृ पितृ प्राप्तं षड्विधं स्त्रीधनं स्त्रीधनं स्मृतम्।''– मनु. 9/194
32. पितृ मातृ पति भ्रातृ दत्त मध्यान्यु पागतम्। आधिवेद निकायञ्च स्त्री धनं परिकीर्तितम्।''– मिताक्षरा, याज्ञवल्क्य, 2/143–44
33. अपरार्क, पृ. 751
34. मिताक्षरा, याज्ञवल्क्य., 2/143– ''आद्यशब्देन रिक्थक्रय संविभाग परिग्राहाधिगमप्राप्त मेतत्सस्त्री धनं मन्वादिनिरूक्तम्।।''
35. थेरीगाथा., 12
36. ''स्त्रीधनानि तु ये मोहादु पजीवन्ति मानवाः। नारी यानानि वस्त्रं वा ते पापायान्त्यद्योगतिम्।।''– मनु., 3/52
37. ''भर्ता प्रीतेन यद्दत्तं स्त्रियै तस्मिन्मृतेऽपित्त। सा यथाकाम मश्नीयद्या द्याद्वा स्थावरादृते।।''– नारद, व्यवहारमयूख में उद्धृत, पृ. 97
38. ''एवं च सौदायिक स्थावरेतर प्रीतिदत्ते च स्त्रीणां स्वातंत्र्य मन्यत्र तु स्त्रीधनेऽपि अस्वातंत्र्य मिति मन्तव्यम्।''– स्मृतिचन्द्रिका, पृ. 656
39. मिताक्षरा, याज्ञवल्क्य., 2/117
40. पराशर माधवीय, 3/552
41. ऋग्वेद, 1/140/9
42. वही, 7/34/11
43. रामायण, 3/60/13
44. महाभारत, 6/106/61
45. रामायण, 7/111/79
46. महाभारत, 4/66/13, 9/37/19
47. महाभारत, 1/52/1–2
48. रामायण, 6/73/20

49. महाभारत, 3/297/8
50. रामायण, 5/27/9–11
51. महाभारत, 1/221/19, रामायण, 3/60/13
52. चुल्लवग्ग, 5/11
53. महापरिनिब्बानसुत्त, 5/27, महावग्ग, 8/2
54. जातक, 3, पृ. 296, 557
55. चुल्लवग्ग, 5/29/2
56. मोतीचंद, प्राचीन भारतीय वेशभूषा, पृ. 38
57. मार्शल, 5, मानुमेंट्स अव सांची प्लेट, 33–36–38
58. रघुवंश, 16/43
59. कुमार सम्भवम्, 7/3
60. वही, 1/14
61. रघुवंश, 6/75/11/4
62. ''द्यौतंधवलनेत्र निर्मितेन निर्मोकल द्युतरेणाप्रणदीन कंचुकेन।''– हर्षचरित, पृ. 31
63. ''नैत्रेश्च निर्मोकनिभैः', अकठोर रम्भागर्भ कोमलैः, निःश्वास ह्यार्यैः, स्पर्शानुमेयैः, वासोभिः।''– वही, पृ.143
64. ग्रिफिथ्स, पेंटिंग्स इन दी बुद्धिस्ट केव टेम्पुल्स ऑव अजन्ता, पृ. 474
65. ग्यारहवीं सदी का भारत, पृ. 242
66. मानसोल्लस, 2/101
67. 'स्तनयो रूपरि वस्त्र ग्रंथिः और कंचुकः।''– देशीनाम माला, 2/93
68. ''जहणत्थवत्थमेस घग्घर मादरि सयम्मि घरयंदो। घणवाही इंडे धरघंटो चडए अ सऽलिआधारी।''– देशीनाम माला, 2/107
69. आर्क्योलॉजी ऑफ गुजरात, अ.4, पृ. 118
70. ''पीनकुचकुम्मदर्प त्रुटत्कंचुकाः।''– यशस्तिलक, पृ. 51, टीका
71. वरबाणं, कुंचुकम।''– यशस्तिलक, पृ. 51 टीका
''कंचुको वार बाणो स्त्री।''– अमरकोश, 2/8/64
72. ऋग्वेद, 8/783, 1/33/10
73. ''पत्सु खाद्यः।''– वही, 1/116/9, 5/54/4
74. ''वक्षः सु रक्मा।''– वही, 5/54/4
75. ऐतरेय ब्राह्मणम्, 8/22
76. अष्टाध्यायी, 4/3/62, 4/3/65, 4/2/96, 3/3/105
77. ''तप्त्र कांचन भूषणा।''– रामायणे, युद्धकाण्डे, 116/31
78. रामायण, 1/58/11, महाभारत, 13/48/32–33
79. मज्झिम निकाय, 3, पृ. 243, अंगुत्तर निकाय, 3, पृ. 16, चुल्लवग्ग, 5/2/1, जातक, 1, पृ. 134, 2, पृ. 122, 373, 3, पृ. 153
80. अंगुत्तर निकाय, 4, पृ. 199, 255–58, 262, जातक, 1 पृ. 351, 2, पृ. 6
81. ''स्वां च धात्रेयकीं तस्मै भूषयित्वा व्यसर्जयत्।''– वायु पुराण, 99/69, ब्रह्माण्ड पुराण, 3/74/71, मत्स्य पु., 48/65
82. नागानंद, 2/13, रत्नावली, 1/17
83. प्रियदर्शिका, 50

84. "खेदाय स्तनभार एव किमु ते मध्यस्थ द्वारा परस्ताभ्यत्युरू युगं नितम्बभरतः कांच्यानया किं पुनः। शक्तिः पादयुगस्य नोरू युगलं गेटुं कुतो नुपुरे। स्वां केरेव विभूषितासिं वहसि क्लेमाय किं मण्डनम्।।"– नागानंद, 3/6
85. ग्यारहवीं सदी का भारत, पृ. 244–45
86. मेघदूतम्, उत्तर मेघ, 22
87. कुमार सम्भवम्, 5/9, शाकुंतलम्, 1/19
88. तत्कालीन भारतीय संस्कृति, पृ. 166–67
89. "पुनि सोलह सिंगार जस, चारिहुं जोग कुलीन। दीरघ चारि, चारि लघु, चारि सुभर चहुं खीन।"– जायसी, पद्मावत, दोहा, 296
90. .नारी श्रृंगार, पृ. 17
91. "स्नाता नासाग्र जाग्रन्मणि रसित पटा सूत्रिणी बद्धवेणिः। सोत्तंसा चर्चितांगी कुसुमित चिकुरा स्त्रग्विणी पद्महस्ता।। ताम्बूलस्योरू बिन्दुस्तवकित चिबुका कज्जलाक्षी सुचित्रा। राधालवोज्जवलांध्रिः स्फूरित तिलकिनी षोऽशाकल्पिनीयम्।।"– उज्जवलनीलमणि, राधा प्रकरण, श्लोक 9
92. आईने अकबरी, अबुल फजल, भाग 2, पृ. 183–186
93. नारी श्रृंगार, पृ. 41
94. रसिक प्रिया, केशव, छन्द 43, भाग 1, पृ. 14
95. कविप्रिया, (लक्ष्मीनिधि चतुर्वेदी), 1952, पृ. 40
96. टीका प्रियप्रकाश, (लाला भगवानदीन), सं. 2021, पृ. 56
97. मध्यकालीन श्रृंगारिक प्रवृत्तियाँ, (परशुराम चतुर्वेदी) 1961
98. Indian Lingunistics- Bagachi, Vol-1, Page 11
99. A.S. Altekar, Position of women in Ancient india, 1956
100. "वक्रेतरा ग्रैरल कैस्त रूण्यश्चूर्णा रूणान्वरि लवान्वमन्ति।"– रघुवंश, 16/66
101. "चूडापाशे नवक्रारवकं चारू कर्णे शिरीषं। सीमन्तं च त्वदुपगमजं यत्र नीपं वधूनाम।"– मेघदूतम्, उत्तरमेध, 2
102. "अर्थङ्गुलिभ्यां हिरिताल मार्द्र माङ्गल्यमादाय मनः शिला च। कर्णाव सक्तामल दन्तपत्रं मातातदीयं मुख मुन्नमयम्।"– कुमारसम्भवम्, 7/23–24
103. "नतात् स्ववैश्वस्त्यमनाटतु मानता नृपस्त्रियो भीम महोत्सवा गताः। तदंङ्घ्रिलाक्ष मदधन्त मङ्गलं शिरः सुसिन्दूरमिव प्रियायुषे।"– नैषधचरित, 15/55
104. "प्रथमहिं मंजन होई सरीरू। पुनि पहरैः तन चंदन चीरू।। साजि मांग पुनि सेंदूर सारा। पुनि ललाट रूचि तिलक संवारा।।– जायसी, पद्मावत, दोहा. 296
105. नारी श्रृंगार (हर्षनंदिनी भाटिया), पृ. 96–97
106. Della Valle, Page, 45
107. G.S. Ghure- Indian costume, 1951
108. Desi Naam Mala, 1-155
109. Della Valle, p.p. 401
110. Charles L fabri- A History of Indian drees 1960, p.p. 8
111. डॉ.मोतीचन्द, प्राचीन भारतीय वेशभूषा, पृ. 125
112. देशीनाम माला, 2/107
113. चैतन्य मत और ब्रज साहित्य, पृ. 147
114. केशव ग्रंथावली, भाग–2, 385–86

115. डॉ. जगदीशचंद्र जैन– जैन आगम साहित्य में भारतीय समाज, पृ. 154 (सं.1966)
116. सुखमय भट्टाचार्य, महाभारत कालीन समाज, (1966ई.)
117. डॉ.वनमाला भुवालकर– महाभारत में नारी (सं.2021) पृ. 397
118. ''अर्थाङ्गुलिभ्यां हरिताल मार्द्र माङ्गल्यमादाय मनः शिला च।''– कुमारसम्भवम्, 7/23
119. ''आक्रान्ता तिलकक्रिया च तिलकैर्लग्न द्विरेकाज्जनैः।''– मालविकाग्निमित्र, 3/5
120. डॉ. वासुदेव शरण अग्रवाल– हर्षचरित का साँस्कृतिक अध्ययन, पृ. 61
121. अत्रिदेव विद्यालंकार– प्राचीन भारत के प्रसाधन, पृ. 74
122. डॉ. कोमलचन्द्र जैन– बौद्ध और जैन आगमों में नारी जीवन, 1967, पृ. 205
123. नारी श्रृंगार, पृ. 119, मालविकाग्निमित्र, 3/51, कुमारसम्भवम् 3/80, 3/33, 3/38
124. ''पक्व बिम्बा धरोष्ठी।''– मेघदूतम्, उत्तरमेध. 22
    ''बिम्बा फल धरोष्ठं।''– कुमारसम्भवम्, 5/67
125. ''रेखा विभक्तिः सुविभक्त गात्रयाः किञ्चत्यु युच्छिष्ट विभृष्ट रागः कामप्य भिख्यां स्फुरितैरपुष्य दासन्न लावण्य फलोधरोष्ठः।'' (कुमारसम्भवम्)
126. अत्रिदेव विद्यालंकार– प्राचीन भारत के प्रसाधन, पृ. 80–81–शिशुपालवधम्, 8/70, 16/30
127. मानसोल्लास, 3/40/959
128. वृन्द, श्रृंगार शिक्षा, पृ. 20
129. ''मदयन्तिका ''मेंदी'' इति लोके यस्याः पिस्टैः यत्रैः नखानां रागं स्त्रियाः उत्पादयन्ति। मदयन्ती, मेन्दिका, नखरंजनी, मदयन्तिका, नखादिराग रंजनी महदी। महन्द्री इति प्रसिद्धा।''– सुश्रुत संहिता, परशुराम कृष्ण गोड़े, भंडारकर इन्टीस्ट्यूट, पूना
130. सोमेश्वर, मानसोल्लास, 3/7
131. कुमारसम्भव, 7/19
132. ''याद्दग्गुने भर्त्रा स्त्री संयुज्येत यथा विधि। ताद्दग्गुणा सा भवति समुद्रेणेवा निम्नगा।''– मनु. 9/22
133. वही, 3/13
134. ''संवत्सरं प्रतीक्षेतं द्विषयन्ती योषितं पतिः। उर्ध्वः संवत्सरा त्वेना दायं हृत्वा न संवसेत्।''– मनु., 9/77
135. वही, 9/78
136. ''वन्ध्याष्टमेऽधिवेद्याब्दे दशमें तु मृतप्रजा। एकादशे स्त्री जननी सद्यस्त्व प्रियवादिनी।।''– वही, 9/81

अध्याय – षष्ठ

भारतीय नौकरी पेशा महिलाएँ-समस्याएँ व निदान

आर्यों के आरम्भिक समाज में नारी, पूर्णरूपेण स्वतंत्र थी और वह इच्छानुसार किसी भी कार्य को करने के लिए समर्थ थी। निश्चय ही वैदिक युगीन समाज में नारी जितनी स्वच्छन्द और मुक्त थी, उतनी परवर्ती काल के किसी भी युग में नहीं थी। सभी दृष्टिकोणों से वह पुरूषों के समकक्ष थी और उनके अधिकार किसी भी प्रकार से पुरूषों से कम नहीं थे। शिक्षा, ज्ञान, यज्ञ आदि विभिन्न क्षेत्रों में वह निर्विरोध स्वतंत्रतापूर्वक सम्मिलित होती थी तथा आदर सम्मान प्राप्त करती थी। शिक्षा, ज्ञान और विद्वता के क्षेत्र में ही नहीं, अपितु याज्ञिक कार्यों में भी वह अग्रणी थी। सुलभा, गार्गी, मैत्रेयी आदि विदुषियों की प्रतिष्ठा वैदिक ऋषियों के समान थी तथा उनकी गणना ''ब्रह्मयज्ञ'' में की जाती थी। विदेह शासक जनक के राज्यसभा में गार्गी और याज्ञवल्क्य के धार्मिक व तार्किक वाद–विवादों ने तो यह स्पष्ट ही कर दिया था कि उस युग में स्त्रियाँ बिना पर्दे के स्वतंत्रतापूर्वक पुरूषों के साथ विद्वत–गोष्ठियों और दार्शनिक वाद–विवादों में सम्मिलित होती थी। मण्डन मिश्र और शंकराचार्य के शास्त्रार्थ के समय मण्डन मिश्र की धर्मपत्नी ने मध्यस्थता व निर्णायिका की भूमिका अदा की थी। तत्कालीन युग में भी उनके मान–सम्मान में किसी भी प्रकार से कोई कमी नहीं थी। सामाजिक दृष्टिकोणों से भी वह पुरूषों की तरह उन्मुक्त अलंकृत होकर बिना किसी प्रतिबन्ध के हिस्सा लेती थी और अपनी क्रियाकलापों को अभिसम्पादित किया

करती थी।[1] वे यज्ञ की अधिकारिणी थी, बिना उनके कोई भी यज्ञ पूरा नहीं माना जाता था और केवल पुरूष, अकेला ही यज्ञ के लिए अयोग्य था।[2]

वैदिक युगीन समाज में स्त्री की शिक्षा अपनी चरम सीमा पर थी। वह पुरूषों के ही साथ बिना किसी भेदभाव के उच्च्च शिक्षा में अध्ययनरत् रहती थी। उन्हें यज्ञ सम्पादन व वेदाध्ययन का भी पूर्ण अधिकार था। सभा गोष्ठियों में वह ऋग्वेद की ऋचाओं का गान किया करती थी। कुछ विदुषी स्त्रियों ने तो ऋग्वेद की ऋचाओं के प्रणयन में मनीषियों का पूर्ण सहयोग किया था। सूत्रकाल तक भी स्त्रियाँ बेहिचक यज्ञ सम्पादित किया करती थी।[3] उत्तरवैदिक युगीन समाज में भी स्त्रियाँ ब्रह्मचर्य युक्ता होकर शिक्षा ग्रहण किया करती थी। वैदिक युग में छात्राओं के दो वर्ग थे– एक सद्योवधु और दूसरा ब्रह्मवादिनी। सद्योवधू वे छात्राएँ थी, जो विवाहपूर्व तक कुछ वेद मंत्रों और याज्ञिक प्रार्थनाओं का ज्ञान प्राप्त कर लेती थी, तथा ब्रह्मावादिनी वे थी, जो अपने सारे जीवन को ही अध्ययन में लगा देती थी। ऋषि कुशध्वज की कन्या वेदवती ऐसी ही नारी थी।[4] महाकाव्यकाल तक सहशिक्षा प्रथा विधिवत् जारी थी। रामायण में लव और कुश के साथ आत्रेयी ने वाल्मीकि आश्रम में रहकर शिक्षा प्राप्त की थी, जबकि महाभारत में अम्बा ने शैखावत्य के साथ शिक्षा ग्रहण की थी। भवभूति (8वीं सदी ई.) ने सहशिक्षा का उल्लेख किया है। उसके अनुसार– कामन्दकी ने भूरिवस् और देवराट् के साथ शिक्षा ग्रहण की थी।[5]

बौद्ध युग में भी स्त्रियाँ आमतौर पर सुशिक्षित व विदुषी होती थी। विद्या, धर्म और दर्शन में अगाध रूचि होने के कारण उन्होंने बौद्ध आगमों की शिक्षिकाओं के रूप में भी विशेष ख्याति अर्जित की थी। तत्कालीन युगीन महिलाएँ अध्यापिकाओं के रूप में भी ख्याति प्राप्त थी। ऐसी स्त्रियाँ उपाध्याया कही जाती थी।[6] उस युग में पृथक रूप से महिला शिक्षण संस्थाओं की भी व्यवस्था थी।[7] वात्स्यायन ने उपाध्याया, उपाध्यायी, आचार्या आदि का भी उल्लेख किया है।[8] राजशेखर ने भी विदुषी और कवि स्त्रियों का उल्लेख किया है।[9] सम्राट अशोक की पुत्री संघमित्रा ने श्रीलंका जाकर धर्मप्रचार करती हुई अपना जीवन ही समर्पित कर दिया था।

लेकिन मध्यकालीन समाज में नारी की जो दुर्दशा हुई, उससे वह आज तक पूरी तरह से उबर नहीं पाई है। उनके अधिकारों को खत्म कर उनका पूरी तरह से शोषण किया गया तथा उनकी बची–खुची ताकत को पूर्णरूपेण कुचल दिया गया। भारत की आजादी के बाद भारतीय संविधान में उन्हें पूर्ण समानता के अधिकार प्राप्त हुए और जब श्रीमति इंदिरा गांधी प्रधानमंत्री बनी, तब से उनकी मार्ग की बाधाएँ धीरे–धीरे दूर होती जा रही है और उनकी स्थितियों में सुधार हो रहा है। वह पुरूषों के कंधे से कंधा मिलाकर नित्य–निरन्तर आगे बढ़ने के लिए प्रयासरत् है। वैसे भी स्त्रियों का घर की चहारदीवारी से बाहर निकलकर कार्य करने की घटना एकदम नयी है। गाँवों में तो वह पुरूषों का

कृषि कार्य में हर तरह से सहयोग करती ही है और नगरों में भी वह विभिन्न कारखानों, गृह व बांध निर्माण, सड़क निर्माण आदि कार्यों में भी बढ़ चढ़कर हिस्सा लेती है। लेकिन मध्यम व उच्चवर्गीय शिक्षित स्त्रियों का घर से निकलकर नौकरी करना निश्चय ही नयी बात हो सकती है, और वह भी विवाहित महिलाओं के सन्दर्भ में। आज की परिस्थिति में सभी को आर्थिक स्थिति का वहन करना एक अनिवार्य सा हो गया है। पुरूष आज भी यही समझकर चल रहे है कि बाहर का कार्य उनका है और गृह कार्य नारियों का है। आज कामकाजी नारी यह चाहती है कि जिस प्रकार वह बाहर के कार्य में पुरूषों का सहयोग करती है, उसी प्रकार ही पुरूष भी गृह कार्य में उनका सहयोग करे। लेकिन अपनी अहं भावना के कारण पुरूष उनसे बाहर के कार्य में सहयोग तो लेता है, लेकिन गृह कार्य में उनका सहयोग करने में स्वयं का अपमान समझता है। इन्हीं कारणों से आमतौर पर पारिवारिक तनाव की स्थिति निर्मित हो जाती है। अक्सर यह देखा गया है कि शिक्षित पति भी रूढ़िवादी की भूमिका निभाते है और अपने व्यवहार से शिक्षित और अशिक्षित में कोई अन्तर ही स्पष्ट नहीं करते।

जहाँ तक यौन सम्बन्ध का सवाल है तो पुरूष जाति इस मामले में स्वतंत्र है कि वह चाहे जिस–तिस से यौन सम्बन्ध बनाकर रखे, चाहे वह विवाह से पूर्व हो या विवाह के बाद भी हो। अपनी हर स्थिति को वह जायज ठहराता है जबकि यदि ऐसी ही स्थिति नारी के साथ हो तो वह उसे निःसंकोच नाजायज ठहरा देता है अर्थात न्याय का मापदण्ड दोनों के मामले में, एक नहीं अपितु पृथक–पृथक है, और इस मापदण्ड को पुरूषों ने ही उचित ठहराया है न कि नारियों ने...। सच्चा न्याय तो दोनों पक्ष से सुनकर ही दिया जाय तो पता चलेगा कि वह इस सम्बन्ध में पुरूषों से विरोधी विचार रखती है। सभी शिक्षित महिलाएँ यह मानती है कि अगर विवाह पूर्व या विवाहेत्तर यौन सम्बन्ध स्त्रियों के लिए अनैतिक है, तो वही सम्बन्ध पुरूषों के लिए नैतिक किस प्रकार से है? शिक्षित नवयुवतियाँ तो बेझिझक रूप से स्पष्ट करती है कि यदि पुरूष जाति विवाह पूर्व और विवाह के बाद भी बाह्य सेक्स सम्बन्ध स्थापित कर सकता है, तो भला स्त्रियाँ उतनी अधिकार विहीन क्यों है कि वह यह कार्य नहीं कर सकती।[10] पुरूष जाति, आज के युग में भी सेक्स सम्बन्ध का अधिकार केवल अपने लिए ही सुरक्षित मानता है और वह अपने इस अधिकार को किसी को भी वितरित करना नहीं चाहता। यदि कोई कर्मचारी पुरूष भी यह सुनता है कि उसकी पत्नी विवाह पूर्व किसी से सम्बन्ध रखे हुए थी, तो यही बात उसके मन में घृणा के भाव ला देती है और वे अपने पारस्परिक सम्बन्ध में दरार ला देते है तथा स्थिति तलाक तक आ जाती है। ऐसा इसलिए होता है कि पुरूष आज भी यह मानने को कतई भी तैयार नहीं है कि नारी को भी बराबर का अधिकार मिलना चाहिए।[11] आमतौर पर हर पुरूष कुंवारी लड़कियों से ही विवाह करना ज्यादा पसन्द करते है, चाहे वह स्वयं व्यभिचारी, विधुर या अनेक पूर्व

पत्नियों के पति ही क्यों न हो...। पुरूष जाति के दृष्टिकोण के विषय में अगर देखें तो पता चलता है कि एक ओर सेक्स की प्यास बुझाने के लिए पुरूष जाति आधुनिक फैशनेबल में लिप्त नवयुवतियों से मित्रता करने को आतुर रहते है ताकि उनकी इच्छाएँ आसानी से पूरी हो सके, जबकि विवाह के मामले में बिलकुल इसके विपरीत होता है। फैशनेबल युवती को त्यागकर वह सीधी–सादी युवती को विवाह के लिए उपर्युक्त मानता है।

आज प्रायः हर नवयुवक यह चाहता है कि उसे अच्छी पढ़ी–लिखी व सुन्दर पत्नी प्राप्त हो, साथ ही यदि वह अच्छी नौकरी करती हो तो और अच्छी बात है। लेकिन शर्त यही चाहते है कि वह पराये पुरूष से न तो मिले जुले और न ही बातचीत में रूचि ले...। जबकि नौकरीशुदा पुरूष स्वयं अपने आफिस की सुन्दर लड़की से मित्रता स्थापित करने को उत्सुक रहता है और इस हेतु वे उनकी हर शर्त मानने को भी तैयार रहते हैं। शिक्षा और सामाजिक परिवर्तन की वजह से शिक्षित स्त्रियाँ यह मानने लगी है कि सेक्स सम्बन्ध का अधिकार सिर्फ पुरूषों का ही नहीं है, अपितु समानता के अधिकार के तहत् उनका भी है। पुरूष जब चाहे तब उनसे सेक्स सम्बन्ध स्थापित कर सकता है। उनके लिए समय व स्थिति का कोई मापदण्ड निर्धारित ही नहीं है, तो फिर भला नारी के लिए ही ऐसा क्यों नहीं है? समानता के अधिकार के तहत् तो नारी भी पुरूषों से बेझिझक इच्छानुसार कभी भी सेक्स सम्बन्ध स्थापित कर सकती है। लेकिन यह सत्य है कि इच्छा होने पर भी नारी उसे संयमपूर्वक दबा लेती है क्योंकि सामाजिक दृष्टिकोण के चलते वह ऐसा करने को विवश हो जाती है।[12]

यह तथ्य तो एकदम सही है कि नारी रूढ़िवादिता को त्यागकर आगे बढ़ने को प्रयासरत् है, लेकिन पुरूष जाति ही शिक्षित होकर भी रूढ़िवादी बने हुए हैं क्योंकि समानता के अधिकार के तहत् उनके अधिकारों का समान बंटवारा हो जाता है और जिसे वह कभी भी स्वीकार नहीं कर सकता। वैसे भी पुरूष जानबूझकर रूढ़िवादी बन जाता है क्योंकि इससे उसका फायदा निहित है, तब क्यों वह अपने फायदे का परित्याग करेगा। पूर्वकालीन सोच के तहत् नौकरीशुदा महिलाओं को अभागिन समझा जाता था। माना यह जाता था कि परिस्थितिवश वह धनार्जन के लिए विवश हुई है।

आज का पुरूषवादी समाज नारी को पूर्व से भी अधिक संकुचित दशा में रखना चाहता है, हालांकि वह सार्वजनिक तौर पर उनके कायाकल्प के लिए प्रयत्नशील होने का प्रदर्शन करता फिरता है। माता–पिता तो चाहते है कि उनकी लाडली भली प्रकार पढ़–लिखकर अपने पैरों पर खड़े हो ताकि वह किसी के भी ऊपर बोझ न बने। वह अपने इन सिद्धान्तों में कामयाब होने में कोई कोर कसर भी नहीं छोड़ते। भले ही उनकी लाडली उनकी इच्छाओं पर खरी उतरे या नहीं...। लेकिन ऐसा नहीं है कि बेटी अपनी माँ बाप की इच्छाओं को अनदेखा कर जाती है। वह भी समझती है कि उसके माता–पिता जो कुछ भी

चाह रहें, वह आखिर उसी के हित के लिए तो है। उनकी कामयाबी से उन्हें जितनी खुशी नहीं होती, उससे कहीं अधिक माता–पिता को होती है। वह अपनी पुत्री को कामयाबी की अंतिम लक्ष्य तक पहुँचा हुआ देखना चाहते है। अधिकतर पुत्रियाँ अपनी माता–पिता की इच्छाओं का कद्र करती है और इच्छित लक्ष्यों को हासिल करने में कोई भी कोर कसर बाकी नहीं रखती। वे निम्न से लेकर उच्च और उच्चतर पद तक पहुंच जाती है और पुरूष जाति पर हुक्मरान बनकर बैठ जाती है। उनकी ऐसी श्रेष्ठतम् स्थिति को पुरूषवादी प्रवृत्तियाँ किसी प्रकार भी सहन नहीं कर पाते और वे चाहते है कि यह शिक्षित महिलाएँ भी, वही धर्मशास्त्र का अनुसरण करें, जिस पर कभी साध्वी सीता, द्रौपदी, दमयन्ती, सावित्री आदि चला करती थी। ससुराल में तो नारी को नौकरी कराना पसन्द नहीं करते, भले ही उन्हें सड़क पर मजदूरी कराना पसन्द कर लेंगे। कारण एक ही है... पूर्वकाल की विरासत में प्राप्त पुरूषवादी मनोवृत्तियाँ...। ससुराल में पति भले ही निकम्मा रहे, उस पर कोई उंगली भी नहीं उठा सकता, लेकिन वधू एक क्षण भी वहाँ आराम से नहीं रह सकती। उन्हें मात्र काम करने वाली मशीन समझ लिया जाता है और करीब–करीब हर युवती को ससुराल में यही एहसास होता है कि यहाँ उनका अस्तित्व मात्र काम करने वाली एक मशीन से किसी भांति भी कम नहीं है। यहाँ उनका दिल नहीं होता और इच्छाएँ भी नहीं होती। वह दूसरों की इच्छा पर ही जीती और मरती है।

इतना सब कुछ होने के बावजूद भी आज ऐसी कितनी शिक्षित नारियाँ है जो यशोधरा, विशाखा, द्रौपदी आदि की तरह हावी हो रही पुरूषोचित प्रवृत्तियों का विरोध कर सके। यशोधरा, त्यागी जाने के बावजूद भी हिम्मत नहीं हारी और पुरूष प्रवृत्ति के सम्मुख कभी नहीं झुकी, जब उसके पति स्वयं उससे माफी मांगने गये, तब ही वह सम्मुख आयी। विशाखा ने तो अपने ससुराल की नीतियों को रौंदकर सीधे बुद्ध शरण में चली गई थी। जहाँ तक द्रौपदी का सवाल है, तो वह अपने जानी दुश्मन दुःशासन के खून से जब तक अपने केश नहीं धोये, तब तक उसे खुला ही रख छोड़ा थ। उनके ये खुले खूनी केश पूरे तेरह वर्ष तक प्यासी नागिन की तरह लपलपाते रहे थे...। रानी दुर्गावती, रानी लक्ष्मीबाई आदि वीरांगनाओं ने तो खुले तौर पर पुरूषवादी शत्रुओं को मुंह तोड़ जवाब देते हुए खुले आसमान के नीचे लोहा लिया था और उनके छक्के छुड़ा दिये थे...।

आज के वैज्ञानिक युग में भी पुरूषवादी समाज सुशिक्षित नारी को घर के अन्दर ही कैद कर रखना चाहता है और अपनी इसी प्रवृत्तियों के तहत् वह उन्हें कहीं भी नौकरी कराना पसन्द नहीं करता। अधिकतर महिलाएँ अपने माता, पिता, भाई, भाभी आदि के प्रयासों से ही नौकरी प्राप्त करती है, फिर भी उन्हें ससुराल में जबर्दस्त प्रतिरोधों का सामना करना पड़ता है। कुछ महिलाएँ ही होगी, जो ससुराल में पति, श्वसुर, देवर आदि के सहयोग से नौकरी प्राप्त करती है। नारी चाहे पिता के घर के सहयोग से नौकरी प्राप्त

करें, विवाह के बाद उन्हें सारे रूपये पतिगृह को देने होते हैं और वह एक पैसा भी मायके को नहीं दे सकती। अगर कहीं दे देती है तो उनके ससुराल में इसी बात को लेकर महाभारत शुरू हो जाता है। तदन्तर शुरू हो जाता है इस पर विभिन्न प्रश्नों की बौछार... और पाई–पाई का हिसाब–किताब और लेना–देना...। पारिवारिक दबाव भी उन पर इतना अधिक बढ़ जाता है कि सांस लेना भी मुश्किल हो जाता है। अगर नारी सहनशील है तो भी आखिर कब तक चुप रह कर सहती रहेगी। रोज–रोज के कलह के चलते आखिर वह कोई भी अप्रिय कदम उठाने को विवश हो जाती है। नारी की ऐसी दुःखद स्थिति के लिए आखिर कौन जिम्मेदार है..? प्रमुख रूप से जिम्मेदार है... हमारा सामाजिक परिवेश...। हम शिक्षित हो गये है और हर गतिविधियाँ वैज्ञानिक तरीके से सम्पन्न होता है, लेकिन हमारी मनोवृत्तियाँ अभी भी धर्मशास्त्रीय ही है। यही प्रमुख बाधा है हमारे आगे बढ़ने के मार्ग में...। धर्मशास्त्रीय परम्परा आज के युग के लिए निश्चित रूप से त्याज्य है। तभी नारी का पूर्ण विकास सम्भव हो सकता है क्योंकि जब तक वह पराधीन रहेगी, तब तक उन्हें कोई भी सुख की प्राप्ति नहीं हो सकती। पराधीन को भला सुख कहाँ... वह तो आज भी पिंजड़े में कैद है, जिस प्रकार पूर्व मध्यकाल में थी। उनकी स्वतंत्रता के लिए प्रमुख शर्ते हैं– उनका मायका एवं ससुराल दोनों का ही जागरूक होना। स्वतंत्रता से नारी बिगड़ जाती है, यह मनुवादी कहावत निरर्थक है। जो व्यक्ति अच्छे होते हैं, उन्हें कोई भी नहीं बिगाड़ सकता –

''जो रहीम उत्तम प्रकृति का, को का करि सकत कुसंग।
चंदन विष व्यापत नहीं, लिपटे रहे भुजंग।।

नारी की विपन्नता दूर करने, सामाजिक दुरावस्था से स्वयं को बचाने एवं उनकी सामाजिक स्थिति पर सुदृढ़ता लाने के लिए निम्नलिखित शर्ते हो सकती है –

(1) बचपन से ही उन्हें उनके परायापन का बोध कभी न कराये और उनका परवरिश बेटे की तरह ही करें तथा उनका सारा अधिकार पुत्र–पुत्री में समान रूप से वितरित करने की व्यवस्था करें। कभी पुत्र–पुत्री में अन्तर न करें और समान रूप से उन पर अपना प्यार बरसायें।
(2) शिक्षा के लिए भी पुत्री को, पुत्र की तरह ही अवसर दें और उनका मार्ग प्रशस्त करें।
(3) शिक्षित पुत्री को अगर शासकीय सेवा प्राप्त नहीं होती है तो उसे निजी संस्था में ही सेवा करने का अवसर दिलवाइये।
(4) ससुराल चले जाने पर पति को चाहिए कि वह हरदम अपनी नौकरीपेशा पत्नी की मदद करे। अवसर पड़ने पर बच्चों की देखभाल व कपड़ों की साफ–सफाई करने में संकोच न करें।

(5) पति को चाहिए कि अपनी मां–बाप और भाई–बहिन आदि को अपनी पत्नी के अनुकूल बनाने में सहयोग करें। स्वयं गृहिणी अपने स्वाभाव में मृदुता लाकर घर की कड़वाहट में मिठास ला सकती है।

(6) नौकरीशुदा महिला को चाहिए कि वह अपने कार्य व व्यवहार से कभी सास–श्वसुर आदि का अपमान न करे। अगर किसी कारणवश वे लोग नाराज हो जाते हैं तो क्षमा मांगने में किसी प्रकार का संकोच नहीं करना चाहिए।

(7) कामकाजी महिला समयानुसार अपने सास–श्वसुर, देवर–ननद व जेठानी–देवरानी आदि के गृह कार्य में हाथ बंटाये। अवसर विशेष पर उनके लिए वस्त्राभूषणादि खरीद दें और उनकी इच्छाओं की अवहेलना न करें।

(8) किसी भी अवसर विशेष पर यथा– दीपावली, होली, हरितालिका, रक्षाबन्धन, जन्मदिन, क्रिसमस आदि पवित्र अवसरों पर अपनी सास–श्वसुर, ननद–देवर आदि के लिए वस्त्र आदि भेंट में अवश्य देवें।

(9) कामकाजी महिला हो या घरेलू महिला, कोई भी अपने ससुराल की तुलना मायके से न करें और न ही कभी किसी को नीचा दिखाने का प्रयास करें।

(10) समय–समय पर अपनी ससुराल वालों की आर्थिक मदद भी किया करें।

(11) आप अपने पुरूष सहकर्मी से सिर्फ कार्यालय तक ही मेल–जोल रखें। उन्हें अवसर कभी न दें कि वह आपको छोड़ने आपके घर तक आये या अगर आता भी है, तो आप अपने घरवालों को भी उनके साथ बैठने का अवसर दीजिए। आप सिर्फ काम की बात करके अपने गृह कार्य में लग जाइये।

(12) आप स्वयं को सहकर्मी से सिर्फ कार्यालयीन कार्य तक ही सीमित रखें, व्यर्थ की गपशप में उनका साथ न देवें। अगर आपके पास फुरसत है तो अगले दिन की कार्यसूची निपटाइए, ताकि कल को आपके पास कम कार्य बचेगा और आप स्वस्थ दिमाग से अपना कार्य करेंगी।

(13) ऑफिस में तड़क–भड़क या अंग प्रदर्शन करने वाली कपड़ों से परहेज रखे, और शालीनता प्रदर्शित करने वाली सादे वस्त्र या कम चमकदार वस्त्र ही धारण करें। कहीं ऐसा न हो कि आप पर सभी की नजर हो जाये और आप स्वयं में घुटन महसूस करने लग जाये।

(14) अपने सहकर्मियों से एकांत में, बगीचे में, लॉन में या कहीं भी न मिले। उससे पत्र व्यवहार से भी परहेज करें। भविष्य में फोटो आदि का भी आदान–प्रदान न करें। कभी एक साथ फोटो भी न खिंचवाये।

(15) कभी उनके यहाँ रात न रूके। अगर ऐसा करती है तो हालांकि आप और सहकर्मी पवित्र है, तो भी ससुराल वाले आपकी अच्छी खिंचाई शुरू करेंगे और इस प्रकार घर में तनाव का वातावरण स्थापित हो जायेगा।

(16) अपने सहकर्मी के साथ पिक्चर देखने, सैर करने, मद्य पीने आदि से भी बचें। अगर आपका सहकर्मी आपको पत्र लिखता है तो उसका जवाब सिर्फ मौखिक रूप से ही दें। अपने शब्दों में दृढ़ता रखें और प्रेमरस को घोलने का प्रयास न करें।

(17) आपका सहकर्मी अगर बुरी प्रवृत्ति वाला है तो भी आप उस पर ऐसा प्रकट न करें कि आपको उससे नफरत है या आप उसे देखना भी पसन्द नहीं करती। बल्कि आप उसके किसी भी कार्य पर ध्यान न दे। अगर वह आपके प्रति बुरी नीयत रखता है, तो जरूर आप उससे सावधान रहिए और उसे बातचीत या एकान्त का अवसर न दे।

(18) अगर आपका बॉस मिलनसार व सहानुभूति से युक्त है, तो आप उससे इसका फायदा उठाने की कोशिश न कीजिए। आप उसे भाई बनाकर रखें, जो ज्यादा उपर्युक्त रहेगा। समयानुसार आप उससे इच्छित कार्य भी ले सकेंगी।

(19) अगर आपका बॉस क्रोधी है, शराबी है या धूर्त है, तो इससे आपको कोई लेना देना नहीं है, आप सिर्फ अपना काम ईमानदारी से करिये।

(20) अपने बॉस की निन्दा अपने सहकर्मियों से न कीजिए। अगर आपका सहकर्मी बॉस निन्दा में प्रवृत्त होते हैं, तो आप इस प्रक्रिया से विरक्त ही रहिए।

(21) अगर आपका और बॉस का घरेलू सम्बन्ध है, तो ऑफिस में कर्मचारी की हैसियत से ही अपना कार्य कीजिए न कि भाई–बहिन, देवर–भौजाई आदि की हैसियत से।

(22) किसी भी सहकर्मी को उधार न दे और न ही किसी से उधार लेने की कोशिश करे। अगर आपको पैसे की जरूरत है तो घर से ही लीजिए, भले ही आपको दो बातें सुननी पड़ जाए।

(23) कार्यालय में सोने–चांदी के आभूषणों के अलंकरणों से अलंकृत होकर जाने से बचें। अगर धारण करना जरूरी है, तो कम ही धारित करें।

(24) आपको अगर बाजार जाना पड़ जाय तो किसी महिला सहकर्मी को ही साथ ले जाने का प्रयास करें, या फिर किसी विश्वस्त भृत्य या चौकीदार से ही वह सामान मंगवा लें।

(25) आप घर सही समय पर पहुंचे और ऑफिस भी समय पर जाये। हरदम समय से पहले ऑफिस पहुंचना और समय के बाद घर पहुंचना, घरवालों के मन में संदेह को पैदा कर सकता है।

(26) बिना घरवालों की अनुमति के किसी के भी विवाह, जन्मदिन, सगाई आदि समारोहों में न जाय। अगर जाना जरूरी है तो साथ में घर के किसी भी सदस्य को लेते जायें।

(27) अगर आप स्वयं बॉस है तो अपने कर्मचारियों को अनुशासित रखिए और व्यर्थ की बातें किसी से भी मत कीजिए।

(28) अपने सहकर्मी के साथ रेस्टॉरेन्ट, होटल आदि जाने में परहेज कीजिए। परिवार में अगर आपका नौकरी करना पसन्द नहीं है, तो उन्हें प्यार से समझाइए और उनके

किसी भी बात का बुरा मत मानिए। मधुर व्यवहार, शत्रु को भी मित्र बना देने में सक्षम होती है।

(29) अगर परिवार में आप एकमात्र नौकरीशुदा है तो आप अपनी ननद, जेठानी, देवरानी, सास आदि को हेय दृष्टि से न देखें। उनके बच्चों के प्रति भी आपका व्यवहार प्रेमपूर्ण बने रहना चाहिए।

(30) अगर आप ग्राम की निवासी है या आपका कार्यालय, घर से अत्यन्त दूर है तो आप बाहर किराये पर रह सकती है, बशर्ते आपके परिवार इस हेतु सहमति दें व आपके साथ कोई घर का सदस्य रहे या आने जाने के लिए कोई साधन खरीद लीजिए, जिसके माध्यम से आप आ जा सकें।

(31) अगर आपके पास गाड़ी है, तो आते–जाते वक्त किसी भी पुरूष सहकर्मी को लिफ्ट देने से बचें या उनके साथ आने–जाने से भी बचें।

(32) पुरूष सहकर्मी के साथ फुहड़ता, वाचलता, हंसोड़ता आदि दुर्गुणों से बचें और जहाँ तक हो सके, ऐसी महिला का भी संग न करे जो फूहड़पने के लिए जानी जाती हो।

(33) रास्ते में सिर नीचा कर न चले, बिना कारण न मुस्कुराएँ, कार्यालय में गम्भीर बनी रहें। आपकी गम्भीरता को देखकर सहकर्मी भी गम्भीर बने रहेंगे।

(34) मार्ग में अगर कभी कोई असामाजिक तत्वों से आमना–सामना हो जाये तो घबराइये नहीं, बल्कि गम्भीर रहते हुए ऐसी बनी रहिए जैसे कि आपने कुछ देखा ही नहीं। अगर आप गाड़ी में है तो मार्ग में किसी के भी इशारे करने पर रूके नहीं, चाहे कोई परिचय का ही क्यों न हो।

(35) ऑफिस में गुड़ाखू, पान, चाय आदि से परहेज रखने का प्रयास करें।

(36) मार्ग में मुड़कर देखने वाली प्रवृत्ति न रखे, किसी ने अगर अपशब्द भी कह दिया तो उस पर अनसुनी करके आगे बढ़ चलो।

(37) घर में अगर पति कृषक या व्यवसायी है, तो आप उसकी उपेक्षा भूलकर भी न करे, बल्कि आप उसका भरपूर सम्मान कीजिए व उसकी बातों को टालें नहीं। अगर कभी वाद–विवाद भी हो जाता है, तो टेक न करें। मान न करें।

(38) घर में पति के समक्ष किसी भी पुरूष की तारीफ न करें। अगर कोई पुरूष या महिला सहकर्मी आमंत्रित करें तो पति को साथ में लेकर ही जावे।

(39) पति, सास, श्वसुर, देवर, ननद, भाभी, भाई आदि से अभिमान न करें। अगर घर में आपकी उपेक्षा होती हो तो आप स्वयं को संयत रखते हुए अपने प्रेमपूर्ण व्यवहारों से उन्हें जीतने का प्रयास करें।

(40) अगर आपके नाम पत्र आता है तो उसे छुपाकर न रखे अपितु उसे पति को सौंप दें और हर स्थिति साफ करते हुए उन्हें समझाइए, भले ही वह पत्र किसी मित्र, सहपाठी आदि के हो।

(41) अगर आपका पति शराबी है, आप पर शक करता है, कलह, लड़ाई–झगड़ा करता है, गाली–गलौच करता है या मारपीट पर उतारू हो जाता है, तो उसे प्रेमपूर्वक वश में कीजिए। तब भी यदि वह रास्ते पर नहीं आता है और सरेआम बेइज्जती करने पर उतारू हो जाता है तो आप उन्हीं के परिवार सास, श्वसुर आदि के संरक्षण में चले जाइये। यदि सास–श्वसुर न हो तो भाई–भाभी, या माँ–बाप के यहाँ चले जाइये और तब तक न आइये जब तक कि वह अपनी गलती पर पश्चाताप न करें।

(42) अगर आपके पति के किसी महिला से गलत–सम्बन्ध है, तो आप पहले हकीकत जान लीजिए। तदुपरान्त समयपूर्वक अपने पति को समझाइए। अगर न माने तो सास–श्वसुर के माध्यम से समझाइए। फिर भी न माने तो और मारपीट पर उतर आये तो आप सास–श्वसुर से कहकर मायका चले जाइये और तब तक न आइये, जब तक कि वह सही रास्ते पर न आ जाए। अगर वह उस महिला को रखैल बना ले तो आप उससे तलाक ले लीजिए और आपके अगर बच्चे है तो पुनर्विवाह न कीजिए। लेकिन बच्चे न हो तो पुनः विवाह कर सकती है।

(43) अगर आप नर्स, डॉक्टर या पुलिस हैं तो भी पति और बच्चों को पर्याप्त समय दीजिए, इससे पारिवारिक संतुलन बना रहता है।

संदर्भ ग्रंथ-

1. "अनति पृश्न्यां वै देवता मपि पृच्छसि...।"– वृहदारण्यक उप., 3–6, 1
2. "योषितो यज्ञिया इमाः।"– अथर्ववेद, 2/36/1, 11/1/17/27, शपतथ ब्राह्मण 5/1/6/10 तै. ब्रा. 22/2/6
3. "स्त्रियश्चोप यजेरम्ना चरित्वात्।"– पारस्कर गृह्य सू., 2/20
4. "कुशध्वजो नाम पिता ब्रह्मर्षि रमितप्रभः। वृहस्पति सुतः श्रीमान बुद्धयातुल्यो वृहस्पतैः।"– रामायण, 7/17
5. "अयि किं न वेत्सि यदेकत्र नो विद्या परिग्रहाय नानादि गन्त वासिनां साहचर्य मासीत्।"– मालती माधव, अंक 1
6. उपेत्याद्यीते अस्याः सा उपध्याया।"– पतंजलि, 3/822
7. छात्र्यादयः शालायाम्।"– पाणिनि, 6/2/46
8. कामसूत्रम्, 4/1/32
9. काव्यमीमांसा, अध्याय 10
10. कामकाजी भारतीय नारी, डॉ. प्रमिला कपूर, पृ. 39
11. वही, पृ. 39–40
12. कामकाजी भारतीय नारी, पृ. 40

अध्याय – सप्तम

भारतीय महिला सुदृढ़ीकरण हेतु सरकार से मांग व नारी अधिकार के निष्पादन की योजनाएँ

भारतीय महिला मण्डल, एक ऐसी नियोजना है जो नारी अधिकारों के प्रति जागरूक ही नहीं, अपितु प्रयत्नशील भी है। पूर्वकालीन नारियाँ, जिस तरह पर्दे में रहा करती थी और अपना भाग्य विधाता पुरूष प्रधान समाज को ही मान बैठी थी, आज की स्थितियाँ उससे बिल्कुल ही अलग है। आज की नारी धीरे–धीरे शिक्षित होती जा रही है और अपने अधिकारों के प्रति जागरूक भी होती जा रही है। भारतीय महिला मण्डल की नियोजना, इसी परिप्रेक्ष्य में एक महत्वपूर्ण कदम है। वे स्वयं को पुरूषों के समकक्ष रखना व समानता युक्त विचारधारा के चलते इस विशाल संगठन को मजबूती प्रदान करना चाहती है। चूंकि भारतीय महिला मण्डल को पुरूष प्रधान समाज पर अपना प्रमुखता कायम करने व उसे समूल ही नष्ट कर नारी प्रधान समाज स्थापित कर सकने के उद्देश्य विश्व महिला जगत से है, जिसमें विश्व की समस्त नारियाँ समाहित है। उनमें परस्पर एकता, धैर्यता, क्षमता, अपूर्व तेज, रूप–गुण, क्षमा, सहनशीलता, स्नेहशीलता, वात्सल्यता, प्रेम आदि का सम्बन्ध है। वे हर अवसरों पर एक जुट होकर अपने सम्मुख उपस्थित कठिन से कठिन चुनौतियों का ही नहीं, अपितु उनके भीतर सदियों से उठ रही दिल की हिलोरें भी है, जो उन्हें अपने अधिकारों के प्रति सचेत करती है उनका वे सूक्ष्म दृष्टि से अध्ययन कर रही है। वे हर समस्याओं को सहज ही में नष्ट कर डालने की क्षमता रखती है। लेकिन फिर भी आज के

परिवेश में न्याय और कानून के बिना, और जब तक नारी स्वाधीनता की लड़ाइयाँ न छेड़ी जाये, तब तक कोई भी कार्य सम्भव नहीं जान पड़ता है। भारतवर्ष आज एक स्वतंत्र राष्ट्र है, लेकिन मुस्लिम देशों की भांति ही यहाँ की नारियाँ भी, आज परतंत्र है। यह कितने शर्म की बात है.....? भारतवर्ष की स्वतंत्रता के लिए लड़ाइयाँ, नारी और पुरूष दोनों ने ही कंधे से कंधा मिलाकर लड़ी थी। लेकिन नारी की स्वतंत्रता के लिए लड़ाई क्या नारी अकेले ही लड़ेगी? क्या पुरूष जाति उन्हें कोई सहयोग नहीं देगा? देगा..... अवश्य देगा...। अगर अधिकांश पुरूष जाति उन्हें अपने निहित स्वार्थ के कारण कोई सहयोग नहीं देगा तो न सहीं। लेकिन 'डूबते को तिनके का सहारा' की भांति ही कुछ पुरूष तो अवश्य ही जी जान से स्वतंत्रता की लड़ाई में उनका साथ अवश्य देंगे। जिस प्रकार एक अंग्रेज अधिकारी ह्यूमरोज ने भारतीयों की मदद के लिए ''भारतीय राष्ट्रीय कांग्रेस'' की स्थापना करके भारतीयों का मार्ग आसान कर दिया था। इसी प्रकार जिस तरह विभीषण ने पर नारीं मुक्ति हेतु खुलकर श्रीराम जी का साथ अपने देशवासियों के खिलाफ दिया था। अपवाद किसमें नहीं होते...... बहुत सम्भव है कि नारी स्वतंत्रता के खिलाफ स्वयं कुछ नारियाँ भी खड़ी हो सकती है.....। लेकिन जहाँ पर बहुमत का सम्मान होता है, वहाँ पर अल्पमत की स्थिति नहीं के बराबर ही स्वीकार की जाती है। अतएव निश्चित ही एक दिन, नारी को पुरूष प्रधान समाज पर विजय श्री की प्राप्ति होगी और हर गाँव और हर नगर में पितृ सत्ता के स्थान पर मातृ सत्ता की स्थापना हो सकेगी।

चूंकि जिस प्रकार अंग्रेजों ने अपनी सार्वभौम सत्ता का हस्तांतरण उन भारतीयों को किया था, जो उनके ही सत्ता के खिलाफ लड़ रहे थे। ठीक उसी प्रकार ही नारी भी, पुरूष प्रधान समाज से पितृ–सत्ता का हस्तांतरण चाहेगी और उनके स्थान पर अपनी नींव मजबूत करने के लिए हर भारतीय परिवार में मातृ–सत्ता की स्थापना करेगी....। इस प्रकार वह समस्त पुरूष प्रधान समाज में नारी स्वतंत्रता की घोषणा करेगी। भारतीय महिलाओं के प्रत्यक्ष व अप्रत्यक्ष दोनों ही रूपों में सुख–समृद्धि व परिवार की चहुंमुखी विकास के लिए भारत सरकार के समक्ष निम्न अनुरोध करते हैं–

(1) आधुनिक भारत के तथाकथित दर्पण, आधुनिक धर्मग्रंथों के प्रकाशन, प्रसारण, प्रवचन, क्रय–विक्रय तथा प्रतियोगिता आदि पर पूर्णतः प्रतिबन्ध लगा दिया जाना चाहिए क्योंकि ये धर्मग्रंथ, नारी जाति के हितों के खिलाफ है। इनके लेखन का मूल उद्देश्य भी ब्राह्मणवाद को बढ़ावा देना, छूवाछूत व ऊँचनीच के भेदभाव को बरकरार रखना व नारी जाति को पूर्णरूपेण शारीरिक व मानसिक रूप से शोषित करना है।

(2) नारी जाति को शोषित व अधिकारविहीन करने के लिए बढ़ावा देने वाले जितने पुरूषवादी धर्मग्रंथ और कार्यक्रम है, उन पर सख्ती से प्रतिबन्ध लगा दिये जाने चाहिए।

(3) नारी जाति को प्रदर्शन का माध्यम बनाने वाले समस्त कथा साहित्यों, पत्र–पत्रिकाओं, विज्ञापनों आदि पर अवश्य ही प्रतिबन्ध लगना चाहिए क्योंकि ये समस्त माध्यम नारी की स्थिति को समाज, परिवार व राष्ट्र में गौण बनाने में अहं भूमिका अदा करते हैं।

(4) रेडियो, दूरदर्शन आदि में नारी की स्थिति को अत्यन्त दुर्बल करने के उद्देश्य से, मात्र पैसे के लोभ से, निम्न स्तरीय विज्ञापन प्रसारित किये जाते है। जिन पर भी निश्चित रूप से रोक लगायी जानी चाहिए।

(5) सिनेमा जगत में तो नारी जाति की अत्यन्त ही दुर्दशा की जा रही है। फिल्मों में अश्लील प्रदर्शन, अंग प्रदर्शन, फुहड़ गीत व संगीत, फुहड़ नृत्य, फुहड़ संवाद आदि पर तो सख्ती से रोक लगा दी जानी चाहिए। मात्र पैसे के लोभी सेंसर बोर्ड ऐसे फिल्मों को मंजूरी दे देते हैं, जो परिवार में एक साथ बैठकर देखने योग्य भी नहीं होती। अफसोस और दुःख की बात तो यह है कि स्वयं ही नारी ऐसे अश्लील कार्यक्रमों की प्रस्तुतिकरण के लिए पुरूषों का प्रत्यक्ष रूप से सहयोग करती हैं। ऐसी नारियों को तो उन पुरूषों के खिलाफ सख्त रवैया अख्तियार करना चाहिए, जो उन्हें ऐसे अश्लील कार्यक्रमों की प्रस्ततुतिकरण के लिए लोभ दिखाकर विवश करते हैं। सरकार को भी ऐसे फिल्म निर्माताओं पर कड़ी निगाह रखनी चाहिए...।

(6) नारी जाति के विषय में किसी जाति विशेष का उल्लेख नहीं होना चाहिए, जो कि पुरूष प्रधान समाज द्वारा निर्धारित किये गये हों। इसी प्रकार उनके विषय में अनु.जाति, अनु.ज.जाति, पिछड़ा वर्ग और सामान्य आदि लिखने पर भी पूर्ण प्रतिबन्ध लगा दिया जाना चाहिए क्योंकि नारियाँ जातिविहीना होती है। चूंकि वह पृथ्वी स्वरूपा है, इसलिए किसी भी जाति विशेष के दायरे में उन्हें रखना ठीक नहीं है। महाभारत में स्वयं युधिष्ठिर ने स्वीकार किया है कि नारी, पृथ्वी से भी अधिक महत्व से संयुक्त है...।

(7) नारी के महत्व को व्यावसायिक रूप देने एवं अंग प्रदर्शन से युक्त सौन्दर्य प्रतियोगिताओं पर पूर्ण प्रतिबन्ध लगा देना चाहिए तथा ब्यूटी पॉर्लरों पर भी प्रतिबन्ध लगाने जरूरी है क्योंकि वे आड़ लेकर देह व्यापार जैसे अनैतिक कार्यों में संलग्न रहते हैं।

(8) सरकारी, गैर सरकारी व अर्धसरकारी नौकरियों में महिलाओं हेतु कम से कम 50% आरक्षण किये जाने चाहिए तथा उनके लिए उम्र का बन्धन खत्म होना चाहिए।

(9) योग्यता के मापदण्ड के सिलसिले में जहाँ पुरूषों के लिए हायर सेकण्डरी, स्नातक व स्नातकोत्तर की योग्यताएँ निर्धारित है। उसी स्थान के लिए महिलाओं के लिए क्रमशः आठवीं, हायर सेकण्डरी, स्नातक का प्रावधान होना चाहिए। सरकारी नौकरियों में जहाँ लिखित परीक्षा का प्रावधान है, वहाँ महिलाओं हेतु सिर्फ साक्षात्कार से ही कार्य लिया जाना चाहिए...। जहाँ पर मेरिट लिस्ट से काम लिया जाना है, वहाँ पर महिलाओं हेतु मात्र 35% तक अधिमान्य होने चाहिए।

(10) शासकीय सेवाओं में महिलाओं के लिए ऊँचाई, वजन, विवाहिता, अविवाहिता, परित्यकता, विधवा आदि का मापदण्ड नहीं रखना चाहिए। शासकीय, अर्धशासकीय व गैर शासकीय पत्रों में महिलाओं के लिए ''कुमारी'' या ''श्रीमती'' के स्थान पर सिर्फ ''सुश्री'' का ही प्रयोग किया जाना चाहिए। ऐसे लोगों के लिए दण्ड विशेष का प्रावधान होने चाहिए जो कि 'कुमारी या 'श्रीमती' के स्थान पर 'सुश्री' का प्रयोग नहीं करते...। चूंकि पुरूष जाति विवाहित या अविवाहित दोनों ही स्थितियों में ''श्री'' का प्रयोग करते हैं, तब क्यों नहीं नारी समानता के अधिकार के तहत् विवाहिता या अविवाहिता दोनों ही स्थितियों में ''सुश्री'' का प्रयोग करें।

(11) पुरूषों के साथ नौकरी या अन्य किसी क्षेत्र में, प्रतियोगिता के सिलसिले में जहाँ–जहाँ पुरूषों के लिए 75% अंक अनिवार्य है, उसी स्थान पर महिलाओं को 35% पर ही वरीयता दी जानी चाहिए। लेकिन जहाँ पुरूषों को 45% पर ही लिया जाना है, वहीं महिलाओं को ''पास'' पर ही प्राथमिकता मिलनी चाहिए।

(12) महिलाओं हेतु नौकरियों, विविध प्रशिक्षण कार्यक्रमों या किसी भी अन्य क्षेत्रों में जाति, निवास, आय, रोजगार कार्यालय का पंजीयन, अनुभव, विषय विशेष में प्रशिक्षण, चरित्र, उम्र, सहमति, स्वास्थ्य आदि प्रमाण पत्रों की अनिवार्यता खत्म कर दी जानी चाहिए क्योंकि नारी आज के सभ्य व शिक्षित समाज में पूर्णतया शोषित हो रही है, अतएव उन पर किसी भी प्रकार की अनिवार्यता नहीं रहनी चाहिए।

(13) डाकघरों, बैंकों, सहकारी समितियों आदि में जमा राशि हेतु ब्याज का प्रतिशत पुरूषों की अपेक्षा महिलाओं के लिए 25% अधिक होने चाहिए। महिलाओं को यह सुविधा भी उपलब्ध कराये जाने चाहिए कि वह बिना पासबुक के ही देश के किसी भी हिस्से के डाकघरों, बैंकों आदि में अपनी राशि जमा करा सके और निकाल भी सके...।

(14) जिस प्रकार पुरूष जाति के लिए यह भारतीय कानून है कि एक पुरूष, एक ही पत्नी रख सकता है, फिर भी पुरूष प्रधान समाज उस पर अमल नहीं करता है। इसलिए नारी के लिए भी यह प्रतिबन्ध पूरी तरह से खत्म होना चाहिए कि एक नारी के एक ही पति होंगे। अपने लिए एक या एक से अधिक पति रखने का निर्णय नारी के ही स्वविवेक पर छोड़ देना चाहिए।

(15) दहेज प्रथा पर सख्ती से रोक लगा दी जानी चाहिए। दहेज लेने वाले या देने वाले दोनों के लिए, कानून में कड़ी सजा का प्रावधान रखना चाहिए।

(16) नारी जाति के हित में, अन्तर्जातीय विवाह का प्रशासनिक तौर पर विशेष रूप से प्रोत्साहन किया जाना चाहिए। अन्तर्जातीय विवाह करने वाले उच्चवर्णीय पुरूष या उच्चवर्णीया स्त्री को केन्द्रीय सरकार में तुरन्त नौकरी प्रदान की जानी चाहिए ताकि उन्हें समाज का किसी भी प्रकार से भय न हो। इस प्रकार के विवाह सूत्र में बंधने

वाले दंपत्तियों को, यदि वे दोनों ही अशिक्षित हैं, तो उन्हें प्रत्येक के नाम से आजीवन 5000–5000 रूपये भत्ते प्रदान किये जाने चाहिए। ताकि उन्हें आर्थिक कठिनाइयाँ न झेलनी पड़े।

(17) अन्तर्जातीय विवाह में उच्चवर्णा या निम्नवर्णा लड़की के विवाह का सारा व्यय सरकार को स्वयं करना चाहिए या फिर विवाहेच्छुक उच्चवर्णा लड़की को 1,50,000/– रूपये और निम्नवर्णा लड़की को 1,30,000/– रूपये प्रदान किये जाने चाहिए।

(18) अन्तर्जातीय विवाह चूंकि दहेज प्रथा के उन्मूलन का एक प्रधान मार्ग है। इसलिए सरकार को, ऐसे समाज विरोधी कदम उठाने वाले नवयुवक–नवयुवतियों को राह दिखाने के ऐवज में सरकार को पुरस्कार की घोषणा करनी चाहिए। जो कि उच्चवर्णीया लड़की को दो लाख रूपये और निम्नवर्णीया लड़की को डेढ़ लाख रूपये प्रदान करने के प्रावधान होने चाहिए।

(19) अन्तर्जातीय विवाह करने वाले दम्पत्तियों को रेल, बस, हवाई जहाज आदि में मुफ्त यात्राएँ, मुफ्त चिकित्सा, मुफ्त मनोरंजन आदि की सुविधाएँ प्रदान की जानी चाहिए। यदि ऐसे दम्पत्ति गरीब तबके के हैं तो उन्हें मुफ्त आवास व रोजगार भी उपलब्ध कराये जाने चाहिए। ताकि किसी भी दम्पत्ति को कोई भी कठिनाइयाँ झेलनी न पड़े...।

(20) अन्तर्जातीय विवाह को योजनाबद्ध तरीके से अंजाम देने व उन पर पूर्ण नजर रखने के उद्देश्य से केन्द्रीय सरकार को "अन्तर्जातीय विवाह आयोग" गठित करना चाहिए। इस आयोग के कार्यक्षेत्र व अधिकार विस्तृत होने चाहिए। इस आयोग के क्षेत्रीय कार्यालय हर राज्यों की राजधानियों में स्थापित होने चाहिए। अन्तर्जातीय विवाह करने वालों का पंजीयन अनिवार्य रूप से इस आयोग में होने चाहिए।

(21) महिला महाविद्यालयों में समस्त कर्मचारीगण–प्रिंसिपल से लेकर चपरासी तक सभी पदों पर महिलाएँ को ही रखे जाने चाहिए न कि पुरूषों को...।

(22) महिला अधिकारियों, महिला विधायकों व महिला मंत्रियों के निजी सुरक्षा गार्ड के रूप में महिलाओं को ही रखे जाने चाहिए न कि पुरूषों को..।

(23) रेलगाड़ियों में महिलाओं के लिए अलग से डिब्बों की व्यवस्था की जानी चाहिए जिनमें सिर्फ महिलाएँ ही बैठकर सफर कर सके। इसी प्रकार राज्य सड़क परिवहन निगम व निजी बसों द्वारा भी महिलाओं के लिए अलग से बैठने की व्यवस्था की जानी चाहिए। निजी बस मालिकों के लिए ऐसे सख्त निर्देश जारी होने चाहिए।

(24) एक पुरूष अपने जीवन में सिर्फ एक ही स्त्री से विवाह कर सकता है। इस पर सख्ती से अमल किया जाना चाहिए। अगर पुरूष, विवाहिता पत्नी के होते हुए भी दूसरी स्त्री रखता है तो ऐसे पुरूष की सारी सम्पत्तियाँ जब्त की ली जानी चाहिए। कुछ विशेष कारणों में ही उसे दूसरी पत्नी रखने की अनुमति दी जानी चाहिए। यथा– यदि वह

विधुर हो गया हो, यदि विवाहिता पत्नी ने उससे तलाक ले लिया हो और यदि कुछ विशेष कारणों से विवाहिता पत्नी खुद भी यही चाहती हो...।

(25) विवाह के दौरान ही पुरूष–स्त्री दोनों को ही ऐसे शपथ पत्र पर हस्ताक्षर करना अनिवार्य बना दिया जाना चाहिए कि जिसके अन्तर्गत, पुरूष के सभी चल–अचल सम्पत्तियों की वह स्त्री, समान रूप से भागीदार होगी। अपनी परित्याग की स्थिति में वह स्त्री, उन सम्पत्तियों के आधे भाग की उपयोग करने में पूर्ण स्वतंत्र होगी। पुरूष, उस पर किसी भी प्रकार का दावा नहीं कर सकता...।

(26) विवाह पूर्व उत्पन्न पुत्र और विधवावस्था में उत्पन्न पुत्र भी, उसी प्रकार पिता के सम्पत्ति में भाग प्राप्त करें, जिस प्रकार विवाहावस्था में उत्पन्न पुत्र प्राप्त कर सकते है। विवाह को एक ऐसा बन्धन बना दिया जाना चाहिए कि जिसके तहत् नारी, अपने पति के समस्त अधिकारों की समान रूप से अधिकारिणी होगी...।

(27) विवाह उम्र (लड़की के लिए 18 वर्ष और लड़के लिए 21 वर्ष) की कड़ाई से परिपालन किया जाना चाहिए। बाल विवाह करने के किसी भी प्रयास को विफल बनाने के लिए सरकार को कड़े कानून बनाने के साथ ही पुरस्कार राशि की भी घोषणा करनी चाहिए...। यह पुरस्कार किसी ऐसे संस्था, व्यक्ति या महिला को दी जानी चाहिए, जो बाल विवाह के खिलाफ जनजागरण का कार्य सफलतापूर्वक निर्वाहन करते हो...।

(28) विवाह अवसर पर कन्या को प्राप्त समस्त धन सम्पत्तियों पर सिर्फ कन्या का ही पूर्ण अधिकार घोषित करना चाहिए न कि वर पक्ष के लोगों का। उन समस्त धन सम्पत्तियों का उपभोग सिर्फ कन्या ही कर सकती है, पुरूष नहीं...। इस प्रकार के अधिनियमों को तुरन्त ही स्वीकृति दी जानी चाहिए। सामाजिक स्तर पर भी ऐसे प्रयास होने चाहिए...।

(29) नारी जाति के हित में, समाज के समस्त क्रियाकलापों में अनैतिक कार्यों को रोकने के लिए, सरकार को उसका नियंता होना चाहिए। जो किसी भी समाज में, नारी के खिलाफ चल रहे दमन चक्र को बलपूर्वक रोक सके...।

(30) समाज, राष्ट्र व मानवता के हित में भ्रूण परीक्षण पर सख्त प्रतिबन्ध लगा देना चाहिए। ऐसा करने वाले दम्पत्तियों के खिलाफ सख्त कार्यवाही करनी चाहिए। भ्रूण परीक्षण का कार्य करने वाले व उसे सहयोग देने वाले लोगों व संस्था के खिलाफ सरकार सख्त रवैया अपनाये...। इस बाबत् कड़ी सजा का प्रावधान रखकर मुकदमा भी चलाया जाना चाहिए।

(31) विवाहोपरान्त, प्रथम गर्भ धारण करने वाली महिलाओं को 20,000/– रूपये, द्वितीय गर्भ धारण करने वाली नारी को 15,000/– रूपये, प्रसव पूर्व सरकार द्वारा उपलब्ध कराये जाने चाहिए। अन्तर्जातीय विवाह वाली उच्चवर्णा नारी के प्रथम गर्भ धारण पर

50,000/– रूपये तथा द्वितीय गर्भ धारण पर 30,000/– रूपये आर्थिक सहायता के रूप में दिये जाने चाहिए। अगर अन्तर्जातीय विवाहिता (उच्चवर्णीया नारी) तीसरी और चौथी भी गर्भ धारण करनी चाहे तो प्रशासन को उसमें जरा भी हस्तक्षेप न करते हुए क्रमशः 20,000/– और 15,000/– की राशि मुहैय्या कराये जाने चाहिए। इसके अतिरिक्त देय सभी सुविधाएँ उन्हें मिलनी चाहिए...।

(32) अन्तर्जातीय विवाहों से उत्पन्न संतानों को सरकार द्वारा प्रत्येक शासकीय व अर्धशासकीय कार्यों में प्राथमिकता मिलनी चाहिए। अगर माता उच्चवर्णीया है, तो लड़के–लड़की दोनों को ही स्नातकोत्तर स्तर तक की शिक्षा मुफ्त दी जानी चाहिए। लेकिन यदि माता निम्नवर्णीया है, तो सिर्फ लड़की को स्नातकोत्तर एवं लड़के को स्नातक तक ही शिक्षा मुफ्त मिलनी चाहिए। ऐसे संतानों के लिए शासकीय, अर्धशासकीय व गैर शासकीय नौकरियों में पिछड़े वर्गों के समान आरक्षण की सुविधाएँ मिलनी चाहिए।

(33) अन्तर्जातीय विवाह से उत्पन्न संताने, चूंकि अत्यधिक रूप, गुण, शील, दया, क्षमता, प्रेम, सत्य आदि सद्‌गुणों से सम्पन्न होती है। इसलिए सरकार को ऐसे युवक–युवतियों के लिए शासकीय मुख्य पदों के लिए योग्यता में रियायत मिलनी चाहिए। तहसीलदार, अनुविभागीय अधिकारी, कलेक्टर आदि पदों के मामले में उनसे सिर्फ साक्षात्कार ही लिए जाने चाहिए, लिखित परीक्षाएँ नहीं। विश्वविद्यालयों में कुलपतियों के पद ऐसे ही सुयोग्य, चुने हुए पुरूष–महिलाओं से सुशोभित हो, तो निश्चय ही समस्त समाज में अन्तर्जातीय विवाह को प्रोत्साहन मिलना शुरू हो जायेगा। पूर्वकालीन अन्तर्जातीय सम्बन्धों के तहत् निम्न रूपवान–रूपवती, गुणवान–गुणवती, विद्वान–विदुषी, पुरूष–नारी जन्म लिए थे। यथा– वेद व्यास (सत्यवती + पराशर), शंकुतला (विश्वामित्र + मेनका), सत्यकाम जाबालि, लव कुश (सीता + राम), शाम्ब (जाम्बवती +श्रीकृष्ण), संघमित्रा और महेन्द्र (अशोक +विदिशा की श्रेष्ठिपुत्री), बुध (वृहस्पति की पत्नी तारा + चन्द्रमा)......आदि।

(34) कुछ चुने हुए शासकीय विभागों में सिर्फ महिलाओं को ही नियुक्तियाँ मिलनी चाहिए, यथा– महिला एवं बाल विकास विभाग, पर्यावरण संरक्षण, वित्त प्रबन्धन, शिक्षा एवं संस्कृति, खेल एवं युवा, गृह, उद्योग आदि।

(35) प्रशासनिक अधिकारियों के पदों में 50 प्रतिशत पद महिलाओं के लिए आरक्षित होने चाहिए। केन्द्र व राज्य की मंत्रालयों में 50 प्रतिशत भागीदारी महिलाओं को अवश्य ही मिलनी चाहिए।

(36) लोकसभा, विधानसभाओं, पंचायतों व नगर निकायों में कम से कम 50 प्रतिशत स्थान महिलाओं के लिए निर्धारित किये जाने चाहिए और उन पर सख्ती से अमल भी होने चाहिए....।

(37) एक पंचवर्षीय के अंतर से प्रधानमंत्री की सीट महिलाओं के लिए आरक्षित होने चाहिए और दो पंचवर्षीय के अंतर से राष्ट्रपति की सीट भी महिलाओं के लिए सुरक्षित होने चाहिए। इस बाबत संविधान में आवश्यक संशोधन किये जाने चाहिए.....।

(38) सभी मान्यता प्राप्त राजनीतिक दलों के लिए यह अनिवार्य किया जाना चाहिए कि महिलाओं के रहते हुए कोई भी पुरूष पार्टी के उपाध्यक्ष पद पर पदासीन न हो। या अगर सम्भव हो तो महिलाएँ ही हर राजनीतिक दल में अध्यक्ष से लेकर महासचिव पद पर पदासीन हो।

(39) राज्यपाल, मुख्य न्यायाधीश आदि के 50 प्रतिशत पदों पर महिलाओं को ही नियुक्तियाँ मिलनी चाहिए। प्रधान न्यायाधीश के पद भी एक कार्यकाल के अंतर से महिलाओं के लिए आरक्षित होने चाहिए...।

(40) भारत सरकार यह सुनिर्धारित करें कि लड़कियों को पहली कक्षा से लेकर स्नातक स्तर तक पढ़ने में कोई भी समाज बाधक न बने। अगर लड़की गरीबी रेखा से नीचे जीवन यापन करने वाले परिवार से सम्बद्ध है, तो उनके खान पान, वस्त्र, पुस्तक–कॉपी, पेन आदि के सारे ही खर्च सरकार को वहन करने चाहिए एवं उनके विवाह के समय अलग से एकमुश्त, विवाह खर्च के लिए 2,50,000/– रूपये भी प्रदान किये जाने चाहिए...।

(41) जिस परिवार में एक से अधिक लड़कियाँ है। उनमें कम से कम एक को सरकारी विभाग में नौकरी प्रदान की जानी चाहिए। अगर सभी लड़कियाँ निरक्षर है, तो प्रत्येक को कम से कम 4000/– मासिक भत्ते प्रदान किये जाने चाहिए ताकि वह किसी के भी ऊपर बोझ स्वरूप न लगे...।

(42) महिलाओं को आत्म रक्षार्थ, शासकीय खर्चे पर जुड़ो–कराटे के निःशुल्क प्रशिक्षण प्रदान किये जाने चाहिए। इस हेतु शासकीय कन्या विद्यालयों और महिला महाविद्यालयों में जुड़ो–कराटे को भी एक अनिवार्य विषय के रूप में सम्मिलित करना चाहिए। उन्हें अपने पास हथियार (पिस्तौल आदि) रखने की भी अनुमति दी जानी चाहिए यदि वह कृषक, कर्मचारी और मजदूर वर्ग से सम्बन्धित हो। इससे बेचारी नारियाँ अपनी अस्मिता की सुरक्षा खुद ही कर पाने में समर्थ हो सकेंगी और उनमें खुद पर आत्मविश्वास भी जग जायेगा कि वे अपनी रक्षा स्वयं कर सकती है....।

(43) नारी जाति से बलात्कार करने वालों को सरे आम, चौराहे पर फांसी दी जानी चाहिए, चाहे बलात्कारी कोई भी क्यों न हो। बलात्कारियों के समस्त धन–सम्पति को जब्त कर उन्हें बलात्कार की शिकार महिला के सुपुर्द कर देना चाहिए। बलात्कारियों को अग्रिम जमानत नहीं दी जानी चाहिए एवं पीड़ित महिला को शासकीय सहायता के रूप में, यदि वह नवयुवती और अविवाहिता है तो दस लाख रूपये, प्रौढ़ा और

विवाहिता है तो आठ लाख रूपये, युवती और परित्यक्ता है तो पांच लाख रूपये, प्रौढ़ा और परित्यक्ता है तो दो लाख रूपये, युवती और विधवा है तो डेढ़ लाख रूपये तथा पौढ़ा और विधवा है तो एक लाख रूपये प्रदान किये जाने चाहिए। यदि पीड़ित महिला साक्षर, या पढ़ी लिखी है, तो योग्यतानुसार शासकीय सेवा में भी लिया जाना चाहिए।

(44) तलाक लेने के सारे ही अधिकार महिलाओं के पास सुरक्षित होने चाहिए।

(45) युवा और प्रौढ़ा विधवाओं, परित्यक्ताओं, समाज बहिष्कृता एवं कुंवारी माताओं से विवाह करने वाले पुरूषों के लिए भारतीय प्रशासन को उदार रवैया अपनाते हुए कई मामलों में विशेष छूट की घोषणा करनी चाहिए। यथा– पुरूष को किसी भी शासकीय विभाग में नौकरी के लिए उम्र व योग्यता की शिथिलता, चयन में प्राथमिकता, नारी के प्रत्येक गर्भधारण पर विशेष निःशुल्क सहायता, संतानों को स्नातक स्तर तक की शिक्षा निःशुल्क, बेरोजगारी की स्थिति में विशेष भत्ते, यात्रा–चिकित्सा–राशन आदि की मुफ्त सुविधाएँ शामिल होनी चाहिए। सरकारी समितियों से नारी को वस्त्र आदि भी मिलने चाहिए।

(46) महिला का न्याय या मुकदमें की सुनवाई विशेष तौर पर महिला न्यायाधीश को ही करने चाहिए। महिला अभियुक्त के बयान, पूछताछ, रिमांड आदि सभी कार्यवाहियाँ महिला थाने में ही होने चाहिए तथा उन्हें उसी जेल में, जो खासतौर पर उनके लिए ही निर्मित किए गए हो, रखे जायें। महिला जेल के जेलर, सुरक्षाकर्मी, चौकीदार आदि सभी महिलाँ ही होने चाहिये। महिला कैदी को पुरूष कैदी की अपेक्षा सुविधाएँ पर्याप्त रूप से मिलनी चाहिए......।

(47) प्रत्येक जिला व तहसील मुख्यालयों में कम से कम एक–एक महिला थाने अवश्य ही स्थापित किये जाने चाहिए।

(48) महिला कृषकों को शासन की ओर से कृषि मासिक भत्ता मिलना चाहिए। भत्ते की राशि 10,000/– के बाद तय की जानी चाहिए।

(49) गरीबी रेखा से नीचे जीवन यापन करने वाले महिलाओं को, चाहे वे शहरी हो या ग्रामीण, उन्हें गरीबी भत्ता के रूप में कम से कम 3500/– दिया जाना चाहिए ताकि वे अपनी दैनिक आवश्यकताओं की बिना किसी परेशानी से पूर्ति कर सके....।

(50) सरकार, सरकारी प्रतिनिधि व जन प्रतिनिधि आदि से सीधे सम्पर्क के लिए महिलाओं को एस.टी.डी. कॉल के खर्च से मुक्त रखा जाना चाहिए। अगर सम्भव हो तो डाक का खर्च भी सरकार महिलाओं से न ले या फिर उनके मामले में विशेष रियासत की घोषणा करे..। इस विषय में ग्रामीण महिलाओं को विशेष प्राथमिकता मिलनी चाहिए.....।

भारतीय महिला मण्डल हेतु मांगों के बाद आइये देखें कि नारी अधिकार के लिए पुरूष प्रधान समाज से समानता के अधिकार के तहत् प्रत्यक्ष व अप्रत्यक्ष रूप से छेड़े जाने वाले संग्राम की मूल प्रक्रियाएँ क्या होनी चाहिये व अधिकार निष्पादन की योजनाओं पर भविष्य में किस प्रकार अमल किया जा सकता है –

(1) भारतीय महिला समाज द्वारा पुरूषवादी आधुनिक धर्मग्रंथ ''रामचरितमानस'' के मूल भावना को ध्यान में रखकर नारी समाज में जागृति फैलायी जानी चाहिये।

(2) गाँव–गाँव में स्थापित ''महिला मानस मंडलियों'' को उक्त धर्मग्रंथ के वास्तविक स्वरूप से अवगत कराकर उन्हें नारी हित में विशेष पहल हेतु प्रशिक्षण की जानी चाहिये...। या महिला मानस मंडलियों'' के माध्यम से ही जनसाधारण में उक्त ग्रंथ की वास्तविकता को उजागर करके उन्हें इस ग्रंथ के प्रति सही जानकारी दी जानी चाहिये.....।

(3) उक्त आधुनिक धर्मग्रंथ के राष्ट्रीय प्रसारणों के विषय में सरकार से चर्चा की जानी चाहिये और हर कीमत पर समानता के प्रयास और नारी सम्मान का ख्याल किये जाने चाहिये...।

(4) भारतीय महिला मण्डल को बालविवाह, दहेजप्रथा, बहुपत्नीत्वप्रथा तथा नारी जाति के प्रति समाज में व्याप्त कुरीतियों आदि के खिलाफ सुनिर्धारित रूप से जंग छेड़ना चाहिये एवं दहेज प्रताड़ना के शिकार महिलाओं को कानूनी सहायता मुफ्त में उपलब्ध कराया जाना चाहिये। इस कार्य के लिए महिला अधिवक्ताओं से भी सहयोग अपेक्षित है।

(5) पुरूषवाद द्वारा प्रचारित कथित पातिव्रत्य धर्म पर राष्ट्रीय बहस करवाने पर जोर दिया जाना चाहिये। जिस प्रकार नारी के लिए पातिव्रत्य धर्म को पुरूष प्रधान समाज द्वारा आवश्यक करार दिया गया, इसी प्रकार ही, पुरूषों के लिए भी पत्नीव्रत धर्म को आवश्यक करार दिया जाना चाहिये। यह पत्नीव्रत धर्म, पातिव्रत्य धर्म के नियमों व उपनियमों के ही समकक्ष होने चाहिये। अगर पुरूष, पत्नीव्रत धर्म का उल्लंघन करता है, तो फिर वह अपनी पत्नी को पातिव्रत्य धर्म पर चलने के लिए वाध्य करने का किसी प्रकार भी हकदार नहीं होगा। ऐसा पति, अपनी धर्मपत्नी के द्वारा समानता के अधिकार के तहत् दण्डित भी होगा। इस प्रकार का संविधान संशोधन विधेयक पेश करने के लिए सरकार को आगे आना चाहिये....।

(6) जिस प्रकार नारी जाति के लिए पातिव्रत्य धर्म के नियम व उपनियम पुरूष जाति ने बनाया है। इसी प्रकार ही पत्नीव्रत धर्म के सारे ही नियम, उपनियम व दण्ड विधान नारी समाज के द्वारा निर्धारित किये जाने चाहिये। जिन्हें बिना किसी विरोध के हर पुरूषों के लिए स्वीकार करना अति आवश्यक होना चाहिये। अन्यथा नारी भी बदले

की कार्यवाही के तहत् पातिव्रत्य धर्म की जड़ को ही उखाड़ फेंकने में व्यक्तिगत रूप से स्वतंत्र होगी तथा वह अपनी स्वतंत्रता घोषित कर अपनी इच्छानुसार किसी भी ऐसे निर्णय के लिए स्वतंत्र होगी जो उनके हित साधन में खरे उतर सकें...।

(7) नारी जाति को शारीरिक व मानसिक रूप से प्रताड़ित करने वाले पुरूषों से, न्यायालय से न्याय दिलाने के लिए आवश्यक बंदोबस्त (वकील आदि) किये जाने चाहिये।

(8) पंचायतों, नगर निकायों, विधान सभाओं और संसद में महिलाओं के लिए 50% स्थान आरक्षित करवाने के लिए जंग छेड़े जाने चाहिये और उसके लिए सरकार पर आवश्यक दबाव भी होने चाहिये। नारी स्वतंत्रता के मामले में नारी समाज, किसी से भी कोई समझौता नहीं करेगी। भले ही इसके लिए कोई भी कुर्बानी क्यों न देनी पड़े...। नारी स्वतंत्रता के विषय में प्रत्येक नारी को जागृत होना चाहिये...।

(9) परिवार नियोजन, नारी शिक्षा, पर्यावरण आदि के विषय में नारियों को आवश्यक जानकारियाँ समय–समय पर विशेष माध्यम से दिये जाने के प्रयास किये जाने चाहिये। परिवार नियोजन में सहायता राशि बढ़ाने के लिए जोर डालना चाहिये। महिला नसबंदी के लिए सहायता राशि 10,000/– रूपये और पुरूष नसबंदी के लिए 3000/– दिये जाने की मांगे रखी जानी चाहिए। चूंकि आमतौर पर पुरूष जाति नसबंदी से कतराते है और नारी को ही नसबंदी कराने के लिए बाध्य करते हैं। इसलिए नारी नसबंदी की सहायता राशि निश्चित रूप से बढ़ा दी जानी चाहिए...।

(10) चूंकि नारी आमतौर पर अपनों द्वारा ही शारीरिक रूप से शोषित होती रहती है। कई पिता ऐसे भी होते हैं, जो स्वयं अपनी पुत्री से घृणास्पद व्यवहार करते हैं और बेटियाँ अपने पिता की सारी घृणास्पद हरकतों को चुपचाप सहन करती रहती हैं। इसलिए नारी जाति से घृणास्पद हरकतें करने वाले पुरूषों (चाहे वह पिता, भाई, पुत्र आदि ही क्यों न हो) के लिए सरकार से कड़ी सजा नियत करने के लिए सुझाव देना चाहिए और ऐसे लोगों को अग्रिम जमानत न देने के लिए प्रस्ताव भेजना चाहिए...। बलात्कारी पिता, भाई, पुत्र आदि के लिए तो मौत की सजा नियत की जानी चाहिए..।

(11) अनुकम्पा नियुक्ति की प्रक्रिया में, नारी जाति के हित में थोड़े से फेरबदल करने की मांग रखी जानी चाहिए। अभी तक तो पिता, माता, या पति के मृत्योपरान्त ही अनुकम्पा नियुक्तियाँ दी जाती रही हैं। लेकिन अब इस प्रक्रिया में फेरबदल करके निम्न परिस्थितियों पर भी अनुकम्पा नियुक्तियाँ प्रदान की जानी चाहिए–

(क) यदि माता, पिता या कमाने वाला बड़ा भाई, नौकरीशुदा न हो, कृषक आदि हो, तथा किसी हादसे में वे अपाहिज हो गये हो और किसी भांति भी चलने–फिरने लायक न हो...। ऐसे परिवार के सदस्यों को अपाहिजों की संख्या के आधार

पर नियुक्तियाँ मिलनी चाहिए...। नियुक्ति के लिए लड़कियों को विशेष तौर पर प्राथमिकता दी जानी चाहिए।

(ख) यदि नौकरीशुदा माता या पिता की किसी हादसे या रोगवश मृत्यु हो जाय, तो उनकी एक ही संतान को अनुकम्पा नियुक्ति देने का प्रावधान है। इसके अतिरिक्त माता या पिता की जो नौकरीशुदा नहीं है, बल्कि कृषक या कृषक मजदूर है। यदि आकस्मिक मृत्यु हो जाती है, यदि उनके सिर्फ लड़कियाँ ही है तो, दो लड़कियों को नियुक्तियाँ दी जाय, और यदि लड़के भी है, तो एक लड़की व एक लड़के को नियुक्तियाँ प्रदान की जानी चाहिए। ताकि उनके परिवार का सारा कार्य पूर्ववत् चलता रह सके।

(ग) आतंकवादियों, नक्सलवादियों आदि के द्वारा मारे गये व्यक्ति या महिला के संतानों में किसी एक को अनुकम्पा नियुक्ति दी जानी चाहिए...। विशेष तौर पर महिला की मृत्यु पर उसकी लड़कियों में से किसी एक को सरकारी नौकरी मिलनी चाहिए। लेकिन यदि महिला अविवाहिता है, तो प्राथमिकता के तौर पर पहले बहिन को, या बहिन न रहने की स्थिति में भाई को नियुक्तियाँ मिलनी चाहिए...।

(घ) यदि ऐसे लड़के या लड़कियाँ हो, जिनके माँ–बाप न हो, और जो दूसरों पर आश्रित हो, तो उन लड़के या लड़कियों को अनुकम्पा नियुक्तियाँ मिलनी चाहिए. ..। यदि एक लड़की और एक लड़का हो तो लड़की को ही नियुक्ति दी जानी चाहिए...।

(12) केन्द्र सरकार से ''कन्या रत्न'' योजना शुरू करने के लिए मांग की जानी चाहिए। इसके अन्तर्गत किसी भी स्त्री–पुरूष के कन्या पैदा होते ही उसके लिए 5000/– मासिक भत्ता तय की जाय। ताकि कन्या के परवरिश पर किसी भी प्रकार से कमी न आने पाये और पुत्र के समकक्ष ही उन्हें दर्जा प्राप्त हो सके। यह भत्ता कन्या के अविवाहिता रहने की स्थिति तक दिया जाए। ऐसा करने से किसी भी माता–पिता को कन्या बोझ नहीं लगेगा बल्कि उसकी पैदाइशी पर ही वे खुश होंगे और पुनः कन्या प्राप्ति की ही इच्छा करेंगे। यह प्रस्तावित ''कन्या रत्न'' भत्ता कन्या के उम्र बढ़ने के साथ ही साथ क्रमशः बढ़ते क्रम में होना चाहिए...।

(13) महिला के नाम पर बने हुए घर, दुकान आदि पर किसी भी प्रकार से शासकीय टैक्स नहीं लेना चाहिए। उनके नाम के कृषि भूमि पर लगान माफ कर दिया जाना चाहिए। मनोरंजन कर, सम्पत्ति कर आयकर आदि से भी उन्हें मुक्त रखा जाना चाहिए। विद्युत कर, जल कर, विक्रय कर आदि सभी से उन्हें स्वतंत्र रखने के लिए महिला मण्डल को भी प्रयासरत् होना चाहिए एवं सरकार भी इस और ध्यान दें।

(14) महिला कर्मचारियों के वेतनमान, पुरूष कर्मचारियों के वेतनमानों से दुगुना किया जाना चाहिए...। पदोन्नति के मामले में उन्हें, पुरूष कर्मचारियों की अपेक्षा दुगुना अवसर उपलब्ध कराये जाने चाहिए...।

(15) निःसंतान दम्पत्ति अगर किसी कन्या को गोद लेता है, तो उस कन्या को ''कन्या रत्न'' भत्ता तो अवश्य ही सरकार द्वारा दिलवाने के लिए भारतीय महिला मंडल को प्रयत्नशील होना चाहिये, साथ ही ऐसे दम्पत्तियों को कई शासकीय लाभ (चिकित्सा, यात्रा आदि) मुफ्त दी जानी चाहिए...। सरकार स्वयं ही इस हेतु ध्यान दें।

(16) भारतीय महिला मण्डल को अविवाहिता माताओं और कानीन (विवाह से पूर्व उत्पन्न) पुत्रियों के लिए सरकार द्वारा विशेष सहयोग की घोषणा कराने का प्रयास करना चाहिए। इन सहयोगों में शासकीय नौकरी में प्राथमिकता भी है एवं योग्यताओं व उम्र में शिथिलता भी है..।

(17) स्वेच्छा से या अनिच्छा से देह व्यापार करने वाली महिलाएँ, यदि अपने देह व्यापार को आजीवन तिलांजलि देने का संकल्प करके अपना वैवाहिक जीवन शुरू करना चाहें तो भारतीय महिला मण्डल, हर कीमत पर संघर्ष करे और ऐसे महिलाओं को अपना जीवन सुधारने के निमित्त आर्थिक सहायता के रूप में एकमुश्त पांच लाख रूपये दिलवाने का प्रयास करना चाहिए।

(18) पुश्तैनी देह व्यापार वाली महिलाएँ, यदि अपनी पुत्रियों को परम्परागत व्यवसाय में न लगाकर उसकी शिक्षा–दीक्षा व बेहतरीन संस्कार आदि पर उचित ध्यान देती है तो भारतीय सरकार को चाहिए कि वह ऐसी महिलाओं और लड़कियों के लिए विशेष राहत की घोषणा करें, जो माता और पुत्रियों, दोनों के लिए समान रूप से हितकारक व सम्मानजनक हो।

इस प्रकार उक्त बिन्दुओं के माध्यम से सरकार का ध्यान आकर्षित कराने का प्रयास किया गया है, अतएव उम्मीद की जाती है कि इस पर अमल करने से निश्चय ही समस्याएँ सुलझेगी और नये परिवेश को लाने के लिए सबका सहयोग अपेक्षित है।

अध्याय – अष्टम

नारी प्रतिनिधियों के विचार

भारतीय समाज में नारी अधिकार, स्वतंत्रता व भारतीय परिवेश से प्राप्त संस्कारों के मद्देनजर विभिन्न विचार ग्रामीण व नगरी महिलाओं से प्राप्त हुए। उन्होंने अपना स्वविचार स्वतंत्रतापूर्वक स्वलिखित प्रेषित किया, जिन्हें मूलतः संक्षिप्त में यहाँ प्रस्तुत किया जा रहा है –

आधुनिक युग में नारी की दशा एवं दिशा

–श्रीमती स्मृति कन्नौजे

कहते हैं, जब एक स्त्री का जन्म होता है तभी से उन्हें अपने जीवन में विभिन्न रूपों एवं पड़ावों से गुजरना पड़ता हैं, जैसे– बेटी, पत्नी, माँ, दादी या नानी, और हर रूप में उनकी एक अलग ही छवि नजर आती हैं। अतीत काल से ही समाज में नारी की महत्त्वपूर्ण भूमिका रही हैं। परिवार, समाज, राज्य, राष्ट्र, के प्रति अपने कर्त्तव्यों एवं दायित्त्वों का निर्वहन करते हुए संरचना, संगठन एवं विकास के प्रति वह सदैव जागरूक रही हैं। इतिहास के पन्नों को पलटकर देखें तो भारतीय समाज में नारी दायित्त्व निर्वहन का जितना उदाहरण मिलता है, विश्व के इतिहास में अन्यत्र दुर्लभ है। आज पुरुषों के साथ कंधे से कंधा मिलाकर सहभागिता करने वाली नारी मध्ययुगीन काल में आक्रांताओं की कुदृष्टि, अत्याचार एवं

शोषण के कारण घर की चहारदीवारी में उलझ कर रह गई। बहुविवाह प्रथा एवं विधवाओं के प्रति नकारात्मक सोच ने उन्हें दुःखी कर रखा था। पर्दा प्रथा एवं सती प्रथा ने नारी विकास के सारे रास्ते बंद कर दिये थे। यदा–कदा आज तक यह सतीप्रथा कहीं–कहीं सुनने एवं पढ़ने को मिलती हैं। धीरे–धीरे उन्नीसवीं शताब्दी के आने तक नारी उत्थान एवं विकास के लिये कुछ प्रयास किये गये, जिसमें सर्वप्रमुख समाज सुधारक ज्योतिबा फूले एवं सावित्री बाई फूले ने नारी शिक्षा के विकास में महत्त्वपूर्ण योगदान दिया। स्वातंत्र्योत्तर काल में राजनीति, साहित्य, चिन्तन आदि क्षेत्रों में वे आगे बढ़ती रहीं। प्रशासनिक दक्षता भी प्रदर्शित करती रहीं। प्रधानमंत्री, मुख्यमंत्री, राज्यपाल, लोकसभा अध्यक्ष आदि के पद का दायित्त्व निर्वाह किया। छत्तीसगढ़ की पहली महिला सांसद मिनीमाता ने संसद में नारी की मूल समस्याओं को रखा तथा नारी के प्रति समाज को जागृत करने का प्रयास किया। आज शिक्षा, संस्कृति, साहित्य, राजनीति, खेलकूद, उद्योग, व्यापार, नौकरी, विज्ञान, सेना, चिकित्सा, इंजीनियरिंग यहाँ तक कि हवाई जहाज चालक (पायलट) से आटो एवं बस चालक की नौकरी ऐसा कोई भी क्षेत्र नहीं हैं, जिसमें नारी कार्यरत होकर सहभागिता न निभा रही हो। जैसा की हम जानते हैं हमारा भारतवर्ष पुरुष प्रधान देश है। आज भी हमारे देश में कुछ पिछड़ी मानसिकता वाले पुरुष हैं जो अपनी पौरुषता के समक्ष नारी का स्थान निम्न दर्जे का समझते हैं। उनका पुरुषाभिमान उनकी सोच पर हावी हो जाता है। नारी मुक्ति को लेकर हम आज लाख अभियान चलाये, पर नारी कभी भी मानसिक रूप से मुक्त नहीं हो सकती। जिम्मेदारी एवं दायित्त्व बोझ उन्हें कभी मुक्त होने नहीं देती। नारी मुक्ति की कल्पना जितनी मोहक है, उतनी भ्रामक भी। वह हमेशा समाज की रूढ़ियों एवं परम्पराओं से बंधी रहती हैं। "नारी मुक्ति की धारणा पर जब हम सम्यक दृष्टि से विचार करते हैं, तो कुछ प्रश्न सहज ही सम्मुख आ जाते हैं, किसकी मुक्ति, किससे मुक्ति और कैसी मुक्ति? उत्तर की सम्भावनाएँ साथ ही बोल उठती हैं समाज से मुक्ति, रूढ़ियों से मुक्ति तथा आंतरिक दासता से नारी की मुक्ति।"[1]

आज के युग में नारी का अस्तित्व एक सवाल बना हुआ है। नारी आखिर है क्या? एक नारी का जब किसी पुरुष से विवाह होता है तो वह उसकी अर्धांगिनी कहलाती है, तथा उसे धर्मपत्नी का दर्जा दिया जाता हैं, परंतु वर्तमान समय में नारी मात्र भोग विलास की वस्तु बनकर रह गई हैं। आज नारी हिंसा अपने आप में एक सामाजिक समस्या है, जिसके फलस्वरूप समाज में बहुंत सारी समस्याएँ पैदा हो रही हैं। माँ के गर्भ में ही भ्रूण हत्या, जन्मोपरान्त माता–पिता द्वारा उपेक्षा करना, शिक्षा से वंचित रखना, शादी के बाद पति के अलावा, सास, ननद, जेठ एवं परिवार के अन्य सदस्यों द्वारा प्रताड़ित करना, दहेज के कारण जला कर मार देना, विधवा अत्याचार, वृद्धाश्रम में पुत्र द्वारा माता को छोड़ा जाना, आदि हिंसा एवं अत्याचार नारियों के साथ होता रहा हैं। घर के बाहर भी स्त्रियों के प्रति

हिंसा और शोषण बढ़ता जा रहा है। जब वह रास्ते में चलती हैं तो पुरुषों द्वारा छेड़छाड़, अपहरण, बलात्कार, कन्या अनैतिक व्यापार, देह व्यापार एवं शारीरिक शोषण होता है। नारी हिंसा के लिये कोई वर्ण निश्चित नहीं हैं। निम्न वर्ग से उच्च वर्ग की सभी स्त्रियाँ हिंसा एवं शोषण का शिकार हो रही हैं तथा उनके मान–सम्मान को ठेस पहुंचाया जा रहा हैं। कहते हैं कि स्त्री को प्यार कम दोगे तो वह समझौता कर लेगी, लेकिन मान–सम्मान नहीं दोगे तो वह अंदर ही अंदर मर जाएगी। फिर लाख कोशिश कर लो वह तुम्हें अपने हृदय तक नहीं पहुंचने देगी। आज भारत में अखबार एवं पत्रिकाओं से जुड़े आंकड़े यह प्रदर्शित करते हैं कि प्रत्येक 4 मिनट पर एक महिला उत्पीड़न, प्रत्येक 15 मिनट में यौन उत्पीड़न एवं हर 3 मिनट पर बलात्कार की कोशिश की जाती हैं। वर्तमान समय में महिलाओं के प्रति बढ़ते अपराधों ने सम्पूर्ण विश्व के सामने एक विकराल एवं भयानक समस्या का रूप धारण कर लिया हैं। इसीलिये प्रत्येक देश अपने–अपने स्तर पर नारी हिंसा का समाधान ढूँढ रहे हैं। "भारत ने महिलाओं को संवैधानिक एवं कानूनी रूप से सशक्त बनाने के लिये बाल–विवाह निषेध अधिनियम 1929, हिन्दू विवाह अधिनियम 1956, वैश्यावृत्ति निवारण अधिनियम 1986, संशोधित अधिनियम 2003, उत्तराधिकार अधिनियम 2002, भारतीय तलाक संशोधन अधिनियम 2001, दहेज अधिनियम 1961, घरेलू हिंसा अधिनियम 2005, इत्यादि बहुत से कानून बनाये हैं।"[2]

भारतीय चिंतन में नारी माँ है, देवी है, शक्ति की प्रेरणा है, संस्कारों की जननी हैं, करुणा का सागर हैं, संस्कृति की पोषक एवं संरक्षक हैं। जयशंकर प्रसाद ने "नारी तुम केवल श्रद्धा हो" कहकर नारी के मातृत्व को आलोकित कर, उनकी वंदना की हैं।' "नारी पृथ्वी सी क्षमावान, सूर्य सी तेजस्वी, सागर सी गम्भीरता, चंद्रमा की तरह शीतलता और सर्वगुण सम्पन्नता पृथ्वी के आरम्भ से ही रही हैं। अपनी लघुता में भी महत्ता, शीतलता में भी जीवन की उष्मता, तथा सुंदर तन में भी विष छिपाये रखने वाली नारी ने सृष्टि के उषाकाल से ही पुरुष की कोमल भावनाओं में चेतना फूंकने और उसकी कल्पनाओं में रंग भरने का कार्य किया हैं।"[3]

नारी सहानुभूति नहीं सहयोग चाहती हैं। शिक्षा ही एक मात्र साधन हैं जो नारी को भयमुक्त, आतंक मुक्त, छिपाव रहित ज्ञान देगा। अब उसे शिक्षित होकर अबला की जगह सबला बनने की जरूरत हैं एवं "नारी पढ़ेगी, विकास गढ़ेगी" कहावत को चरितार्थ करना हैं। तभी वह समाज के उत्थान में सहायक सिद्ध होगी। नारी का उत्थान मात्र शिक्षा एवं उसकी आत्मनिर्भरता से ही होगा। आज समाज में छोटी बच्चियों एवं नाबालिक लड़कियों से दुराचार की घटनाऐं सामने आ रही हैं। मानव की मानसिक प्रवृत्ति इतनी अपराधिक हो चुकी है कि वह छोटी उम्र की बच्चियों के साथ दुराचार कर रहा हैं। हमें चाहिये कि हम बच्चियों को बहुंत ही छोटी उम्र से गुड–टच एवं बैड–टच की जानकारी दें। उन्हें

जितना हो सके सुरक्षा प्रदान करें। उन्हें समझायें कि किसी अजनबी व्यक्ति पर भरोसा न करें। पिछले कुछ समय से समाचार माध्यमों से बलात्कार एवं यौन शोषण पर खबरों की संख्या में कुछ अधिक ही बढ़ोत्तरी हो रही हैं। आज ही अखबार में सहसा मेरी नज़र एक खबर पर टिक गई। उसकी हेडलाईन थी 'आदिवासी नाबालिक से दुष्कर्म कर रहे लोगों को ग्रामीणों ने पकड़ा, पुलिस को बुलाया, वो आई गिरफ्तार कर ले गई, चोरी का केस दर्ज किया, युवती ने तीन दिन बाद लगा ली फाँसी।' हेडलाइन से ही पूरा माजरा समझ आ रहा था। ऐसी खबरें हमारे पुलिस एवं प्रशासन व्यवस्था पर सवाल उठाती है, कि जिस पुलिस को हमारी सुरक्षा के लिये रखा गया है, आज वही हमारे मान–सम्मान के टुकड़े कर बेच रही हैं। आधुनिक युग के साहित्यकारों ने अपने साहित्य के माध्यम से नारी चिन्तन में नारी जाति का समग्र इतिहास समाहित किया हैं। वे नारी की विडम्बनाओं एवं संवेदनाओं को अपनी कलम शक्ति के माध्यम से विभिन्न पत्र–पत्रिकाओं एवं आलेखों द्वारा समाज के समक्ष उजागर किया हैं। भारतेन्दु युग से ही स्त्री विमर्श पर लेखन प्रारम्भ हो चुका था। महादेवी वर्मा का नारी चिन्तन एक वैचारिक आंदोलन की क्रांतिकारी शुरूआत थी। आधुनिक युग के उस स्वर्ण काल में जब मैथिलिशरण गुप्त, जयशंकर प्रसाद, रामधारी सिंह 'दिनकर' और सुमित्रानंदन पंत आदि कवियों ने अपनी लेखनी से कभी नारी सुलभ भावनाओं को, तो कभी उपेक्षित नारियों की भावनाओं को अभिव्यक्ति दे रहे थे, तब महादेवी वर्मा ने अपने निबन्ध साहित्य से महिलाओं में जागृति लाने का एक भागीरथ प्रयास कर रही थीं। ''श्रृंखला की कड़ियाँ' एवं 'अपनी बात' में उद्‌धृत महादेवी वर्मा की पंक्तियाँ उनके समग्र नारी चिन्तन की भाव–भूमि हैं। आरम्भ में 'अपनी बात' को संक्षेप में कहकर वे निष्कर्ष देती हैं कि भारतीय नारी की मूल समस्या असंतुलित हैं। ''मैंने भारतीय नारी की विषय परिस्थितियों को अनेक दृष्टि बिन्दु से देखने का प्रयास किया हैं। अन्याय के प्रति मैं स्वभाव से असहिष्णु हूं अतः इन निबन्धों में उग्रता की गंध स्वाभाविक हैं। परंतु ध्वंस के लिये, ध्वंस के सिद्धांत में मेरा कभी विश्वास नहीं रहा। मैं तो सृजन के उन प्रकाश तत्वों के प्रति निष्ठावान हूं जिनकी उपस्थिति में विकृति अंधकार के समान विलीन हो जाती हैं।''[4]

आज इक्कीसवीं सदी में सर्वत्र नारी विकास की चर्चा हैं। मध्यकालीन युग में स्त्रियों की दुर्दशा से लेकर आज इक्कीसवीं शताब्दी में महिलाओं की दशा एवं दिशा में अनेक परिवर्तन हुए हैं। विश्व के कोने–कोने में महिलाओं की कामयाबी दर्ज हैं। पुरुषों द्वारा महिलाओं को मान–सम्मान दिया जा रहा हैं। जगह–जगह महिलाओं के आरक्षण की बात चल रही हैं। महिलाओं के लिये विकास प्राधिकरण बने हुये हैं। जैसा कि उपरोक्त कुछ पंक्तियों में मैंने दर्शाया है कि महिलाओं के विकास प्राधिकरण बनाये गये हैं तथा सभी क्षेत्रों में उन्हें समानाधिकार प्रदान की जा रही हैं। अब लगता है कि वह दिन दूर नहीं कि इक्कीसवीं शताब्दी की किरणें दुर्विचार एवं अज्ञानता के तमस को दूर करेंगी। ''इक्कीसवीं

शताब्दी की सुबह की किरणें अज्ञानता अविचार के अंधकार को दूर करेंगी। हमारा समाज एवं राष्ट्र, 'वासुधैव कुटुम्बकम्' के यथार्थ को सार्थक कर सकेगा, इन सभी के प्रति 'नारी' की भूमिका अविस्मरणीय बनकर भावी पीढ़ी को सन्मार्ग की ओर ले जावेगी।"[5]

शोधार्थी,
हिन्दी विभाग,
कला संकाय,
इंदिरा कला संगीत वि.वि.,
खैरागढ़ (छ.ग.)।

संदर्भ ग्रंथ सूची-

1. डॉ. सफलता 'सरोज', नारी स्वतंत्रता– जितनी मोहक, उतनी भ्रामक, पृ. 14, नारी का संबल, त्रैमासिक पत्रिका, अप्रैल–जून 2009, प्रकाशक एवं सम्पादक शकुन्तला तरार, एकता नगर, गुढ़ियारी रायपुर।

. डॉ. मिथलेश कुमारी दीक्षित–नारी हिंसा–एक सामाजिक समस्या, पृ. 13, नारी का संबल, त्रैमासिक पत्रिका, अक्टूबर–दिसम्बर 2008।

. नलिनी उजवने–नारी चेतना, पृ. 16, नारी का संबल, त्रैमासिक पत्रिका अक्टूबर–दिसम्बर 2008।

. क्रांति कनाटे–महादेवी वर्मा का नारी चिन्तन एक वैचारिक आंदोलन का अथश्री, पृ. 154, महादेवी वर्मा–स्मृति ग्रंथ, सम्पादक– डॉ. डी.पी. बरनवाल, श्याम ब्रदर्स प्रकाशन, प्रथम सं. 2014।

. आचार्य रमेन्द्रनाथ मिश्र–नारी आरक्षण– एक चिन्तन, पृ. 13, नारी का संबल, त्रैमासिक पत्रिका, अप्रैल–जून 2009।

भारतीय नारी की परतन्त्रता का इतिहास

नारी प्रतिनिधियों के विचार के अन्तर्गत अनुभव या तत्संबधित लेख

।। यत्र नार्यास्तु पूज्यन्ते, तत्र् रमन्ते देवताः ।।

–आराधना चतुर्वेदी

कहते है जहाँ नारी की पूजा होती है वहाँ देवता निवास करते है। यह सूक्ति केवल शास्त्रों में ही अच्छे लगते है। असल जिन्दगी में देखा जाये तो प्राचीन काल से ही नारी का जीवन कठिनाईयों, उलझनों, समस्याओं आदि से भरी पड़ी है। वैदिक काल में हमारे समाज में स्त्रियों की दशा बहुत अच्छी थी। उन्हें शिक्षा–दीक्षा का अधिकार था। सभी धार्मिक, सामाजिक एवं राजनैतिक कार्यों में स्त्रियों को सम्मिलित किया जाता था। वे अपनी इच्छा अनुसार विवाह कर सकते थे। पुरुषों के सामान ही स्त्रियों को सभी अधिकार प्राप्त थी। समाज मातृसत्तात्मक था।

परन्तु जैसे–जैसे हमारा समाज शिक्षित होता गया, समय बदलता गया और स्त्रियों की स्थिति दयनीय हो गई। अब उन्हें न ही शिक्षा ग्रहण करने का अधिकार था और न ही किसी धार्मिक ,सामाजिक तथा राजनीतिक कार्यों में भागीदारी का, क्यों? हमारा समाज पुरुष प्रधान होता चला गया और स्त्रियाँ पर्दा प्रथा, बाल विवाह, सती प्रथा जैसे रिवाजों में बंधती चली गई। स्त्रियों को घर से निकलने नहीं दिया जाता था, उन्हें चहारदीवारी में कैद कर दिया गया, पुरुष स्त्रियों को केवल अपनी पैर की जूती समझनें लगें। उनका शोषण करने लगे। अत्याचार करने लगे। क्या एक स्त्री का जन्म ये सब सहने के लिए हुआ है? एक स्त्री को मंदिरों में देवदासी बना दिया जाता था, ताकि मंदिर का पुजारी, शहर का व्यापारी, अमीर जमींदार उनका शोषण कर सके और इस तरह एक स्त्री वैश्या का जीवन जीने पर मजबूर हो जाती थी। उन्हें अंधविश्वासों के दलदल में इस प्रकार धकेल दिया गया, जहाँ उन्हें व्रत, उपवास, पूजा–पाठ, कर्म, पति की सेवा, पुत्र प्राप्ति के लिए नियति आदि कार्य करने पड़ते थे। धर्म के नाम पर महिलाओं को जाति से बहिष्कृत कर उन्हें कुप्रथा, अंधश्रद्धा, अंधविश्वासों के जाल में फांस लिया गया। स्त्रियों के साथ पशुओं के समान व्यवहार किया जाता था। स्त्रियों को केवल बच्चा जनने का मशीन बना दिया गया। एक महिला 8–8, 10–10 बच्चों को जन्म देकर अपना सम्पूर्ण जीवन उनके लालन–पालन में लगा देती थी ।

कुछ समय पश्चात स्त्रियों को इतनी हीन भावना से देखा जाने लगा, कि घर में लड़की पैदा होने पर उसे अभिशाप समझा जाने लगा। कोख के अंदर ही उन्हें मार दिया जाने लगा, लड़की पैदा होने पर उसकी माता को खरी–खोटी सुनाया जाता था। एक स्त्री

का जीवन संघर्षमय हो गया। यह तो पुराने समय की बात है। आज के समय में भी देखें, तो हमारा समाज सभ्य होते हुए भी सभ्य नहीं है। शिक्षित होते हुए भी अनपढ़ लोगों की तरह व्यवहार करते है। आज भी हमारे समाज में स्त्रियों को उसी नजर से देखा जाता है जैसे कि मध्यकालीन समाज में देखा जाता था। एक स्त्री का अपमान एवं शोषण करने में लोग पीछे नहीं रहते है।

आज भी समाचारों में अखबारों में देखने व सुनने को मिलता है, कि अत्याचारों से तंग आकर किसी महिला ने आत्महत्या कर ली या उसके ससुराल वालों ने उसे जला कर मार डाला। एक स्त्री बचपन में अपने पिता पर, जवानी में पति पर तथा बुढ़ापे में बेटे पर निर्भर रहती है। क्या उनके स्वयं के कोई सपने नहीं है, या उनका स्वयं का कोई अधिकार नहीं है? विवाह के बाद पति चाहे जैसा भी हो रोज अपनी पत्नी को शराब पीकर मारता हो, दहेज के लिए प्रताड़ित करता हो, फिर भी एक नारी अपने पति के जीवित रहने तक ये सब चुपचाप सहती रहती है। पति के मरने के बाद ही उसके अत्याचारों से छुटकारा मिलता है। इस प्रकार एक स्त्री का जीवन परतंत्र है। एक स्त्री को अपना स्वयं का अधिकार पाने के लिए भी दर–दर भटकना पड़ता है। क्यों? पुरुषों के बराबर शिक्षित होकर भी उनका शोषण हो रहा है। एक स्त्री कितनी ही उँचाई पर क्यों ना हो उसे नीचे गिराने के लिए लोग आँखें खोलकर खड़े रहते है। हर मोड़ पर एक स्त्री को बेइज्जती, अपमान सहना पड़ता है। एक ऐसी स्त्री जिसका विवाह नहीं हो पा रहा हो, और एक ऐसी स्त्री जिसका विवाह के पश्चात संतान न हो पा रहा हो, उन्हें दुनिया भर के ताने सुनने पड़ते है। आखिर क्यों? नवरात्रि के नौ दिन सारी दुनियाँ माता–माता कहकर देवी की पूजा करते है और बाकी दिन उसी देवी समान स्त्री का शोषण, अपमान, अत्याचार करते है। ये कहाँ का न्याय है? ये जटिलताएँ एक स्त्री के जीवन में आखिर क्यों है? लोग क्यों भूल जाते है कि उन्हें जन्म देने वाली भी एक नारी है। नारियों की स्थिति आज भी परतंत्र ही है।

एक स्त्री न ही परिवार में सुरक्षित है, और न ही समाज में। क्या होगा, इस समाज में अगर नारी नहीं रहेगी? क्या नारी के अभाव में किसी परिवार या समाज के अस्तित्व की कल्पना भी की जा सकती है? नही, एक स्त्री केवल भोग की वस्तु नहीं होती, वह माता, बहिन और बेटी होती है। एक स्त्री ही नये जीवन को जन्म देती है, किसी परिवार का वंश आगे बढ़ाती हैं। परिवार के सभी रिश्ते एक स्त्री से ही जुड़ी होती हैं। इसलिये आवश्यकता है कि समाज में नारी के महत्त्व को समझा जाये। उन्हें परतंत्र नहीं, बल्कि स्वतंत्र किया जाये, तभी यह सूक्ति सार्थक हो पायेगी –

यत्र नार्यास्तु पूज्यन्ते, तत्र् रमन्ते देवताः ।।

दादर, बी.एम.वाय. चरोदा
जिला–दुर्ग (छ.ग.) 490025
email- aradhana08@yahoo.com

"प्रारम्भ से लेकर आज तक नारी-अस्तित्व का अवलोकन"

–प्रतिमा

नारी भारतीय संस्कृति एवं समाज का एक अपरिहार्य अंग रही है। उसके जीवन से सम्बन्धित जो बहुविध आयाम है, वे बाह्य और अभ्यन्तरित दोनों ही प्रकार के हो सकते हैं। उसका बाह्य मानव सभ्यता और समाज व्यवस्था तथा उसका अन्तस उसके सांस्कृतिक जीवन से सम्बन्धित रहा है। इस कारण यदि हमें भारतीय समाज के अतीत का एक सम्यक और निष्पक्ष विवेचन करना है तो नारी के अस्तित्व को विस्मृत नहीं किया जा सकता है और न ही उसका गौण रूप में अध्ययन किया जा सकता है। नारी जीवन पर प्रभाव डालने के अनेक कारण रहे हैं। यह साधन साहित्यिक और कलात्मक दोनों दृष्टि से रहे है। पुरातात्त्विक साधनों में मूर्तिकला और चित्रकला द्वारा उसके जीवन के विविध आयामों का लालित्यपूर्ण अभिव्यक्तिकरण हुआ है। जहाँ तक मूर्तिकला का सम्बन्ध है उसमें अत्यधिक प्रयास किया है, कि नारी अन्तःकरण की भावनाओं और उसकी रसात्मक अनुभूतियों का अंकन पाषाण के माध्यम से किया गया है, लेकिन सीमा के अन्तर्गत तक। नारी जीवन का एक अविच्छिन और अपरिहार्य अंग सौन्दर्य रहा है। हमारे प्राचीन चित्रकारों ने नारी जीवन के चित्रों द्वारा उसके अस्तित्व को ही नहीं अपितु उसके समस्त सामाजिक, बौद्धिक, मनोवैज्ञानिक और कलात्मक एवं सौन्दर्यात्मक परिवेश को जीवित रखा है। नारी–अस्तित्व की महत्त्वपूर्ण विश्लेषण यह है, कि जो उसके अध्ययन की गहराई और उसकी एकात्मकता को सिद्ध करता है और यह बताता है, कि नारी के विभिन्न रूपों के मध्य नारी का एक अखण्डित स्वरूप, के साथ नारी की विभिन्नता का जो सामाजिक पक्ष है, वह उसको एकता से अनेकता की ओर ले जाता है, जो उसकी वेशभूषा, श्रृंगार, आस्थाओं, मान्यताओं और अन्य सामाजिक आधारों से भली प्रकार व्यक्त होता है।

भारतीय संस्कृति का वास्तविक स्वरूप खोजने के लिए अनेक विद्वान सदैव से ही उत्साहित रहे हैं। नये–नये दृष्टिकोण से विभिन्न आधारों एवं विभिन्न माध्यमों से उसके सही चित्रों को अंकित करने प्रयास रहता आया है। इस देश की संस्कृति से सम्बन्धित कुछ ऐसे ही विषय रहे हैं। कुछ इन्हीं विषयों में नारी जीवन भी एक महत्त्वपूर्ण विषय रहा है। नारी समाज ने भारतीय संस्कृति के निर्माण में ऐसे बहुंत से कार्य किए है, जो अविष्मरणीय है। विश्व के चित्रकार, साहित्यकार, मूर्तिकार जिस सीमा तक नारी के अस्तित्व के अभिव्यक्तिकरण में सफल हो सके हैं, उतनी ही मात्रा में उनका देश, साहित्य एवं कला, उन्नत और प्रगतिशील समझा गया। यह अतिसंयोक्ति नहीं है, कि भारत इस

दिशा में अग्रगण्य है। वे उसकी पूजा काली के रूप में करते रहे है और उसे भिन्न–भिन्न अनित्य एवं परस्पर विरोधी दिखायी पड़ने वाले रूपों में देखते रहे है। वह कभी उसे एक अत्यन्त रूपवती नवयुवती बना डालते है और तो कभी नर–भक्षिणी। जीवन और धर्म के प्रति उनके ऐसे दृष्टिकोण के मूल में कोरा अन्धविश्वास न होकर गम्भीर तत्त्व–चिन्तन की पीठिका होती है। देवी–देवताओं के भिन्न–भिन्न वेश और उनके अनेक रूप प्रकृति की जटिलता की ही लयबद्ध एवं कवित्वमयी अभिव्यक्तियाँ है। भारत के ऋषि–मुनि, दार्शनिक, महाकवि, चित्रकार और मूर्तिकार सभी ने नारी में सौन्दर्य की पवित्रतम ब्रह्मनूभूति की झांकी देखी है और उस अलौकिक छवि को कुमारी, पत्नी, माता एवं आचार्या आदि नामों में उतार लिया। उस रूप में वह महामाया, आदिशक्ति, सीता और भगवती आदि नामों से इस धरा पर प्रतिष्ठित हुई है। कला और साहित्य में नारी के दो रूपों की मान्यता युगों से चली आ रही है, जिसमें एक विशुद्ध अलौकिक है तो दूसरा भौतिकता मूलक है। एक स्वर्ग की ओर जाती हुई तो दूसरी नरक की ओर। प्राचीन ग्रन्थों में नारी के सम्बन्ध में बड़ी ही विरोधी बातें कही गई हैं। यहाँ कभी उसे पुरूष के समकक्ष, तो कभी उसे विलास की वस्तु मात्र मान कर देखा गया। परन्तु यह स्थिति समय के अनुरूप परिवर्तित होती रही है। उसकी स्थिति में वैदिक युग से लेकर पूर्व मध्ययुग तक अनेक उतार–चढ़ाव आते रहे है। अतः भारतीय संस्कृति के पूर्णज्ञान के लिए नारी जीवन के अस्तित्व का ज्ञान भी आवश्यक है। प्राचीन भारतीय कला में भी नारी चित्रों का अंकन अधिकांशतः चित्रित हुआ है। प्रागैतिहासिक और सिन्धु–घाटी की सभ्यता के अवशेषों से प्राप्त कलात्मक मूर्ति, चित्रों से लेकर अजन्ता, बाघ, राजपूत, मुगल एवं कांगड़ा शैली के चित्र तक और मौर्य मूर्तिकला से लेकर सांची, भरहुत, मथुरा, गांधार, अजन्ता, एलोरा एवं ऐलीफैण्टा की मूर्तिकला व चित्रकला में इनके स्वरूप के दर्शन होते हैं। इन चित्रों में नारी के बाल्यावस्था से यौवनावस्था की विभिन्न झांकियाँ देखने को मिलती है।

प्रत्येक युग में नारी को कला की प्रेरिका माना गया है। नारी न केवल स्वयं में एक मूर्त स्वरूप है बल्कि कलात्मक अभिव्यक्तियों को उसने प्राचीन काल से आज तक विभिन्न माध्यमों में सदैव जीवन्त रूप में प्रस्तुत किया है। अपने इस महतकला और सौन्दर्य बुद्धि के कारण उसने पुरूषों को भी प्रेरणा और दृष्टि दी है। नारी जीवन के और भी महत्त्वपूर्ण पक्ष होते है, वह अपरा से परा को, मांसलता से अमूर्त को और भौतिक से लोकोत्तर जीवन को उन्मुख होने का प्रयास भी करती है। इसी दृष्टिकोण से भारतीय नारी का अस्तित्व विश्व की अन्य नारियों की अपेक्षा अधिक गरिमामय रही है। भारतीय कला में नारी सौन्दर्य मात्र इन्द्रियों को आकृष्ट करने वाला लावण्य ही नहीं बल्कि भारतीय शिल्प में अपनी सौन्दर्य दृष्टि की अभिव्यक्ति आध्यात्मिकता की अनुकृति है। प्राचीन भारतीय

चित्रकला की प्रत्येक नारी आकृति धार्मिक, आध्यात्मिक और सांस्कृतिक प्रगति में संलग्न दिखायी देती है। इसका स्वरूप सार्वभौमिक सौन्दर्य का प्रतीक है। भारतीय कला मात्र सौन्दर्य की प्राप्ति के लिए सौन्दर्य सृजन की ओर कभी भी उन्मुख नहीं रही है, कि उसका मूल उद्देश्य आन्तरिक अनुभूति रहा। प्राचीन भारतीय कला की यह आस्था भौतिक सौन्दर्य के आध्यात्मिक स्त्रोत को प्रकाशित करके ही दैवी सौन्दर्य के पूर्णतत्त्व की उत्तरोत्तर गहन अनुभूति मानव मस्तिष्क में सम्भव है।

इसी कारण प्राचीन भारतीय चित्रकला में नारी चित्रों को देखने के पश्चात् दर्शक के मन में काम वासना जाग्रत नहीं होती बल्कि उसे इन चित्रों में, कही स्वामिनी के रूप में, तो कही सेविका के रूप में, सम्पन्न करती दिखलायी पड़ती है और यदि नृत्य, वादन, गायन, सम्बन्धी नारी चित्रों को ले, तो उनका उद्देश्य भी लोक–कल्याण और लोक–रंजन ही दिखायी देता है। किसी भी युग की कला का विश्लेषण कर हम उसके सतर्क समाज की मान्यताओं, आस्थाओं और रहन–सहन सम्बन्धी विशिष्ट सांस्कृतिक और सामाजिक तत्त्वों का आकलन कर सकते है। वस्तुतः कला, एक कलाकार द्वारा आकार लेने पर ही, अपने आप को सामाजिक परिदृश्य से विलग नहीं कर पाते और उसमें न चाहते हुए भी नस्लीय और सांस्कृतिक घटकों को स्थान प्राप्त हो जाता है। कुछ ऐसी ही स्थिति शुंगकालीन कला के सन्दर्भ में भी देखने को मिलती है। सामाजिक परिप्रेक्ष्य में यहाँ नारी का इसी दृष्टिकोण से बहुआयामी अंकन जो उसकी भावनाओं, अंगविन्यास, धारणाओं, रहन–सहन, उत्तरदायित्व, सामर्थ्य जैसे विविध पहलुओं को अपने आप में समेटे हुए है। शुंग कला में नारी का अनेक जगहों पर एकल स्वरूप में अंकन किया गया, जिसका उद्देश्य निश्चित रूप से उसकी शक्ति सम्पन्नता और महत्त्व को अंकित करता है। इनमें एकल मूर्तियों की बहुतायत है, जो समाज के लिए इनके महत्त्व को दर्शाता है। इन मूर्तियों में यक्षियों, देवताओं और विविध रूपों में लक्ष्मी का जो अंकन है, वह नारी में निहित शक्ति की संकल्पना को कलात्मक अभिव्यक्ति प्रदान करता है। समाज में नारी जो अपनी कोमलता, उदारता और धर्मपरायणता के कारण विशिष्ट स्थान रखती है। बौद्धकला में नारी आरम्भ से ही पुरूष की सहधर्मिणी होते हुए उपासिका के रूप में समर्पित की गयी है। उसे विविध बौद्ध अभिप्रायों की उपासना करते हुए बहुधा प्रदर्शित किया गया है। साँची में उसे वृक्ष के नीचे सम्बोधित, धर्मचक्र, मानुषी–बुद्धों और धर्मस्तूपों के अनेक स्थलों में उपासनारत् रूप में इंगित किया गया है। साँची में वह बुद्ध या बोधि–विषयों की आराधनारत् पुरूष सहयोगिनी की भूमिका निभाते हुए अनेक सहचरियों या दासियों के साथ प्रस्तुत है। धर्म के प्रति उसकी निष्ठा और श्रद्धा का प्रदर्शन चाहें वह वन्य परिदृश्य का एकांत हो या नगरीय कोलाहल के मध्य राजदरबार का अभिजात्य परिवेश, समान रूप से हुआ है। ऐसे ही उसके कोमल भावनाओं और भक्ति भाव का प्रदर्शन कला के अन्तर्गत प्रत्येक युग में किया जाता रहा है।

इन कलाकृतियों के माध्यम से नारी समाज की स्थितियों का अनुमान सहज ही में सम्भव हो जाता है कि समाज में उनकी स्थिति किन परिस्थितियों में निम्न स्तर में पहुंची।

शोधार्थी
दृश्य कला संकाय (चित्रकला)
इन्दिरा कला संगीत विश्वविद्यालय,
खैरागढ़, छत्तीसगढ़

सन्दर्भ ग्रन्थ सूची -

1. डॉ. श्याम बिहारी – 'भारतीय चित्रकला का इतिहास', संस्करण 1996, प्रकाशक– श्रीमती मीना अग्रवाल, साहित्य प्रकाशन, इलाहाबाद।
2. डॉ0 रीता प्रताप – 'भारतीय चित्रकला एवं मूर्तिकला का इतिहास ' संस्करण–(13वाँ) 2012, प्रकाशक – राजस्थान हिन्दी ग्रन्थ अकादमी, जयपुर
3. डॉ0 शशि झॉ – 'भारतीय चित्रकला एवं मूर्तिकला में नारी स्वरूप', संस्करण –1992

नारी जागरण और क्रान्ति

–डॉ. श्रीमती सविता यादव

भारतीय संस्कृति में नारी की महत्त्वपूर्ण भूमिका रही है। जब कभी भी किसी कार्य के लिए नारी का जिक्र होता है,तो पौराणिक शास्त्रों का हवाला देकर नारी का गुणगान किया जाता है। उसे माता के समान माना जाता है, देवी के समान पूजा जाता है। लेकिन क्यों इस प्रकार नारी को सम्मान देने वाले भारत देश में उनका शोषण होने लगा? पुरुष वर्ग उन पर अपना अधिकार जमाने लगे। उन्हें अपने आज्ञा पालन करने वाली दासी समझने लगे। जबकि जीवन रूपी पहिये में नारी और पुरुष एक दूसरे के पूरक है। उनके बिना जीवन नहीं चल सकता। फिर भी अपने कर्त्तव्य का उत्तरदायित्व और त्याग के कारण नारी महान है। नारी जीवन यात्रा में केवल पुरुषों का साथ ही नहीं देती बल्कि आवश्यकता पड़ने पर शक्ति और प्रेरणा भी देती है। नारी अपने विभिन्न रूपों में सदैव मानव जाति के लिए त्याग, बलिदान श्रद्धा, धैर्य, सहिष्णुता का जीवन बिताती है। नारी के इस कोमलता एवं सहिष्णुता को ही पुरुष वर्ग निर्बलता का चिन्ह मान लिया और उसे अबला कहने लगे। जबकि वह सबको शक्ति प्रदान करने वाली एवं प्रोत्साहन देने वाली है।

आदर्श, त्याग, ममता, व सहनशीलता की प्रतिमूर्ति नारी सृष्टि चक्र के आरम्भ से पुरुषों का साथ देती आ रही है। नारी के हृदय में पृथ्वी जैसी क्षमा, सूर्य जैसा तेज, चन्द्रमा जैसी शीतलता तथा पर्वतों जैसी मानसिक उच्चता हमें एक साथ दृष्टिगोचर होती है। दया, और ममत्व की मूर्ति कही जाने वाली नारी विपरीत परिस्थितियों में चण्डी और दुर्गा का रूप भी धारण कर लेती है। और वह कह उठती है– ''जितना सताओगे/उतना उठूँगी/जितना दबाओगे/उतना उगूँगी/जितना बाँधोगे/उतना बहूँगी/ जितना बंद करोगे/उतना गाऊँगी/जितना अपमान करोगे/उतनी निडर हो जाऊँगी/जितना प्रेम करोगे/निखर जाऊँगी''[1]

घर की चहारदीवारी में रहने वाली नारी जब घर से निकल कर बाहर आयी और शिक्षित होने लगी, तब उनमें चेतना जागृत हुई। वह अपने कर्त्तव्य और अधिकारों को समझने लगी। वह पुरुषों से न्याय व समाज में अपना स्थान माँगने लगी। नारी अपने आप को पहचानने लगी तथा हर कार्य के लिए स्वयं को सक्षम मानने लगी। अधिकार माँगने से नहीं मिलता संघर्ष करने से हासिल होता है। पुरुष वर्ग की तरह विकास कर उनसे कंधा से कंधा मिलाकर चलने का प्रयास करने लगी। सुभद्रा कुमारी चौहान ने नारी के ऊपर समाज द्वारा हो रहे अनावश्यक चीजों का विरोध किया। सदियों से कन्यादान की प्रथा का पालन करते आ रहे हैं। उसी के विरुद्ध वह घोषणा करती है– ''मैं कन्यादान

नहीं करुँगी। क्या मनुष्य, मनुष्य को दान करने का अधिकारी है? क्या विवाह, के उपरांत मेरी बेटी मेरी नहीं रहेगी।"[2]

प्राचीनकाल से लेकर आधुनिक काल तक महिलाएँ किसी न किसी रूप में अपने ऊपर होने वाले अत्याचार और अन्याय के खिलाफ आवाज उठाती हुई अपनी अस्तित्व की रक्षा में लगी हुई है। लेकिन आधुनिक युग में भी वे अपने अस्तित्व की रक्षा में लगी हुई है। आधुनिक युग में वे अपने व्यक्तित्व के प्रति अधिक सचेत होने लगी। आज स्त्री समाज में पथ प्रदर्शक बन रही है, अपने अस्तित्व का निर्माण कर रही है। इसी भाव को प्रकट करते हुए अल्का सिन्हा ने 'तेरी रोशनाई होना चाहती हूँ' कविता में कहा है– 'मुझे गढ़ने की ताकत दे हे ब्रह्म/ मैं संगतराश होना चाहती हूँ।"[3] आज की महिलाएँ माँ, बहन, बेटी, के रूप में जीवन व्यतीत करना नहीं चाहती। वह इनसे अलग लोगों के बीच अपना पहचान बनाना चाहती हैं, लेकिन उनका जीवन इन सम्बन्धों के चक्र में समाप्त हो जाता है। नारी थोड़ी सी स्वतंत्रता के लिए तरसती रह जाती है– "शब्दों के रिश्ते पहनाकर/एहसास के सांकल से/कर लिया कैद तुमने मुझे/'सिंदुर तिलंकित भाल' जाने कब? कर गई खोखला मेरा वजूद/समाज तुम्हारा है/दोगे मुझे मुठठी भर आजादी।"[4] हर समय में अपने सवाल होते हैं, अपनी समस्याएँ होती हैं। तो उन समस्याओं को सुलझाने के लिए कोई न कोई समाधान निकल जाता है। हमारे समाज में नारियों की स्थिति किसी से छिपी नहीं है ।

आज की नारी में चेतना आ गई है। वह अपने कर्त्तव्य और अधिकार को समझने लगी है। अपने अधिकार की लड़ाई में आगे बढ़ने लगी है। ऐसे ही वह अपनी समस्याओं के समाधान के लिए बढ़ेगी तो समाज में अवश्य ही कुछ न कुछ परिवर्तन होगा क्योंकि "राष्ट्र को प्रगतिशील बनाने में स्त्री ने सब कुछ हित साधन किया, वह सत्य है परन्तु इस मधु के साथ कुछ क्षार भी मिला था। उसने जो पाया वह भी बहुमूल्य है और जो खोया वह भी बहुमूल्य था। इस कथन में विचित्रता के साथ सत्य भी समाहित है।"[5] यदि पुरुष वर्ग नारी पर अत्याचार करे तो पूरी नारी वर्ग को एक साथ मिलकर विरोध करना होगा क्योंकि एकता में ही बल होता है। लेकिन नारी ही नारी जाति का शोषण करे तो मुक्ति कौन दिलाएगा? कहा जाता है दुख देने वाले से दुख सहने वाला बड़ा अपराधी होता है। अब समय आ गया है, अब नारी को दुख नहीं सहना है बल्कि गलत व्यवहार का विरोध करना है। अपनी हक की लड़ाई लड़नी है। "नारी आंदोलन के सामने बड़ी चुनौती यह है कि जब तक वह श्रेष्ठता के अंहकार से मुक्त नहीं होगी तब तक नारीवाद आंदोलन की राह आसान न होगी।"[6]

वर्तमान समय में कन्या की शिक्षा उनका लालन–पालन पुत्रों के समान हो रहा है। इसमें आत्मसम्मान, आत्मविश्वास जैसे भावनाएँ मिलती हैं तथा उनके व्यक्तित्व का विकास

भी स्वस्थ रूप से होता है। ''आधुनिक परिस्थितियों में स्त्री की जीवन धारा ने जिस दिशा को अपना लक्ष्य बनाया है, उनमें पूर्ण आर्थिक स्वतंत्रता ही अधिक गहरे रंगों में चित्रित है। स्त्री ने इतने युग के अनुभव से जान लिया है कि उसे सामाजिक प्राणी बने रहने के लिए केवल दान की आवश्यकता नहीं है, आदान की भी है। जिसके बिना उसका जीवन, जीवन नहीं कहा जा सकता है। वह आत्म निवेदित वीतराग तपस्विनी ही नहीं, अनुरागमयी पत्नी और त्यागमयी माता के रूप में मानवी भी रहेगी। ऐसी स्थिति में वे सभी सुविधाएँ, वे सभी मधुर भावनाएँ चाहिए, जो जीवन को पूर्णता प्रदान कर सकती हैं।''[7] नारियों के मन में भी चेतना आई कि हम हर मुश्किल का सामना करें तो अवश्य ही आगे बढ़ सकते हैं। उधर पुरुषों ने भी समझा कि इन्हें हम साथ लेकर चलें तो हमारा बहुंत सा काम आसान हो जायेगा। ''जब पुरुष ने यह देखा कि देश के राजनैतिक तथा सामाजिक उन्नयन को अपने कंधे पर रखकर वह आगे बढ़ने का पग उठता है, तो उसका दूसरा सिरा जमीन से घिसटता चलता है। तब उसने महसूस किया कि भारतीय नारी जिस परिस्थिति में है उनमें वह राष्ट्र के विकास पथ में एक रोड़ा है। अतः देश में एक चेतना जागी कि भारतीय नारी को घर के द्वार के बाहर लाना होगा। उसे पुरुष के साथ कदम मिलाकर चलना होगा।''[8]

इस प्रकार नारी जागरण का विकास शुरू हुआ। ''नारी जागरण की दृष्टि से तो साहित्य उसके स्वत्व और व्यथा का समर्थ व्याख्याकार ही रहा है। कवियों के कंठ से भारत की ही जय नहीं गूँजी, नारी की जय भी ध्वनित हुई। कथाकारों की आखों में भारत माता की परवशता पर आँसू नहीं आए हैं, विवश नारी के बंधनों पर भी आँसू आये हैं।''[9] अन्तराष्ट्रीय स्तर पर संयुक्त राष्ट्र महासभा ने 1971 में महिलाओं के प्रति भेदभाव के उल्मूलन सम्बन्धित घोषणा ने भारत सरकार को महिलाओं के प्रति भेदभाव को रोकने हेतु विचार करने के लिए इंगित किया। इसी क्रम में आगे राष्ट्रीय मानवाधिकार आयोग, राष्ट्रीय महिला आयोग, राष्ट्रीय महिला कोष एवं राष्ट्रीय महिला सशक्तिकरण नीति भी बनाई तथा नारियों के विकास के लिए अन्य प्रयास भी किये गये।

जब नारी अपने महत्त्व तथा अधिकार के प्रति सजग होने लगी तो समाज में नयी समस्याओं का उपजना प्रारम्भ हो गया। राजनीति, धर्म, शिक्षा सभी क्षेत्रों में उथल–पुथल होने लगी। देश विभाजन में नारी को यातनाएँ सहनी पड़ी उससे उनकी आँखे खुल गईं। वे जान गई कि व्यक्ति और समाज का सबसे बड़ा शिकार उसे ही बनना पडता है। अतः अपने कर्त्तव्य के प्रति वह सजग हो। शिक्षा ने उनमें उद्बोधन का स्वर फूँका और शिक्षित नारी समाज तथा राजनीति में उतरने लगी, जहाँ वह पुरुष से बराबरी का दावा कर सके। भीमराव अम्बेडकर ने कहा था– 'शिक्षा शेरनी का दूध है जो उसे पीयेगा वह दहाड़ेगा जरूर' और महिलाएँ आज शेरनी के उस दूध का पान भी कर रही हैं तथा दहाड़ कर अपनी उपस्थिति भी दर्ज करा रही हैं।''[10]

द्विवेदी युगीन कवियों ने अपने कविता के माध्यम से नारी को उनके अधिकारों के प्रति सजग किया तथा उन्हें पुरुषों की भाँति स्वतंत्रता आंदोलन में भाग लेने के लिए प्रेरित भी किया। सदियों से नारी को ठुकराता रहा पुरुष लेकिन अब त्रसित नारी अपने अधिकार के लिए विद्रोह करती हुई वह कहती है– ''तुम्हारी समस्या अधिकार की है न, तभी तुम मुझे सदा बाँट कर देखते हो। तुम मुझे शायद अपनी पत्नी नहीं समझते हो। दहेज में मिली हुई एक महज एक औरत समझते हो।''[11] पुरुष वर्ग की सत्ता पर प्रहार करती हुई ध्रुवस्वामिनी विद्रोह स्वर में कहती है– ''पुरुषों ने स्त्रियों को पशु सम्पत्ति समझ कर उन पर अत्याचार करने का अभ्यास बना लिया। वह मेरे साथ नहीं चल सकता। यदि तुम मेरी मर्यादा की रक्षा नहीं कर सकते तो, मुझे बेच भी नहीं सकते हो।''[12]

स्त्री विमर्श से ही स्त्रियों के भीतर चेतना उत्पन्न हो सकती है। वह यह चेतना पैदा करे कि हमारा अस्तित्व क्यों नहीं है? हम स्वंतत्र क्यों नहीं? हमारे ऊपर अनुशासन क्यों किया जाता है? नारियाँ आत्मनिर्भर होकर भी क्यों दबी कुचली जा रही हैं? नारी के ऐसे अनेक प्रश्न में नारी मुक्ति का संदेश है। नारी चेतना, नारी सशक्तिकरण, नारी मुक्ति जैसे क्रान्तियाँ होने लगी तो पुरुष वर्ग का व्यवहार नारी के प्रति शत्रु जैसा होने लगा। अबला, आश्रिता एवं दासी के रूप में जीवन काट रही महिलाएँ अपने अधिकारों के प्रति जागृत होने लगी। अब वे किसी के दया, रहम एवं सहानुभूति के पात्र बनकर नहीं रहना चाहती हैं, बल्कि अपने अधिकार के लिए संघर्ष करती हैं।

शिक्षक, नगरपालिका
डॉ .पदुमलाल पुन्नालाल बख्शी
शा.बहु.उच्च.मा.वि.खैरागढ़ (छ.ग.)

संदर्भ

1. अरोड़ा, सुधा– एक औरत की नोट बुक, राजकमल प्रकाशन, नई दिल्ली संस्करण 2015, पृ.5
2. जैन, निर्मला– महादेवी साहित्य समग्र–2, स्मृति की रेखाएँ, वाणी प्रकाशन, द्वितीय संस्करण 2000, पृ. 233
3. समकालीन साहित्य समाचार, सितम्बर 2011, पृ. 12
4. शर्मा, डॉ. कंचन– विरासत, सहयोगी प्रकाशन दुर्गापुर, वर्धमान 2008, पृ. 72
5. जैन, निर्मला–महादेवी साहित्य संग्रह–3, वाणी प्रकाशन, द्वितीय संस्करण 2000,पृ. 233,
6. पाण्डेय, अमित कुमार (सम्पादक)– संवाद,नम्बर –12– अक्टूबर 2013, पृ. 50
7. जैन, निर्मला– महादेवी साहित्य संग्रह–3, पृ 352,
8. बेहार, रामकुमार– श्रीमती निर्मला बेहार, (सम्पादक) उपक्रम, अक्टूबर 2010, छत्तीसगढ शोध संस्थान, रायपुर
9. डॉ. शैल– 'आधुनिक हिन्दी काव्य में नारी भावना', शोध–प्रकल्प, जनवरी–मार्च 2011, पृ. 88
10. नियाज, डॉ. शगुफ्ता– अनुसंधान–जुलाई–दिसम्बर 2015, अलीगढ़ (उ.प्र.), पृ. 6
11. लक्ष्मीनारायण लाल– रातरानी, राजपाल एण्ड सन्स, दिल्ली, प्रथम सस्करण 1962, पृ. 113–114
12. प्रसाद, जयशंकर– ध्रुवस्वामिनी, भारतीय भंडार प्रकाशन, इलाहाबाद संवत् 2025, पृ. 26, 27

भारतीय नारी की परतंत्रता का इतिहास (प्रारम्भ से आज तक)

–श्रीमती रीना राजपूत

नारी का सम्मान करना एवं उनके हितों की रक्षा करना हमारे देश की सदियों पुरानी संस्कृति है। यह एक विडम्बना ही है कि, भारतीय समाज में नारी की स्थिति अत्यन्त विरोधाभास रही है। एक तरफ तो उसे शक्ति के रूप में प्रतिष्ठित किया गया है, तो दूसरी ओर उसे 'बेचारी अबला' भी कहा जाता है। इन दोनों ही अतिवादी धारणाओं ने नारी के स्वतन्त्र विकास में बाधा पहुँचाई है।

सदियों से ही भारतीय समाज में नारी की अत्यन्त महत्त्वपूर्ण भूमिका रही है। उसी के बलबूते पर भारतीय समाज खड़ा है। नारी ने भिन्न–भिन्न रूपों में महत्त्वपूर्ण भूमिका निभाई है। चाहे वह सीता हो, झाँसी की रानी लक्ष्मीबाई, इन्दिरा गाँधी हो या सरोजनी नायडू हो।

जैसे कंस ने अपनी बहन को कारागृह में डाल रखा था क्योंकि देवकी की आठवी सन्तान श्री कृष्ण जी के हाथों उसकी मृत्यु होनी थी, इस कारण उसने अपनी बहन पर बहुत अत्याचार किये।

बस, ऐसा ही दुर्योधन के साथ भी है। बड़े भाई की, माता समान पत्नी को केवल बदले की भावना से प्रेरित होकर निर्वस्त्र करने के लिए वह उठा था। ऐसा व्यक्ति भला हमारा आदर्श कैसे बन सकता है?

रामायण काल में श्रीरामचन्द्र जी ने एक धोबी की बात को सुनकर निष्पाप सीता का परित्याग कर दिया था ।

राजाराम मोहन राय ने स्त्रियों के हित में अच्छा कार्य किया, इस संदर्भ में उनका सती–प्रथा उन्मूलन का प्रयास अत्यन्त सराहनीय है। किन्तु कानून बनने के बाद भी राजस्थान में कुछ वर्षों पहले ही रूपकुंवर सती हो गई। यह कृत्य पुरुषों के द्वारा किया हुआ अत्याचार ही है कि स्त्री के पति के न रहने पर उसको जीवित ही जलने के लिए बाध्य किया जाता हैं। बहुत–सी कुप्रथाएँ ऐसी हैं जिनसे नारी को दो–चार होना ही पड़ता है और वह परतंत्रता की बेड़ियों में जकड़ी रहती है तथा न चाहते हुए भी उनका पालन करती हैं।

स्त्री के साथ पारिवारिक भेदभाव परिवार से ही प्रारम्भ होता है– जैसे अक्सर माता और पिता बेटे– बेटियों में भेदभाव करते हैं, बेटों को अधिक महत्त्व और लाड़–दुलार देते हैं। प्रायः खाने–पीने, पढ़ने–लिखने तथा भविष्य निर्माण में भी माता–पिता पुत्रों को अधिक महत्त्व प्रदान करते हैं। अतः इस भेद–भाव को मिटाने का प्रयास घर–परिवार से प्रारम्भ होना चाहिए ताकि पुत्रियों को भी प्रोत्साहन मिल सके तथा वे अपने सुदृढ़ भविष्य

के निर्माण की ओर अग्रसर हो सके। तभी हम पुरुष हैं इस तरह के अहम् को मिटाया जा सकेगा। जो भेद ऊपर वाले राम–रहीम ने नहीं किया, तो हम इंसान भेद करने वाले कौन होते हैं?

सृष्टि की रचना करने वाले ब्रह्मा जी ने मनु और सतरुपा नामक एक स्त्री और पुरुष को गढ़ा। इनकी सहायता से ही सृष्टि आगे बढ़ी तथा समाज और राष्ट्र प्रगति के पथ पर अग्रसर हुआ। अतएव मेरी अपेक्षा है कि, इस संसार के लोगों की सोच बदले, एक अच्छे समाज एवं राष्ट्र का विकास हो। जिससे आज का कलयुग पुनः सतयुग में परिवर्तित हो सके ।

स्पष्ट है कि, भारत में शताब्दियों की पराधीनता के कारण स्त्रियाँ अभी तक समाज में पूरी तरह वह स्थान प्राप्त नहीं कर सकी हैं, जो उन्हें मिलना चाहिए। यहाँ दहेज की वजह से कितनी बहू–बेटियों को जान से हाथ धोनें पड़े हैं। बलात्कार और देह व्यापार जैसी घटनाएँ भी स्त्रियों के अस्मिता पर प्रश्नचिह्न लगाती हैं। वहीं हमारी सभ्यता और सांस्कृतिक परम्पराएँ, शिक्षा के प्रसार तथा नित्य बढ़ रही जागरूकता के कारण भारत की नारी आज भी दुनियाँ की स्त्रियों से आगे है। वे पुरुषों के साथ हर क्षेत्र में कंधे से कंधा मिलाकर समाज और देश की प्रगति में भी बढ़–चढ़कर हिस्सा ले रही हैं।

सीता के समय और इस समय के सामाजिक परिवेश में धरती–आसमान का अंतर है। समाज सेविका श्रीमती ज्योत्सना बत्रा का कहना है कि–आज के परिवेश में सीता बनना बड़ा कठिन है। सीता स्वयं में एक फिलॉसफी थीं। उनका जन्म मानव–जाति, मानव–मूल्यों को समझाने के लिए हुआ था। दूसरों के लिए आदर्श बनने के लिए व्यक्ति को स्वयं बहुत त्याग करने पड़ते है जैसे सीता ने किए।

आज नारी होने के नाते मैं महसूस करती हूँ कि, एक व्यक्ति के रूप में मेरी अपनी पहचान होनी चाहिए। मैं सिर्फ एक पत्नी, एक माँ, एक बहन या बेटी की भूमिका तक सीमित नहीं रहना चाहती। समाज की सक्रिय सदस्य बनना चाहती हूँ।

हमारे देश में जहाँ महिलाएँ प्रधानमंत्री तथा राष्ट्रपति रह चुकी हों, वहाँ लड़कियाँ माऊन्ट एवरेस्ट पर भी विजय पा चुकी हो। महिला और पुरुष के बीच का विरोधाभास सदैव निन्दनीय है। इस देश में हमेशा स्त्री को माँ, बहन या फिर बेटी के रूप में देखा गया है, फिर भी इतिहास गवाह है कि, पारम्परिक और सामाजिक दृष्टिकोणों से स्त्रियों की हमेशा उपेक्षा की गयी है।

आज जरूरत है, नारी को समय की मुख्यधारा से जोड़ने की। आज भी नारी ममतामयी है त्यागमयी है। नारी त्याग और साधना के बलबूते समाज के प्रत्येक पहलू से

जुड़ी है। वह पढ़ी–लिखी है, आत्मनिर्भर है, अपने अधिकारों एवं कर्त्तव्यों के प्रति सचेत है, संघर्षरत है। हमारे समाज में उसकी निःस्वार्थ सेवा हर क्षेत्र में है।

घरेलू नारियाँ भी गृहिणी होते हुए पारिवारिक व सामाजिक उत्तरदायित्त्वों का निर्वाह निष्ठापूर्वक करती है। किन्तु फिर भी उन्हें अनेक समस्याओं का सामना करना पड़ता है। कामकाजी महिलाएँ तो दोहरे स्तर पर पारिवारिक और सामाजिक शोषण की शिकार हैं। जैसे–जैसे समय आगे बढ़ रहा है वैसे–वैसे भारतीय नारी के भी कदम आगे बढ़ रहे हैं। आज वह 'देवी' नहीं बनना चाहतीं, वह सही और सच्चे अर्थों में इंसान बनना चाहती है। नैतिक मूल्यों और मानवीय मूल्यों को नकारा नहीं जा सकता है। हमारे पारम्परिक चरित्र नैतिक मूल्यों की धरोहर हैं। आज की जुझारू महिला का व्यक्तित्व उसकी कार्यक्षमता में झलकता है और आज की संघर्षशील नारी को एक नहीं कई अग्निपरीक्षाएँ देनी पड़ती हैं। सारी दुनियाँ में आज महिला दिवस मनाई जा रही है।

अगर महिलाएँ आगे बढ़ना चाहती है और कुछ करना चाहती है तो उनके सामने पारिवारिक जिम्मेदारी आड़े आकर खड़ी हो जाती है। जिससे वह चाहकर भी कुछ नहीं कर पाती। आज भी कुछ परिवारों में यदि कन्या पढ़ना–लिखना चाहती है तो अधिकतर कई घरों के लोग यह बोल देते है कि तुम पढ़–लिखकर क्या करोगी। इस तरह से घर–परिवार के लोगों की भी सोच बदलने की आवश्यकता है, तभी समाज में बदलाव दिखेगा।

सोच में यह परिवर्तन केवल सरकारी योजनाओं तथा कानून से ही सम्भव नहीं हो सकता। इस मामलें में तो जनता की व्यापक सहभागिता आवश्यक है एवं जागरूकता आवश्यक है, इसलिए जरूरी है कि अगर हमें स्थितियों में सुधार करना है तो किसी भी ऐसे विकास कार्यक्रमों में पुरुषों तथा महिलाओं को समान रूप से शामिल करना होगा। हमें काफी कुछ बदलाव लाना होगा। उदाहरण के लिए हमें उन कुछ परम्परागत धार्मिक रीति–रिवाज को बदलना होगा, जो कि महिलाओं को पुरुषों के मुकाबले निचले स्तर पर रखते हैं।

समाज में नारियों के अधिकार का भी सम्मान किया जाना चाहिए, तभी इस पृथ्वी पर एक बेहतरीन संस्कृति के पल्लवन की उम्मीद की जा सकती है ....।

दै.वे.भो. कम्प्यूटर क्लर्क,
इ.क.सं.वि.वि., खैरागढ़ (छ.ग.)

नारी अस्मिता
(भारतीय कृतियों के संदर्भ में)

–श्रीमति ममता दुबे

नारी जाति की परवशता, आर्थिक एवं शैक्षिक परतंत्रता पर आज हिन्दी साहित्य में कई मुखर चर्चाएँ हो रही हैं। बीसवीं सदी के प्रारम्भिक चरण में, कथासम्राट प्रेमचंद (1880–1936) के समय यह अवस्था कहीं ज्यादा मुखर थी। 'सेवासदन' प्रेमचंद द्वारा रचित ऐसा ही उपन्यास है जिसमें नारी जीवन की समस्याओं के साथ–साथ आडम्बरों, ढोंग, पाखण्ड, चरित्रहीनता, दहेज प्रथा आदि सामाजिक विकृतियों के साथ–साथ नारी के विक्षोभ व उसकी परतंत्रता का बखान करता है। प्रेमचंद के समय से लेकर आज तक स्त्री की व्यथा कहीं न कहीं यथावत् है। स्त्री को माँ, देवी, त्याग की मूर्ति और न जाने कितने ही ऐसे दर्जे देकर जरूरत से ज्यादा उठा दिया गया है। किन्तु वास्तव में देखा जाए तो इन दर्जों के बोझ से वह स्त्री उठने के बजाय दब गई है और ऐसे खोखले दर्जों के भार तले वह पिस रही है। अपनी कामनाओं व इच्छाओं का त्याग कर वह लगातार अपने तथाकथित कर्त्तव्यों को निभाए चली जा रही है। कई ऐसे परिवार में मैंने स्वयं देखा है कि लड़की की शादी उसकी मर्जी के खिलाफ की जा रही होती है, लेकिन उस लड़की में अपनी इच्छा अपने ही परिवार को बता पाने का साहस नहीं होता। लोकलाज और संकीर्ण मानसिकताओं की वजह से लड़की अपनी मर्जी अपने पिता से भी नहीं कह पाती। देश की आजादी के इतने वर्ष बाद भी स्त्री की ऐसी दशा अविश्वसनीय लगती है। किन्तु यह एक कड़वा सत्य है और आज भी भारत में महिला वहीं की वहीं है।

शादी के बाद अपने पति को नाम से न बुलाना, घर के सदस्यों को खिलाए बगैर खाना न खाना और ऐसी ही अन्य बहुत सारी मान्यताएँ हैं, जिन्हें वह मजबूरी में आज भी निभा रही हैं। संस्कार के नाम पर व्यक्तित्व को समेट दिया जाता है। यह नारी की परतंत्रता नहीं तो और क्या हैं ? इससे मुक्ति मिलनी चाहिए। यह स्थिति हमारे शहरी और सभ्य समाज की है, जबकि गाँवों की स्थिति तो और भी बदतर है। नौकरीपेशा महिलाओं की बात करें तो समस्त घरेलू जिम्मेदारियों के बीच घर और ऑफिस के बीच सामंजस्य बैठाना भी उसके जिम्मे है। इसे विडम्बना ही कहेंगे कि खुद औरत ने ही इसे अपनी नियति मान लिया है। इसका मंथन करने पर मैंने यह महसूस किया कि दरअसल महिलाओं के दिमाग को शुरू से ऐसी बंधी–बंधाई मर्यादाओं से बांधा और पढ़ाया–सिखाया जाता है कि यदि वह इन मर्यादाओं के खिलाफ आवाज उठाए तो खुद उसे अपराधबोध होने लगता है कि ऐसा करके मैं नारी कहलाने लायक नहीं रहूंगी। क्या ऐसा समाज नहीं हो सकता जहाँ

स्त्री और पुरुष को बराबरी का दर्जा हासिल हो? स्त्री को अपने हक के बारे में सोचने की और फैसले लेने की स्वतंत्रता हो?

प्राचीन भारतीय समाज की बात करें तो स्त्रियों की स्थिति अच्छी थी, मातृसत्ता थी। वैदिक काल में उन्हें शिक्षा का अधिकार प्राप्त था। वे वेदों की ज्ञाता थी। महिलाओं के बिना कोई भी धार्मिक, सामाजिक कार्य पूरा नहीं होता था, उन्हें शिक्षा–दीक्षा की छूट थी। वे अपनी मर्जी से पति चुन सकती थीं। उन्हें पुरुषों के बराबर अधिकार प्राप्त थे। वे समाज में पूज्यनीय थीं।

किन्तु धीरे–धीरे भारतीय समाज पितृसत्तात्मक हो गया और भारतीय नारी का बुरा युग प्रारम्भ हो गया। उसे बचपन में पिता पर, जवानी में पति पर और वृद्धावस्था में बेटों पर निर्भर बताते हुए पुरुष धर्म का पालन करने वाली स्त्री बना दिया गया। ब्राह्मणवाद के नाम पर देवदासी प्रथा, बहुविवाह, अशिक्षा, पर्दाप्रथा को बढ़ावा दिया गया। स्त्री शनैः शनैः समय और विचारधाराओं के परिवर्तन से ज्ञात और अज्ञात कारणों से घर की ऊँची–ऊँची चहारदीवारी में बंद होकर अज्ञान के अंधेरे में डूबकियाँ लगाने लगी। वह श्रद्धा और सम्मान की अधिकारिणी तो सदा से रही है, परन्तु अब वह अधिक सम्पन्न छवि लेकर अपनी नई भूमिका की तलाश में लगी हुई है। तभी आज की नारी कहती है–

"मैं कामायनी की श्रद्धा नहीं, इड़ा हूँ, भावना नहीं,
प्रज्ञा हूँ, मात्र स्पंदमयी नहीं तर्कमयी भी,
मात्र समर्पिता नहीं, अधिकारमयी भी।"

निष्कर्षतः मेरा यह मानना है कि हर महिला अपने आप में सम्पूर्ण है उसे किसी के साथ पूर्ण होने की आवश्यकता नहीं है। आज की नारी आत्मविश्वास से लबरेज है, उसे परतंत्रता की बेड़ियों में बांधनें की बजाय उसमें बदलाव लाना जरुरी है। इसी संदर्भ में प्रसून जोशी की नारी परतंत्रता से जुड़ी इस कविता का उल्लेख करना चाहूँगी–

"बाबुल जिया मोरा घबराए, बिन बोले रहा न जाए।
बाबुल मेरी इतनी अरज सुन लीजो, मोहे सुनार के घर मत दीजो।
मोहे जेवर कभी न भाए।
बाबुल मेरी इतनी अरज सुन लीजो, मोहे व्यापारी के घर मत दीजो
मोहे दौलत न सुहाए।
बाबुल मेरी इतनी अरज सुन लीजो, मोहे राजा के घर न दीजो।
मोहे राज करना न आए।
बाबुल मेरी इतनी अरज सुन लीजो, मोहे लोहार के घर दे दीजो।
जो मेरी जंजीरें पिघलाए। बाबुल जिया मोरा घबराए।"

शायद कभी हम ऐसे समाज का निर्माण कर सकें जब वे सब जंजीरें पिघल जाएँ, जिन्होंने स्त्री को बांध रखा है। तभी वास्तव में नारी की परतंत्रता का नाश हो पाएगा तथा वह स्वतंत्रतापूर्वक एवं निर्भीक होकर अपना अस्तित्व बनाए रख सकती है।

शोधार्थी, हिन्दी विभाग
इ.क.सं.वि.वि., खैरागढ़ (छ.ग.)

संदर्भ ग्रंथ-

1. सेवासदन; प्रेमचंद (1916)–पृष्ठ 280, डायमंड पाकेट बुक।
2. जोशी, प्रसून : आलेख 16 अगस्त 2009; नवभारत टाइम्स।
3. डॉ. पाण्डेय, दर्शन : नारी अस्मिता की परख, संजय प्रकाशन, दिल्ली।
4. डॉ. शेण्डे, हरिदास रामजी : नारी उत्पीड़न समस्या और समाधान; सुदर्शन ग्रन्थ विकास जयपुर' प्रथम संस्करण 2008
5. डॉ. डागा, सावित्री : आधुनिक हिन्दी मुक्तक काव्य में नारी।
6. वर्मा, महादेवी : श्रृंखला की कड़ियाँ।
7. श्री आचार्य, राम शर्मा : महिला जागृति अभियान।
8. शर्मा, नासिरा : शाल्मली, सरस्वती विहार दिल्ली–1987

नारियों की स्थिति
(प्रमुख समकालीन कवयित्रियों की कविताओं) से सन्दर्भित

–श्रीमती मेधाविनी तुरे

"मृदुल कल्पना के चल पंखों पर/हम दोनों आसीन
भूल जगत के कोलाहल को/रच लें अपनी सृष्टि नवीन।" [1]

उद्धृत पंक्तियों में स्त्री को सर्जक के रूप में स्थापित किया गया है। वह एक सर्जक की भाँति नवीन सृष्टि की आकांक्षाओं में जीती है। स्त्री हर रूप में स्वयं को ढाल कर जगत को नवीन रूप प्रदान करती रही है। वह न केवल परिवार व समाज में अपनी क्षमता से नयापन लाती है, अपितु जीवन से जुड़े विविध उद्देश्यों की पूर्ति करती है। सर्वविदित है कि मनुष्य एक सामाजिक प्राणी है। समाज का निर्माण दो घटकों से होता है। स्त्री–पुरूष समाज के दो घटक है। प्राचीनकाल से वर्तमान समय तक स्त्रियों के संदर्भ में चिन्तन की परम्परा रही है। स्त्री के विषय में संवाद होते थे, और होते रहेंगे।

स्त्री–विमर्श व स्त्री मुक्ति वर्तमान के महत्त्वपूर्ण मुद्दे हैं। भारत में अनेक संस्कृतियों का विकास एवं आगमन मिलता है। वैदिक संस्कृति, जैन व बौद्ध संस्कृति, मुगल संस्कृति और पाश्चात्य संस्कृति का प्रभाव सामाजिक घटकों पर विशेष रूप से दृष्टिगत होता है, विशेषकर स्त्रियों की मनोदशा पर अनुकूल तथा प्रतिकूल दोनों प्रकार का प्रभाव पड़ा है। कालानुसार कवियों ने स्त्रियों की मनोदशा के संदर्भ में अपनी लेखनी चलायी है। स्त्री–विमर्श के संदर्भ में दो रूप लक्षित होते हैं– प्रथम पुरुषों के द्वारा स्त्री विमर्श की अभिव्यक्ति और दूसरा स्त्रियों के द्वारा लेखन। साहित्य सृजन एक मानवीय कला है, और इस कलारूपी गुलदस्ते में रचनाकार भाव, विचार, कल्पना व शैली रूपी फूलों को संजोकर समाज रूपी अतिथि का स्वागत करते हैं। 'स्त्री की कविता तथा कविता में स्त्री' पर समकालीन कवयित्रियों ने क्या चर्चा की हैं, यही इस "शोध पत्र के माध्यम से प्रस्तुत किया जा रहा है।

निःसंदेह "स्त्री–पुरूष मानवीय ईकाई के दो शाश्वत रूप हैं। इससे इतर किसी मानव की कल्पना भी मुमकिन नही हैं। यही वजह है कि जब कभी स्त्री की चर्चा होती है, पुरूष भी किसी न किसी रूप में सामने आ जाते है और जब पुरूष की चर्चा होती है वहाँ स्त्रियों की चर्चा लाजिमी हो जाती हैं।"[2]

निःसंदेह संस्कृति ही हमारी पहचान है, प्रत्येक मानव अपनी संस्कृति से ही पहचाना जाता है। भारतीय संस्कृति में स्त्री को सम्मानीय दृष्टि से देखा जाता है। उसके बिना कोई भी

क्रियाकलाप व धार्मिक अनुष्ठान सम्पन्न नहीं होता है। छायावाद के स्तम्भ कवि जयशंकर प्रसाद ने 'कामायनी' में स्त्री के विविध रूपों की चर्चा कर स्त्री को आदर्श व प्रेरणास्पद रूप में यह कहते हुए प्रतिष्ठित किया है–

"नारी तुम केवल श्रद्धा हो
विश्वास रजत नग पगतल में,
पीयूष स्त्रोत से बहा करो
जीवन के सुंदर समतल में।।"[3]

वर्तमान में स्त्रियों की महिमा का मंडन तो खूब किया जाता हैं, लेकिन स्त्री को भोग की वस्तु समझकर उसके अस्तित्व को कुचलनें का प्रयास भी किया जा रहा है। इसी कारण पिछले तीन दशकों से हिन्दी साहित्य जगत में स्त्री–विमर्श का स्वर तेजी से उभरा है। वैश्वीकरण, महानगरीकरण, प्रौद्योगिकी के विकास, बाजारवाद व उपभोक्तावाद के कारण इस अंधाधुंध आधुनिकीकरण के प्रवाह में जीवन यापन करना दूभर प्रतीत हो रहा है, प्रत्येक व्यक्ति चाहे व स्त्री हो या पुरूष परम्परागत की वर्जनाओं को तोड़कर एकाकी जीवन व्यतीत करने उन्मुख है। यह कथन आज की स्त्री–दशा का सच्चा वर्णन कहा जायेगा।

'संचार–क्रांति, पाश्चात्य संस्कृति के प्रभाव उपनिवेशवादी संस्कृति, बाजारवाद, भूमण्डलीकरण व आर्थिक–सामाजिक दबावों के कारण भारतीय संस्कृति जगत में उठापटक हुई है, उसके केन्द्र में स्त्री है। उपभोक्तावादी संस्कृति के फलस्वरूप स्त्री का वस्तु के रूप में परिणित होना उसके प्रति बीमार, भद्दी व अश्लील धारणाएँ हमारी संस्कृति के मुँह पर करारी चोट है।"[4]

आदिकाल से आधुनिक काल तक स्त्री कविता में उपस्थित रही है। हर युग ने स्त्री को अपनी–अपनी तरह से परिभाषित किया है। नारी–सौंदर्य, नख–शिख वर्णन, उसकी कर्त्तव्यपरायणता, आदर्श, ममता, समर्पण, त्याग, बलिदान, संयम, प्रणय, उसका संघर्ष, मुक्ति–आकांक्षा सभी कविता के विषय रहे हैं। स्त्रियों के जीवन पर अनेक कविताएँ लिखी गई हैं। पूर्व में मैथिलीशरण गुप्त, जयशंकर प्रसाद, सुभद्राकुमारी चौहान, महादेवी वर्मा सहित वर्तमान में अनामिका, कात्यायनी, रमणिका गुप्ता, सुनीता जैन, निर्मला पुतुल आदि तमाम रचनाकारों ने कविता में स्त्री जीवन को बखूबी व्यक्त किया है। सुभद्रा जी ने वीरांगना झाँसी की रानी लक्ष्मीबाई को जन–जन में प्रतिष्ठित किया। वह पुत्र के जन्म में खुशियाँ और पुत्री के जन्म पर उदासी किसलिये? इस बात पर भी समाज को चुनौती देते हुए उन्होंने पुत्री जन्म को हर्षोत्सव व्यक्त किया–

"यह मेरी गोदी की शोभा, सुख सुहाग की लाली।
शाही शान भिखारिन की है, मनोकामना मतवाली।।"[5]

स्त्री आज भी प्रेममय परिवेश के लिए संघर्ष करती हुई नजर आती है। वह प्रेम करती है, किन्तु विरहाग्नि में जलती रहती है। प्रेम की पीड़ा सहकर भी हँसती–मुस्कराती है। प्रेममय परिवेश के लिये स्त्रियों का संघर्ष निरंतर जारी है। ऐसा प्रेम जो जीवन की हर राह में साथ–साथ चले, ऐसा प्यार स्त्री को सिर्फ कल्पना ही प्रतीत होता है–

"किसकों दूँ आवाज
कि मेरे साथ बहे
हवाओं सा
कि मेरे साथ चले राहों सा
और डटकर खड़ा हो जाए
मेरे साथ पहाड़ों सा
किसको कहूँ अपना
जो समेट ले बाहों में दिशाओं सा।"[6]

स्त्री अनेक रूपों में कर्त्तव्यों का निर्वहन करती है, किन्तु जीवन भर संघर्ष की चक्की में पिसती रहती है। गिरती है, फिर उठती है। हार और निराशा के बाद भी अपने अस्तित्व की पहचान के लिए उठ खड़ी होती और आकांक्षाओं की सहज पोटली में आशा रूपी मोती भरकर अपने होने का एहसास करती हुई आगे बढ़ती हैं। परिवार, समाज के लिए समझौता करने के बावजूद अपने को छिपाकर, बचाकर निरंतर चलते रहने का गुण उसने समय से सीखा है। टूटते–बिखरते रिश्तों के बीच जीवन संघर्ष में उसे अपने वजूद का एहसास बराबर रहता है–

"उसने अपने वजूद का
एक बड़ा हिस्सा
किराये पर उठा रखा है
दुनियाँ, दफ्तर, दवा–पानी
उसी आसरे चलता है,
बाकी के हिस्से में कोई नहीं आता।"[7]

'कविता में स्त्री या स्त्री की कविता' मन अथवा अंतःकरण की अभिव्यक्ति काव्यधारा के रूप में प्रस्फुटित होती है। हिन्दी कविताओं में स्त्री की पीड़ा, संघर्ष, मुक्ति, व्यथा, प्रेम,

संयम, आत्मविश्वास, दृष्टिगोचर होता है। परिवार में स्त्री की मौजूदगी अनिवार्य रही है और स्त्री की अनिवार्यता से ही समाज की परिकल्पना साकार होती है। हमें स्त्री विमर्श के प्रत्येक महत्त्वपूर्ण प्रश्नों को केन्द्र में रखकर गम्भीरता से विचार करना चाहिए। आज के इस अति आधुनिक दौर में हम अगर वृद्धजनों की बात करें तो दादी, नानी के रूप में हमारी परम्पराओं से हमें अवगत कराने वाली स्त्री मुक्ति के लिए तड़पती है, समाज की वास्तविकता से दूर भागती, घर को घर जैसा एहसास दिलाने वाली, वृद्ध वरदात्रियों को हमने आज हाशिए पर रख दिया है। कई परिवार में वृद्धजनों की मौजूदगी तो होती हैं लेकिन वे शारीरिक व मानसिक यंत्रणाएँ झेल रही है। अपनों के बीच बेगानापन का दर्द मिलने के बावजूद वृद्धाएँ परिवार की एक महत्त्वपूर्ण कड़ी के रूप में परिवार को जोड़ने का कार्य करती रही है। इस संदर्भ में समकालीन कवयित्री अनामिका की चिन्ता सामाजिक वास्तविकता से रूबरू कराती है–

"वृद्धाएँ धरती का नमक है,
किसी ने कहा था
बच्चे ज्यादा अच्छा पलते हैं
उनकी नन्ही–मुन्नी उल्टियाँ सँभालती
जगती है, वे रात भर,
उनके ही संग साथ से भाषा में बच्चों की
आ जाती है एक अजब कौंध
मुहावरों, मिथक, लोकोक्तियों
लोकगीतों, लोक गाथाओं और कथा समयकों की।"[8]

कहते हैं स्त्री (नारी) का वास्तविक श्रृंगार उसका पति होता है, जिसे वह परमेश्वर मानती है, वह साथ होते हुए भी एकाकी जीवन व्यतीत करती है, कभी सीता, कभी मीरा, कभी उर्मिला, शकुन्तला तमाम ऐसे उदाहरण है। स्त्री जो रूप–सौन्दर्य व गुणवती होने के बावजूद बाजार की वस्तु बन एकाकी रह जाती है– श्रृंखला की कड़िया नामक अपनी कृति में महादेवी वर्मा स्त्री के संदर्भ में लिखती है–

"यदि स्त्री की ओर देखा जाय तो निश्चित देखने वाला काँप उठेगा। उसके हृदय में प्यास है किन्तु उसे भाग्य ने मृगमरीचिका में निर्वासित कर दिया है। उसे जीवन–भर आदि से अन्त तक सौन्दर्य की हाट लगानी पड़ी। अपने हृदय की समस्त कोमल भावनाओं को कुचलकर, आत्मसमर्पण की सारी इच्छाओं का गला घोंटकर रूप का क्रय–विक्रय करना पड़ा और परिणाम में उसके हाथ आया एकाकी अन्त।"[9]

सदियों से सामाजिक और पारम्परिक चक्करघिन्नी में गोलमगोल घूमती स्त्रियाँ निरन्तर पुरूष की प्रताड़ना सहती रही हैं और यही वजह हैं कि स्त्री वर्तमान में समकालीन स्त्री रचनाकारों की चिन्ता का प्रमुख कारण है। वह आज भी शारीरिक व मानसिक रूप से प्रताड़ना सहने के लिए शापित है, 'नहीं हो सकता तेरा भला' नामक कविता में स्त्री की मानसिक प्रताड़ना को कवयित्री कात्यायनी ने शब्द बद्ध किया है–

"बेवकूफ जाहिल औरत
कोई कैसे करेगा तेरा भला
अमृता शेरगिल का तूने
नाम तक नहीं सुना
हे ईश्वर!
मुझे ऐसी औरत क्यों नहीं दी
जिसका कुछ तो भला किया जा सकता...
यह औरत तो सिर्फ भात रांध सकती है
और
बच्चें जन सकती है।
इसे भला कैसे मुक्त किया जा सकता है।"[10]

समकालीन कवयित्रियों ने स्त्री की पीड़ा को अभिव्यक्ति प्रदान की। अर्चना वर्मा, अनामिका, सविता सिंह आदि लेखिकाओं ने अपनी काव्य पंक्तियों में नारी मन की पीड़ा को व्यक्त किया है। 'दरवाजा' कविता में अनामिका ने स्त्री की पीड़ा को अभिव्यक्ति दी है– काव्य पंक्तियाँ दृष्टव्य है–

"मैं एक दरवाजा थी मुझे जितना पीटा गया
मैं उतना खुलती गई
खुदा ने कलम रख दी
और कहा
'औरत है' उसने यह गलत नहीं कहा।"[11]

जीवन में प्रेम का बड़ा महत्त्व है, प्रेम नैसर्गिक शक्ति है जो हमें विपरीत समय में जोड़े रखती है, जीवन के हर पल, हर मोड़ में प्रेम की मधुर व निश्चल अनुभूति से जीवन की समस्त समस्याएँ समाप्त हो जाती है। आज के दौर में बाजारीकरण व स्वार्थ, छल, प्रपंच ने प्रेम की गहरायी को पाट दिया और प्रेम को बिकाऊ बना दिया है, टूटते–बिखरते रिश्तें की डोर सिर्फ प्रेम के धागे से ही मजबूत हो सकती है–

"नेह की किस सुई से सिलूँ
कि चाक–चाक रिश्ता
कपड़े सा जाए सिल
चाहत के किस गणित से
जोड़ूँ
कि घटा हुआ मन
अंकों सा बढ़ जाए
शिद्दत के किस ढाँचे में ढालूँ
कि टूटा हुआ मन
पानी सा जुड़ जाए।"[12]

स्त्री अपने सीमित परिवेश से निकलकर आज ऊँची उड़ान भरना चाहती है, नई सम्भावनाओं को तलाशना चाहती है, अपने जीवन में परिवर्तन की माँग कर रही है, उसे स्वयं के लिये नए क्षितिज की तलाश है वह अपनी मंजिल खुद तैयार करना चाहती है–

"कंकरीले पत्थर, ऊबड़–खाबड़ रास्ते
खट्टे–मीठे किस्से सुनते–सुनाते
घर को पीठ पर लादे
रेलवे पुल पर खड़ी हो
भर देना चाहती हूँ जीवन को यात्राओं से
तंग आ चुकी हूँ
खिड़की से आसमान देखते–देखते।"[13]

'कविता में स्त्री और स्त्रियों की कविता' इस विषय की सार्थकता यह हैं कि काव्य पंक्तियों में हमेशा से स्त्री की उपस्थिति रही है। साहित्य की तमाम विधाओं में स्त्री–विमर्श का स्वर गूंजा किन्तु काव्य में यह ज्यादा मुखरित हुआ। भारतीय स्त्री रचनाकारों में स्वतंत्रता पूर्व व स्वतंत्रता के पश्चात् भी कविताएँ लिखने का जुनून रहा और वह अपने जीवन से जुड़े विभिन्न विषयों पर निरन्तर कविताएँ लिख रही है। स्त्री रचनाकारों ने जो पीड़ा व दमन का अनुभव किया, जो भोगा। उन्मुक्त आकाश में विचरने के लिए जिन सुख सपनों की कल्पना की, भारत की ग्रामीण समाज की स्त्री की विपन्नता और महानगरीय संस्कृति में जीवन यापन कर रही स्त्री की संवेदना स्त्री विमर्श के रूप में आज की कविता में उजागर हुई हैं परन्तु यह शुरूआत बस है– अरूण कमल के शब्दों में–

"हिन्दी का नारीवादी लेखन अभी शैशवकाल से गुजर रहा है। वह परिवक्व होगा तभी जब वह सामूहिक मुक्ति का स्वप्न अपने मन में बिठाये। स्त्री की दासता मर्दवादी सभ्यता का कलंक है। कलंक जितनी जल्दी धुल जाए उतना ही अच्छा! लेकिन नारीवादी लेखन को मर्दवादी बाजार, सौन्दर्य मूल्य, भाषा और संस्कृति के प्रबंधकों से बचना होगा।"[14]

स्त्री रचनाकारों की कविताओं में स्त्री–मुक्ति, संघर्ष, स्वप्न उसकी चिन्ता, व्यथा, शोषण को चित्रित किया जाता रहा है। नारी शक्ति का रूप है, वह मर्यादा में बंधी रहे किन्तु अपने अधिकारों के प्रति सजग रहते हुए अपने जीवन के नए आयाम तलाशने व तराशने में सक्षम हो पाये। हम कह सकते हैं कि कविता के माध्यम से स्त्री–विमर्श को एक नई दिशा मिली है। कथा साहित्य में जिन सूक्ष्म भावों और समस्याओं की प्रस्तुति नहीं हो पायी थी, उन तमाम मुद्‌दों व नारी संघर्ष को कविताओं में विशेष स्थान मिला। स्त्री–विमर्श के कुछ अनछुए पहलू जिस पर दृष्टि तो सभी रचनाकारों की गई, किन्तु समकालीन कवयित्रियों की कविताओं में मुखरता से अभिव्यक्त हुई हैं।

"स्त्री–मुक्ति का आशय है मानव मुक्ति! जैसे एक स्त्री को शिक्षित करने का आशय है पूरे परिवार का वैचारिक, मानसिक/बौद्धिक परिष्कार, स्त्री को मानसिक/बौद्धिक/आर्थिक/सांस्कृतिक विकास के लिए यौन–शोषण, आर्थिक–दोहन और दैहिक–मानसिक प्रताड़नाओं से मुक्त करने में मानव–मात्र के मुक्ति के सूत्र है। स्त्री–मुक्ति ने अपने आँचल का परचम फहराया है जिसकी छाँव तले दुनियाँ के सारे निर्धन– निर्बल–निराश्रय अनादृत अपनी साझा मुक्ति की राह बना सकते हैं।"[15]

आज के परिवेश में हम देखते है कि प्रत्येक कवि या कवयित्री अपनी कविताओं में स्त्री मुक्ति की बात तो करती है। लेकिन यक्ष प्रश्न यह हैं कि वास्तव में स्त्री–मुक्ति क्या है? लिंग के आधार पर मुक्ति का रास्ता नहीं ढूंढा जा सकता। ईश्वर ने जो मानव रूप दिया है, वह समान होना चाहिये। एक स्त्री के शिक्षित होने से उसका परिवार भी शिक्षित होता है, और उसकी संतति समाज में एक अलग स्थान प्राप्त करती है।

अंत में यह कहना यथोचित होगा कि स्त्री का मातृत्व सुख सर्वोपरि है, माँ ही ईश्वर का रूप है, माँ पूज्यनीय ममता ही उसका गुण है और वह सत्य शिव सुंदर का प्रतिरूप है।

"स्त्री में माँ का रूप ही सत्य, वात्सल्य ही शिव और ममता ही सुंदर है।"[16]

स्त्री जीवन या स्त्री से जुड़े विषयों पर चर्चा करना एक सामान्य बात हैं, किन्तु वास्तव में उसके जीवन स्तर को सुधारने और उसके अधिकारों के प्रति उसे अवगत कराना उसे उसकी अस्मिता का बोध कराना यहीं सही मायनों में स्त्री विमर्श के उद्‌देश्यों की सार्थक पूर्ति होगी। हम सभी को यह यत्न करना होगा कि स्त्री केवल एक मकान की शोभा बनकर चहारदीवारी में सीमित न रहे। हमें नदी की तरह उसे आगे बढ़ने देना होगा,

पुरूष प्रभावी कुंठा से उसे मुक्त करना होगा तभी मकान–घर बन पायेगा और 'कविता में स्त्री और स्त्रियों की कविता' के उद्देश्यों की पूर्ति हो पायेगी।

शोधार्थी
हिन्दी–विभाग
इंदिरा कला संगीत विश्वविद्यालय, खैरागढ़

संदर्भ :-

1. सं. आनंद, संगीता, वर्तमान संदर्भ (पत्रिका) – अंक 18, अगस्त 2009, देवकी धाम बेस्ट वोरिंग केनाल रोड, पटना बिहार पृष्ठ–170
2. सं. भारद्वाज, डॉ.हेतु, पंचशील शोध समीक्षा (पत्रिका)– अंक 6, अक्टूबर–दिसम्बर 2009, पंचशील प्रकाशन जयपुर पृष्ठ–58
3. सं. खरे, गणेश, युग कवि प्रसाद, ग्रन्थम प्रकाशन 1967 जयपुर, पृष्ठ–179
4. सं. भारद्वाज, डॉ.हेतु, पंचशील शोध समीक्षा (पत्रिका)– अंक 6, अक्टूबर–दिसम्बर 2009, पंचशील प्रकाशन, जयपुर पृष्ठ–71
5. सं. आनंद, संगीता, वर्तमान संदर्भ (पत्रिका) – अंक 18, अगस्त 2009, देवकी धाम बेस्ट वोरिंग केनाल रोड, पटना बिहार पृष्ठ–170
6. सं. भारद्वाज, डॉ.हेतु, पंचशील शोध समीक्षा (पत्रिका)– अंक 6, अक्टूबर–दिसम्बर 2009, पंचशील प्रकाशन, जयपुर पृष्ठ–62
7. वही, पृष्ठ–59
8. सं. भारद्वाज, डॉ.हेतु, पंचशील शोध समीक्षा (पत्रिका)– अंक 6, अक्टूबर–दिसम्बर 2009, पंचशील प्रकाशन, जयपुर पृष्ठ–60
9. सं. सिंह, बच्चन, हिन्दी साहित्य का दूसरा इतिहास पृष्ठ–361, राधाकृष्ण प्रकाशन, चौथी आवृत्ति, 2012
10. सं. भारद्वाज, डॉ.हेतु, पंचशील शोध समीक्षा (पत्रिका)– अंक 6, अक्टूबर–दिसम्बर 2009, पंचशील प्रकाशन, जयपुर पृष्ठ–73
11. वही, पृष्ठ–73
12. वही, पृष्ठ–62
13. वही, पृष्ठ–74
14. वही, पृष्ठ–78
15. सं. आनंद, संगीता, वर्तमान संदर्भ (पत्रिका) – अंक 18, अगस्त 2009, देवकी धाम बेस्ट वोरिंग केनाल रोड, पटना बिहार, पृष्ठ–59
16. महादेवी वर्मा, अतीत के चलचित्र, पृष्ठ–103

महिला विकास

—कु. मेधारानी

समाज में मानव की उत्पत्ति स्त्री के द्वारा हुई है। मानव संरक्षण, रक्षा, दायित्त्व, प्रेम की आस्था, स्नेह की वर्षा, स्त्री, मां और पुत्री के आंचल से होती है। आइये, हम इन्हें निम्न बिन्दुओं के आधार पर जाने–

1. वैदिक युग– स्कन्द पुराण (दुर्गा सप्तमी) में मार्कण्डेय ऋषि द्वारा लिखा गया है कि इस संसार की उत्पत्ति मां आदि शक्ति स्कन्द माता के गर्भ से हुई। जब भगवान शिव ने इस सृष्टि की रचना एवं विश्व की उत्पत्ति किया तो अपनी संतान को भगवान शिव शक्ति प्रदान नहीं कर सके। उस समय मां आदि स्कन्द माता ने अपने आंचल में पुत्र को छुपाकर अपना स्तन पान कराया और उन्हें शक्ति दिया। इस तरह हम देखते हैं कि वैदिक युग में पुरूष तत्त्व के साथ स्त्री तत्व का बराबर का सहयोग रहा। अतएव यह स्वयं सिद्ध है कि माता शक्ति उस समय मानव को शक्ति न देते तो आज सब पुरूषत्त्व शक्ति हीन होते।

2. सत्य युग– श्रीमद् भागवत पुराण के प्रथम अध्याय में लिखा है कि एक समय की बात है जब देवासुर संग्राम हुआ तो देव और दानव दोनों के मध्य युद्ध में परिणाम बराबर रहा। दोनों के इस युद्ध को नीचता में बदलने के लिए भगवान विष्णु ने देव–दानव को समुद्र मंथन करने की सलाह दिये और दोनों पक्षों में इस बात पर सहमति दी। उस समय देव–दानव के बीच सहमति से समुद्र मंथन सम्पन्न होने को जा रहा था परन्तु उस समय उनके पास ऐसी शक्ति नहीं थी जिनसे उसका कार्य हो सके। सृष्टि का विकास और कल्याण करने के लिए सभी देवता भगवान विष्णु के साथ माता आदि शक्ति की आराधना में सब जुट गये। मां शक्ति अपनी संतान को चिंता में डूबे हुए कैसे देख सकती थी। उसके कार्य करण और उसकी इच्छा पूर्ति के लिये मां शक्ति भगवान विष्णु के समक्ष लक्ष्मी रूप धारण करके जीवन संगिनी बनी और भगवान विष्णु के साथ सृष्टि पालन में उसकी बराबर का सहयोग प्रदान करती रही। इस तरह हम देखते हैं कि वैदिक युग के समान सतयुग में भी समाज में पुरूषों के समान स्त्री को समान अधिकार प्राप्त था।

   आधुनिक युग में काफी हद तक स्त्री की दशा में सुधार हुआ। इस युग में पुरूषों के समान स्त्री को बराबर हक दिया। महिला आरक्षण के सहयोग से भारत सरकार ने महिला को अधिक सुरक्षा तथा अधिक योग्यताशील बना दिया।

आज किसी भी खेल में महिला पुरूष से कम नहीं है। बराबर का सहयोग आदान–प्रदान किया जा रहा है। लड़की तथा लड़का में किसी भी प्रकार का कोई भेद नहीं किया जा रहा है। पिता के सम्पत्ति में बेटी तथा बेटा को समान हक दिया है। भारतीय संविधान में सरकार ने महिला आरक्षण के माध्यम से महिला को बहुत आगे बढ़ा दिया है। आज की भारतीय नारी अपने–अपने पसंद से शादियाँ कर रही है। अपनी पहचान बनाने में नारी ने आज पूरे विश्व में अपना हक जमा दिया है। इससे हम पाते हैं कि 21वीं सदी का भारत इस संसार की रचना के समय से आज के समय का बदलाव स्त्री के सहयोग और मार्ग दर्शन से होता है। स्त्री आज हमारे सामने मां, बहन, पुत्री, स्त्री के रूप में है, जिनके परामर्श और सहयोग से हमारा और हम सबका कार्य सिद्ध होता है। भारतीय नारी की मर्यादा बहुंत साफ सुथरा हैं जिनके स्पर्श मात्र से हम अपना कार्य करते हैं।

3. त्रेता युग– नाम से यह स्पष्ट हो जाता है कि यह युग भगवान विष्णु के अवतार राम से है। इस में युग स्त्री का पुरूषों के साथ समान अधिकार प्राप्त था। देवासुर संग्राम में राजा दशरथ के साथ उनकी पत्नी कैकई भी उस युद्ध में राजा दशरथ के साथ मिलकर युद्ध किये। इस संसार का सबसे बड़ा धर्म स्त्रीत्व जाति का सम्मान करना है। इसी कार्यकाल में राम के साथ उनकी भार्या सीता ने अपने पति श्री राम को सुख में अकेला न छोड़कर उस दुख के समय बराबर का सहयोग दिया। जिसका वर्तमान समय में साहित्य ग्रंथ का सबसे महत्त्वपूर्ण गुण है।

4. द्वापर युग– इस युग में भी पुरूषों के समान स्त्री को भी समान अधिकार प्राप्त था। इस युग में श्री कृष्ण एक समय देवासुर संग्राम कर रहे थे। उस समय उनकी पत्नी सत्यभामा भी उसके साथ ही और वह भी अपने स्वामी के साथ मिलकर युद्ध किया। भगवान श्री कृष्ण ने गीता में स्पष्ट रूप से कहा है कि इस संपूर्ण ब्रह्माण्ड की जननी आदि शक्ति मां अर्थात् स्त्री है और यह संसार केवल उसके सहयोग और उसकी इच्छा के अनुरूप चलती है। इस तरह हम पाते हैं कि एक स्त्री से परिवार, दूसरी से शिक्षा, तीसरी से मार्गदर्शन, चौथी से अपना स्वयं का कल्याण करती हैं। स्त्री चाहे तो प्रेम में अपनी जान देती है और गुस्सा में जान भी ले लेती है। स्त्री शिक्षित है तो उनकी संतान शिक्षित है अन्यथा वह घोर नर्क के समान है। इस संपूर्ण ब्रह्माण्ड की जननी स्त्री है।

5. कलयुग – पूर्वमध्यकालीन समय में स्त्री की दशा अत्यन्त दयनीय स्थिति थी। उस समय में स्त्री को पुरुष के समान अधिकार प्राप्त नहीं था। पुरूषों को स्त्री के बजाय अधिक प्रेम, स्नेह, खाना–पीना व युद्ध कौशल में पूर्ण रूप से शिक्षित किया जाता

रहा। मध्य काल में स्त्री की स्थिति उससे भी अधिक खराब थी। उस समय कबीर दास ने तो स्त्री जाति को नागिन, सर्प, काल, दाग, कलंकनी आदि शब्दों से घोर निंदा की, उसी समय तुलसी दास ने भी स्त्री को ढोल, गंवार, शूद्र आदि कहकर सम्बोधित किया।

छुईखदान (छ.ग.)

"भारतीय नारी की परतन्त्रता का इतिहास एवं वर्तमान स्थिति"

–ज्योति गुप्ता

संसार एक रंगमंच है, जिसके अभिनेता स्त्री–पुरूष दोनों के सामंजस्य से एक परिवार का निर्माण होता है। परिवार से समूह का और समूह से समाज का। अतः समाज के निर्माण में पुरूष और स्त्री की बराबर की भागीदारी रहती है। इसलिए स्वामी विवेकानन्द ने भी लिखा है कि– "समाज रूपी गरूड़ के स्त्री और पुरूष दो पंख होते है। यदि एक पंख सबल और दूसरा दुर्बल हो तो उसमें गगन को छूने की शक्ति कैसे निर्मित होगी?"

नारी प्रकृति प्रदत्त ईश्वर की अनुपम कृति है। भारतीय समाज की परिकल्पना नारी के अस्तित्व के बिना खोखली प्रतीत होती है। जहाँ एक ओर नारी अपने अस्तित्व को खोज रही है, वहीं दूसरी ओर अनेकों संघर्ष के बाद नारी का वैदिक काल से ही गौरवपूर्ण स्वतन्त्रता का इतिहास उनकी सफलता का साक्ष्य प्रस्तुत करता है।

वैदिक काल में नारी को समाज तथा शिक्षा दोनों में समान अधिकार प्राप्त था। ऋग्वेद में घोषा, लोपामुद्रा, शाश्वती, अपाला, इंद्राणी, सिकता, निवावरी आदि विदुषी तथा दार्शनिक स्त्रियों के नाम मिलते है, जो वैदिक मंत्रों, ऋचाओं एवं स्त्रोतों की रचना एवं पाठन कार्य भी कुशलता से करती थी। प्राचीन काल से नारी को देवी के समान माना गया है। मनुस्मृति में कहा गया है– 'यत्र नार्यस्तु पूज्यन्ते रमन्ते तत्र देवताः।' अर्थात्– नारी की जहाँ पूजा होती है, वहाँ देवता निवास करते है।

मध्यकाल में भी अनेक नारियों ने समाज एवं राजनीति में अपनी प्रतिभाशाली उपस्थिति दर्ज करायी, जिसमें रजिया सुल्तान, रानी कर्णवती ,रानी जोधाबाई, रानी दुर्गावती, रानी रूपमति, चांदबीबी, नूरजहाँ, अस्मत बेगम, मुमताज महल, जहांआरा, रोशनआरा, जेबुन्निसा, जीजा बाई, रानी लक्ष्मीबाई इत्यादि ऐसी नारियाँ हैं, जिन्होंने नारियों को इतिहास में गौरवशाली सम्मान दिलाया। वहीं दूसरी ओर समय के काल चक्र ने अपना रूख बदला और नारियों की स्थिति में गिरावट प्रारम्भ हुई और समाज बाल विवाह, सती प्रथा, पर्दा प्रथा, रूढ़िवादी विचार, अशिक्षा जैसी कुरीतियों का शिकार हुआ तथा पुरूष प्रधानता पर जोर दिया गया। गोस्वामी तुलसीदास जी ने नारी की इस स्थिति का चित्रण इन शब्दों में किया गया है–

कत बिधि सृजी नारि जग माही।
पराधीन सपनेहुँ सुख नाहि ।।

बाल विवाह, सती प्रथा, पर्दा प्रथा, बेमेल विवाह आदि कुरीतियों के कारण नारी की स्थिति सोचनीय तथा दीन–हीन बन गयी थी। निःसंदेह वैदिक काल से मध्यकाल तक की नारियाँ स्वतन्त्र तथा पर्याप्त शिक्षित हुआ करती थी। जो मध्यकाल के अन्त में आधुनिक काल तक आते–आते देश की अधिकाँश नारियाँ विशेषकर ग्रामीण, गरीब व निरक्षर, रूढ़िवादी एवं परम्परागत बन्धनों में जकड़ गयी।

19 वीं शताब्दी के उत्तरार्द्ध (ब्रिटिशकाल) समाज में फिर स्त्रियों की परिस्थिति में क्रान्तिकारी परिवर्तन प्रारम्भ हुआ। जिसके परिणाम स्वरूपः स्त्री शिक्षा पर जोर (लड़कियों की शिक्षा में ईसाई मिशनरियों की रूचि) सती प्रथा बुराई का अन्त, राजा राममोहन राय द्वारा बाल विवाह का विरोध व अन्त, विधवा पुनर्विवाह (अधिनियम 1956), राष्ट्रीय परिषद् (1925), अखिल भारतीय स्त्री शिक्षा सम्मेलन (1927) तथा शारदा अधिनियम इत्यादि सफल प्रयास किये गये नारियों को समाज में समान अधिकार दिलाने हेतु। वहीं नारियों ने भी अपने कर्त्तव्य को वखूबी निभाया तथा स्वतन्त्रता संघर्ष में पुरूष के साथ कंधा मिलाकर चली। जिसमें से सरोजनी नायडू, मीरा बेन, सुचेता कृपलानी, विजय लक्ष्मी पंड़ित, अरूणा आसफ अली आदि ने आजादी के लिये बहुंत ही महत्त्वपूर्ण भूमिका निभाई।

वर्तमान में नारियों को पुरूष के समान अधिकार प्राप्त है। नारियाँ स्वतन्त्र व मुक्त है। उच्च शिक्षा के वजह से ही महिलायें अपनी शक्तियों की क्षमता को समझ कर जबरदस्त दिलेरी से संघर्ष करती हुई सामाजिक, राष्ट्रीय, अन्तर्राष्ट्रीय, राजनैतिक, आर्थिक, वैज्ञानिक, शिक्षा, सांस्कृतिक आदि क्षेत्रों में सफलता के शिखर पर विराजमान है। उदाहरण स्वरूप चन्द्रमा पर सर्वप्रथम जाने वाली महिला कल्पना चावला व सुनीता विलियम्स, राजनीति, के क्षेत्र में पूर्व प्रधानमंत्री इंदिरा गाँधी, पूर्वराष्ट्रपति प्रतिभा पाटिल, श्रीमती सोनिया गांधी, सुषमा स्वराज, शीला दीक्षित, स्मृति ईरानी, आर्थिक क्षेत्र में वृंदाकरात व किरण मजूमदार, सांस्कृतिक क्षेत्र (खेल जगत) में सानिया नेहवाल, सानिया मिर्जा व मैरी काम तथा पार्श्व गायन में लता मंगेशकर, अनुराधा पौंडवाल, आशा भोशले, श्रेया घोशाल, नेहा कक्कड़ और सामाजिक सेवा के क्षेत्र में प्रथम महिला आई.पी.एस. ऑफिसर किरण बेदी, व्यापार क्षेत्र में स्टेट बैंक ऑफ इण्ड़िया की चेयरमैन अरूंधती भट्‌टाचार्य आदि।

यदि आज नारी की वर्तमान स्थिति पर विचार–विमर्श करें तो हर सिक्के के दो पहलू की तरह एक तरफ पूर्णिमा की रात सा सब कुछ उजला व स्वच्छ है तो वहीं दूसरी ओर अमावस्या का घोर अंधेरा है। जहाँ नारियाँ समाज को सशक्त तथा आत्म निर्भर बना रही है वहीं दूसरी ओर आज भी समाज के कुछ क्षेत्र में भ्रूण हत्या, दहेज प्रथा, बाल विवाह, शोषण, (रेप जैसे घिनौने अपराध) अपहरण, अन्धविश्वास जैसी कुरीतियाँ पनप रही है। जिसके ज्वलन्त उदाहरण फोटो रिकॉर्डिंग, विड़ियोज, समाचार पत्र, समाचार चैनल व

सोशल मीड़िया पर वाईरल होते देखे जा सकते है। जिनकों रोकने के लिए कानून, सरकार व समाज प्रयास तो कर रहे है और इन पर सफलता पाना तो कठिन है पर असम्भव नहीं। नारी को खुद अपने सम्मान के लिए जागरूक होना होगा व एक नारी का दूसरी नारी के लिए आवाज उठानी होगी। नारी सशक्तिकरण हर क्षेत्र में सफलता पाना ही नहीं बल्कि नारी का नारी के प्रति सम्मान करना है। नारियाँ रिश्तों के चक्रव्यूह में फँसकर पुरूषों के अपराध का भागी न बनें तथा पुरूष भी बदलाव को स्वीकार कर नवीन समाज का नेतृत्व करें। दिल दहलाने वाली दास्तान यह है कि 55 फीसदी मामलें में नारी का शोषण उनके परिवार के सदस्यों अथवा निकट सम्बन्धी द्वारा ही हुआ करता है। नारी के परिवर्तनों को देखते हुए के.एम. पारिकर ने कहा कि ''आज हिन्दु के बदलते युग में नारियों का हस्तक्षेप हिन्दू समाज के लिये एक ललकार है।''

शोधार्थी
संगीत विभाग
दयालबाग एजुकेशनल इन्स्ट्टीयूट ,
दयाल बाग, आगरा (उ.प्र.)

संदर्भ ग्रंथ-

1. समाज कल्याण पत्रिका
2. वाणी पत्रिका
3. मनुस्मृति–2/166
4. भारतीय समाज में नारी– नारी अपराध : एक विवेचन, पृ. सं. 96–97

उपन्यास चित्रण के माध्यम से नारी विमर्श

– सीमा चौधरी

वृन्दावनलाल वर्मा के उपन्यासों की नारी पात्रों में अपना विचार (विमर्श) व्यक्त करने के पूर्व नारी के व्यक्तित्व का मूल्यांकन करना नितान्त आवश्यक है। "नारी–भगवान की ही अद्भुत सृष्टि है। मनुष्य निरन्तर अपने अन्तरात्मा से नारी को सौन्दर्य की विभूति से विभूषित करता है। कविगण स्वर्णिम कल्पना के धागों से उसके लिए एक जाल–सा बुनते रहते है। चित्रकार उसके स्वरूप को उसके बाह्य सौन्दर्य को अमरत्व प्रदान करते रहते है। मानव हृदय की वासना ने सदैव नारी के यौवन को ऐश्वर्य प्रदान किया है। नारी अर्द्ध स्वप्न है।" मनु ने कहा है कि– जहाँ स्त्रियों की पूजा होती है अर्थात् स्त्रियों का सम्मान किया जाता है, वहाँ देवताओं का निवास होता है।

मध्यकालीन उपन्यासकार वर्मा जी ने अपनी उपन्यासों में मध्यकाल के उस कालावधि के अन्तर्गत स्त्री की दिशा को दर्शाने की सफल चेष्टा की है। जिस काल में नारी की दशा अत्यन्त सोचनीय थी। सम्पूर्ण समाज स्त्री स्वतन्त्रता, समानता और अधिकार के प्रति पितृसत्तात्मक रवैया छाया हुआ था। इस कालावधि में मुस्लिम समाज की स्त्रियों की स्थिति अत्यधिक कष्टप्रद एवं सोचनीय थी। पर्दाप्रथा, बहुपत्नी विवाह, बाल विवाह, सती प्रथा आदि जैसी कुरीतियाँ पूरे समाज में छाया हुआ था, जिससे स्त्रियों का जीवन नरक तुल्य बन गया था ।

वर्मा जी नारी की विषाक्त पीड़ा के साथ–साथ नारी चेतना को भी वाणी प्रदान किया है, जो आज के वर्तमान नारी सशक्तिकरण का आधार भूमि बनाकर हमारे समक्ष परिलक्षित होती है, जिससे आज की नारियों को शक्ति, प्रेरणा तथा ऊर्जा प्राप्त होती है।

वर्मा जी के उपन्यासों की नारियाँ जहाँ एक ओर वीर, साहसी, संयमी और स्वाभिमानी है, वहीं दूसरी ओर इनकी उपन्यासों की नारियाँ आदर्श प्रेमिका, आदर्श पत्नी, स्नेहमयी माँ, राष्ट्र प्रेमी, राष्ट्र सेविका आदि गुणों से लबालब है।

वर्मा जी ने अपनी सभी उपन्यास द्वारा हिन्दी जगत को एक–एक अमर नारी–पात्र देने की सफल चेष्टा की है। इनके उपन्यासों का सौन्दर्य उनका ऐतिहासिक सौन्दर्य नहीं बल्कि उनके द्वारा चित्रित/वर्णित मधुर रोमांस है, जो हम प्रायः उनके उपन्यासों में देखने को मिल जाता है। रोमांस के अन्तर्गत सिर्फ शारीरिक प्रेम का भाव ही नहीं निहित होता है बल्कि इसमें शौर्य, बलिदान, उत्साह, त्याग, उदारता, राष्ट्र प्रेम, समर्पण कर्मठता आदि गुण भी निहित होता है। वर्मा जी का मुख्य उद्देश्य अपने पात्रों के माध्यम से इसी रोमांस को व्यक्त करना या यूं कहिये की इनके गुणों से हमें परिचित करवाना है। "वर्मा जी के उपन्यासों में जो रोमांस आया है उसमें उस प्रेम का वर्णन नहीं, जो मकान के किसी

एकान्त कोने में पड़ा–पड़ा निरन्तर अश्रु प्रवाहित करता है। उसमें तो आदि से अन्त तक कर्तव्यशीलता मिलती है। संघर्षों के क्षणों में उसकी शक्ति और भी बढ़ जाती है। बड़ी विपत्ति भी उनके प्रेम को मिटा नहीं पाती।'' इस श्रेणी में दुर्गावती, अहिल्याबाई, झाँसी की रानी आदि उपन्यास आते है। परन्तु मेरी दृष्टिकोण में इसका सबसे अच्छा और सटीक उदाहरण वर्मा जी द्वारा लिखित उपन्यास 'झाँसी की रानी' ही हो सकती है। 'झाँसी की रानी' मनु ने स्वयं यह कहती है, ''पुरूषों को पुरूषार्थ सिखलाने के लिए स्त्रियों को मनखंब, कुश्ती इत्यादि सीखना ही चाहिए। खूब तेज दौड़ना भी। नाचने–गाने से भी स्त्रियों का स्वास्थ्य सुधरता है, परन्तु अपने को मोहक बना लेना ही तो स्त्री के समस्त कर्त्तव्य नहीं है। ''सचमुच 'झाँसी की रानी'' में वर्मा जी के नारी–चरित्र वीरता और शौर्य के धरातल पर विराजमान है। इस उपन्यास में नारी लक्ष्मी बाई के अलावा सुन्दर, मुन्दर, काशी बाई, झलकारी, कोरिन, जूही, मोती बाई आदि भी बड़ी उत्साही एवं वीर नारियाँ है। रानी मनु की संगति से इन पात्रों के जीवन में अद्‌भुत साहस और शौर्य की भावना घर कर जाती है तथा प्रेम और साहस का संघर्ष का अपूर्व समन्वय इनके जीवन में देखने को मिलता है। अतः यूँ कहे तो व्यक्तिगत प्रेम के माध्यम से देश प्रेम की छवि को प्रकाशित करने का सुअवसर उन्हें प्राप्त हो जाता है। इस उपन्यास की नारियाँ प्रेम भी करती है और समय आने पर तोप के गोलों के सामने खड़ी होकर बलिवेदी पर चढ़ ही जाती है। अद्‌भुत दृढ़ता का कवच पहने तो फिर संसार में ऐसा कोई पुरूष हो ही नहीं सकता जो उनको लूट ले।''

मोती बाई पेशे से वेश्या है परन्तु उसमें भी दूरदर्शिता और देश प्रेम की भावना कूट–कूट कर भरी पड़ी है। तभी तो पीरअली को गुमराह करने में उसकी दूरदर्शिता की झलक मिल जाती है। देश प्रेम तो उसमें इस प्रकार हावी है कि कोई प्रेम उसे हिला भी नहीं सकता है। तभी तो नारी जब खुदाबख्श की जाँच करने की प्रस्ताव उसके सामने रखती है तो वह दृढ़ स्वर में कहती है, ''सरकार, मैं जाँच करूँगी। यदि काम के निकले तो फर्द के नाम रहने दीजिएगा, नहीं तो काटकर अलग कर दीजिएगा।'' अन्ततः हम देखते है कि लक्ष्मी बाई भारतीय इतिहास का स्वर्णिम अक्षर में लिखी जाने वाली पात्रा है। वह अपने सैनिकों को देश भक्ति का सन्देश देते हुए कहती है–''यह आवश्यक नहीं है कि स्वराज्य की स्थापना हम अपनें जीवन काल में ही देखें। सीढ़ी के डण्डे पर पैर रखते ही हम छत पर नहीं पहुँच जाते, एक ही त्याग, एक ही मरण, एक ही जनम से स्वराज्य नहीं मिलता।'' अंग्रेजों को भी भारतीय नारी की जिन्दादिली और साहस के सामने अपने आपको तुच्छ समझना ही पड़ा। ''रोज ने सिर हिलाकर कहा– 'नो स्टुअर्ट, इफ वन परसेंट आफ इंडियन वीमन बिकम सो मैड़ एव दिस गर्ल इज, बी विल हैव टू लीव आव दैट, वी हैव इन दिस कंट्री।' (न स्टुअर्ट, यदि भारतीय स्त्रियों में एक प्रतिशत भी ऐसी पागल हो जाएँ जैसी यह (झलकारी कोरी) है तो हमको हिन्दुस्तान में अपनी सब कुछ छोड़कर चला जाना पड़ेगा।)

'अहिल्याबाई', उपन्यास की नायिका अहिल्याबाई का चरित्र बड़ा सजीव दिखाई पडता है। जीवन के कठोर आघातों को झेलती हुई रानी अहिल्याबाई सदा हंसती हुई आगे बढती है। सियारामशरण जी अहिल्याबाई की तुलना गाल्सवार्दी के मोची से करते है जो परम कर्त्तव्य और परमार्थ की वेदी पर सर्वस्व न्यौछावर कर देता हैं पर आह तक नहीं करता। 'महारानी दुर्गावती' उपन्यास शौर्य और साहस की विशाल गाथा है। ताराबाई का यह प्रश्न कि अब क्या हो? नारी नेतृत्व शक्ति को उद्घाटित करता है। पति के देहावसान के पश्चात ताराबाई अपने अल्पायु पुत्र को लेकर लगातार औरंगजेब से युद्व किया एवं बिखरी मराठा शक्ति को संगठित भी किया ।

'गढ गुण्डार' में मुख्य रूप से तीन नारी पात्र हैं– तारा, मानवती और हेमवती। मानवती दुर्बल –हृदया नारी है। इसी कारण वह अपने प्रेमी अग्निदत्त का साथ नहीं दे पाती। हेमवती में गर्व बहुंत अधिक हैं जो नागदेव की असफलता का कारण बनता है। हेमवती और नागदेव का कथानक रोमांस के अंतर्गत आता है। नागदेव हेमवती से प्रेम करता हैं किन्तु हेमवती नागदेव को नहीं चाहती। वह सामन्तीय युग की जात्याभिमान की साक्षात मूर्ति हैं।

'विराट की पद्मिनी' की कुमुद का चरित्र उपन्यास का सबसे सशक्त केन्द्र बिन्दु हैं। इस उपन्यास की नारी पात्र कुमुद और गोमती धड़ल्ले से स्त्री अस्मिता का सवाल करती है। गोमती अपने पहले पति देवीसिंह से सवाल करती हैं – मैं क्या ढोर गाय हू? और कुमुद भी पूछती है– क्या आप समझते हैं कि स्त्रियों में निजत्व की कोई लाज नहीं होती?

'कचनार' में दो प्रमुख नारी पात्र हमें दृष्टिगोचर होती हैं– कचनार और कलावती, कलावती दुर्बल हृदया नारी परिलक्षित होती हैं। जबकि दासी कचनार समयशील और विवेकपूर्ण होने के साथ–साथ स्वाभिमानिनी नारी पात्र हैं। दलीप सिंह के प्रणय निवेदन पर वह स्पष्ट कर देती है कि वह पत्नी की प्रतिष्ठा चाहती हैं। भांवरे डालने पर ही वह दलीपसिंह से प्रेम कर सकती हैं, नारीत्व को नष्ट करके नहीं। सचमुच कचनार में जो चारित्रिक सबलता एवं मानसिक दृढता देखने को मिलती है, उसे कभी भी भूला नहीं जा सकता हैं। 'कचनार' उपन्यास के पुरूष–पात्र अचलपुरी ने स्वयं यह कहा कि है– तुम्हारी कचनार सरीखी स्त्रियाँ हमारे समाज में हो जाये तो घर–घर उजाला छा जायेगा। 'मृगनयनी' उपन्यास की निम्नी अपने आत्मबल के धरातल पर महान बन जाती है। गुजरी रानी राजा मानसिंह को विलासिता की जिन्दगी से बाहर निकालकर कर्त्तव्य की ओर अग्रसर करती है। इस उपन्यास में मृगनयनी का व्यक्तित्व चमक जाता है जब वह सतीप्रथा जैसे कुप्रथा का विरोध करती हुई हमें दृष्टिगोचर होती है। वह (मृगनयनी) कहती है– ''रानियों को ऐसे समय में वही याद आया ''क्योंकि उनकी बाहों ने तीर–कमान और

तलवार को कभी अपनी सखी नहीं बनाया, कि सतियों ने आग और चिता को जितना प्यार किया, उसके बराबर तीर और तलवार के साथ भी करना चाहिए था।'

'आहत' की नारी पात्र छाया अपनी अदम्य साहस के कारण चमक उठती है। दहेज मण्ड़प में ठुकराई जाने पर वह चुपचाप आँसू नहीं बहाती है।, बल्कि वर के पिता की चप्पलों से पिटाई करती है तथा उसी लगन मण्ड़प में चुनौती देती है – "है कोई यहाँ ऐसा साहसी जो मेरे साथ ब्याह करने को तैयार हो।" वर्मा जी ने स्वयं यह कहा है कि मैं पाठक को पलायनवादी नहीं बनाता, उसे उत्तेजित करके प्रबल बनाता हूँ।"

'अचल मेरा कोई' उपन्यास की नारी कुंती समाज सुधारक पति द्वारा अपने ऊपर लगाये गये लांछन पर अपने स्वाभिमान और सम्मान के लिए अपने आप को त्याग देती है अर्थात् आत्महत्या कर लेती है। अन्ततः हम देखते है कि वर्मा जी की नारी पात्रों में कुछ विशेष चारित्रिक गुण मौजूद है– प्रेम, त्याग, उदारता,' वीरता आदि। डॉ. रामचन्द्र तिवारी का यह कथन बड़ा उचित मालूम पड़ता है– 'महिमामय' नारी पात्रों के आलोक से वर्मा जी का कथापट निरन्तर दीप्त रहता है....... वर्तमान का चित्रांकन करते हुए कलाकार को यह सुविधा नहीं मिलती। देवता वर्तमान में नहीं जीते। वर्मा जी ने अतीत के पट पर कुछ दिव्य सृष्टियाँ की है। वे सृष्टियों के लिए चिर अमर रहेंगे। नारी–विमर्श को उद्‌घाटित करने में वृन्दावनलाल वर्मा सफल हुए हैं। इनके नारी पात्र आज भी पाठकों को अपनी ओर आकर्षित करती हुई दिखलाई पड़ती है। इनके उपन्यासों में ऐतिहासिक और काल्पनिक दोनों किस्म की नारी–चरित्र को तबज्जू मिला है। वर्मा जी ने समय की मांग के अनुसार ही नारी–चरित्र की परिकल्पना किये। राष्ट्र प्रेम एवं देश प्रेम के खातिर इनकी याचिका हंसते–हंसते अपनी शारीरिक प्रेम को बलिदान की बलिवेदी पर न्योछावर कर देती है। इन्होंने अपने इन्हीं नारी–पात्रों के माध्यम से भारत की संस्कृति को बचाये हुए नजर आते है। श्री यज्ञदत्त शर्मा के दृष्टिकोण से वर्मा जी–अपने नायकों के निर्माण की अपेक्षा नायिकाओं के चित्रण में अधिक सफल रहे। तारा, रतन, पूना, सरस्वती, कुमुद, मुन्दर, रानी झाँसी इत्यादि के चरित्रों को अपने आदर्श, त्याग और प्रेम के क्षेत्र में पराकाष्ठा पर पहुंचा दिया है। भावुकता, सौन्दर्य, लावण्य और कोमलता का ऐसा सुंदर दिग्दर्शन इन पात्रों में हुआ है कि पाठक को उनके गुणों पर मुग्ध होते ही बनता है। साहस, शक्ति और बलिदान का पुट देकर यह नायिकाओं को वर्मा जी ने और भी निखार दिये है। हृदय में प्यार की दहकती हुई ज्वाला को लेकर भी वर्मा जी की नायिकायें उसका प्रदर्शन करती हुई नहीं फिरती। वर्मा जी ने नायिकाओं का जो सजीव और व्यापक चित्रण किया है, वह हिन्दी साहित्य की अमूल्य निधि है।" स्वयं वर्मा जी ने अपने प्रत्येक उपन्यास के प्रत्येक चरित्र को अलग–अलग चित्रित करने का प्रयत्न किया है, क्योंकि वे जीवन से लिए गए है, मेरे अनुभव से आये है।"

इस विवेचना से यह साबित हो जाता है कि वर्मा जी का नारी दृष्टिकोण व्यापक है। उनकी चेतना नारी चेतना ने भरी–पूरी है। वह पराधीनता, शोषण, कुरीतियों की बेड़ियों का त्याग करने वाली है। उनका बलिदान, शौर्य, साहस हिन्दी कथा साहित्य की अमर निधि है। नारी को सिर्फ अबला समझना या कहना अनुचित ही नहीं वरन अन्याय भी होगा क्योंकि नारी सिर्फ अबला ही नहीं बल्कि शक्तिस्वरूपा भी होती है। ये अलग बात है की नारी में ममत्व, दया, विश्वास आदि गुण पाये जाते है। ऐसे ही गुणों से लबालब वर्मा जी की ये नारी पात्रा हमें परिलक्षित होती है।

डॉ. राम विलास शर्मा जी ने लेखनी की विशेषता पर अपना मत देते हुए कहते है– वह जीवन को स्वीकार करने वाले, नारी और जनसाधारण के अधिकारों का पक्ष लेने वाले वर्तमान समाज व्यवस्था के बंधनों की आलोचना करने वाले साहित्यकार है।''

इस प्रकार विचार प्रदायिका लेखिका ने उपन्यास पात्रों के माध्यम से नारी की स्थितियों का व्यापक चित्रण करने का प्रयास किया है।

शोधार्थी
हिन्दी विभाग
इं.क.सं.वि.वि. खैरागढ़ (छ.ग.)

संदर्भ सूची-

1. रस्तोगी, डॉ.रौल– ऐतिहासिक उपन्यासों में नारी, पृ. 9, विभू प्रकाशन
2. संस्कृति, अंक 3–4 त्रैमासिक पत्रिका ।
3. साहित्य, संदेश उपन्यास अंक, जनवरी–फरवरी 1959।
4. वर्मा, वृन्दावनलाल– झाँसी की रानी, पृ. 51 प्रभात प्रकाशन, नई दिल्ली ।
5. उपरिवत् पृ. 52
6. उपरिवत् पृ. 143
7. उपरिवत् 98
8. उपरिवत् 293
9. रस्तोगी, डॉ. रौल– ऐतिहासिक उपन्यासों में नारी, पृ, 183 विभू प्रकाशन,
10. उपरिवत् पृ.179
11. हिन्दुस्तानी, त्रैमासिक पत्रिका पृ. 196, इलाहाबाद ,जनवरी–मार्च 2013
12. उपरिवत् पृ.196
13. वर्मा, वृन्दावन लाल –कचनार पृ. 418, प्रभात प्रकाशन, नई दिल्ली ।
14. हिन्दुस्तानी, त्रैमासिक पत्रिका, पृ.194 इलाहाबाद, जनवरी –मार्च 2013
15. उपरिवत् पृ.192
16. तिवारी, डॉ. रामचन्द्र, हिन्दी का गद्य इतिहास, पृ. 450
17. शर्मा, श्री यज्ञदत्त– हिन्दी के उपन्यास काव्य, पृ. 134–135
18. साहित्य संदेश ,उपन्यास अंक पृ. 77, जुलाई–अगस्त–1956
19. शर्मा, रामबिलास ,परम्परा का मूल्यांकन, पृ.166

नाटकों के माध्यम से महिलाओं की स्थिति का चित्रण
(‘जसमा ओडन’ एवं ‘नागमंडल’ के विशेष संदर्भ में)

'हां मै स्त्री हूं
यदि स्त्री होना गुनाह है तो
इस स्त्री के कोख से जन्म लेने वाला
हर पुरूष इस गुनाह का भागीदार होगा।

–सुनीता थापा

लोककथा, लोकजन या लोगों के बीच से समाज के समूह की आस्था, इच्छा, आकांक्षा, धारणा, कल्पना आदि की रचनात्मकता सृजनशीलता है। भारतीय संस्कृति के प्रसार में लोक कथाओं ने महत्त्वपूर्ण भूमिका अदा की है। लोक कथाएँ हमारी विरासत है, जो हमारे बुजुर्गों ने हमारे लिये सदियों से संजो कर रखी है। मानवीय अनुभव, आस्था एवं सामाजिक परिवेश को परिलक्षित करती लोक कथाएँ अधिकांशतः सत्य के करीब होते है।

लोक कथाओं में पात्र पेड़–पौधे, पशु–पक्षियों इत्यादि का मनुष्यों के साथ गहरा नाता झलकता है। कुछ नाटककारों ने इन्हीं आधारों पर नाटकों और कहानियों की रचना की है। जिसमें लक्ष्मीनारायण लाल का लिखा नाटक 'तोता मैंना', 'शगुन पंछी', 'विजय दान देथा की कहानी', 'दुविधा', 'हबीब तनवीर का लिखा नाटक', 'चरन दास चोर', 'देख रहे नैन', 'हिरमा की अमर कहानी', 'बहादुर कलारिन' और गिरिश कर्नाड़ का लिखा नाटक 'नागमंड़ल' 'हयवदन ' आदि है। अब प्रश्न उठता है कि लोककथाओं पर नाटक क्यों लिखे गये? इनकी जरूरत क्यों पड़ी? क्या यह समय की जरूरत थी? या फिर संभ्रांत सुसंस्कृत वर्ग के दर्शकों का स्वाद बदलने के लिए इन कथाओं का सहारा लिया गया। कारण चाहे जो भी रहा हो, पर लगता है, कि इन लोक कथाओं के रंगमंच में समय की जरूरत है। जिस तरह से हमारे समाज में नैतिक मूल्यों का पतन हो रहा हो सांस्कृतिक भूख पूरी नहीं हो पा रही है। वहीं एक तरफ सामाजिक चेतना, दलित चेतना, स्त्री विमर्श आदि मुद्दों पर चर्चा हो रही है। ऐसे में लोक कथाओं की जरूरत हमारे समाज में बढ़ जाती है, क्योंकि लोक कथाएँ मनोरंजन के साथ–साथ सामाजिक चेतना, आदर्श, प्रेम व नैतिकता की ओर भी हमें आकर्षित करती है।

आधुनिक समाज में स्त्री विमर्श एक ज्वलंत मुद्दा है, जिसके तहत स्त्री से जुडे पहलुओं जैसे स्त्री चेतना, स्त्री–संवेदना, स्त्री शिक्षा इत्यादि को उठाया जा रहा है। स्त्री

प्राचीन काल से आधुनिक काल तक शोषित रही है। भारतीय समाज में स्त्रियाँ सदियों से शोषण का शिकार होती रही है। जिस प्रकार दलित, आदिवासी तथा पिछड़ा वर्ग अस्मिता की लड़ाई लड़ रहे है, उसी प्रकार स्त्री भी इसी संघर्ष का हिस्सा है। ऐसी कौन सी अवधारणाएँ थी, जिसने स्त्री विमर्श को जन्म दिया, सम्भवतः स्त्री का बंद होना। फिर वह चाहे बंद समाज में हो या बंद दरवाजों में। हर वक्त उस पर पितृसत्तात्मक समाज का साया मंड़राता रहा है। आधुनिक धारणा के बाद स्त्री विमर्श पर पुरूषों ने भी लिखना शुरू किया तो अपने ही नजरिये से। आधुनिक काल में बुद्धिजीवी वर्ग ने स्त्री मुक्ति के सवाल को गम्भीरता से लिया और साहित्य के केंद्र में स्त्री को रखा। जब शोषित वर्ग खुद अपने प्रति हुए शोषण पर बात करता है या लिखता है तो सही मायनें में उस दर्द की टीस लोगों तक पहुंच सकती है। कटु सत्य यह भी है, कि बात चाहे साहित्य की हो, लोक कलाओं की हो या फिर आधुनिक मीडिया आदि की, हर जगह स्त्री को पुरूषवादी सोच का सामना करना ही पड़ता है। संवेदना, कल्पनाशीलता, वैचारिकता, चरित्र–चित्रण, संघर्ष इत्यादि के चित्रण में भिन्नता को नकारा नहीं जा सकता। शुरूआती दौर में यह देखा गया कि स्त्रियों के लेखन में पीड़ा, स्वाभिमान, संघर्ष, संवेदना आदि की बात है। वहीं पुरूषों के लेखन में स्त्री सौन्दर्य, प्रेम, संभोग, मर्यादा, गृहणी, समझौता, आश्रिता के रूप में ही अधिकांशतः वर्णित होती रही है। जहाँ एक ओर महिला लेखिकाओं ने आत्मकेन्द्रित न होकर स्वच्छन्दता, समाज, राजनीति, परिवार सम्बन्धित बातें भी की है। लेकिन पुरूष लेखन में नारी स्वच्छन्दता की बात कम ही स्वीकार की गई है। जिन्होंने स्वीकार की भी है, तो वो सामाजिक बंधन को नहीं तोड़ पाये हैं। यही असमानता हम लोककथाओं आधारित नाटकों में भी देख सकते है। जैसे –नागमंडल, हृदयवान, जसमा ओड़न, बहादुर कलारिन आदि पर समय चक्र के साथ यह सोच बदली है।

1988 में लेखक गिरीश कार्नाड द्वारा लिखित नाटक 'नागमंडल' दक्षिण भारत की प्रचलित लोककथा पर आधारित है। नाटक की नायिका रानी अपने माता–पिता की इकलौती बेटी है। लंबी केशराशि वाली रानी के बड़े होते ही उसके पिता ने वर ढूंढकर उसका ब्याह कर दिया। लड़का भी इकलौता ही था। बचपन में ही उसके माता–पिता का देहांत हो गया था। धन संपत्ति की कोई कमी न थी। रानी रजस्वला हुई, तो उसका पति नायक अप्पणा आकर उसे विदा कराकर अपने घर ले जाता है और दरवाजे में बाहर से ताला लगाकर चला जाता है। इसी नाटक का पात्र है– अंधी माँ, जो रात अपने बेटे कप्पणा के साथ घर आती है, उसकी पत्नी से मिलनें। किंतु घर में ताला देख उसे बड़ा आश्चर्य होता है। वह खिड़की के पास जाकर रानी से बात करती है। रानी उसे सारा हाल बताती है, तो अंधी माँ उसे सांत्वना देती है और रानी का पति उसे अपना ले इस हेतू वह रानी को जड़ी–बूटी देती है। जिसे वह पीसकर अपने पति को पिलाने की सलाह

देती है। रानी ड़र वश जडी–बूटी अंजाने में नाग बांबी में डाल देती है, जिसमें रहने वाला इच्छाधारी नाग रानी पर आसक्त हो जाता है। नाग रोज रात रानी के पति के जाने के बाद उसका वेश धारण कर रानी के पास आता और सुबह उसके आने के पहले चला जाता। फलस्वरूप रानी को गर्भ ठहर जाता है। यह बात जब अप्पणा को पता चलती है तो वह रानी को मारता–पीटता है। मामला पंचायत में जाता है, जहाँ रानी, रानी का दिव्य करती है तो लोग उसे देवी समझ उसकी पूजा करने लगते है। उसका पति उसे अपना लेता है।

लोक में भूत–प्रेत, जादू–टोना होते रहे हैं। आज भी यह अंधविश्वास लोगों में बना हुआ है, जो इस नाटक में भी देखने को मिलता हैं। अंधी माँ उसी का प्रतिनिधित्व करती है। साथ ही जैसा कि पति यदि पत्नी को शारीरिक एवं आत्मिक रूप से नहीं अपनाता है, और अन्य स्त्री के पास जाता है, तो इसके लिए स्त्री को ही दोषी करार दिया जाता है। उसे कई तरह के उपाय बताए जाते हैं। अंधी माँ भी यही करती हैं। रानी को उसके पति से बचाने की बजाए वह उसे ऐसे नुस्खे बताती है, जिससे उसका पति उसे अपना ले। कहीं ना कहीं अंधी माँ उस पुरूष सत्तात्मक समाज का ही प्रतीक हैं। उसे यह बात पता रहती है, कि रानी का पति वैश्या के कोठे पर जाता है। फिर भी वह रानी से नहीं कहती कि छोड़ दे ऐसे पति को जो किसी और के साथ रात बिताता है, और जिसे तेरी परवाह ही नहीं हैं, परंतु ऐसा नहीं होता। भारतीय आख्यानों में नाग का इच्छित रूप धारणकर लेना एक लोकप्रिय एवं रोचक कथावस्तु रही हैं। नागमंडल की कथा में इन्होंने ऐसे ही इच्छाधारी नाग का प्रयोग किया है। इच्छाधारी नाग को उन्होंने मनुष्य के विकृत रूप व भावों का प्रतीक मानकर रखा है, और स्त्री के असहाय–बोध को व उसके शोषण को बखूबी उजागर किया हैं। पति पत्नी की मानसिकता एवं अंतर्द्वन्द को बडे नाटकीय ढंग से प्रस्तुत किया हैं। वहीं कहानी और दीये की ज्योति जैसे काल्पनिक चरित्रों को भी रोचकता के साथ पेश किया हैं। ज्योति व कहानी का मनुष्यों की तरह बात करना, नाग के अंतर्मन में चल रहे द्वन्द को उसके संवादों में बड़ी ही संजीदगी से प्रस्तुत किया हैं। इस तरह के काल्पनिक चरित्र लोक की ही देन हैं।

'जसमा ओडन' सती प्रथा को वर्णित करता गुजराती लोककथा पर आधारित भवई शैली में 1982 में लिखा नाटक हैं। मृत्युलोक में नाला ऋषि मोक्ष प्राप्ति के लिए तप करते हैं। इन्द्रदेव को इस तप से अपने सिंहासन पर खतरा महसूस होता हैं। वह नाला ऋषि से तप छोड़ने के लिए आग्रह करते हैं, किंतु ऋषि नहीं मानते तो इन्द्र स्वर्ग की अप्सराओं को उनका तप भंग करने के लिए भेजते हैं। अप्सराएँ तप भंग करने में सफल हो जाती हैं। कमकुंडला नामक अप्सरा पर नाला ऋ़षि मोहित हो कहते हैं–धर्म, अर्थ, मोक्ष से मोक्ष नहीं बल्कि धर्म, अर्थ, काम, मोक्ष से मेरी साधना पूर्ण होगी। काम के बिना मोक्ष, इसमें कैसा पुरूषार्थ और कैसा मोक्ष? कमकुंडला जब उनके प्रस्ताव को ठुकरा देती है, तो क्रोध

में आकर ऋषि उसे श्राप देते है, कि तेरा जन्म मृत्युलोक में ओडन जाति में हो और तुझे कुरूप, अपंग और ओड पति मिले। कामकुंडला भी उत्तेजित हो नाला को श्राप देती है कि आप मेरे वो कुरूप, ओड पति बनें।

फलस्वरूप दोनों का जन्म मृत्युलोक में होती है और श्राप के मुताबिक दोनों का ब्याह हो जाता है। अपने कवि बरोट के द्वारा जसमा के रूप का बखान सुन पाटन का राजा सिद्धराज ओंड़ों को अपने राज्य में तालाब खुदवाने के लिए आदेश भिजवाता है। जसमा अपने पति रूपा और अन्य ओडों के साथ पाटन आ जाती है और सभी मिलकर तालाब खोदना आरम्भ कर देते है। तभी वह राजा आकर जसमा के पति का अपमान करता है। जसमा को लालच देकर मनाने की कोशिश करता है, किन्तु जसमा के इंकार कर देने के कारण राजा अपने सैनिकों के साथ ओंडों पर हमला कर देता है। सभी ओडों के साथ जसमा का पति रूपा भी मारा जाता है। जसमा भी मूर्छित हो जाती है। तभी इन्द्र के सेवक अमृत कुंभ लेकर आते हैं और जसमा को उठाकर इंद्रलोक चलने को कहते हैं। जसमा इंकार कर देती है। सेवक सभी को जीवित करता है, रूपा भी पूरी तरह ठीक हो जाता है। जसमा ओडों के साथ पृथ्वीलोक में रहने लगती हैं।

एक आयामी चरित्र, देवी–देवता, शाप, वरदान, पुनर्जन्म, चमत्कार और आदर्श से परिपूर्ण इस नाटक की पारम्परिक कथा पवित्र धर्म और मध्यकालीन मूल्यों का गुणगान करती है। इसे समसामयिक और प्रासंगिक बनाने के लिये शांता गांधी ने मूलभूत परिवर्तन किये है। जिसमें सती के आदर्श के स्थान पर मेहनतकश और व्यावहारिक व निर्णय लेने की क्षमता रखनी वाली स्त्री की शक्ति और गरिमा को नाटक में दिखाने की कोशिश की है।

जबकि नाटक 'नागमंड़ल' में नायिका रानी को पति द्वारा दमित, शोषित दिखाया गया है। जो स्त्री की समस्या, उसके शोषण को प्रस्तुत करता हैं, किन्तु प्रासंगिक तौर पर थोड़ा कमजोर प्रतीत होता है। यदि इस नाटक में कुछ परिवर्तन कर दे, तो सम्भावित रूप से और प्रभावपूर्ण हो सकता है जैसे की यदि रानी अपने पति द्वारा लगाए गए आरोप का पंचायत में प्रतिरोध करती तथा पति द्वारा अपने प्रति किए गए बर्ताव का कारण पूछती।

'जसमा ओड़न' में शांता गांधी ने तात्कालिक रूप में परिवर्तन किए हैं। इस कारण वह प्रासांगिक तो है तथा स्त्री की समस्या के साथ एक समाधान की ओर भी संकेत करता है। मूल कहानी में इतिहासकारों का महान यशस्वी एवं प्रतापी राजा सिद्धराज गुजरात के स्वर्णयुग का प्रतीक था। जबकि वहाँ की लोककथा ने उसे शोषक, लम्पट के रूप में देखा। शांता गांधी ने कहानी के मूल्यों के अनुरूप उसमें परिवर्तन किया। उनका राजा भी शोषक व भोग–विलासी के रूप में दिखाई देता है। इसके अतिरिक्त मध्यकालीन शासकों

द्वारा अपने मिथ्या प्रचार हेतु फकीर जैसे पात्र को निकाल दिया और पारम्परिक वेश के अन्य सभी पात्रों को नए आलेख में रखा है, किन्तु उनके चरित्र को नए सिरे से गढ़ा है, और उनको नए आयाम दिए है।

जसमा–कामकुंडला, रूपा–नाला, सिद्धराज–इन्द्रदेव, नायक–कालदेव, रंगला–लालदेव आदि पात्र एक–दूसरे का प्रतिनिधित्व करते है। मूल कथा कामकुंडला केवल वासना जगाने का एक मनमोहक साधन मात्र थी। इसके परे शांता गांधी ने उसे देवलोक के रंगमंडल की प्रमुख कलाकार बनाया है। जसमा की तरह वह सृजनशील एवं कार्यनिष्ठ स्वाभिमानी स्त्री है। मूल कथा में जसमा के पति रूपा को घिनौना, असंगत दिखाकर जसमा के सतीत्व को ऊँचा दिखाया गया, शांता गांधी ने जसमा के चरित्र में मूलभूत परिवर्तन करके उसे सतीत्व के आदर्श से निकाल कर श्रमजीवी, सृजनशील, स्वाभिमानी नारी की गरिमा एवं शक्ति पर केद्रित कर प्रस्तुत किया है। वहीं सिद्धराज व इंद्रदेव दोनों को सत्ता की लालसा में गतिमान दिखाया है। गिरीश कार्नाड के नाटक नागमंडल की नायिका पतिव्रता, देवी व सतीत्व के रूप में दिखाई देती है। शांता गांधी के नाटक जसमा ओड़न की नायिका स्वाभिमानी और अपने आत्म गौरव के लिए किसी से भी टकरा जानी वाली स्त्री है।

इसी तरह हर स्त्री को अपनें स्वाभिमान व आत्म गौरव को स्वयं बचाकर अपना स्वतंत्र अस्तित्व गढ़ना होगा। ताकि पितृसत्तात्मक समाज की बेड़ियों को तोड़ा जा सकेगा। स्त्री भी मनुष्य है, उसका स्व अस्तित्व है, जिसे समाज स्वीकार करे यही स्त्री विमर्श का उद्देश्य हैं जो कि नाटक जसमा ओड़न में देखने को मिलता है।

रानी पति की सेवक अथवा बांदी होकर बनकर रह जाती है। उसके अत्याचारों के बाद भी उसका अपने पति के साथ रहना हमारे समाज के तत्कालीन पारिवारिक व्यवस्था को दर्शाता है, जहाँ स्त्री का जीवन, इज्जत सब कुछ उसके पति के साथ ही है, फिर चाहे वह कितना भी नाकारा और लम्पट ही क्यों न हो। यहाँ रानी भी पितृसत्ता सोच को नकार नहीं पाती है। उसके विचारों और भावनाओं के लिए कोई स्थान नहीं है। बावजूद वह इसके वह पति की हर बात को बिना किसी विरोध के स्वीकार करती है। इसका उदाहरण है, घर की चहार दीवार के भीतर रानी का अपने पति का इंतजार करना, उसकी हर बात मानना और उसके लिए खाना बनाना।

गिरीश की रानी में स्वनिर्णय की क्षमता का भी अभाव है। वह अत्यन्त भीरू है, पंचायत में अपनी बात को न रख नागप्पा के कहे अनुसार नाग का दिव्य करती है। पति अप्पणा हो या इच्छाधारी नाग नागप्पा दोनों पुरूषों ने रानी को अपने तरीके से अपने स्वार्थ के लिए इस्तेमाल किया, जैसा कि वह सदियों से हमारे समाज में होते आ रहा है।

पुरूषवादी समाज ने अपनी झूठी शान, इज्जत, स्वार्थ, सत्ता और शक्ति के लिए महिलाओं को बलि चढ़ाया है।

नाटक में अंधी माँ रूढ़िवादी, अंधविश्वासी और पितृसत्तात्मक सोच से ग्रसित है। जिस कारण वह रानी को उसके पति का विरोध करने के बजाय उसे रिझाने के तरीके ही बताती है।

जसमा महिला सशक्तिकरण के प्रतीक के रूप में उभरकर आती है। जो राजा सिद्ध राज के प्रस्ताव को अस्वीकार ही नहीं करती बल्कि उसका विरोध कर सिद्ध में भी अपने पति और ओड़ जाति के लोगों के साथ मिलकर डटकर सामना करती है। जसमा पूर्वरूप से कामकुंडला स्त्री जहाँ एक ओर कार्यनिष्ठ और स्वाभिमानी दिखती है, वहीं वह उपभोग की वस्तु के रूप में भी दिखती है। जिसे इन्द्र अपनी सत्ता बचाने के लिए उपयोग करता है, और नाला ऋषि उसका उपभोग नहीं कर पाते तो उसे अपने अभिमान और क्रोध का शिकार बनाते है। इसके विपरीत जसमा का चरित्र नारी संघर्ष की अपार सम्भावनाओं को संप्रेषित करता है।

एक स्त्री पुरूषवादियों की दृष्टि में केवल उपभोग और उपयोग की वस्तु होती है, यह भी इस नाटक में भलीभांति परिलक्षित होता है– जैसे इंद्र और ऋषि नाला की दृष्टि में कामकुंडला तथा सिद्धराज की दृष्टि में जसमा ।

आज भी स्थितियाँ बदली नहीं है पर शोषण के तरीके जरूर बदल गए हैं। पहले तो घर के अंदर ही उनका शोषण होता था किन्तु अब तो घर, बाहर, दफ्तर, रास्ते में, हर जगह उन्हें अभद्रता का सामना करना पड़ता है, शोषित होना पड़ता है। ऑफिस में बॉस का कलीग, रास्ते में लोगों का घूरना, छींटा–कशी करना आदि। आदर्शों के नाम पर आज भी हमारा समाज स्त्री की बलि चढ़ाने में पीछे नहीं हटता। सभ्यता के साथ शोषण के तरीके भी सभ्य हो गए।

संदर्भ -सूची

1. कर्नाड, गिरीश (2007), नागमंडल दिल्ली, भारतीय ज्ञानपीठ
2. गांधी, शांता (1982) जसमा ओड़न, दिल्ली, राधाकृष्ण
3. डॉ. उपाध्याय, कृष्णडेव (2008) लोक साहित्य की भूमिका, इलाहाबाद साहित्य भवन प्रा. लि.
4. शुक्ल, उमा, भारतीय नारी अस्मिता की पहचान, इलाहाबाद, लोक भारती
5. कस्तवार, रेखा (2004) स्त्री चिंतन की चुनौतियाँ, नई दिल्ली, राजकमल प्रकाशन

भारतीय नारी समाज में नारी जागृति (पूर्व से वर्तमान तक)

–श्रीमती विजिया रानी ' साहसी '

नारी तेरी यही कहानी, आँचल में है दूध! आँखो में पानी।।

नारी तू है नारायणी, नारी की दशा अब से पचास साल बाद की दशा में काफी कुछ अंतर आया है। नारी के अनेक रूप है, यह कहना अनुचित कदापि नहीं होगा क्योंकि नारी, बेटी, बहन, बहू, माँ, सास और भी रूप प्रगट करती है। कभी कल्याणी तो कभी चंडी का रूप ले लेती है। नारी जागृति आंदोलन में नारी की दशा में सुधार हुआ है। नारी परिवार के साथ राष्ट्र का एक अभिन्न अंग है। महात्मा गांधी जी ने पुरूष और महिला को कंधे से कंधे मिलाकर चलने के लिए प्रेरित किया और प्रेरणा स्वरूप कई ऐसी महिलाएँ सामने है। जिसमें इन्दिरा गाँधी जो राष्ट्र कल्याण में अपना जीवन समर्पण कर दिया। आज नारी अपने हक के लिये एक से एक कार्य कर रही है। नारी अपनी अतीत को छोड़कर वर्तमान में अनेक कार्य कर रही है। कल्पना चावला जो अन्तरिक्ष भ्रमण कर अपना नाम उजागर किया है जो नारी जाति के लिये एक स्मरण बन गयी है। सांसद भवन में सुलह करती हुई सुषमा स्वराज जी, महिला जाति आरक्षण 33 फीसदी आरक्षण होनी है किन्तु पुरूषों की अपेक्षा महिला की आबादी अधिक है, इसलिए महिला आरक्षण 50 फीसदी होनी चाहिए। देश और राष्ट्र में महिला की आबादी आधी है। इसलिए उसे सांसद भवन में एक तिहाई प्रतिनिधित्व मिलनी चाहिए।

शोषण – आज देश में आजादी के पचास साल बाद भी महिला जाति का शोषण हो रहा है। कई ऐसी महिला है जो आज भी अनाचार–अत्याचार की शिकार हुई है। फूलन देवी जो एक डाकू के नाम से जानी जाती थी, जब–जब अनाचार व्यक्त रूप से बढ़ जाता है। तब–तब ऐसी कई फूलन देवी पैदा होती है। महिलाओं का शोषण हो रहा है, महिला से बलात्कार के केस होते है। परंतु उसमें फैसला लगभग नहीं होता है और महिलाओं की उत्पीड़न बढ़ती ही जा रही है। आये दिन पेपर व समाचार सुनने को आता है कि 16 साल की बालिका का बलात्कार किया गया, बलात्कारी की तलाश में है। पुलिस निष्क्रिय रहती है और अपराधी पुरूष वर्ग सरे आम घुमता फिरता है। लाखों जुल्म करे परन्तु यदि कहीं पीड़ित महिला घुमती है तो उसे परिवार व समाज जीने नहीं देता है। महिला का जबरदस्ती शोषण कर उसे वेश्या बना दिया जाता है या फिर महिला अपने आप का अन्त कर लेती

है। बड़े–बड़े शहरों में एक आम बात सी हो गई है। महिला को प्रोत्साहित से हतोत्साहित की ओर प्रेरित करते हुये हमारा समाज उसका शोषण लगातार करता चला आ रहा है।

दहेज एवं बाल विवाह– दहेज प्रथा को पारम्परिक प्रथा के नाम से जाना जाता है। जिसमें कन्या के साथ ही साथ लक्ष्मी लेन–देन होता है। घर की लक्ष्मी के अलावा इंसान और भी भौतिक सुख–सुविधा अपनी पत्नी के साथ चाहता है। आज कल दहेज प्रथा आम बात सी हो गयी है। दहेज न दे पाने के कारण कुछ महिलाएँ कुंवारी ही रह जाती है। दहेज महिला जाति के लिए अभिशाप का रूप ले लिया है। बाल्यकाल में माता–पिता अपने बच्चों का विवाह कर देते थे। माता–पिता को बालिका के वर्तमान भविष्य नहीं दिखता वे बल्कि लड़का अच्छा हो या उसका खानदान अच्छा तो है, यह सोचकर लड़का–लड़की का विवाह कर दिया जाता था। अगर इस दरमियान कहीं लड़का मर जाता है तो लड़की को उसके साथ जिन्दा जला दिया जाता था और उसे सती का नाम दिया जाता था। महिला के साथ सरासर नाइंसाफी किया जाता था। इसके विरोध में राजा राममोहनराय आदि नेता सामने आये और महिला के प्रति हो रहे अनाचार–अत्याचार पर आवाज उठाया। नारी की स्वाधीनता के लिये मुक्ति आंदोलन चलाया, जिसमें लाला लाजपतराय, डॉ. अम्बेड़कर, विद्यासागर, सरोजनी–नायडू जैसे लोगों ने सती प्रथा का विरोध किया। सती प्रथा का अन्त हुआ तो दहेज प्रथा प्रारम्भ हो गई। दहेज प्रथा ने आम जीवन में स्थान ले लिया। दहेज न देने पर लड़कियों को जला दिया जाता है या फिर उसे प्रताड़ित किया जाता है, उसे घर में चैन से रहने नहीं दिया जाता है, अतः महिला की दशा दयनीय हो जाती है और अन्त में उसकी मृत्यु हो जाती है। दहेज प्रथा, बाल विवाह पर अनेक कानून बनाये गये जिससे लालच प्रवृत्ति के लोगों को सबक मिल सके।

सिन्हा सदन, चिखली
राजनांदगांव (छ.ग.)

नारी जागृति

–मधु श्रीवास्तव

महिलाओं में क्रांति आई और एक नारा लगाया– नारी बढ़ेगी, जग बढ़ेगा, संसार एवं राष्ट्र का विकास होगा। महिला में कुछ कर गुजरने की मन में जागी तमन्ना ने उसे सबल बनाया। आज महिला जागृत हो गई है। हर क्षेत्र में अपना परचम लहरायी है। ऐसा कोई क्षेत्र नहीं है जिसमें महिला की भागीदारी न हो। ज्ञान से लेकर विज्ञान तक आज वह पुरूषों के साथ कंधे से कंधे मिलाकर जन सेवा, समाज सेवा कर आगे बढ़ रही है। मदर टेरेसा एक ऐसी महिला जिन्होंने अपना सारा जीवन समाज सेवा में बिता दिया है। किरण वेदी, शोभा डे, मैडम क्यूरी ऐसी अनेक महिलाएँ हैं, जिनका अपना इतिहास में नाम सुनहरे अक्षरों से लिखा गया है। महिला जागरूक हो गई है। समाज में अपना दायित्व बखूबी निभा रही है। आज एक से एक विकास कार्य कर अपने समाज और राष्ट्र का नाम उजागर कर रही है।

भारतीय नारी की परतंत्रता का इतिहास (प्रारम्भ से आज तक) -

भारतीय नारी की परतंत्रता का इतिहास (प्रारम्भ से आज तक) विषय पर एक नारी होने के नाते मैं कहना चाहती हूँ कि भारतीय नारियों का यूं कि भारतीय संस्कृति के अन्तर्गत नारियों के लिये शक्तिशाली पुरूष वर्ग द्वारा अपने व्यैक्तिक साहूलियत के हिसाब की परम्पराएँ, रीति–रिवाज निर्मित की गई। हम सभी जानते है कि जब से सृष्टि प्रारम्भ हुई तब से आज तक चाहे नारी कितना भी आगे बढ़ने का स्वांग करे, परन्तु कहीं न कहीं अर्न्तमन अपने आप परतंत्र मानती है। यह कहना अतिसंयोक्ति न होगी कि भारतीय नारी परतंत्र थी, परतंत्र है और परतंत्र रहेगी।

नारी को जीवन में अनेकानेक दायित्त्वों का निर्वहन करना होता है यथा– माँ, पत्नी, बहन, बेटी, प्रेमिका, सास, बहू आदि। लेकिन इसमें से कोई भी दायित्त्व बिना पुरुष के सहयोग के वह पूर्ण करने में अपने आप को असमर्थ पाती है।

प्राचीन काल से ही नारी पुरूषों के भेदभाव की शिकार होती रही है। जहाँ नारियाँ दासी, हरम की नाजायज सम्पत्ति, छुआछूत की शिकार एवं ऐसी कई रूढ़िवादी परम्पराओं, रीति–रिवाजों के कारण अपमानित होती रही है। आज भी इक्कीसवीं सदी में विकासशील देशों या विकसित देशों में नारियों का जीवन परतंत्रता का पर्यायवाची माना जाता है।

भारतीय संस्कृति प्रारम्भ से ही पुरूष प्रधान रही है। भारत के कुछ क्षेत्र विशेष को छोड़कर (जहाँ मातृ सत्ता दक्षिण भारत रही है) सम्पूर्ण भारतीय संस्कृति पुरूष प्रधान पर आधारित ही रही है। ताजे उदाहरणों के रूप में शनि शिगनापुर मंदिर में महिलाओं के प्रवेश का संघर्ष या जगन्नाथपुरी में नारियों की दासीप्रथा, संसद में वर्षों से अटके महिला आरक्षण बिल, देश के हर क्षेत्र में महिलाओं के प्रतिनिधित्व का अल्प प्रतिशत, महिलाओं के भीतर असुरक्षा का भाव आदि इस ओर इशारा करती है कि स्वतंत्रता की चाह रखने वाली नारियाँ हर क्षेत्र विशेष में शिखर तक पहुंचकर भी अन्तर्मन से परतंत्रता की आंच से प्रभावित होती रहती है, चाहे वह पारिवारिक हो अथवा सामाजिक।

सृष्टि निर्माण में पुरूष एवं महिला की बराबर की भागीदारी है, फिर भी पुरूष या स्त्री के जन्म के साथ ही भेदभाव पूर्ण रवैया नारी रूपी पेंड़ को विकसित होने में अवरोध पैदा करता है। जिसके कारण नारियों को बंधन मुक्त जीवन जीने के लिये अनेकानेक विरोध करते हुये, तमाम कष्टों को स्वीकार करते हुये पीड़ायुक्त जीवन पथ पर चलने मजबूर होना पड़ता है। इसके बावजूद पुरूष प्रधान शक्तिशाली वर्ग द्वारा रीति–रिवाज आदम परम्पराओं की आड़ में नारी जीवन के प्रति दमनात्मक रवैया निरन्तर जारी है।

यहाँ यह सत्य है कि नारी मानसिक रूप से पुरूषों की बदौलत शक्तिशाली बन जाती है, या यूं कहें नहीं है। फिर भी यह भी शाश्वत सत्य है कि यदि नारी नहीं होती तो सृष्टि का अस्तित्व नहीं होता। इस बात को पुरूष होने का गर्व करने वाले मानव समाज की लगभग 50 प्रतिशत आबादी को, समझनें की आवश्यकता है।

नारी जन्मदात्री नर की, नर जाता है भूल।
जिससे कुम्हला जाती, नारी रूपी फूल।।

–सहा. ग्रेड–3, परीक्षा विभाग
इं.क.सं.वि.वि. खैरागढ (छ.ग.)

भारतीय नारी की परतंत्रता का इतिहास

–श्रीमती मनीषा भांडेकर

भारतीय नारी अर्थात् इंडियन वूमन–इस शब्द को सुनते ही हर नागरिक के मन में एक अद्‌भुत छवि उभरने लगती है। भारतीय नारी अर्थात एक अच्छी बेटी, माँ, बहन, पत्नी इत्यादि। स्वतंत्रता के 70 वर्ष पश्चात भी हम महिलाओं को सामान्यतः इन्हीं रूपों में देखते है। इस बात में कोई सन्देह नहीं है कि भारत में महिला वर्ग में बड़ी तेजी से परिवर्तन हुये है।

प्राचीन काल से आज तक समाज में महिलाओं की स्थिति -

भारत में महिलाओं की स्थिति सदैव एक समान नहीं रही है। इसमें युगानुरूप परिवर्तन होते रहे है। उनकी स्थिति में वैदिक युग से लेकर आधुनिक काल तक अनेक उतार–चढ़ाव आते रहे हैं तथा उनके अधिकारों में बदलाव होते रहे हैं।

वैदिक काल में स्त्रियों की स्थिति सुदृढ़ थी, परिवार तथा समाज में उन्हें सम्मान प्राप्त था। उनको शिक्षा का अधिकार प्राप्त था। सम्पत्ति में उनको बराबरी का हक था। सभा व समितियों में स्वतंत्रता पूर्वक भाग लेती थी। संस्थानिक रूप से स्त्रियों की अवनति उत्तर वैदिक काल से ही शुरू हुई है। उन पर अनेक प्रकार के निर्योग्यताओं का आरोपण कर दिया गया। उनके लिये निन्दनीय शब्दों का प्रयोग होने लगा। उनकी स्वतंत्रता और उन्मुक्तता पर अनेक प्रकार के अंकुश लगाये जाने लगे। मध्यकाल में उनकी स्थिति और भी दयनीय हो गई। पर्दा प्रथा इस सीमा तक बढ़ गई कि स्त्रियों के लिये कठोर एकान्त नियम बना दिये गये। शिक्षा की सुविधा पूर्णरूप से समाप्त कर दी गई। 11वीं सदी से 19वीं शताब्दी के बीच भारत में महिलाओं की स्थिति दयनीय होती गई। एक तरह से यह महिलाओं के सम्मान व विकास का अंधकार युग था। मुगल शासन, सामन्ती प्रवृत्ति ने महिलाओं को उपभोग की वस्तु बना दिया था और उसके कारण बाल विवाह, पर्दा प्रथा, अशिक्षा आदि विभिन्न प्रकार की कुरीतियों का समाज में प्रवेश हुआ। जिसने महिलाओं की स्थिति को और हीन बना दिया। 19वीं सदी के पूर्वार्द्ध में भारत के कुछ समाज सेवियों जैसे राजा राममोहन राय, दयानंद सरस्वती तथा ईश्वरचन्द्र विद्यासागर ने अत्याचारी सामाजिक कुप्रथाओं के विरूद्ध आवाज उठाई। ब्रिटिश काल से महिलाओं के उत्थान का काल शुरू हुआ। ब्रिटिश काल की अवधि में हमारे समाज की सामाजिक व आर्थिक संरचनाओं में अनेक परिवर्तन किये गये। औद्योगिकीकरण, शिक्षा का विस्तार, सामाजिक आंदोलन, महिला संगठनों का उदय तथा स्त्रियों की दशा में काफी हद तक सुधार हुआ।

स्वतंत्रता प्राप्ति के बाद से सरकार द्वारा महिलाओं की आर्थिक, सामाजिक, शैक्षणिक और राजनीतिक स्थिति में सुधार लाने तथा उन्हें विकास की मुख्य धारा में समाहित करने हेतु अनेक कल्याणकारी योजनाओं और विकासात्मक कार्यक्रमों का संचालन किया गया। 19वीं सदीं के मध्यकाल से लेकर 21वीं सदी तक आते–आते पुनः महिलाओं की स्थिति में सुधार हुआ और महिलाओं ने शैक्षिक, राजनीतिक, आर्थिक, धार्मिक, प्रशासनिक आदि क्षेत्र में लगातार आगे बढ़ रही है एवं अपने प्रत्येक कार्य के प्रति वह आत्म विश्वासी है, जिसने पुरूष प्रधान चुनौतीपूर्ण क्षेत्रों में भी अपनी योग्यता प्रदर्शित की है। वह केवल शिक्षिका, नर्स, डॉक्टर न बनकर इंजीनियर, पायलट, वैज्ञानिक, तकनीशियन, सेना, पत्रकारिता जैसे नये क्षेत्रों को अपना रही है। राजनीति के क्षेत्र में महिलाओं ने नये कीर्तिमान स्थापित किये है। देश के सर्वोच्च राष्ट्रपति पद पर श्रीमती प्रतिभा देवी पाटिल, लोकसभा स्पीकर के पद पर मीरा कुमार, कांग्रेस अध्यक्ष सोनिया गांधी, उत्तर प्रदेश की मुख्यमंत्री मायावती, सुषमा स्वराज, जयललिता, ममता बनर्जी, शीला दीक्षित आदि महिलायें राजनीति के क्षेत्र में है। सामाजिक क्षेत्र में मेधा पाटकर, श्रीमती किरण मजूमदार, इला भट्ट आदि महिलायें ख्याति प्राप्त है। खेल जगत में पी.टी. उषा, सानिया मिर्जा, अंजू चोपड़ा आदि ने नये कीर्तिमान स्थापित किये है। पं. जवाहर लाल नेहरू ने कहा है कि यदि आपको विकास करना है तो महिलाओं का उत्थान करना होगा। महिलाओं का विकास होने पर समाज का विकास स्वतः ही हो जायेगा।

– सहा. ग्रेड–3
इं.क.सं.वि.वि. खैरागढ़ (छ.ग.)
मो. न. –9770496212

समाज में नारी की स्थिति

– ज्योति रानी झा

भारतीय समाज की अवधारणा ऐसी है कि स्त्री कमतर है। शास्त्रों में भी विदित है कि जब सृष्टि हुई तो स्त्री पुरूष की रचना हुई, जिसमें अर्थोपाजन के लिये पुरूष एवं घर के कार्यों के लिये महिला की सृष्टि की गई। पुरूष को मजबूत एवं महिला को कोमल सुकुमार बनाया गया किन्तु उस समय में भी स्त्री मजबूत मानी जाती थी। उसे पुरूषों के समान यज्ञ करने एवं जंगल में शिकार करने आदि की अनुमति थी। क्रमशः मुगल काल में जहाँ स्त्रियों की सुन्दरता के मद्देनजर उन्हें परदे में रखा जाने लगा। बाहर आने–जाने की मनाही होने लगी। अंग्रेजों के शासन में भी स्त्रियों का विकास तो हुआ है, उन्हें पढ़ने–लिखने और शिक्षित होने का अधिकार मिला किन्तु क्या स्वतंत्र भारत में स्त्रियों की स्थिति बेहतर है?

'यत्र नार्यस्तु पूज्यन्ते तत्र रमन्ते देवता' अर्थात जहाँ नारी की पूजा होती है वहाँ देवता निवास करते है किन्तु इस देववाक्य में कितनी सच्चाई है? यह तो विदित है। स्त्री शिक्षित तो हो गई किन्तु उसकी जिम्मेदारियाँ भी बढ़ती गई, जिसकी दोहरी मार स्त्रियों पर ही पड़ रही है। स्त्री सिर्फ कामगार की तरह है। वह न कभी स्वतंत्र थी और न आज भी स्वतंत्र है।

नारी पैदा होती है तो पहले पिता के संरक्षण में, युवा होने पर पति के संरक्षण में और वृद्धावस्था में पुत्र के संरक्षण में रहती है। वह कोई भी कार्य अपनी मर्जी से नहीं कर सकती। उसके खाने पीने, पहनने, रहन–सहन सभी कुछ परतंत्रता की श्रेणी में आते है, जो पुरूष तय करता है वही वह धारण करती है। उन्हें (पुरूषों को) यह अधिकार किसने दिया? कहने का तात्पर्य है कि हर परिस्थितियों में वो प़रतंत्र है।

जॉन रसिकन का कहना है– कि निःसंदेह नारी गृहस्थ जीवन का आधार है। पत्नी रूपा नारी की यह प्रतिष्ठा उसे रथ की धुरी के समान गृहस्थ का मूलाधार घोषित किया गया है, जो वैदिक युग की देन है। परिवार की वह गृहदेवी है, चाहे सम्बन्ध में वह पत्नी हो, भगिनी या माता हो।

आज पुरूष प्रधान समाज यह नहीं समझता कि उन्हें जन्म देने वाली नारी ही है, जिसका अपमान करने में उसे जरा भी झिझक नहीं होती। चाहे भ्रूण हत्या हो, चाहे बलात्कार हो, पुरूष अपनी मानसिक विकृति का परिचय दे ही देता है। वह यह नहीं सोचता है कि स्त्री न होगी तो पुरूष कहाँ से जन्म लेंगे। स्त्री और पुरूष दोनों सम्पूर्णता के परिचायक है। यह समझना होगा और त्राण न देकर स्त्री का सम्मान करना होगा।

ऋग्वेद में भी कहा गया है 'नर नारी प्रोद्धति यज्जंत मद वीर घौ' संसार सागर में डूबते हुये नर का नारी ही उद्धार करती है। सम्पूर्ण भारत में नारी परतंत्रता की ऐसी मार स्त्रियों पर पड़ी है कि उसे उपयोग की वस्तु समझा जाता है। विज्ञापनों पर नजर डाले तो लगता है की हर वो वस्तु जिसमें स्त्री दिखाई न जाये तो वस्तु बिकेगी ही नहीं। उदाहरणतः जिलेट, रेजर, सोप, शेविंग क्रीम का विज्ञापन जिसमें स्त्री की उपस्थिति का कोई औचित्य नहीं फिर भी दिखाया जाता है। नारी का जन्म शक्ति के अंश से हुआ है जो पुरूषों के द्वारा पूजनीय है, तो उसे जन्म देने वाली स्त्री का सम्मान क्यों नहीं? और ऐसा नहीं है तभी आज पुरूषों का वर्चस्व बना हुआ है और स्त्रियाँ उन्हें ताकतवार समझती है।

स्त्री को पहले भी परतंत्र समझा जाता था और आज भी। अतः इसी संदर्भ में महादेवी का उदाहरण तर्क सम्मत है–

नारी आज भी जाल में फंसी उन चिड़ियों की तरह है, जो जाल को लेकर आकाश में उड़ गई पर बेड़ियाँ अभी टूटी नहीं है, बस मुक्त आकाश का अनुभव पा लिया है।

– असिस्टेन्ट
संप्रति–इं.क.सं.वि.वि. (लाइब्रेरी)
खैरागढ़

नारी जागरण

–श्रीमती स्वाती मिश्रा

भारतीय नारी को सदैव से ही गौरवपूर्ण स्थान दिया गया है। अति प्राचीन काल से ही वह गौरवमय सिंहासन पर प्रतिष्ठित है। उसने अपनी गौरवमयी प्रतिभा का प्रदर्शन प्रत्येक क्षेत्र में किया है। प्राचीन काल से नारी को बहुत ऊँचा स्थान दिया गया है। बिना स्त्री के सहयोग से कोई भी धार्मिक कार्य सम्पादित नहीं किया जा सकता था। स्त्री के बिना पुरूष को अधूरा माना जाता है। लोगों की धारणा थी कि गृहस्थरूपी रथ के संचालन के लिए स्त्री एवं पुरूष दोनों की महती आवश्यकता है। रथ के एक पहिये से रथ का संचालन असम्भव है उसी तरह गृहस्थाश्रम का संचालन भी एक से संभव नहीं है।

समय सदा एक सा नहीं होता। उसमें सदा परिवर्तन होता रहता है। जो आज सफलता के स्थान पर विराजमान है, कल वही हीन दशा को प्राप्त हो सकता है। चाहे उसे परिस्थितियों अथवा समय की मांग कहकर झुठला दिया जाये। मध्यकाल में जब भारत को विदेशियों ने गुलाम कर लिया था। तब से नारियों के साथ दुर्व्यवहार एवं अपहरण अधिक प्रारम्भ हुआ। तब माता–पिता को विवश होकर अपनी पुत्रियों को घर की चहारदीवारी में कैद करना पड़ा। इससे पर्दाप्रथा का प्रचलन हुआ। नारी को मात्र भोग की वस्तु बनाकर संकुचित कर दिया गया। लोगों की यह धारणा बन गई कि नारी पुरूष के समान कार्यकुशल प्रमाणित नहीं हो सकती। उसका कार्यक्षेत्र मात्र बच्चे उत्पन्न करने और रसोई बनाने तक ही सीमित था। वह सामाजिक जगत में पद धारण करने के योग्य नहीं है। उसे शिक्षा पाने का अधिकार नहीं है। आज वर्तमान में नारी जागरण के लिये प्रयासशील नाम से सम्बोधित किया जाये तो इसमें कोई शक की बात नहीं होगी क्योंकि आज नारी अपनी पराधीनता की बेड़ियों को तोड़ चुकी है। जीवन के हर क्षेत्र में उसने अपने कदम बढ़ाकर प्रमाणित कर दिया है कि वह पुरूषों से भी किसी क्षेत्र में कम नहीं।

आज शिक्षा के क्षेत्र में, चिकित्सा के क्षेत्र में तथा अन्य सामाजिक क्षेत्रों में इतना अमूल्य योगदान दे रही हैं जिसकी कोई अनुमान नहीं लगा सकते। पल–पल समाज में अपनी स्थिति को बेहतर बनाने प्रयासरत है। आशा है नारी, समाज व राष्ट्र को एक नूतन राह दिखाकर घर–घर को स्वर्ग तथा हर आंगन को फुलवारी बनाने में सक्षम होगी।

–श्रीमती स्वाती मिश्रा
वारासिवनी, मध्यप्रदेश

महिला विकास

–श्रीमती मनीषा बघेल

सृष्टि के पूर्वकाल से ही नारी की महत्ता अक्षुण्ण है। नारी सृजन की देवी है। उसके अभाव में मानवता के कल्याण की कल्पना असंभव है। समाज के रचना विधान में नारी के माँ, प्रेयसी, पुत्री, पत्नी आदि अनेक रूप हैं। वह अच्छी परिस्थितियों में देवी है, तो बुरी परिस्थितियों में काली। उसकी उपेक्षा करके मानव पूर्णता प्राप्त नहीं कर सकता है।

मानव जाति के इतिहास का अध्ययन करें तो ज्ञात होगा कि जीवन में कौटुम्बिक, सामाजिक, राजनीति, आर्थिक, साहित्यिक, धार्मिक सभी क्षेत्रों में प्रारंभ से ही नारी की अपेक्षा पुरूष का आधिपत्य रहा है। पुरूष ने अपने इस श्रेष्ठता और शक्ति संपन्नता का लाभ उठाकर स्त्री जाति पर मनमाने अत्याचार किये हैं। उसने नारी की स्वतंत्रता का अपहरण कर उसे पराधीन बना दिया। सहयोगिनी या सहचरी के स्थान पर उसे अनुचरी बना दिया और स्वयं उसका पति, स्वामी, नाथ, पथ–प्रदर्शक और साक्षात ईश्वर बन गया। पुरूष ने नारी के मस्तिष्क में यह बात अच्छी तरह जमा दी कि वह असहाय, हीन और अबला है। पुरूष के बिना समाज में उसकी स्थिति निरर्थक है। पुरूष उसकी सुरक्षा करता है, इसलिए पूरी तरह से पुरूष की सेवा करना ही उसका एकमात्र धर्म है। इस प्रकार मानव जाति के इतिहास में नारी की स्थिति दयनीय बनकर रह गयी है।

प्राचीन काल में नारी की स्थिति–

प्राचीन भारतीय समाज में नारी जीवन के स्वरूप की व्याख्या करे तो हमें ज्ञात होगा कि वैदिक काल में नारी को महत्त्वपूर्ण स्थान प्राप्त था। वह सामाजिक, धार्मिक, आध्यात्मिक सभी क्षेत्रों में पुरूष के साथ मिलकर कार्य करती थी। रोमशा और लोपामुद्रा आदि अनेक नारियों ने ऋग्वेद के सूत्रों की रचना की थी। नारी कैकेयी ने राजा दशरथ के साथ युद्ध–भूमि में जाकर उनकी पर्याप्त सहायता की थी। रामायण काल (त्रेता) में भी नारी की महत्ता अक्षुण्ण रही। इस युग में सीता, अनुसूईया, सुलोचना आदि आदर्श नारी हुई। मंदोदरी भी अपने पति को समय–समय पर सत्परामर्श देकर उसे सद्मार्ग पर लाना चाहती थी। महाभारत काल में नारी पारिवारिक, सामाजिक, राजनीतिक गतिविधियों में पुरूष के साथ कंधे से कंधा मिलाकर चलने लगी थी। इस युग में नारी समस्त गतिविधियों के संचालन की केन्द्रीय शक्ति थी। द्रौपदी, गांधारी और कुंती इस युग की शक्ति थी। उपनिषद्, पुराण, स्मृति तथा संपूर्ण साहित्य में नारी की महत्ता अपूर्व है। इस युग में नारी की उपस्थिति अनिवार्य थी। वैदिक युग में शिव की कल्पना ही "अर्द्ध–नारीश्वर" रूप में की गयी। मनु

ने प्राचीन भारतीय नारी के आदर्श एवं महान रूप की व्यंजना की है। "यत्र नार्यस्तु पूज्यन्ते रमन्ते तत्र देवता"

अर्थात् जहाँ स्त्रियों का पूजन होता है वहां देवता निवास करते हैं लेकिन जहाँ नारियों का अपमान होता है वहां सभी क्रियाएँ निष्फल हो जाती है। स्त्री अनेक कल्याण का कारण है। वह पूजा के योग्य है। स्त्री घर की ज्योति है। स्त्री गृह की साक्षात् लक्ष्मी है।

मध्यकाल में नारी की स्थिति- मध्य युग तक आते–आते नारी की स्थिति दयनीय हो गयी। भगवान बुद्ध द्वारा नारी को सम्मान दिये जाने पर भी भारतीय समाज में नारी गौरव का ह्रास होने लगा था, फिर भी वह पुरूष के समान ही सामाजिक कार्यों में भाग लेती थी। सहभागिनी और समानाधिकारी का उसका रूप इस तरह लुप्त नहीं हो पाया था, जैसा कि अब हुआ है। इसी बीच भारत पर मुसलमानों का आक्रमण हुआ। हिन्दुओं के अंतिम शासक पृथ्वीराज चौहान की पराजय हुई और यहीं से नारी जीवन की करूण गाथा प्रारंभ हो गयी। शासकों की काम–लोलुप दृष्टि से नारी को बचाने के लिए प्रयत्न किये जाने लगे। परिणाम स्वरूप उसका अस्तित्व घर की चहारदीवारी तक ही सिमट कर रह गया। वह कन्या स्वरूप में पिता पर, पत्नि के रूप में पति पर और मां के रूप में पुत्र पर आश्रित होती चली गयी। यद्यपि इस युग में कुछ नारी अपवाद रूप में शक्ति सम्पन्न एवं स्वावलम्बी थी, फिर भी समाज सामान्य नारी को दृढ़ से दृढ़तर बंधनों में जकड़ता ही चला गया। मध्यकाल में आकर शक्ति स्वरूपा नारी अबला बनाकर रह गयी। मैथली शरण गुप्त के शब्दों में–

"अबला जीवन हाय तुम्हारी यही कहानी
आँचल में है दूध और आंखों में पानी

कबीर ने नारी को महाविकार, नागिन आदि कहकर उसकी घोर निंदा की। तुलसी ने नारी को गंवार, शूद्र, पशु के समान ताड़ना का अधिकारी कहा–

"ढोल गंवार शूद्र पशु नारी।
सकल ताड़ना के अधिकारी।।"

वर्तमान काल में नारी की स्थिति- आधुनिक काल में आते–आते नारी चेतना का भाव उत्कृष्ट रूप से जागृत हुआ। युग–युग की दासता से पीड़ित नारी के प्रति एक व्यापक सहानुभूतिपूर्ण दृष्टिकोण अपनाया जाने लगा। कालांतर में राजा राममोहन राय और उत्तर भारत में महर्षि दयानंद सरस्वती ने नारी को पुरूषों के अनाचार की छाया से मुक्त करने क्रांति का बिगुल बजाया। अनेक कवियों की वाणी भी इन दुःखी नारियों की सहानुभूति के लिए फूट निकली। कविवर सुमित्रानंदन पंत ने तीव्र स्वर में नारी स्वतंत्रता की मांग की–

मुक्त करो नारी को मानव चिर बंदनी नारी को।
युग–युग की बर्बर कारा से, जननी, सखी प्यारी को।।

आधुनिक युग में नारी को विलासिनी और अनुचरी के स्थान पर देवी, मां, सहचरी और प्रेयसी के गौरवपूर्ण पद प्राप्त हुए। नारियों ने सामाजिक, धार्मिक, राजनीतिक, साहित्यिक सभी क्षेत्रों में आगे आई है। विजय लक्ष्मी पंडित, कमला नेहरू सरोजनी नायडू, इंदिरा गांधी, सुभद्राकुमारी चौहान, महादेवी वर्मा आदि है। स्वतंत्रता मिलने के बाद भारत सरकार ने महिला स्थिति को ठीक करने के लिए अनेक प्रावधान निकाले हैं और भारतीय संविधान में उन्हें पुरूषों के समान बराबर का समान अधिकार प्रदान किया है। दहेज प्रथा, बाल–विवाह, पर्दा प्रथा, सती प्रथा आदि पर रोक लगायी गई है। महिला को शिक्षित करने के लिए सर्वशिक्षा अभियान प्रारंभ किए हैं। आज महिला डॉक्टर, वकील, इंजीनियर, पुलिस, शिक्षिका, वायुयान एवं जलयान संचालन कर रही हैं तथा खेत में मजदूरी भी कर रही है। आज महिला इतनी शक्तिशाली हो गई है कि वह शासन का संचालन कर रही है जैसे इंदिरा गांधी। आज वह उद्योगपति तथा खिलाड़ी भी बन गयी है। महिला एकजुट होकर स्व सहायता समूह, मां बम्लेश्वरी समूह आदि में सदस्य बनकर पैसों का संचय कर रही हैं। बालिकाओं की शिक्षा हेतु सतत प्रयासशील है। महिलाओं का विकास ही देश का विकास है, जिस देश में महिला आगे है उस देश का उन्नति प्राप्त करना निश्चय है। महिला विकास में हमारी सरकार भरपूर योगदान दे रही है।

–श्रीमती मनीषा बघेल
शिक्षिका, कवर्धा

महिला विकास के स्वप्न

–श्रीमती विजयलक्ष्मी राजपूत

हमारा देश प्राचीन काल से कृषि प्रधान है। जहाँ 80 प्रतिशत मनुष्यों की जीविका कृषि पर आधारित है। जिस देश की इतनी विशाल आबादी कृषि कार्य पर निर्भर है, वहाँ स्वाभाविक रूप से अशिक्षा का स्तर अविश्वसनीय ही होगा। यहाँ की बहुसंख्यक आबादी का निवास गांवों में है, जो आज भी अशिक्षित स्तर के हैं। जहाँ पुरूष वर्ग ही शिक्षा से कोसों दूर हो, वहाँ तो महिला की स्थिति को और दयनीय बना देने वाला परिदृश्य उभर आता है।

जब हमारे देश में महिला प्रधानमंत्री श्रीमती इंदिरा गांधी आई, तभी से ही नारी शक्ति को स्वाभाविक तौर पर पहचान मिली। दरअसल सत्ता वह कुंजी है, जो सबला को अबला बना सकती है और अबला को सबला में तब्दील कर सकती है। पूर्व की अपेक्षा महिला प्रताड़ना, अत्याचार, दहेज प्रताड़ना आदि में असहनीय बढ़ोत्तरी के मद्देनजर हमारी प्रधानमंत्री श्रीमती गांधी जी के अगुवाई में महिलाओं हेतु सभी क्षेत्रों में आरक्षण प्रक्रिया की शुरूआत की गई ताकि हर महिला अपनी शक्ति को प्रदर्शित कर पाने में सक्षम हो सके।

19वीं–20वीं शती ई. तक भी महिलाओं के ऊपर सामाजिक, आर्थिक और धार्मिक दबावों के कारण उनके जीवन में अशांतमय वातावरण व्याप्त था। पुरूष वर्ग ने हर तरह से उन्हें प्रताड़ित किया और उनके बढ़ते कदम के मार्ग में रोड़े अटकाये। ये पुरूष वर्ग प्रत्येक स्थल पर उन्हें सामाजिक व नैतिक स्तर पर हंसी का पात्र बनाने से आज भी नहीं चूक रहे हैं।

महिलाओं के ऊपर सामाजिक, धार्मिक व आर्थिक दबाव आज भी बदस्तूर जारी है। हालांकि भारत व राज्य सरकारें महिलाओं को आगे लाने की कोशिश करते हुए दिखाई देती है, लेकिन उनकी सारी योजनाएँ मूर्त्त रूप होते क्यों नहीं दिखाई पड़ती?

सरकार, समाज और धर्म अगर सभी मिलकर नारी शक्ति को सम्मान पूर्वक आगे बढ़ाने हेतु प्रयासशील होते तो निश्चय ही नारी समाज आगे बढ़ पायेगी। लेकिन कथनी और करनी का फासला पता नहीं कब मिटेगा?

'बेटी बचाओ, बेटी पढ़ाओ' का नारा देना सरल है, लेकिन उन पर अमल कर पाना उतना ही कठिन है। लगता है कि सरकारों को अपनी स्थिति मजबूत बनाने के लिए ऐसे सुंदर नारे सामने रखने पड़ते हैं। दीपक तले अंधेरा होता है। उसी तर्ज पर सुंदर नारों

के पीछे भी अंधियारा व्याप्त रहता है। भगवान करे इस देश के लोगों को बिना देर किए सद्बुद्धि आये, नहीं तो नारी शक्ति दुर्गा रूप धारण कर फिर से पापियों का विनाश कर देगी, जैसे उसने पूर्वकाल में किया था।

—श्रीमती विजयलक्ष्मी राजपूत
ढाबा, ठेलकाडीह राजनांदगांव

उपसंहार

'भारतीय नारी की परतंत्रता का इतिहास' के माध्यम से लेखक ने भारत वर्ष में निवासरत् नारी समुदाय के जीवन के विषय में समग्र विवेचन प्रस्तुत कर सकने का एक प्रयास किया है। वैसे तो भारतीय नारियों के विषय पर लिखने वाले विद्वानों की कोई कमी नहीं है। लेकिन यह उनके समग्र जीवन पर एक छोटा सा शोधात्मक कार्य है।

प्रस्तुत पुस्तक को अध्ययन की सुविधा के लिए कुल आठ अध्यायों में विभक्त किया गया है। जिनका विवरण निम्नानुसार है –

प्राक्कथन के अन्तर्गत लेखक ने प्रस्तुत पुस्तक के लेखन विषयक सन्दर्भ को भली प्रकार से प्रस्तुत करने का प्रयास किया है। इसके बाद विषय सूची का समावेश किया गया है। जिनमें कुल मिलाकर आठ अध्याय संयोजित किये गये हैं। जिनका विवरण संक्षेप में इस प्रकार प्रस्तुत है–

अध्याय प्रथम में – ''भारतीय परिवेश (जन्म और बाल्यावस्था)'' के सन्दर्भ में सूक्ष्मता से एक अवलोकन प्रस्तुत किया गया है। जिसमें यह तथ्य उजागर हुआ है कि वैदिक युग को छोड़कर हर समय, हर समाज में कन्या जन्म को खुशी या उत्सवदायक घटनाओं में परिगणित नहीं किया गया है।

अध्याय द्वितीय में – ''भारतीय दृष्टिकोण : सामाजिक, आर्थिक एवं राजनीतिक'' के अन्तर्गत भारत वर्ष में पूर्वकाल से स्थिर सामाजिक, आर्थिक एवं राजनीतिक स्तर पर नारियों के विषय में व्याप्त मान्यताओं को प्रस्तुत करने का प्रयास किया गया है। जिनमें यह प्रस्तुत किया गया है कि वैदिक काल से लेकर आधुनिक काल तक के दौर में भी उनके जीवन में अभी और सुधार की आवश्यकता है। आज भी उनके साथ पूर्वयुगीन मान्यताएँ

यथावत विद्यमान है, हालांकि भारतीय संविधान में प्रदत्त अधिकार सरकार एवं जागरूक लोगों के चलते सुधार आने शुरू हो गये है।

अध्याय तृतीय में – ''भारतीय धार्मिक संकीर्णता और प्रथाएँ'' के सम्बन्ध में धर्म के नाम पर लादी गई विभिन्न कुरीतियों का उल्लेख किया गया है तथा यह भी स्पष्ट किया गया है कि आज के आधुनिक दौर में भी वे इनसे अछूते नहीं है। हाँ, समाज सुधारकों और सरकारी प्रयासों से उन पर अंकुश जरूर लग रहा है। अभी भी उन पर और बहुंत सुधार की आवश्यकता है।

अध्याय चतुर्थ में – ''प्रताड़ना और आँसू से संयुक्त भारतीय नारी (पितृ गृह से पति गृह तक) के परिप्रेक्ष्य में मनुवादी प्रवृत्ति के तहत नारियाँ जिस प्रकार से सदियों से उपेक्षित होती आई है। स्वयं उनके परिवार से ही उनके साथ अछूत का सा व्यवहार होता आया है। धर्मशास्त्रीय व्यवस्था के नाम पर उन्होंने जितने भी अमानवीय अत्याचार सहे हैं, उन्हें किसी प्रकार भुलाया तो नहीं जा सकता। लेकिन उन्हें फिर से न दुहराया जाए उसका इंतजाम तो किया ही जा सकता है। आज का आधुनिक युग भी उन्हें बराबर का अधिकार देने के नाम पर ना नुकूर कर रहा है। ऐसे ही तालिबानी सोच को आज बदलने की आवश्यकता है।

अध्याय पंचम में – '' नारी जागृति की अवधारणा, साम्पत्तिक अधिकार, बन्धन को सन्दर्भित करते साज–श्रृंगार, प्रतिरोध और महिला जगत से उम्मीदें'' के अंतर्गत नारी जागृति को स्पष्ट करने का प्रयास किया गया है। जिसके अन्तर्गत किस प्रकार आधुनिक नारी स्वयं को इन बन्धनों से मुक्त कर सकती है और इस हेतु उन्हें कैसे दृढ़ प्रतिज्ञ होने है, यह बतलाने का प्रयास किया गया है। पिता और पति के सम्पत्ति पर वह कैसे अपना स्वामित्व या हक प्रकट कर सकती है या उन्हें प्राप्त कर सकती है। इस हेतु उन्हें पूर्वकालीन उद्धरणों को सम्मुख रखकर बतलाया गया है। उनके द्वारा इस्तेमाल किये जाने वाले विविध बन्धन युक्त साज श्रृगारों की भी विवेचना की गई है। किस प्रकार स्वयं को ऐसे बन्धनों से मुक्ति दिला सके, इस हेतु उन्हें सुझाव प्रस्तुत कर उनसे उसके अमलीजामा पहनाने हेतु उचित अवसर का चयन करने की सलाह भी प्रस्तुत की गई है।

अध्याय षष्ठ में– ''भारतीय नौकरीपेशा महिलाएँ–समस्याएँ व निदान'' के अन्तर्गत भारतवर्ष में शासकीय, अर्द्धशासकीय एवं निजी संस्थानों में कार्यरत महिलाओं की समस्याओं को उजागर करने का प्रयास किया गया है। इसके साथ ही समस्यारत महिलाओं को उनसे निपटने हेतू आवश्यक सुझाव भी दिए गए हैं।

अध्याय सप्तम में – ''भारतीय महिला सुदृढ़ीकरण हेतु सरकार से मांग व नारी अधिकार के निष्पादन की योजनाएँ'' के अन्तर्गत नारी समाज के सुदृढ़ीकरण हेतु कुछ

प्रमुख मांगे सरकार के और भारतीय समाज के सम्मुख रखकर उनसे इस हेतु सार्थक पहल करने की अपेक्षा की गई है।

अध्याय अष्टम में – ''नारी प्रतिनिधियों के विचार'' के अन्तर्गत कुछ महिलाओं से उनके विचार लिए गए है, कि वो इस विषय में खुद क्या सोचती है? जिस प्रकार चावल पकाते समय सिर्फ एक दाने के पकने से सभी दानों के पकने का अनुमान हो जाता है, उसी प्रकार वे भारत के किसी भी कोने में स्थित हो, लेकिन आज हर महिलाओं के विचार स्वतंत्रता प्राप्ति की अभिलाषिणी है। उन्होंने युगों–युगों से धर्म के नाम पर पुरूषों के अत्याचार सहे हैं। उन दिनों उन्हें शूद्रों के समकक्ष रखकर शिक्षा–संस्कारादि से वंचित कर दिया गया था। आज आधुनिक युग में वह पढ़–लिखकर हर क्षेत्र में पदार्पण कर पुरूषों से कंधे से कंधा मिलाकर काम रही है। अतएव यह लाजिमी भी है कि उन्हें चहारदीवारी से बाहर धार्मिक, राजनीतिक, आर्थिक एवं सामाजिक स्वतंत्रता पूरी तरह से हासिल हो। इस अध्याय में महिलाओं ने खुलकर अपने विचार व्यक्त किये हैं, जिनसे स्पष्ट हो जाता है कि आज की महिलाएँ रूढ़िवादी बने रहना पसंद नहीं करती बल्कि वैज्ञानिक प्रगति के साथ ही विचारों की प्रगति भी हासिल करना चाहती है। इस हेतु वे भारतीय समाज में बड़े बदलाव की पक्षधर हैं जिनमें महिलाओं को भी पुरूषों के बराबर अधिकार व सम्मान हासिल हो। अतएव यह अध्याय पूर्ण रूप से महिलाओं के अधिकार एवं उत्तरदायित्व सम्बन्धी बातों को अमलीजामा पहनाने के पक्षधर है। इसके अलावा आज के समाज और सरकार दोनों का पूर्ण सहयोग भी आवश्यक है।

इस प्रकार प्रस्तुत पुस्तक ''भारतीय नारी की परतंत्रता का इतिहास (प्रारम्भ से आज तक)'' आपके सम्मुख है। शब्द सागर में त्रुटियाँ अवश्यसम्भावी है। उसके लिए लेखक क्षमा प्रार्थी है। आपके सुझावों का स्वागत किया जायेगा और उन्हें अगले संस्करण में अवश्य ही स्थान दिया जा सकेगा...।

(डॉ. चैन सिंह नागवंशी ''श्याम'')

संदर्भ ग्रंथ-सूची

1. अथर्ववेद – संपा. श्रीपाद शर्मा, औंधनगर, 1938 ई.।
   – संपा. स्वामी दयानन्द सरस्वती, दयानन्द संस्थान, नयी दिल्ली– 1974 ई.।
2. अग्निपुराण – संपा. राजेन्द्र लाल मिश्र, आनन्दाश्रम, संस्कृत सीरीज, पूना, 1900 ई.।
3. अष्टाध्यायी – संपा. सतीशचन्द्र वसु, बनारस, 1929 ई.।
4. अंगुत्तर निकाय – संपा. आर. मेरिस और ई. हार्डी, हिन्दी प्रकाशक संस्थान, वाराणसी, 1961 ई.।
5. अभिज्ञानशाकुंतलम् – संपा. गणपति शास्त्री, त्रिवेन्द्रम, 1908 ई.।
6. अमरकोश (अमर सिंह कृत)– ओरिएण्टल बुक एजेन्सीज पूना, माहेश्वरी व्याख्या, भण्डारकर ओरिएण्टल रिसर्च इंस्टीट्यूट, पूना, 1907 ई.।
7. अर्थशास्त्र – अनु. वाचस्पति गैरोला, चौखम्बा विद्या भवन, वाराणसी, 1962 ई.।
8. अभिधान चिंतामणि – अनु. हरगोविन्द मिश्र, चौखम्बा, वाराणसी 1919 ई.।
9. अपरार्क – याज्ञवल्क्य स्मृति पर भाष्य, आनंदाश्रम संस्कृत सीरीज पूना, 1903–41 ई.।
10. आपस्तम्ब गृह्यसूत्र – सुदर्शनाचार्य की टीका सहित, मैसूर गवर्नमेंट संस्कृत लाइब्रेरी सीरीज, मैसूर।
11. उत्तररामचरित (भवभूति कृत)– टीका. शेषराज शर्मा, शास्त्री जयकृष्ण दास हरिदास गुप्त, चौखम्बा संस्कृत सीरीज, वाराणसी–1, 1949 ई0।
12. उवासगडसाओ – अंग्रेजी अनु. हर्नले, कलकत्ता 1885–88 ई.।
13. उत्तराध्ययन सूत्र– संपा. नेमिचन्द बम्बई, 1937 ई.।
    – शांति सूरी, बम्बई, 1916 ई.।
14. ऋग्वेद– संपा. विश्वबन्धु, होशियारपुर, 1966 ई.।
15. ऐतरेय ब्राह्मण – सपा. ए.वी कीथ, हारवर्ड, 1915 ई.।
16. कथासरित्सागर – सोमदेव कृत, बिहार राष्ट्रभाषा परिषद. पटना, 1960 ई.।
17. कठोपनिषद – गीताप्रेस, गोरखपुर।
18. कामसूत्रम (वात्स्यायन कृत) – चौखम्बा सीरीज, वाराणसी।

19. कालिका पुराण – संपा. विश्वनारायण शास्त्री, वाराणसी, 1972 ई.।
20. कात्यायन स्मृति – संपा. एन.सी. वंद्योपाध्याय, कलकत्ता, 1927 ई.।
21. कुट्टनीमतम् (दामोदर गुप्त कृत) – संपा. तनसुख राम त्रिपाठी, बम्बई, 1924।
22. कुमारसम्भवम् – अनु. एवं व्याख्या श्री पं.शेषराज शर्मा, चौखम्बा संस्कृत संस्थान, वाराणसी।
23. गरूड़ पुराण – संपा. खेमराज श्रीकृष्णदास, बम्बई, 1906 ई.।
24. गोभिल गृह्यसूत्र – संपा. एफ–नॉवर, डारपेट, 1884 ई.।
25. गौतम धर्मसूत्र– आनंदाश्रम मुद्रणालय, पूना।
26. छांदोग्य उपनिषद – निर्णय सागर प्रेम, बम्बई,।
27. जातक– अनु. भदन्त आनन्द कौसल्यायन, हिन्दी साहित्य सम्मेलन, प्रयाग।
28. जाबालि उपनिषद – गीता प्रेस, गोरखपुर।
29. जैमिनी उपनिषद – आनंद आश्रम प्रेस, पूना।
30. दशकुमारचरित – संपा. जी. व्यूलकर, बम्बई।
31. तैत्तिरीय संहिता – संपा. श्रीपाद शर्मा, औधनगर, 1945 ई.।
32. तैत्तिरीय ब्राह्मणम्– सायणाचार्य भाष्य, आनंदाश्रम मुद्रणालय, पूना, 1940 ई0।
33. तैत्तिरीय उपनिषद – गीता प्रेस गोरखपुर, निर्णय सागर प्रेस, बम्बई, 1930।
34. तैत्तिरीय आरण्यक – आनंदाश्रम, संस्कृत सीरीज, पूना, 1926 ई.।
35. दायभाग (जीमूतवाहन कृत) – कृष्णतरालंकार की टीका, कलकत्ता, 1927 ।
36. दीघनिकाय – अनु. राहुल सांस्कृत्यायन, सारनाथ, वाराणसी, 1936।
37. नवसाहसांकचरित – संपा. वामन शास्त्री, बम्बई, 1895 ई.।
38. नागानंद (श्रीहर्ष कृत) – टीका. बल्देव उपाध्याय, चौखम्बा संस्कृत सीरीज, बनारस, 1956 ई.।
39. निरूक्त (यास्क कृत) – वेंकटेश्वर प्रेस, बम्बई, 1912 ई.।
40. नारद स्मृति – संपा. भीमसेन शर्मा, बी.एन. प्रेस, इटावा, 1950 ई।
41. नीतिवाक्यामृत (सोमदेव कृत) – संपा. सुधीर कुमार गुप्ता, कलकत्ता, 1987 ई.।
42. नैषधचरितम – टीका. पं. हरगोविन्द शास्त्री, चौखम्बा संस्कृत सीरीज, ऑफिस, वाराणसी, 1954 ई.।
43. पराशर स्मृति – वेंकटेश्वर प्रेस, बम्बई, 1958 ई.।
44. पद्मपुराण – संपा. श्रीराम शर्मा आचार्य, बरेली, 1894 ई.।
45. प्रबोध चन्द्रोदय (श्रीकृष्ण मिश्र) – निर्णय सागर प्रेस, बम्बई, 1935 ई.।
46. प्रियदर्शिका (श्रीहर्ष कृत)– टीका. पं. श्रीरामचन्द्र मिश्र, चौखम्बा विद्याभवन, वाराणसी।
47. पृथ्वीराजरासौ (चन्द्रबरदाई कृत)–टीका कविराज मोहन सिंह, साहित्य संस्थान, राजस्थान विद्यापीठ, उदयपुर, वि.सं. 2012।
48. पृथ्वीराज विजय (जयानक कृत)– साहित्य संस्थान, राजस्थान विद्यापीठ उदयपुर, वि.सं. 2012।
49. ब्रह्माण्ड पुराण – वेंकटेश्वर प्रेस, बम्बई, 1933 ई.।
50. बौधायन धर्मसूत्रम– संपा. एल. निवासाचार्य, मैसूर, 1907 ई0।
51. बुद्धचरितम्– संपा. ई.एच. जन्टशन, कलकत्ता, 1936 ई.।
52. भविष्य पुराण– वेंकटेश्वर प्रेस, बम्बई, 1912 ई.।
53. भागवत पुराण– श्रीधर टीका सहित, कलकत्ता। – गीता प्रेस, गोरखपुर, 1943 ई.।

54. मनु स्मृति– कुल्लूक भट्ट की टीका सहित बम्बई, 1946 ई0।
– संपा. पं. रामेश्वर भट्ट, चौखम्बा संस्कृत प्रतिष्ठान, दिल्ली 1985 ई0।
55. महाबोधिवंश– संपा. एस.ए. स्ट्रांग, पालि ट्रेक्स्ट सोसायटी, लंदन 1891 ई.।
56. मत्स्य पुराण– आनंदाश्रम संस्कृत सीरीज, पूना, 1907 ई.।
57. महाभारत– नीलकंठ की टीका सहित, पूना, 1929–33 ई.।
58. महाभाष्य (पतंजलि कृत)– संपा. एफ.कीलहार्न, बम्बई, 1880–85।
59. महावग्ग– संपा. भिक्खु जगदीश कस्यपो, पॉलि प्रकाशन, बिहार सरकार, 1956 ई.।
60. महावंश– संपा. भदन्त आनन्द कौसल्यायन, हिन्दी साहित्य सम्मेलन, प्रयाग, 1942 ई.।
61. मज्झिम निकाय– संपा. वी. टेन्कर और आर. चर्मस, पी.टी.एस. लंदन, 1888–1902 ई.।
62. महानिर्वाण तंत्र– वेंकटेश्वर प्रेस, बम्बई, 1929 ई.।
63. महापरिनिर्वाण सूत्र– संपा. भिक्षु धर्मरक्षित, वाराणसी, 1959 ई.।
64. मानसोल्लास (सोमेश्वर कृत)– संपा. जी.के. श्री गोन्डेकर, बड़ौदा, 1925 ई.।
65. मालविकाग्निमित्र – निर्णय सागर प्रेस, बम्बई।
66. मार्कण्डेय पुराण– अनु. एफ.ई. पारगिटर, कलकत्ता, 1903 ई.।
67. मालती माधव (भवभूति कृत)– टीका. शेषराज शर्मा शास्त्री, काव्य तीर्थ, चौखम्बा भारतीय सीरीज, बनारस, 1954 ई.।
68. मिलिन्दपन्हो– संपा. भिक्षु जगदीश कश्यप, महाबोधि सभा. सारनाथ, 1937 ई.।
69. मुद्रा राक्षस (विशाखदत्त कृत)– संपा. सुरेशचन्द्र गुप्त, दिल्ली, 1973 ई.।
70. मैत्रायणी संहिता– संपा. बानश्रेडर, लिपजिंग, 1981–86 ई.।
71. मृच्छकटिक (शूद्रक कृत)– संपा. रामानुज ओझा, वाराणसी, 1966 ई.।
72. याज्ञवल्क्य स्मृति– संपा. जे.आर. घरपुरे, बम्बई, 1926 ई.।
73. वशिष्ठ धर्मसूत्र– डॉ. पी.जे. लाले, अहमदाबाद, 1966 ई.।
74. वायु पुराण– संपा. राजेन्द्र मिश्रा, कलकत्ता, 1879–80 ई.।
75. विष्णु स्मृति– संपा. जे जाली, वाराणसी, 1962 ई.।
76. विष्णु पुराण– गीता प्रेस गोरखपुर, सं. 2009। – संपा. द्वारा गुप्ता, गोरखपुर, 1952 ई.।
77. वीर मित्रोदय– (याज्ञवल्क्य स्मृति की मित्र मिश्र कृत टीका), चौखम्बा संस्कृत सीरीज।
78. वेणीसंहार– अनु. भट्टनारायण, निर्णय सागर प्रेस, बम्बई, 1918 ई.।
79. वृहद्रारण्यक उपनिषद– गीताप्रेस गोरखपुर, निर्णय सागर प्रेस, बम्बई।
80. वृहस्पति स्मृति– गायकवाड़ ओरियण्टल सीरीज, बड़ोदरा, 1951 ई.।
81. वृहत्संहिता (वराहमिहिर कृत)– चौखम्बा विद्याभवन, वाराणसी, 1959।
82. रघुवंश (कालिदास कृत)– संपा. शंकर पण्डित, गवर्नमेन्ट सेन्ट्रल बुक डिपो, 1897 ई.।
83. रत्नावली (श्रीहर्ष कृत)– टीका. डॉ.शिवराज शास्त्री, साहित्य भण्डार, सुभाष बाजार, मेरठ।
84. रामायण– गीताप्रेस, गोरखपुर।
85. राजतरंगिणी (कल्हण कृत)– अनु. रघुनाथ सिंह, हिन्दी प्रकाशक संस्थान, वाराणसी, 1961 ई.।
86. रामचरितमानस, 72, गीताप्रेस गोरखपुर।
87. ललित विस्तर– (संपा. एस. लैपमैन) प्रथम खण्ड, 1402–1408 ई.।

88. स्कन्द पुराण– वेंकटेश्वर प्रेस, बम्बई, 1933 ई.।
89. संयुक्त निकाय– लियोन फियर एम. और मिसेज रीज डेविड्स, पी.टी.एस., लंदन, 1884–1905 ई.।
90. सरस्वती विलास– संपा. आर.शामशास्त्री, मैसूर, 1927 ई.।
91. संस्कार प्रकाश– डॉ. भवानी शंकर त्रिवेदी, श्रीलाल बहादुर शास्त्री, केन्द्रीय संस्कृत विद्यापीठ, दिल्ली।
92. सुत्तनिपात– अनु. राहुल सांकृत्यायन, रंगून, 1937 ई.।
93. सुश्रुत संहिता– सत्यभामा बाई पाण्डुरंग, निर्णय सागर प्रेस, बम्बई, 1942 ई.।
94. सूय गडं– शीलांकाचार्य द्वारा संपादित, बम्बई, 1917 ई.।
95. सौन्दर्य लहरी– 90, प्रभुदयाल मिश्र, सन्यास आश्रम, देवास।
96. शतपथ ब्राह्मण– शंकर भाष्य सहित संपा. स्वामी माधवानन्द, अल्मोड़ा, 1950 ई.।
97. शिवपुराण– श्री वेंकटेश्वर प्रेस, बम्बई।
98. शिशुपालवधम– पं.शिवदत्तदाधीच, कृष्णादास अकादेमी, 1986।
99. शुक्रनीतिसार– जीवानंद विद्यासागर, द्वितीय संस्करण, कलकत्ता, 1890 ई.।
100. शुक्रनीति– अनु. पं.गंगाप्रसाद शास्त्री, हिन्दु जगत कार्यालय, शामली, मुजफ्फरनगर।
101. थेरीगाथा– नालन्दा देवनागरी, संस्करण, 1959 ई.।
102. हिरण्यकेशी गृह्यसूत्र– संपा. जे. किर्त्से, वियना, 1889 ई.।
103. हर्षचरित (बाणभट्ट कृत)– संपा. फ्यूरर टीका सहित, बम्बई 1909 ई.।
104. त्रिशष्ठिशलाकापुरूषचरित (हेमचन्द्र कृत) (अनु. हेलेन एम. जानसन), गायकवाड़ ओरियण्टल सीरीज बड़ौदा, खण्ड–1, 1931, खण्ड–2, 1937, खण्ड–3, 1949, खण्ड–4, 1954, खण्ड–5, 1962, खण्ड–6 1962।

आधुनिक ग्रंथ

1. अल्बेरूनीस इण्डिया, वोल–2, (साचौ, ई.सी.), लंदन, 1888 ई.।
2. अरब और भारत के सम्बन्ध (नादवी), इलाहाबाद, 1930 ई.।
3. आर्क्योलॉजिकल सर्वे ऑफ इण्डिया रिपोर्ट, इण्डियोलॉजी बुक हाऊस, वाराणसी, 1817–74 ई.।
4. आइक्नोग्राफी ऑफ बुद्धिस्ट एण्ड ब्राह्मानिकल स्कल्प्चर इन ढाका म्यूजियम (भट्टसाली, एन.के.), कलकत्ता, 1958 ई.।
5. ऑन युआनच्वांग ट्रेवल्स इन इण्डिया (वाट्र्स, टी.) वोल–2, लंदन, 1904–05 ई.।
6. ऑक्र्योलॉजी ऑफ गुजरात (संकालिया, एच.डी.), बम्बई, 1941 ई.।
7. ए हिस्ट्री ऑफ इण्डियन ड्रेस (चार्लेस एल.फेब्री), 1960 ई.।
8. कला वैभव– शोध जर्नल, इंदिरा कला संगीत विश्वविद्यालय, खैरागढ़ (छ.ग.)।
9. कार्पस इन्सिक्रम्पशन्स इण्डिकेरम (फ्लीट जे.एफ.) (गुप्त इन्सिक्रम्पशन्स), वाराणसी, 1963 ई.।
10. कैटलॉग ऑफ दी क्वाइंस इन दी इण्डियन म्यूजियम (स्मिथ, वी.ए.), कलकत्ता।
11. खजुराहो (भारत के सांस्कृतिक केन्द्र)– दी मैकमिलन कंपनी ऑफ इण्डिया लिमिटेड, दिल्ली, बम्बई, कलकत्ता, मद्रास, 1980।
12. दी पोजीशन ऑफ वुमेन इन हिन्दु सिविलाईजेशन (डॉ.ए.एस. अलतेकर)।
13. धर्मशास्त्र का इतिहास (डॉ.पी.वी.काणे) अनु. अर्जुन चौबे, हिन्दी समिति प्रयाग, 1982 ई.।
14. प्रतीक शास्त्र (डॉ. परिपूर्णनिंद), हिन्दी समिति, सूचना विभाग, उ.प्र., लखनऊ, 1964।

15. प्राचीन भारत का सामाजिक इतिहास (डॉ.जयशंकर मिश्र), बिहार हिन्दी ग्रंथ अकादेमी, तृतीय संस्करण, 1983 ई.।
16. प्राचीन भारत का राजनीतिक तथा सांस्कृतिक इतिहास (डॉ. विमलचंद पांडेय) सेन्ट्रल पब्लिशिंग हाऊस, इलाहाबाद (उ.प्र.)।
17. पाणिनि कालीन भारत (डॉ. वासुदेव शरण अग्रवाल) मोतीलाल बनारसी दास, वाराणसी, सं. 2012।
18. प्राचीन भारतीय शिक्षण पद्धति (डॉ.ए.एस. अलतेकर)– नंदकिशोर एण्ड ब्रदर्स, बांस फाटक, वाराणसी, 1968 ई.।
19. प्राचीन भारतीय वेशभूषा (डॉ. मोतीचंद)।
20. प्राचीन भारत में नारी (डॉ.उर्मिला प्रकाश मिश्र), म.प्र. हिन्दी ग्रंथ अकादेमी, भोपाल, 1987 ई.।
21. प्रोग्रेस रिपोर्ट ऑफ दी आर्क्योलॉजिकल सर्वे ऑफ इण्डिया, वेस्टर्न सर्किल (1906–07)।
22. भारतीय कला का इतिहास (डॉ.भगवतशरण उपाध्याय), पीपुल्स पब्लिशिंग हाउस (प्रा.लि.) नई दिल्ली (1981)।
23. मध्यकालीन श्रृंगारिक प्रवृत्तियाँ (परशुराम चतुर्वेदी)।
24. महाभारत में नारी (डॉ. वनमाला भुवालकर) अभिनव साहित्य प्रकाशन, सागर (म.प्र.) वि.सं. 2021।
25. यशतिलक चम्पू एण्ड इण्डियन कल्चर (हण्डीक्यू, के.के), विश्वविद्यालय प्रकाशन, भैरोनाथ, वाराणसी, शालापुर–1949।
26. संस्कृत इंग्लिस डिक्शनरी, Monjer Williams, oxford, 1956.
27. स्टडीज इन सेक्स साइकोलॉजी (तैतलाक इलिस)।
28. हर्षचरित का सांस्कृतिक अध्ययन (डॉ. वासुदेवशरण अग्रवाल)।
29. हिन्दु परिवार मीमांसा (हरिदत्त वेदालंकार), सरस्वती सदन, दिल्ली।
30. हिन्दु संस्कार (डॉ.राजबली पाण्डेय)– चौखम्बा संस्कृत सीरीज, वाराणसी।
31. हिस्ट्री ऑफ संस्कृत लिटरेचर, (मैक्रिंडल, ए.ए.), लंदन, 1928।
32. हिन्दुज्म एण्ड बुद्धिज्म, उवोल, (इलियट), लंदन।
33. हिन्दु सामाजिक संस्थाएं (शिवस्वरूप सहाय)।
34. राष्ट्रकूराज एण्ड डेयर टाइम्स (डॉ.ए.एस. अलतेकर)– मोतीलाल बनारसीदास, बनारस, 1934 ई.।
35. छत्तीसगढ़ के हीनयानी बौद्ध स्तूप एवं क्षेत्रीय पर्यटन स्थल (डॉ. चैन सिंह नागवंशी, संपा. डॉ. मंगलानंद झा) –शताश्री प्रकाशन, चौबे कालोनी, रायपुर, 2018
36. छत्तीसगढ़ की लोक संस्कृति एवं समाज वैशिष्ट्य (डॉ. चैन सिंह नागवंशी) वैभव प्रकाशन, अमीन पारा चौक, पुरानी बस्ती, रायपुर (छ.ग.), 2019

विचारदात्री महिलाएँ

श्रीमती स्मृति कन्नौजे

आराधना चतुर्वेदी

प्रतिमा

श्रीमती रीना राजपूत

श्रीमती ममता दुबें

श्रीमती मेधाविनी तुरे

ज्योति गुप्ता

सीमा चौधरी

सुनीता थापा

श्रीमती विजिया रानी 'साहसी'

श्रीमती मनीषा भांडेकर

ज्योति रानी झा

श्रीमती स्वाती मिश्रा

श्रीमती मनीषा बघेल

श्रीमती विजयलक्ष्मी राजपूत